石鸥　主编
吴小鸥　编著

百年中国教科书图文史

1840—1949

语文

国家出版基金项目
NATIONAL PUBLICATION FOUNDATION

SPM 南方传媒
全国优秀出版社
全国百佳图书出版单位
广东教育出版社
·广州·

图书在版编目（CIP）数据

百年中国教科书图文史 ：1840—1949. 语文 / 石鸥主编 ；吴小鸥编著. -- 广州 ：广东教育出版社，2024. 12. -- ISBN 978-7-5548-7059-4

Ⅰ. G423. 3-092

中国国家版本馆CIP数据核字第2024JX7431号

百年中国教科书图文史　1840—1949　语文

BAINIAN ZHONGGUO JIAOKESHU TUWENSHI　1840—1949　YUWEN

出 版 人：朱文清
丛书策划：李朝明　卞晓琰
项目负责人：林检妹　黄　倩
责任编辑：黄　倩　孔　婷　段　婷
责任校对：曾银玲　王惠贤　陈慧君
责任技编：杨启承
装帧设计：邓君豪
出版发行：广东教育出版社
（广州市环市东路472号12—15楼　邮政编码：510075）
销售热线：020-87615809
网　　址：http://www.gjs.cn
邮　　箱：gjs-quality@nfcb.com.cn
发　　行：广东新华发行集团股份有限公司
印　　刷：广州市岭美文化科技有限公司
（广州市荔湾区花地大道南海南工商贸易区A幢）
规　　格：889 mm × 1194 mm　1/16
印　　张：33
字　　数：660千
版　　次：2024年12月第1版
2024年12月第1次印刷
定　　价：248.00元

导　论

小课本，大启蒙，大学问，大政治。

需要构建中国特色的课本的学问——教科书学。

教科书学只能建立在多领域、多维度研究成果基础上，尤其是建立在教科书文本丰富、教科书发展史得到基本梳理、教科书理论研究成果突出、教科书使用研究取得明显进展等基础上。

很显然，教科书发展史的研究是重要维度。教科书发展史就是教师教什么、学生学什么的历史，就是教育教学内容的历史，就是一代又一代的先辈对后辈的期望的历史。这种历史的研究，要依赖过往人们的教育活动所保留下来的实物或遗存来进行。本套教科书图文史就是注重遗存的教科书实物的体现——聚焦于1840—1949年我国教科书文本实物。

一

19世纪中叶以来，中华大地风起云涌，巨大裂变在社会的各个领域发生。1862年京师同文馆的成立与大量洋务学堂的创办，标志着我国古代教育的开始退出和新式教育逐渐兴起。新式教育能否成功，很大程度上取决于能否提供适应时代的新式教科书。一代开眼看世界的知识分子行动起来，新式教科书如雨后春笋般涌现，新知识、新思想、新观念如开闸之水，轰然涌入古老的中国。中国传统的知识系统为西方以近代学科为分类标准构建起来的新知识系统所冲击，中华民族壮丽的启蒙大幕徐徐拉开，中国近现代教科书事业也走上了一条可圈可点之路。

教科书是时代的镜子。1840—1949年中国近现代教科书发展历程，折射出中国艰难曲折的变革之路、复兴之路。教科书的发展史，就是中华文明的进步史，是中国社会的变迁史，是中华民族的心灵史。

（一）西学教科书的引进时期

大约处于19世纪中至19世纪末这一时期。科举时代，没有近代意义的新式教育和新式学堂，只有启蒙教育和科举预备教育，学生初学“三百千千”，进而学“四书五经”，我们称之为“教材”，但不是现代意义上的教科书。现代意义的教科书是从19世纪后期开始，伴随着新式学堂而逐渐发展起来的。当时大量西学教科书被教会学校和洋务学堂引进，拉开了中国现代教科书发展的帷幕。这一过程表现出如下基本特征：

第一，现代教科书处于萌芽阶段。作为教科书，这些西式教材的基本要素不全，没有分年级编写，基本上还没有使用“教科书”一词，多用“读本”“须知”“入门”“课本”等来命名。不仅“教科书”文本还未出现，即便现代意义的“科学”也没有找到恰当的名称，所以当时出现了不少类似于“格致”“格物”“火学”“汽学”“名学”“计学”等教材。这些教材整体上处于前教科书阶段，或现代意义的教科书的萌芽阶段。

第二，教科书多从西学编译而来，且多出现在科学技术领域。这些西式教材主题多为洋务运动中最急迫需要的知识类型，如工兵、制造、天文、算学等，同时也适应了当时洋务学堂的教学需要。教材的编译和出版多与教会的印刷机构以及洋务运动的教育与出版机构相关，如墨海书馆、美华书局、京师同文馆、江南制造局翻译馆等。西式教材的编译者主要由中国学者和欧美传教士共同组成。

第三，教科书与一般科技类西学书籍没有明显界限，广泛流布于社会和学堂。19世纪中晚期的中国，从国外译介的西学著作和教材几乎是相同的，没有本质区别。它们既是开明知识分子了解西学的门径，也被充作教会学校和早期新式学堂的教学用书，甚至中国一些地方的书院也多以它们为教材。

（二）自编教科书的兴起与蓬勃发展时期

这一阶段起始于19世纪末南洋公学自编教科书，止于清朝终结。这是教科书的引进与自编自创结合、引进逐渐为自编自创所取代的阶段，是教科书涉及学科基本齐全的阶段，也是教科书要素日益完整的阶段。这一时期产生的教科书，我们一般称为“新式教科书”，以区别于前一阶段的以翻译为主的“西式”或“西学”教科书。有学者认为，“西学”与“新学”二词意义相仿，但新学在1894年后方见盛行。西学更重在引进之学[1]，新学则已经有国人自动、主动建设，用本国语言消化的味道了[2]。这很能够说明近代西式和新式教科书的微妙区别。这一时期的标志性事件是我国第一个近代学制的颁布，延续1300多年的科举制度的废除，以及第一套现代意义的教科书产生。这一时期教科书发展的主要特征是：

第一，学堂自编教科书不断涌现。伴随着科举制的取消，新式学堂迅猛出现，对新式教科书的需求激增，以南洋公学、上海澄衷蒙学堂、无锡三等公学堂等为代表的学堂自主编写的教科书影响大、使用范围广，逐渐打破了编译的西学教科书垄断的格局。

第二，我国最早的现代意义的教科书产生。适应1904年《奏定学堂章程》的正式实施，中国第

[1] 王尔敏. 中国近代思想史论[M]. 北京：社会科学文献出版社，2003：18.

[2] 孙青. 晚清之“西政”东渐及本土回应[M]. 上海：上海书店出版社，2009：12.

一套现代意义的教科书——《最新教科书》（商务印书馆1904年版）出版发行，紧接着由清学部编撰的第一套国定本教科书也开始陆续出版发行。这些教科书首先是以“教科书”命名，其次要素基本齐全，分册、分年级、分学科编写，有配套教授书发行，已经是很完整的现代意义的教科书了。[1]

第三，教科书编写主体发生变化。这一阶段的教科书作者大多是中国学人，以留日学生群体为主，部分教科书原型也来自日本教科书。以商务印书馆和文明书局等为代表的中国本土民间书坊开始加入教科书编写与出版队伍。

（三）教科书的兴盛与规范化时期

时间大致定位在中华民国成立到壬戌学制颁布及其相应的教科书编写出版使用[2]。中华民国的建立，把教科书推向了重要的发展阶段。清末到民国早期，各种思潮纷至沓来，形成了中国历史上教科书受各种新思潮、新主义影响，发展最开放、最活跃的时期之一。新教育思潮下多样化的教科书不断涌现，为民国共和思想的传播和民国教育的发展作出了重要贡献。这一阶段的主要特点有：

第一，清末旧教科书全部退出，民国新政体要求下的新教科书迅速登场。为适应1922年新学制需要，成套而完整的教科书逐渐实现对学校教学的全覆盖，零散的、单本单科的、小型出版机构的教科书逐渐被挤出学校、挤出市场，新教科书编写与出版机构以商务印书馆、中华书局以及后起的世界书局为突出代表。

第二，教科书编写主体再次发生变化。1922年新学制的出台，以适应该学制的教科书的编写出版，把留欧美学生推上了教育的前台。留欧美学生逐渐取代留日学生成为教科书的主要编撰队伍，大批崭露头角的学者参与到教科书的编写中。

第三，以白话文编写的教科书逐渐取代文言文教科书，横排教科书逐渐取代竖排教科书，教科书外在形式基本定型。从表面来看，白话文只是一种语言形式，它与教育内容的新旧无必然的关系。但白话文具有平民性和大众性，对国民文化的普及，对塑造国民全新的世界观、价值观都意义重大，可以说，白话文是传播新文化、新思想的有效载体。民初白话文的使用，使得现代教科书以摧枯拉朽之势普及。同理，没有海量的教科书，任胡适等知识分子如何呼号呐喊，白话文的普及都可能非常缓慢。

（四）多种政治制度并存下的教科书发展时期

这一阶段大致从1927年开始，一直持续到1949年。前期是教科书稳定、制度化并略显沉闷时期；中后期是教科书全面服务抗战、服务尖锐的阶级对抗的时期，是一个统整和分化并行的时期。

[1] 在我们看来，现代意义的教科书要符合如下基本条件：分册、分开级编写，按学科编写，有配套的教授书或教授法。

[2] 因为根据新学制编写的教科书全面投入使用总会滞后于新学制实施几年，所以此阶段约到1927年前后。

抗日战争的爆发致使中国政治格局发生新的变化，由土地革命战争时期中国共产党领导的革命根据地和国民党统治区域，到解放战争时期逐渐分割成解放区、国统区、沦陷区的不同政治气候，形成了不同政治语境下的教科书新格局。

第一，国民党的党化教育、三民主义教育在教科书中强势出现。国统区教科书的编写与出版逐渐往国定本集中，教科书逐渐进入相对平稳甚至沉闷的发展时期，日益规范化、标准化，但也少了开放的生气，少了创新的锐气，教科书发展的兴盛时期结束了。

第二，中国共产党领导的抗日根据地及解放区的教科书呈现出服务抗战、服务党的宣传的鲜明特征。它们为共产党的事业发展和壮大作出了重要贡献，为新中国教科书建设铺垫了基石。

第三，抗战时期，沦陷区教科书的奴化教育色彩浓厚，尤以伪满洲国的教科书为甚。

总体而言，抗战期间的地缘政治导致教科书分化发展，教科书的社会动员与政治宣传功能发挥到极致。

二

尼采说过：重要的不是怀念过去，而是认识到它潜在的力量。而要认识教科书的潜在力量，恰恰又需要认清楚教科书的过去或过去的教科书。这是我们编撰这套教科书图文史的初衷之一。

首先，早期教科书对于我国现代科学具有重要的启迪、导引甚至定型价值。著名学者托马斯·库恩（Thomas kuhn）认为“任何一门科学中第一个范式兴起的附带现象，就是对于教科书的依赖”[1]。中国一些学科的早期发展与定型，几乎都离不开早期教科书。比如，有研究认为张相文《初等地理教科书》和《中等本国地理教科书》的出版，标志着中国民族的新地理学的产生[2][3]。台湾学者王汎森认为，在近代中国建立新知的过程中，新教科书的编撰具有关键的作用，很多学科的第一代或前几代教科书，定义了我们后来对许多事物的看法，史学就是其中的一个[4]。傅斯年在20世纪30年代写了《闲谈历史教科书》一文，称编历史教科书“大体上等于修史”，可见其对教科书的“充分看重”[5]。

其次，早期教科书是传播新思想、新伦理的最适切的工具，是新教育得以成功的最重要的保障。在漫长的传统教育里，“三百千千”“四书五经”等都是不可撼动的经典教材，但是当新学校创办、新课程实施以后，这种不分科、不分年级，不顾教与学，只重灌输的旧教材日益暴露出它的不适应性。旧教材是可以“修之于己”，但不易“传之于人”的文本。旧学堂先生大多是凭经验和

[1] 库恩. 科学革命的结构[M]. 金吾伦，胡新和，译. 北京：北京大学出版社，2003：85.

[2] 杨吾扬. 地理学思想史纲要[M]. 开封：河南大学地理系，1984：98.

[3] 林崇德，姜璐，王德胜. 中国成人教育百科全书：地理·环境[M]. 海南：南海出版公司，1994：192.

[4] 王汎森. 执拗的低音：一些历史思考方式的反思[M]. 北京：生活·读书·新知三联书店，2014：33.

[5] 傅斯年. 傅斯年集[M]. 广州：花城出版社，2010：401.

理解来教的，学童大多是凭禀赋和努力来学的，大多的结局是“人人能读经而能经学者无几，人人能识字而能小学者无几，人人能作文而能词章学者无几”[1]。所以，在西学知识大量涌入中国、新式教科书逐渐进入新学堂的时代，理论上旧教材就已经失去了作为新学堂教材继续存在的基础。尤其是废科举、兴学堂之际，旧教材被取代已经是大势所趋。传统旧教材不敌按照现代教育学理论构建的、关注教也关注学的新教科书。当时的士人事实上已经意识到旧教材与新教科书之间的巨大差距，甚至认为，即便教旧内容，也应该用新形式。许之衡1905年就指出，经学乃孔子之教科书，今人能够完全理解者极少，这因为旧教材与今天的新教科书不同，“使易以今日教科书之体例，则六经可读，而国学永不废”[2]。这实际上等于已经承认旧教材不如新教科书效果好。张之洞更是明确表示，中学之“存”不能不靠西学之“讲”。[3]可见，现代意义的教科书闪亮登场完全是时代所需，是应运而生，而且一出现，就以摧枯拉朽之势取代了旧教材，新式教科书地位得以确立。到《最新教科书》出现时，教材的性质发生了巨大的变化，在文本意义上真正实现了教与学的统一，以“教科书”命名的现代新式教科书全面登场，完成了由纯粹的教本、读本向教学结合文本的转型。

再次，早期教科书为我国的现代化进程培养与输送了大批新式人才。到第二次鸦片战争之后，洋务派及当时的先进知识分子基本上已经认识到中国落后于西方，主要是人才的培养落后，是科学技术落后。因此，中国要改变落后挨打的局面，就必须发展新式教育，大力培养人才。而新式教育的成功，依赖于新式教科书。19世纪末20世纪初，中国历史的进程到了一个极具转折意义的时刻，新式学堂如雨后春笋般涌现，一批最不能遗忘的教科书诞生了，演绎了一幕思想大启蒙、科学大传播的历史教育剧，它们为启民智、新民德，培养大批现代社会的呐喊者和建设者，作出了重要的知识贡献和人才储备。

章开沅先生曾经为戊戌变法的失败找原因：“百日维新是幸逢其时而不得其人。”[4]这是非常有道理的。不过，戊戌变法的失败也许还与新教育即开而未开，新教科书即出而未出，即将找到但还没有大规模实践传播改革思想的媒介或工具有关。在这一意义上，确实是“不得其人”。即便在士大夫精英中，有新思想、新知识者也寥寥无几，更不要说普通民众了。这个时候，任变法者颁布的维新诏令雪花般飞舞，也只能看作主观愿望，一厢情愿。社会还没有准备好，心态、舆论、思想、观念都还没有准备好迎接这场变法。所以，不管是谁，都无法完成这场不能完成的变法，它失败得如此迅速也就在情理之中了。谭嗣同曾经自责性急而导致事情不成。其实，性急也就意味着时候还不到，之所以时候不到，是因为新思想之星火还未成燎原之势，人才还没有储备到基本够用。

几年后情况变了。维新变法以后十余年，几乎是新思想、新观念如火如荼的燎原时期，其中新教育、新式教科书教材起了重要作用，它把新思想、新观念传播到千家万户，由此推动了近代中国

[1] 罗志田. 裂变中的传承：20世纪前期的中国文化与学术[M]. 北京：中华书局，2003：143.
[2] 许之衡. 读国粹学报感言[J]. 国粹学报，1905（6）：4.
[3] 罗志田. 裂变中的传承：20世纪前期的中国文化与学术[M]. 北京：中华书局，2003：143.
[4] 章开沅. 改革也需要策略[J]. 开放时代，1998（3）：12-13.

启蒙高潮的形成。严格地说，辛亥革命的成功一定程度上与当时的变革舆论的传播和革命思想的宣传有密切关系。当时初步的民主自由的思想、宪政共和的观念随着海量新式教科书铺天盖地而来。以《最新教科书》为例，1904年一经出版便势不可挡，在那毫无现代化营销渠道的时候，“未及数月，行销10余万册”[1]。1907年有传教士惊叹，商务印书馆“所编印的优良教科书，散布全国”[2]。民智为之而开，民德为之而新，武昌的枪炮声尚未完全平息，许多地方已经插上了革命的旗帜。读书声辅佐枪炮声，革命的成功乃成必然。没有教科书的普及，就不会有民众思想与观点的前期储备，就不会有辛亥革命的一呼百应。某种意义上，教科书的出现比康有为等人深邃的著作，对普通民众的影响更大。

最后，早期教科书是中国课程与教学论的重要研究领域，它对今天的教科书建设仍具有难得的参考价值。早期教科书的内容结构与形式呈现，选文的经典性与时代性、稳定性与变迁性，作业设计与活动安排等，都是今天课程教学论需要研究的，都是教科书编写值得参考的。课程教学历史不是一个个文本，可离了文本，历史难以企及。今天看来，几乎教科书的所有要素、结构与类型，都发生并完成在19世纪后期至20世纪20年代，以后只是在这些基础上的漫长提质过程。我们完全可以从今天的教科书中看到百年前教科书的样子。遗憾的是，总体上我们对这一时期的教科书研究还不够，这是一个学术开拓空间非常广阔的研究领域。教科书是一个跨学科、综合性的资料库和研究域，种类繁多的教科书，对政治、经济、文化、教育有全方位的反映和描述，是研究该时期社会思潮、观念认识、语言形态、乡风民俗、价值观、人生观等领域的鲜活而宝贵的历史材料。大部分学科可以从中获取本学科需要的早期研究史料及发展素材。这是一个没有断裂的、连续的而又变化的学科发展史的活资料库。难怪不同学科的科学史专家对现代科学引入、发展与定型的研究几乎都要盯着早期教科书。[3]

三

几乎没有教科书可以溢出教科书史的范畴，也几乎没有一个教科书文本能够挣脱教科书史的发展谱系而天然地、孤立地获得价值。教科书一定是继承的，也是创新的；一定是独立的文本，也是系列文本。站在教科书的历史延长线上，摆在我们面前可资借鉴的精神遗产既广阔又复杂。系统梳

[1] 王建军. 中国近代教科书发展研究[M]. 广州：广东教育出版社，1996：111.

[2] 林治平. 近代中国与基督教论文集[C]. 台北：宇宙光出版社，1981：219.

[3] 比如郭双林著《西潮激荡下的晚清地理学》（北京大学出版社2000年版）、邹振环《晚清西方地理学在中国：以1815至1911年西方地理学译著的传播与影响为中心》（上海古籍出版社2000年版）、杨丽娟《地质学在中国的传播与发展：以地质学教科书为中心（1853—1937）》（浙江古籍出版社2022年版）、张仲民等《近代中国的知识生产与文化政治：以教科书为中心》（复旦大学出版社2014年版）等，甚至本杰明·艾尔曼《中国近代科学的文化史》（上海古籍出版社2009年版）等，都把早期教科书与早期科学的发展紧密关联起来。

理其实很难，厘清它们的背景与意义更难。本套书涉及的教科书覆盖1840—1949年晚清民国中小学主要学科。而在清中晚期，学堂课程并未定型，很多学科边界也不明晰，教科书本身也未定型，诸如格致教科书、博物教科书、蒙学课本、蒙学读本等均属于这种情况，均有综合类教材的色彩。一些教科书按今天的课程命名不好归类，一些教科书更是随着课程的选取而昙花一现，这都给我们今天的梳理带来了困难。所以，有些早期教科书也许出现在不同分卷上，比如格致教科书，有可能出现在物理卷，也可能出现在化学卷、生物卷。同理，也有些早期教科书因为分类不明晰，所以各卷都可能忽视、遗漏了它。也有些教科书实在不好命名，比如早期的修身、后来的公民一段时期也出现过“党义”“三民主义”等等，都和今日之课程名称不能完全对应。

教科书发展史的梳理需要依赖过去师生用过的文本，这是历史上的课堂教学活动仅存下来的几种遗存之一。本套书的一个特点就是看重教科书实物，这遵循了我们的研究原则：不见课本不动笔，不见课本慎动笔。我们很难想象离开教科书实物的教科书脉络的梳理。无文本，不研究，慎研究。就好像中国的小说史、诗歌史、电影史研究，甚至任何文本研究，离开文本，一切都是浮云。特别是教科书，它和其他任何文本不一样，因为其他文本都有独一无二的名称，独一无二的作家，一提起某某人的某某书，大家就有明确的指向性，绝不会混淆犯晕，研究者和读者可以在同一文本上展开对话。比如曹雪芹的《红楼梦》，茅盾的《子夜》。唯有教科书是名称高度雷同的文本，我们说“历史”，说“数学”，几十年上百年一直这么说，成百上千的、完全不一样的文本都是这个名称，因此让研究者和读者很难迅速在同一文本上展开对话的命名，如果不展示文本的实物图像，很容易让人云里雾里一时半会进不了主题。如何让读者明白我们是在讨论这本《历史》，而不是那本《历史》？

由此，本套书特别关注图文结合，简称“图文史”。适时展示教科书实物照片，让读者能够比较清晰地知道我们在讨论哪一种教科书。而且，以图证史、以图佐文也是我们的重要追求（沿袭了《新中国中小学教科书图文史》的风格）。南宋史学家郑樵曾在《通志·图谱略》中谈到图文结合的价值是“左图右史”“索象于图，索理于书”。足见图像对学理呈现的重要性。确实，有时图像比文字包含更多的东西。英国著名史学家彼得·伯克（Peter Burke）在《作为证据的图像：十七世纪欧洲》（*Images as Evidence in Seventeenth-Century Europe*）一文中提出，图像是相当重要的历史证据，要把图像视为“遗迹”或“记录”，纳入史料范围来处理。他著有《图像证史》（北京大学出版社2008年版）一书，专门研究怎么让图像说话。在他看来，现在的学界已经出现了一个“图像学转向”（Pictorial Turn）。

本套书以时间为经，以学科为纬，以文领图，以图辅文，由语文（国语、语文）、数学（含珠算）、外语（英语、日语、法语）、科学、物理（含格致等）、化学、生物、德育（修身、公民、政治）、历史、地理（含地文学、地质学等）、音乐、体育、美术共13册组成。这套书与《新中国中小学教科书图文史》（广东教育出版社2015年版）衔接贯通，比较系统地呈现出一个多世纪以来中国近现代中小学教科书的发展历史，也算了却我们一个心愿。

这套书的编写非常艰难。一是作者的组织不易。从事教育史、学科史研究的学者相对较多，即便是学科课程史也有不少研究者，但长期研究教材史（像内蒙古师范大学的代钦教授之于数学教材史、上海师范大学的胡知凡教授之于美术教材史）的学者还是相当少的，长期研究教材史而又有暇能够参与本套书编写的人更少，能够集中一段精力主动参与本项目的研究者更是少之又少。二是虽然我们最后组织了一个小集体，但这些作者多是高校的忙人，有的还是大学的校级领导，尽管他们已经尽力了，但让他们完全静下心来如期而高质量地完成任务还是很难。三是项目进行期间遭遇三年新冠疫情，而要较好地完成这套书，需要翻阅大量教科书文本实物，疫情使得我们几乎没有办法走进首都师范大学教科书博物馆，更不要说将书中文本与实物一一对应，而有些文本的照片及其清晰度又几乎是必不可少的。这一切因素都直接影响了本套书的进展，也影响了书中一些照片的品质，加之受限于作者和主编的水平导致各卷质量多少有些不均衡，难免遗憾。还有方方面面不必一一言说的困难。说实在的，我这个主编有时候很有挫败感，也很难受。不仅我难受，有些作者也被我逼得很难受，逼得他们害怕收到我的微信，逼得他们害怕回复我的要求。对不起这些作者！感谢之余，希望得到他们的谅解。

主编难，作者难，责任编辑也很难。

难为广东教育出版社的卞晓琰、林检妹、黄倩及其团队成员了。他们要面对作者，面对主编，面对多级领导，面对一而再再而三进行的审读与检查，面对有时候模糊不清的照片和让人提不起神的文字。他们要一一解决，一一突破。他们做到了，只是多耗了一杯又一杯的猫屎咖啡，多熬了一个又一个的漫漫长夜。面对他们的执着与认真，我们还能松懈、还敢松懈吗？我们的水平不易提高，态度还是可以端正的。感谢他们！

感谢广东教育出版社社领导多年来的支持与看重。曾经有学界朋友对我说：你们的成果要是在北京的国家级出版社出版就好了！我笑笑。我以前说过：我看重认真做我们的书的人和出版社。今天我还是这么说，我依然把郑重对待一个学者的学术成果作为选择出版社最重要的标准，这就是我们选择广东教育出版社的原因。感谢他们！感谢广东教育出版社几任社领导及其具体操持者对我们作品的看重！

感谢时任教育部教材局局长、现在是我的同事的田慧生教授长期对我们的关心！感谢首都师范大学孟繁华教授对我们研究成果的支持！感谢首都师范大学教育学部、教育学院及首都师范大学教科书博物馆提供的各种帮助与便利！感谢我的同事和我们可爱的博士、硕士团队！感谢给我们直接、间接引用了其研究成果或给我们以启发的所有专家学者！感谢在心，感激在心，感恩在心。

2024年7月20日于北京学堂书斋

（石鸥，首都师范大学教育学部教授、博士生导师）

目录

第一章

晚清国文、国语教科书之涌现

在中国传统文化整体性思维的影响下，古代教育文、史、哲不分，没有“国文”“国语”科。19世纪60年代之后，中国开始了新式教育的艰难求索，蒙学读本不断修订与新编。20世纪初，伴随着《钦定学堂章程》及《奏定学堂章程》的颁布实施，中国现代教育蓬勃发展，分科设编的国文国语教科书名目繁多、种类纷杂，中小学教科书审定制开始确立。

第一节
国门开放与蒙学读本变化

中国传统蒙学教育一般指针对七八岁至十五六岁的儿童教育。这一教育形式到汉代已基本成熟，但多见于宫廷或达官贵人子弟间。宋朝之后，蒙学教育逐步推广到一般庶民子弟中，成为私学教育的重要组成部分，《三字经》《百家姓》《千字文》成为广泛流传的蒙学读本。伴随着晚清巨变，有识之士逐渐意识到，语言文字作为所有学科的基础，不仅是日常交流的工具，更是体现中国人特性的最基本所在。新的识字与读写教学开始探索，各类新式蒙学读本陆续编撰。

一、传统蒙学读本之增补

蒙，源于《易·蒙卦》："蒙：亨。匪我求童蒙，童蒙求我"，注释为"童蒙之来求我，欲决所惑也"。[1] 这被认为是最早的蒙学论述，蒙学的概念也是据此提出的。蒙学读本是专为学童编写或选编，在小学、书馆、私塾、村学等蒙学场所中进行启蒙教育的课本，又称为"蒙养书""小儿书"。蒙学读本的编写，上自周秦，迄今已有两千多年的历史，据张志公所编《蒙学书目稿》统计，蒙学教本有21目次619种之多。[2]徐梓的《中国传统蒙学书目（初稿）》在此基础上作了增补，达1300余种。[3]在中国蒙学教育中，识字是重要环节，是读写计算的基础。周秦以降至汉，陆续出现多种识字教材，如《史籀篇》《仓颉篇》《凡将篇》《训纂篇》等，其中西汉史游编撰的《急就篇》流传甚广。宋末元初出现的《对相识字》是世界上最早出现的图文对照蒙学读本。《三字经》是宋代以后中国民间采用最为普遍的蒙学读本，被誉为"蒙学之冠"。[4]

清代语言学家王筠编著《文字蒙求》与《教童子法》，明确"蒙养之时，识字为先，不必遽读书。先取象形指事之纯体教之，识日月字，即以天上日月告之，识上下字，即以在上在下之物告之，乃为切实。……能识二千字，乃可读书"。[5]齐如山曾回忆道："我们读完《三字经》，即

[1] 《十三经注疏》整理委员会整理，李学勤主编. 十三经注疏[M]. 北京：北京大学出版社，1999：37.

[2] 张志公. 传统语文教育初探[M]. 上海：上海教育出版社，1962：148.

[3] 徐梓，王雪梅编. 蒙学要义[M]. 太原：山西教育出版社，1991：附录.

[4] 宁波市鄞州区政协文史资料委员会. 蒙学之冠：《三字经》及其作者王应麟[M]. 宁波：宁波出版社，2007：44.

[5] 王筠. 教童子法[M]. 上海：商务印书馆，1937：1.

念唐诗绝句，认篆字，读说文，然很浅，不过是《说文建首字读》及《文字蒙求》之类。”[1]1903年，京师大学堂编书处颁布的《暂定各学堂应用书目》，其中有苗夔的《说文建首字读》，还有王筠的《文字蒙求》。

1. 王筠编著《文字蒙求》

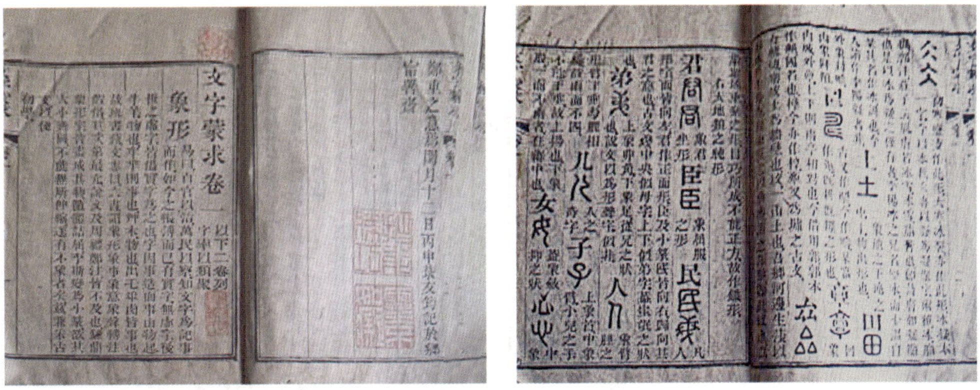

1-1-1

图1-1-1 《文字蒙求》卷一，1846年刻本

王筠（1784—1854），清代文字学家。字贯山，一字箓友，山东安丘人，道光举人，官山西乡宁知县。博涉经史，著《说文释例》《说文句读》《说文释例补正》《说文句读补正》《说文系传校录》，合称为《王氏说文五种》，另有《禹贡正字》《毛诗重言》《四书说略》等。[2]

《文字蒙求》共四卷，1838年刊本，原名《字学蒙求》，1846年于乡宁署斋修正重订时改为此书名。王筠在《说文解字》中选取2044个基本字，按象形、指事、会意、形声四类进行纂述，其中象形字264个、指事字129个、合体会意字1260个、形声字391个。每个字以楷、篆并列，间取金文，各字的解释较为简明。1904年，《文字蒙求》还有学务处刊本。

2. 苗夔著《说文建首字读》

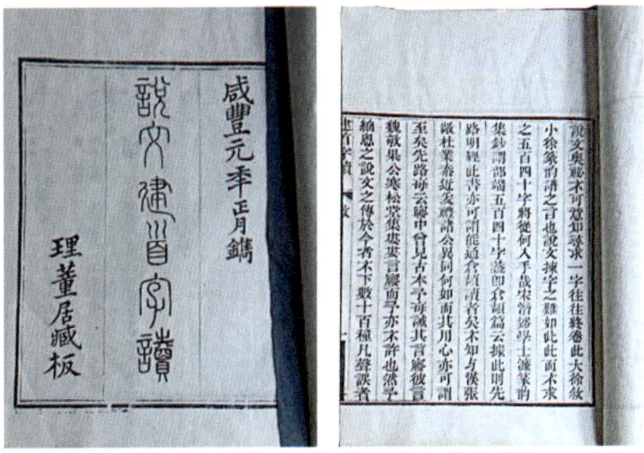

1-1-2

图1-1-2 《说文建首字读》，理董居藏板，1851年版

[1] 齐如山. 齐如山自述[M]. 合肥：安徽文艺出版社，2014：6.
[2] 张岱年. 中国哲学大辞典[M]. 上海：上海辞书出版社，2010：646.

苗夔（1783—1857），清代文字音韵学家。字仙簏，直隶肃宁（今属河北）人，道光优贡生。治《说文》，精声韵学，曾将顾炎武的古音表十部改定为七部。著有《说文声订》《说文声读表》《毛诗韵订》《说文建首字读》等。[1]

《说文建首字读》为一卷，于1851年刊刻。此书“用韵语读五百四十字”，部首点为句读，句用点，韵用圈，间句韵用双圈，隔句韵用双点，“语法似荀子成相篇”[2]。

3. 何桂珍编著《训蒙千字文》

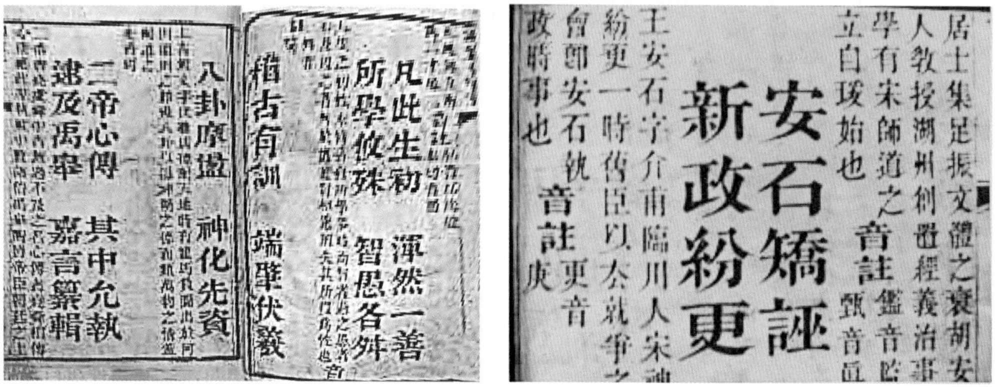

1—1—3

图1—1—3 《训蒙千字文》，出版信息不详

何桂珍（1817—1855），字丹溪，亦字丹畦，号子香，又号南林居士，云南师宗人。清道光十八年（1838年）进士，选庶吉士，以文学书法之优授翰林院编修，对宋明儒家哲学思想及文字学、训诂学、音韵学等均有研究。据《国史忠义传》载，1850年，桂珍返京，“命在上书房行走，授孚郡王读，时文宗（即后来的咸丰皇帝）显皇帝亦读书潜邸，桂珍以学问受上知”。因而何桂珍与咸丰皇帝有天子门生之关系。[3]

何桂珍编著的《训蒙千字文》，与《千字文》一样，由1000个不重复的汉字组成，正文四字一句，音韵流畅，另附注释若干。全书以记述形式，阐述了上自远古时的伏羲氏，下至清初社会名流，如尧、舜、禹、汤、文、武、周公至孔子等人物的重要思想以及与之相关的历史事件。全书突出程朱理学，从论道、论理入笔，揭示出人禀受于天地之间而成性，且并立而称之为三才也，文中许多句子如“懿惟至道，人禀厥性”“鼎沸谁支，诸葛挈领，廿载卧龙，淡泊凝静”等，均为著名历史名人典故或其政绩，还有部分史学中极精警的格言，文后的注释突出了何桂珍对人、对事、对物的精辟见解。

[1] 邱树森. 中国历代人名辞典[M]. 南昌：江西教育出版社，1989：1023.

[2] 何仲英. 新著：中国文字学大纲[M]. 上海：商务印书馆，1922：157.

[3] 杨朝俊，龚金才. 新编曲靖风物志[M]. 昆明：云南人民出版社，1999：223.

1854年，何桂珍在给咸丰皇帝进呈的《训蒙千字文》疏中进一步指出，“恭读雍正四年上谕，士为四民之首，士习不端，民风何由而正？其间关系极为重大”，因此“臣于道光二十四年，窃仿《小学》遗意，著有训蒙千言，坊间梓行已久，惟注释在正文之后，学童不暇究心，嗣复增减旧注，载于每句之下，庶几童蒙易知”。[1]又在《进呈训蒙千字文序》中明确“圣功端重蒙求”，因此“仿周氏千言之作，为学童三复之资。……文次以韵，征引不惮其烦；意余于言，注释各从其类”。[2]

何桂珍编著的《训蒙千字文》曾进呈咸丰皇帝阅览，得蒙恩准数次刊行流通，成为一部全国发行的教育读本，至光绪年间又经云南知名书家陈荣昌手书刊行并收入《云南丛书》[3]。

4. 贺兴思注解《三字经注解备要》

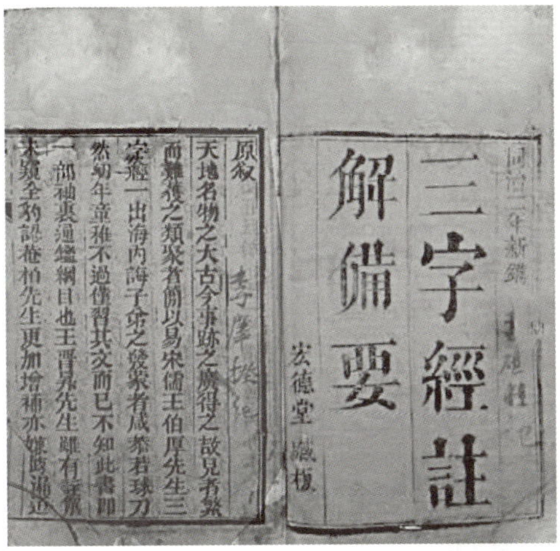
三字經註
解備要
宏德堂藏板

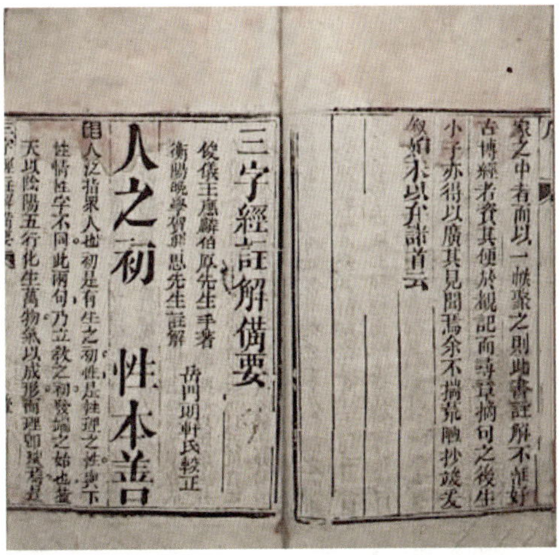
三字經註解備要
人之初 性本善

1—1—4

图1—1—4 《三字经注解备要》，宏德堂藏板，1863年版

贺兴思（1815—不详），湖南衡阳人，清代学者。

清道光年间（1821—1850），贺兴思用四万余字将童蒙经典《三字经》重新订补，后以《三字经注解备要》为名出版。《三字经注解备要》“序”写有“道光庚戌春，余适锦城偶得衡阳贺兴思先生编辑《注解俗讲》一书，翻阅未竟，不禁欣然”[4]。此书内容涉及范围广，突出介绍历史、地理、人物知识，“犹如一本简明中国历史读本”[5]。

[1] 史守春. 史守春解读训蒙千字文[M]. 昆明：云南人民出版社，2015：311-312.

[2] 璩鑫圭. 鸦片战争时期教育[M]. 上海：上海教育出版社，2007：377.

[3] 杨朝俊，龚金才. 新编曲靖风物志[M]. 昆明：云南人民出版社，1999：224.

[4] 璩鑫圭. 鸦片战争时期教育[M]. 上海：上海教育出版社，2007：374.

[5] 宁波市鄞州区政协文史资料委员会. 蒙学之冠：《三字经》及其作者王应麟[M]. 宁波：宁波出版社，2007：44.

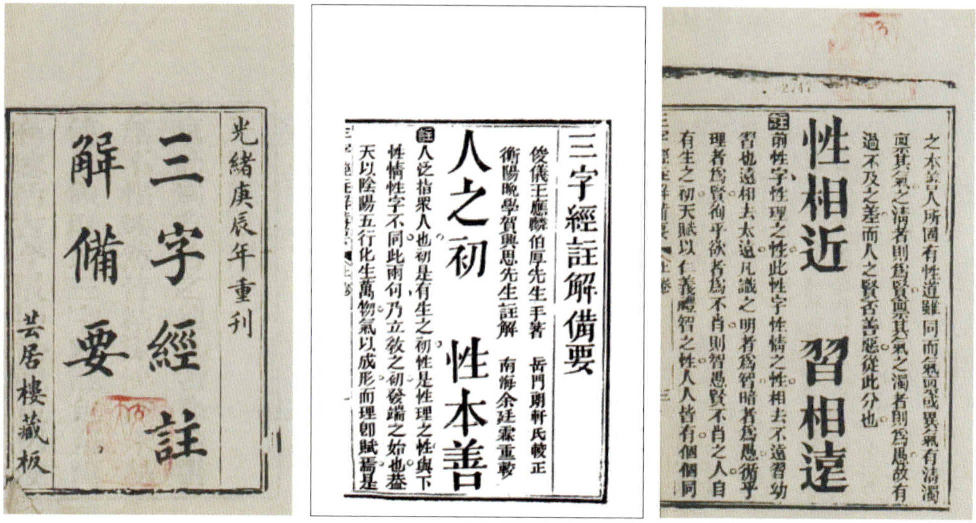

1-1-5

图1-1-5 《三字经注解备要》，芸居楼藏板，1880年版

1880年重刊的《三字经注解备要》（芸居楼藏板），在“原叙”前有1873年刘春溥撰“三字经注序”、1872年沈士杰的“识”、1863年贺守愚的“得书源序”，在“原叙”之后有1872年余廷霖的“三字经注序”。

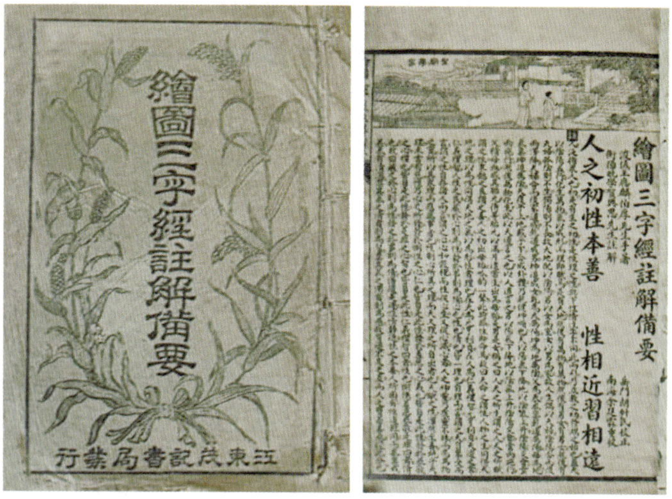

1-1-6

图1-1-6 《绘图三字经注解备要》，江东茂记书局，出版时间不详

《三字经注解备要》有文字版和插图版，所见《绘图三字经注解备要》呈现形式主要为上图下文，有父慈子孝图、圣门讲道图、六畜图等传统插图，也有地球图、全国地图、四时运行图等反映现代西学知识的插图。值得关注的是，书中配有大幅“文庙孔子四配十二哲牌式”插图，彰显对孔子等儒学圣贤的尊崇。《绘图三字经注解备要》开篇即呈现孔子肖像插图。

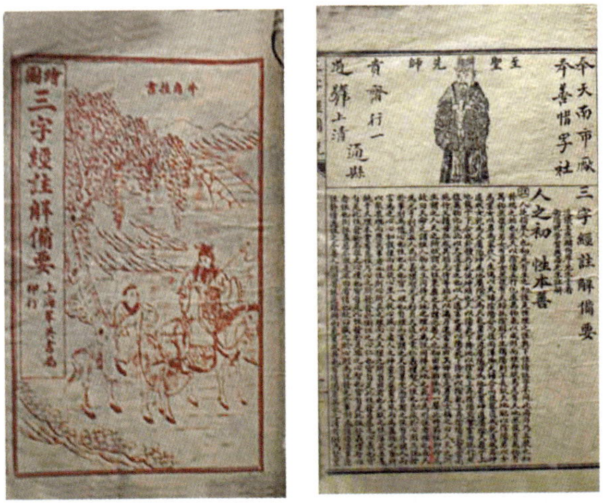

1—1—7

图1—1—7 《绘图三字经注解备要》，萃英书局，出版时间不详

《绘图三字经注解备要》流传非常广，江东茂记书局、安东诚文信书局、上海萃英书局、上海昌文书局等均有印行，封面主要为红色。1928年上海昌文书局印行时，在封面标注有时间。

5. 其他同类的《三字经》《千家诗》《百家姓》等蒙学书籍的呈现

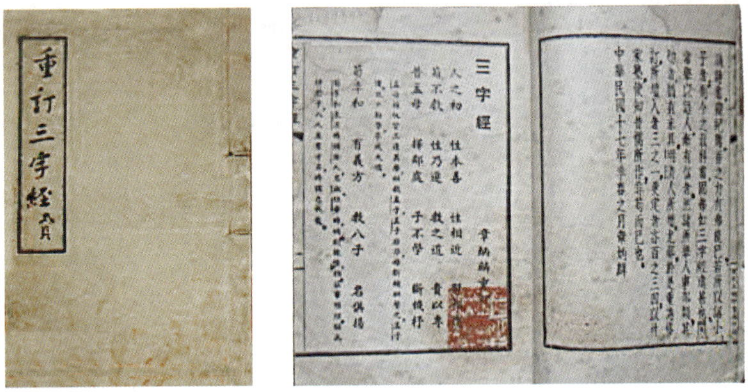

1—1—8

图1—1—8 《重订三字经》，汉文正楷印书局，1935年版

章炳麟（1869—1936），初名学乘，字枚叔，后改名绛，号太炎，浙江余杭人。1897年任《时务报》撰述，因参加维新运动被通缉，流亡日本。1900年剪辫发立志革命排满。1903年发表《驳康有为论革命书》，并为邹容《革命军》作序，被捕入狱。1904年与蔡元培等发起成立光复会。1906年出狱后被孙中山迎至日本，参加同盟会，主编《民报》，与改良派论战。[1]曾充袁世凯总统府高等顾问，后改任东三省筹边使。1913年宋教仁被刺后参加讨伐袁世凯行动，为袁所拘禁，至袁死后被释放。1917年参加护法军政府，任秘书长。他反对新文化运动，鼓吹尊孔读经，并反对孙中山“联俄、联共、扶助农工”的三大政策。晚年愤恨日本侵略中国，赞助抗日救亡

[1] 熊月之，陈绛，姜义华，等. 中国近现代史卷[M]//夏征农，陈至立. 大辞海. 上海：上海辞书出版社，2013：246.

运动。1935年在苏州设立章氏国学讲习会，主编《制言》杂志。章氏对文字学、声韵学、经学、诸子学等都有精深研究，世称国学大师，著《新方言》《文始》《小学答问》等。[1]著述除刊入《章氏丛书》《章氏丛书续编》外，部分遗稿刊入《章氏丛书三编》。今辑有《章太炎全集》。

民国时期，章太炎推崇《三字经》等童蒙读物，"《三字经》者，世传王伯厚所作。其叙历代废兴，本迄于宋，自辽金以下，则明清人所续也。其书先举方名事类，次及经史诸子，所以启导蒙稚者略备。……余观今学校诸生，或并五经题名、历朝次第而不能举，而大学生有不知周公者"。鉴于当时教材对于古代文化知识和中华传统伦理的教授非常不尽如人意，1928年章太炎对《三字经》进行重新修订，"增入者三之一，更定者亦百之三四，以付家塾。使知昔儒所作，非苟而已矣"[2]。章太炎的《重订三字经》在民国时期较为流行。

清代安徽歙县徐士业校勘的三本蒙学书籍广为流传，分别是《三字经训诂》《百家姓考略》《千字文释义》。其他同类书也较盛行。

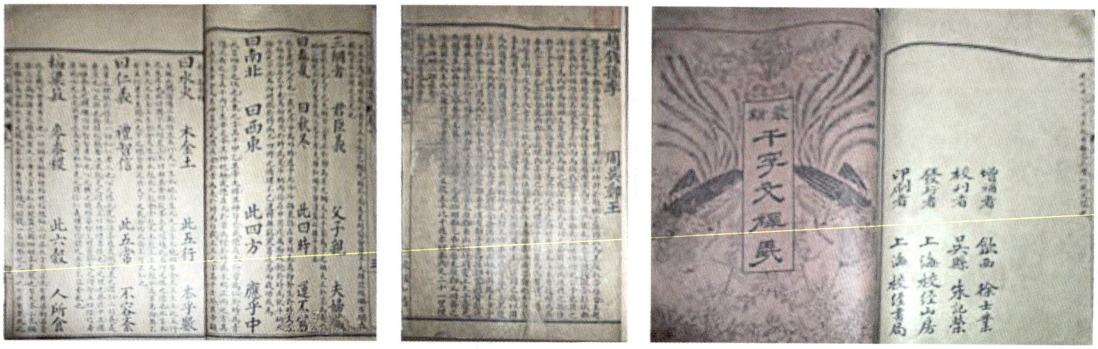

1—1—9

图1—1—9 《三字经训诂》《百家姓考略》《千字文释义》合刊，校经山房，出版时间不详

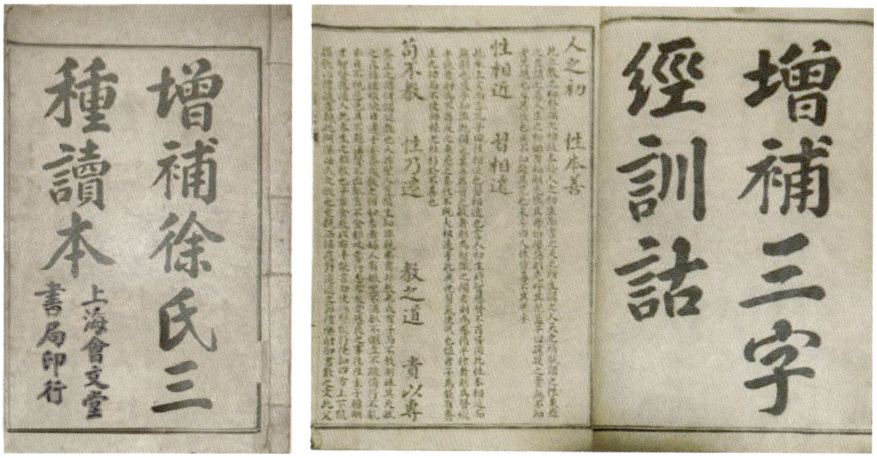

1—1—10

图1—1—10 《增补徐氏三种读本》，会文堂书局，出版时间不详

[1] 章开沅. 辛亥革命辞典：增订配图本[M]. 2版. 武汉：武汉出版社，2011：375.

[2] 章太炎. 重订三字经[M]. 5版. 上海：汉文正楷印书局，1935：重订三字经题辞.

中国传统语言文字教育从识字到基本读写训练再到进一步的阅读训练和作文训练，是一个较为完整的过程。以“三、百、千”为代表的传统蒙学读本，依据儿童言语习惯将识字教育与初步的常识教育及思想教育相结合，因其言简意赅便于诵记而受到极大关注。晚清时，这些传统蒙学读本随着时代的发展出现重辑或增订本，如王相的《三字经训诂》《百家姓考略》《新注韵对千家诗》，程允升著、邹梧冈增订的《新增幼学故事琼林》等。当时，黄寿凤编的《说文部首均语》、冯桂芬撰《说文部首歌》等《说解字文》普及读本也较为流行，直至民国时期仍在使用。

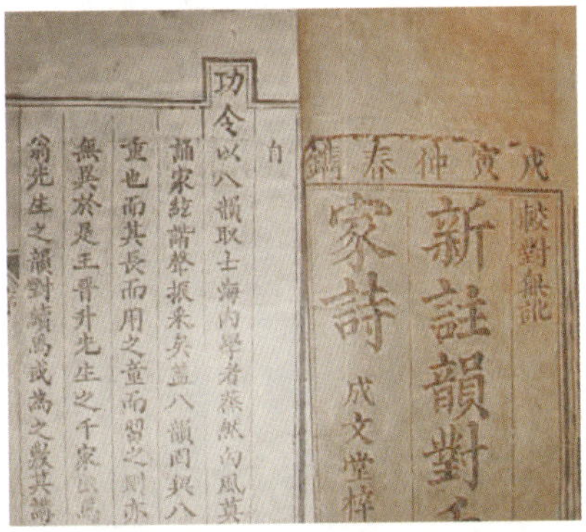

1-1-11

图1-1-11 《新注韵对千家诗》，成文堂梓，1878年版

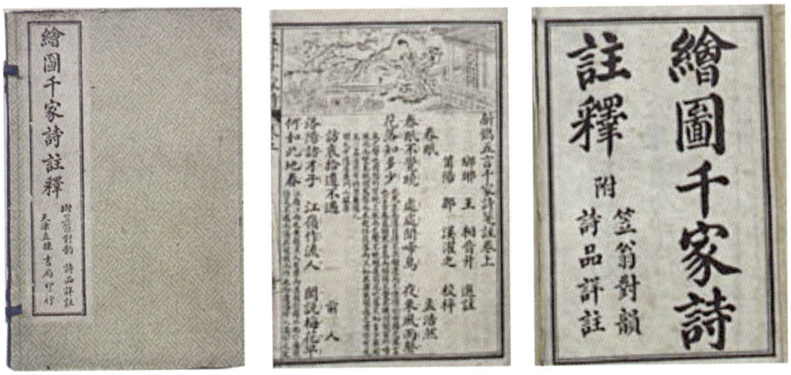

1-1-12

图1-1-12 《绘图千家诗注释》，直隶书局，出版时间不详

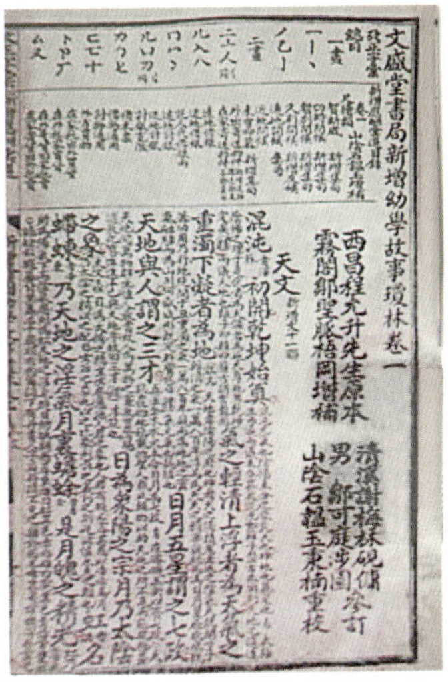

1-1-13

图1-1-13 《详校新增幼学故事琼林》（卷一），文盛堂书局，出版时间不详

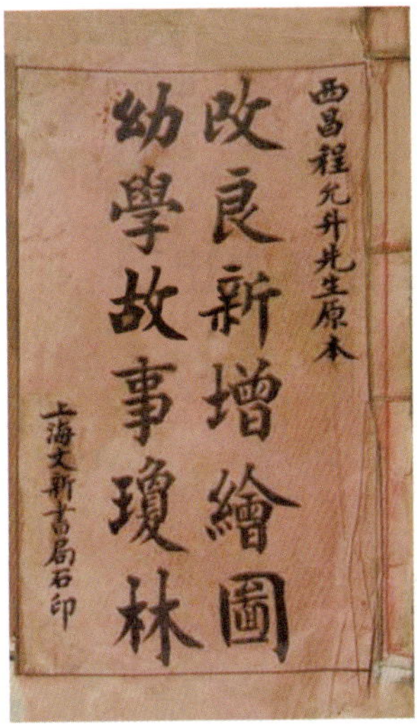

1-1-14

图1-1-14 《改良新增绘图幼学故事琼林》，文新书局，出版时间不详

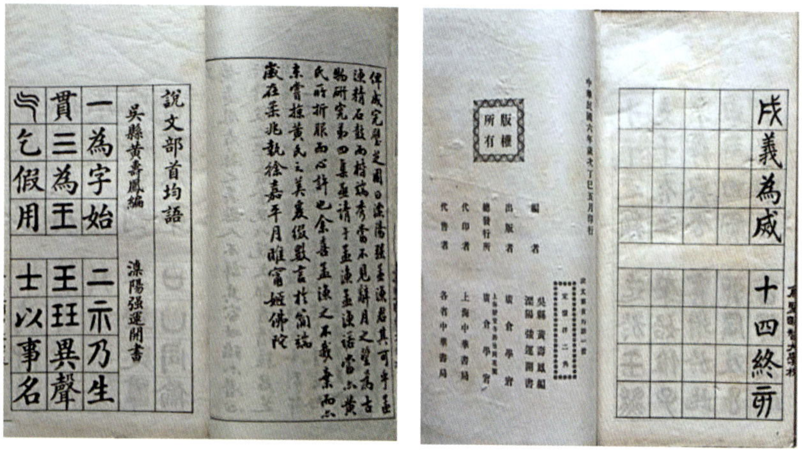

1-1-15

图1-1-15 《说文部首均语》，中华书局，1917年版

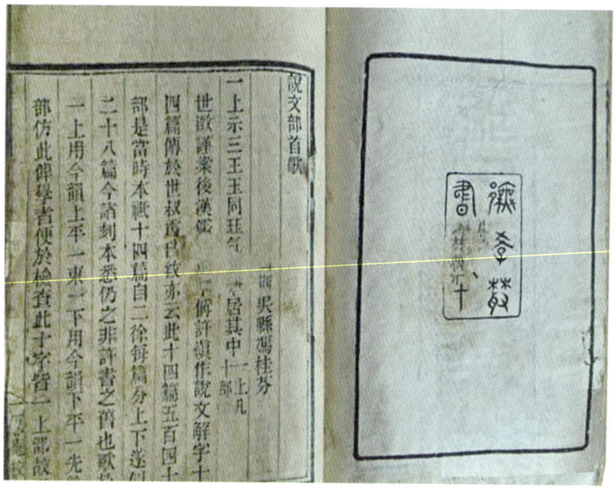

1-1-16

图1-1-16 《说文部首歌》，出版信息不详

值得关注的是，《三字经》不仅在汉族地区影响极大，还被翻译成满、蒙文字在少数民族间广为流传，如清代出现了陶格敬的《满文三字经》、崧岩富俊的《蒙汉三字经》等。

二、仿编蒙学读本之出现

在众多的传统蒙学读本中，《三字经》采用每三字一句，四句一组，隔句用韵的形式，读之朗朗上口，因此仿其而编的蒙学读本，在清乾隆年间已经出现。如1795年程思乐所著《地理三字经》介绍古代天象与风水等，全书上卷以“天成象，地成形，起须滔，发昆仑”为开篇，下卷以“山配龙，向配水，两相交，无二理”为开篇，但书中没有介绍西方科学地理学知识。

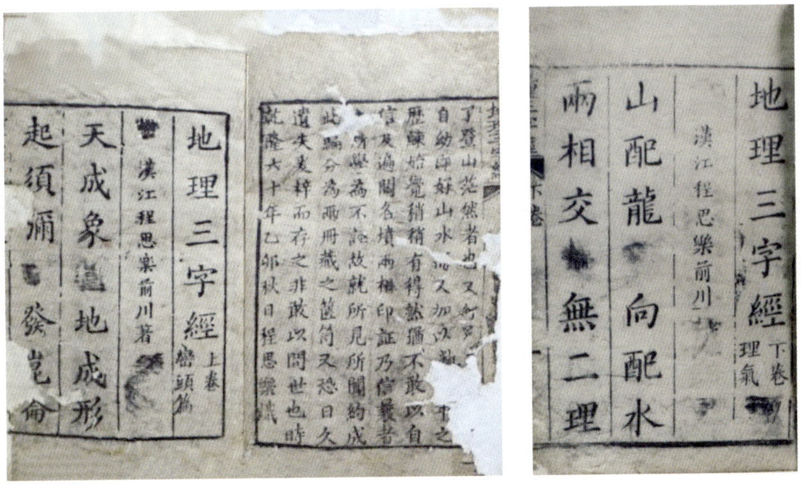

1-1-17

图1-1-17 《地理三字经》上、下卷，出版信息不详

近代以来，新编的《西学三字经》等启蒙读本不断出现，如《西学三字经便读》《时务三字经》《绘图时务三字经》《爱国时务三字经》《中外舆地三字经》《绘图中西舆地时务三字经》等。主要叙述西方科学地理学、历史学知识，也包含对中国地理介绍以及对中国时事情形的叙述等，既有战事、条约、割地等屈辱史，也有维新变法、新式学堂、兴办实业等改革举措。

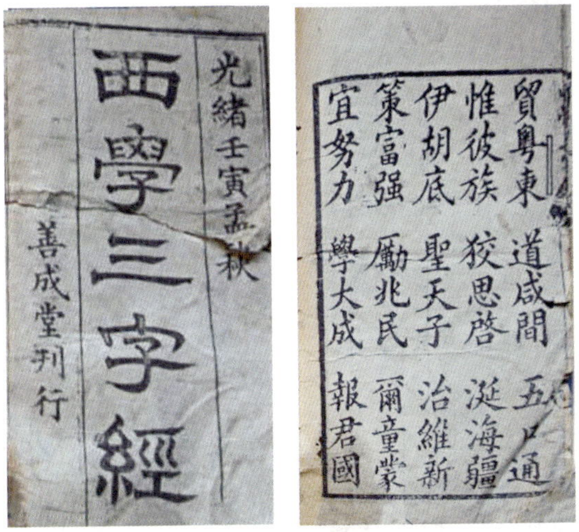

1-1-18

图1-1-18 《西学三字经》，善成堂，1902年版

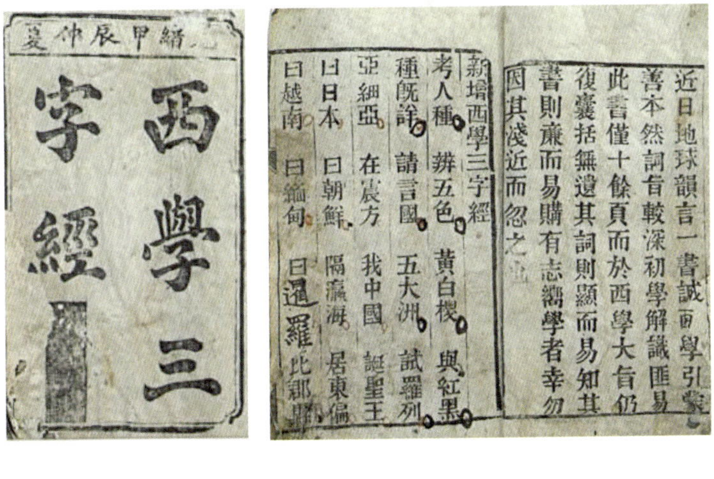

1-1-19

图1-1-19 《西学三字经》，出版者不详，1904年版

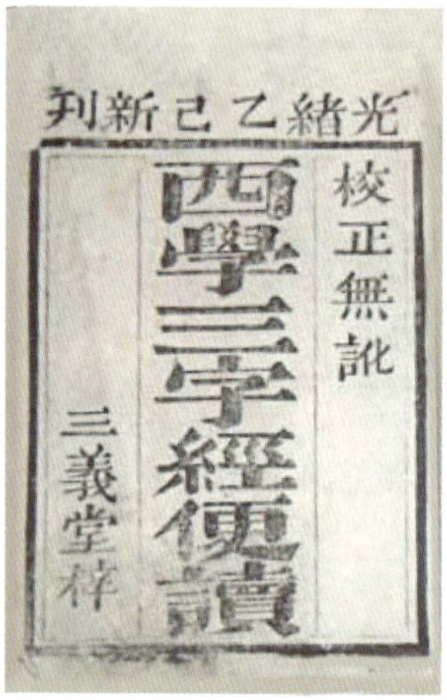

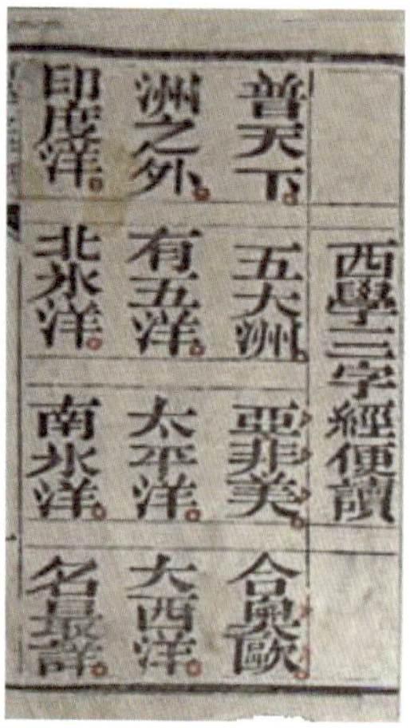

1-1-20

图1-1-20　《西学三字经便读》，三义堂梓，1905年版

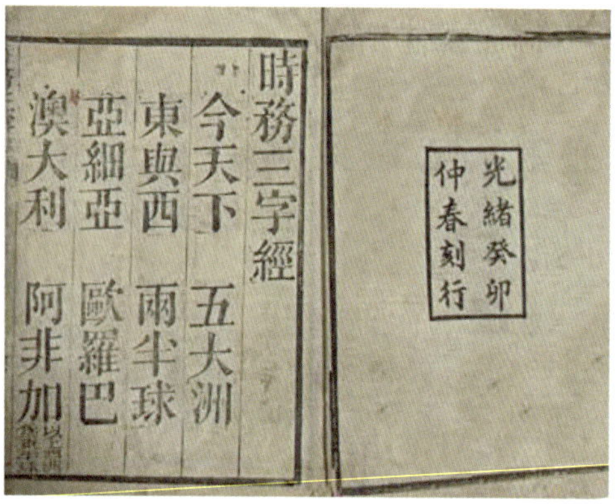

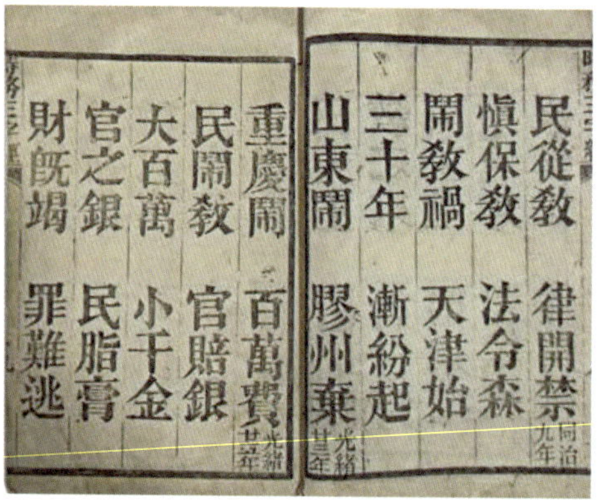

1-1-21

图1-1-21　《时务三字经》，出版者不详，1903年版

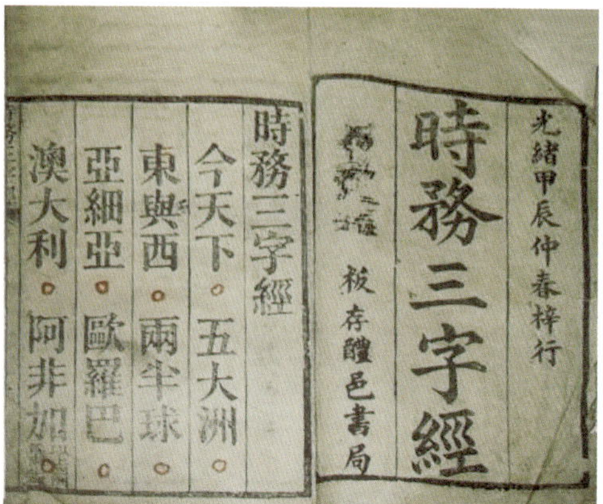

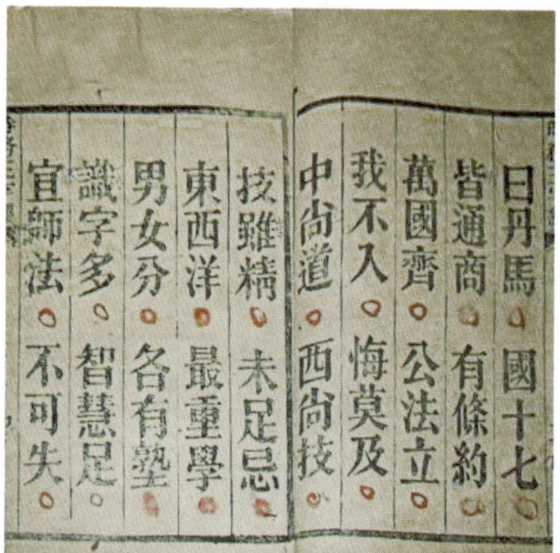

1-1-22

图1-1-22　《时务三字经》，醴邑书局，1904年版

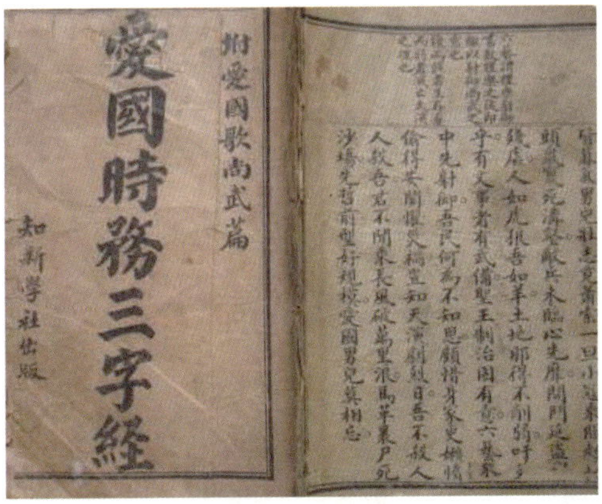

1-1-23

图1-1-23 《爱国时务三字经（附爱国歌尚武篇）》，知新学社，1907年版

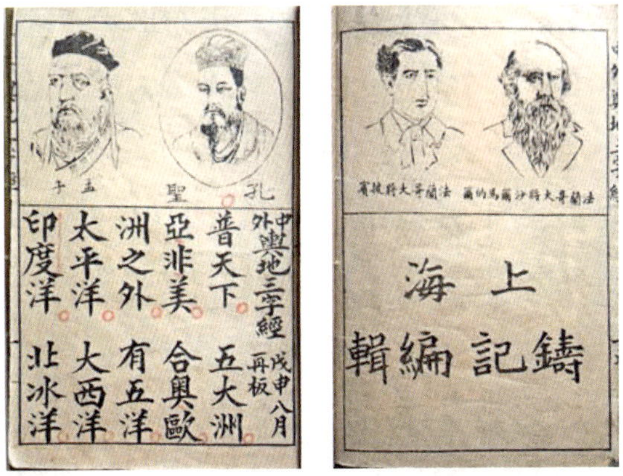

1-1-24

图1-1-24 《中外舆地三字经》，上海铸记，1908年版

这些仿编本有文字版、插图版，还有注释版，注释版文字也较为简洁。1903年的《时务三字经》版本中，有小字印刷的注释，如在“亚细亚，欧罗巴，澳大利，阿非加”的“阿非加”下方有“以上四洲为东半球”小字字样，很多事件文字的下方也有小字注释，如“三十年，渐纷起，山东闹，胶州弃”下面有“光绪廿三年”。这些仿编本传播新知识，以满足启蒙教育的新需求，影响极大。1906年，张棡在二月六日的日记中写道：“是日小宗祠内普及小学堂开堂，学生到者计三十余名。因先授以《时务三字经》及《蒙学读本》首编。”[1]

此外，当时教会学校还有《三字经》《女学三字经》等读本编撰出版。

三、新式蒙学读本之探索

1895年在中国近代史上有着特殊的意义，甲午战败，列强环伺，中华民族面临亡国灭种之危机。康有为指出“值四千年之变局”[2]，强调“夫才智之民多则国强，才智之士少则国弱”[3]。严复痛言“民力已苶，民智已卑，民德已薄”[4]，大声疾呼“开民智，鼓民力，新民德”[5]。1896年，梁启超愤懑于各地幼学教习蠢陋野悍、迂缪猥贱，在《变法通义》之《论幼学》中开篇写道，“非尽取天下之学究而再教之不可，非尽取天下蒙学之书而再编之不可”[6]。伴随着新式学堂的设立及教学改革，全新编撰的蒙学读本成为“开民智”之先导。

[1] 张棡. 张棡日记[M]. 上海：上海社会科学院出版社，2003：105.
[2] 汤志钧. 康有为政论集：上册[M]. 北京：中华书局，1981：122.
[3] 汤志钧. 康有为政论集：上册[M]. 北京：中华书局，1981：131.
[4] 王栻主编. 严复集：第1册：诗文上[M]. 北京：中华书局，1986：20.
[5] 王栻主编. 严复集：第1册：诗文上[M]. 北京：中华书局，1986：27.
[6] 钱谷融. 梁启超书话[M]. 杭州：浙江人民出版社，1998：169.

（一）陈子褒的“妇孺”系列读本

陈子褒（1862—1922），名荣衮，号耐庵，广东新会外海人，1878年中秀才，1893年“乡举第五人，与康南海先生同榜”[1]。1895年，陈子褒参与“公车上书”，积极投入“专为中国自强而立”的强学会。强学会明确“聚天下之图书器物，集天下之心思耳目，……以广见闻而开风气，上以广先圣孔子之教，下以成国家有用之才”[2]。1895年底，陈子褒开始编撰以“妇孺”冠名的《妇孺须知》《妇孺浅解》等新式识字教科书。

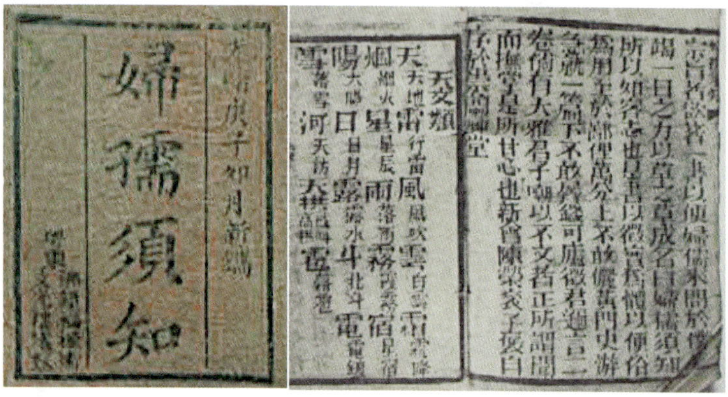

1-1-25

图1-1-25　《妇孺须知》，粤东文光楼藏板，1900年版

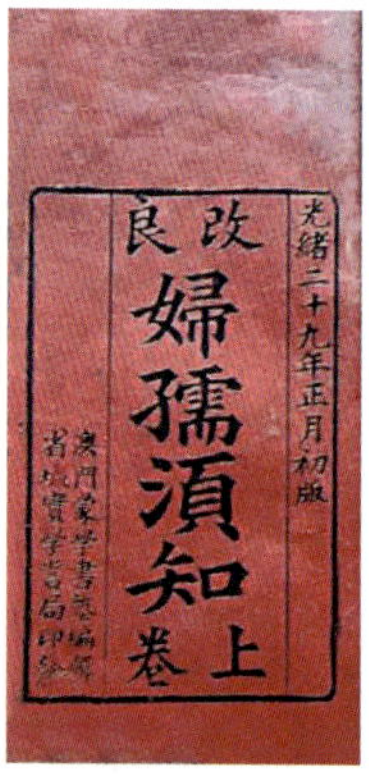

1-1-26

图1-1-26　《改良妇孺须知》上卷，省城实学书局，1903年版

《妇孺须知》明确“以便俗为实用”[3]，字类分天文类、时令类、人伦类、草木类、宫室类、珍宝类、首饰器用类、虚字类等。《妇孺须知》是中国第一本新式分类识字课本，也是第一本白话文教学用书，全书无图，无课标识，无标点。陈子褒注重识字教学中的声律启蒙，强调“声入心通，乐何如之”[4]，并且提出识字“串认之法”以及温字“锡片之法”。

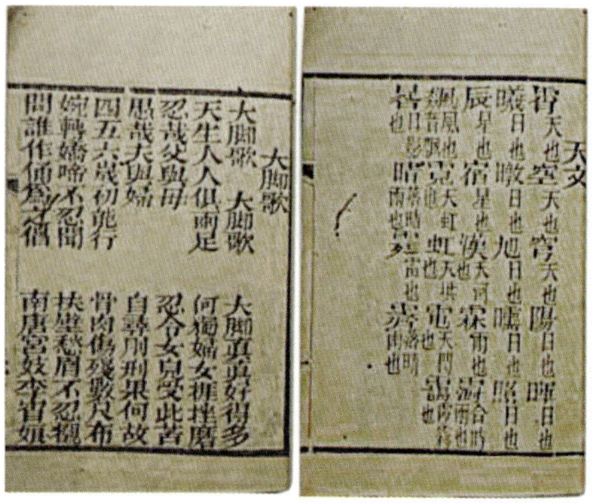

1-1-27

图1-1-27　《妇孺浅解》，粤东鸿都阁藏板，1897年版

[1] 陈子褒. 教育遗议[M]. 台北：文海出版社，1973：4.

[2] 康有为. 康有为全集：第3集[M]. 上海：上海古籍出版社，1990：196.

[3] 澳门蒙学书塾. 改良妇孺须知：上卷[M]. 澳门：省城实学书局，1903年初版：例言.

[4] 澳门蒙学书塾. 改良妇孺须知：上卷[M]. 澳门：省城实学书局，1903年初版：例言.

1896年，陈子褒在《妇孺须知》的基础上编辑《妇孺浅解》，也是新式识字类教学用书，有图。《妇孺浅解》内容分两部分，第一部分与《妇孺须知》一致，第二部分则是关于用粤语表达的口语内容。陈子褒为推广“用新法教各人子弟”，在1897年版的《妇孺浅解》中，将《新会广智义学捷法章程》前置于扉页之后，呈现新的“认字解字、解字之法”[1]等方法。

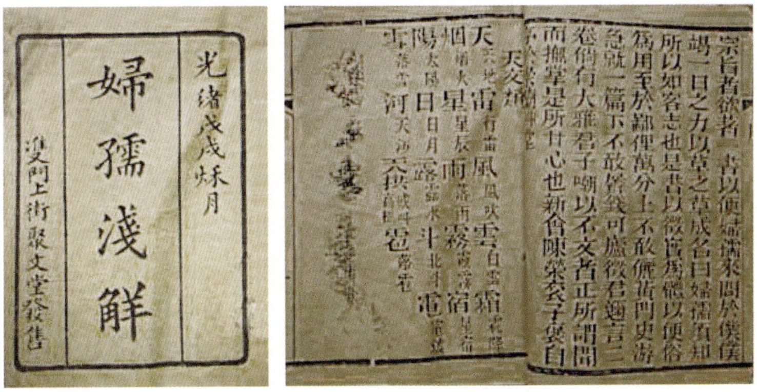

1-1-28

图1-1-28 《妇孺浅解》，澳门上街聚文堂，1898年版

陈子褒提倡注重蒙学，以求“救国之要在是矣”。他特别注重儿童成长过程中，母亲作为教育者的重要作用，“凡苦心经营，关于妇孺者尤至”[2]。他不断推出新式“妇孺”系列，如《妇孺八劝》（1896年）、《妇孺入门书》（1896年）、《妇孺三字书》（1900年）、《妇孺四字书》（1900年，与卢子骏合编）、《妇孺五字书》（1900年）、《妇孺新读本》（1900年）、《妇孺论说入门》（1900年）、《妇孺女儿三字书》（1900年）、《妇孺学约》（1901年）等。此外，这一系列还有卢子骏（湘父）编的《妇孺韵语》等。

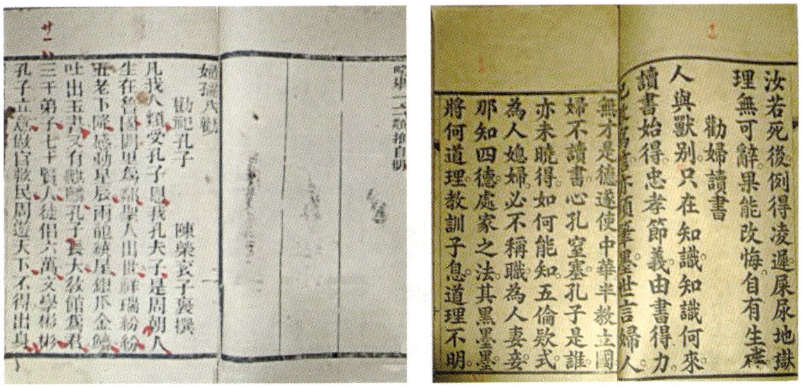

1-1-29

图1-1-29 《妇孺八劝》，出版信息不详

[1] 陈子褒. 妇孺浅解[M]. 澳门：澳门上街聚文堂，1898：1.

[2] 陈子褒. 教育遗议[M]. 台北：文海出版社，1973：4.

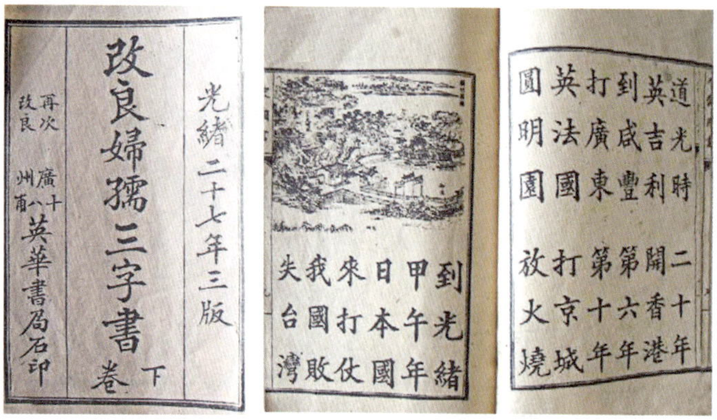

1—1—30

图1—1—30　《改良妇孺三字书》下卷，英华书局，1901年版

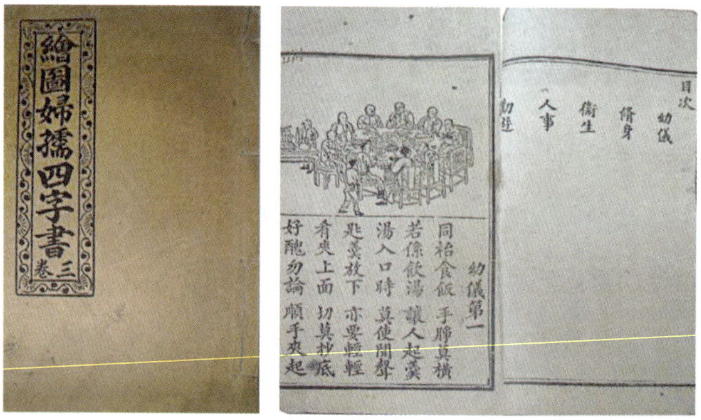

1—1—31

图1—1—31　《绘图妇孺四字书》，出版信息不详

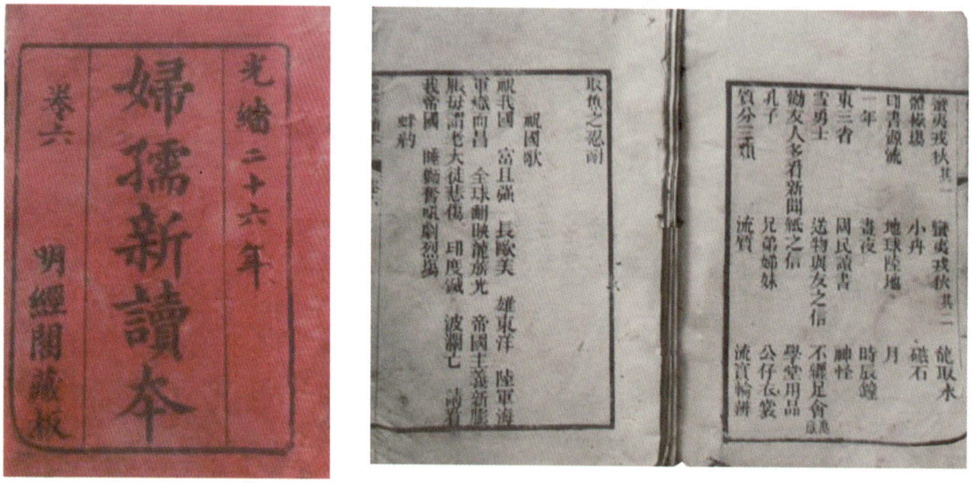

1—1—32

图1—1—32　《妇孺新读本》卷六，明经阁藏板，1900年版

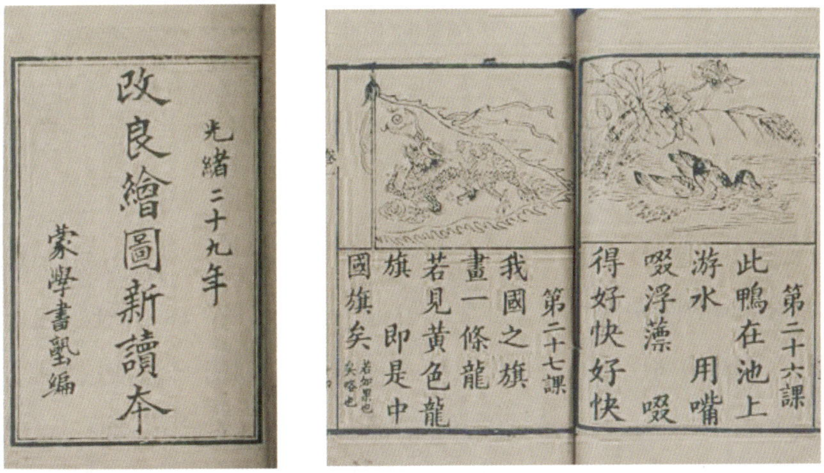

1-1-33

图1-1-33 《改良绘图新读本》，蒙学书塾，1903年版

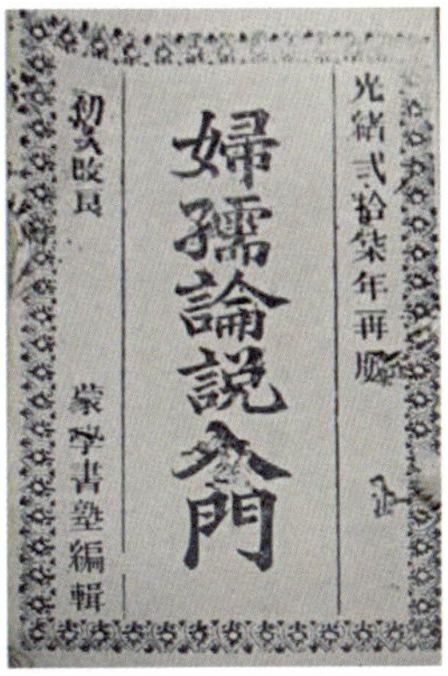

1-1-34

图1-1-34 《（初次改良）妇孺论说入门》，蒙学书塾，1901年版

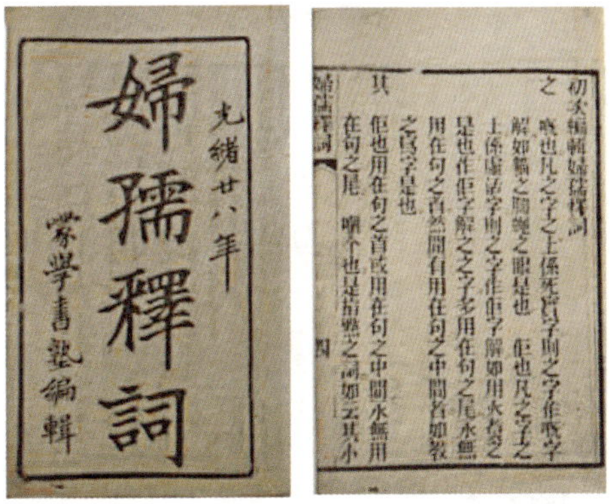

1-1-35

图1-1-35 《妇孺释词》，蒙学书塾，1902年版

1898年，陈子褒加入以“保国、保种、保教”[1]为宗旨的保国会。百日维新失败后，“先生亦以康门关系，同被通缉”[2]，于是“仓皇东渡”。在日本，陈子褒对福泽谕吉的庆应义塾之宗旨与方法尤为称赞，指出中国“诸贤皆眼光向上，而忽根本之图，徒劳而无功”[3]。回国后，他致力于童蒙教育改革，先在开平县（今开平市）邓氏私塾任教习，后于澳门设蒙学书塾，孜孜以求于蒙学教育改革。陈子褒深受中国传统蒙学读本以及日本教育经验的影响，用白话及方言编撰的“妇孺”

[1] 汤志钧. 戊戌变法史[M]. 上海：上海社会科学院出版社，2003：434.

[2] 中国人民政治协商会议广东省委员会文史资料研究委员会. 广东文史资料：第12辑[M]. 广州：广东人民出版社，1964：124.

[3] 陈子褒. 教育遗议[M]. 台北：文海出版社，1973：4.

系列，从新法识字到综合阅读再到文章作法，他尝试开创性地建构系统的中国语言文字教学内容，教学内容具有浓郁的地方特色。“妇孺”系列蒙学读本流传较广，民国时期仍然被广泛使用，其中一些内容与插图还随着时代的变化加以改编。

（二）新式学堂自编“蒙学”课本

据不完全统计，到甲午战争，中国人开设的新学堂不过25处，维新浪潮在1895—1899五年间也仅仅推出150所学堂。[1]1901年9月清政府明令兴办学堂，要求各省所有书院于省城改建大学堂，各府厅直州均改中学堂，各州县均改小学堂，并多设蒙养学堂，蒙、藏、新疆等边远地区也纷纷办起了学堂，新式教育覆盖全国。为区别于教会学校与洋务学堂，我们称之为新式学堂。当时，“中西并重”几乎成为所有新式学堂课程设置的基本准则，以南洋公学师范生编撰《蒙学课本》为引领，新编的蒙学课本朝着科学化和大众化方向迈出了极具重要意义的一步。

1. 南洋公学《蒙学课本》《（新订）蒙学课本》《（最新绘图）蒙学课本》

1896年，盛宣怀奏请创办南洋公学，规划上院、中院、外院、师范院四院建制。1897年春，南洋公学首设师范班，招收师范生。1897年秋，南洋公学设立外院（相当于小学），“派师范生轮流教之”。“师范生每天教书二小时，……仿照外国书的法子，编纂教本。”[2]南洋公学师范生一共编撰二百余种新式教科书，成为以专业知识推动并引领中国近现代教科书编撰的第一群体。[3]

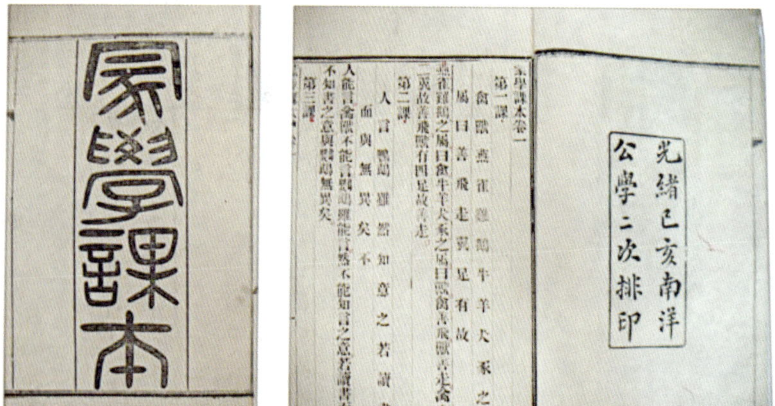

1—1—36

图1—1—36 《蒙学课本》，南洋公学，1899年版

《中国第一次教育年鉴》记载，光绪二十三年（1897年）南洋公学外院编印《蒙学课本》三编，……由师范生陈懋治、杜嗣程、沈叔逵等合编。[4]所见1899年南洋公学第二次印刷的《蒙学课本》只有卷一、卷二，未署编撰者名，无图，以课为单位编排，卷一有130课，卷二有32课，每课先呈现生字，课文为文言文。《蒙学课本》出版后深受欢迎，“是时吾国尚未有教科书，师范生乃

[1] 桑兵. 晚清学堂学生与社会变迁[M]. 上海：学林出版社，1995：2.

[2] 朱有瓛. 中国近代学制史料：第1辑下册[M]. 上海：华东师范大学出版社，1986：524，546.

[3] 吴小鸥. 南洋公学师范生与中国近现代教科书发展[J]. 高等教育研究，2017（9）：84-90.

[4] 中华民国教育部. 第一次中国教育年鉴：戊编·教育杂录[Z]. 上海：开明书店，1934：116.

仿东西各国之法，次第译编，以为教授，刊印出书，风行全国，颇极一时之盛”[1]。

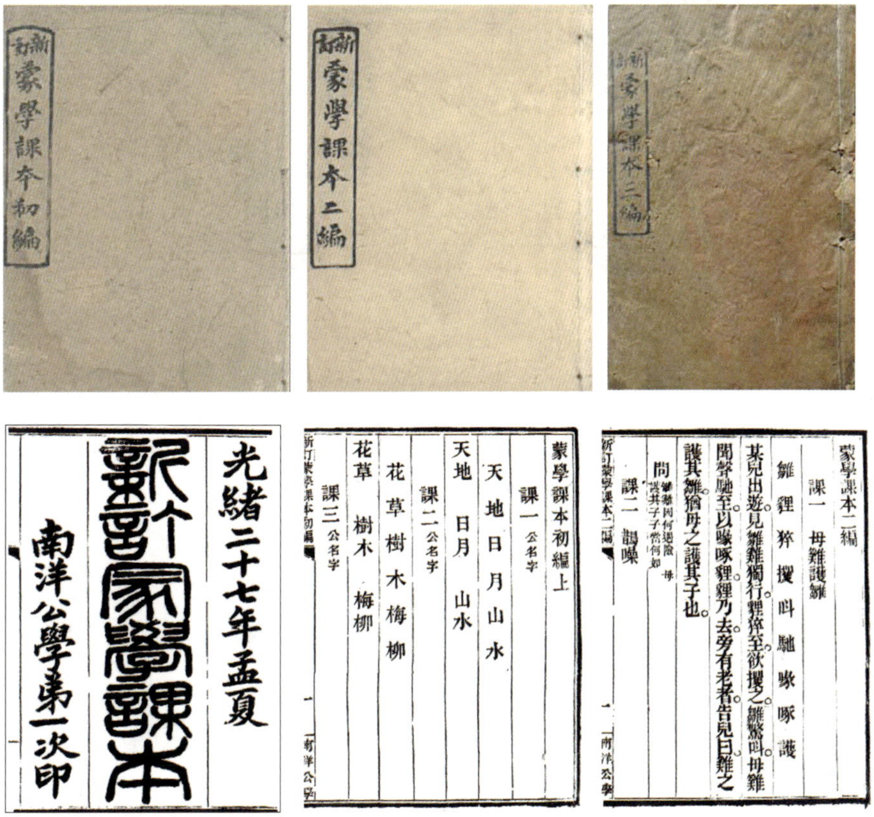

1—1—37

图1—1—37 《（新订）蒙学课本》初编、二编、三编，南洋公学，1901年版

1901年，“南洋公学朱树人编《蒙学课本》三本，仿英美读本体例而无画者”[2]。所见1901年南洋公学第一次印《（新订）蒙学课本》三编，无图，未署编撰者名。《（新订）蒙学课本》依据西方教育学理论进行内容的组织与编排，“泰西教育之学，其旨万端，而以德育、智育、体育为三大纲。德育者，修身之事也；智育者，致知格物之事也；体育者，卫生之事也。蒙养之道，于斯为备。是编故事六十课，属德育者三十，属智育者十五，属体育者十五”[3]。初编每课先列生字，再列正文，由联字而辍句而成文。二编课文以段为主，共130课，包括故事60课，物名实字30课，浅说琐记30课，通用便函10课。三编体例与二编相同，共130课，包括入塾劝勉语及通用书信等。

[1] 张景良. 交通大学上海学校史略[J]. 交通大学月刊，1922（1）：页码不详.

[2] 中华民国教育部. 第一次中国教育年鉴：戊编·教育杂录[Z]. 上海：开明书店，1934：116.

[3] 朱树人. 新订：蒙学课本：二编[M]. 上海：商务印书馆，1901：编辑大意.

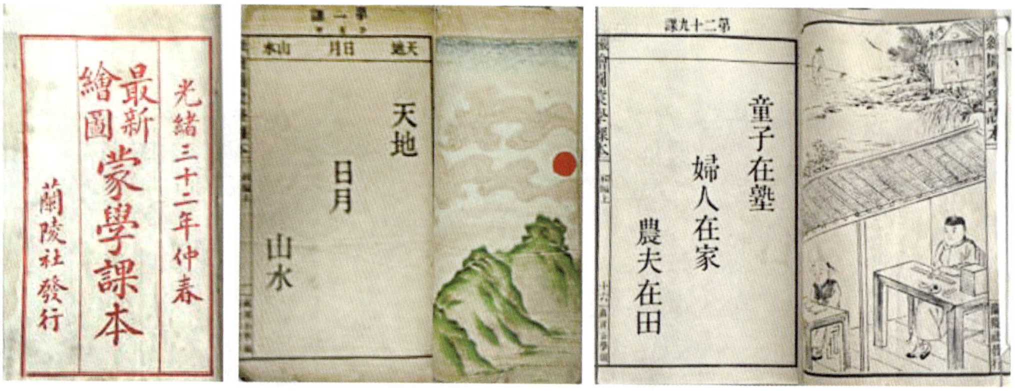

1-1-38

图1-1-38 《最新绘图蒙学课本》初编上，兰陵社，1906年版

由于《蒙学课本》与《（新订）蒙学课本》没有插图，南洋公学还推出《最新绘图蒙学课本》，“是编截取旧刊蒙学课本，汰旧益新，增删各半，重加编次，令与初二编条理相属，都凡百三十课，属德育者四十课，属智育者课六十，属体育者十。复附尺牍十课，错综分类，犹前二编之意也”[1]。上海兰陵社1906年6月发行的《最新绘图蒙学课本》三编，每编分为两册，图文并茂，还有整页的彩色插图。

2. 上海三等学堂《读书乐》

钟天纬（1840—1900），字鹤笙，江苏松江人。1865年中秀才，曾在亭林设馆授徒二年。1872年入上海广方言馆，师从美国学者林乐知攻读英语，为该校第一期学生。1879年以翻译之职随李凤苞出使德国，两年间游历欧洲各国，考其政治、学术及所以富强之故，萌生改革思想。1881年回国，受聘于上海江南制造局翻译馆为译员。钟天纬还执教于上海格致书院，创办兴学会等。钟天纬主张采用新的方法进行识字教学改革，他在《训蒙捷诀》中详细说明了“认字之法”“解字之法”“温字之法”“写字之法”等。

1896年，钟天纬创办上海三等学堂，分蒙馆、经馆二种，“若依南北洋头二等大学堂言之，经馆可名为三等学堂，蒙馆可名为四等学堂”[2]。蒙馆开设识字、读书、讲书、写字、算法、体操六门课程，“以识字为第一义”[3]，学习三年，先通字义而后读书，力图缩短学蒙养的时间。他积极探索采用新法教授识字，“每日先授方字，逐字讲解意义，不妨悉用土音。每日以识二十字为限，俟识千余字，即选《二十四孝》《二十四悌》《学堂日记》《感应篇图说》《阴骘文图证》等书，编成三百课，配以石印绘图，每日随讲随读，仍必添识新字，以满三千字而止。此第一年功课也。

[1] 南洋公学. 最新绘图：蒙学课本：三编：上[M]. 6版. 上海：兰陵社，1906：编辑大意.
[2] 朱有瓛. 中国近代学制史料：第1辑：下册[M]. 上海：华东师范大学出版社，1986：578.
[3] 朱有瓛. 中国近代学制史料：第1辑：下册[M]. 上海：华东师范大学出版社，1986：586-587.

次年仍兼温字义，取《家语》《国策》子史等书、文义浅近者，编成三百课，仍随讲随读兼温旧课，此第二年功课也。再次年择《国策》《史记》《汉书》等文理稍深，篇幅较长者，仍选三百课，亦随讲随读，兼温字义，此第三年功课也。合计三年后有三千字义烂熟于胸中，有九百课由浅入深之书本，而谓不能融会义理耶？……故课艺成书”[1]。

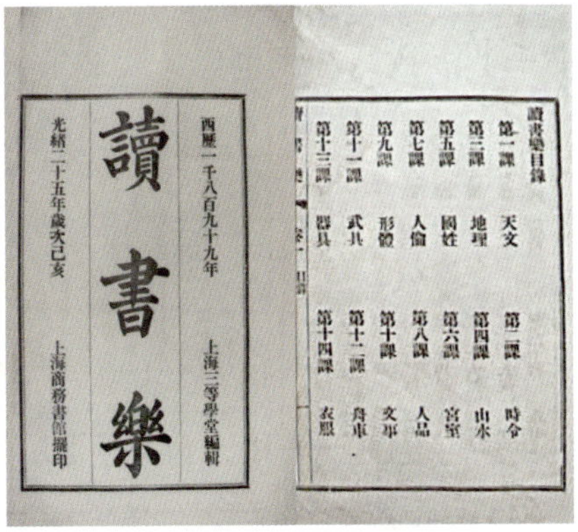
西曆一千八百九十九年　上海三等學堂編輯
讀書樂
光緒二十五年歲次己亥　上海商務書館擺印

讀書樂目錄
第一課 天文　第二課 時令
第三課 地理　第四課 山水
第五課 國姓　第六課 宮室
第七課 人倫　第八課 人品
第九課 形體　第十課 文事
第十一課 武共　第十二課 舟車
第十三課 器具　第十四課 衣服

1—1—39

图1—1—39　《读书乐》卷一，商务书馆，1899年版

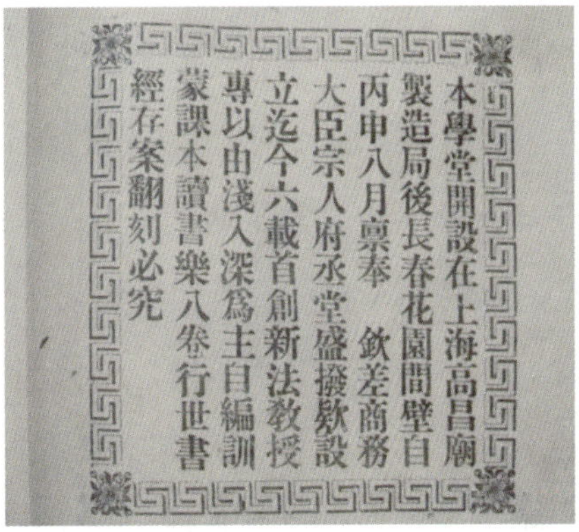
本學堂開設在上海高昌廟製造局後長春花園間壁自丙申八月稟奉　欽差商務大臣宗人府丞堂盛撥欵設立迄今六載首創新法教授專以由淺入深爲主自編訓蒙課本讀書樂八卷行世書經存案翻刻必究

1—1—40

图1—1—40　《读书乐》卷一，商务书馆，1901年版

1899年，上海三等学堂编辑《读书乐》八卷，上海商务书馆印。1901年，上海华洋印书局重印《读书乐》八卷，注明“自丙申八月禀奉钦差商务大臣宗人府丞堂盛拨款设立，迄今六载。首创新法教授，专以由浅入深为主，自编训蒙课本读书乐八卷行世，书经存案，翻刻必究”[2]。

《读书乐》以“课”编排，无插图，卷一为生字学习，各课生字独立编排，下方小字释义；卷二至卷八只有课文，无生字，无习题，无注释。

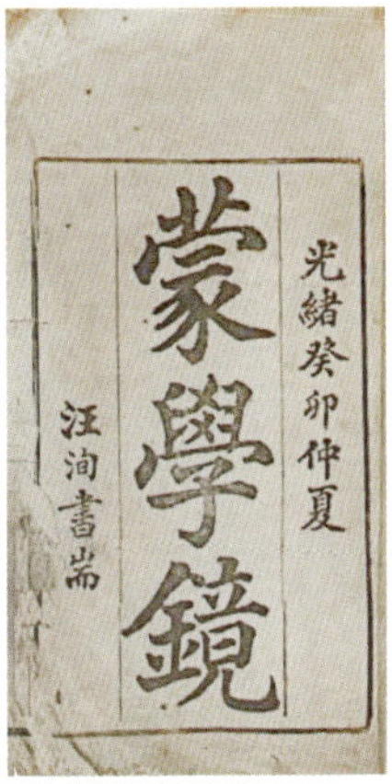

1—1—41

图1—1—41　《蒙学镜》，出版者不详，1903年版

[1] 钟天纬. 学堂宜用新法教授议：1896[M]//朱有瓛. 中国近代学制史料：第1辑：下册. 上海：华东师范大学出版社，1986：591.

[2] 上海三等学堂. 读书乐[M]. 上海：华洋印书局，1901：封2.

据1903年重刻本，《读书乐》改名为《蒙学镜》，分为12册，列“字义、歌谣、喻言、故事、智慧、格言、女鉴、经余、格致、史略、文粹、词章”12个专题。“常谓养正之功，基于蒙养，故《蒙学镜》一书分门别类，审情酌理，选词辨句，尤生平辑述所加意者也。”[1]认为该书好比镜子，“得镜照之，昧者斯明，故先字义，次喻言智慧格致，终之以经余史约，总”。[2]《蒙学镜》卷一为“字义类”，分为九章，依次为“实字、形容字、称谓字、动作字、发语字、帮助字、接连字、语助字、呼声字”。其中“实字类”的课文编排顺序与《读书乐》一致，体例也与《读书乐》一致，每个字用白话文解释词义，并进行组词。

3. 无锡三等公学堂“蒙学读本全书”系列

1898年，无锡举人俞复、裘廷梁会同丁宝书等在无锡崇安寺创办三等公学堂，俞复兼任堂长，“堂中课程，略仿日本寻常小学校，分修身、读书、作文、习字、算术等科”[3]。1898—1901年，无锡三等公学堂“读书一科，随编随教，本不足存。近欲录副者颇多，爰图画写稿，付之石印，略加诠次，厘为七编”[4]，由俞复、丁宝书等书写，丁宝书绘图，杜嗣程缮写，冠名《蒙学读本全书》七编石印成书。1902年3月第一次印，风行一时，当时书、画、文有“三绝”之称。俞复自称：“当此学堂萌芽时代，儿童发蒙用书，先只有南洋公学所编之蒙学课本，仅有三四册。又其它零星课本，皆不成军者。自此书出，一时不胫而走。至光绪三十年，已印十余版，而各地翻印冒售者，多至不可胜计。至光绪三十三、四年间，各家渐有国文教科本出版，而是书销售数乃渐衰落。计此书前后占我国小学教育上一部分势力者，实有五六年也。”[5]

1-1-42

图1-1-42 《蒙学读本全书一编》，文明书局，1902年版

[1] 钟天纬. 字义教科书[M]. 上海：上海三等学堂重刻本. 1903：序.
[2] 钟天纬. 字义教科书[M]. 上海：上海三等学堂重刻本. 1903：序.
[3] 无锡三等公学堂. 蒙学读本全书一编[M]. 上海：文明书局，1907：序.
[4] 无锡三等公学堂. 蒙学读本全书一编[M]. 上海：文明书局，1907：序.
[5] 舒新城. 近代中国教育史料：第2册[M]. 上海：中华书局，1928：253.

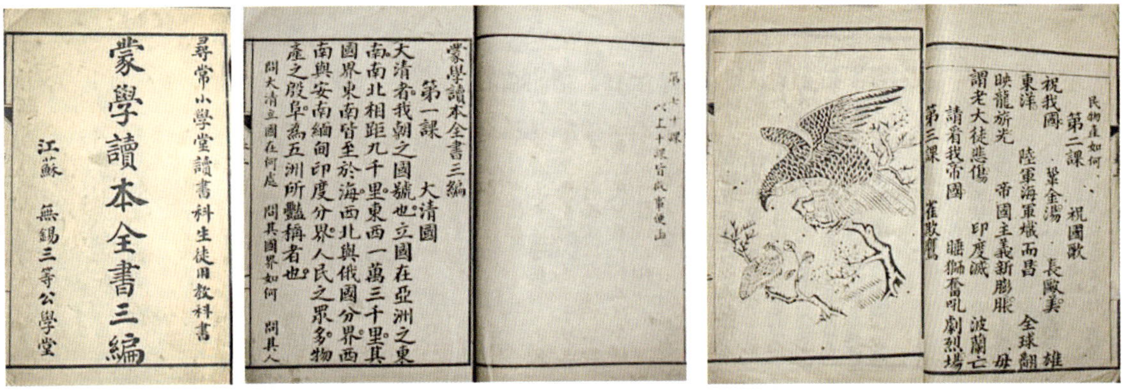

1—1—43

图1—1—43 《蒙学读本全书三编》，文明书局，1905年版

“蒙学读本全书”系列每编50至80课不等，涉及识字、修身、历史、地理、天文、生理卫生、珠算、几何、动物、植物、化学、格致等。前三编为初级读本，以儿童游戏习惯之事，且各编均附有“启事便函”。第四编是修身书，以《论语·弟子》为纲目。第五编主要内容为“智育”，摘编史子书中的寓言。第六编是记叙文，内容多是新撰，有一二十篇选自《资治通鉴》，如《赤壁之战》《淝水之战》等。第七编是论说文，内容也多是新撰，所选之文则“节选取历史中最有兴会之文”[1]。《蒙学读本全书》前有约旨，书中设问题，还有复习，如《蒙学读本全书一编》附有“字类备温”，将该书四百多单字分为名字、代字、动字、静字、状字、介字、联字七类编排。

1—1—44

图1—1—44 《蒙学读本全书》，文明书局，1902版

1902年，俞复、廉泉等在上海创办文明书局，印刷发行《蒙学读本全书》，吴汝纶题写书名，此书经京师大学堂管学大臣审定。后来文明书局又将《蒙学读本全书》之第五编与第七编单独取出，编成《高等小学国文读本》之卷一与卷二，1907年6月经学部审定。

[1] 无锡三等公学堂. 蒙学读本全书七编[M]. 上海：文明书局，1907：约旨.

4. 上海澄衷蒙学堂《字课图说》

1898年，叶澄衷在上海创办澄衷蒙学堂，最初以招收宁波贫家子弟为主，后来渐成为上海有名的私立学校。1900年学校发展为从小学到高中的规模。当时，校长刘树屏认为传统启蒙读本“其施也悖，其求也佛，不责以日用行习之常，而反语以性与天道高远难行之旨，不循循焉师尼山善诱之术，而惟束缚以立之威”[1]。1901年，澄衷蒙学堂《字课图说》四卷八册出版，“共选浅近字三千余”[2]，分名、代、动、静、状、介、连、助九类集中编排，每类中又把意义相关的字编在一起，按天文、地理、人事、物性之属以类相聚。澄衷蒙学堂《字课图说》卷首为“凡例”“检字”“类字”后附“刊误”，第一卷从“天、地、日、月”开始，生字学习主要与天文、地理相关；第二卷从“礼、治、政、教”开始，生字学习主要与道德、政治、经济相关；第三卷从“数、类、多、少”开始，生字学习主要与数学、常识相关；第四卷的生字学习主要与日常生活教育相关。这套新式识字教材从第一卷第二册开始，每字一方格，文字与插图相配，有黑白插图共762幅。该书面世后，即被多次翻刻，也称“重校蒙学堂字课图说”。

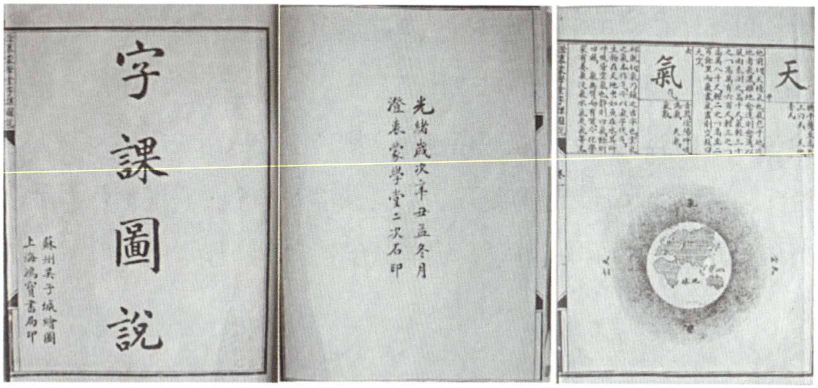

1-1-45

图1-1-45 《字课图说》卷一，鸿宝书局，1901年版

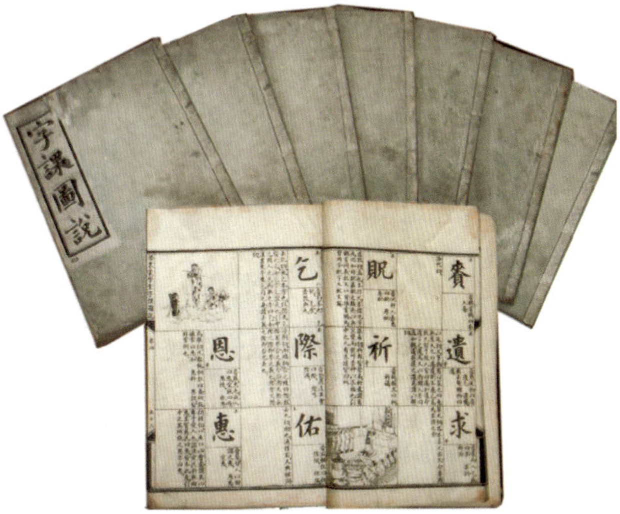

1-1-46

图1-1-46 《字课图说》，澄衷学堂印书处，1904年版

[1] 刘树屏. 字课图说：卷一[M]. 上海：鸿宝书局，1901：序.
[2] 刘树屏. 字课图说：卷一[M]. 上海：澄衷蒙学堂印书处，1903：凡例.

澄衷蒙学堂《字课图说》是第一部将汉字的音、形、义同时呈现的新式识字课本，每个字都有“简说”和“详说”之分。“简说为十岁以下学生而设，先释音、注音某或注某字某声，均依字典，次释义，务以一语剖析之；次引证，举其兴它字联缀者，字或有两音三音备载之，惟生僻者不载。详说为十一岁以上学生而设，先注切音，次释本义，凡篆文与字义相关者著之，次释引申义、假借义；凡现行事例、新理名词，皆随字附释，要以有用为主，其经古雅训、古书偶见者，不及备载。”[1]书中对于生字有声调标志，“上、平、去、入”，如“教”字，声调有“去”和“平”音，简说部分注音为“音较”和“音交”两种，详说部分注音为“居穀切”[2]。但这套课本由于生字的注解以《尔雅》《说文段注》等古书为准，以远解近，难免枯燥。

（三）个人自编“蒙学”读本

20世纪前后，各地教学实践中探索有多种新式蒙学读本，但没有以学堂为署名，而是多以个人署名，也有未署名者。

1. 陆基编撰《启蒙问答》

陆基，生卒年不详，江苏长洲人，1900年编撰《启蒙问答》上、下卷，三百堂陈氏刊。

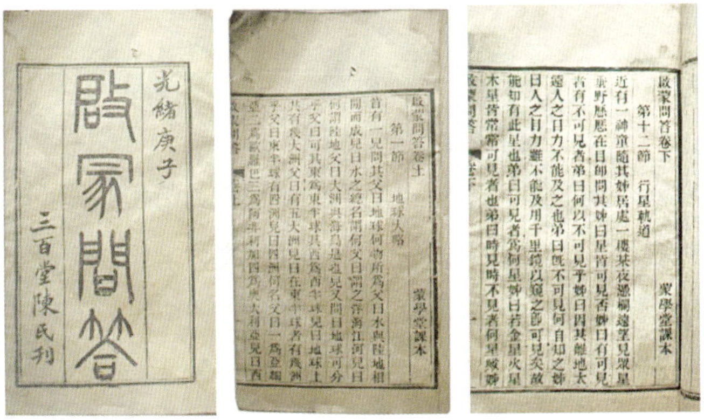

1—1—47

图1—1—47　《启蒙问答》，三百堂陈氏刊，1900年版

《启蒙问答》分编两册，主要内容为地理知识启蒙。但依据《启蒙问答》之“跋”，陆基编写过《启蒙图说》，但至今未见有以《启蒙图说》为名的新式学堂课本。

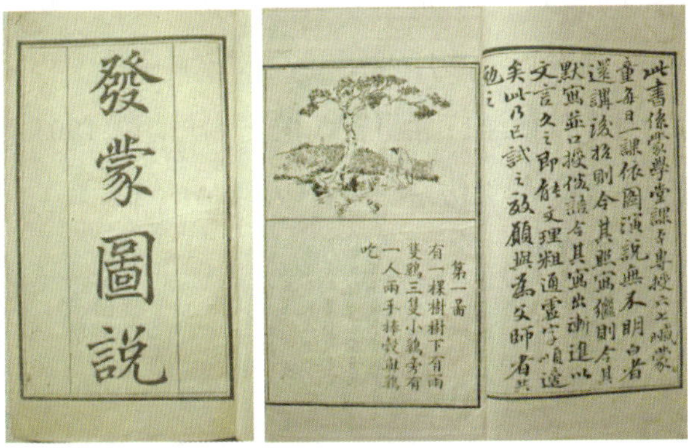

1—1—48

图1—1—48　《发蒙图说》，出版信息不详

[1] 刘树屏．字课图说：卷一[M]．上海：澄衷蒙学堂印书处，1903：凡例．

[2] 刘树屏．字课图说：卷一[M]．上海：澄衷蒙学堂印书处，1903：1．

《发蒙图说》是专为六七岁童子编撰的，在最前面有具体的教学要求，每日一课，依图演说，无不明白者，对于课文字句内容，令其照写，继而令其默写并口授俗语，令其写出，渐进以文言，久之即能文理粗通，虚字顺适矣。课文以上图下文的方式呈现，课文用“第×图”标序。

2. 杜少瑶编《课蒙举隅》

杜少瑶（1868—1924），名成章，字少瑶，四川巴县（今重庆）人。1889年乡试中举，翌年试礼部，取国子监誊录。1895年返乡受聘主讲辅仁书院，前后达七年。他在教学中不唯文字常轨所循，自订教学内容。1900年，杜少瑶于毛家铺创办正蒙公塾，为巴县第一所新式学堂，同年编成《课蒙举隅》。杜少瑶在“叙”中强调“以识字辨训为蒙学入门阶梯”[1]，明确各学堂教学灵活，无须按照某一固定的程式。

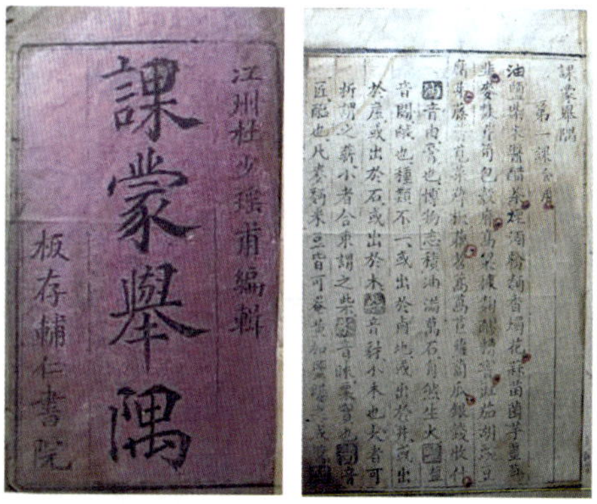

1—1—49

图1—1—49 《课蒙举隅》，辅仁书院，出版时间不详

《课蒙举隅》共18课，每课有课序、课文以及生字学习。在形式上生字呈现较为特别，即单独以黑底白字标识，其他则为白底黑字。生字用汉字注音，有较为详细的释义。课文内容围绕生活，以俗语编排，七字一句，较为押韵。

3. 张之洞的《蒙学课本（舆地歌诀类）》

张之洞是晚清 “四大名臣”之一，其人生跨越咸丰、同治、光绪、宣统诸朝，不仅在政治上颇有作为，在教育上更具卓识眼光，是推动中国启蒙教育坐标从“科举”到“科学”位移的关键人物。[2]1889年冬，张之洞奉命任湖广总督。1893年11月，张之洞向光绪帝上奏《设立自强学堂片》，指出“自强之道，以教育人才为先”[3]，请求创设新学。1898年春，张之洞撰写《劝学篇》，明确提出“中学为内学，西学为外学；中学治身心，西学应世事”[4] 的著名思想。1901年春，张之洞的《蒙学课本（舆地歌诀类）》四卷，由武昌高等学堂仿泰西法石印。

[1] 杜少瑶. 课蒙举隅[M]. 巴县：辅仁书院板存，［出版年不详］：叙.

[2] 吴小鸥. 文化拯救：近现代名人与教科书[M]. 北京：商务印书馆，2015：16.

[3] 苑书义，孙华峰，李秉新. 张之洞全集：第2册[M]. 石家庄：河北人民出版社，1998：898.

[4] 张之洞. 劝学篇[M]. 上海：上海书店出版社，2002：71.

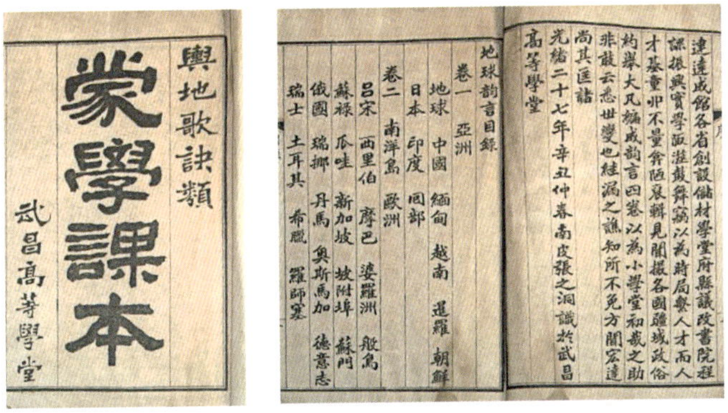

1-1-50

图1-1-50　《蒙学课本（舆地歌诀类）》，武昌高等学堂，1901年版

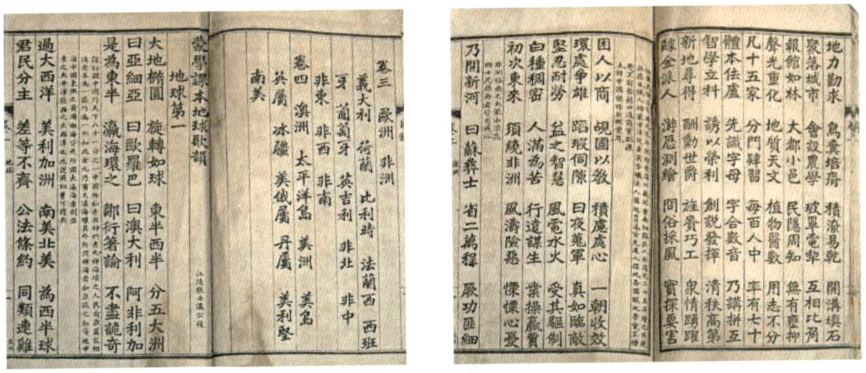

1-1-51

图1-1-51　《蒙学课本（舆地歌诀类）》卷一、卷二，武昌高等学堂，1901年版

《蒙学课本（舆地歌诀类）》内页题“蒙学课本地球歌韵”，是“撮各国疆域政俗，约举大凡，编成韵言四卷，以为小学堂初哉之助，非敢云悉世变也，绠陋之谯，知所不免，方闻宏达，尚其匡诸”[1]。全书无插图，无习题，内容为世界地理知识。卷一为“亚洲”，卷二为“南洋岛　欧洲”，卷三为“欧洲　非洲”，卷四为“澳洲　太平洋诸岛　美洲　美岛”。

4. 王亨统编辑《绘图蒙学捷径》《绘图蒙学课本》

王亨统（生卒不详），字莲溪，宁波余姚人，幼时接受传统蒙学教育。1878年求学于杭州育英义塾，师从美国传教士裘德生（Rev. Junius H. Judson）。1888年毕业后任教于美华书馆附设的教会学校。经过十余年的教学实践，“更于课文讲学之余，将平日教授之足为法者，随时随录，汇集成书”[2]。1901年，王亨统将自己编的新式蒙学教科书分为“捷径（primer）”“课本（readers）”两

[1] 张之洞. 蒙学课本：舆地歌诀类[M]. 武汉：武昌高等学堂，1901：序.

[2] 王亨统. 绘图蒙学课本首集[M]. 上海：美华书馆，1906：序.

个系列，“采用外国教法学习中国语言文字”[1]，出版了《绘图蒙学捷径》《绘图蒙学课本》等新式蒙学课本。至1902年，已出版《绘图蒙学捷径初编上》《绘图蒙学捷径初编下》《绘图蒙学捷径二编上》《绘图蒙学捷径二编下》《绘图蒙学课本首集》《绘图蒙学课本二集》《绘图蒙学课本三集》《绘图蒙学课本四集》等。

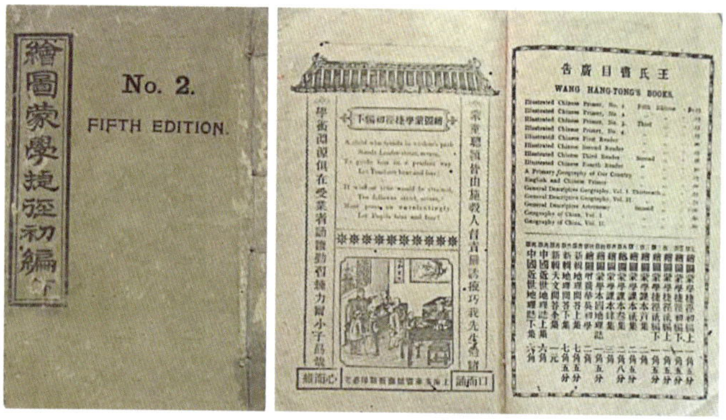

1-1-52

图1-1-52 《绘图蒙学捷径》初编下，美华书馆，1905年版

《绘图蒙学捷径》初编以笔画为课文的标题，从生字到词语，循序渐进学习“短句法”“短章法”等。二编课文内容综合排列，一课一图，标题为四字编排，课后设问题。《绘图蒙学课本》起始程度较深，每课先列生字，然后为课文，内容取自“救世圣道（基督教教义）”“天文地理（科学内容）”“儒书（《四书》文段）”“比喻故事（寓言）”等。

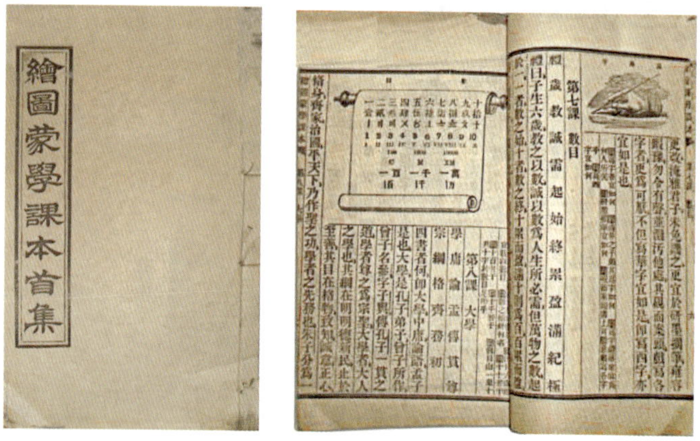

1-1-53

图1-1-53 《绘图蒙学课本首集》，美华书馆，1906年版

王亨统编撰的新式蒙学教科书出版后在各类教会学校被广泛使用，如在林乐知著、任保罗译的《全地五大洲女俗通考》（第十集）中记载的“镇江女塾功课简表”中列有第一年包含《蒙学捷径初编上》，第二年包含《蒙学捷径初编下》，第三年包含《蒙学捷径二编上》和《蒙学捷径二编下》，第四年包含《蒙学课本首集》，第五年包含《蒙学课本二集》，第六年包含《蒙学课本三

[1] 见A.P.Parker，Introduction及Wang Hangt’ong，English Preface，分别载王亨统编《绘图蒙学课本》二集、首集卷首，光绪二十七（1901年）、光绪二十八年（1902年）上海美华书馆石印本、重印石印本。

集》、第七年包含《蒙学课本四集》[1]。1905年11月，学务处审定合用教科书35种书目中，有《蒙学捷径初编》《蒙学捷径贰编》[2]。

5. 张维新编辑《初级普通启蒙图课》

1902年，张维新编辑的《初级普通启蒙图课》，无锡庄肃校，上海蜚英馆印。刘树屏为这本书撰“初级普通启蒙图课启”，称其“可谓课蒙之善本欤”[3]。《初级普通启蒙图课》是“初识字蒙童第一年课本，计二百四十课，始以二字连缀成句，终授以清浅短章之局”[4]。该书编排体例较为少见，每页基本以上图下文的方式呈现，课序与生字同时呈现在一列，无课名，生字位于课序下方，且每个生字下均有小字释义；第二部分前面百余课为生字的二字连缀，百余课后为短篇文章；第三部分在二字连缀的课中列有“解”“问”，内容编排均为小字，在短篇文章的课中只列有“问”。

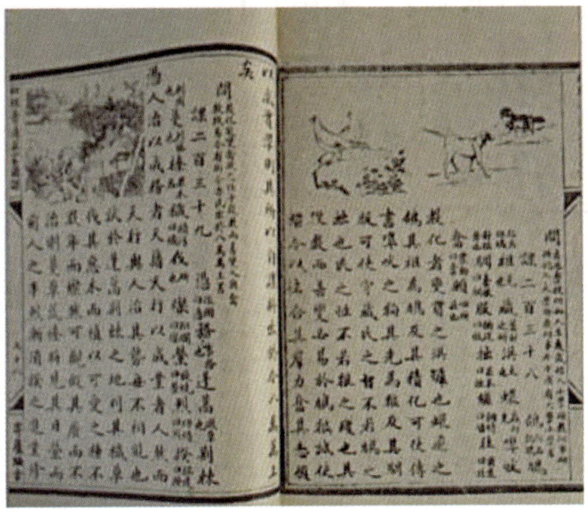

1-1-54

图1-1-54 《初级普通启蒙图课》，蜚英馆，1902年版

1903年，京师大学堂编书处颁布了《暂定各学堂应用书目》，张维新的《初级普通启蒙图课》位列其中，供全国学堂采用，可见这本书当时地位极高。

6. 张肇桐编辑《中外故事读本》

1902年，张肇桐编辑的《中外故事读本》，海记书局发行，作新社印刷局印刷，总发行所是文明书局。本书“例言”指出，“小学教育，以磨砺学者品性为第一要义。中外互市以来，国民不攘夷即媚外，实两失之。此编取中外故事相类者，两两相比，意在使少年思想豁达，识见明通，晓然于彼我情形”[5]。全书明示“南洋公学师范院元和陈颂平先生鉴定”及“日本早稻田大学留学生金匮张轶欧先生编辑”[6]。每课编有中外故事两则，故事用四字冠名，如第一课“温公水甕　瓦森流云”。

[1] 朱有瓛，高时良. 中国近代学制史料：第4辑[M]. 上海：华东师范大学出版社，1993：342.
[2] 邱涛. 宋恕卷[M]. 北京：中国人民大学出版社，2014：297.
[3] 张元生. 初级普通启蒙图课[M]. 上海：蜚英馆，1902：初级普通启蒙图课启.
[4] 张元生. 初级普通启蒙图课[M]. 上海：蜚英馆，1902：教旨.
[5] 张肇桐. 中外故事读本[M]. 4版. 上海：海记书局，1905：例言.
[6] 张肇桐. 中外故事读本[M]. 4版. 上海：海记书局，1905：1.

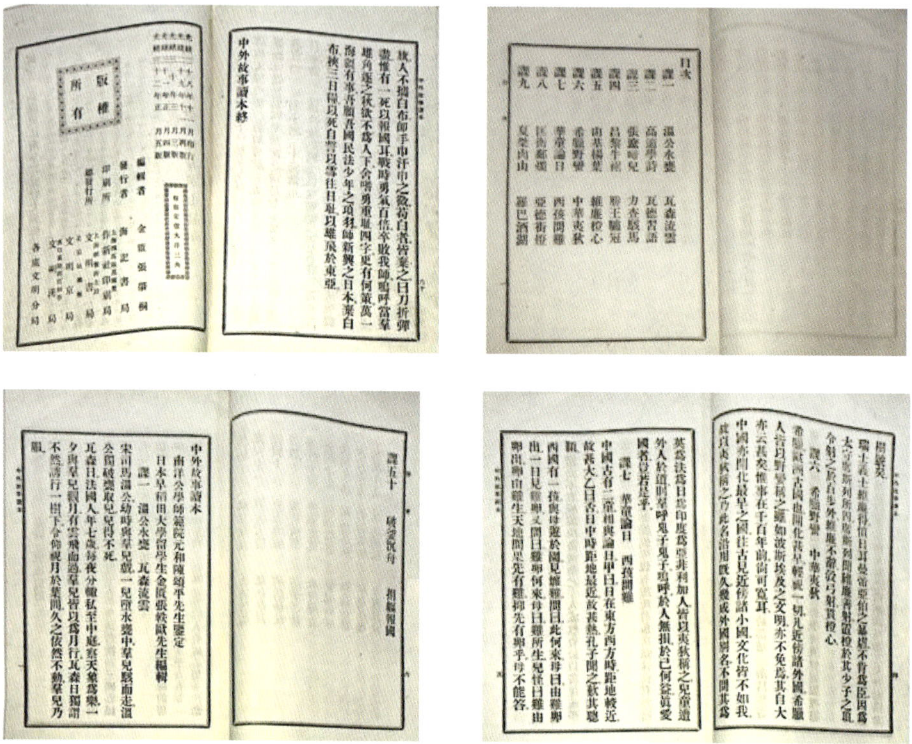

1-1-55

图1-1-55 《中外故事读本》，海记书局，1906年版

19世纪中期至20世纪初，中国近代教育开始发展，传统蒙学读本也随之发生了变化。由于学制尚未确立，新式学堂自编蒙学读本在教学实践中进行多元探索，其中既有专门的识字书，也有综合字词句篇内容的读本，更有冠名“蒙学”的西学知识读本，内容较为丰富多样。这一时期，《蒙学课本》《绘图蒙学课本》《启蒙课本图说初编》等不仅大量呈现西学知识，而且选用中外寓言，如《乌鸦喝水》《狼与小羊》《农夫与蛇》《鹬蚌相争》《愚公移山》《黔驴技穷》等，特别是在编写外国寓言时，有意与中国的典故进行结合，以适合中国学童的需要。同时，新式蒙学教学内容以课为单位编排，这种全新的编写体例迅速流行，故当时蒙学教学用书多以“课本”“读本”冠名。这种新式教学用书的编写体例，有的还在课文之后设计问题与复习等辅助学习方法。尤为值得关注的是，南洋公学师范生开创性地运用现代教育原理进行教科书的内容组织，将识字、文法、读书、作文合为一个整体进行综合编排，探索语言文字学习的新规律。

第二节 学堂章程与国文类教科书分科设编

学制是指学校教育制度，涉及学校的性质、培养目标、课程设置、入学及毕业条件、修业年限等多方面。夏商官立“庠”“序”设置，到西周时期的学校建制已经较为完善。春秋战国时期私学兴起，西汉武帝时设立太学，之后官学和私学并举，中国古代学制不断进步。隋唐时期的官学开始对学生的年龄和学习年限作出明确规定，但各类私学在招收学生时对学生的年龄、学习年限、课程内容等方面没有明确规定。19世纪60年代之后，新型的洋务学堂创建，但无统一的学制，也没有从小学、中学到大学的完整学校体系。1902年8月，清政府颁布《新学诏书》，指出“除京师已设大学堂应行切实整顿外，各省所有书院于省城均改设大学堂，各府厅直隶州均设中学堂，各州县均设小学堂，并多设蒙养学堂”[1]。1902—1904年，中国现代学制确立并实施，中国语言文字、语言文学开始分科设置，教科书开始分科设编。

一、学堂章程的课程设置

虽然汉语母语教育贯穿我国古代教育的全部，然而各种知识融为一体，没有分科设学意识。中国从古代开始有分类观念，“中国学术分科，主要是以研究者主体和地域为准，而不是以研究客体（对象）为类分标准”[2]，如儒家、道家、墨家等就是这样划分的。近代西方学术门类有固定的研究范围，以特定研究对象为分科标准。19世纪中叶，随着西方科学知识传入，“七科”（文、理、法、农、工、商、医）之内的现代意义上自然科学各学术门类（数学、化学、物理学、地质学、地理学、植物学、动物学等）及人文社会科学各学术门类（哲学、政治学、经济学、法学、逻辑学、文艺学、历史学、社会学、伦理学等）逐渐被中国人了解。20世纪初，中国现代学制建立，分科设置课程，分科设编的新式教学用书出现。

1. 1902年《钦定学堂章程》分设“字课”“习字”“作文”“读古文词”“词章”

蒙学堂招收六七岁至十岁的儿童，修业四年，设修身、字课、习字、读经、史学、舆地、算

[1] 舒新城. 中国近代教育史资料：上册[M]. 2版. 北京：人民教育出版社，1985：83.

[2] 左玉河. 先秦分类观念与中国学术分科之特征[J]. 学术研究，2005（4）：48.

学、体操八科。现将蒙学堂“字课”与“习字”的功课年程抄录如下：

第一年：字课（实字，凡天地人物诸类，实字皆绘图加注指示之）

习字（即用所授字课教以写法）

第二年：字课（静字，动字，兼教以动静字加以实字之上之方法）

习字（同上教法）

第三年　字课（虚字）

习字（同上教法）

第四年　字课（积字成句法）

习字（同上教法）[1]

小学堂分为寻常小学堂与高等小学堂，修业各三年。寻常小学堂课程为修身、读经、作文、习字、史学、舆地、算学、体操八科；高等小学堂课程为修身、读经、读古文词、作文、习字、算学、本国史、本国舆地、理科、图画、体操十一科，并就地方情形随时酌定加设农工商实业之一科目或二科目，而除去“读古文词”科。

寻常小学堂“作文”“习字”的功课年程抄录如下：

第一年　作文（教以口语四五句使联属之）

习字（今体楷书）

第二年　作文（授以口语七八句使联属之）

习字（同上学年）

第三年　作文（作记事文七八句）

习字（同上学年，兼习行书）[2]

高等小学堂“读古文词”“作文”“习字”的功课年程抄录如下：

第一年　读古文词（记事之文）

作文（作记事文短篇）

习字（楷书兼习行书）

第二年　读古文词（说理之文）

作文（作日记、浅短书札）

习字（楷书、行书、兼习小篆）

第三年　读古文词（词赋诗歌）

作文（作说理文短篇）

[1] 朱有瓛. 中国近代学制史料：第2辑上册[M]. 上海：华东师范大学出版社，1983：158-159.

[2] 朱有瓛. 中国近代学制史料：第2辑上册[M]. 上海：华东师范大学出版社，1983：164.

习字（同上学年）[1]

中学堂修业四年，课程为修身、读经、算学、词章、中外史学、中外舆地、外国文、图画、博物、物理、化学、体操十二科。现将“词章”的功课年程抄录如下：

第一年　词章（作记事文）

第二年　词章（作说理文）

第三年　词章（学章奏传记诸体文）

第四年　词章（学词赋诗歌诸体文）[2]

在这一学制中，汉语母语教学与经学、史学分别设置，但名称多样。从蒙学堂的“字课”“习字”到寻常小学堂的“作文”“习字”，再到高等小学堂的“读古文词”“作文”“习字”以及中学的“词章”，功课年程分别明确规定，未整合为一门课程。《钦定学堂章程》尽管并未实施，但坊间新式教学用书开始分科编撰了。

2. 1904年《奏定学堂章程》分设“中国文字”“中国文学”并单列“中小学堂读古诗歌法”

1903年，张百熙、张之洞、荣庆对《钦定学堂章程》进行修改。1904年1月，清政府正式颁布《奏定学堂章程》，这是中国正式实施的第一个现代学制。

初等小学堂为七岁以上者入，修业五年。课程分为完全科与随意科，完全科有修身、读经讲经、中国文字、算术、历史、地理、格致、体操八科，据地方情形可加图画、手工为随意科目。考虑到一些地方存在乡民贫瘠、师资缺乏等困难，课程可合并为五种简易科：修身读经合为一科，中国文字一科，历史、地理、格致合为一科，算术一科，体操一科。

《奏定初等小学堂章程》规定“中国文字”一科，“其要义在使识日用常见之字，解日用浅近之文理，以为听讲能领悟、读书能自解之助，并当使之以俗语叙事，及日用简短书信，以开他日自己作文之先路，供谋生应世之要需”[3]。在《奏定初等小学堂章程》之“初等小学堂科目程度及每星期教授时刻表”中，“中国文字”科每星期四钟点，分年要求如表1-2-1：

表 1-2-1　《奏定初等小学堂章程》关于“中国文字”科的程度要求[4]

学年	程度
第一年	讲动字、静字、虚字、实字之区别，兼授以虚字与实字连缀之法，习字即以所授之字告以写法。 授浅近之义者，于读某经时，略为解说其字义章指；按诸实事，譬以物理，晓以俗情，期于童子能解；万不必涉于高深，是为浅近之义。后各年同
第二年	讲积字成句之法，并随举寻常实事一件，令以俗话二、三句，连贯一气，写于纸上。习字同前

[1] 朱有瓛. 中国近代学制史料：第2辑上册[M]. 上海：华东师范大学出版社，1983：166-167.
[2] 朱有瓛. 中国近代学制史料：第2辑上册[M]. 上海：华东师范大学出版社，1983：375-376.
[3] 朱有瓛. 中国近代学制史料：第2辑上册[M]. 上海：华东师范大学出版社，1983：178.
[4] 朱有瓛. 中国近代学制史料：第2辑上册[M]. 上海：华东师范大学出版社，1983：179-182.

（续表）

学年	程度
第三年	讲积句成章之法，或随指日用一事，或假设一事，令以俗话七八句联成一气，写于纸上。习字同前
第四年	同前学年
第五年	教以俗话做日用书信。习字同前

高等小学堂规定初等小学毕业者入，修业四年。课程有修身、读经讲经、中国文学、算术、中国历史、地理、格致、图画、体操九科，视地方情形，可加授手工、农商、实业等科目。

《奏定高等小学堂章程》规定“中国文学”一科，“其要义在使通四民常用之文理，解四民常用之词句，以备应世达意之用。读古文每日字数不宜多，止可百余字，篇幅长者分数日读之，即教以作文之法（详见初级师范学堂章程），兼使学作日用浅近文字。篇幅宜短，总令学生胸中见解言语郁勃欲发，但以短篇不能尽意为憾，不以搜索枯窘为苦。蕴蓄日久，其颖敏者若遇不限以字数时，每一下笔必至数百言矣。并使习通行之官话，期于全国语言统一，民志因之团结”[1]。在《奏定高等小学堂章程》之“高等小学堂科目程度及每星期教授时刻表”中，“中国文学”科每星期八个钟点，分年要求如表1-2-2：

表 1-2-2 《奏定高等小学堂章程》关于“中国文学”科的程度要求[2]

学年	程度
第一年	读浅显古文，即授以命意遣词之法，兼使以俗话翻文话，写于纸上约十句内外。习楷书，习官话。习官话者即以读《圣谕广训》直解习之，其文皆系京师语，每星期一次即可
第二年	读古文，使以俗话翻文话写于纸上，约二十句内外。习楷书，习官话
第三年	读古文，作极短篇记事文约在百字以内。习行书，习官话
第四年	读古文，作短篇记事文，说理文，约在二百字以内。习行书，习官话

《奏定中学堂章程》明确设官立中学、公立中学两类，高等小学毕业者入，修业五年，课程有修身、读经讲经、中国文学、外国语（东语、英语或德语、法语、俄语）、历史、地理、算学、博物、物理及化学、法制及理财、图画、体操十二科，“法制及理财”缺之亦可，且习字统于中国文学内，已足应用。“中国文学”一科，“入中学堂者年已渐长，文理略已明通，作文自不可缓。凡学为文之次第：一曰文义。文者积字而成，用字必有来历（经史子集及近人文集皆可），下字必求的解，虽本乎古亦不骇乎今；此语似浅实深，自幼学以至名家皆为要事。二曰文法。文法备于古人之文，故求文法者必自讲读始，先使读经史子集中平易雅驯之文，《御选古文渊鉴》最为善本，可量学生之日力择读之（如乡曲无此书，可择较为大雅之本读之），并为讲解其义法；次则近代有关

[1] 朱有瓛. 中国近代学制史料：第2辑上册[M]. 上海：华东师范大学出版社，1983：192.

[2] 朱有瓛. 中国近代学制史料：第2辑上册[M]. 上海：华东师范大学出版社，1983：193-196.

系之文亦可浏览，不必熟读。三曰作文。以清真雅正为主，一忌用僻怪字，二忌用涩口句，三忌发狂妄议论，四忌袭用报馆陈言，五忌以空言敷衍成篇；次讲中国古今文章流别、文风盛衰之要略，及文章于政事身世关系处。其作文之题目，当就各学科所授各项事理及日用必需各项事理出题，务取与各科学贯通发明，既可易于成篇，且能适于实用”[1]。在《奏定中学堂章程》“各学科程度及每星期教授时刻表”中，“中国文学”科第一、二学年每星期四个课时，第三学年每星期五个课时，第四、五学年每星期三个课时。“中国文学”一科的分年要求如表1-2-3：

表 1-2-3 《奏定中学堂章程》关于“中国文学”科的程度要求[2]

学年	程度
第一年	读文、作文。相间习楷书行书
第二年	同前学年
第三年	同前学年。兼习小篆
第四年	同前学年
第五年	读文、作文，兼讲中国历代文章名家大略

《奏定学堂章程》从初等小学堂到高等小学堂再到中学堂，在“科目程度及每星期教授时刻表”后均列有中小学堂读古诗歌法，具体要求为：

初等小学堂读古诗歌，须择古歌谣及古人五言绝句之理正词婉、能感发人者，惟只可读三四五言，句法万不可长，每首字数尤不可多。遇闲暇放学时即令其吟诵，以养其性情，且舒其肺气。但万不可读律诗。高等小学堂、中学堂读古诗歌五七言均可，高等小学堂仍宜短篇，中学堂篇幅长短不拘，亦须择其词旨雅正而音节谐和者，其有益于学生与小学同，但万不可读律诗。学堂内万不宜作诗，以免多占时刻；诵读既多，必然能作，遏之不可，不待教也。[3]

《奏定学堂章程》开始统一语文学科名称，建构语文学科教学内容进而形成独立的教学体系。特别需要关注的是，《奏定学堂章程》确立中小学教科书审定制，明确小学堂教学用书当就官设编书局所编纂及学务大臣所审定者采用，且须按学堂所在之情形选定。中学堂各科课本，须用官设编译局编纂，经学务大臣奏定之本；在官设编译局未经出书之前教员可按相关科目选择程度相当而语无流弊之书暂时应用，出书之后即行停止；规定中学堂自编课本须呈经学务大臣审定后始准通用。也就是说，这一学制不仅全新确立了语文学科名称，而且规定了探索语文学科教学内容规整与统一的途径。

后来，梁启超、蔡元培等人认为，“中国文学”中的“文学”，从近代西方的文体分类学来看，所指的应是小说、诗歌、散文、戏剧之类，而“中国文学”一科所要学的内容，既有“文学”

[1] 朱有瓛．中国近代学制史料：第2辑上册[M]．上海：华东师范大学出版社，1987：384-385.
[2] 朱有瓛．中国近代学制史料：第2辑上册[M]．上海：华东师范大学出版社，1987：388-390.
[3] 朱有瓛．中国近代学制史料：第2辑上册[M]．上海：华东师范大学出版社，1987：182-183.

的，也有非“文学”的，所以名实不相符。不如把“中国文学”改为“国文”，内容所指可以更广泛，也更符合实际。[1]

3. 1907年《奏定女子小学堂章程》设“国文”科

1907年3月8日，清政府颁布《奏定女子小学堂章程》，规定分别设立女子小学堂与男子小学堂，女子学堂修业年限比同级的男子学堂均少一年。女子初等小学堂修业年限为四年，招收七至十一岁的女童，教科设修身、国文、算术、女红、体操五科，设音乐、图画二科为随意科，斟酌加入。女子高等小学堂修业年限为三年，招收十一至十四岁女童，教科设修身、国文、算术、中国历史、地理、格致、图画、女红、体操九科，设音乐一科为随意科，斟酌加入。

《奏定女子小学堂章程》首次使用“国文”课程名称，并且对小学“国文”科的课程目标、教学进程等进行规范。“国文”科“要旨在使知普通言语日用必须之文字，能行文自达其意，且启发其智慧”[2]。“国文”科教课程度规定如下：

在女子初等小学堂，初则正其发音，使知字之读法、书法、缀法，渐进则及于日用必须之文字即浅易之普通文，又使练习言语；在女子高等小学堂，其程度稍进，则宜从其程度，授以日用必需之文字即普通文之读法、书法、缀法，又使之练习言语。读法、书法、缀法可区别时刻教授，但须注意使相联络。读本之文章须平易纯正，且足为国文之模范，又足令儿童之性情愉快者，其材料可取关于修身、历史、地理、理科、家事及凡生计所必须之事项富于趣味者。缀文章之法：则使记述其读法及他种教科目所授事项与生徒平日见闻之事及处世所必须之道，且须行文平易，旨趣明了。书法须用楷书、行书二种。授国文之际，务当使明了其意义，且使就已学之文字，随意书写通常之人名、地名、物名等，使知文字应用之法，又使默书单语短句短文，或使改作，期予习熟字句之用法。授各种教科目之际，亦须注意练习言语，其书写文字时。须使正其字形，整其行数。[3]

《奏定女子小学堂章程》中“女子初等小学堂各学科四年间每星期教授时刻表”及 “女子高等小学堂各学科四年间每星期教授时刻表”对“国文”科规定如表1-2-4：

表 1-2-4　《奏定女子小学堂章程》关于“国文”科的程度及每星期钟点的要求[4]

类别	学年	程度	每星期钟点
女子初等小学堂	第一年	发音　字及浅易普通文之读法　书法　缀法	12
	第二年	字及日用必须之文字及浅易普通文之读法　书法　缀法	12
	第三年	日用必须之文字及浅易普通文之读法　书法　缀法	14
	第四年	日用必须之文字及浅易普通文之读法　书法　缀法	14

[1] 薛晓嫘. 语文课程与教学论[M]. 重庆：重庆大学出版社，2011：2.
[2] 朱友瓛. 中国近代学制史料：第2辑下册[M]. 上海：华东师范大学出版社，1989：659.
[3] 朱友瓛. 中国近代学制史料：第2辑下册[M]. 上海：华东师范大学出版社，1989：659.
[4] 朱友瓛. 中国近代学制史料：第2辑下册[M]. 上海：华东师范大学出版社，1989：661-663.

（续表）

类别	学年	程度	每星期钟点
女子高等小学堂	第一年	日用必须之文字及普通读法　书法　缀法	9
	第二年	日用必须之文字及普通文之读法　书法　缀法	9
	第三年	日用必须之文字及普通文之读法　书法　缀法	9
	第四年	日用必须之文字及普通文之读法　书法　缀法	9

4. 1909年，中学堂文、实分科，文科主课及实科副课均设有“中国文学”，1911年改为“国文”

1909年5月，学部为避免学生在原有十二门课程中平均用力，为预备升入分科大学加强专业基础作准备，开始了中国中学分科教学的探索。《学部奏请变通中学堂课程分为文科实科折》将中学堂分文、实两科，文科以读经讲经、中国文学、外国语、历史、地理为主课，而以修身、算学、博物、理化、法制理财、图画、体操为通习；实科以外国语、算学、物理、化学、博物为主课，而以修身、读经讲经、中国文学、历史、地理、图画、手工、法制理财、体操为通习。文科与实科均以五年毕业。在“中学堂文科一类应习之学科程度授课时刻”之“中国文学”的规定如表1-2-5：

表 1-2-5　《学部奏请变通中学堂课程分为文科实科折》之“中国文学”的程度及每星期钟点的要求[1]

类别	学年	程度	每星期钟点
中学堂文科	第一年	读文　作文　习字	7
	第二年	同前学年	7
	第三年	同前学年	6
	第四年	同前学年	6
	第五年	同前学年	6
中学堂实科	第一年	习字　读文　作文	3
	第二年	同前学年	3
	第三年	同前学年	3
	第四年	同前学年	3
	第五年	同前学年	3

在《学部奏请变通中学堂课程分为文科实科折》中，不论中学文科还是实科，同时规定“乐歌乃古人弦诵之遗，各国皆有此科，应列为随意科目，择五七言古诗歌词旨雅正、音节谐和、足以发舒志气、涵养性情、篇幅不甚长者，于一星期内酌加一二小时教之”。[2]

[1] 朱有瓛. 中国近代学制史料：第2辑上册[M]. 上海：华东师范大学出版社，1987：395-400.
[2] 朱有瓛. 中国近代学制史料：第2辑上册[M]. 上海：华东师范大学出版社，1987：398.

1911年1月，《学部奏改订中学文实两科课程折（并单）》对中学文科、实科方案进行修订完善。值得关注的是，这一文件将“中国文学”改为“国文”，内容未变，但中学文科第一至五年每星期钟点依次为六、六、六、七、七，中学实科则各年每星期钟点均为四。[1]

二、蒙学读本开始冠名“国文”“文学”“汉文”

“国文”是古汉语词汇，最早出现在“晰神理，显国文”（《乐府诗集·郊庙歌辞四·隋方丘歌》），意思是国家礼乐制度。19世纪末，日本的“国文”“国语”科及其教科书受到国人的关注。陆胤指出，日本“国文”一词，可泛指文字、文体、文学，是与“汉字”“汉文”相对的概念。[2]1896年，康有为在《日本书目志》中列有《女子国文》《普通国文》《近体国文教科书》等以“国文”冠名的书籍十六种，[3] 这是目前已知最早将“国文”作为学科概念引入中国的史料。1897年秋，南洋公学外院成立，蒋维乔回忆中指出，当时“分国文、算学、舆地、史学、体育五科”[4]，但笔者并未找到其他相关史料佐证当时南洋公学的课程设置使用“国文”二字。1901年，有学者在《论今日最重要的两种教育》一文中强调对儿童进行普通智识教育，需要“改良学科”[5]，列修身、历史、舆地、博物、国文、算学六科。1902年，蔡元培创办爱国学社时使用“国文”学科名称。当时，受日本的影响，中国人对于“国文”呈现多样化的理解，冠名 “国文”“文学”“汉文”“识字”“作文”等国文类的教学用书从1902年开始出现。

1. 汪锺霖编辑《蒙学报》《蒙学丛书·国文类》

1897年9月，南洋公学师范生汪锺霖等在上海创立蒙学会。11月，创办《蒙学报》，明确推行新法教学，“先识字，次辨训，次造句，次成文，不躐等也”[6]，从识字进而天文、地学、古今杂事、数国言语、算学、音乐、体操等。《蒙学报》每周出版一期，连载新体蒙学用书，由浅及深，分为文学类、算学类、智学类、史事类、舆地类、格致类六门，文学类包含中文识字法（五至七岁用）、启蒙字书（八至十二岁用）、东文读本书（八至十二岁用）等内容。

《蒙学报》第七册开始出现与《东文读本书》并行的《中文读本书》，二者均附白话解释。1898年5月，《蒙学报》从第二十六期起改为旬刊，添加十四至十六岁内容，并分上、中、下三编，上编为三至十岁用，中编为十一至十三岁用，下编为十四至十六岁用。

---

[1] 朱有瓛. 中国近代学制史料：第2辑上册[M]. 上海：华东师范大学出版社，1987：402-408.

[2] 陆胤. 清末“蒙学读本”的文体意识与“国文”学科之建构[J]. 文学遗产，2013（3）：122-137.

[3] 蒋贵麟，主编. 康南海先生遗著汇刊11 日本书目志[M]. 台北：宏业书局有限公司，1987：520-556.

[4] 朱友瓛. 中国近代学制史料：第1辑下册[M]. 上海：华东师范大学出版社，1986：539.

[5] 王泉根. 中国现代儿童文学文论选[M]. 南宁：广西人民出版社，1989：5-7.

[6] 叶澜. 蒙学报缘起[N]. 蒙学报，1897（1）：10.

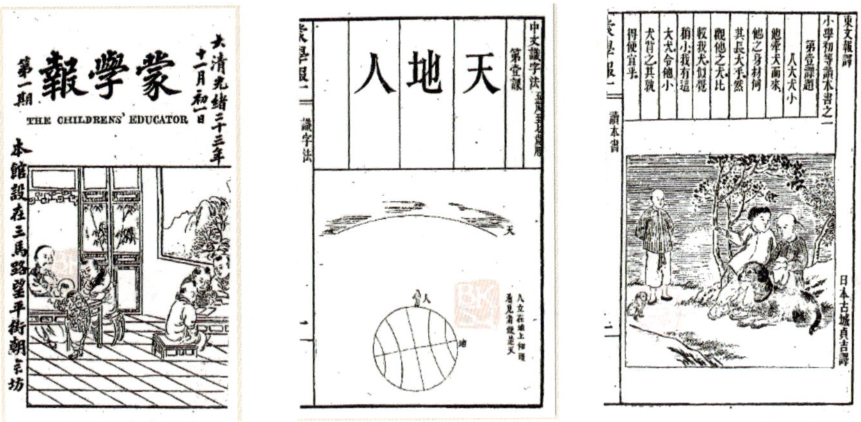

1—2—1

图1—2—1　《蒙学报》第一期，蒙学报馆，1897年版

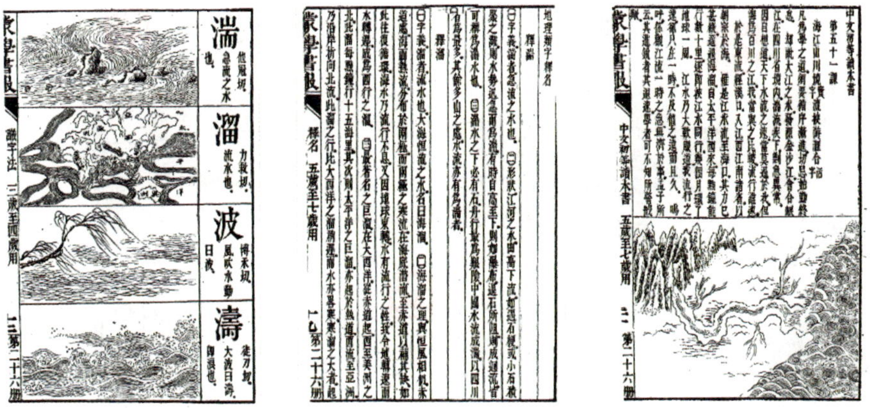

1—2—2

图1—2—2　《蒙学报》第二十六册，蒙学报馆，1898年版

1901年，启蒙书会印《启蒙课本图说初编》（未署编者姓名），之前有落款为“竹孙主人”的“序”，强调这本书是“童子之要书也”[1]。因为儿童“玩图识字，此法有益于记诵”，所以“本局不惜重资，特请名师描写，精印得图二百余种，皆精细绘工，神形毕肖，指一物即可解一物之名……”[2]。全书为看图识字以助理解，与《蒙学报》连载识字内容一样。

[1] 佚名. 启蒙课本图说初编[M]. [出版地不详]：启蒙书会印，1901：精印启蒙课本图说序.

[2] 佚名. 启蒙课本图说初编[M]. [出版地不详]：启蒙书会印，1901：精印启蒙课本图说序.

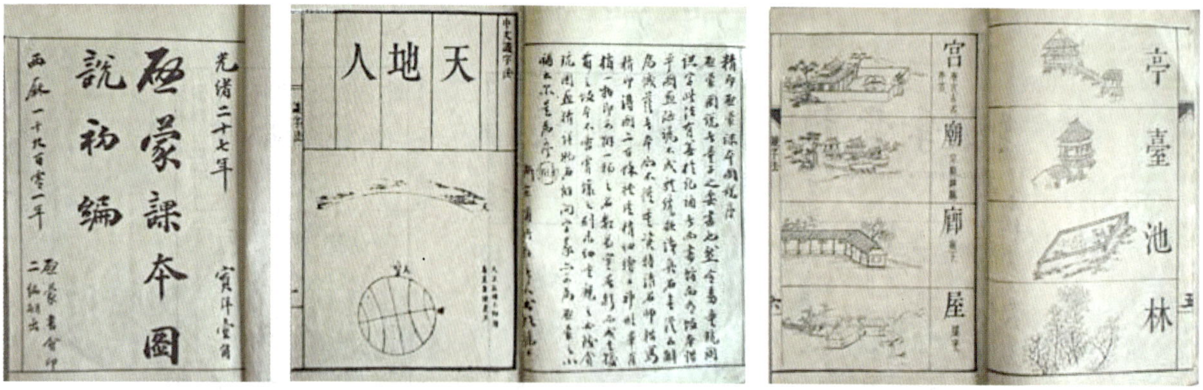

1–2–3

图1–2–3 《启蒙课本图说初编》，启蒙书会，1901年版

《蒙学报》分类订成《蒙学丛书》，1903年由蒙学报馆发行，编辑出版国文类、伦理类、算学类、舆地类、历史类、理科类、卫生类、教育类共计八大类七十二册。国文类有《字课分类图解》《儿童画学》《中文释例》《文法捷径》《文学初津》《绘图小学读本书》。

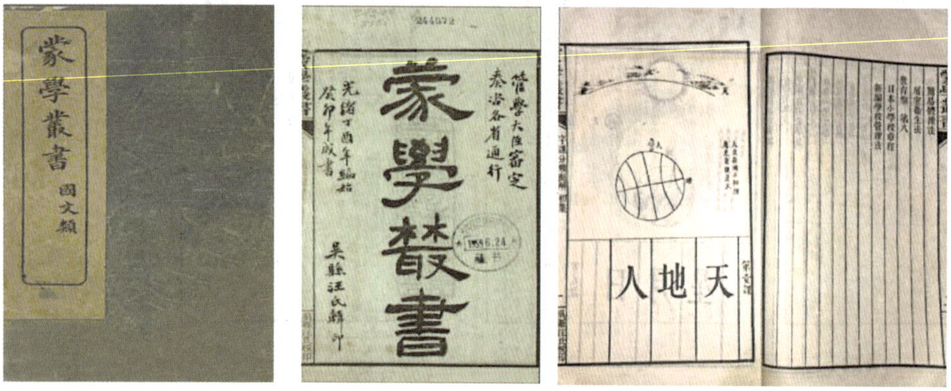

1–2–4

图1–2–4 《蒙学丛书·国文类》第1册，蒙学报馆，1903年版

《蒙学丛书·国文类》以“天地人”为开端，第一册至第四册是识字内容，第五册为儿童画学、文学初津、文法捷径，第六册为小学初等读本书、中文读本书、绘图小学读本书，第七册为绘图小学读本书。

2. 杜亚泉编撰《绘图文学初阶》

杜亚泉原名炜孙，字秋帆，号亚泉，还署名伧父、高劳等，出生于绍兴伧塘的一个商人家中。十六岁中秀才，十八岁时乡试落榜，觉得“帖括非所学”[1]，转而研习训诂学，致力攻读许氏《说

[1] 许纪霖，田建业. 杜亚泉文存[M]. 上海：上海教育出版社，2003：485.

文解字》。1894年，杜亚泉赴杭州求学，第二年参加岁试，在经学考试中获全郡第一，但被甲午战败所震惊，开始反思传统科举教育并明确否定之。1898年底，杜亚泉应绍兴中西学堂监督蔡元培之邀，任算术及理科教员。1900年， 杜亚泉在蔡元培辞去学堂监督职务时与之同时离开。1901年，杜亚泉得到父亲的资助，在上海棋盘街创设了普通学书室，先后刊行《普通学报》《外交报》等，其中《普通学报》开设文学、外国语学等栏目。1902年夏，杜亚泉应邀赴浔溪公学任校长，不久又创办越郡公学及三所小学。杜亚泉认为蒙学“实为全国人民盛衰文野之根源，所关甚钜……编辑蒙学之书者已若干家，体段粗具”[1]。他博采众家，从1902年6月开始编辑编撰《绘图文学初阶》六册，“系专为蒙学堂所用，计学生约半年读一卷，凡三年可以读毕。嗣后则将本馆所刊小学堂用之文学进阶授之，获益匪浅焉”[2]。笔者多方搜寻，未能查到所言《文学进阶》的相关资料及实物。1903年之后，《绘图文学初阶》开始标注“初等小学堂用”。

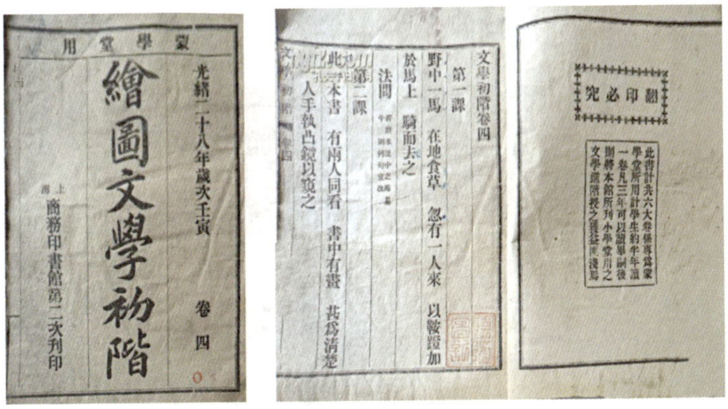

1-2-5

图1-2-5 《（蒙学堂用）绘图文学初阶》卷四，商务印书馆，1902年版

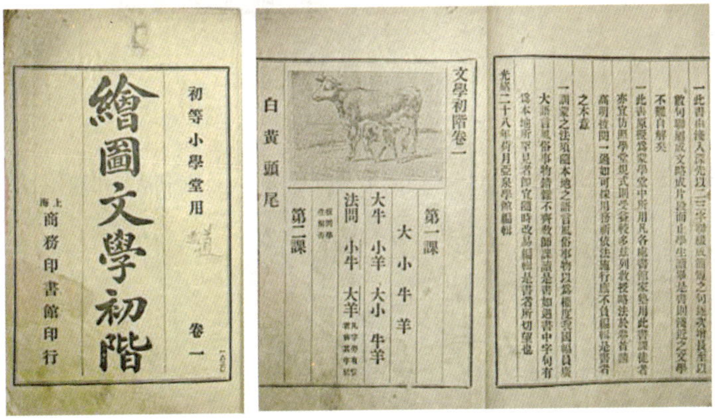

1-2-6

图1-2-6 《（初等小学堂用）绘图文学初阶》卷一，商务印书馆，1904年版

《（初等小学堂用）绘图文学初阶》内容依照“字、词、句、段、篇”之序，由浅入深，依次展开，“由浅入深，先以二三字联缀成简短之句，逐次增长至以数句联属成文，略成片段而止，

[1] 杜亚泉. 绘图：文学初阶：卷1[M]. 上海：商务印书馆，1905：叙言.

[2] 杜亚泉. 蒙学堂用：绘图文学初阶：卷四[M]. 上海：商务印书馆，1902：扉页反面.

学生读毕是书，则浅近之文学不难自解矣”[1]。卷一、卷二为“字”与“词”的学习，每课先排生字，再相应编排词语；卷三、卷四为短“句”的学习；卷一至卷四课文后设计有填空、续写等多种形式“法问”。卷五、卷六为短“篇”的学习，课次出现标题，课文无生字，句中出现简单实心点，课后无问题。《（初等小学堂用）绘图文学初阶》字词编排注重“重复出现”，且对于儿童常见的生字的重复率更高，卷一大量编排实词，且九十课以前不出现虚词。

3. 王立才著《初等国文教授》《国文教授进阶》

1896年，王维泰在南市大东门王家祠堂内创办上海王氏育材书塾，设蒙馆二，经馆二，西馆二，并于1897年正式开学。1900年，南洋公学师范生王植善接办育材书塾，改为上海王氏育材学堂，设王氏育材学堂编译所，1901年订立中学课程，规定四年毕业期限。1902年11月，王立才（即王建善）著、育材书塾编辑处编辑《初等国文教授》二册，由上海开明书店出版，这是目前已知中国人编撰的第一本书名呈现“国文”字样的教学用书。如图1-2-7《初等国文教授》下编残本，课文有标题，无课标，课文后有小字注释，无插图，无问题。

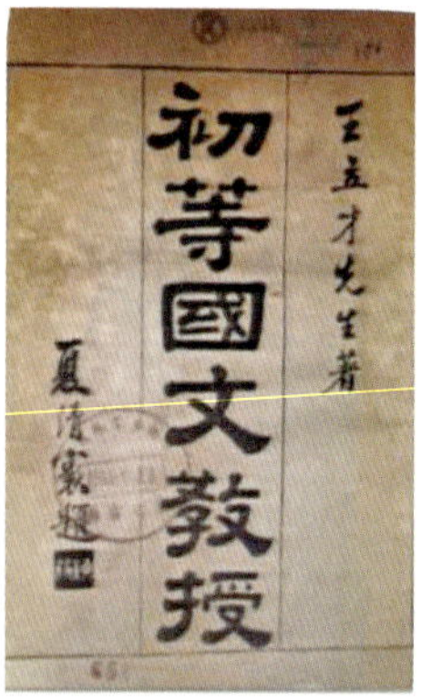

1-2-7

图1-2-7 《初等国文教授》，开明书店，1902年版

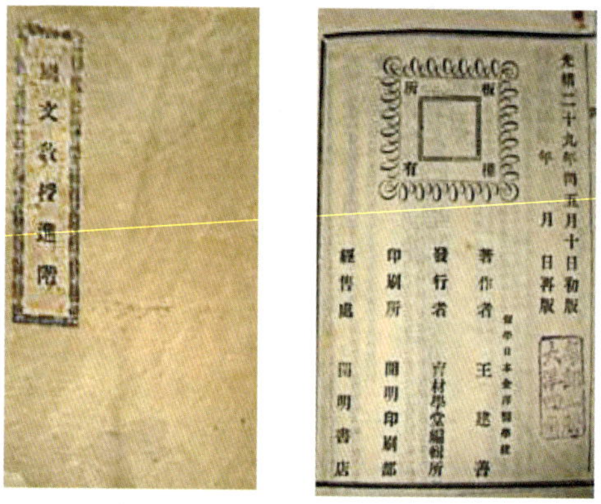

1-2-8

图1-2-8 《国文教授进阶》，开明书店，1903年版

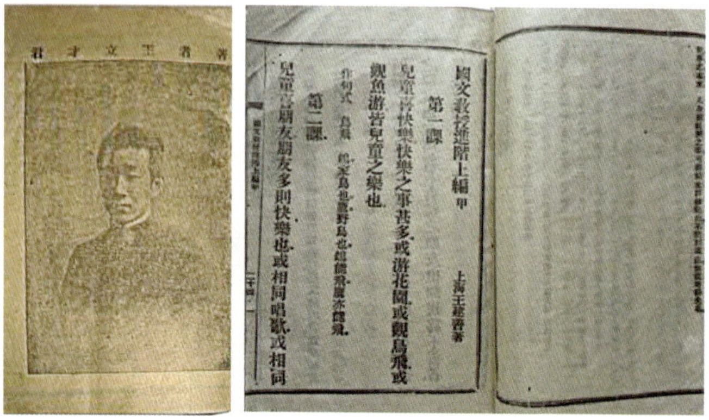

1-2-9

图1-2-9 《国文教授进阶》上编甲，开明书店，1903年版

[1] 杜亚泉. 初等小学堂用：绘图文学初阶：卷1[M]. 6版. 上海：商务印书馆，1904：编辑大意.

1903年10月，王立才著《国文教授进阶》，由育材学堂编译所发行，开明印刷部印刷，开明书店经售。1903年再版《国文教授进阶》（上编甲）的开篇第一整页为“著者王立才君”的半身照片，然后是目录，列有百劝、国文教授用法、教人之细目、自用之细目、送人之细目、百劝、日记之关系、日记之选择、上编甲（一课至三十课）、作句式、上编乙（三十一课至六十课）、文字普及之文题、日记式、写信之关系、下编（一课至六十课）、国文教授进阶跋、记忆之意义、记忆之原理。[1]课文有课标，无课题，有练习设计。

4. 戴克敦编辑《汉文教授法》

1902年8月，戴克敦编辑《汉文教授法》，杭州编译局印刷。戴克敦认为，“东西洋各国皆有本国文法课本，故七八岁童子读书一二年，已能阅报、阅书、写信、作论，非其质地之优，实教育之良也”，但是，“中国数千年来，向无文法课本，惟马氏独创钜制……”，然而《马氏文通》“精深博大，非蒙童所能领悟”，私塾的虚字解义书籍“又为八股而设，简陋不足道用”。[2]因此编撰《汉文教授法》。《汉文教授法》在1903年列入京师大学堂编《暂定各学堂应用书目》。

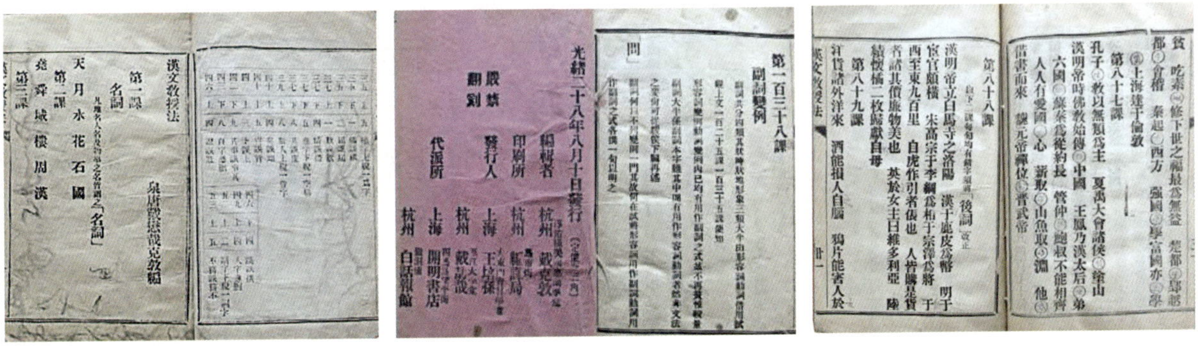

1-2-10

图1-2-10 《汉文教授法》，杭州编译局，1902年版

《汉文教授法》以课为单位编排，呈现名词、形容词等文法知识，以小字释义。课文中穿插编排练习，以填空形式出现，要求补入相关的词。课文无插图。

5. 刘光汉著《（小学校用）国文典问答》

刘光汉是刘师培于1903年所改之名。刘师培（1884—1919），字申叔，号左庵，出生于江苏仪征一个书香世家。刘师培八岁时掌握《周易》卦变法，十二岁读完四书五经，并学习试帖诗等，十三岁开始研究《晏子春秋》，十七岁时应试得中秀才，第二年中举人。1903年春，刘师培参加开封会试未中，倍感沮丧，返回扬州后去上海，撰《创设师范学会章程》，发表在《苏报》，称“本会以联合教师，改良教法为目的”[3]。他在上海结识中国教育会、爱国学社的蔡元培及章炳麟等人，思想发生变化，于是投身资产阶级民主革命与教育改革，更名为刘光汉。“刘君初名师培，前

[1] 王建善. 国文教授进阶：上编甲[M]. 上海：育才学堂编辑所，1903：目录.

[2] 戴克敦. 汉文教授法[M]. 杭州：杭州编译局，1902：例言.

[3] 陈奇. 刘师培年谱长编[M]. 贵阳：贵州人民出版社，2007：41.

九年癸卯至上海，与章太炎、蔡孑民诸先生相识，主张攘除清廷，光复汉族，遂更名光汉。”[1]当时，章炳麟与刘师培关系甚密，二者同治汉学，崇奉古文经学。1903年10月，刘光汉（刘师培）著《（小学校用）国文典问答》一册，“以分析字类为主，而下卷之中则专论国文缀系法”[2]。在体例方面，“编仿天文问答、地理问答之类，设为问答之词，而大旨仍依东文典问答”[3]。

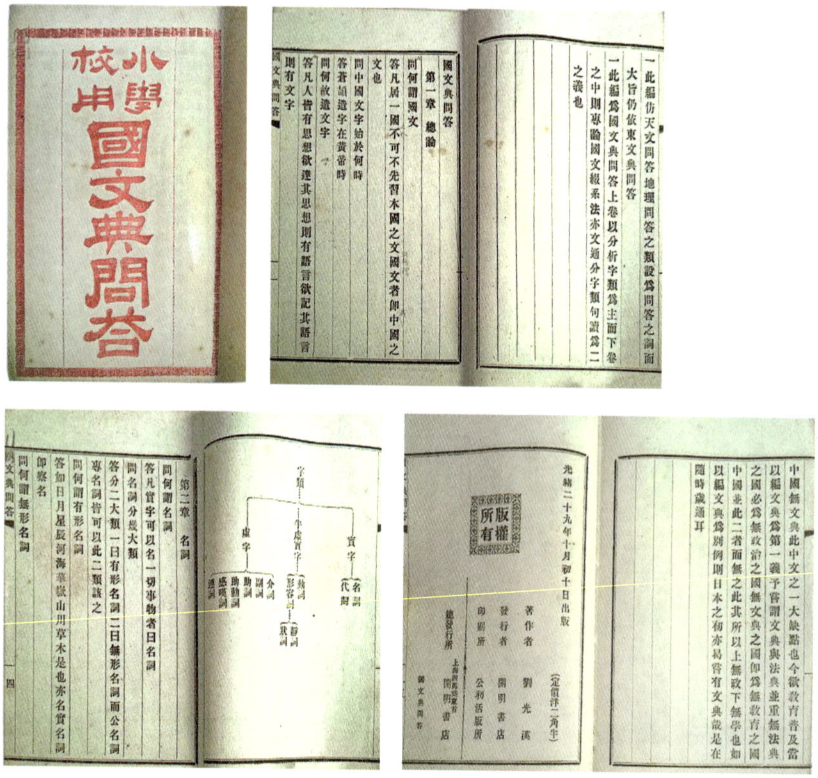

1-2-11

图1-2-11　《（小学校用）国文典问答》，开明书店，1903年版

《（小学校用）国文典问答》以章编排，第一章“总论”，第一问“何谓国文”的回答是：“凡居一国不可不先习本国之文，国文者，即中国之文也。”书中还附有《中国文字流弊论》《国文杂记》，明确“今欲教育普及，当以编文典为第一义”，主张改变以“韩柳欧苏之文”作读本的教法，编写国文教科书。

[1] 刘师培. 刘师培全集：第1册[M]. 北京：中共中央党校出版社，1997：8.
[2] 刘光汉. 小学校用：国文典问答[M]. 上海：开明书店，1903：国文典问答序.
[3] 刘光汉. 小学校用：国文典问答[M]. 上海：开明书店，1903：例言.

三、南洋公学师范生首次分科编撰“文法教科书”

1866年，德国传教士罗存德在《英华字典》中首次将“text-book”引入中国，但未译为“教科书”。汉语“教科书”一词出现在日本明治维新时期，1887年由黄遵宪在《日本国志》传入中国。[1]1899年，南洋公学师范生白作霖在《编译教科书的意见》中，开篇指出“吾国向未有教科书”[2]。目前所见中国人编译最早冠名“教科书”的实物是光绪二十七年（1901年）正月出版的南洋公学师范院译述本《笔算教科书》（［日］文学社编纂，董瑞椿口述、朱念椿笔译）。[3]此后，南洋公学师范生朱树人、汪钟霖、侯鸿鉴、张景良等不断编译（撰）以“教科书”冠名的新式教学用书。恰如张景良所言：“自南洋公学开幕，遂有《蒙学课本》及各种教科书之出，各处学校，经我同学所开创者，指不胜计。”[4]

1. 朱树人著《蒙学文法教科书》

1898年马建忠的《马氏文通》出版后，文法在作文教学中的重要作用日益受到关注。但是，《马氏文通》引据宏博，辨释精微，不适合蒙学教授。因此，以《马氏文通》为依据编纂的，适合初等小学使用的文法教科书不断出版。

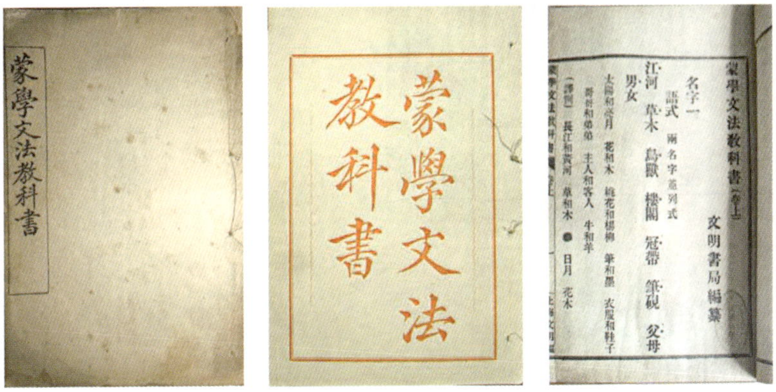

1—2—12

图1—2—12 《蒙学文法教科书》，文明书局，1903年版

1902年，无锡名士俞复、廉泉、丁宝书等在上海创办文明书局。1903年开始，文明书局审时度势，高举“科学”的大旗，出版初等小学堂学生系列用书“蒙学科学全书”。1903年8月，朱树人

[1] 吴小鸥.“教科书”考释[J]. 华东师范大学学报（教育科学版），2020（5）：117-126.

[2]《交通大学校史》撰写组. 交通大学校史资料选编：第1卷[M]. 西安：西安交通大学出版社，1986：62

[3] 虽然1899年入学的师范生张相文回忆时指出，“教科书之名词，今已普行于学界，然其出现于中国，则自余之《本国中等地理教科书》始，此书编于光绪庚子（1900年），出版于光绪辛丑（1901年），他日有所编著，应以此本为最先之教科书矣。”（张相文.纯谷笔谈[A]. 南园丛稿[M]. 文海出版社，1968：19）但笔者所见1906年兰陵社发行的《本国中等地理教科书》版权页印有“光绪二十七年四月初版、二十八年五月再版、二十九年六月三版、三十一年四月四版、三十一年九月五版、三十二年六月六版”。故目前所见第一本中国人编译的冠名“教科书”的实物是《笔算教科书》。

[4] 张景良. 南洋公学追悼白、唐二烈士演说词[A]. 南洋·文苑，1915，6（2）：16-17.

著《蒙学文法教科书》，由文明书局出版，分为上、下两卷合编，是文明书局最初推出的“蒙学科学全书”系列用书八本中的第一本。《蒙学文法教科书》于1904年1月再版时增补了很多内容，改为上、中、下卷分编，上卷专选浅直之句，中卷引而申之，下卷则专举相似之句例，“间引《蒙学读本》全书中成句，为之佐证，庶读书作文融归一贯”[1]。《蒙学文法教科书》每课首列文言，用大字，次白话，次译例，次按语，并专设“教授法述略”一章。全书无图，用“◎”标记关键的字词。

2. 侯鸿鉴著《初等文法教科书》

1903年9月，侯鸿鉴著《初等文法教科书》一册，上海文明书局出版。此书最前面有1904年秋侯鸿鉴的外甥范绍洛写于日本东京第一高等学校的“初等文法教科书序”，认为侯鸿鉴多年从事教育，积累文法教学经验得以编撰此书，特别适合作为蒙童作文的基础。他写道：“际此新旧交替，教读并困之时，学校课书，每从译本，而文法实为一国言文之惯习，有不可以强合者。然使类别之法，过从旧，失之粗鄙，过从新，又多隔膜，而此书采东西文典之长，以补吾之不足，是又新旧得其宜者，初学受之，不特足为习汉文之捷诀。”[2]

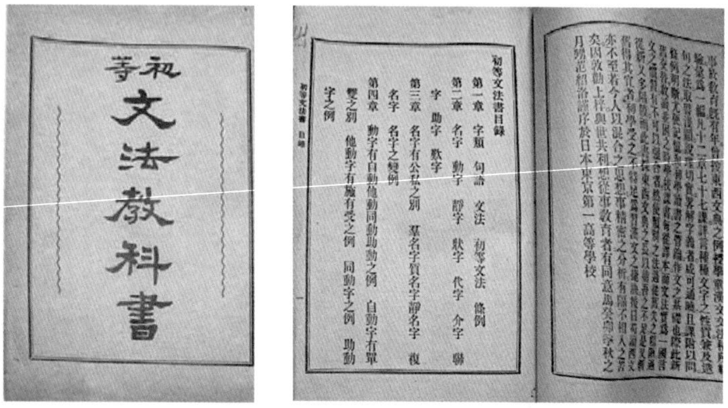

1—2—13

图1—2—13 《初等文法教科书》，文明书局，1907年版

《初等文法教科书》共12章77课。第一章有《字类》《句语》《文法》《初等文法》《条例》五课概述全书知识，第二章有《名字》《动字》《静字》《状字》《代字》《介字》《连字》《助字》《叹字》九课介绍字类，从第三章开始，依次为“字类”的解析。

四、吴汝纶编撰首次标明“国文教科书”的古文读本

吴汝纶（1840—1903），字挚甫，安徽桐城人。嘉庆三年（1864）举人，次年中进士，以内阁

[1] 朱树人. 蒙学文法教科书：上册[M]. 西安：味经官书局，1904：1.
[2] 侯鸿鉴. 初等文法教科书[M]. 上海：文明书局. 1905：序.

中书用。精训诂、经学、古今文，为桐城派代表人物之一。先后入曾国藩、李鸿章幕府。1871年后，任直隶深州知州、天津知府、冀州知州。推行新教育，并在深州书院亲授课业，使“民忘其吏，推为大师”。 1889年专任保定莲池书院山长。其间，授课传业，至书院大兴。1898年为严复译《天演论》作序。1902年任京师大学堂总教习，加五品京卿衔；5月赴日本考察学制，10月回国。倡言废科举，重学校；主张大学堂应重师范，专主西学。1902年10月，返乡创办桐城中学堂，亲拟学堂章程，并撰“后十百年人才奋兴胚胎于此，合东西国学问精粹陶冶而成”的名联；1903年2月病逝于桐城。

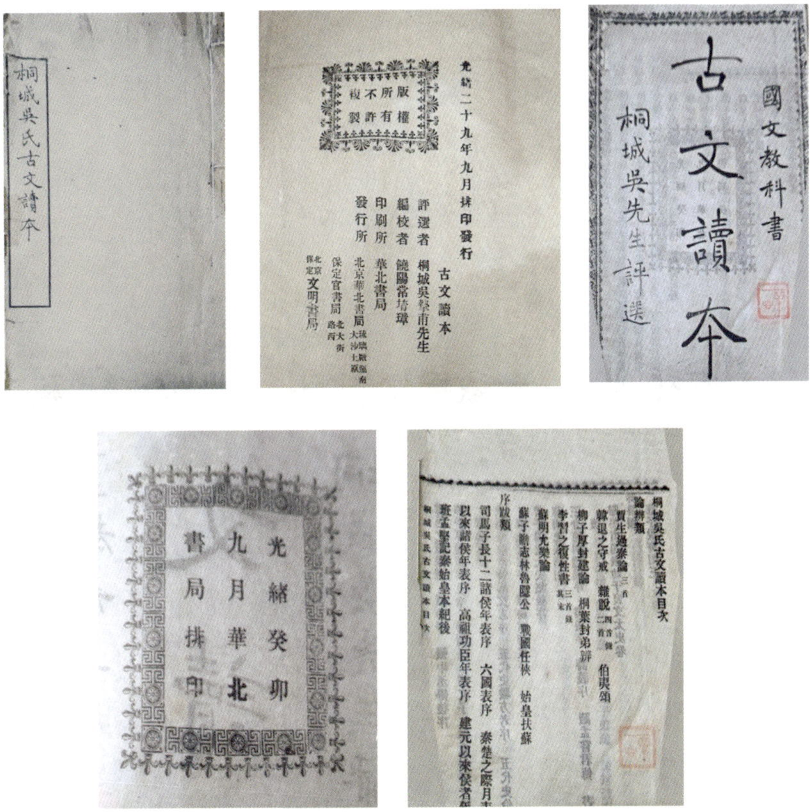

1-2-14

图1-2-14 《桐城吴氏古文读本》，华北书局，1903年版

1903年9月，吴挚甫选评、常堉璋编校《桐城吴氏古文读本》二卷，由北京华北书局排印。常堉璋，饶阳人，陆军部小京官，曾为北洋师范学堂国文教员。值得关注的是，这套教科书扉页标注“国文教科书”字样，这是目前已知由中国人编撰的新式学堂教学用书首次出现。这套教科书的文章按照“论辩类、序跋类、辞赋类……”排列，每一类约六至七篇。

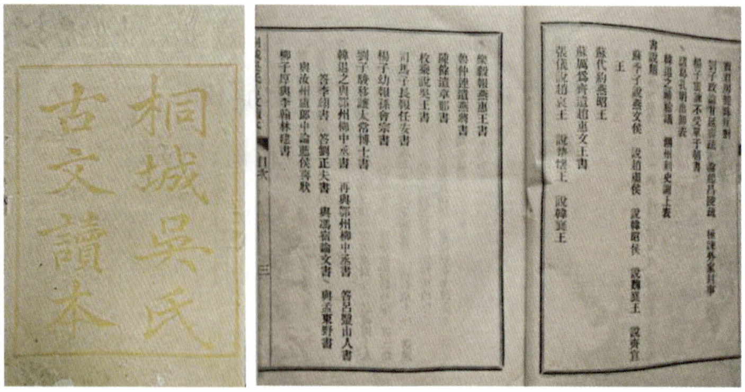

1-2-15

图1-2-15　《桐城吴氏古文读本》，文明书局，1904年版

1903年12月，文明书局开始印刷《桐城吴氏古文读本》，1904年3月发行。此外，还有北京河北书局本，出版时间不详。

五、商务印书馆推出第一套依据学制编撰的“国文教科书”

商务印书馆成立于1897年，其推出的《华英初阶》《华英进阶》等新式教学用书很受欢迎。1901年，清政府广设各级学堂，新式教学用书供不应求。1902年下半年，商务印书馆开始筹建编译所，“君（按：夏瑞芳）以为国民教育，宜先小学，而教科书为尤亟。乃于印刷所外，兼设编译所”[1]。1903年正月，就职于南洋公学的张元济接受商务印书馆的聘请，与夏瑞芳相约“吾辈当以扶助教育为已任”[2]。他们带领商务印书馆以学制变更为契机，大举编撰出版教科书，首先从编辑小学国文教科书入手，“本馆延请海内外通人名士，研究教育问题，知国文科为最亟”，于是“乃合群力，集众智商榷体例，搜罗材料，累月经年始得要领”[3]。

1. 庄俞、蒋维乔、杨瑜统编纂《最新国文教科书（初等小学用）》

1904年4月8日，《最新国文教科书（初等小学用）》开始陆续出版，每学期一册，共计十册，编纂者是庄俞、蒋维乔、杨瑜统，校订者是日本学者小谷重、长尾槙太郎以及中国学者高凤谦、张元济。蒋维乔日记中写道：“癸卯四月廿七日（即1903年5月23日）余受商务印书馆编辑蒙、小学教科书事，共一千五百六十课，约六月杪竣事。回里后一意从事编辑。”[4]小谷重曾任日本最大出

[1] 蒋维乔. 夏君瑞芳事略[J]. 清心钟，1914，1（1）：62.

[2] 张元济. 中华民族的人格[M]. 沈阳：辽宁教育出版社，2003：75.

[3] 庄俞，蒋维乔，杨瑜统. 最新国文教科书：初等小学用：第1册[M]. 3版. 上海：商务印书馆，1904：编辑初等高等小学堂国文教科书缘起.

[4] 蒋维乔. 蒋维乔日记：1896—1914[M]. 北京：商务印书馆，2019：98.

版社金港堂编辑主任、前文部省图书审查官，长尾槙太郎曾任日本前高等师范学校教授。

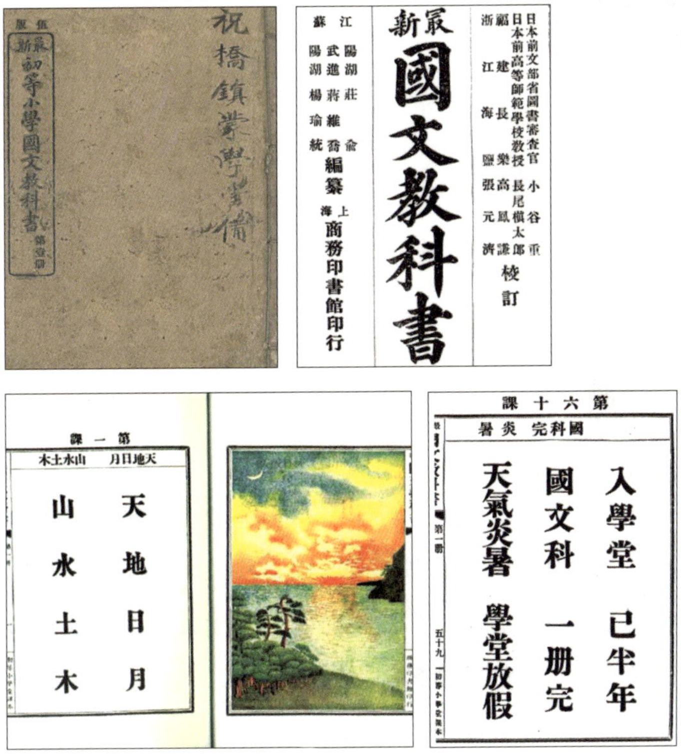

1—2—16

图1—2—16　《最新国文教科书（初等小学用）》第1册，商务印书馆，1904年版

《最新国文教科书（初等小学用）》每册60课，以浅近文言文呈现，“凡关于立身、居家、处世，以至事物浅近之理由与治生之所不可缺者”[1]。内容以德育、智育、体育进行编排，插图丰富，形式活泼，出版后大受欢迎，“不及两周，便销出五千余册，未及数月，行销十余万册”[2]。

2. 高凤谦、张元济、蒋维乔编纂的《最新国文教科书（高等小学用）》

1906年12月，高凤谦、张元济、蒋维乔编纂的《最新国文教科书（高等小学用）》开始出版，共计八册。这套教科书按照“上谕所定教育宗旨，以忠君、尊孔、尚公、尚武、尚实五端为主”[3]，每册60课，以文言文编纂，内容选择古书及名家文者各半，在第一册中“详列有关宪政之事，以养成立宪国民之资格”[4]。

[1] 庄俞，蒋维乔，杨瑜统. 最新国文教科书：初等小学用：第1册[M]. 3版. 上海：商务印书馆，1904：编辑初等高等小学堂国文教科书缘起.

[2] 王建军. 中国近代教科书发展研究[M]. 广州：广东教育出版社，1996：111.

[3] 高凤谦，张元济，蒋维乔. 最新国文教科书：高等小学用：第1册[M]. 上海：商务印书馆，1906：编辑大意.

[4] 高凤谦，张元济，蒋维乔. 最新国文教科书：高等小学用：第1册[M]. 上海：商务印书馆，1906：编辑大意.

1-2-17

图1-2-17 《最新国文教科书（高等小学用）》第1册，商务印书馆，1908年版

1904年，中国人自编以“国文教科书”冠名的教学用书始于商务印书馆推出的《最新国文教科书（初等小学用）》，这是中国第一套依据学堂章程、分级分科编撰、并配有相应的教授书的教科书，是第一套附有彩色插图的教科书，是第一套在目次上标有页码的教科书，是第一套每册都有扉页的教科书，是第一套每册都印有英文书名的教科书，是第一套登有教学用书广告的教科书，标志清末国人自编教科书进入到一个新的阶段，“实开中国学校用书之新纪录”[1]。蒋维乔在《编辑小学教科书之回忆》一文中写道：“教科书之形式内容，渐臻完备者，当推商务印书馆之《最新教科书》。此非作者身与其役，竟敢以此自夸，乃客观之事实可以证明：一、此书既出，其他书局之儿童读本，即渐渐不复流行。二、在白话教科书未提倡之前，凡各书局所编之教科书及学部国定之教科书，大率皆模仿此书之体裁。故在彼一时期，能完成教科书之使命者，舍《最新》之外，固罔有能当之无愧者也。”[2]

[1] 陈学恂. 中国近代教育史教学参资料：上册[M]. 北京：人民教育出版社，1993：656.
[2] 王建军. 中国近代教科书发展研究[M]. 广州：广东教育出版社，1996：105-106.

第三节
名目繁多的小学国文类教科书

1904年1月，清政府颁行《奏定初等小学堂章程》，首倡“国民教育”，明确“令凡国民七岁以上者入焉，以启其人生应有之知识，立其明伦理爱国家之根基，并调护儿童身体，令其发育为宗旨；以识字之民日多为成效”[1]。1905年9月，清政府诏令自明年起停止所有科举考试，结束了延续1 300多年的科举制。同年12月，清政府设学部，作为中央的教育行政机构，主管全国学堂。1906年3月，学部奏定“忠君、尊孔、尚公、尚武、尚实”教育宗旨。1906年9月，清政府颁布“预备仿行立宪”上谕，宣布将广兴教育等作为预备立宪的基础。1906年，各省成立教育会，与地方教育行政机关相辅相成，促进公共教育。1908年，每个市区成立劝学所以推进新式学校教育。1909年，建立近代的视学制度。1909年，全国共有初等小学堂44 558所、在校生规模1 170 852人，初小与高小合设的两等小学堂3 487所、在校生规模199 018人，两类合计，分别占到全国各级各类学校总数和在校生总规模的92%和84%。[2]面对巨大的教学需求，卷入自编教科书潮流的不仅有各地各级学堂，还有民间书局、私人等。小学国文类教科书冠名各异，纷繁复杂。

一、“国文”“古文”冠名的教科书、读本、课本

很久以来，我们把教科书称为“课本”和“读本”等，如“凡定有程式而实验稽核之，皆曰课，如考课、功课”，“凡事之根源为本”。把“课”和“本”组合为“课本”，即功课的根源或学校教学过程的根源之意。[3]在“教科书”一词出现之前，这些词语已在各种官私文献中得到使用，接近于俗语和泛称。当汉译新词“教科书”引入，这些概念依旧与教科书的概念呈现并行同一的趋势。

1. 上海春风馆编纂《（初等小学）国文教科书》

1905年10月，上海春风馆编纂《（初等小学）国文教科书》十册，由南洋官书局总发行，发行

[1] 朱有瓛. 中国近代学制史料：第2辑上册[M]. 上海：华东师范大学出版社，1987：174.

[2] 李剑萍，杨旭. 中国现代教育史：中国教育早期现代化研究[M]. 北京：人民教育出版社，2011：80.

[3] 商务印书馆香港分馆. 辞源：改编本[M]. 香港：商务印书馆，1951：735.

所有澄衷学堂印书局、会文堂政记书局。这套教科书扉页上有“山阴汤寿潜鉴定”“通州张謇题签”字样。

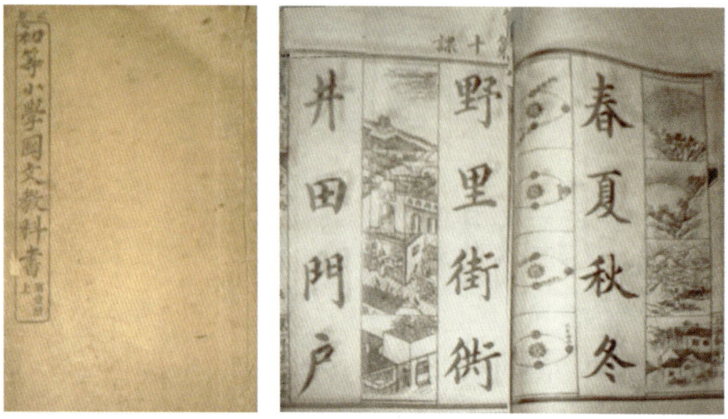

1—3—1

图1—3—1 《初等小学国文教科书》第1册上，南洋官书局，1905年版

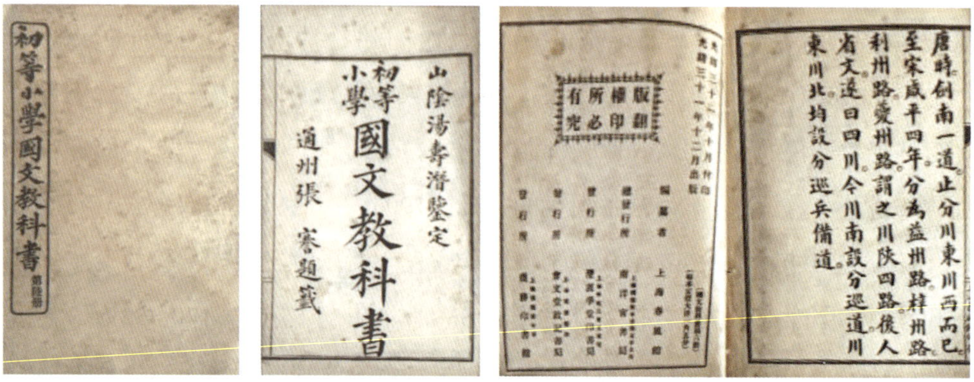

1—3—2

图1—3—2 《初等小学国文教科书》第6册，南洋官书局，1905年版

《初等小学国文教科书》以课编排，内容以综合知识为主，每册课数较多，“国文一星期，课三点钟，一钟一课，一月四星期，得十二课，半年除假日，作五月计，得一百二十课”[1]。第一册为单独识字，汉字大写，插图丰富，编排多样。课文系统则没有生字及问题等辅助编排。

2. 顾倬编著《高等小学国文读本》及丁宝书、俞复、陆费逵编纂《初等小学国文读本》

1905年12月，顾倬编著《高等小学国文读本》四卷，文明书局出版。这套读本卷一、卷二选自无锡三等公学堂编《蒙学读本全书》第五、第七编，所以出版时为“无锡三等公学堂编”，且在卷一、卷二扉页的反面印有“学部提要”，明确“无锡三等公学堂编原书，凡七编，今取第五编为高等小学第一年之用，第七编为高等小学第二年之用”[2]。在卷三、卷四的“学部提要”则印有“金匮顾倬编凡四 卷首卷二不加审定 今取三、四两卷”。民国版本的扉页及版权页的编辑者均名为“顾倬”。

[1] 上海春风馆．初等小学国文教科书：第9册[M]．上海：南洋官书局，1905：初等小学国文教科书第五年小序．
[2] 无锡三等公学堂．高等小学国文读本：卷2[M]．6版．上海：文明书局，1909：扉页反面．

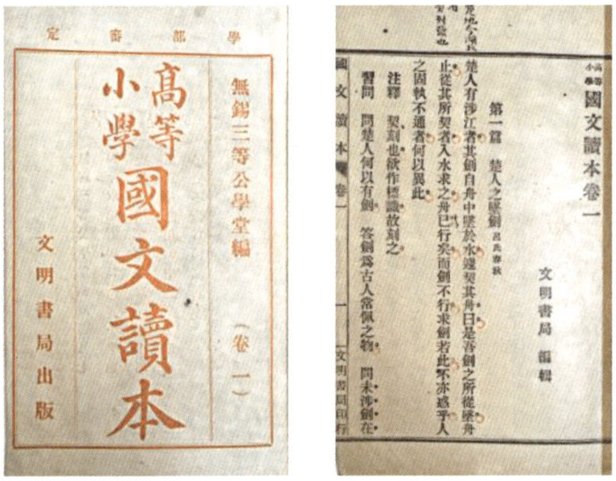

1—3—3

图1—3—3　《高等小学国文读本》卷一，文明书局，1910年版

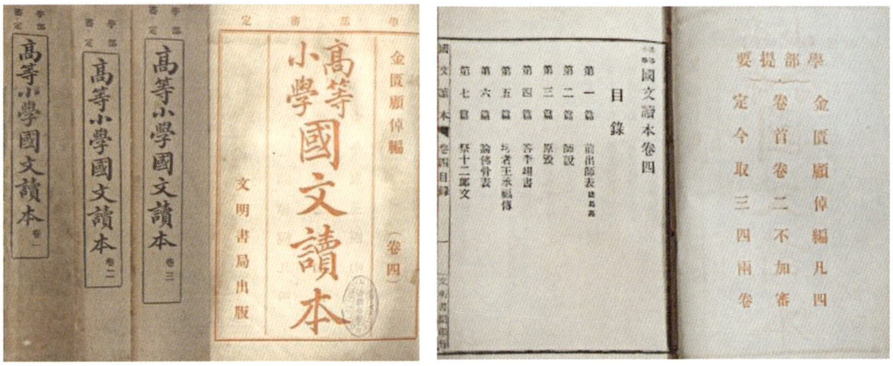

1—3—4

图1—3—4　《高等小学国文读本》卷四，文明书局，1908年版

《高等小学国文读本》以篇为单位进行内容编排，选文以古文及清朝学者薛福成、曾国藩、姚文栋、梅曾亮、陈祖范等撰写的文章为主，分卷编排，民国之后选文有调整。

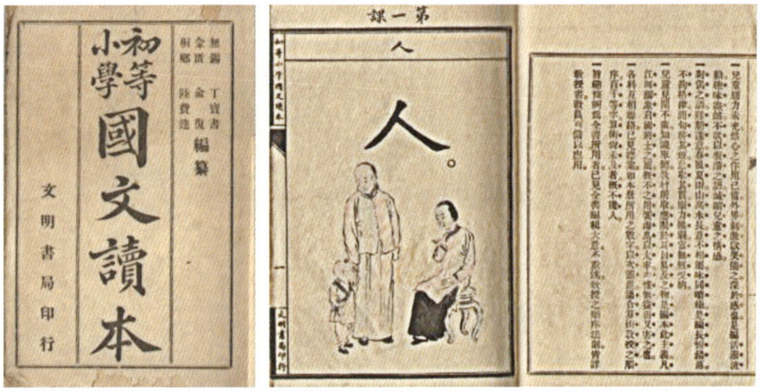

1—3—5

图1—3—5　《初等小学国文读本》卷一，文明书局，1907年版

1907年，丁宝书、俞复、陆费逵编纂的《初等小学国文读本》由文明书局出版，共计四卷，内文为文言文，配有教授书以指导教员应用。这套读本内容取材为儿童日常所见熟悉的事物，编排中注重与其他学科的联系，如“凡例”中所写“如本册所用之数字，以次递进，适合算术教授之顺序，百千等字，算术尚未及者，概不搀入”。

3. 何琪、杜芝庭编辑《初级小学国文教科书》《高等小学堂用国文教科书》

1906年2月，何琪编辑《初级小学国文教科书》由会文学社第5次出版（初版不详）。蔡元培鉴定、王菿题署。

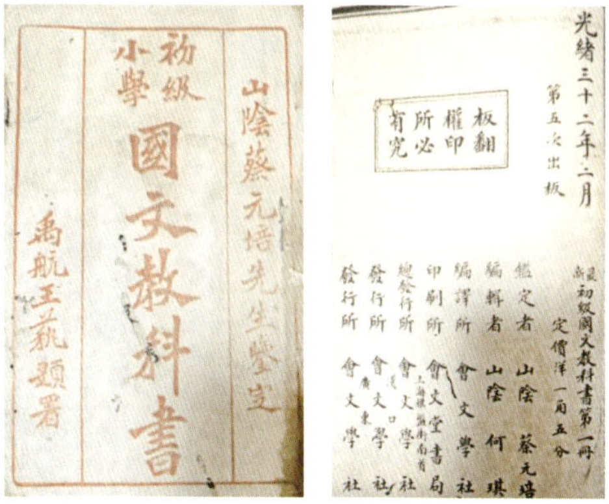

1—3—6

图1—3—6 《初级小学国文教科书》第1册，会文学社，1906年第5次出版

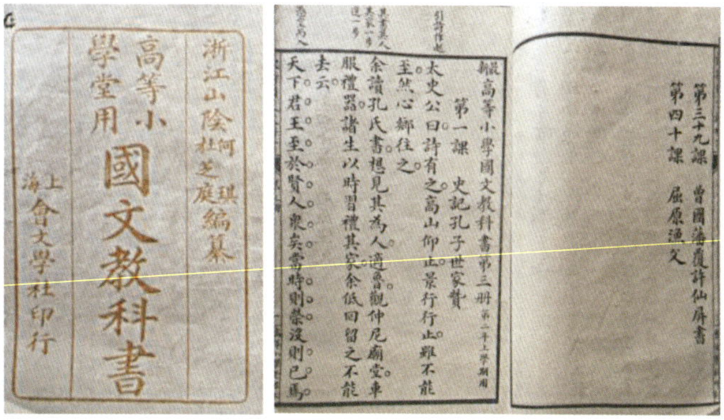

1—3—7

图1—3—7 《高等小学堂用国文教科书》第3册，会文学社，1907年版

1907年5月，何琪、杜芝庭编纂《高等小学堂用国文教科书》八册，会文学社出版。第一、二册每册60课，第三册开始每册40课。这套教科书无插图，无问题，注释位于课文上方空白处，顶格分段，文字旁有小圆圈标注断句及重点语句。另编有“解释”一册，以供教师参考。

4. 韩澄编辑《简易国文课本》

1906年3月，韩澄编辑《简易国文课本》上编和下编共两册，商务印书馆出版。

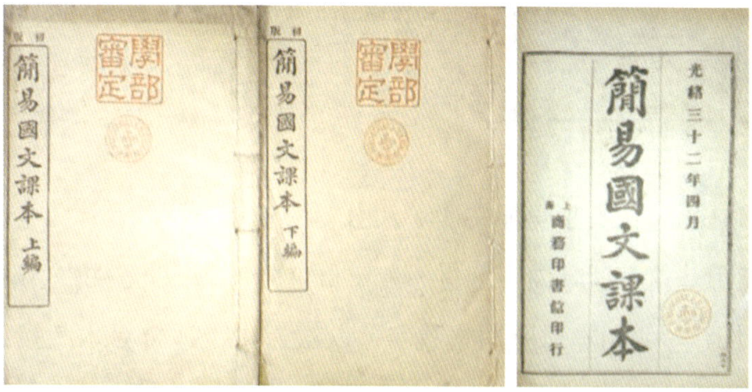

1—3—8

图1—3—8 《简易国文课本》上、下编，商务印书馆，1906年版

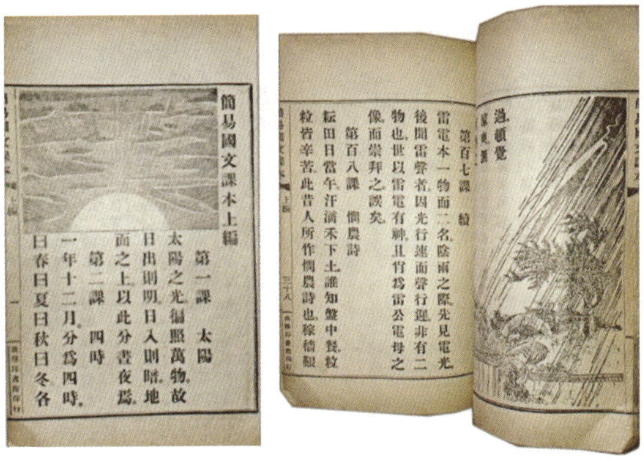

1—3—9

图1—3—9 《简易国文课本》上编，商务印书馆，1906年版

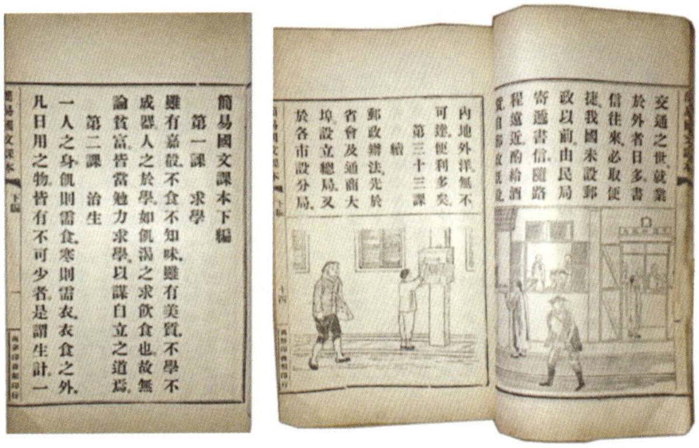

1—3—10

图1—3—10 《简易国文课本》下编，商务印书馆，1906年版

《简易国文课本》“专为寒素子弟，或学龄已过，不能循学堂阶级者而设”，“分上、下两编，限一年毕业”，“冀收速成之益”。上编有120课，下编有80课，“拟定二百点钟”[1]，一课为一点钟。每课字数，由二三十字适增至八九十字。在“编辑大意”之后，列有“附教授法”，对于“音读”“讲解”等方法作具体说明。

5. 朱树人编纂《国文新读本》《初等小学国文课本》

1906年5月，朱树人编纂《国文新读本》四卷，文明书局出版。这套读本以课为单位编排，无生字，无注释，无问题设计，有插图，开篇为彩色插图（套图），书中有彩色的大清地图（大页，折叠于书中），标点符号以小圆圈断句，段落前有一字空格。

1—3—11

图1—3—11 《国文新读本》卷二，文明书局，1909年版

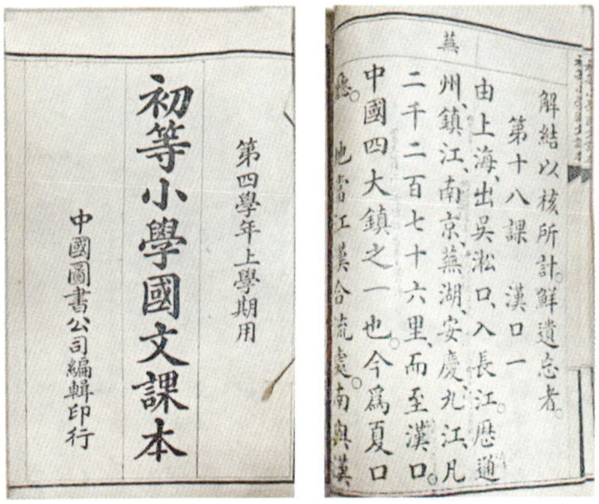

1—3—12

图1—3—12 《初等小学国文课本》第7册，中国图书公司，1909年版

[1] 韩澄. 简易国文课本：上编[M]. 上海：商务印书馆，1906：编辑大意.

1909年，朱树人编纂《初等小学国文课本》，中国图书公司编辑印行，沈恩孚校订，何元俊绘图。这套读本以课为单位编排，生字位于课文上栏，注释位于生字上方的空白处。全书有插图，注重科学常识的图示，且插图中呈现有套图。这套读本的选文有谈话体、论说体、记叙体等，并将主题一致的内容集中编排，已有单元雏形。

6. 戴克让编纂《最新初等小学国文教科书》

1906年7月，戴克让编纂《最新初等小学国文教科书》十册，彪蒙书室出版。每册前有“例言”说明本册教学适用年级、教学时间、课文容量、内容维度、编排原则等。这套教科书所选内容含有启发儿童德育、智育、体育的目标，主要为儿童常见的事物和景象，选编了儿童易于理解和模仿的历史故事等。

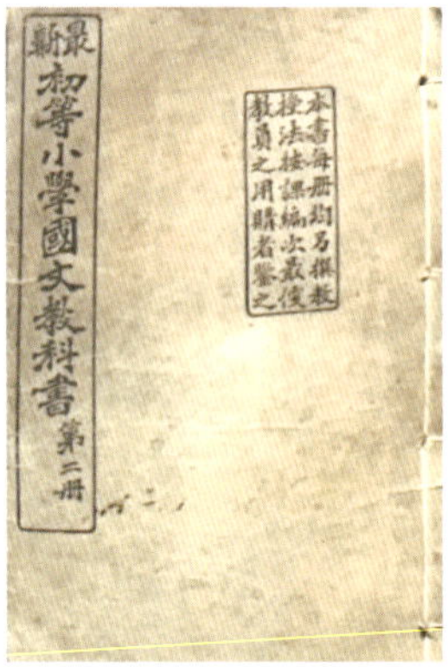

1—3—13

图1—3—13 《最新初等小学国文教科书》第2册，彪蒙书室，1905年版

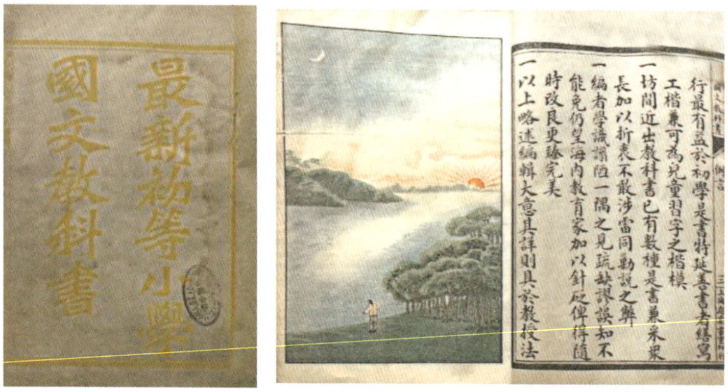

1—3—14

图1—3—14 《最新初等小学国文教科书》第1册，彪蒙书室，1906年版

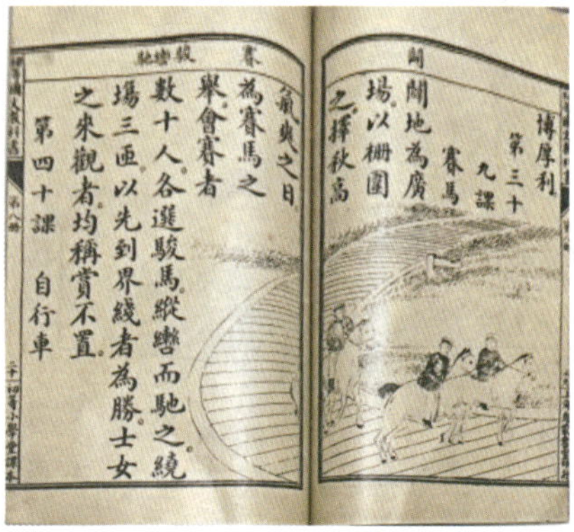

1—3—15

图1—3—15 《最新初等小学国文教科书》第8册，彪蒙书室，1908年版

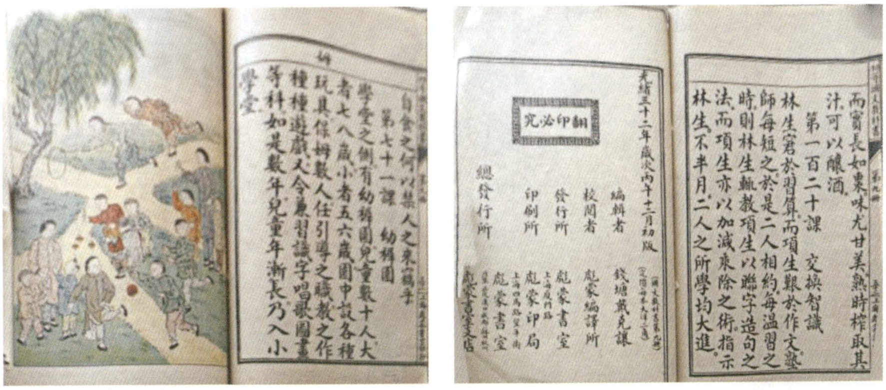

1-3-16

图1-3-16 《最新初等小学国文教科书》第9册，彪蒙书室，1906年版

这套教科书图文印刷精美，插图较为丰富，特别是彩色插图较多，第二册就有三幅彩色插图。特别说明文字可以临摹，如图1-3-14中所写“是书特延善书者，缮写工楷，兼可为儿童习字之楷模”。这套教科书配套编有教授法。

7. 陆保璿、王文濡同纂《国文新教科书》

1906年，陆保璿、王文濡同纂《国文新教科书》，上海求是学社印行，扉页落款有“乐群图书编译局编”字样。

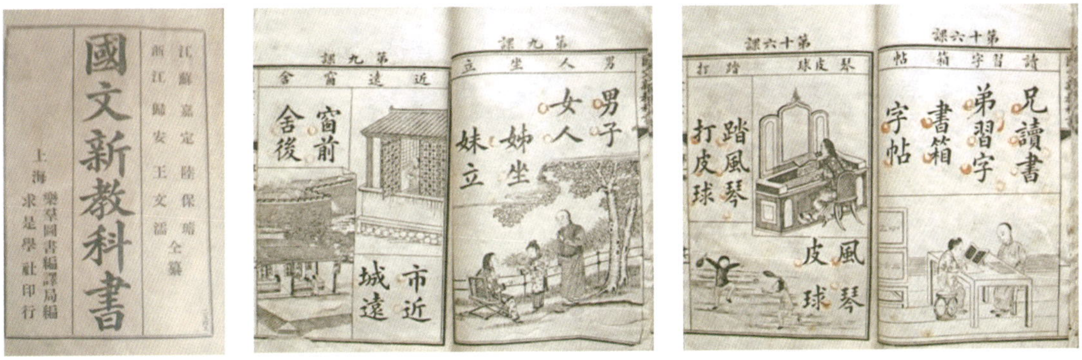

1-3-17

图1-3-17 《国文新教科书》第1册，求是学社，1906年版

《国文新教科书》强调“教育之目的有二：曰养成善良之习惯，曰授与普通之知识”[1]。在第一册中，特别注重识字教学进度要求与方法，规定“除星期外，每日读半课，足供初等小学第一年

[1] 陆保璿，王文濡. 国文新教科书：第1册[M]. 上海：求是学社，1906：编辑大意.

前学期之用”[1]，具体说明每课识字数量、进度、方法等。

8. 黄守孚著《小学教科初等国文教科书》

1906年12月，黄守孚著《小学教科初等国文教科书》16册，上海集成图书公司出版，夏曰琦校，吴子城绘图。《小学教科初等国文教授案》的著作者也是黄守孚，校阅者则是夏清贻。

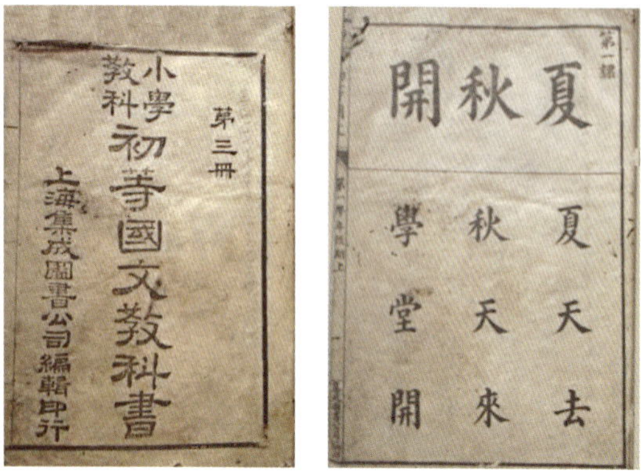

1—3—18

图1—3—18 《小学教科初等国文教科书》第3册，集成图书公司，1910年版

《小学教科初等国文教科书》明确“教科书为儿童而设，故必适合于儿童之知识程度。儿童之知识，至为单简，喜谈话不如喜图画，喜图画不如喜实物。故本书以文字之有实物可指者为主”[2]。在编排上首次出现“复习”“总复习”“错综复习”的编排，这是中国第一套以单元编排的国文教科书。

9. 何荣桂编辑《详注高等小学国文新读本》

1908年，何荣桂编辑《详注高等小学国文新读本》，张肇熊校订，上海科学书局出版。无课标识，在文章中穿插小字注释，无生字，无问题，无插图。这套读本前有1908年蔡国桢写的“序言”，指出“每编一文，必求确合于国民之普通知识”[3]。

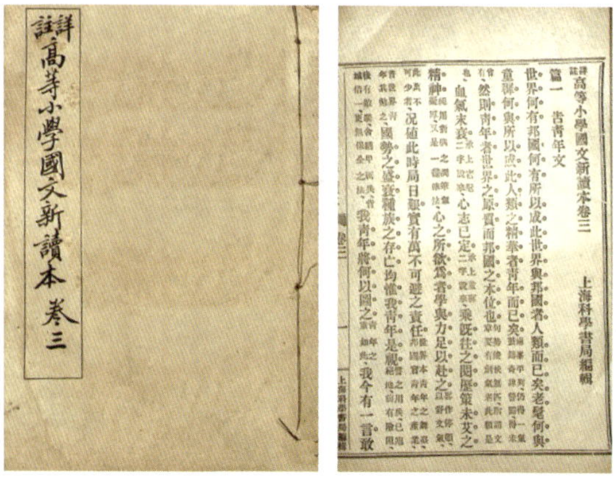

1—3—19

图1—3—19 《详注高等小学国文新读本》卷三，科学书局，1908年版

[1] 陆保璿，王文濡. 国文新教科书：第1册[M]. 上海：求是学社，1906：例言.
[2] 黄守孚. 小学教科初等国文教授案：第1册[M]. 上海：集成图书公司，1907：小学教科初等国文编纂之趣意.
[3] 何荣桂. 详注高等小学国文新读本：卷三[M]. 上海：科学书局，1908：序言.

在《上海科学书局书目》中列有《初等小学国文读本》五册，但笔者多方搜寻，未见到书。

10. 戴克敦、庄俞、沈颐、蒋维乔编纂《初等小学堂用简明国文教科书》《高等小学堂用简明国文教科书》

1907年，戴克敦、庄俞、沈颐、蒋维乔编纂《初等小学堂用简明国文教科书》八册，高凤谦、张元济校订，商务印书馆出版。第一、二册以识字造句为主，第三册以后将各科中必要之知识，“为国民所不可不知者，依程度深浅，按次编入”[1]。第一册编排出现单元雏形，如每隔数课必有练习文，“将以前所读熟字，联络成句，可令学生自读自解”[2]。

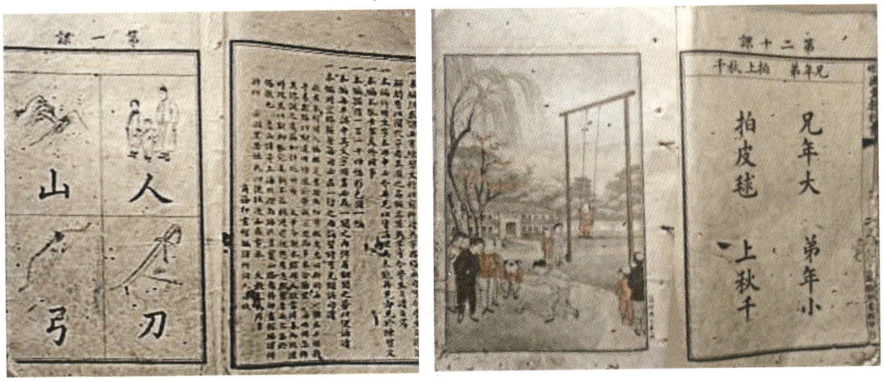

1-3-20

图1-3-20 《初等小学堂用简明国文教科书》第1册，商务印书馆，1907年版

1909年，蒋维乔、庄俞、沈颐、戴克敦编纂《高等小学堂用简明国文教科书》八册，高凤谦、张元济校订，商务印书馆出版。

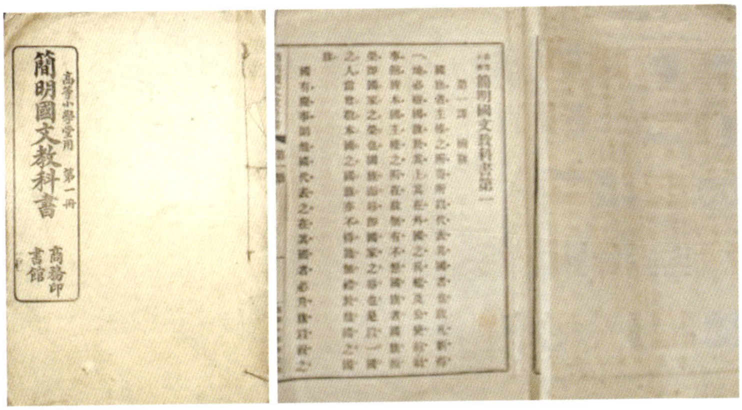

1-3-21

图1-3-21 《高等小学堂用简明国文教科书》第1册，商务印书馆，1909年版

《高等小学堂用简明国文教科书》每册50课，“谨遵光绪三十二年三月初二日上谕，以忠君、尊孔、尚公、尚武、尚实为宗旨”。明确“凡人生应有之智识，皆取为材料。而于宪政及世界大

[1] 戴克敦，庄俞，沈颐，等. 初等小学堂用简明国文教科书：第1册[M]. 5版. 上海：商务印书馆，1908：内容纲要.
[2] 戴克敦，庄俞，沈颐，等. 初等小学堂用简明国文教科书：第1册[M]. 5版. 上海：商务印书馆，1908：例言.

势，言之尤详，以养成立宪国民之资格”[1]。这套教科书还编有配套的“详解”供教员使用。

11. 陆基编辑《初级古文选本》

1908年，陆基编辑《初级古文选本》上、下册，中国图书公司出版。《初级古文选本》是“备小学生徒插课之用，余时以温习熟读为主”，共选短篇古文一百零八篇，强调文章修辞的重要性。编辑目的在于“今欲于普通文字以上，为初学设一阶级，俾得自卑登高，非借径于短篇古文，则终无由以进。爰辑是编，为先路之导，教授国文者，或有取于此乎”[2]。

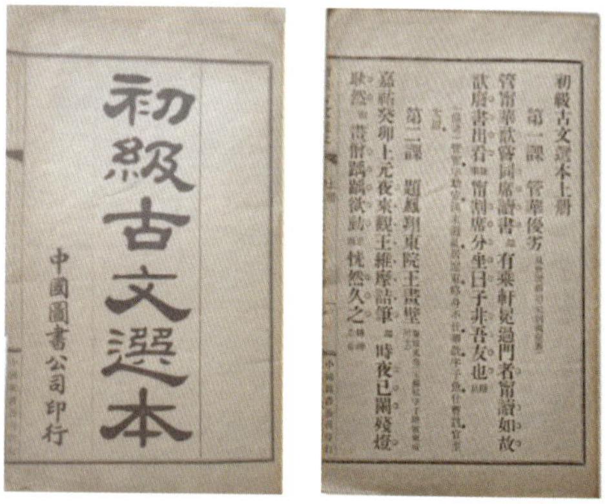

1—3—22

图1—3—22 《初级古文选本》上册，中国图书公司，1908年版

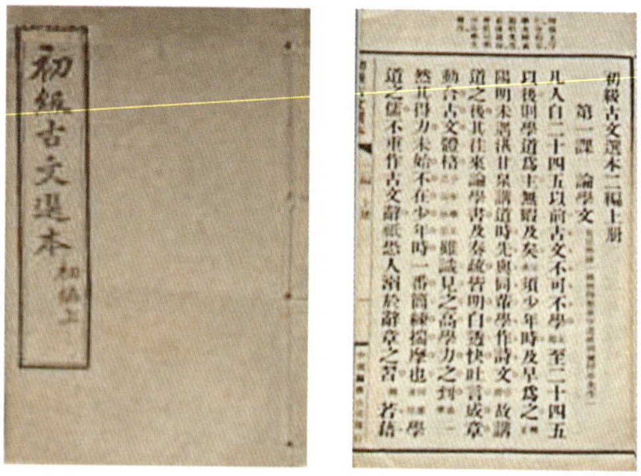

1—3—23

图1—3—23 《初级古文选本》，中国图书公司，1909年版

《初级古文选本》上册每一课的课题上用小字标注选文出处及作者，课文中的文字旁标注小圆圈和顿号，并且在一些文字下面有对该字或词语的简要评价。在选文之后有专门的小字呈现的“（备考）”，对一些人名、事件进行注释。1909年，《初级古文选本》再版，分为初编、二编、三编、四编，各编均为上、下册，各编均为54课。作者在“序”中指出：“爰辑短篇古文，少者数十字，多者至五百字为止。四编告竣，复述旧闻，以告诸生曰，学文无他术，多读多做而已。”[3]

[1] 戴克敦，庄俞，沈颐，等. 高等小学堂用简明国文教科书：第1册[M]. 上海：商务印书馆，1909：例言.

[2] 陆基. 初级古文选本：上册[M]. 上海：中国图书公司，1908：编辑大意.

[3] 陆基. 初级古文选本：四编下[M]. 上海：中国图书公司，1909：1.

12. 陶守恒、孙锡皋、黄龙骧、章鸿遇、顾倬编辑《改正单级用初等小学国文课本》

单级小学是指将一所初级小学或高级小学的全校学生编制成一个学级（班级）的学校。单级小学最早出现在德国，日本在明治维新时期将其作为普及教育的重要方法引进，并在1901年清政府新政教育改革中传入中国。1904年《奏定初等小学堂章程》规定僻乡贫户，儿童数少，不能设初等小学堂的，可设单级小学。学部为推广单级教授法拟定《单级教授二部教授办法折》，促进了单级教授方法在我国的推广。1909年，江苏教育总会派遣上海龙门师范学校教员兼附属小学办事员杨保恒、浦东中学教员兼附属小学教员俞子夷和通州师范毕业生周维城组成考察团，于当年2月至5月赴日考察日本单级小学编制、设备情形以及教授方法等，他们回国不久便在上海开办了单级教授练习所，开展示范教学并组织人员实习。

1910年7月，陶守恒、孙锡皋、黄龙骧、章鸿遇、顾倬编辑的《改正单级用初等小学国文课本》由中国图书公司出版，校订者为沈恩孚、杨保恒。这套教科书共分为四编，每编分上、下卷，共八册，配套有教授法八册。这套教科书1912年之后又进行了改订出版。

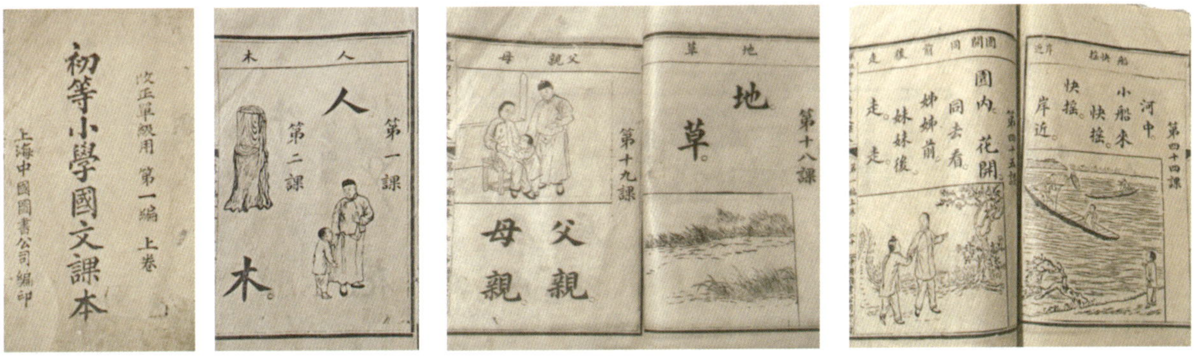

1-3-24

图1-3-24　《改正单级用初等小学国文课本》第一编上卷，中国图书公司，1912年版

《改正单级用初等小学国文课本》的编辑宗旨是“将在造就国民，使受国民教育，而有完全人格，并知今日生存竞争之大要”，有“国家主义、实业思想、地方自治”[1]等内容的编排。在教学进程方面：“儿童程度，第一学年与第二学年，能力适别，国文一科，万难合班施教。第三学年与第四学年，则不甚相悬，可合并为一班，以节教师之劳。故第一编为第一学年用书，第二编为第二学年用书，第三、四编，则为第三、四学年回环使用。”[2]《改正单级用初等小学国文课本》第

[1] 陶守恒，孙锡皋，黄龙骧，等. 改正单级用初等小学国文教授本：第二编上册[M]. 上海：中国图书公司，1910：单级用初等小学国文课本教授本编辑大意.

[2] 陶守恒，孙锡皋，黄龙骧，等. 改正单级用初等小学国文教授本：第二编上册[M]. 上海：中国图书公司，1910：单级用初等小学国文课本教授本编辑大意.

一、二编的上下卷各54课，第三、四编的上下卷各36课。课文中有插图，生字位于课文上栏，文中以空格断句，文字旁有小圆圈作为标点符号。

二、“文法”及“国文文法”冠名的教科书

从1898年马建忠的《马氏文通》到1903年朱树人的《蒙学文法教科书》，以及侯鸿鉴的《初等文法教科书》，文法知识作为现代语文学科知识建构的重要部分受到极大的关注，以“文法”命名的教科书不断涌现。

1. 陈滋、王绍翰编辑《速通文法教科书》

1904年10月，上海新学会社印行白话编辑《速通文法教科书》上、下卷，上卷的编辑者是陈滋，下卷的编辑者是王绍翰。全书由序、例言、次目、课文四部分构成，次目包括序号和课题，单位以章编排，依次有“绪论、名字、代字、动字、状字、副字、接字、转字、止字、造句略说”十章内容。

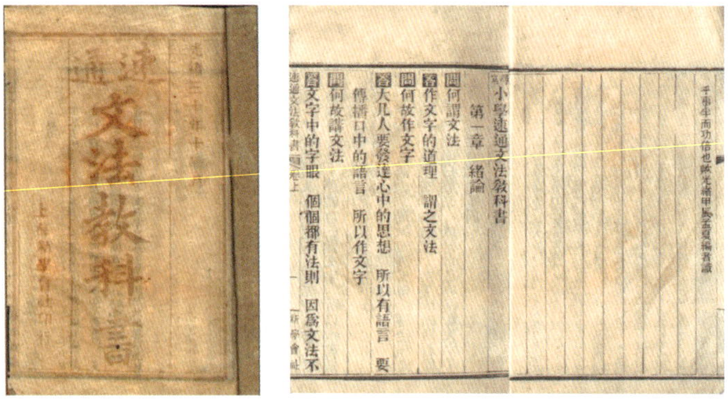

1-3-25

图1-3-25 《速通文法教科书》卷上，新学会社，1904年版

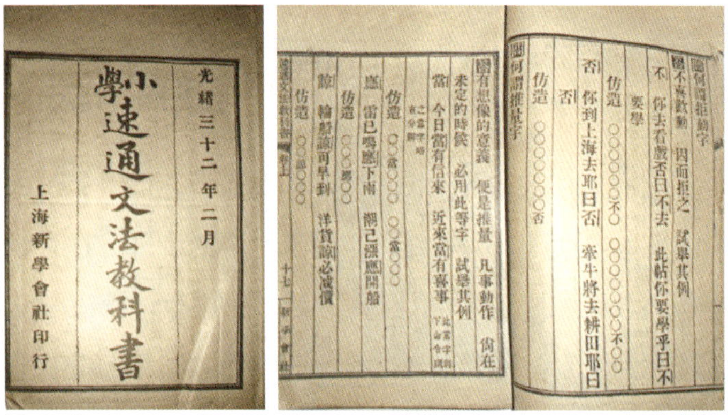

1-3-26

图1-3-26 《小学速通文法教科书》卷上，新学会社，1906年版

《速通文法教科书》在“绪论”中首先介绍文法的概念及其重要性。课文由问题和答案组成，用浅近文言文提问，用白话解说回答。作者还特别指出这套教科书多选虚字，“实字多而易解，虚字少而难通，童蒙识字，义在讲解，文法之先，则实字已可通晓，所未通者虚字耳，故此编详虚字

而略实字”[1]。这套教科书在一些“答”的最后用小字编排了“仿造”等作业要求。

2. 吴闿生著《桐城吴氏文法教科书》

1904年6月，吴闿生著《桐城吴氏文法教科书》，1905年由文明书局出版。作者写于1904年6月的“叙”中强调了文法学习的重要，以及此书是应保定两江公立小学堂之请而作，将古文中一些较难的部分进行诠释以助蒙童学习文法。

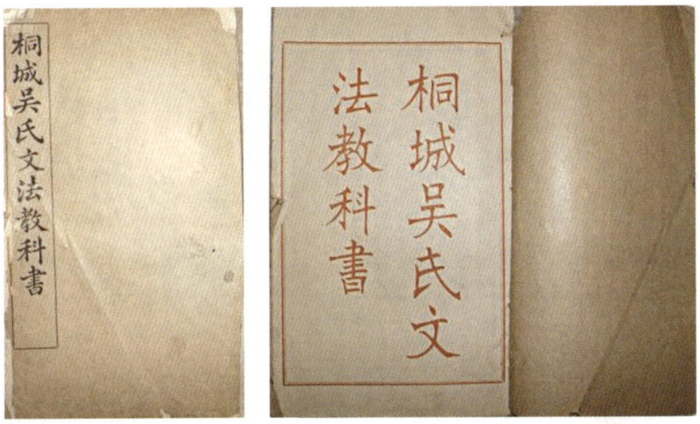

1—3—27

图1—3—27 《桐城吴氏文法教科书》，文明书局，1909年版

这套教科书出版之后，风行一时，但有人指出程度太高，于是吴闿生在1907年3月写了一篇“例言”，教科书再次出版时刊于“叙”之后，回应了相关的评论。他指出如果选择一些浅显的文章，而认为程度过低，这无可厚非。但是选择难度较高的文章，就说程度过高，这是那些从白话俚语入手学习文章之说，因为这种学习“恐终其身，无入文学之路矣”。他进一步指出：“若畏其难而不学，虽至入高等学时，恐其依然不解也。”他最后专门申明：“此本乃教师用而非儿童用者，教师玩味批语，心领神会以之教授儿童。殆无善于此者，若不得教师，以此望儿童自晓，则求初驹于千里，责尺木以栋梁耳。”[2]

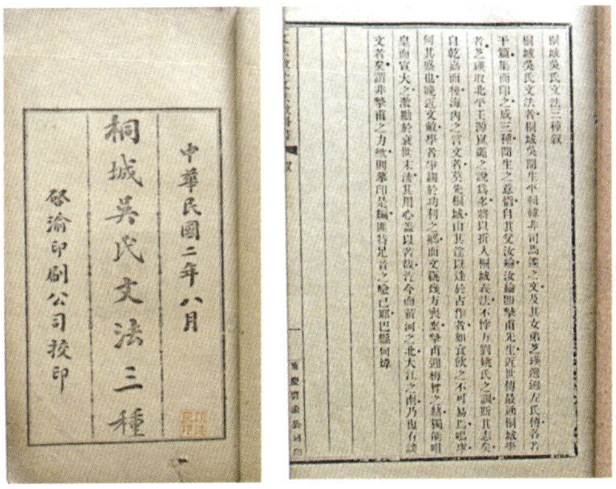

1—3—28

图1—3—28 《桐城吴氏文法三种》，启渝印刷公司校印，1913年版

1913年，巴县何炜将《桐城吴氏文法教科书》与吴闿生女弟子芝瑛在《左氏传》中选的若干篇一起合编，以《桐城吴氏文法三种》冠名出版，由启渝印刷公司校印。

[1] 陈滋. 速通文法教科书[M]. 7版. 上海：新学会社，1912：例言四条.

[2] 吴闿生. 桐城吴氏文法教科书[M]. 3版. 上海：文明书局，1909：例言.

3. 缪文功编辑《小学国文文法教科书》

1906年3月，缪文功编辑《小学国文文法教科书》上、下册，江苏通州翰墨林编译印书局印刷兼发行，版权页注明“编辑所 江苏通州师范学校”。

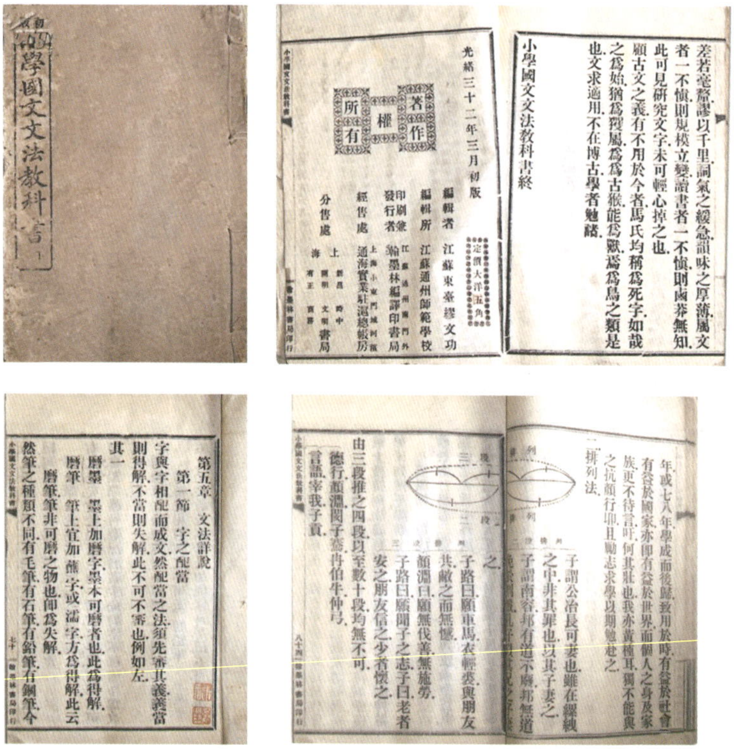

1-3-29

图1-3-29 《小学国文文法教科书》下，翰墨林编译印书局，1906年版

《小学国文文法教科书》以章编排，章下设节。如“方法详说”一章呈现“长句改短句”“句之主宾”等内容。有少量说明性插图，以线段图形为主。

三、“识字”“字课”“方字”冠名的教学用书

汉字作为一种表意文字，素有“东方魔块”之称，是至今仍被广泛使用着的古老文字体系。1902年颁布的《钦定学堂章程》从蒙学堂到初等小学堂及高等小学堂，均注重识字教学。尽管这一学堂章程没有实施，但1902年后，以“识字”“字课”冠名的教学用书大量编纂，不仅文言与白话混编，而且还有中、日、英三语合编等形式。

1. 宁东蒙学堂《字课新说读本》

1903年，新辑《字课新说读本》，由宁东蒙学堂印行，增附英文、日文。这本书的编撰者姓

李，名字不详。这本书“每字兼列英文东文”[1]，是笔者目前发现中国人自编的第一本三语同时呈现的新式识字读本。

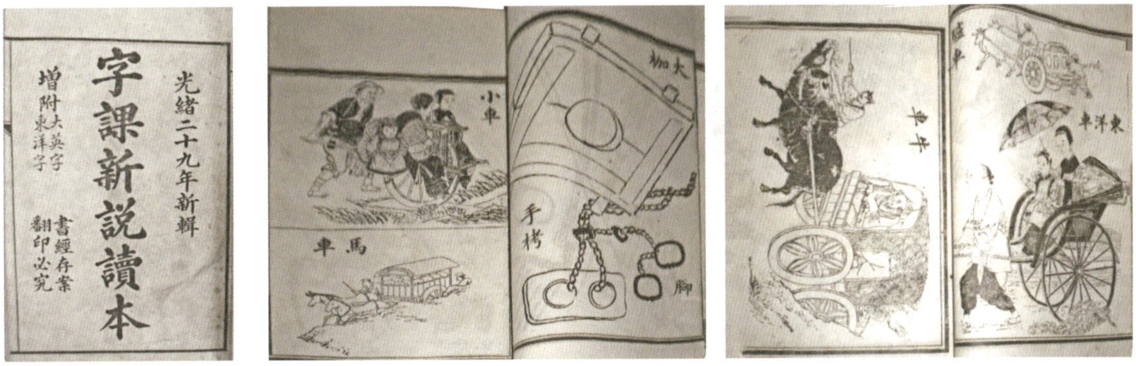

1-3-30

图1-3-30 《字课新说读本》，宁东蒙学堂印行，1903年版

《字课新说读本·例言》明确“是编专为蒙童而辑”[2]，源自在家每日教子女方字数十，积累了三千余字编辑而成，之后在亲友中广为流传。例言中还写道：“日不暇给，均为训蒙直决，嘱余印行，以供乡塾读本，重加雠校，字画悉依康熙字典，校正无讹，便于蒙童摹习，再编四字韵语，平仄悉遵钦定佩文韵府。”[3]插图是“仿泰西孩童所读”[4]，每类绘图数十则。在内容方面，“首将英字二十六字母，正体楷书，并拼法字音，一一注明，使读英文者，虽无良师传授亦可拼读，至和文字母繁多，不克详载”[5]。所以每个汉字之下为日文，再下为英文，最后为英文的中译英。编者指出汉字存在同音、同形情况，需要仔细辨别差异以识字。《字课新说读本》识字内容有“一字两体、一字三体、借用字、误用字、杜撰字、字体相似”等，并附虚字造句各法，在识字之后为读本卷，内容有“实字、天文、地理、身体、珍奇、饮食、居处、植物”等，还编排有“转语”“歇语”等。这本书的编撰理念、内容选择、体例形式等在当时极为罕见，值得进一步探析。

2. 施崇恩编《绘图识字实在易》《最新分类绘图识字实在易》《最新绘图简明识字教科书》《绘图速通虚字法》

1903年，施崇恩编《绘图识字实在易》，共20册，由彪蒙书室出版，收录常用汉字3000个，文字有“白话解说”和“文话解说”两部分。施崇恩指出：“做这种书的人，因为我中国识字的人很少，便想出一个容易识字的方法，要使我中国的男男女女大大小小，无一个人不识字，无一个人不

[1] 佚名. 字课新说读本[M].［出版地不详］：宁东蒙学堂，1903：例言.
[2] 佚名. 字课新说读本[M].［出版地不详］：宁东蒙学堂印行，1903：例言.
[3] 佚名. 字课新说读本[M].［出版地不详］：宁东蒙学堂印行，1903：例言.
[4] 佚名. 字课新说读本[M].［出版地不详］：宁东蒙学堂印行，1903：例言.
[5] 佚名. 字课新说读本[M].［出版地不详］：宁东蒙学堂印行，1903：例言.

知道字的用处，这是做书人的主义。”[1]

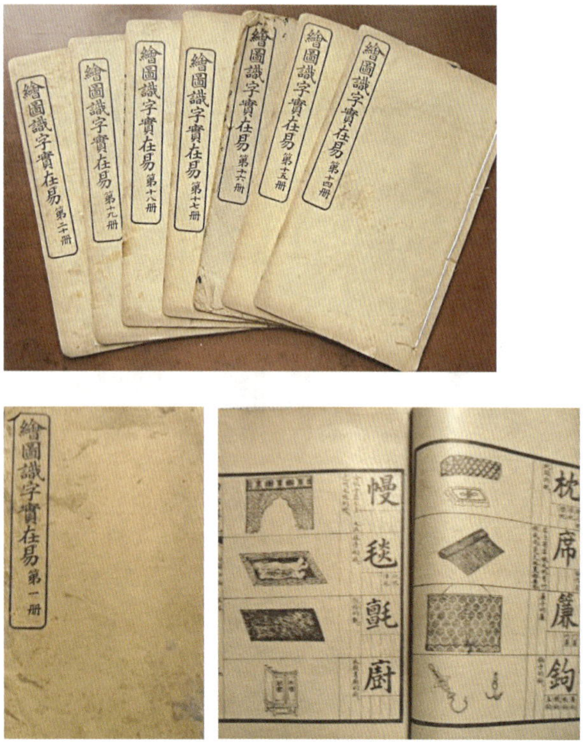

1—3—31

图1—3—31 《绘图识字实在易》，彪蒙书室，1903年版

《绘图识字实在易》选用的都是极浅显的白话，书中对于一些容易混淆的字义，也区分得很明了。对一些意义相近的字也有解释，如“商”是指“出门做买卖的人”，而“贾”则指的是“在家做买卖的人”，两者的含义还是有些不同的。“文话解说”也较浅显，如“物”解释为：“音勿，说文万物也，玉篇，凡生天地之间，皆谓物也。”[2]

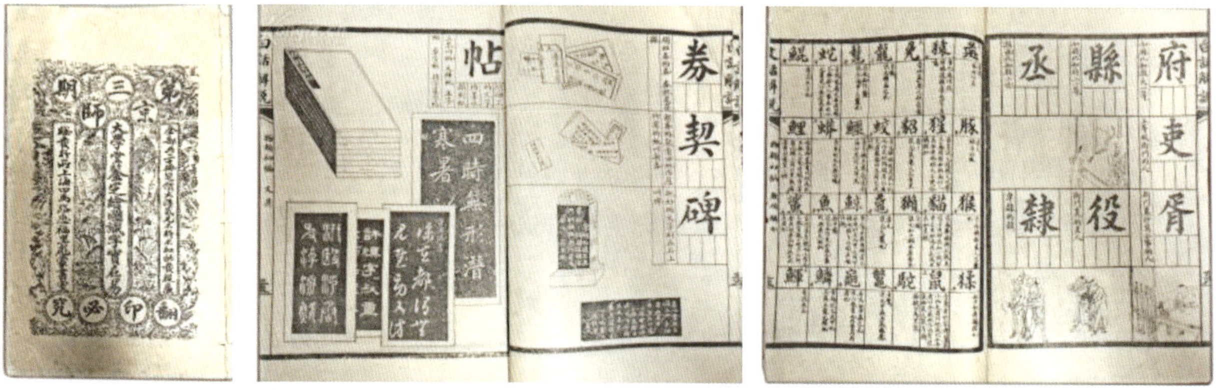

1—3—32

图1—3—32 《绘图识字实在易》（第3期），彪蒙书室，1903年版

[1] 施崇恩. 绘图识字实在易[M]. 上海：彪蒙书室，1903：凡例.

[2] 施崇恩. 绘图识字实在易[M]. 上海：彪蒙书室，1903：1.

《杭州白话报》1902年第22期曾刊登过《绘图识字实在易》的广告，称“此书最便蒙童识字，每字用白话文话两种解说，兼有绘图一览易解”，并称其“字法端楷，图画鲜明”。1906年《绘图识字实在易》全部出版，经京师大学堂官学大臣审批，见图1-3-33，批词为“启蒙开智，具见苦心”[1]。《绘图识字实在易》流传较广，出版时也有多种封面设计。1906年8月最新书社出版的《最新分类绘图识字实在易》，内页题名仍为“绘图识字实在易”。

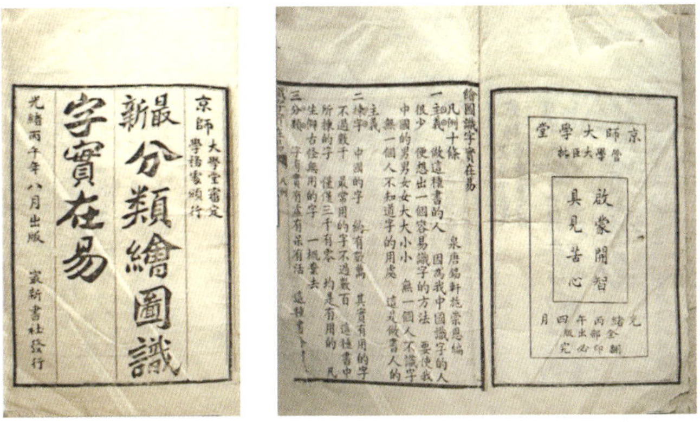

1-3-33

图1-3-33 《最新分类绘图识字实在易》，最新书社，1906年版

1907年，这套教科书以《最新绘图简明识字教科书》出版，共计十册，有“白话解”与“文话解”。

1-3-34

图1-3-34 《最新绘图简明识字教科书》第4册，彪蒙书室，1908年版

1-3-35

图1-3-35 《最新绘图简明识字教科书》第5册，彪蒙书室，1908年版

[1] 施景恩. 最新分类绘图识字实在易[M]. 上海：最新书社，1906：扉页.

1903年，施崇恩编的《绘图速通虚字法》由彪蒙书室出版，把虚字分为25类，每一类虚字先用白话问答体解说清楚，然后举例做练习，把文言虚字嵌在俗语里说明用法。《绘图速通虚字法》最前面有施崇恩写的《绘图速通虚字法缘起》，开篇写道：“我们中国最奇怪的，是这几个虚字眼，虚字不通，便不能看书”[1]，强调学习虚字的重要性。“凡例七条”说明选字、练习的一些原则和方法。

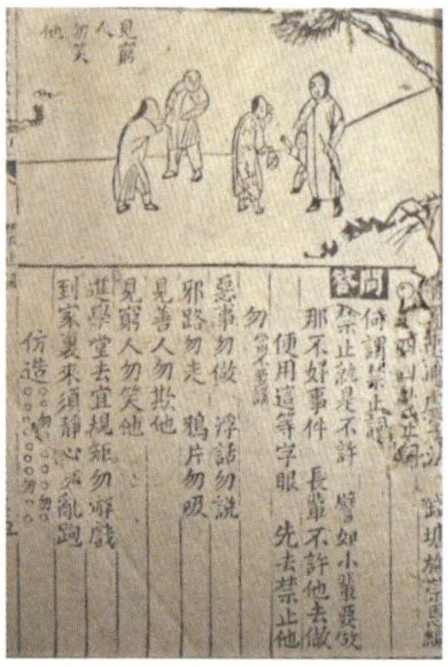

1—3—36

图1—3—36 《绘图速通虚字法》，彪蒙书室，1903年版

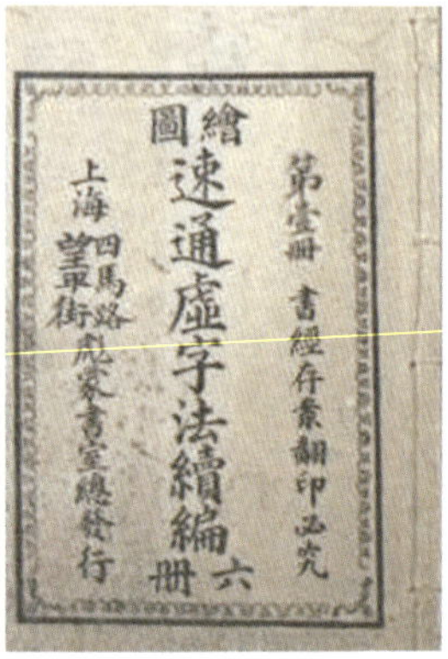

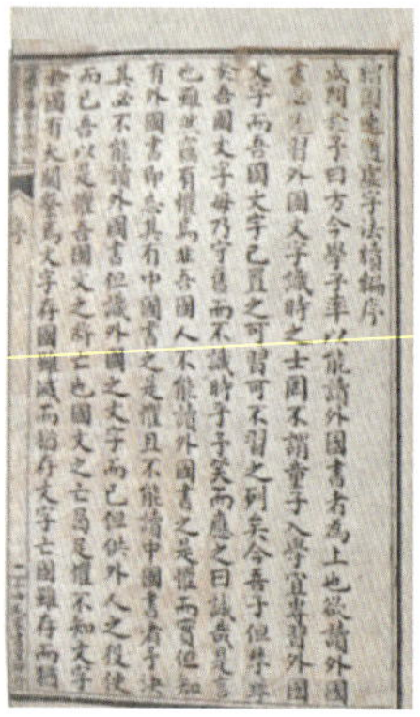

1—3—37

图1—3—37 《绘图速通虚字法续编》，彪蒙书室，1905年版

1905年，施崇恩编《绘图速通虚字法续编》，共六册，由彪蒙书室出版。施崇恩指出中国人热衷于读外国文字，而忽视中国文字的学习，并强调了文字与国家存亡之关系：“文字存，国虽灭而犹存，文字亡国虽存而犹灭。”[2]

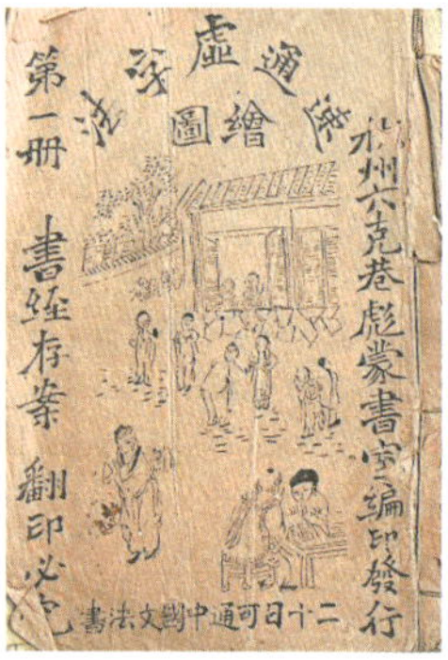

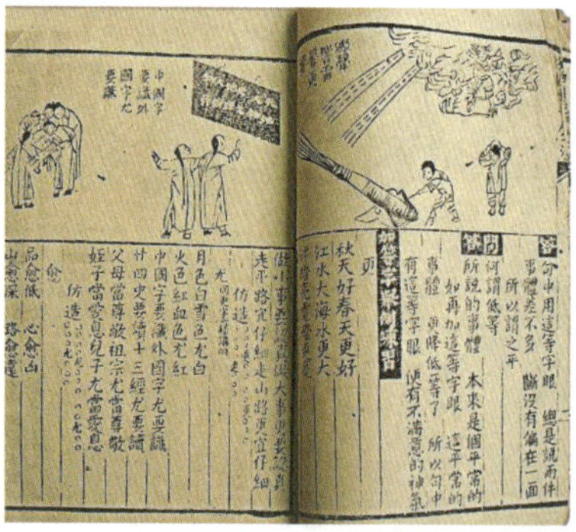

1—3—38

图1—3—38 《绘图速通虚字法》第1册，彪蒙书室，1903年版

[1] 施崇恩. 绘图速通虚字法[M]. 上海：彪蒙书室，1903：绘图速通虚字法缘起.

[2] 施崇恩. 绘图速通虚字法续编：第1册[M]. 上海：彪蒙书室，1905：绘图速通虚字法续编序.

《绘图速通虚字法》出版后很受欢迎，不断再版，《绘图速通虚字法续编》第一册在1911年10月重印30版，且之后一直重印。所见《绘图速通虚字法初编》在1919年5月重订再版，共计四册。

3. 养正主人撰《蒙学准绳五千字课图说》

1903年，会文学社出版《蒙学准绳五千字课图说》，册数不详，未见版权页，从1903年夏的吴梼撰文中可知编者为“养正主人”。吴梼撰文还指出：“文言一致，究亦以普通教育之普及，乃能至此。”明确文言一致对于教育普及的重要性，接着指出“教育之普及，必使无人不识字”，但是“吾国人识字之艰难”，我国识字三千，但常用一二千字，“今养正主人有五千字课之辑”，并且在字下有篆、隶二体，“使知字法之源流变化”[1]。可见这套教科书不仅是三千启蒙汉字，更是加深程度，强调了文字源流，为专门的语言文字学（隋唐以后，“小学”成为文字学、音韵学与训诂学的统称）学习教材，即“凡例”所言“使学者入小学之门”[2]。

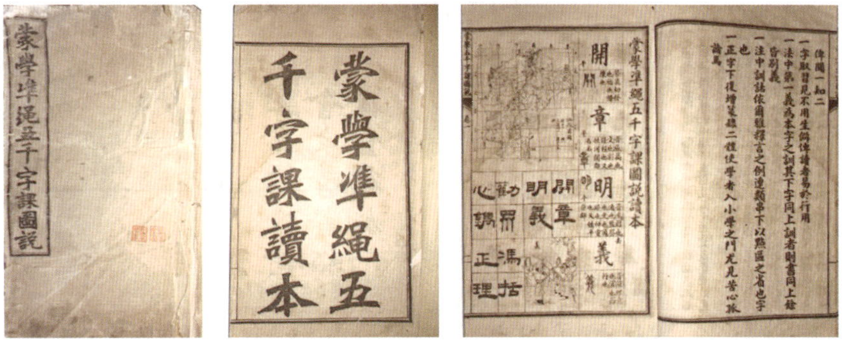

1-3-39

图1-3-39 《蒙学准绳五千字课图说》，会文学社，1903年版

《蒙学准绳五千字课图说》中每一个字都有切音标注，且“字下用训，不可用典”[3]。卷一以“开、章、明、义”四个字为开篇，编排极为特别。虽然用方格进行页面中文字的区分，但每一个字所占的篇幅不一，有二格至十格不等。每个生字最少为二格，上格为大字，左上角内标有声调，下格为切音及注解。生字配有大量插图，如中国传统工笔图、西学地图、生理图等。

4. 会文学社编纂《会文学社字课图说》

1904年，会文学社编纂出版《会文学社字课图说》，供初级小学堂第一第二学年两年认字课本之用。前有1904年5月何琪撰“序”，提出“利用联想之术”[4]以学习汉字。

[1] 养正主人. 蒙学准绳五千字课图说[M]. 上海：会文学社，1903：序.

[2] 养正主人. 蒙学准绳五千字课图说[M]. 上海：会文学社，1903：凡例.

[3] 养正主人. 蒙学准绳五千字课图说[M]. 上海：会文学社，1903：凡例.

[4] 会文学社. 会文学社字课图说：卷一[M]. 上海：会文学社，1904：序.

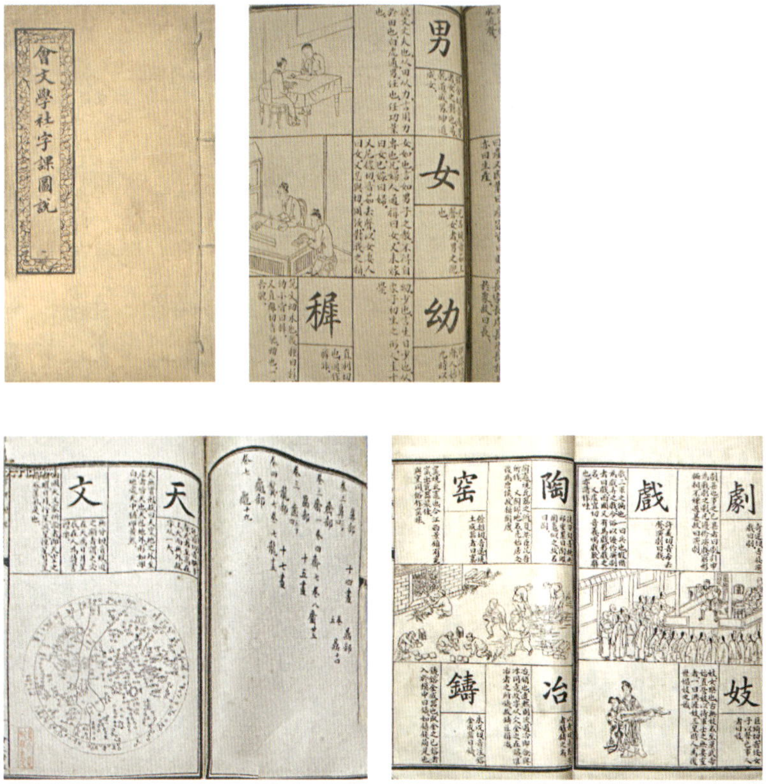

1—3—40

图1—3—40　《会文学社字课图说》卷一，会文学社，1904年版

《会文学社字课图说》选定2400余字，排序为先名字，次静字，次动字，次代字及助字等，书中“每字注以音读及简解详解二方，以便教师讲解，又复多附图画，故名字课图说”[1]，且指出书中的字均笔画均经过字典考证，“兼请书家端写，并可作幼童习字之范本”[2]。特别值得关注的是，由于当时西学译本不断涌现，其中很多新字在《说文解字》中没有，所以这套教科书将其补录以方便西学门径，“近译格致、化学等书，每多新字，皆说文字典所不收。是书亦为补录，虽非通用之字，然研究西学者在所必须采之，以开西学之门径”[3]。

5. 陈子褒编撰《最新七级字课》

1908年之后，陈子褒在《妇孺须知》《妇孺浅解》的基础上进一步编撰了《最新七级字课》七种，其中《最新七级字课（学生用）》七种，共7000个汉字，《七级字课（教员用）》七种。

[1] 会文学社. 会文学社字课图说：卷一[M]. 上海：会文学社，1904：凡例.

[2] 会文学社. 会文学社字课图说：卷一[M]. 上海：会文学社，1904：凡例.

[3] 会文学社. 会文学社字课图说：卷一[M]. 上海：会文学社，1904：凡例.

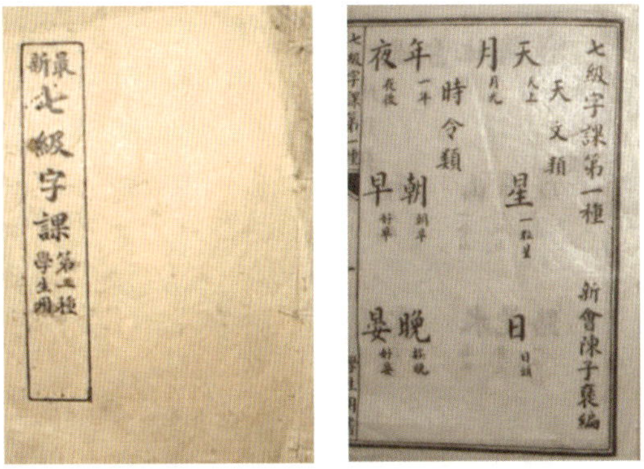

1—3—41

图1—3—41 《最新七级字课（第一种学生用）》，出版信息不详

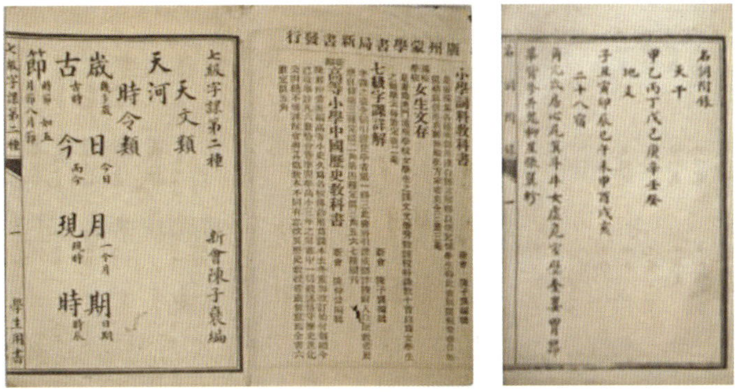

1—3—42

图1—3—42 《最新七级字课（第二种学生用）》，蒙学书局，1925年版

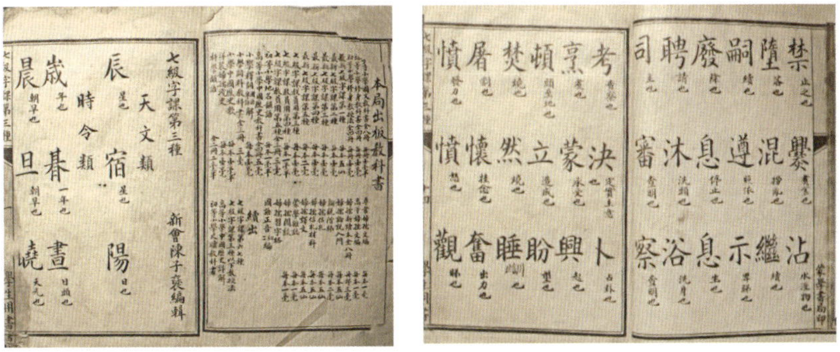

1—3—43

图1—3—43 《最新七级字课（第三种学生用）》，蒙学书局，1914年版

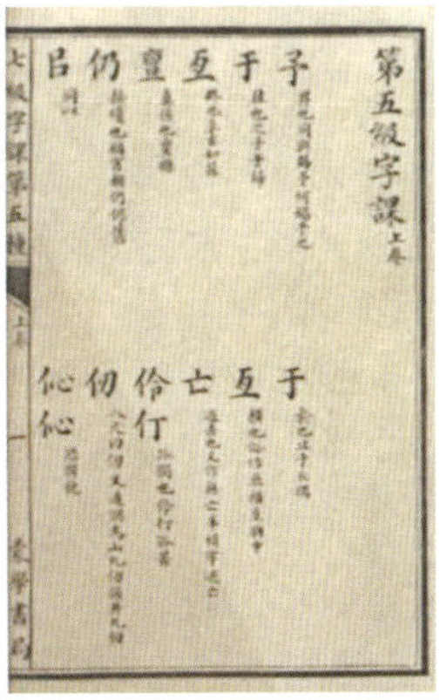

1—3—44

图1—3—44 《最新五级字课（第五种学生用 上卷）》，蒙学书局，出版时间不详

在1914年版《最新七级字课（第三种学生用）》的封二有“本局出版教科书”的广告，列有《最新七级字课第一种》《最新七级字课第二种》《最新七级字课第三种》《最新七级字课第四种》《最新七级字课第五种》以及《七级字课教员用第三种》《七级字课教员用第四种》《七级字

课教员用第五种》（全三册），“续出”则列有“七级字课第六、七种”“七级字课第三种以下教授法”[1]。陈子褒还编辑有《七级字课详解》，明确“字课之益，全赖引证，使学者闻一得三。此书将引证成语详搜附入，以便教者，更便自修”[2]。

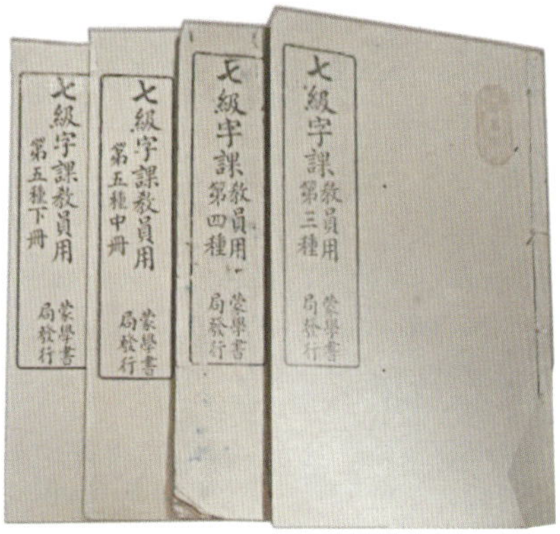

1—3—45

图1—3—45 《七级字课教员用》（第三种、第四种、第五种中册及下册）

陈子褒从1895年开始致力于新式识字教育，他指出：“七级字课，普通识至第五级已足，至第六级之说文解字，直是高中或大学之文字学；第七级之词章用字，更属专门研究，均可从略。”[3]从《妇孺须知》到《七级字课》，陈子褒用白话编辑识字教科书，孜孜以求于识字教育的通俗化与科学化。

6. 戴克敦编辑《五彩精图方字教授法》（附方字教授法一册）

1906年，戴克敦编辑《五彩精图方字教授法》（附方字教授法一册），高凤谦校订，商务印书馆出版。

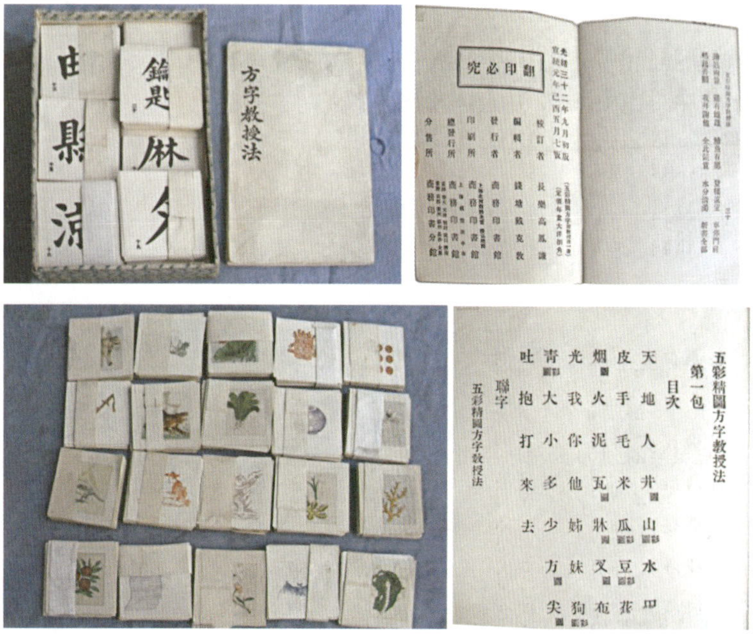

1—3—46

图1—3—46 《五彩精图方字教授法》，商务印书馆，1909年版

[1] 陈子褒. 最新七级字课：第三种学生用[M]. 广州：蒙学书局，1914：封2.
[2] 陈子褒. 最新七级字课：第二种学生用[M]. 广州：蒙学书局，1926：封2“广州蒙学书局新书发行”.
[3] 陈子褒. 近代中国史料丛刊：第91辑：教育遗议[M]. 台北：文海出版社，1973：83.

《五彩精图方字教授法》（附方字教授法一册），共选1000字，“为五六岁童子而设，专备家庭教育之用，所采各字，因陋就简，不求详备”[1]。一共分为二十包，每个字为小方卡片，用小白条捆为一包。有些字卡无图，有些是一面为图（黑白或彩图），一面为楷书大方字，左下角为编号。如第一包有“天、地、人、井、山、水、田”等字，其中“井”是黑白图，“山”是彩色图。《五彩精图方字教授法》则将每一包的字一一列出，且在单字后列有“联字”，说明选字“不分门类，其次序之先后，以解识字难易为断”，其中第一包第二包所选各字皆言文一致。所选各字，均没有注音和义。在教授法中，强调“同类之字，一时并教”[2]，并且说明宜用石笔、铅笔仿写等。

7.《五彩绘画看图识字》

在1908年第6版的《五彩精图方字教授法》（附方字教授法一册）后，附有商务印书馆出版广告，显示有《五彩绘画看图识字》二册，指出“此书与方字用意异同。第一册专列单字，第二册专列双字，左方画图，右方写字，其图皆取事物之习见者，其字皆取与语言相合者，虽字数无多，亦足为儿童认字入门之用也”[3]。

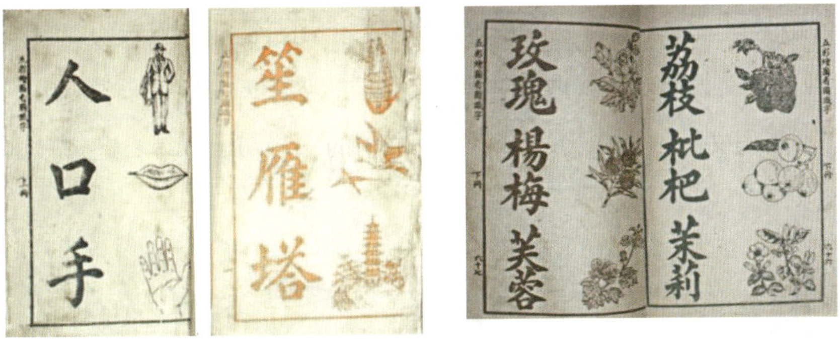

1—3—47

图1—3—47 《五彩绘画看图识字》上、下册，出版信息不详

1—3—48

图1—3—48 《五彩绘画看图识字》上册，出版信息不详

[1] 戴克敦. 五彩精图方字教授法[M]. 6版. 上海：商务印书馆，1908：凡例.

[2] 戴克敦. 五彩精图方字教授法[M]. 6版. 上海：商务印书馆，1908：五彩精图方字教授法绪言.

[3] 戴克敦. 五彩精图方字教授法[M]. 6版. 上海：商务印书馆，1908：广告.

1902年之后，新式识字教科书的编撰出版不仅对学生个人识字能力的发展产生了极大的影响，也促进了国民教育的普及，特别是用白话文编撰的识字教科书，以及为了便捷识字而采用的方字卡片等，都彰显了当时教科书编撰出版者的实力和工作的成效。

四、“造句”“论说”“作文”“词料”“尺牍”冠名的教学用书

1902年，《钦定小学堂章程》规定寻常小学堂一年“教以口语四五句使联属之”，第二年“授以口语七八句使联属之”，第三年“作记事文七八句”，第二年间一日作文一次；规定高等小学堂第一年作记事文短篇，第二年作日记、浅短书札，第三年作说理文短篇，三年都规定每六日作文一次。造句是作文的基础，是语言训练的重要项目，造句与作文对提高儿童的思维和语言表达能力都有独特的作用。1903年之后，以“造句”“论说”“作文”“词料”“尺牍”等冠名的教学用书相继编撰出版。1904年《奏定学堂章程》将作文教学都并入中国文字、中国文学科，不再单独设科。

1. 施崇恩编辑《绘图蒙学造句实在易》

1905年4月，施崇恩编辑《绘图蒙学造句实在易》一册，彪蒙书室出版。施崇恩认为中国没有造句学习的传统，童子只学对课以作诗，而对课只求其对偶之工，且以实字对实字，未尝以虚字杂于其间，所以有些人会作诗却不能作文。他选择当时蒙学教科书中的一些句子以练习造句，进而作文。

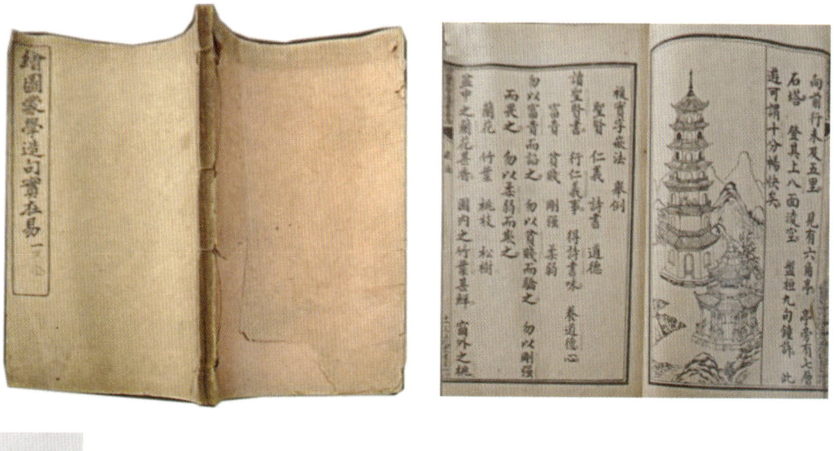

1—3—49

图1—3—49 《绘图蒙学造句实在易》，彪蒙书室，1909年版

《绘图蒙学造句实在易》内容包含拼法、嵌法、链法、解法、详略法、问答法等16种造句的方法。每一种方法的内容呈现首先是关于此法的问答，然后依次呈现具体方法并举例，且有大量插图。

2. 程宗启编《绘图蒙学论说实在易》《初等小学适用论说入门》

1905年，程宗启编《绘图蒙学论说实在易》一册，彪蒙书室出版。所见《绘图蒙学论说实在易》内页有以“论说入门”冠名，并有“论说入门白话序”。

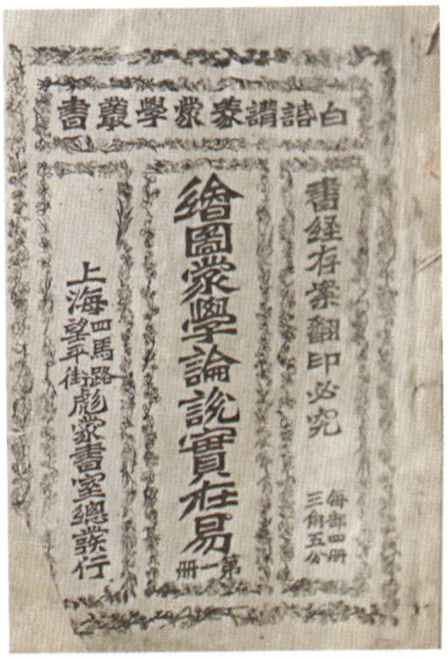

1—3—50

图1—3—50　《绘图蒙学论说实在易》，彪蒙书室，1905年版

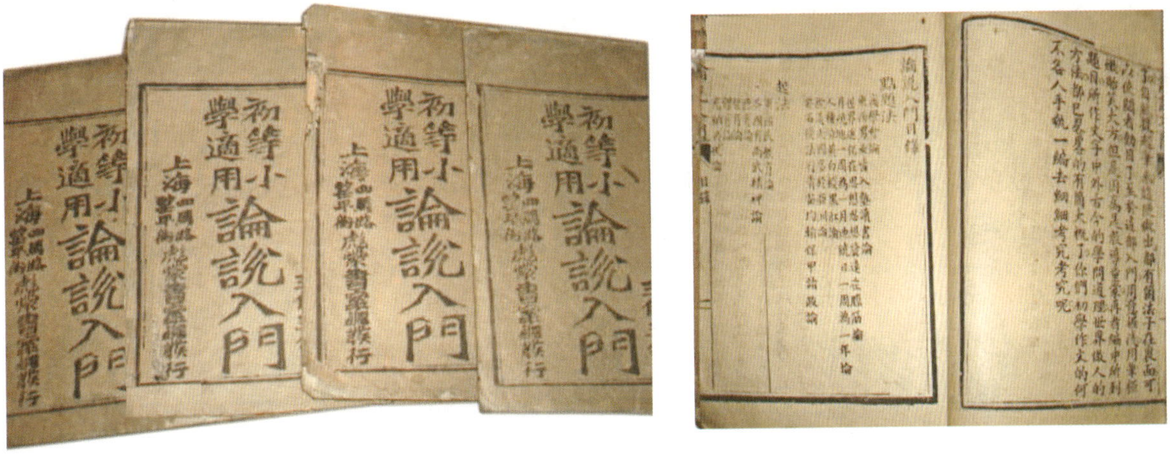

1—3—51

图1—3—51　《初等小学适用论说入门》，彪蒙书室，1906年版

《绘图蒙学论说实在易》也有以《初等小学适用论说入门》之名出版，前者也有“论说入门白话序”，将白话比喻为机器，说明其对于各行各业的重要性。“至于这部入门，用意极浅，用笔极嫩，贻笑大方。但是因为是教导童蒙，再者编中所列题目，所作文字，中外古今的学问道理，世界做人的方法，都已略略地有个大概了，你们初学作文的，何不各人手执一编，去细细考究考究呢。”[1]这套教科书列有“点题法、起法、平侧法、譬喻法、议叙法、翻空法、承法、合法”等论

[1] 程宗启. 初等小学适用论说入门[M]. 上海：彪蒙书室，1906：论说入门白话序.

说方法，各种方法编排有六至七篇示例文章。课文中每一种方法均有阐释文字，说明采用这一方法的用意等。然后是一篇一篇文章呈现，其中有小字进行注释，在相似的二三篇文章之后，有一句归纳总结的话语。

3. 杜瀚生著《最新论说范本》

1908年，杜瀚生著《最新论说范本》四册，会文学社出版，适用于高等小学及中学之一、二年，见扉页“专示作文之法，学校家庭用之，获益均属匪浅”。

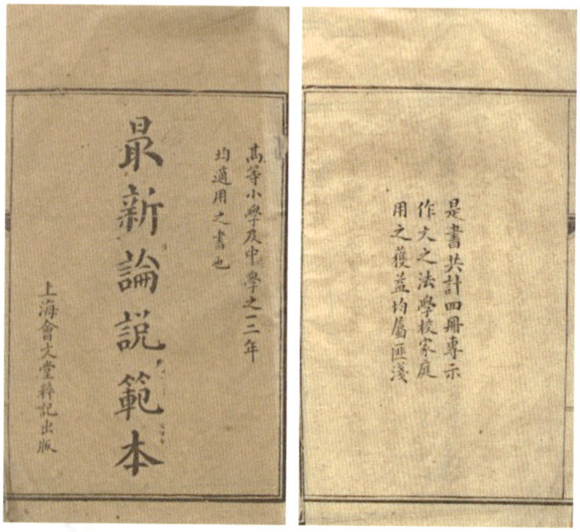

1—3—52

图1—3—52 《最新论说范本》第1册，会文学社，1912年版

《最新论说范本》按照文章作法分类示范，有“起冒法”“承接法”“转合法”“收束法”“开阖法”“议叙法”“跌宕法”等，各有六至七篇文章示范。在每一篇文章之后附有一、二句话的简要评价，说明文章使用的方法。

4. 胡朝阳编辑《民国初等小学教科书第一简明造句启蒙》《初等小学用第一简明论说启蒙》

1909年，胡朝阳编辑的《民国初等小学教科书第一简明造句启蒙》《初等小学用第一简明论说启蒙》，由上海新学会社出版。这一系列教科书使用时间较长，民国时期不断改正再版。

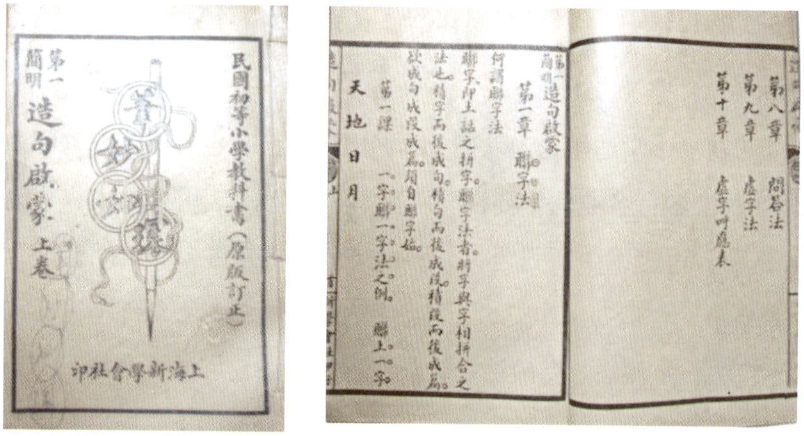

1—3—53

图1—3—53 《民国初等小学教科书第一简明造句启蒙》上卷，新学会社，1919年版

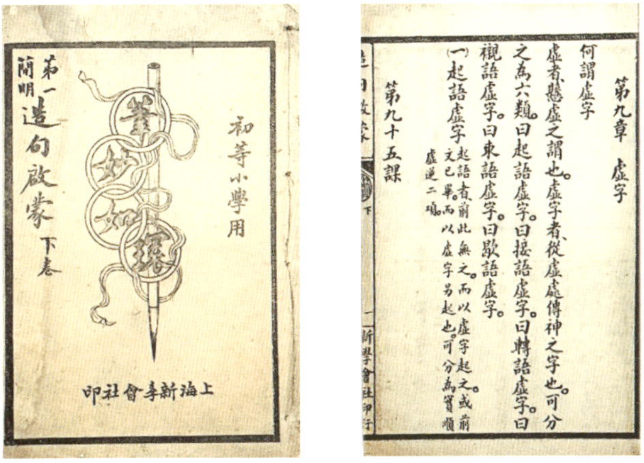

1-3-54

图1-3-54 《初等小学用第一简明造句启蒙》下卷，新学会社，1909年版

《初等小学用第一简明造句启蒙》共上、下两卷，编辑者是胡朝阳，校订者是庄景仲，1909年正月出版，是“专为蒙学而辑”。内容“分为十章，共计一百五十八课，每星期二课，可供二学年之用，是编读毕，即可授以本社所辑之论说启蒙”[1]。该书指出：“造句之法，曰联字，曰嵌字，曰排句，曰口授笔述，曰说明，曰变换，曰化法，曰虚字，有此数法，然后可以造句。”[2]这套教科书以章为单位编排，每章开始有本章造句方法的说明，然后呈现数课，本章所述方法分类呈现。上册课文为“生字”“例词（句）”仿造三个部分依次编排，每课四个生字，四句各含有生字的造句，在句中生字旁边有小圆圈标识，断句也有小圆圈标识。下册课文分为三个部分，首先呈现“词”及其解释（用小字印刷），然后就是该词的造句示例，通常有五至八句，最后是“仿造”。在下册最后列有“赞叹呼应表”，为第一百六十一课。

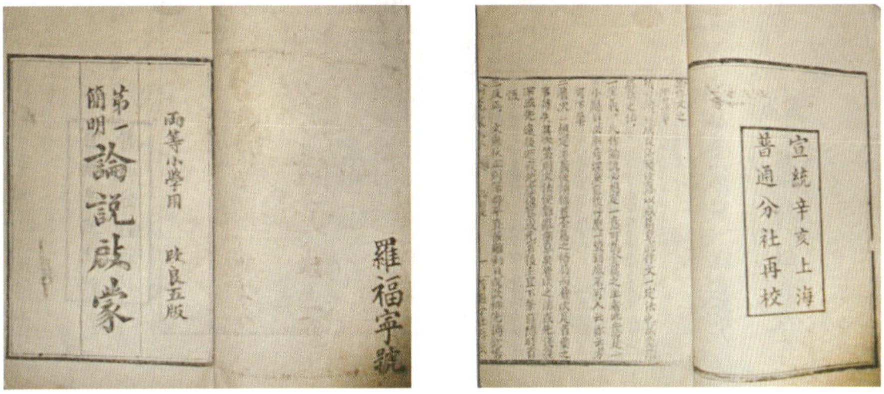

1-3-55

图1-3-55 《两等小学用第一简明论说启蒙》，上海普通分社，1911年版

[1] 胡朝阳. 初等小学用第一简明造句启蒙上卷[M]. 上海：新学会社，1909：例言.

[2] 胡朝阳. 初等小学用第一简明造句启蒙上卷[M]. 上海：新学会社，1909：例言.

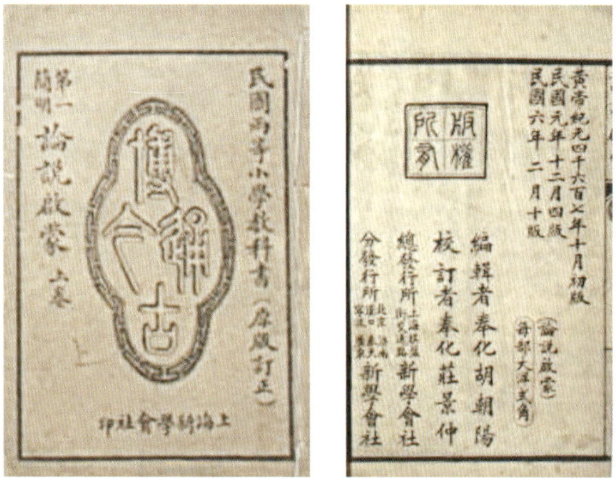

1—3—56

图1—3—56 《第一简明论说启蒙》上卷，新会学社，1917年版

1909年，胡朝阳编辑、庄景仲校订的《第一简明论说启蒙》共上、下两卷，由上海新会学社印制发行，强调“积句读以成段落，积段落以成篇章，此作文一定法也，故先论篇章之法”[1]。该书上卷语言文字较浅近，没有加注；下卷“篇幅虽短，意多深奥，非初学卓能骤解，故于每字每句每段之下，详细解释，熟读既久，自能明了”[2]。全书只有文字，无插图，课文设有问题。

5. 私塾改良会编辑《论说启悟集》

1911年，私塾改良会编辑《论说启悟集》，三编，共计十册，其中初编为上下册，二、三编各四册。这套教科书由程宗启校阅，彪蒙书室出版。

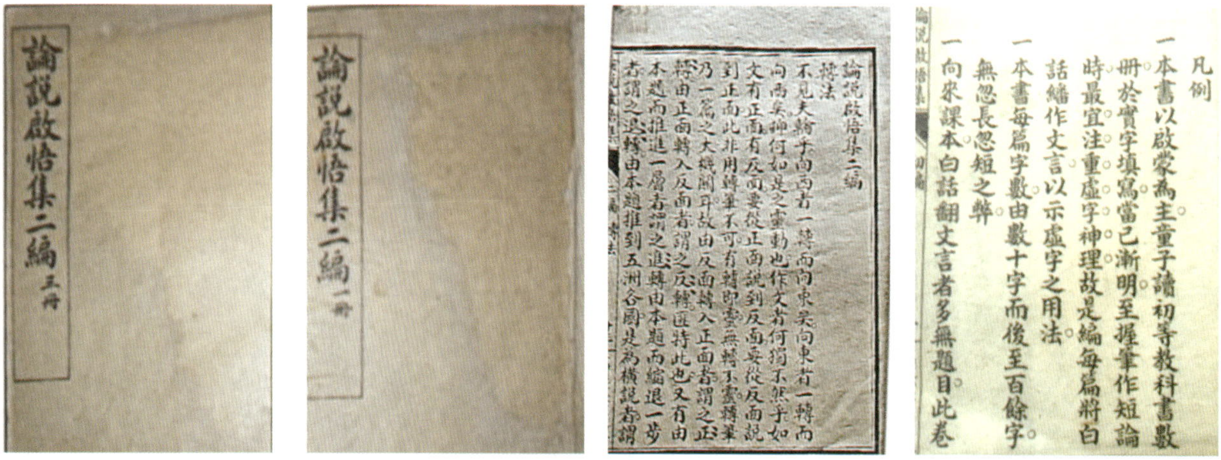

1—3—57

图1—3—57 《论说启悟集》二编，彪蒙书室，1911年版

[1] 胡朝阳. 初等小学用第一简明论说启蒙[M]. 5版. 上海：普通分社，1911：论作文之法.

[2] 胡朝阳. 初等小学用第一简明论说启蒙[M]. 5版. 上海：普通分社，1911：论作文之篇章.

《论说启悟集》的“凡例”中明确“以启蒙为主”，注重虚字的学习，在当时较为少见。“童子读初等教科书数册，于实字填写，当已渐明，至握笔作短论时，最宜注重虚字神理，故是编每篇将白话翻作文言，以示虚字之用法。”[1]《论说启悟集》（二编）编有“转法”，包含“正转、反转、平转”等内容。

6. 陈子褒编辑《小学词料教科书》

1907年5月，陈子褒编辑《小学词料教科书》三册，蒙学书局出版。该书是陈子褒凭在开平邓氏家塾教学时的经验积累而成，因“便于学童之初学作文”[2]而广为流传。这套教科书的广告语为：“是书采集各种成语，用浅白语言解释以便记忆。学生得此书，则阅报看书自无阻格，写信用典，断无贻笑方家者矣。”[3]

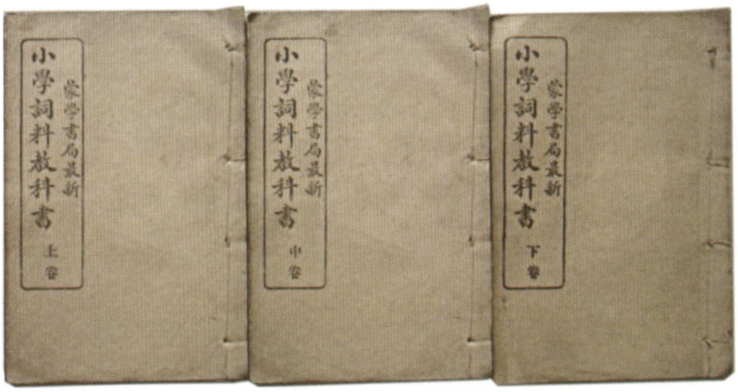

1—3—58

图1—3—58 《小学词料教科书》，蒙学书局，1926年版

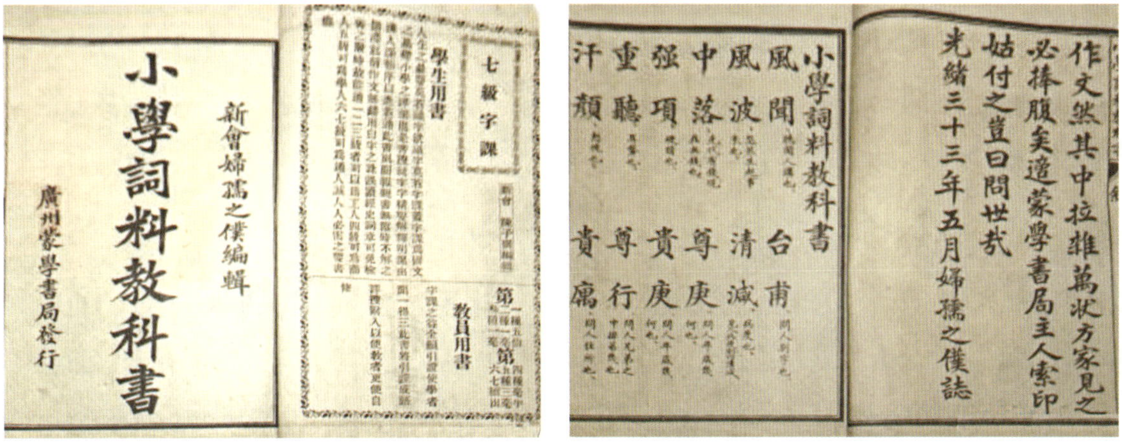

1—3—59

图1—3—59 《小学词料教科书》上卷，蒙学书局，1926年版

[1] 私塾改良会. 论说启悟集[M]. 上海：彪蒙书室，1911：凡例.

[2] 陈子褒. 小学词料教科书：第1册[M]. 广州：蒙学书局，1926：小学词料敘.

[3] 陈子褒. 最新七级字课：第二种学生用[M]. 广州：蒙学书局，1926：广州蒙学书局新书发行·小学词料教科书.

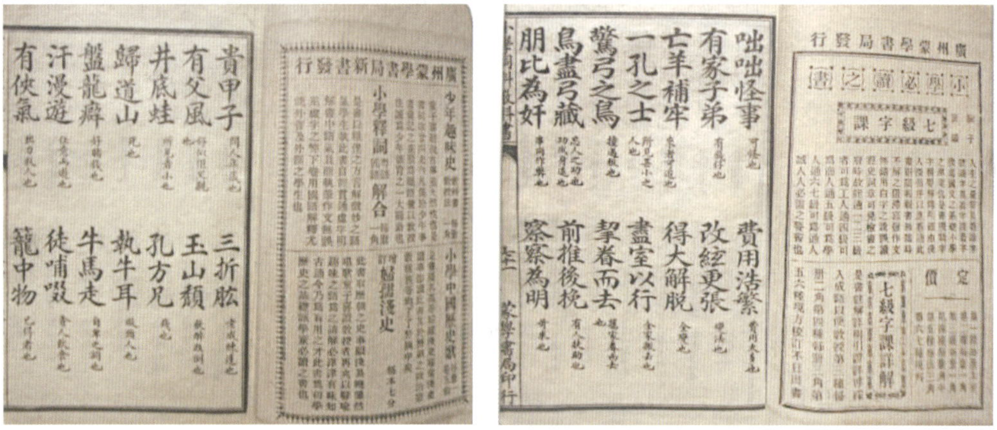

1—3—60

图1—3—60　《小学词料教科书》中卷、下卷，蒙学书局，1926年版

《小学词料教科书》上卷以“风闻”“台甫”为开篇，中卷从三个字到四个字的词语编排，下卷从四个字的词语到短句编排。全书内容依次展开，没有课等分节标识，每页词语（短句）上下排列，每个词下用小字释义，解释的文字中含有粤语方言。

7. 杜芝庭、余锡震编纂《（初等小学堂课本）最新作文教科书》

1906年7月，杜芝庭、余锡震编纂《（初等小学堂课本）最新作文教科书》共两册，上海会文学社出版，第一册由杜芝庭编纂，第二册由余锡震、杜芝庭编纂。配套还编纂了《最新作文教科书教授法》两册，供初等小学堂的教员教学使用，由上海会文学社出版。

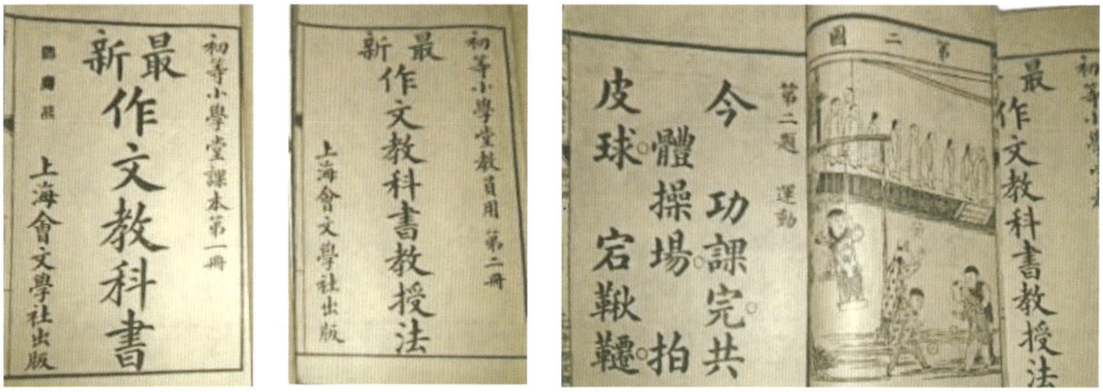

1—3—61

图1—3—61　《（初等小学堂课本）最新作文教科书》及《最新作文教科书教授法（初等小学堂教员用）》，会文学社，1906年版

8. 戴克敦编辑《（初等小学用）最新作文教科书》

1908年7月，戴克敦也编辑了一套《（初等小学用）最新作文教科书》，共五册，高凤谦校订，商务印书馆出版。这套教科书每册为上、下两编，上编为前半学期使用，下编为后半学期使用，每编各十八课，每星期教授一课，无目次。

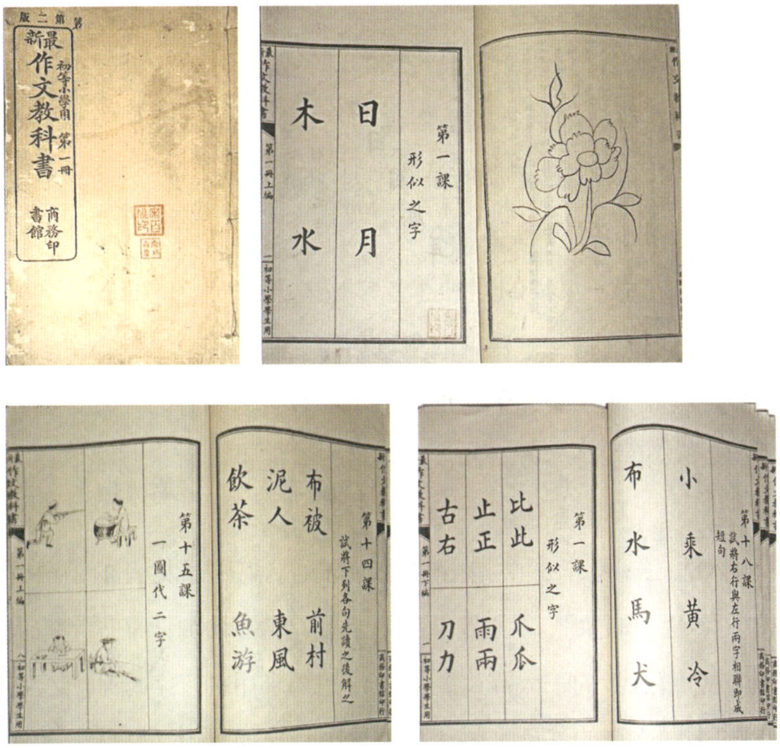

1-3-62

图1-3-62 《（初等小学用）最新作文教科书》第1册，商务印书馆，1909年版

1-3-63

图1-3-63 《（初等小学用）最新作文教科书》第2册，商务印书馆，1908年版

全套书用文言编排，取材于初等小学国文教科书。第一册是供初等小学第二学年使用的。这套教科书内容以圆周法编排，如第一、二册书均是以“字的辨识”“联句”“就图成文”三大块顺序安排内容。为了引起儿童的兴趣，每一课呈现时，在课文序号之后有一小句文字，说明本课的学习重点，然后排列有文字或插图。

五、“切音”“官话”“国语”冠名的教科书

语言是一个民族思想文化的载体，它的演变是促进一个民族思想文化转型的推动力。“国语”的历史可以上溯到一千多年前，春秋战国时期的“雅言”、汉代的“通语”都是指通行各地的共同语言。钱玄同指出，元朝就用当时北方的方言作为一种“官话”。因为政治上的关系，这种方言很占势力。“明清以来，经过几次的淘汰，去掉许多很特别的话，加入其他各处较通行的方言，就渐渐成为近四五百年中的普通话。这种普通话，就是俗称为‘官话’的，我们因为它有通行全国的能力，所以称它为‘国语’。”[1]清末国语运动的第一期是切音运动时期[2]，即提倡汉字改革，创制拼音方案的运动。切音即拼音，也称“合音”，类似古代语音的反切法。反切法始于汉代，在汉末孙炎的《尔雅音义》中已广为应用。汉字的这种注音方法一直沿用了1800多年。明末，欧洲传教士来到中国，注意学习汉语官话和文言文。鸦片战争以后，大批新传教士涌向中国。为了便于传教，他们用罗马字拼写当地方言、出版《圣经》，形成一个以教会为中心的“方言罗马字”运动。当中国人自创的切音文字方案、国语罗马字方案和汉语拼音方案问世以后，方言罗马字就退出了历史舞台。

1887年，黄遵宪在《日本国志·学术志二·文学》中指出“语言与文字离则通文者少，语言与文字合则通文者多”[3]，提出语言和文字合一的主张，强调“言文合一”能够增加读书识字的人数。人们感觉中国的汉字难学是阻碍中国教育进步的一大障碍，于是开始谋求用拼音字母来给汉字注音，并通过规范汉字的读音，以求在“书同文”的基础上，达到“语同音”的目的。从此，学界竞相研制切音文字，据倪海曙《清末汉语拼音运动编年史》统计，这一期间提出个人方案28种。这些方案的共同特点是：用汉字式的字母；按照反切法的原理，采用“声韵双拼法”。随着清末切音字运动的发展，以“切音”“官话”“国语”命名的教科书开始编撰出版。

1. 郦珩伯辑《切音捷诀》

1880年，诸暨人郦珩伯辑《切音捷诀》，后附有《幼学切音便读》。在《切音捷诀》中列有《论反切法》《定反切法》《论切字法》《切字指掌图》《四声图》。《四声图》以韵母为单位，列36韵，分属14摄，《幼学切音便读》则列有18摄，目的在于帮助读书人辨字音、明反切，很大程度上反映了当时诸暨方言发音的情况。

---

[1] 钱玄同. 钱玄同文集：第1卷：文学革命[M]. 北京：中国人民大学出版社，1999：393.

[2] 黎锦熙. 国语运动[M]. 上海：商务印书馆，1933：2.

[3] 黄遵宪. 日本国志：卷33[M]. 广州：富文斋刻本，1890：6.

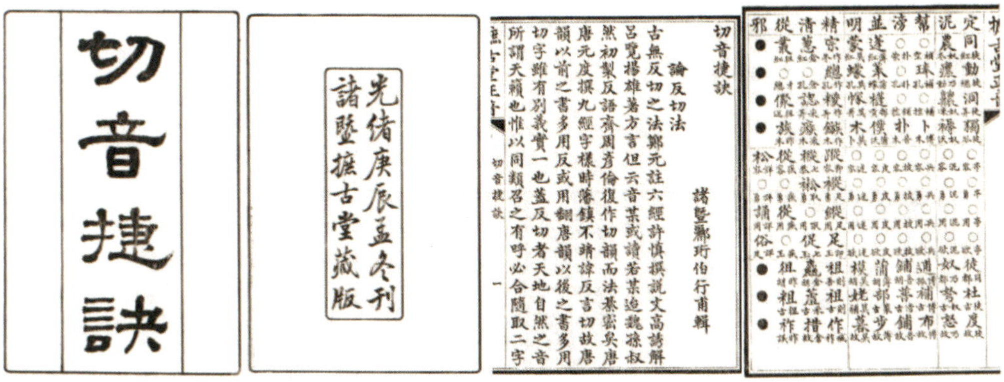

1—3—64

图1—3—64　《切音捷诀》，摭古堂藏板，1880年版

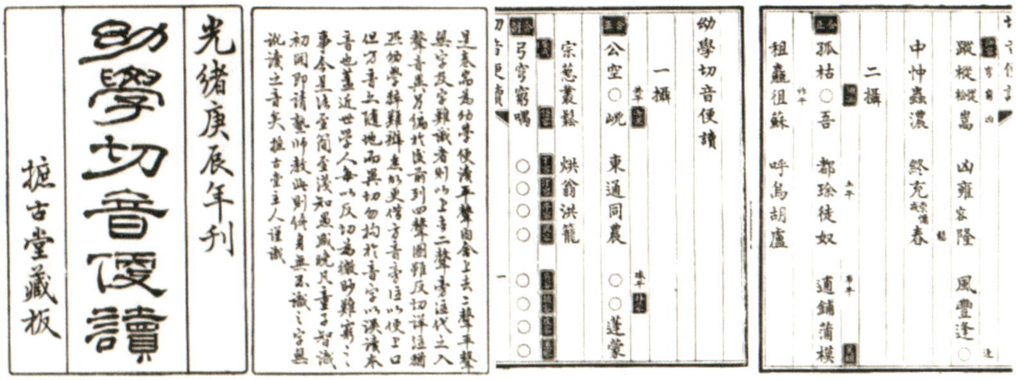

1—3—65

图1—3—65　《幼学切音便读》，摭古堂藏板，1880年版

2. 卢戆章编辑《一目了然初阶》《北京切音教科书》

1892年，卢戆章编写厦门腔读本《一目了然初阶》（副名《中国切音新字厦腔》），这是中国第一部有关汉语拼音方案的著作。[1]该方案采用拉丁字母，计有小写体字母15个：a，b，c，d，e，h，k，m，n，o，r，u，v，w，x，大写体字母3个：L，R，G，以及1个手写体的“S”。此外还有

[1] 郑天挺，谭其骧. 中国历史大辞典[M]. 上海：上海辞书出版社，2010：4.

17个自行设计的近似拉丁字母的变体字母，1个希腊字母θ。卢戆章的方案计用37个字母，总共标示了55个声母和韵母，其中有些字母既表声母又表韵母。所标示的声母和韵母，用以拼写厦门音的36个，漳州音2个，泉州音7个，其余10个用以拼写各地音。[1]这套方案创制的字母形式以拉丁字母为主，加上自创的变体拉丁字母。但由于使用的语音为“厦腔”，因而不利于共同语的推广和语言的统一。

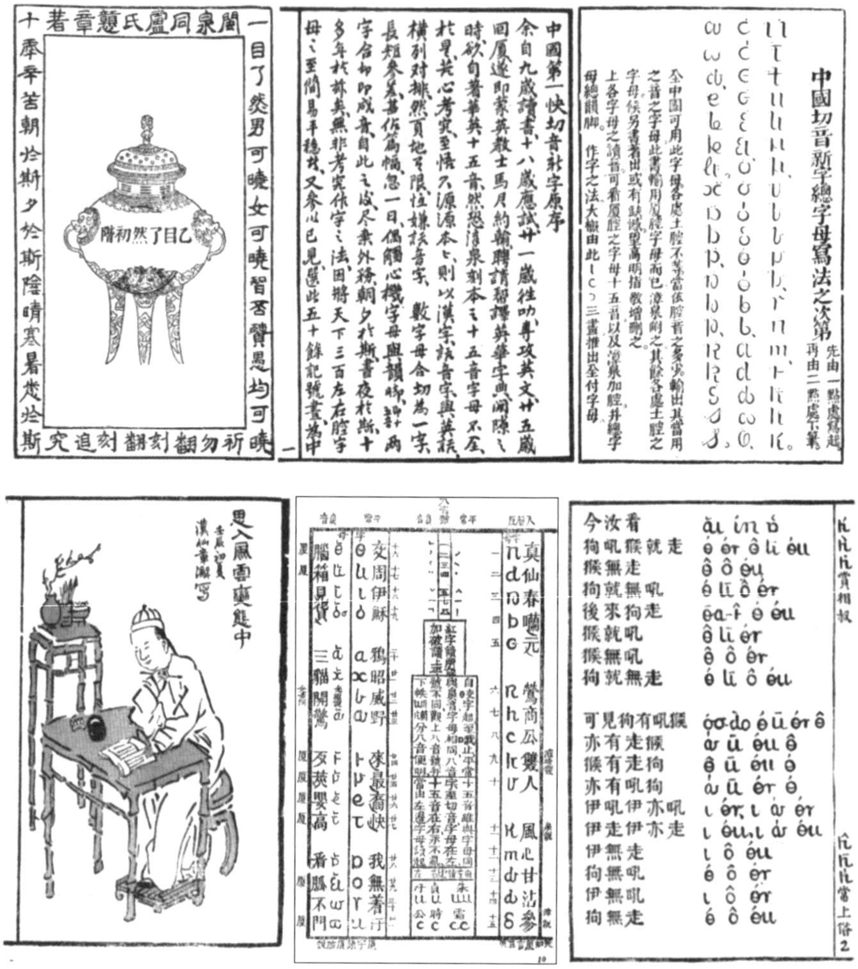

1—3—66

图1—3—66　《一目了然初阶》，文字改革出版社，1956年版

卢戆章在《一目了然初阶》之后，又编撰过一种改制的方案，即改拉丁字母式为汉字笔画式字母、改“厦腔”为以拼写北京音为主的“中国切音新字”。该方案有声母25个、韵母102个，可以拼写北京、福州、泉州、漳州、厦门等方音。声韵拼写方位也变换为韵母居中，声母写在韵母的上下左右，分别兼示平、上、去、入四个声调，念时先韵后声。

[1] 安树芬，彭诗琅. 中华教育通史：第9卷[M]. 北京：京华出版社，2010：1977.

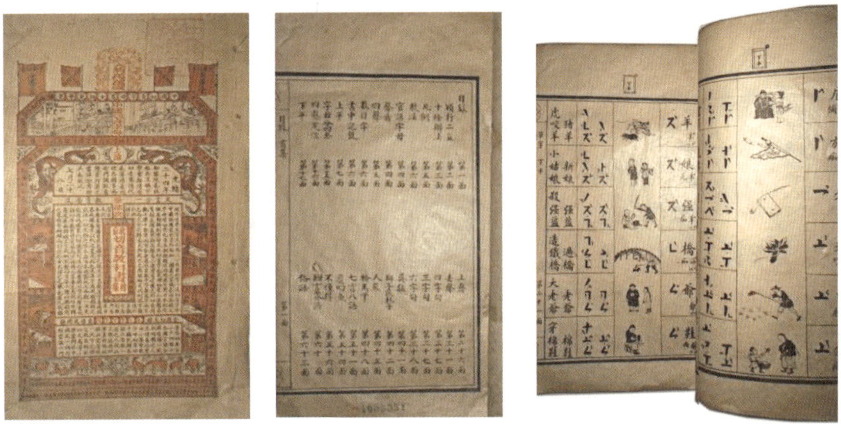

1-3-67

图1—3—67　《北京切音教科书》首集，商务印书馆，1906年版

1906年，卢戆章从北京回厦门，路过上海，就将《一目了然初阶》进呈本略加修改补充，交点石斋石印出版，取名《北京切音教科书》（二册），由上海商务印书馆等发行。《一目了然初阶》一书中又设计了一套类似日本假名的汉字笔画式字母，有25个声母、102个韵母，分别用于记录北京音、厦门、漳州、泉州、潮州音和福州音。由于卢戆章的首创精神和他对切音字运动的影响，人们尊称他为“首创音字之元祖”[1]。《北京切音教科书》（首集）列有《颁行二益》《十条办法》《凡例》《教法》《官话字母》《声音》《四声》《数目字》《甜言蜜语》《俗语》等。

3. 王照编辑《官话合声字母》

王照是清末切音方案“官话字母”的主要设计者和推行者。1900年，王照参照日文“假名”结构，创造出一种汉字笔画式的字母62个，其中声母50个（名“字母”），韵母12个（名“喉音”），以当时影响最大的“京音官话”为切音依据，于当年编成《官话合声字母》。王照的方案因取法自日本假名，又称假名式。官话合声字母主张以北京话为全国统一的标准话。1903年，王照在北京创办了“官话字母义塾”，出版注音的《三字经》《百家姓》《千字文》，还出版各种用官话字母编写的学校教科书，如《动物学》《植物学》《地文学》《家政学》《算学》。1905年，王照赴保定创设“官话书报社”，又创办《拼音官话报》，将官话字母推广传播至北方各省，影响很大。

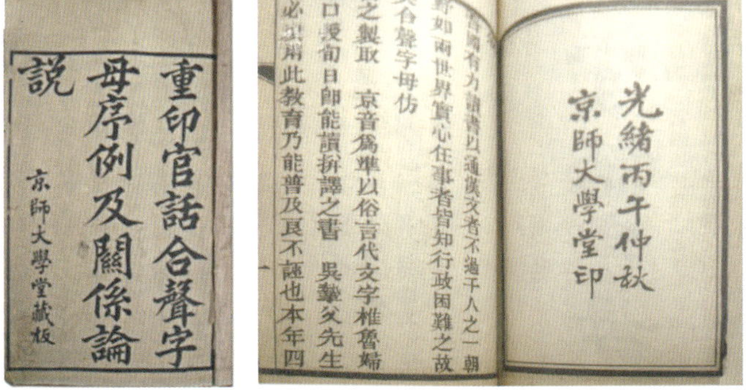

1-3-68

图1—3—68　《官话合声字母》，京师大学堂印，1906年版

[1] 北京市语言学会. 中国语言学百年丛论：1900—2000[M]. 北京：北京语言大学出版社，2004：228.

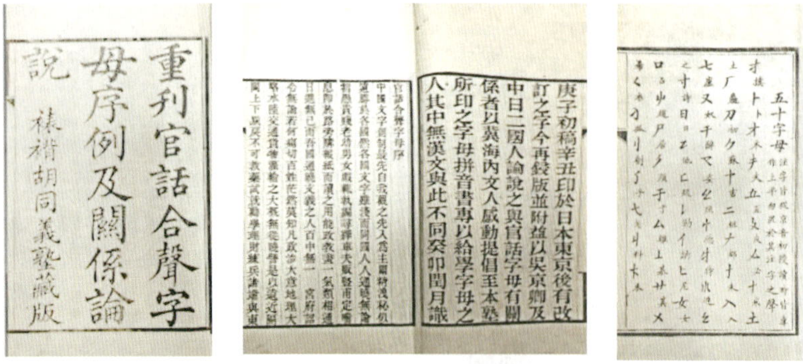
重刊官話合聲字母序例及關係論說
褚胡同義塾藏版

1-3-69

图1-3-69 《重刊官话合声字母序例及关系论说》，出版信息不详

王照推行的官话合声字母亦称“简字”（包含劳乃宣[1]在王照基础上增加方音而成合声简字），用官话字母拼写北方人的俗话，不拼文言的主张，通行极广。到1910年，官话字母推行十年，遍及大半个中国，“由京津而奉天，而南京，官话字母遍及十三个省”[2]。因官话合声字母是“京音”，推行至各地时出现“宁音谱”“吴音谱”“闽广音谱”等。

4. 《圣谕广训直解》

王照以“芦中穷士”为笔名在天津出版《官话合声字母》之后，得到严修、吴汝纶等的赏识，上书请求推广。1902年，京师大学堂总教习吴汝纶考察日本学政时，关注到语言统一的重要性，在写给张百熙的信中指出，“今教育名家，率谓一国之民，不可使语言参差不通，此为国民团体最要之义。日本学校必有国语读本，吾若效之，则省笔字不可不仿办矣”[3]。他推荐王照创制的官话合声字母，认为“此音尽是京城声口，尤可使天下语音一律”。1904年，张百熙、荣庆、张之洞一起奏请朝廷在《奏定学堂章程》之《奏定学务纲要》中要求官话进入教育，明确“各学堂皆学官音”，并阐释指出，“各国言语，全国皆归一致，故同国之人，其情易洽，实由小学堂教字母拼音始。中国民间，各操土音，致一省之人彼此不能通语，办事多动捍格。兹以官音统一天下之语言，故自师范以及高等小学堂，均于中国文一科内附入官话一门。其练习官话，各学堂皆以《圣谕广训直解》一书为准。将来各省学堂教员，凡授科学，均以官音讲解，虽不能遽如生长京师者之圆熟，但必须读字清真，音韵朗畅”[4]。

[1] 劳乃宣是著名等韵学家，有较高的审音能力。1906年，他以王照的官话字母为基础，略加增改，编写出版宁音谱，称《增订合声简字谱》。又编写出版吴音谱，称《重订合声简字谱》。1907年出版《简字全谱》，将京音、宁音、吴音、闽广音等四种拼音方案汇成一编。跟王照的官话字母一样也属于汉字笔画式。由于记录多种方音，《简字全谱》共有声母116个、韵母20个。

[2] 王理嘉. 汉语拼音运动的回顾兼及通用拼音问题[J]. 中国语文，2002（2）：165-166.

[3] 吴汝纶. 吴汝纶尺牍[M]. 合肥：黄山书社，1990：298.

[4] 朱有瓛. 中国近代学制史料：第2辑上册[M]. 上海：华东师范大学出版社，1987：90.

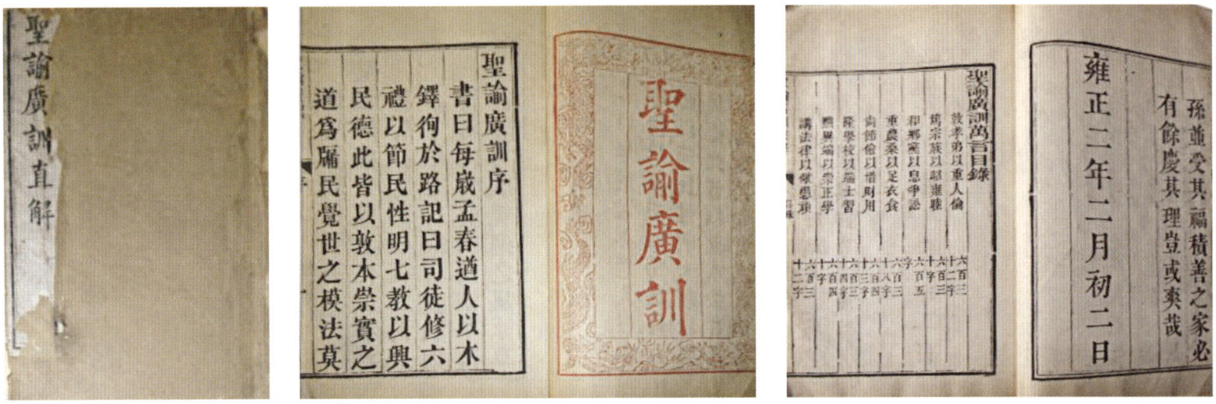

1—3—70

图1—3—70　《圣谕广训直解》，出版信息不详

《圣谕广训》是清朝统治者为建构主流意识形态、维护其统治的钦定用书。1652年，清廷入关后第一代皇帝清世祖福临颁发《六谕》。之后，清圣祖玄烨在《六谕》基础上推展为《圣谕十六条》。清雍正帝胤禛继位后，对《圣谕十六条》逐条解释，阐发义理，引申为万言广训，是为《圣谕广训》。1724年由内务府刊行，清世宗作序，说明颁发广训的缘由，并诏令刊行至省州县，由各地学官于每月朔望日向士庶宣讲，使家喻户晓。在道光、咸丰换代之际，清政府面临来自太平天国和以基督教为主的外国势力的挑战，感受到加强意识形态的紧迫性。1850年，道光皇帝对《圣谕广训》进行了详尽通俗的解释，敕将《圣谕广训》作为书院、家塾的必读课本，并于当年刊行。[1]清末《圣谕广训直解》之“直解”，即为不加粉饰的解释，也用白话，有吴语、京话、粤语、宁波话、福州话、汕头话等土白。

5. 寿潜庐编辑《最新官话识字教科书》

清末立宪时期，对学习官话屡有倡议。1906年，主张用南京话统一全国语言的卢戆章也提出“颁定京音官话，以统一天下之语言也。……全国公文、契据、文件、通信，均认京音官话，为通行国语，以统一天下之语言也”[2]。1907年6月，会稽寿潜庐编辑的《最新官话识字教科书》由上海会文学社出版，蔡元培、寿孝天参阅。这套教科书分为首集、二集，各有8册，共计16册，每册30课，供初等小学堂第一、二年用，每一学年8册。这是中国最早以“官话”命名的教科书。民国后改为《国民字课图说》，已知1932年仍在出版。

[1] 故宫博物院. 天禄珍藏：清宫内府本三百年[M]. 北京：紫禁城出版社，2007：264.

[2] 文字改革出版社. 清末文字改革文集[M]. 北京：文字改革出版社，1958：73.

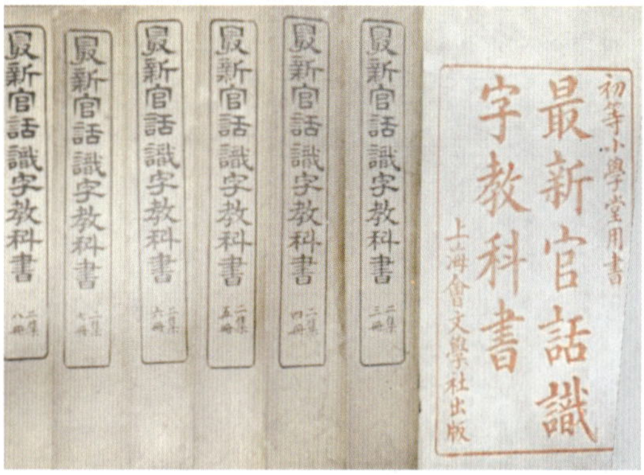

1—3—71

图1—3—71 《最新官话识字教科书》，会文学社，1907年版

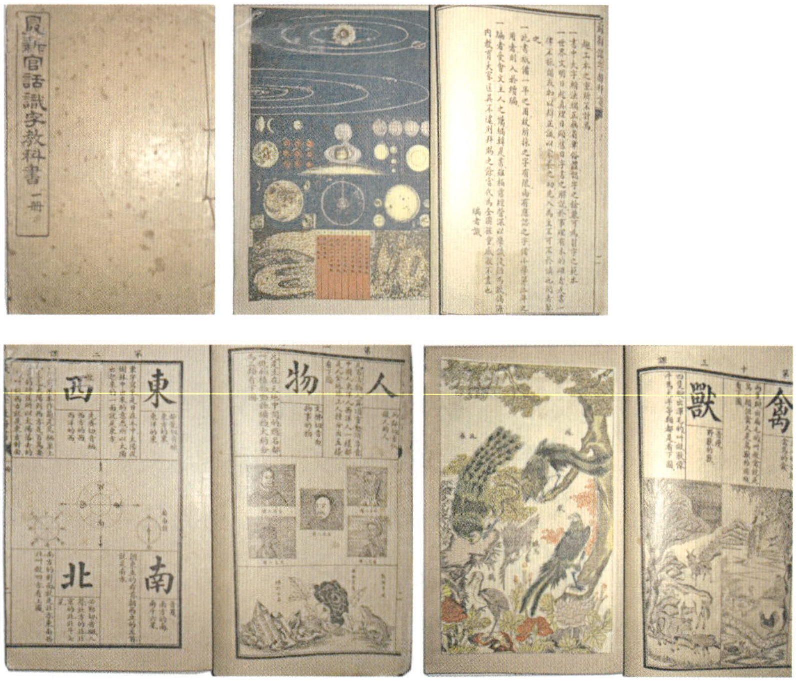

1—3—72

图1—3—72 《最新官话识字教科书》一册，会文学社，1907年版

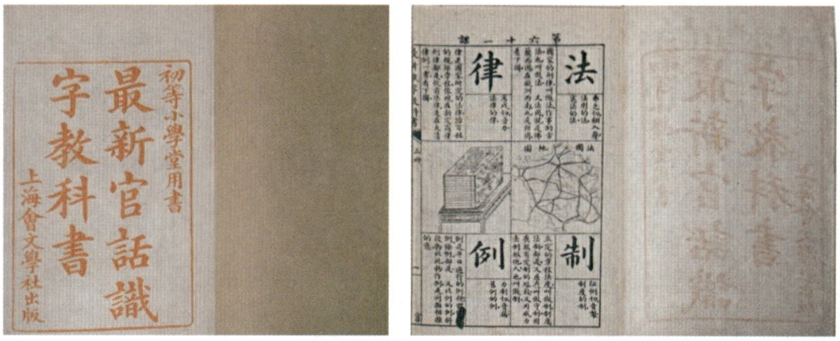

1—3—73

图1—3—73 《最新官话识字教科书》，会文学社，1907年版

《最新官话识字教科书》有1905年寿孝天写的“序”，强调“各国文字与语言合，中国文字与语言分，故各国之人，大都识字。而我国识字之人，十不得五。是文字之不能普及，莫我中国若

也。”[1] 他殷切希望“假令中国文字与语言合，中国人无不识字，异日环球各国，开同文之大会，舍少数，从多数。吾知必以中国文字为万国通行之文字也。”[2]《最新官话识字教科书》第1册供初等小学堂第一年认字之用，共分240课。前80课，每课4字；中间120课，每课6字；后40课，每课9字，共计1400字。“每字先注声音，次注意义，解说纯用官话。”[3]字类学习的顺序为先名词，次动词，次静字，为了便于学习。本套书有形象丰富的绘画及彩图，“所列各字，无论为名词、动词、静字，凡有形可象，有事可指者，字旁皆附有图画。附图之外，又每本插入五彩图画数张，意在引人入胜，鼓儿童之兴趣”[4]。对于字义的解释，特别强调“蒙养之初，先入为主，不可不矜慎也”[5]，所以“世界文明日起，真理日显旧日字书之解说，于事理有未的确者，是书一律不采。间或加以辩正”[6]。

6. 黄展云、林万里、王永炘编纂《国语教科书》

1886年，日本文部大臣森有礼发布《学校令》，确立由小学而中学、师范学校，乃至帝国大学的金字塔式教育制度。在中学，“和汉文科目”被更改为“国语及汉文科目”，在师范学校开设了“国语专业”。

1906—1907年，留日学生黄展云、林万里、王永炘编纂的《国语教科书》四册，由商务印书馆初版，供初等小学第三、四年使用。该书“编辑大意”中写道：“本书之著，以国语为统一国家之基，又特注意于之为国语科，盖因三者有相互之关系，而读方一门。编纂之法，又含二种，即文言与白话相间是也。今吾国读方，只有国文而缺白话，其为国语科莫大之缺点。可想而知，本书之著，每学期分为三十四课，每星期教授二课，庶足以补是科之不及。”[7]

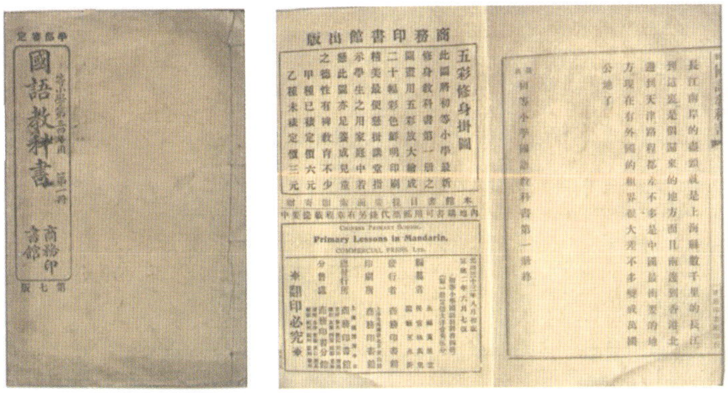

1—3—74

图1—3—74　《国语教科书》第1册，商务印书馆，1910年版

[1] 寿潜庐. 最新官话识字教科书：第1册[M]. 3版. 上海：会文学社，1907：寿孝天识.
[2] 寿潜庐. 最新官话识字教科书：第1册[M]. 3版. 上海：会文学社，1907：寿孝天识.
[3] 寿潜庐. 最新官话识字教科书：第1册[M]. 3版. 上海：会文学社，1907：编辑大意.
[4] 寿潜庐. 最新官话识字教科书：第1册[M]. 3版. 上海：会文学社，1907：编辑大意.
[5] 寿潜庐. 最新官话识字教科书：第1册[M]. 3版. 上海：会文学社，1907：编辑大意.
[6] 寿潜庐. 最新官话识字教科书：第1册[M]. 3版. 上海：会文学社，1907：编辑大意.
[7] 黄展云，林万里，王永炘. 国语教科书：第1册[M]. 上海：商务印书馆，1910：编辑大意

这套教科书出版后经学部审定为初等小学堂教科书。

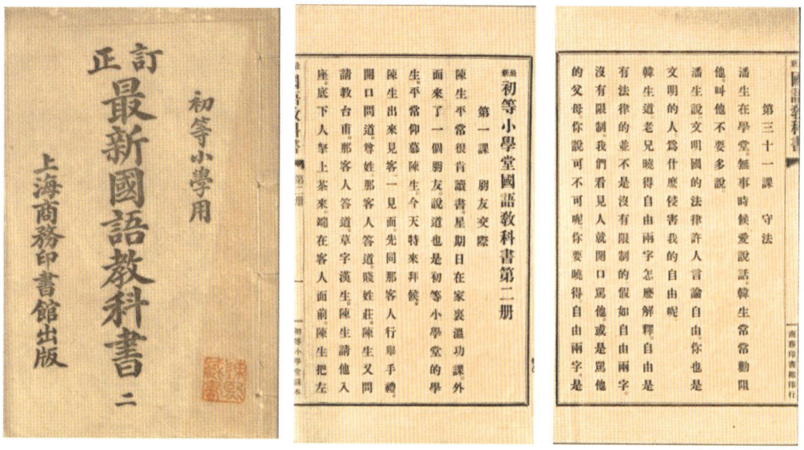

1—3—75

图1—3—75 《订正最新国语教科书》第2册，商务印书馆，1915年版

这套教科书每册34课，每周教授两个课时。其中较长的课文分为数课编排，如第一册《体操》分为两课，《野外散游》分为三课，《长江》分为四课，无单元编例。课文无插图、无练习，标点符号为空心圆点，既表示逗号，也表示句号。虽然教科书的编撰存在基本要素不全且没有插图等不足，但作为中国第一部以“国语”命名的教科书，其意义不仅在于语言形式的变革，也在于它是自由表达思想、传播新文化的载体，从而使教科书走向了大众，走向了时代。

7. 林万里编辑《女子国语课本》

1908年10月，林万里编辑《女子国语课本》，沈恩孚校订，中国图书公司印刷、发行。所见共三册，以课编排，无插图，无生字，无问题。

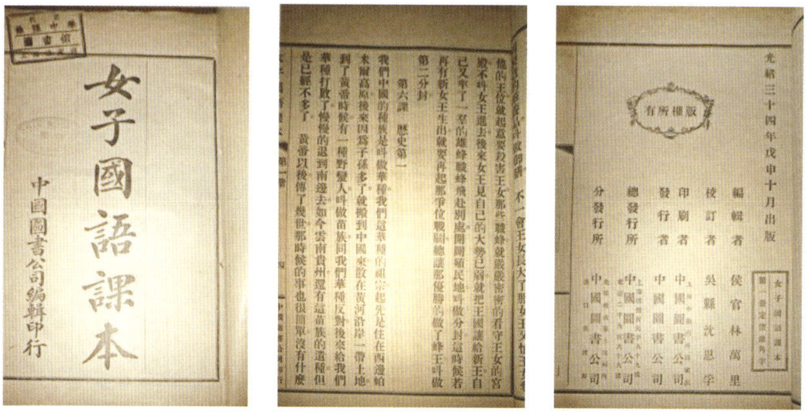

1—3—76

图1—3—76 《女子国语课本》第1册，中国图书公司，1908年版

《女子国语课本》内容包含伦理、历史、地理等内容，介绍有中外女子故事。其中，历史、地理知识分别用五课穿插在课文中，如第一册从《历史第一》《地理第一》到《历史第五》《地理第五》，第二册从《历史第六》《地理第六》到《历史第十》《地理第十》。两类课文也不是连续编排，如第二册有《女人三德》《顿智救命》《续前》《苟灌》《历史第六》《英国之妇人》《犬》《地理第六》《庐氏》《电器世界》《地理第九》《健康是第一幸福》《历史第十》《保险》《地理第十》《丽娥》等，共计40课。

六、女子国文类读本、教科书

19世纪30年代，教会女子学堂的兴办开中国近代女子学校教育先河。[1]教会女校的中文课程一般使用的是中国传统女子启蒙读本及中国传统教学用书。吴若安在《回忆上海务本女塾》中也写道："犹记国文教材，多选自《大学》《论语》《孟子》《礼记》《诗经》《尔雅》，以及《古文观止》等书。"[2]19世纪末20世纪初，陈子褒用白话文编撰《妇孺须知》《妇孺浅解》《妇孺八劝》《妇孺入门书》《妇孺三字书》《妇孺四字书》《妇孺五字书》《妇孺新读本》《妇孺论说入门》《妇孺女儿三字书》《妇孺学约》《妇孺论说大观》《妇孺论说阶梯》《妇孺词料》《妇孺释词》《妇孺释词粤语解》《妇孺译文》《妇孺信札材料》《妇孺闲话》《妇孺习字格卷》《妇孺信札材料》及其改良版等新式女子启蒙读本。据《中国第一次教育年鉴》之《教科书之发刊概况（1868—1918）》记载，文明书局在1902年出版杨千里编《女子新读本》，这是资料中最早出现以"女子"命名的教学用书。[3]但笔者见到1906年5月7版的《女子新读本》（杨千里编著，文明书局）的版权页上印刷的是"光绪三十年七月初版"[4]，即1904年初版。1905年，许家惺编辑《（初等小学）女子国文读本》是目前已知最早冠名"女子国文"的教学用书。1907年3月8日，清政府颁布《奏定女子小学堂章程》，将女子教育正式纳入国家教育系统，女子国文教科书在不断编撰。

1. 杨千里编著《女子新读本》

杨千里（1880—1960），原名锡骥，改天骥，字骏公，号千里，别署茧庐、天马、东方、闻道等。江苏吴县人，诗人，书法家。早年与陈去病、范烟桥同在家乡同里活动。1899年，杨千里进入上海南洋公学读书，1903年推为壬寅科优贡。1904年任上海澄衷学堂国文教员，次年参加同盟会。武昌起义爆发，他积极投身于上海光复之役。历任龙门师范学堂、中国公学及复旦公学教员，暨行政院交通部秘书，教育部视学，监察院秘书，无锡、吴江等县县长等。

1904年7月，杨千里编著《女子新读本》，由文明书局出版。强调"以今日而言教育，莫急于救育国民。然而女子者，国民之母也。不教育女子，不能教育国民。然而女子而不以教育国民者教育之，则与不教育等"[5]。

[1] 王美秀. 中国近代社会转型与女子教育的发展[J]. 北京大学学报（哲学社会科学版），2001，38（3）：87.

[2] 朱有瓛. 中国近代学制史料：第2辑下册[M]. 上海：华东师范大学出版社，1989：604-605.

[3] 中华民国教育部. 第一次中国教育年鉴：戊编 · 教育杂录[M]. 上海：开明书店，1934：117.

[4] 杨千里. 女子新读本[M]. 7版. 上海：文明书局，1906：封3.

[5] 杨千里. 女子新读本[M]. 7版. 上海：文明书局，1906：导言.

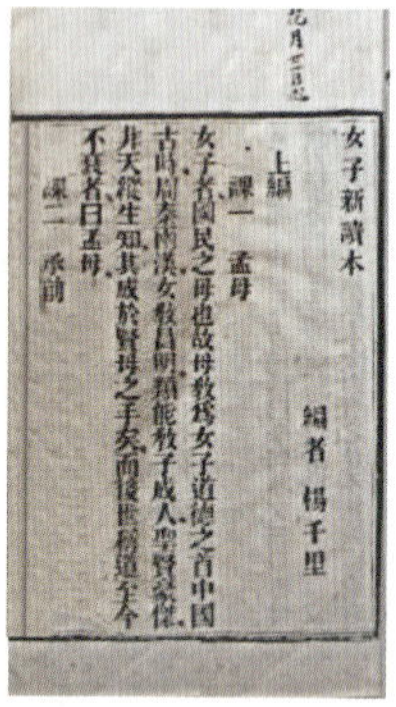

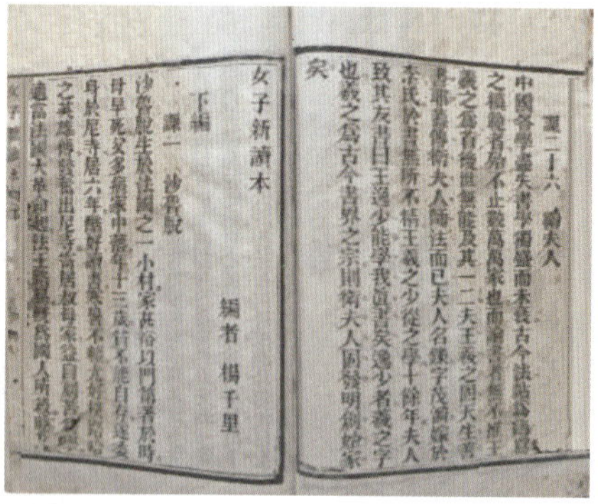

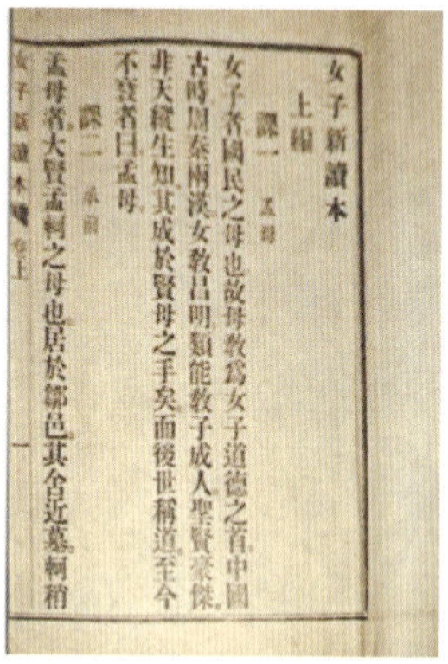

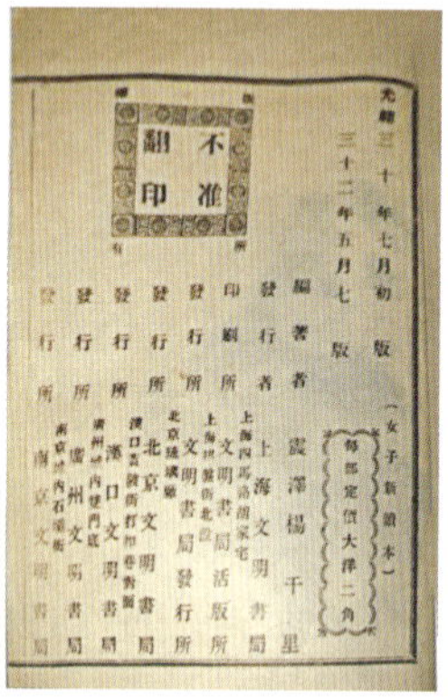

1—3—77

图1—3—77 《女子新读本》，文明书局，1906年版

《女子新读本》分为上、下编，以课编排，没有生字，有单页插图。上编选有中国古代女子故事，如《孟母》《缇萦》《庞娥》《木兰》等，下编选有外国女子故事，如《沙鲁脱》《罗兰夫人》《南丁格尔》等。

2. 许家惺编辑《初等小学女子国文读本》

许家惺，浙江上虞人，与王国维是同学。1905年4月，许家惺编辑《初等小学女子国文读本》，由群学社活板部印刷所印刷，群学社发行。这套教科书以课编排，每课无生字，插图为整页形式，课文标题为四字，有的是四个单字，有的是词语，课文内容编排较有特色，从右至左第一个字依次下移一格。

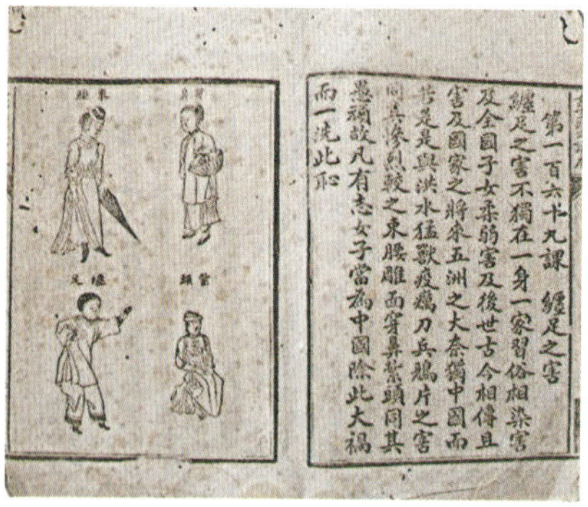

1—3—78

图1—3—78 《初等小学女子国文读本》，群学社，1907年版

3. 王亨统编纂《最新女子国文课本》

1905年11月，王亨统编纂《最新女子国文课本》，由美华书馆出版。

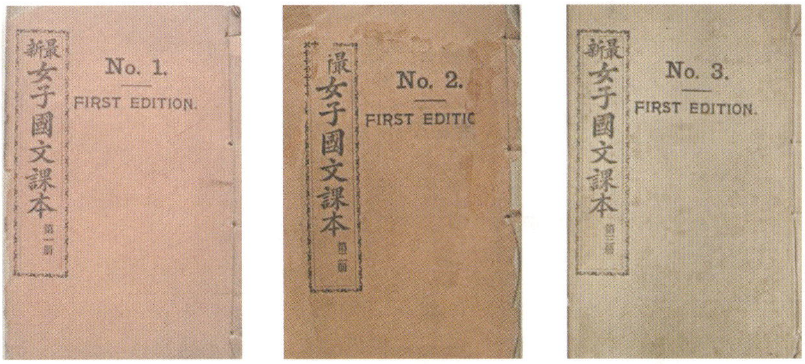

1—3—79

图1—3—79　《最新女子国文课本》第1册、第2册、第3册，美华书馆，1905年版

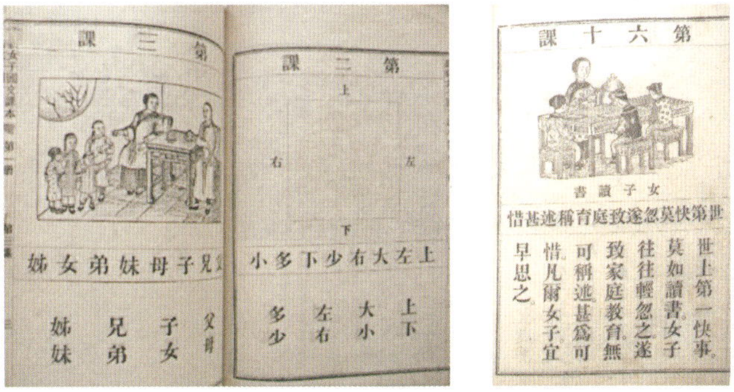

1—3—80

图1—3—80　《最新女子国文课本》第1册，美华书馆，1905年版

《最新女子国文课本》以一课一图的形式编排，第一册共60课，从简单的字、词学习逐渐过渡到短文的学习。第二册也是60课，课文出现标题，依次为《女学》《一日》《才德》《鸡》《立身》《笔》《桑》《马》《耳》《孟母》《学字》《时辰》《缠足》《鹅》《五常》等关于伦理道德、科学常识及强调教育的内容，宣扬女子教育对家庭、社会及国家的重要价值。

4. 方浏生著《女子国文读本》

1905年10月方浏生著《女子国文读本》，由商务印书馆初版。这套教科书按课编排，第一编的上半编所列字，取自《说文解字》的部首，且为儿童所熟悉，有形可图，有事物可指，每字一图。单字之后为两字相连，第二十三课至二十五课，则为短句。之后课文为短篇。书后附录“作文法”。

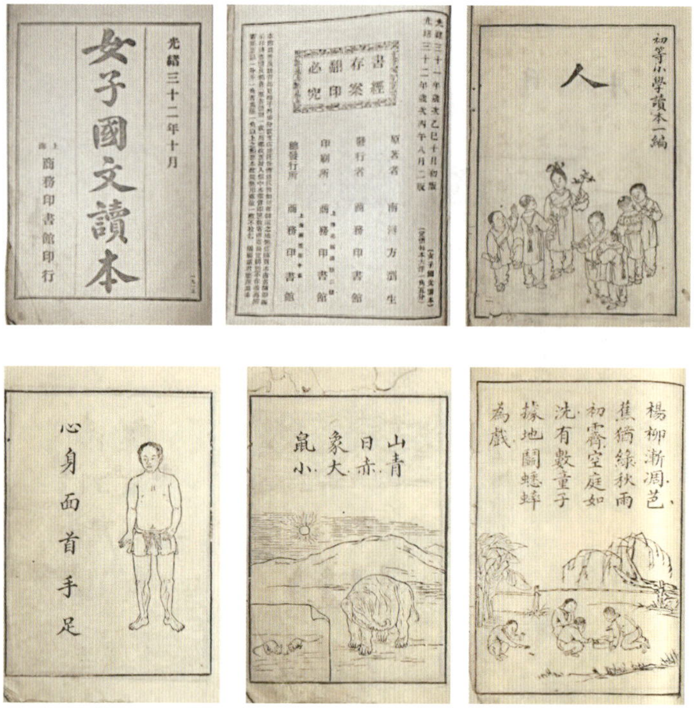

1-3-81

图1-3-81 《女子国文读本》，商务印书馆，1906年版

5. 何琪编辑《最新初等小学女子国文教科书》

1906年4月，何琪编辑《最新初等小学女子国文教科书》，共8册，由上海会文学社出版，并编有教授法。1908年9月，这套教科书改良出版，由会稽人李士桢校订。

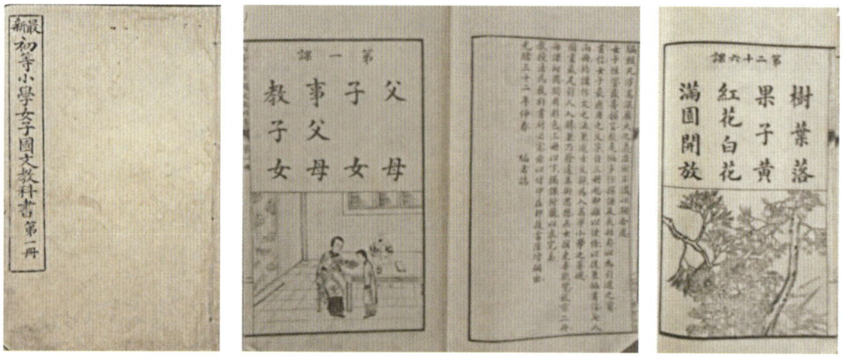

1-3-82

图1-3-82 《最新初等小学女子国文教科书》第1册，会文学社，1906年版

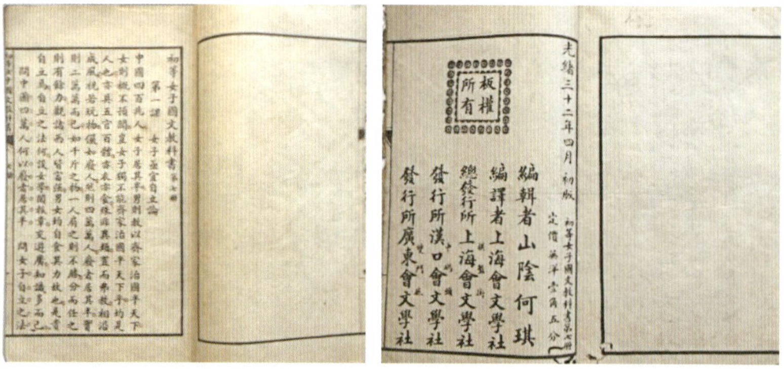

1-3-83

图1-3-83 《最新初等小学女子国文教科书》第7册，会文学社，1906年版

《最新初等小学女子国文教科书》课文多用韵语及长短句，自第三册起，穿插便条、书信，第七、八册，编有作文之法，兼选古文辞。前二册每课附图，间用彩色，第三册之后，隔课附图。

6. 蒋维乔、戴克敦、沈颐、庄俞编纂《初等小学堂用女子国文教科书》

1907年，蒋维乔、戴克敦、沈颐、庄俞编纂《初等小学堂用女子国文教科书》共8册，由商务印书馆出版，高凤谦、张元济校订。

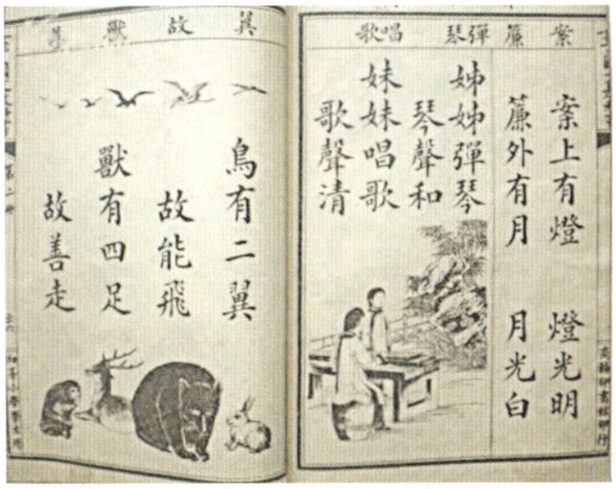

1-3-84

图1-3-84　《初等小学堂用女子国文教科书》第2册，商务印书馆，1907年版

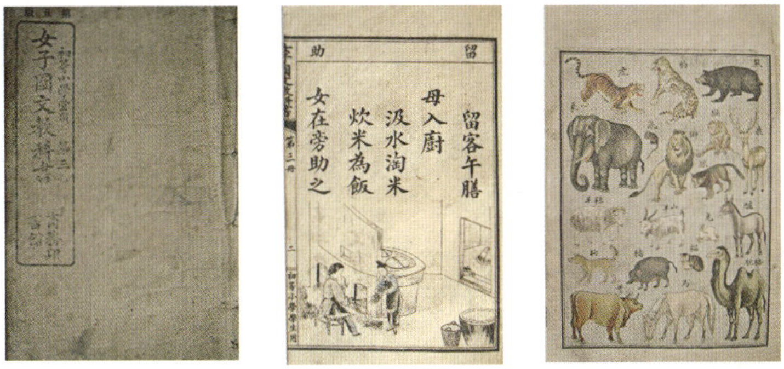

1-3-85

图1-3-85　《初等小学堂用女子国文教科书》第3册，商务印书馆，1909年版

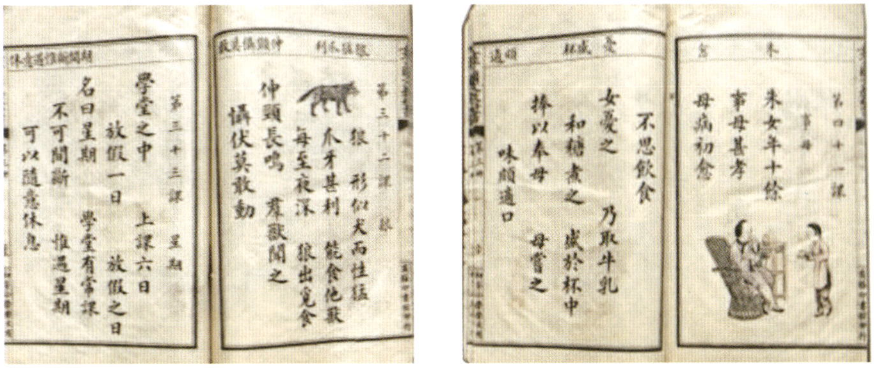

1-3-86

图1-3-86　《初等小学堂用女子国文教科书》第3册，商务印书馆，1909年版

《初等小学堂用女子国文教科书》每册前有“例言”，介绍本册适用对象、教学时间及其分配、内容形式等，如第三册“例言”指出：“前二编均每课二节，以便分日教授。本编既为短文，无从分节。而一课应教二日，教授之法，第一日授生字并读法，第二日详释文义，仍令熟读。或一

课可分为二者，则日授半课亦可，在教员择便行之。”[1]

7. 俞钟瑨编辑《最新女子国文读本》

1907年3月，俞钟瑨编辑《最新女子国文读本》，共8册，由彪蒙编译所校阅，彪蒙书室发行，彪蒙印局印刷。

该套书在“弁言”中明确这套教科书依照女子学堂章程而编，“是书为女子初等小学堂国文读本，共计八册，……适供小学堂四年之用”[2]。所见《最新女子国文读本》第六册1908年第3版版权页显示这套教科书为六册，编撰校订者未变，彪蒙书室出版。

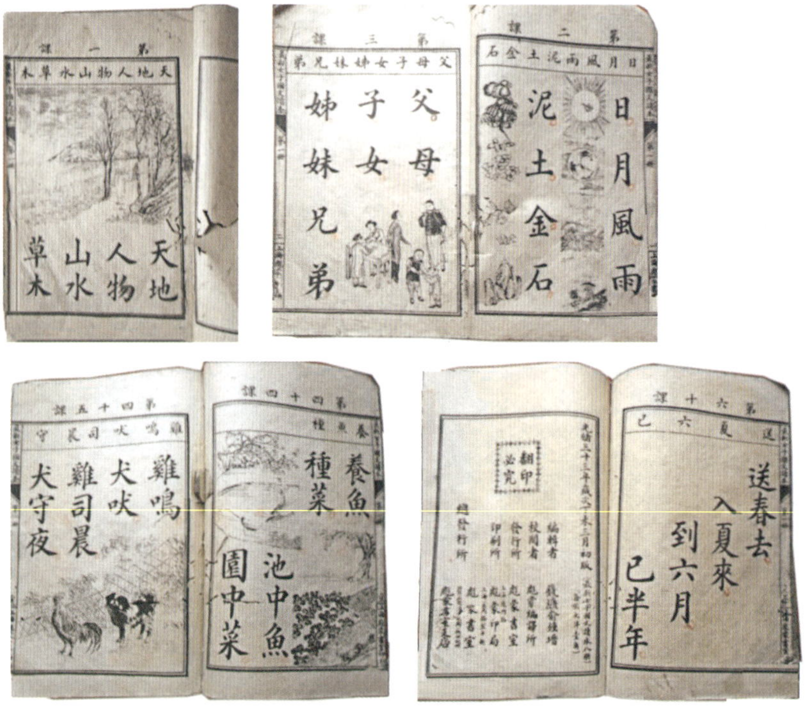

1—3—87

图1—3—87 《最新女子国文读本》第1册，彪蒙书室，1907年版

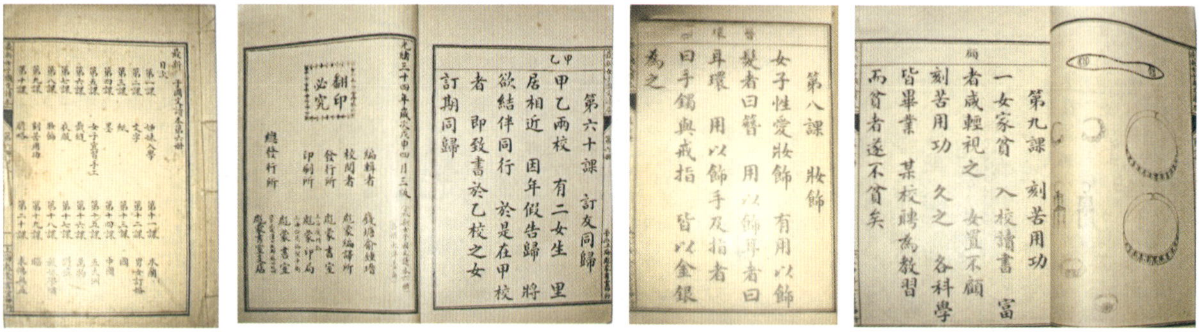

1—3—88

图1—3—88 《最新女子国文读本》第6册，彪蒙书室，1908年版

[1] 戴克敦，庄俞，蒋维乔，等. 国文女子教科书：第3册[M]. 5版. 上海：商务印书馆，1909：例言.
[2] 俞钟瑨. 最新女子国文读本：第1册[M]. 上海：彪蒙书室，1907：弁言.

这套教科书以课编排，每册60课。生字位于课文上栏，插图形式多样，既有无边设计，与文字交融，也有单页插图。所见第六册有《姊妹入学》《文字》《纸》《女子宜习手工》《裁缝》《衣服》《刻苦用功》《男女订婚》《中国》等课文。

8. 钱正居编辑《初等小学女子国文课本》

1908年10月，钱正居编辑《初等小学女子国文课本》，沈恩孚、顾倬校订，中国图书公司出版。

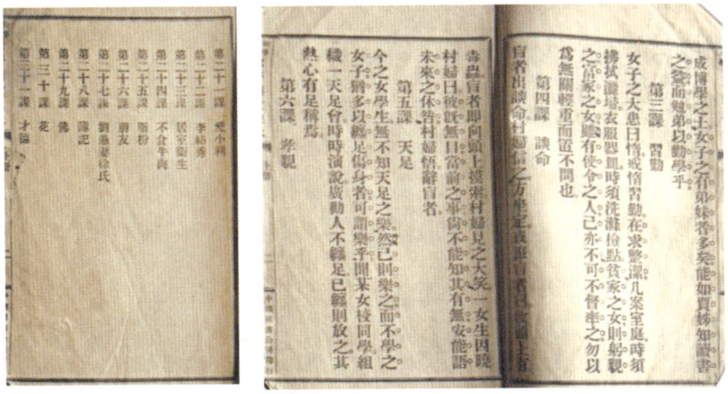

1-3-89

图1-3-89　《初等小学女子国文课本》上册，中国图书公司，1908年版

所见《初等小学女子国文课本》上册以课编排，无图，无生字，无练习。

9. 高凤谦、沈颐、戴克敦、蒋维乔、庄俞编纂《高等小学堂用女子国文教科书》

1909年，高凤谦、沈颐、戴克敦、蒋维乔、庄俞编纂《高等小学堂用女子国文教科书》四册，由商务印书馆初版。所见第四册编有《博爱》《女子职业》《假贷》《司马光论葬》《幼稚园》《风》《婴儿》《日光七色》《石史》《土壤》《肥料》《赵括母》《南丁格蘭》《红十字会》《潮汐》等课文。

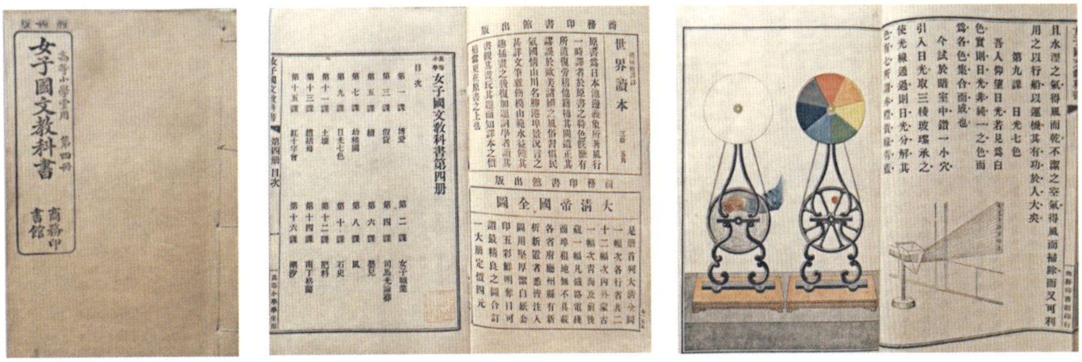

1-3-90

图1-3-90　《高等小学堂用女子国文教科书》第4册，商务印书馆，1911年版

当时女子教学用书还有黄展云编《最新妇女国文读本（女学堂用）》十册、上海城东女学社编《古文读本（高等小学及中学第一年）》、侯鸿鉴编《高等小学女子国文课本》八册等。

七、“尺牍”“女子尺牍”冠名的教科书、读本

尺牍，本指古代用于书写的、长一尺的木简，后引申为书札、书信。我国向来注重礼仪，对尺牍的撰写有着特定的要求，在通信技术尚不发达的清末，尺牍仍旧是日常沟通的重要工具，其应用广泛，实用性强，因此在清末新式教科书中占有很大的比重。特别是《奏定学堂章程》规定在初小“中国文字”一科的第五年“教以俗话作日用书信”，大量的尺牍教科书应运而生。

1. 彪蒙编译所编《最新蒙学尺牍教科书》

1906年，彪蒙编译所编《最新蒙学尺牍教科书》上、下册，彪蒙书室出版，共100课，由序、目次、课文和助学设计四部分组成。“蒙学尺牍教科书序”叙述尺牍的作用及重要性，还指出旧时的尺牍本存在很多问题，有俚俗之病等，而且“近时诸国文教科书，间插一二，又偏而不全，略而未备，不揣固陋”[1]，所以编辑这套教科书，希望“要之童而习之，玩而索之，则将来中国少年之志趣、品行、学问、勋业，必有手之、舞之、足之、蹈之，流露於不自知，而不仅如余童时之东涂西抹者，此则区区诱掖之苦心，而不嫌其于通人教科书中别开生面者也”[2]。

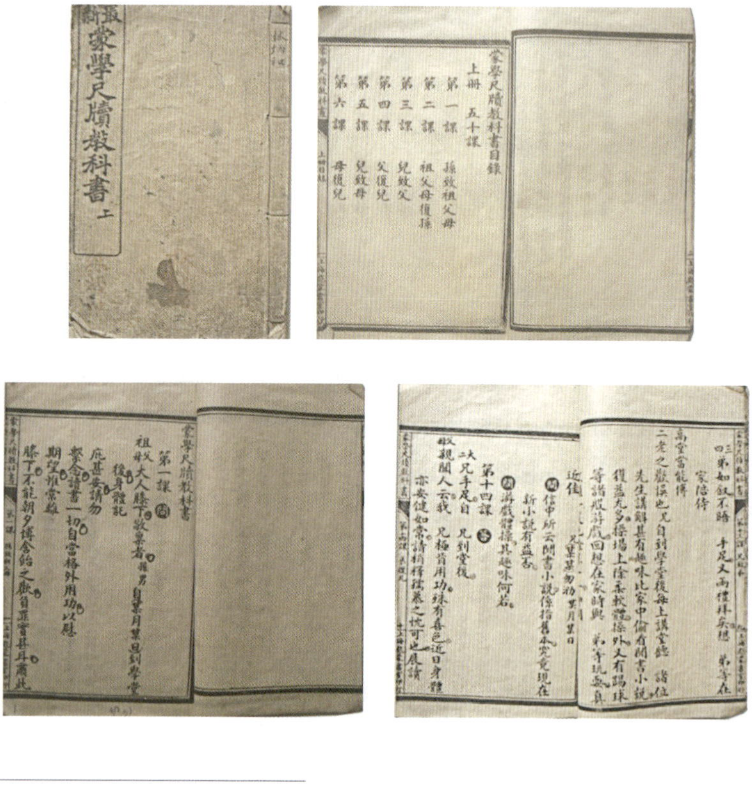

1-3-91

图1-3-91 《最新蒙学尺牍教科书》上，彪蒙书室，出版时间不详

[1] 彪蒙编译所. 最新蒙学尺牍教科书[M]. 上海：彪蒙书室，1912：蒙学尺牍教科书序.
[2] 彪蒙编译所. 最新蒙学尺牍教科书[M]. 上海：彪蒙书室，1912：蒙学尺牍教科书序.

《最新蒙学尺牍教科书》每课有课标与课序，以问答书信独立成课，两课相连，讨论一个共同的话题。在课题中指出此书信是某人致某人的书信，并在下面印有黑圈白字的“问”字。这套教科书按照辈分和关系的亲疏来排课书信，首先是致长辈，再到致平辈，接着是致近亲后到致远亲，然后是长辈致晚辈，最后是致师长和朋友。

2. 曹铨著《新教育尺牍教本》

1906年，曹铨著《新教育尺牍教本》一册，文明书局出版，共64课，由约旨、目次、课文、助学设计和附加内容构成。目次只有课题，没有序号。课题标明此信是致某人的书信，并在课题下说明书信主题，如“禀祖父母（述学堂规则）”“母谕子（勉励公德）”等。

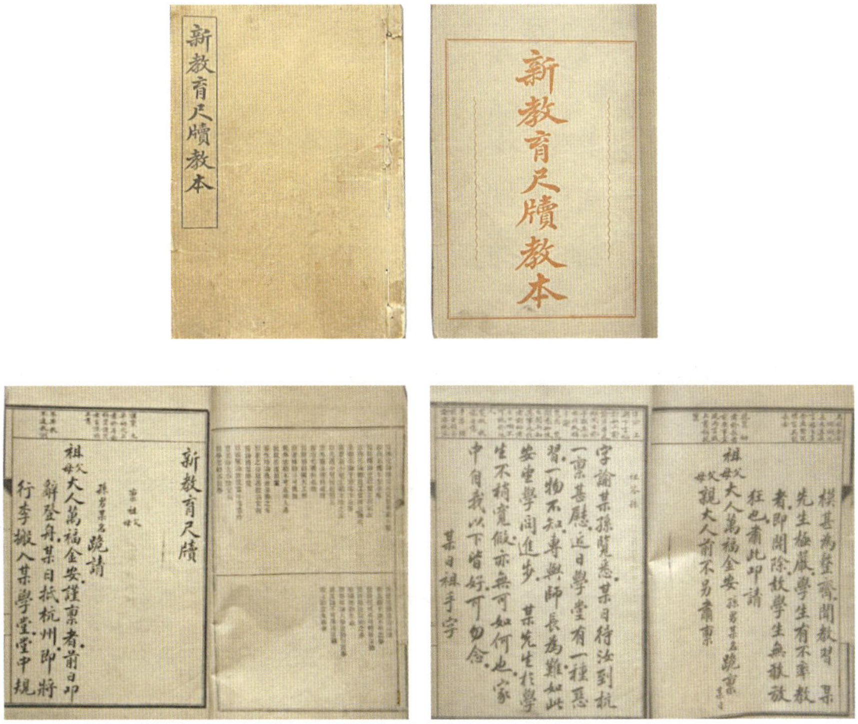

1-3-92

图1-3-92　《新教育尺牍教本》，文明书局，1906年版

《新教育尺牍教本》选取了64封书信，每封书信独立成课，部分相邻的书信问答相连（有24封相邻的书信是一问一答的形式相连，其他书信均不相关）。主要按辈分和关系的亲疏来排列书信。课文内容包括书信、注释和说明，全部用行书书写。全书每一页的页眉处均留有一栏作注释之用，为每页出现的难解之词作注解，注解之词涵盖称谓、祝语、新词和书面语。此书中部分书信之后还注有“说明”，意在对书信格式作简要说明。此书还附加11种信面和1种信背的写法。

3. 《初学字辨尺牍》

1906年夏，粤东省城十七甫怀远驿东雅石印《初学字辨尺牍》一册，作者不详。每页文字上下编排，上方为“初学字辨”，分两排横排文字，小字组词，用汉字释音。

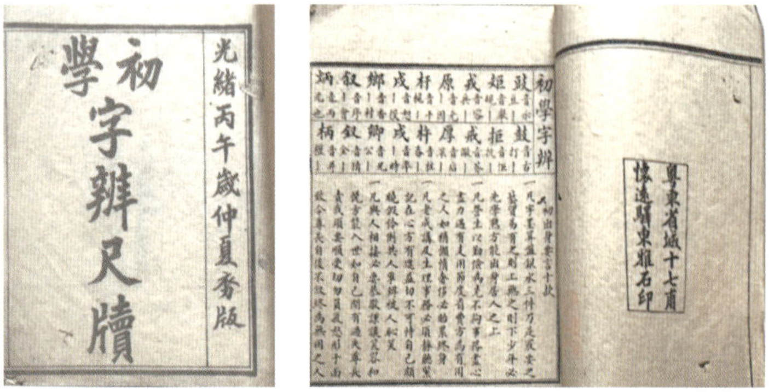

1—3—93

图1—3—93 《初学字辨尺牍》，怀远驿东雅石印，1906年版

这本教科书的开篇有“初出身要言十款”，第一条强调“凡字墨、算盘、银水三件，乃是最要之艺，贸易有之则上，无之则下，少年必先学熟，方能出身居人之上”。然后说明勤俭、静听、恭敬等品质的重要性。

4. 朱钧锦编辑《特别改良最新商务普通应用教科尺牍》

1906—1907年，朱钧锦编辑《特别改良最新商务普通应用教科尺牍》上、下册，上海焕文书局出版。这套教科书的编辑大旨中强调以实用为目的，程度最适合幼稚园、半日学堂、商业学堂之用，“而商学两界应酬世故者，尤不可不备”。

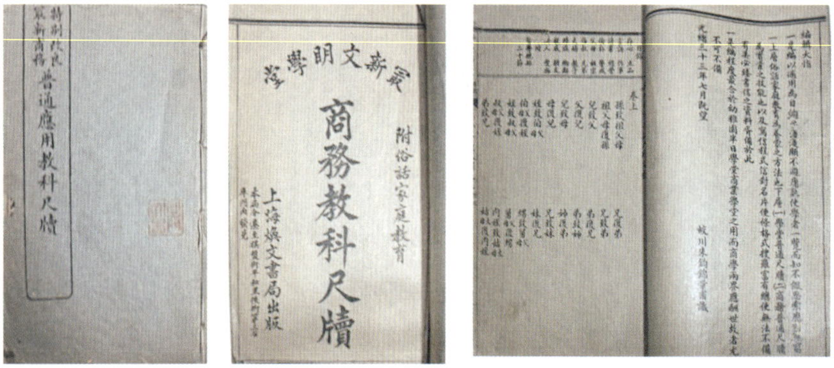

1—3—94

图1—3—94 《特别改良最新商务普通应用教科尺牍》，焕文书局，1906年版

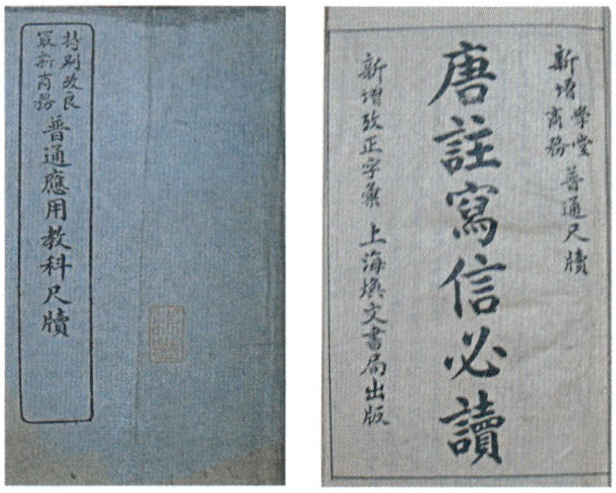

1—3—95

图1—3—95 《特别改良最新商务普通应用教科尺牍》卷下，焕文书局，1907年版

这套教科书内容包含家庭教育、学堂普通尺牍、商务普通尺牍以及写信程式、信封名片、便条格式等。封面印“特别改良最新商务普通应用教科尺牍”字样，扉页则各册不一，有题名“最新文

明学堂商务教科尺牍（附俗话家庭教育）”，有题名“唐注写信必读”等。

5. 周天鹏著《改良最新商务尺牍教科书》

1907年，周天鹏著《改良最新商务尺牍教科书》，共上、下两册，上海会文学社出版，内题“中国最新仕商尺牍教科书”。

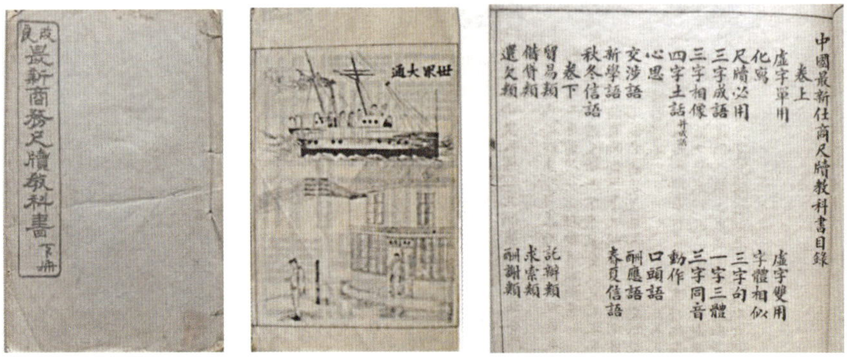

1-3-96

图1-3-96 《改良最新商务尺牍教科书》，会文学社，1908年版

《改良最新商务尺牍教科书》以课为单位进行编排。“凡例”第一条强调学习虚字的重要性，明确“国文文法，全在虚字”不仅注重虚字，还用土话进行讲解，以便使用。“故是书首讲虚字，引土话，解字义，丝毫无差，使学者一览而知”[1]。这本书还引“日用之谈，以供谈笑之用”[2]。上册有二十课，第一课是《虚字单用》，下册从第二十一课《贸易类》开始，说明“以下与下卷尺牍诸类相联络”。有的版本则无课标识。

6. 陈端清著《改良绘图商学尺牍问答教科书》

1907年3月，陈端清著《改良绘图商学尺牍问答教科书》，陶林记书庄发行。这本书的发起者是童贻谋，缮楷者是施珮钦，“是书之宗旨，专为初学信札、初习草字者所著”[3]。

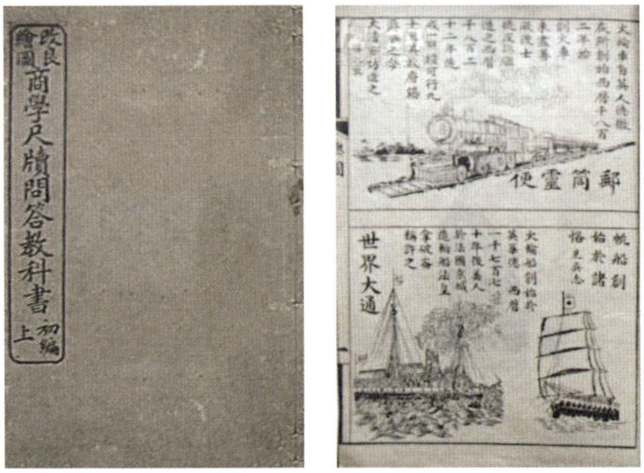

1-3-97

图1-3-97 《改良绘图商学尺牍问答教科书》，陶林记书庄，1907年版

[1] 周天鹏. 改良最新商务尺牍教科书：上卷[M]. 上海：会文学社，1907：凡例.

[2] 周天鹏. 改良最新商务尺牍教科书：上卷[M]. 上海：会文学社，1907：凡例.

[3] 陈端清. 改良绘图商学尺牍问答教科书：初编上[M]. 上海：陶林记书庄，1907：凡例.

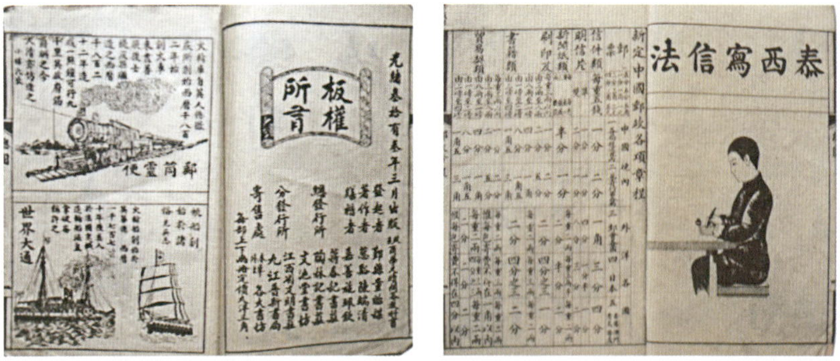

1—3—98

图1—3—98 《绘图商学尺牍问答教科书》，陶林记书庄，1907年版

《绘图商务尺牍问答教科书》强调“是书每页四课，课中之目的，皆是信札中必用之话，烦阅者注意注意注意”[1]，课文内容文白混合，插图较多，文字楷书、行书交替呈现。

7. 杜元炳著《最新应用尺牍教科书》

1907年3月，杜元炳著《最新应用尺牍教科书》，共四册，上海会文学社出版，增订者为杜瀚生。书前有作者写于育材学堂的“叙”。

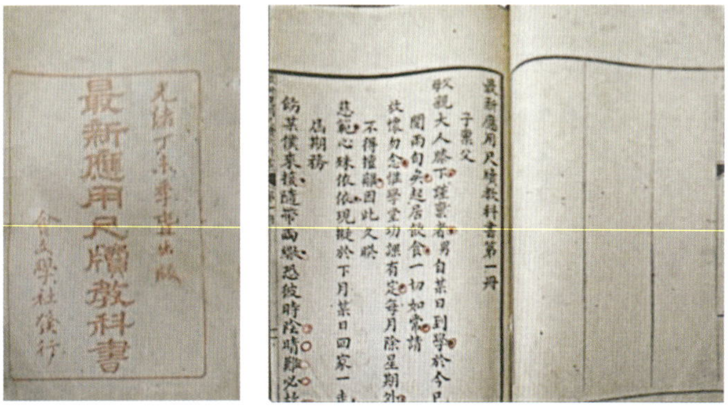

1—3—99

图1—3—99 《最新应用尺牍教科书》第1册，会文学社，1907年版

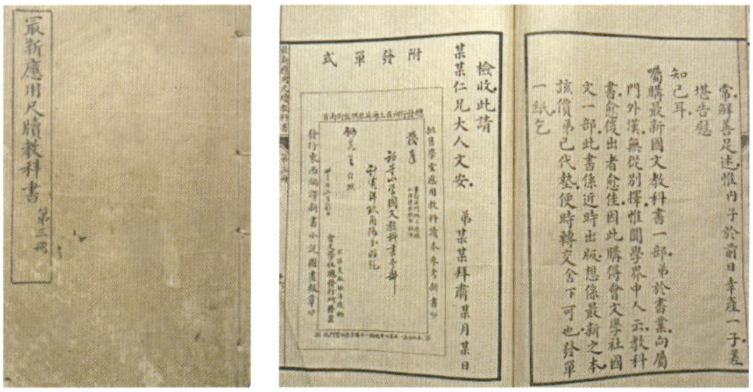

1—3—100

图1—3—100 《最新应用尺牍教科书》第3册，会文学社，1907年版

《最新应用尺牍教科书》第一册有《子禀父》《父覆子》等27课；第二册有《女由学堂禀父》《答》《讬友查探密事》等19课；第三册有《讬书匾额》《讬荐书启》等14课；第四册有《告帮丧葬费》《答允帮》等课。书中还附有“汇票”“合同”“电报”等范式格式的插图。

[1] 陈端清. 绘图商务尺牍问答教科书[M]. 上海：陶林记书庄，1907：凡例.

8. 顾鸣盛著《中等女子尺牍教本》《初等女子尺牍教本》

1907年，无锡顾鸣盛著《中等女子尺牍教本》一册，文明书局出版。

所见无锡顾鸣盛著《初等女子尺牍教本》1912年3月5版，上海科学书局出版。在该书封底广告页有“《高等女系尺牍教本》（无锡女士丁善仪编）一册”。

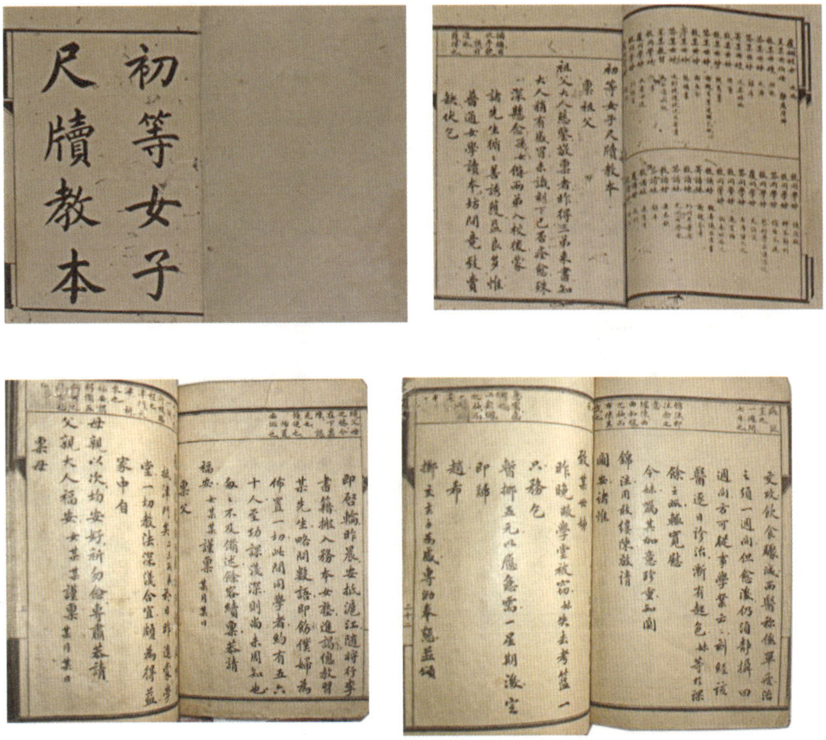

1—3—101

图1—3—101　《初等女子尺牍教本》，上海科学书局，1912年版

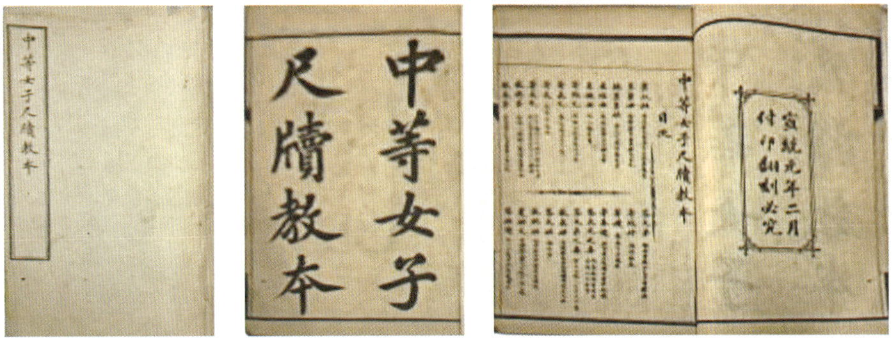

1—3—102

图1—3—102　《中等女子尺牍教本》，文明书局，1909年版

《初等女子尺牍教本》按照家庭、亲友、同学的顺序编排，内容则涉及身体状况及学校事宜等，如有《禀祖父》《禀祖母》《禀父母》《呈某教习》《致同学姊》等。目录中还显示具体事宜，如《禀祖母（寄鱼肝油定归省期）》《禀父（述家况）》《覆姑母（述校中规则）》等。课文的上栏有小字说明，无插图。

9. 杜芝庭著《最新应用女子尺牍教科书》

1907年4月，山阴杜芝庭著《最新应用女子尺牍教科书》，分上、下编，上海会文学社出版。

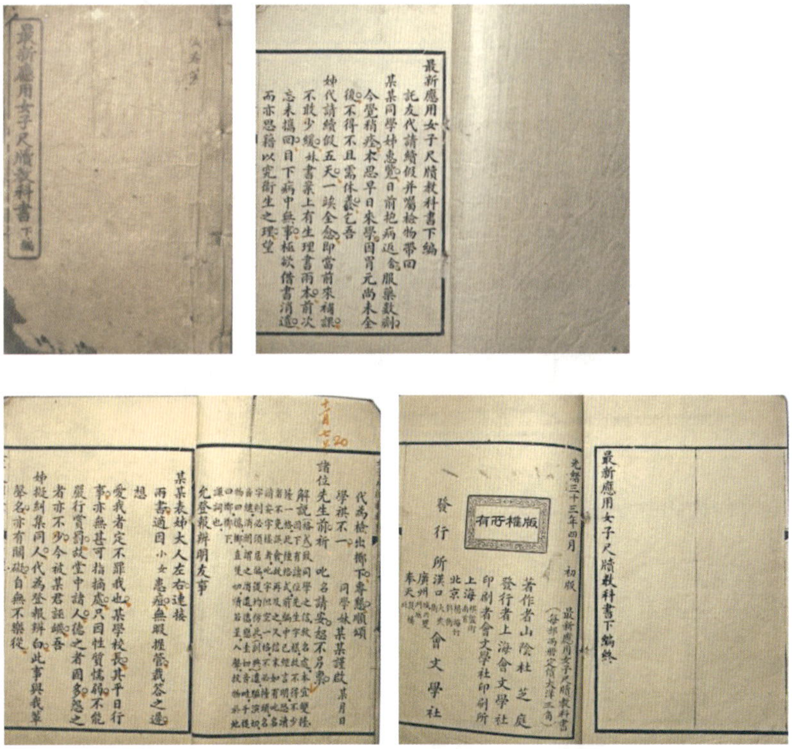

1—3—103

图1—3—103 《最新应用女子尺牍教科书》下编，会文学社，1907年版

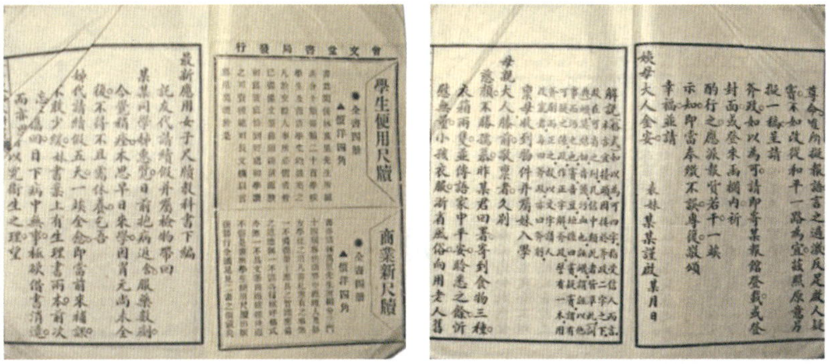

1—3—104

图1—3—104 《最新应用女子尺牍教科书》下编，会文学社，1925年版

《最新应用女子尺牍教科书》上、下编在民国之后继续使用发行。课文编排较为简洁，无上栏小字注释，无图。

10. 上海科学书局印行《最新普通女子应用尺牍范本》

1907年，上海科学书局印行《最新普通女子应用尺牍范本》一册，扉页题名“尺牍丛书之五 最新普通女子尺牍范本”。

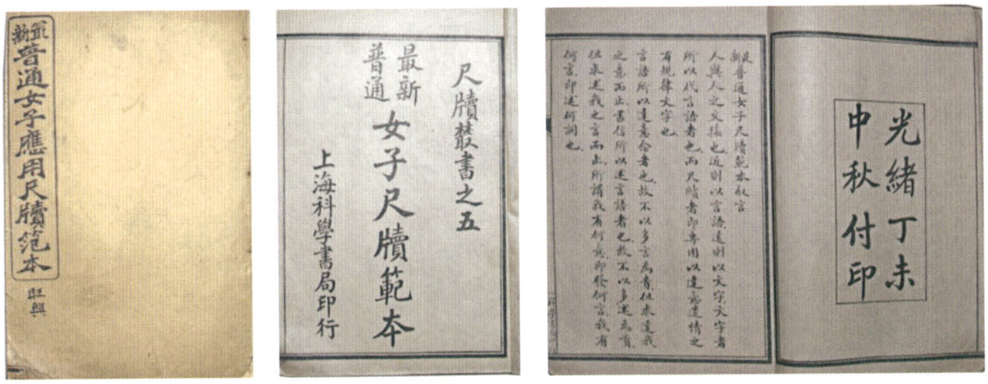

1—3—105

图1—3—105 《最新普通女子应用尺牍范本》，科学书局，1907年版

《最新普通女子应用尺牍范本》前有“叙言”，指出“尺牍者，即专用以达意遣情之有规律文字也”。这本书按照普通应用信函之格式编撰，课文上栏有小字注释说明，无插图。

11. 商务印书馆编译所编纂《（订正）新撰女子尺牍》

1907年12月，商务印书馆编译所编纂《（订正）新撰女子尺牍》共上、下两册，由商务印书馆出版。广告语“此书体例与前书相仿，惟所列各函，专就女子设想，分家庭、亲长、学友三门，文字浅显，议论纯正，语语不失女子身分，尤为亲切有味”[1]。

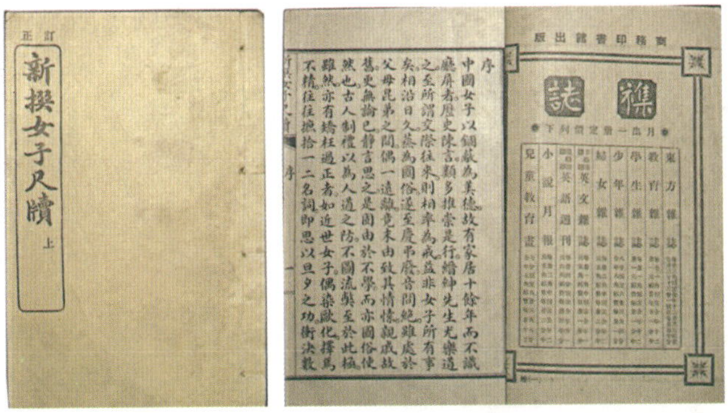

1—3—106

图1—3—106 《（订正）新撰女子尺牍》上，商务印书馆，出版时间不详

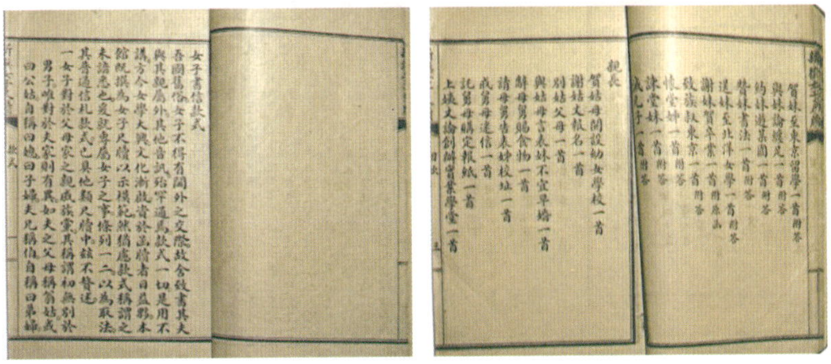

1—3—107

图1—3—107 《（订正）新撰女子尺牍》上，商务印书馆，出版时间不详

[1] 蒋维乔，戴克敦，沈颐，等. 初等小学女子国文教科书：第3册[M]. 上海：商务印书馆，1909：封三.

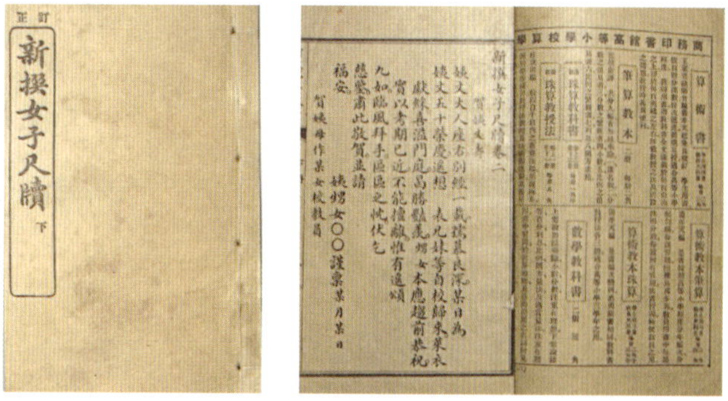

1-3-108

图1-3-108 《（订正）新撰女子尺牍》下，商务印书馆，1916年版

这套教科书前有“序”及“女子书信款式”，阐明编撰目的，并说明女子尺牍之特殊性。“序”写道：“夫女子所宜从事之学问，诚浩如烟海，徒以不在此书之例，略而弗述。今但就日用往来之具，为之立一范围，俾易学步。……然女子交际，究不同于男子，大率不外家庭、亲长、学友三者而已。故谨依三门，拟函一百六十余首，词意不取高深，称谓务求适当，致答不违本旨。”[1]“女子书信款式”写道：“方今女学大兴，文化渐起，资于函牍者日益多。本馆既撰为女子尺牍以示模范。然犹虑款式称谓之未谙悉也。爰就专属女子之事，条列一二，以为取法。”[2]《（订正）新撰女子尺牍》“家庭”中编有《禀祖父母为学校考取一首》《身体因习体操强健禀慰父母一首》《禀父母请令两妹入校一首》等，“亲长”中编有《贺姑母开设幼女学校一首》《谢姑父报名一首》《别姑父母一首》《与姑母言表妹不宜早婚一首》等，内容围绕女子学校及现代生活展开。

12. 郑子良编辑《（普通应用）女子书信范本》

1907年3月，郑子良编辑《（普通应用）女子书信范本》，吴良棻校阅，上海广益书局出版。

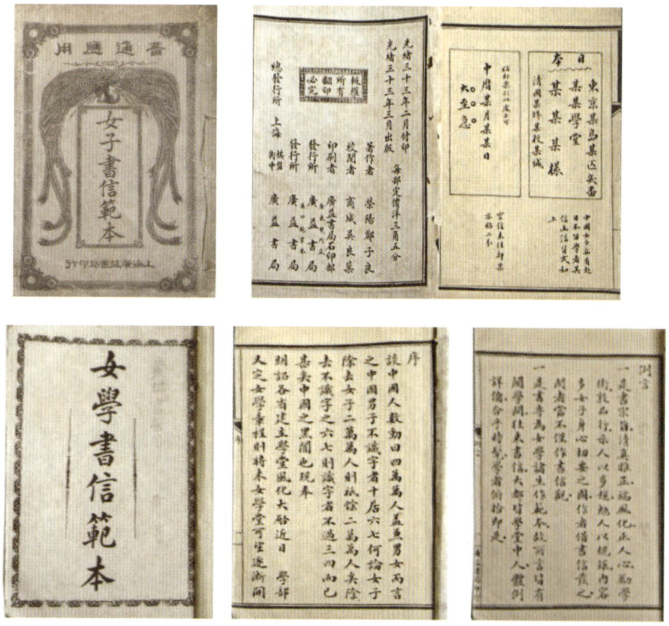

1-3-109

图1-3-109 《（普通应用）女子书信范本》，上海广益书局，1907年版

[1] 商务印书馆编译所. 订正：新撰女子尺牍：上[M]. 上海：商务印书馆，[出版年不详]：序.

[2] 商务印书馆编译所. 订正：新撰女子尺牍：上[M]. 上海：商务印书馆，[出版年不详]：女子书信款式.

《（普通应用）女子书信范本》扉页为《女学书信范本》，开篇有序、例言、弁言。吴良棻在“序”中指出：“明诏各省建立学堂，风化大起。近日，学部又定女学章程，则将来女学堂可望逐渐开设。然而女子国文教科书绝无善本。其最便于日用而足开知识者，莫如书信。兹荥阳郑子辑有最新女学书信范本四卷，于家庭、日用长幼称谓斟酌尽善。……余在东京参观女子师范学堂、女子高等学堂，无不以家庭浅近之事教授者，今郑子著为是书，其亦此意也夫。”[1]《（普通应用）女子书信范本》分为四卷，分类载列家庭书信、亲长书信、平行赠答书信、往来启事便信，眉目清爽，一致一答，共六十四首，“内容多女子身心切要之图，作者借书信发之，阅者当不仅作书信观”[2]。

13. 顾新亚著《近世名人尺牍教本》

无锡顾新亚著《近世名人尺牍教本》四册，上海文宝书局印刷，文明书局、广学会等上海各大书庄发行，1907年6月初版。

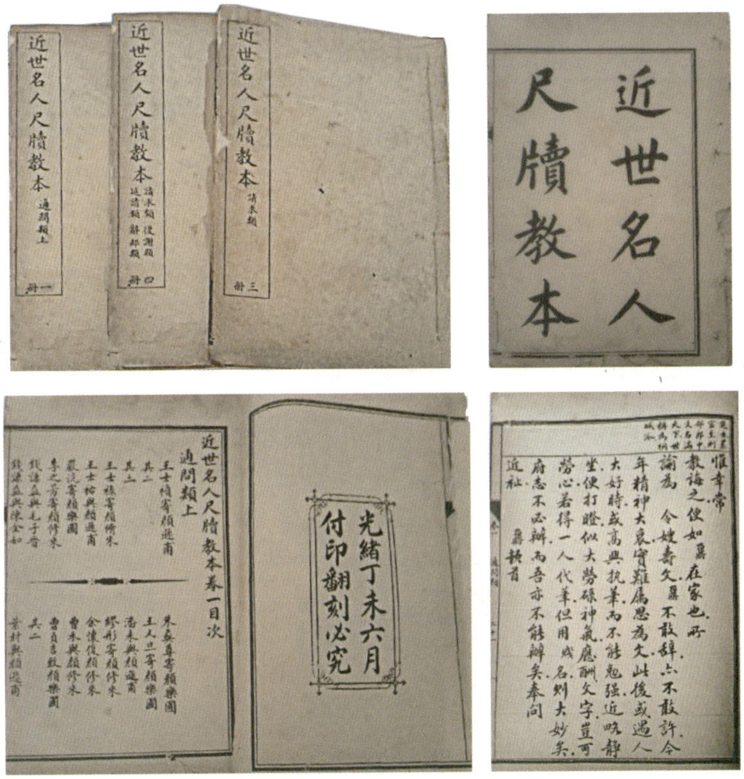

1—3—110

图1—3—110 《近世名人尺牍教本》概览，文宝书局，1907年版

《近世名人尺牍教本》将名人书信分册分类编排，第一、二册为“通问类”，分为上、下编排。第三册为“请求类”，第四册为“请求类、复谢类、延请类、辞却类”。课文上栏有小字说明，文字用行书印刷。这套教本1907年6月初版，1908年正月再版，1908年6月三版，颇为畅销。

[1] 郑子良. 普通应用：女子书信范本[M]. 上海：广益书局，1907：序.
[2] 郑子良. 普通应用：女子书信范本[M]. 上海：广益书局，1907：例言.

14. 周葆初编辑《第一简明尺牍启蒙》

1908年周葆初编辑《第一简明尺牍启蒙》共上、下两册，由新学会社出版，庄景仲校订。所见有1909年2月改正再版。教材以章编排，卷上列有“称呼”“应对”等章。每章分类各类，如第一章为“称呼”，列有“父族称呼表”“母族称呼表”“妻族称呼表”“世谊称呼表”，其中内容呈现形式多样，出现整页的表格编排。卷下则将尺牍分类呈现，列有“戚属尺牍”等。每一类依次以式编排，如“戚属尺牍”的第一式为“甥禀母舅”。

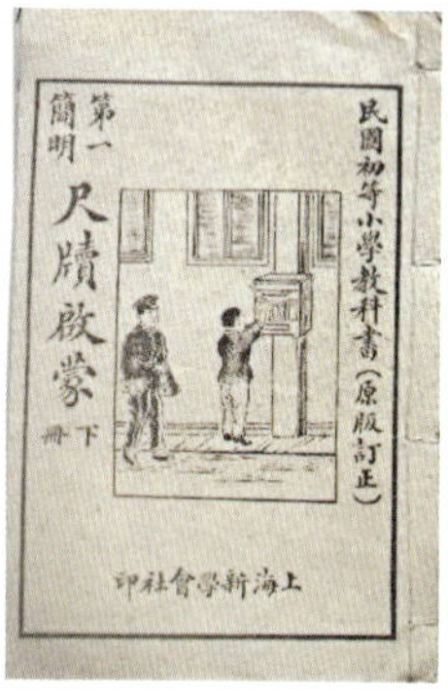

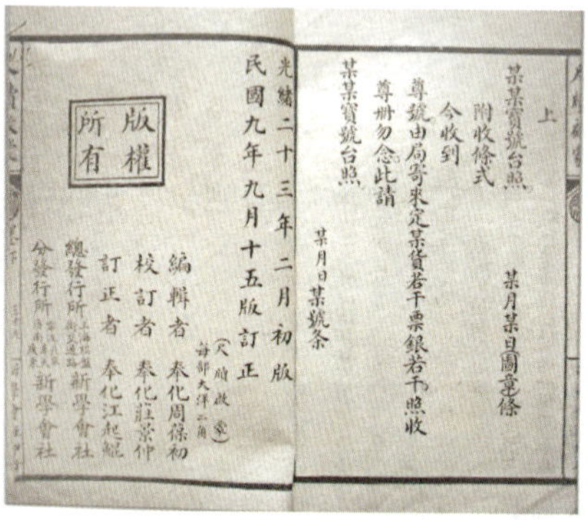

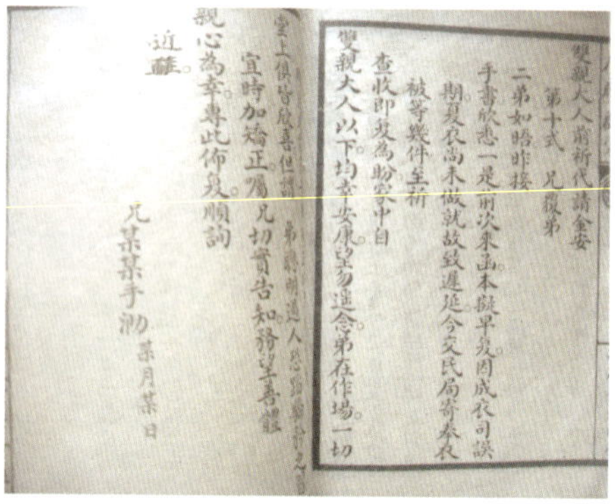

1—3—111

图1—3—111 《第一简明尺牍启蒙》，新学会社，1920年版

特别说明的是，笔者所见1920年订正15版的版权页上初版时间印为“光绪二十三年”，即1897年，但怀疑为印刷错误，此处存疑。目前已知新学会社1898年才成立，而且在19世纪的相关教育史料中也均没有记载此书。

15. 《特别维新商学普通算术问答尺牍教科书》

1908年秋，《特别维新商学普通算术问答尺牍教科书》上、下卷，内页题“最新商学普通算术尺牍”，汉口萃英书局、汕头鼎新书局发行，编撰者不详。这套教科书是为学习写作商界与学界之应用文而编，“是书宗旨以商学两界为主义，凡商界学界普通应用之件，均即采选汇集，否则删除不入”。并且说明“本书特别维新，取商贾中紧要之函牍”，“非雅非俗，言由浅以入深，均系当时利便之作”，这套教科书“分为八种尊卑亲疏之状况，生意往来、婚丧贺唁各体具备”[1]。

[1] 佚名. 特别维新商学普通算术问答尺牍教科书[M]. 汉口：萃英书局 汕头：鼎新书局，1908：凡例.

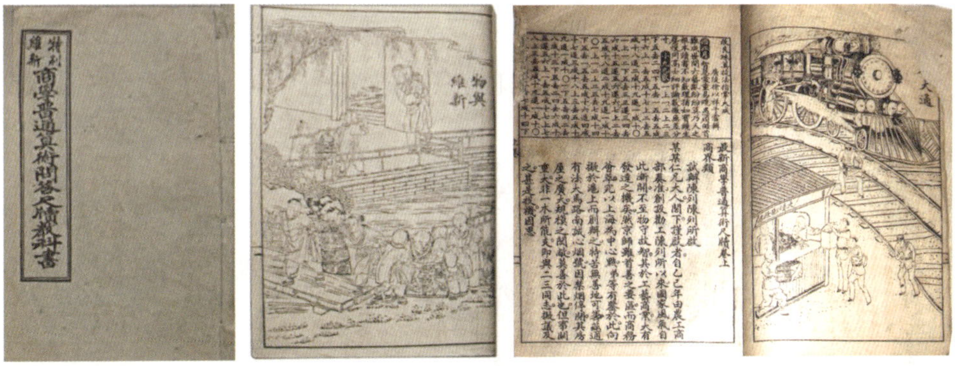

1—3—112

图1—3—112　《特别维新商学普通算术问答尺牍教科书》，萃英书局，1908年版

《特别维新商学普通算术问答尺牍教科书》内容分类编排，有商界类、劝慰类、家书类等，形式多样。开篇为整页大插图，内容细节丰富：画面一角为房间，挂有“大清邮政局”招牌，几个人穿着不同的服装拿着大箱子走过来，准备办理邮寄物品的业务，接着整页的《新定各项邮政章程》，详细列出了信件类、明信片、新闻纸类、印刷及书籍类等的中国境内与外洋各国的不同价格。

16. 启新书社著《学界应用最新尺牍教科书》

1908年，启新书社著《学界应用最新尺牍教科书》，分上、下册，上海益智书局印刷，同年订正再版。

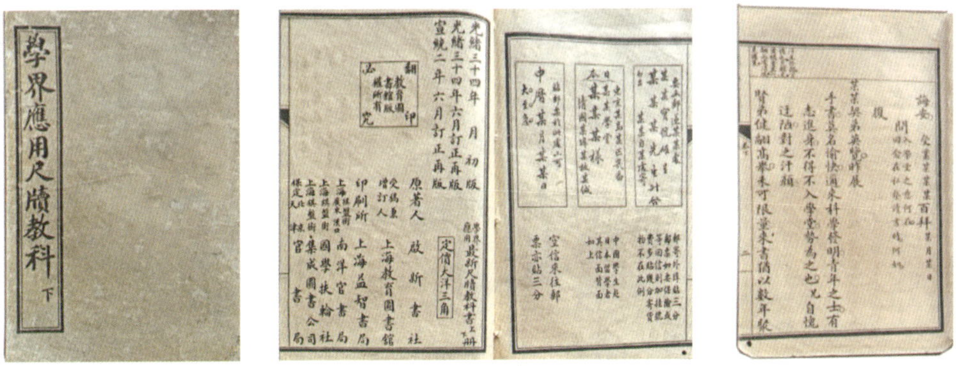

1—3—113

图1—3—113　《学界应用最新尺牍教科书》下，益智书局，1910年版

在1910年订正再版的《学界应用最新尺牍教科书》下册的版权页印有“受稿兼增订人上海教育图书馆”“印刷所上海益智书局”，同时还印有其他参与图书出版工作的“上海南洋官书局”“上海国学扶轮社”“上海集成图书公司”“保定官书局”等字样。

17. 《改良女子尺牍教本》

《改良女子尺牍教本》一册，上海新学会社印行。

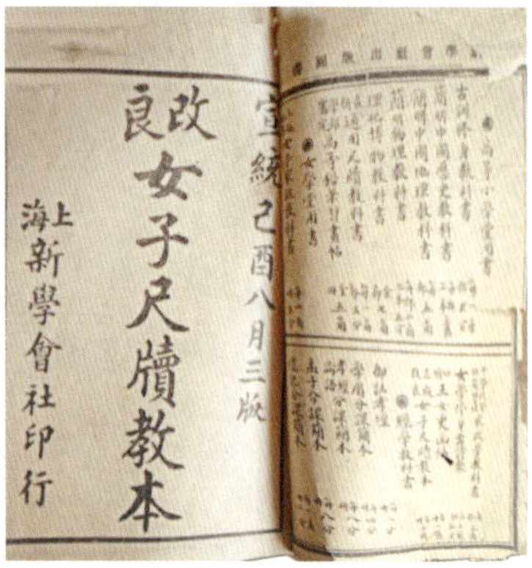

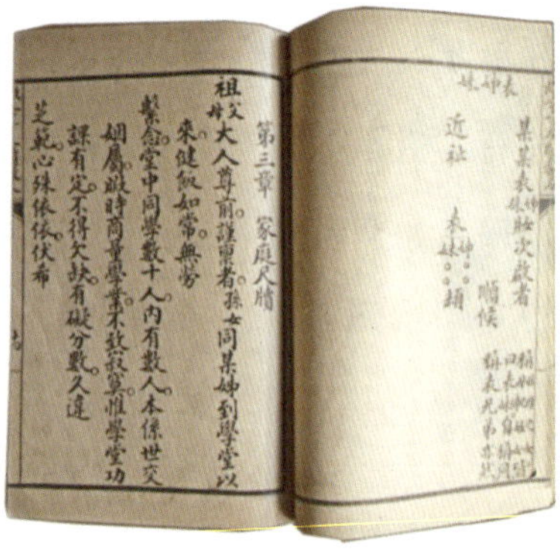

1—3—114

图1—3—114 《改良女子尺牍教本》，新学会社，1909年版

《改良女子尺牍教本》按章编排，第一章节为《格式》，指出“女子主治内政，不便出行”，因此尺牍用于联系他人很重要。教材对尺牍的语言格式、抬头格式等有具体说明。第三章为《家庭尺牍》，从写信给祖父母开始。

18. 林万里著《学生便用尺牍》

1911年，林万里著《学生便用尺牍》四册，上海会文堂新记书局出版。该书“凡例”中说明：“本书专供学生之用，无论学校学生及商店学徒，均可通用，故名学生便用尺牍。”[1]

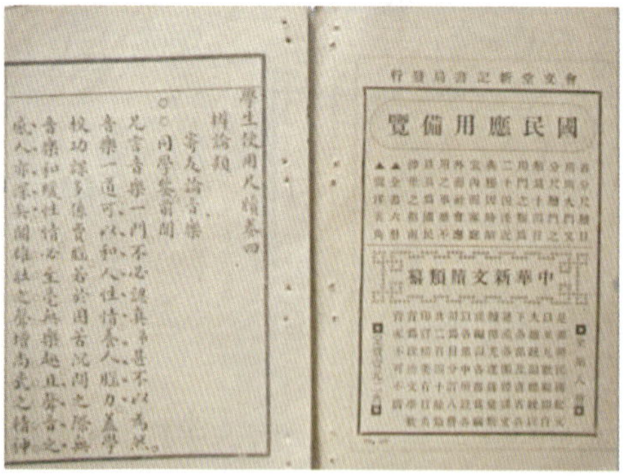

1—3—115

图1—3—115 《学生便用尺牍》卷一，会文堂新记书局，1928年版

[1] 林万里. 学生便用尺牍：第1册[M]. 21版. 上海：会文堂新记书局，1928：凡例.

《学生使用尺牍》分类编排，共计十类，即家书类、通问类、请求类、馈赠类、祝贺类、唁慰类、借助类、辩论类、贸易类、规谏类。例如，借助类有“寄友借书”“寄友借钱”“寄友借仆”“寄友借器具”“寄友借衣”“寄友借伞”“寄友借手琴”等，每一尺牍均编有“复条”。

清末尺牍教科书因学堂章程中有规定学习，且内容实用性强，因此大量编撰出版。这些新编的尺牍教科书以中国传统书信形式、称谓、人际关系为依托，呈现大量与新式教育相关的内容，并且蕴含许多现代文明的思想，还有为了凸显商业应用而专门编排的内容。这些教科书分类编排，通常在课文中有小字注释，位于上栏，有些还有插图。

八、其他小学新读本

1. 林慧儒著《改良小学新读本（寻常科用）》、梁文卿著《改良小学新读本（高等科用）》

1897年，横滨大同学校成立，得到康有为、梁启超等人的协力，首任校长是康有为的高徒徐勤。大同学校以救国救民为宗旨，设有国语、英文、算术等9个科目，还首创男女同班制度，以广东话授课。1900年，与梁启超同为康有为弟子的林慧儒接任大同学校第二任校长。1901年大同学校设立幼稚园，同年编撰《幼稚新读本》六卷，1902年8月，编撰《小学新读本》六卷。林慧儒后到南洋兴办学校，也引进这套教科书，成为辛亥革命以前东南亚华侨学校广泛采用的教科书之一。

1903年，林慧儒著《改良小学新读本（寻常科用）》六卷及梁文卿著《改良小学新读本（高等科用）》六卷，由横滨致生号发行。扉页印有孔子纪年及光绪年号，版权页印有明治年号，印刷所为致生号，地址位于横滨市，发行兼印刷者为冯紫珊。

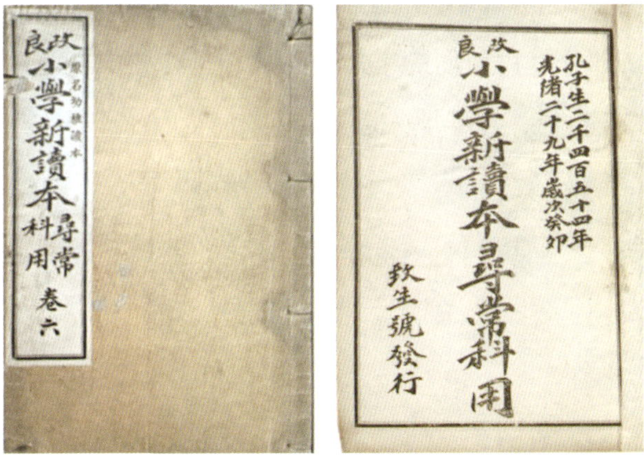

1-3-116

图1-3-116 《改良小学新读本（寻常科用）》卷六，致生号，1903年版

《改良小学新读本（寻常科用）》原名为“幼稚读本”，前三卷左图右文，后三卷上图下文。卷一每课为4个字，分别介绍4种事物。卷二每课也是介绍4种事物，每种为2字介绍。卷三每课介绍2种事物，每种为3字介绍。卷四不详，卷五卷六则为5字一句的短文。生字位于课文上栏，课后无问题设计。

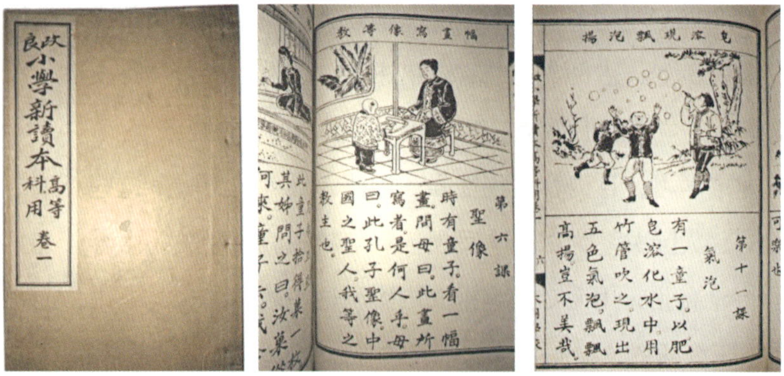

1—3—117

图1—3—117 《改良小学新读本（高等科用）》卷一，致生号，1903年版

《改良小学新读本（高等科用）》每册50课，文字由简至繁，前30课为30余字，第30课至60课为40余字，此后逐渐增加至200余字。每课多为儿童日常所见所闻之事，以引起儿童兴趣。课文编排每隔数课有诗歌。课文有课序及课题，形式以上图下文为主。

2. 朱维梁编《绘图儿童过渡》

1903年1月，朱维梁编《绘图儿童过渡》四册，彪蒙书室出版。

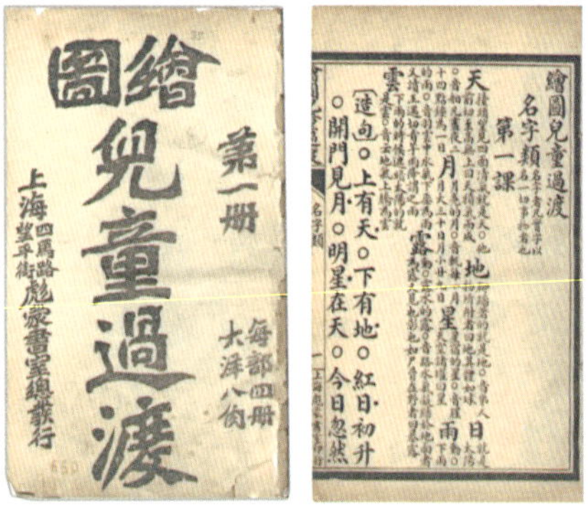

1—3—118

图1—3—118 《绘图儿童过渡》第1册，彪蒙书室，1903年版

《绘图儿童过渡》是文法类教科书，内容依照字类编排。课文由三个部分组成，第一部分首先以大号呈现字，每一个字均有详细的小字释义。第二部分是用前面的字来造句，并且在句中标注这些字。第三部分为仿造，前面的字依次出现，其间留下空白，需要填入以造句。

3. 蒙学书塾编《改良绘图新读本》

1901年，陈子褒将《妇孺新读本》改良为《新读本》。1903年又将这套书改为《改良绘图新读本》，以课为单位编排。

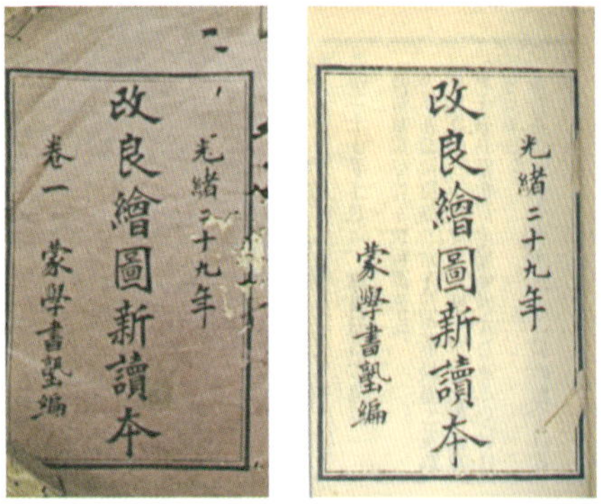

1—3—119

图1—3—119 《改良绘图新读本》，蒙学书塾，1903年版

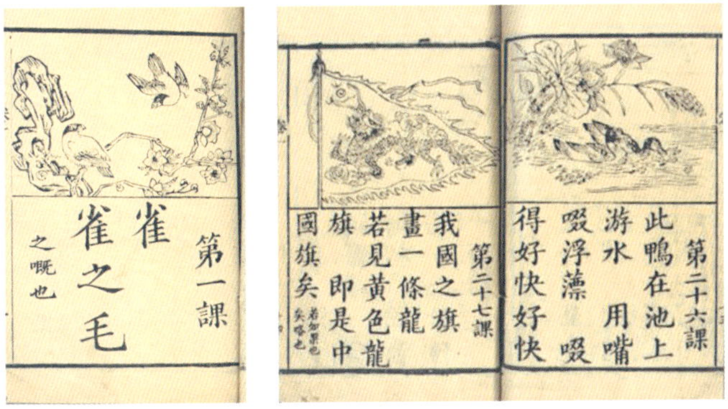

1—3—120

图1—3—120 《改良绘图新读本》卷一，蒙学书塾，1903年版

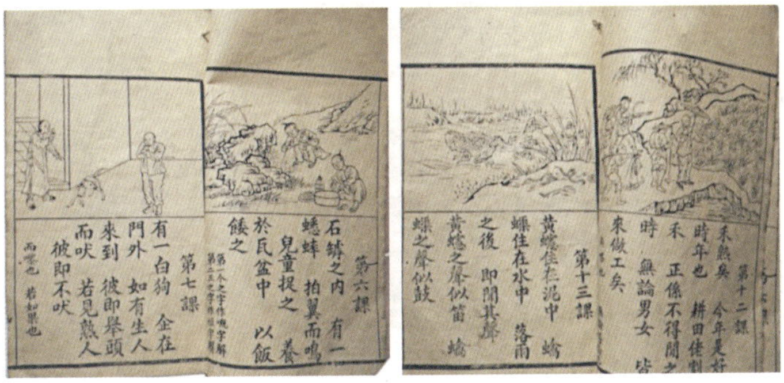

1—3—121

图1—3—121 《改良绘图新读本》，蒙学书塾，1903年版

《改良绘图新读本》以上图下文的形式编排，卷一的课文最开始几课有单个字呈现，然后为含有这个字的短句。之后的课文基本是短句，且对于虚字有小字进行解释。

4. 彪蒙编译所编辑《最新私塾改良教科全书》

中国现代学校产生和现代学制建立后，私塾教育因其成本低、弹性大、适应民族文化需求等特点，仍在相当长的时期内广泛地存在着。1907年开始，学部派人在北京城分学区设立私塾改良讲习所。轮训私塾教师，补习国文、算术、体操等知识和新式教学方法与技能，定期举行教学观摩竞赛，定期检查评估，凡参照简易小学办学、教学的私塾，评定等级，分别给予经费奖励补助。[1]1910年，《改良学塾章程》颁布实施。

1908年，彪蒙书室新编各种私塾改良课本，有《私塾改良统合教科书》40册（分4个学期）、《私塾改良识字课本》32册、《私塾改良大学读本》1册、《私塾改良中庸读本》1册、《私塾改良论语读本》10册、《私塾改良孟子读本》10册、《私塾改良国文读教科书》16册、《私塾改良国文教授法》16册以及私塾改良历史、地理、笔算、格致、唱歌、体操、图画、习字范本等。

[1] 陈学恂. 中国近代教育史教学参考资料：上册[M]. 北京：人民教育出版社，1993：754-755.

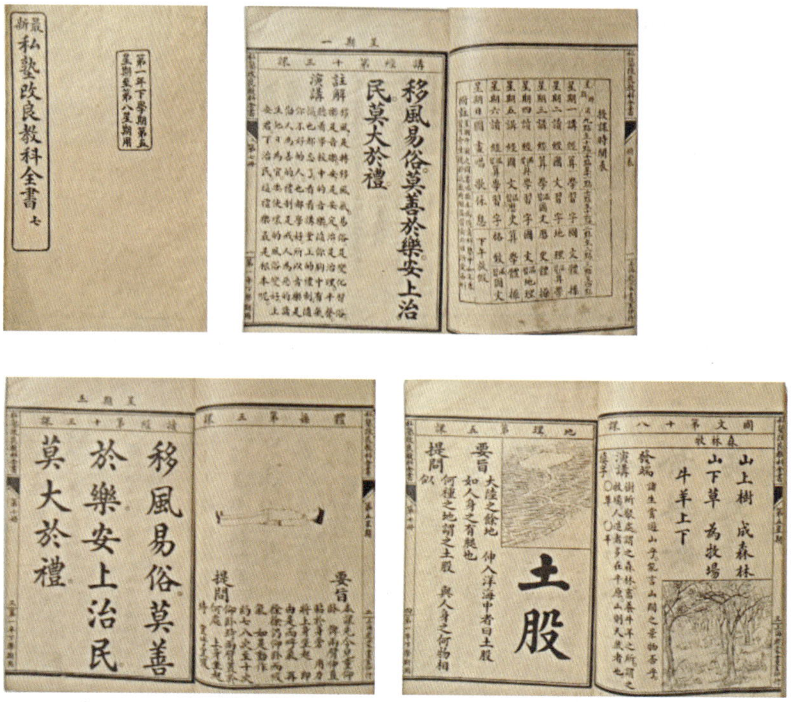

1-3-122

图1-3-122 《最新私塾改良教科全书》七，彪蒙书室，1909年版

所见《最新私塾改良教科全书》七的“凡例”说明这套全书共40册，适用于四年八学期之用，每册可用四星期。“全书凡分讲经、读经、国文、历史、地理、算学、格致、体操八科，而以图画、唱歌为随意科附焉。”[1]也就是说，这套《最新私塾改良教科全书》就是该书广告上印的《私塾改良统合教科书》。这套教科书也适用于“半日学堂”。这套教科书将各科编辑姓名列表呈现，其中《国文》由朱陶（字勤甫，浙江钱塘人）编辑。《最新私塾改良教科全书》是中国第一套分科混合连续编排的教科书，也是最早在书上印有“授课时间表”的教科书。所见第七册课文上框外印有“星期一”（横排），课文上栏则印有“讲经第十三课”（横排），课文内容大字竖排，用小圆圈断句，有小字编排的“注解”“演讲”。国文科则在课题下方横栏印有生字，课文正文后编有小字的“发端”“演讲”“提问”。课文中有插图。

5. 邱文庄原本《机器语文》

1904年，佛镇水巷广文书局机器印《机器语文》，内题“校正幼学须知成语考卷”，分为上、下部分，落款为“内阁邱文庄公原本”。“校正幼学须知成语考卷之上”列有“天文”“朝廷”“文臣”等内容，“校正幼学须知成语考卷之下”列有“花木”“疾病死丧”等内容。

[1] 彪蒙编译所. 最新私塾改良教科全书：七[M]. 3版：上海：彪蒙书室，1909：凡例.

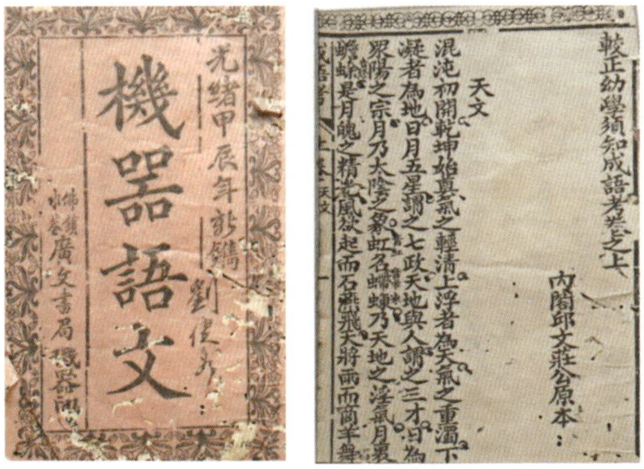

1—3—123

图1—3—123 《机器语文》，广文书局，1904年版

清末，由于学堂章程的颁布和课程的分科设置，中国语言文字课程受到各界广泛关注。受中国古汉语及日本的影响，名目繁多的中国语言文字教学用书陆续编撰出版。一方面，由于编者对学科命名及其课程知识建构存在不同理解，既编有融合字、词、句、篇的教学用书，也有单独的识字、造句、作文、文法等教学用书；另一方面，汉译新词“教科书”的传入，与中国原有词汇“课本”“读本”交互使用，导致教学用书的编写体例各异，但基本以课为单位，也有以篇为单位，教学用书注重教学辅助系统设计，特别是出现了单元的编例。由于中国语言文字教学具有独特文化性，这一时期对小学教学用书的探索更为丰富多元。

第四节
不同类别的中学国文教科书

“中学”的概念出现在欧洲，是三段制学校系统形成与发展的产物。在中国，早期就有“大学”和“小学”的概念，但没有“中学”。1895年，盛宣怀在天津开办中西学堂，1896年又在上海开办南洋公学，这是国人对于三段制模式学校的最早实践。[1]1902年《钦定中学堂章程》始创中学制度，修业四年，设“词章”一科，课程分年依次列有“作记事文、作说理文、学章奏传记诸体文、学词赋诗歌诸体文”。[2]1904年《奏定中学堂章程》颁布实施，修业年限为五年，设“中国文学”一科，课程分年依次列有“读文、作文”，相间习楷书、行书、小篆，以及兼讲中国历代文章名家大略。清末，以“文通”“文粹”“中国文学”“古文”“国文”等冠名的中学教学用书编撰出版。

一、桐城派选辑古文读本

古文是与骈文相对而言的一种文体，其奇句单行，不讲对偶声律，是一种散文体。先秦两汉的散文，以散行单句为主，不受格式拘束，质朴自由，有利于反映现实生活，表达思想。魏晋南北朝时期，骈文盛行，以四六句式为主，讲究对仗，句式两两相对，好像两匹马并驾齐驱，被称为“骈体”。骈文能增强文章的艺术效果，但因为追求形式容易束缚内容的表达。北朝时期，苏绰反对骈文，倡导学习先秦文章，仿《尚书》文体作《大诰》，被时人称为“古文”。到中唐时期，这种变革文风经韩愈、柳宗元等人的努力后得以大力提倡，形成一场声势浩大的古文运动，使古文成为唐朝以后各朝的主流文体，力图“文以载道”。韩、柳二人创作了大量清新流畅、形式自由、思想充实的散文。宋朝文学家欧阳修、苏轼、王安石等人在此基础上继续继承和发扬，散文影响深远。清代古文继续发展，桐城派是清代影响最大的古文流派，因其代表人物方苞、刘大櫆、姚鼐均是安徽桐城人而得名。桐城派影响深远，其作家之多、播布地域之广、绵延时间之久，为文学史上所罕见，梅曾亮、曾国藩、林纾等均为桐城派的中坚力量。

[1] 王伦信. 清末民国时期中学教育研究[M]. 上海：华东师范大学出版社，2002：16.
[2] 朱有瓛. 中国近代学制史料：第2辑上册[M]. 上海：华东师范大学出版社，1983：375-376.

1. 姚鼐编《古文辞类纂》《五七言今体诗抄》

姚鼐（1732—1815），字姬传，一字梦谷，桐城人（今属安徽），清代著名文学家，桐城派古文大师。1763年进士，选庶吉士，历任礼部主事，山东、湖南乡试考官，会试同考官，并曾参与《四库全书》编纂。1775年后，在江南紫阳、钟山书院主讲40年，主张“义理、考据、辞章合而为一”。姚氏的诗学观点熏陶其众多弟子，如梅曾亮、姚莹、方东树等，并影响到曾国藩、鲁一同等。姚鼐性情恬淡，不慕荣利，被时人誉为“学品兼备”（《清史稿·姚鼐传》），著有《九经说》《惜抱轩全集》等，选编有《古文辞类纂》《五七言今体诗抄》等。

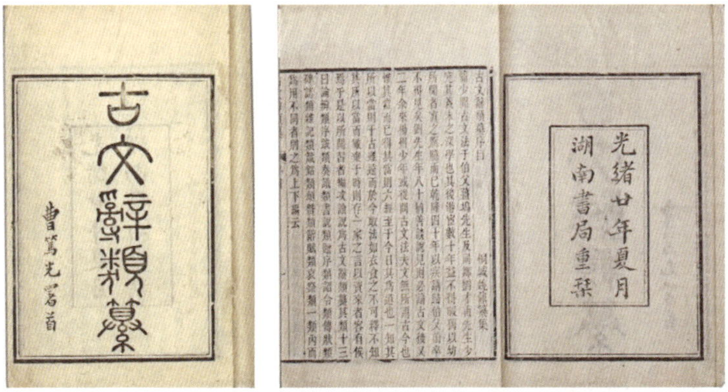

1—4—1

图1—4—1　《古文辞类纂》，湖南书局，1894年版

1770年，姚鼐在主讲扬州梅花书院期间，为穷尽古今文体发展变化之法则，垂示后学，编成《古文辞类纂》。《古文辞类纂》是古文与辞赋的选集，分类编排。全书共收录从先秦到清代744篇文章和辞赋，按文体分论辩、序跋、奏议、书说、赠序、诏令、传状、碑志、杂记、箴铭、颂赞、辞赋、哀祭等13类，每类都有文字说明该文体的源流，每篇文章都有点评。《古文辞类纂》体现“桐城义法”，即桐城派古文的宗旨，“义”指为文要言之有物，“法”指言之有序。此书重点选择先秦两汉、唐宋八大家及明朝归有光和清朝桐城派文章，南宋、元、明前期的文章一概不选，是中国古代散文最有影响力的跨代分类读本之一。

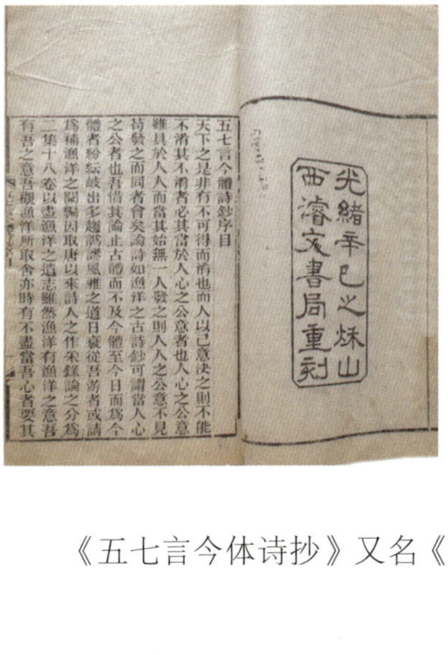

1—4—2

图1—4—2　《五七言今体诗抄》，山西濬文书局，1881年版

《五七言今体诗抄》又名《今体诗抄》，是唐宋诗合选本，共18卷。《今体诗抄》共选诗962

首，前9卷专选唐五言律诗，后9卷专选唐宋七言律诗，其中唐6卷，宋3卷。《今体诗抄》选抄唐人五言律诗552首（包括少数排律），选抄唐宋人七言律诗410首。五言律诗以杜甫为最多，有160首，王维47首，李白42首，孟浩然26首，刘长卿25首，李商隐17首，岑参16首，宋之问10首，其余所选诗人皆10首以下。七言律诗也以杜甫为最多，选抄60首，李商隐32首，刘长卿12首，王维11首，白居易10首，其余所选诗人皆10首以下。《今体诗抄》无笺注，但有些诗后有评语，偶有双行夹批。

2. 梅曾亮辑《古文词略》

梅曾亮（1786—1856），字伯言，江苏上元（今南京）人。少好骈文，后师从姚鼐，成为桐城派的后起之秀，与管同、刘开、方东树并称“姚门四弟子”。[1]道光间进士，官户部郎中。居京师二十余年，嗜学笃古。后主讲扬州书院，从事著述。著有《柏枧山房文集》16卷、《续集》1卷、《柏枧山房诗集》12卷、《骈体文钞》2卷。

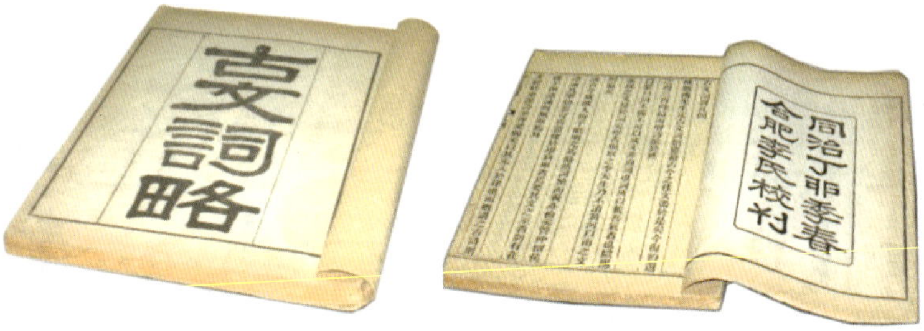

1—4—3

图1—4—3 《古文词略》，合肥李氏刻本，1867年版

梅曾亮所辑《古文词略》共计24卷，前20卷是从姚鼐辑《古文辞类纂》中约选出历代散文三百余篇，后四卷是增删清初王士祯所辑《古诗选》，选元代以前的古诗若干首。所见1867年合肥李氏刻本，包括论辩、序跋、奏议、书说、诏令、词赋、诗歌、碑志、箴铭等类。

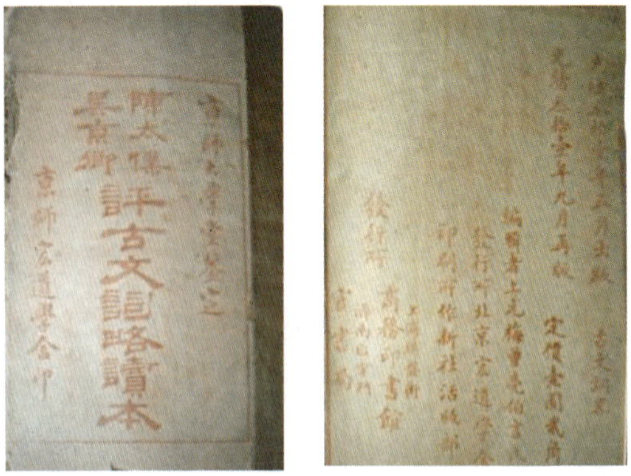

1—4—4

图1—4—4 《（陈太仆、吴京卿）评古文词略读本》，京师宏道学舍，1905年版

1905年5月，京师大学堂鉴定本《（陈太仆、吴京卿）评古文词略读本》24卷，共四册，由作新社活版部印刷，京师宏道学舍发行，还有商务印书馆、官书局发行。

[1] 傅璇琮，许逸民，王学泰，等. 中国诗学大辞典[M]. 杭州：浙江教育出版社，1999：647-648.

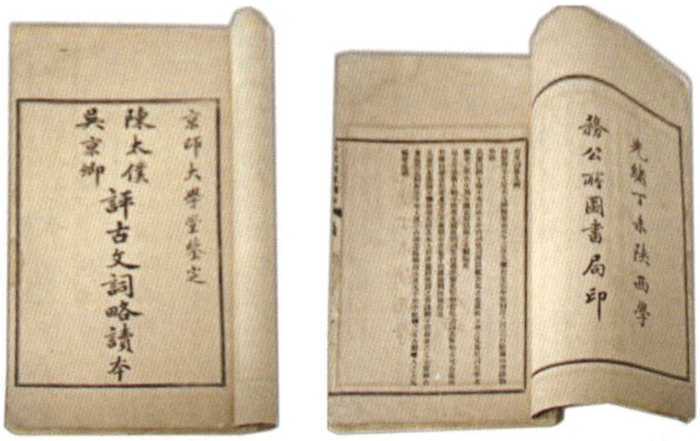

1—4—5

图1—4—5　《（陈太仆、吴京卿）评古文词略读本》，陕西学务公所图书局，1907年版

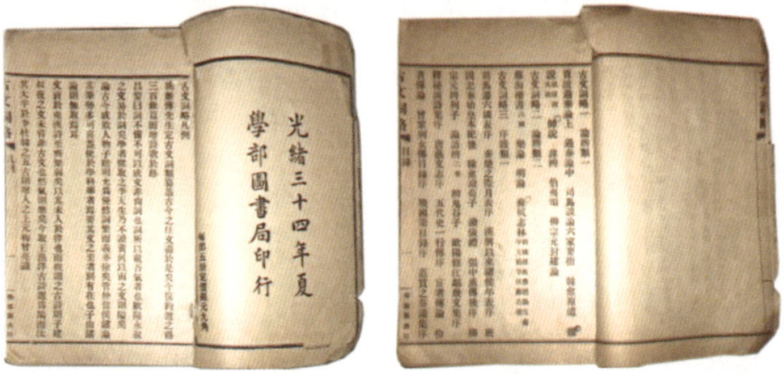

1—4—6

图1—4—6　《古文词略》，学部图书局，1908年版

1908年，学部图书局印行《古文词略》。

二、《马氏文通》之特创

马建忠（1845—1900），字眉叔，江苏丹徒（今镇江）人，1853年就读于法国天主教耶稣会在上海徐家汇办的圣依纳爵公学。先后学了汉文、拉丁文、法文、英文和希腊文，后入福建马江船政学堂学习船政。1870年成为李鸿章幕僚。1876年在李鸿章和福建船政大臣沈葆桢举荐下，马建忠被清政府以郎中的官阶和中国驻英法公使郭嵩焘的随员身份派往法国，学习国际公法，同时任郭嵩焘的翻译，1879年在巴黎私立政治学院（今巴黎政治学院的前身）获得法学博士学位。次年回国，被授以道台衔，入直隶总督李鸿章幕府协办洋务，参与清政府外交活动。1895年随李鸿章赴日谈判，签订《马关条约》，后在上海著书、译书。

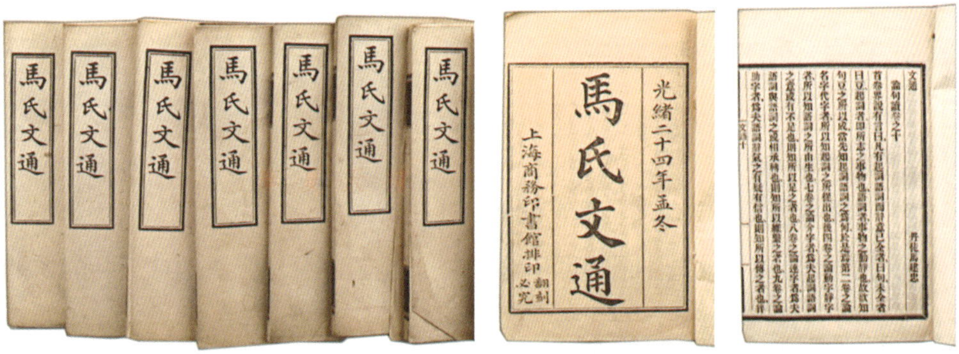

1—4—7

图1—4—7　《马氏文通》，商务印书馆，1898年版

1896年，马建忠积十余年之勤求探讨[1]完成《马氏文通》十卷，1898年刊行上部（前六卷），1899年刊行下部（后四卷），商务印书馆出版，前有1898年3月马建忠撰“序”、1898年9月马建忠撰“后序”及“例言”。十卷的内容为：卷一正名，卷二名字、代字，卷三静字、表词、次，卷四、卷五动字，卷六状字，卷七介字，卷八连字，卷九助字、叹字，卷十句读。

《马氏文通》是仿西方的文法书，开创性地将所有古汉语字区别为五类实字（名、代、动、静、状）和四类虚字（介、连、助、叹），并按照这九个字类来编排内容，逐类阐述汉字的文法特征。而且，马建忠将作为句子成分的“词”这一范畴引入汉语研究，区分起词（主语）、语词（即述谓 predicate）、止词（宾语）、表词（补语）、司词（介词的补语或宾语）、状词（状语）、加词（同位语），利用这些文法范畴来分析描述古汉语篇章的句读。

1902年，绍兴府学堂依《马氏文通》原书排印本锓木，作为学堂教科书。同年，上海文林石印《校正马氏文通》分卷本。

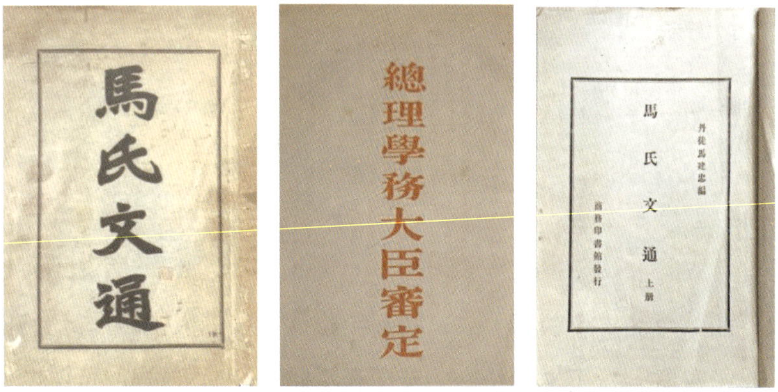

1—4—8

图1—4—8 《马氏文通》上册，商务印书馆，1905年版

1904年4月，商务印书馆将《马氏文通》分上、下册出版。《马氏文通》先后经过学务大臣审定、学部审定，作为中学堂教科书。民国之后，《马氏文通》不断再版发行。

1914年7月《（教育研究）实用主义问题》在教育杂志第六卷临时增刊上载有“马建忠著《马氏文通》二册”的广告词：“此书本泰西葛郎玛之例，以九类文字诠译中国文法，自序谓古今来特创之书，洵非夸语也。”[2]

三、中等程度选文类读本及教科书

1. 南洋公学编《南洋公学课文汇选》

1904年2月，南洋公学编辑《南洋公学课文汇选》四卷，上海作新社图书局出版，封面有“武进盛宣怀署检”字样。《南洋公学课文汇选》最前面有南洋公学提调兼总理张美翊撰于1903年的

[1] 马建忠. 马氏文通：上册[M]. 2版. 上海：商务印书馆，1933：例言.

[2] 朱元善. 教育研究：实用主义问题[M]. 上海：教育杂志社出版，1914年：广告页.

“序”，序中先是赞赏了南洋公学七年来培养的诸位学生敦品励学，中西并进，特别指出“其高材生，有遣赴外洋游学者，有调往京师外省为学堂教习者，有翻译图籍述作斐然，掇取科第以去者，彬彬乎质有其文，称为东南翘秀”[1]。他说明这些选文均为南洋公学学生之作，代表着南洋公学在研究国粹方面的造诣，因此“今冬放学，料检课文，大率宗旨端正，词义渊雅，因汇为一编，藉知吾公学研究国粹造诣如此。少年文字，固不能绳以文家义法，要其敛材就范，未尝放言高论，盖可以得其大概云”[2]。

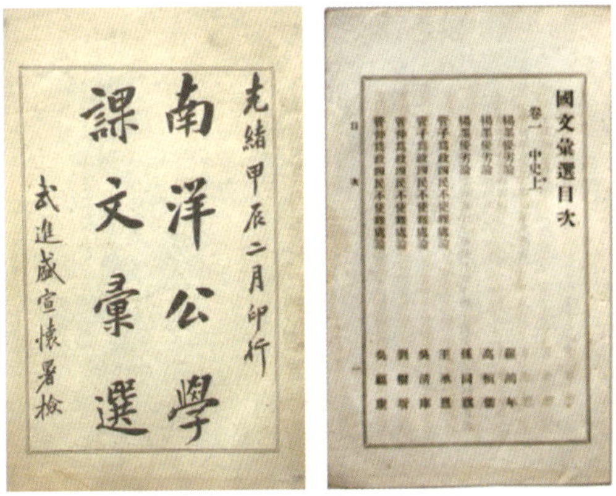

1—4—9

图1—4—9　《南洋公学课文汇选》，作新社图书局，1904年版

《南洋公学课文汇选》卷一选文范围为中史上，卷二选文范围为中史下，卷三选文范围为西史，卷四选文范围为舆地、法学、哲学，入选有罗鸿年、高恒儒、孙同祺、王承恩、吴清庠、刘树圻、吴福康等南洋公学学生的优秀文章。选文编排时，同一标题一般连续编二至四篇文章，以展现同一题目不同的文章风采。

2. 甦民、许贵编《中学文粹》

1904年12月，甦民编《中学文粹》四编，由日新书所出版，商务印书馆代印。这是甦民在上海民立中学教授国文时编写的，参考了日本中学教科书，以供本校学生使用。所见日新书所、开明书店版的《中学文粹》四编的各编上下卷合为一册。但文明书局出版的《中学文粹》版权页上印为“编辑者嘉定许贵”，且将第四编分为上下卷出版，共五册。

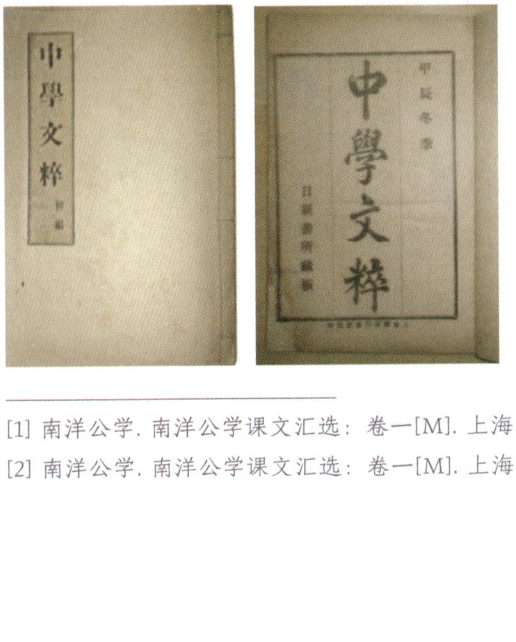

1—4—10

图1—4—10　《中学文粹（初编）》，日新书所，1904年版

[1] 南洋公学. 南洋公学课文汇选：卷一[M]. 上海：作新社图书局，1904：序.

[2] 南洋公学. 南洋公学课文汇选：卷一[M]. 上海：作新社图书局，1904：序.

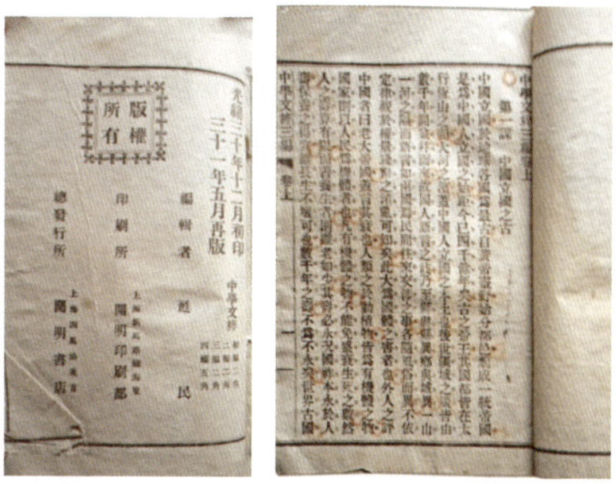

1-4-11

图1-4-11 《中学文粹》，开明书店，1905年版

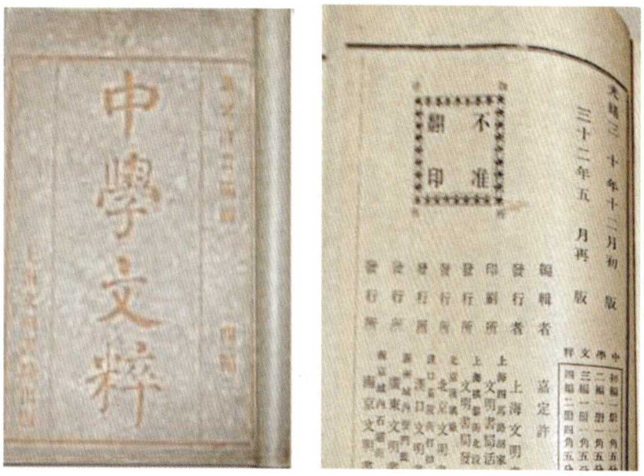

1-4-12

图1-4-12 《中学文粹》，文明书局，1906年版

《中学文粹》所选文章出自《易》《诗》《书》《史记》《朱子小学》以及《饮冰室文集》《天演论》《国民读本》《普通新知识读本》《新民丛报》等38种，初编以近世文为主，二、三编以中古及上古文居多。对于唐宋八大家的文章，“兹编惟柳州游记采入较多，其他遴择一二，以窥崖略”[1]。近代作家“惟龚仁和思想独高，十年以来，严之译笔，梁之报章，均脍炙人口，择其尤者，以供研究”[2]。因为韵语属于文体之一种，则“不论古今，间插入一二以助兴味”[3]。

3. 刘师培编辑《中国文学教科书》

1905年之后，刘师培担任国学保存会附设国学讲习会正讲师，编著了中国第一套也是迄今为止唯一的一套中小学国学教科书，共5种18册，即《经学教科书》2册，《伦理教科书》2册，《中国历史教科书》2册，《中国地理教科书》2册，《中国文学教科书》10册，上海国学保存会首版印行，国粹学报馆发行。

刘师培认为不通小学（文字学）不能读古书，不读古书不能工文，所以“编辑国文教科书，首明小学，以为析字之基。庶古代六书之教，普及于国民，此则区区保存国学之意也”。他强调学习中国文学，要先辨析文字之源流，才能深明字学之作用，于是“此编于古今音读训诂之学，各分

[1] 甦民. 中学文粹：初编[M]. 上海：日新书所，1904：凡例.

[2] 甦民. 中学文粹：初编[M]. 上海：日新书所，1904：凡例.

[3] 甦民. 中学文粹：初编[M]. 上海：日新书所，1904：凡例.

条例。有为近儒所已言者，又为近儒所未言者。非惟为国文入手之阶梯，且为读周汉古书者之门径”[1]。

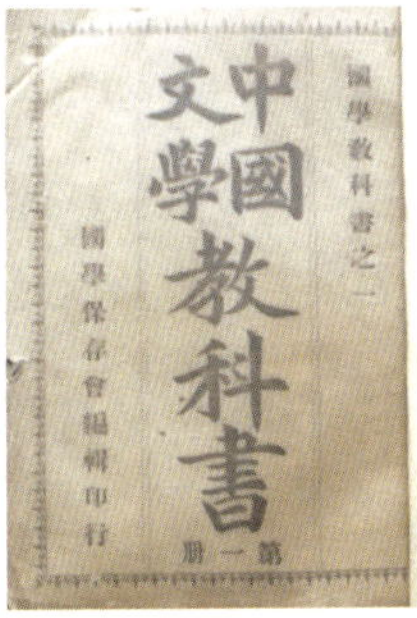

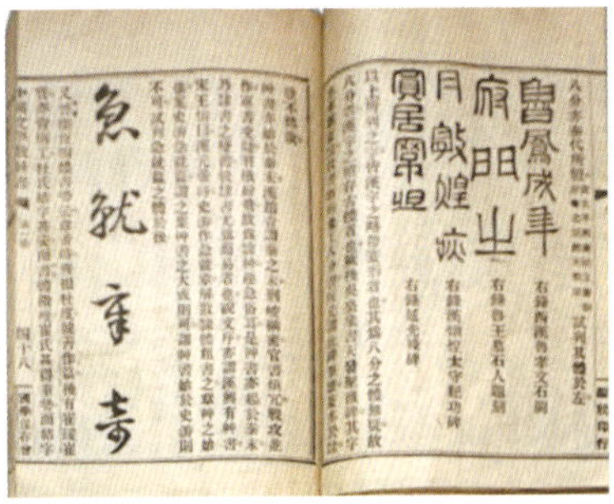

1—4—13

图1—4—13 《中国文学教科书》第1册，国学保存会，1905年版

《中国文学教科书》第一册内容先说明小学大纲，其次分析字类，讨论句法、章法、篇法至总论古今文体，而后编列选文。全书以古文的字词及章法知识作为教科书组织的线索与骨架，显示出“中国文学”教科书与传统文学选本的根本不同。刘师培在“序例”中特别说明“自篆文易为隶书，然后字失其形。故此编于字形之迁变，记载特详”[2]。

4. 吴蔚若选编《国文新选读本》

吴蔚若（1854—1940），江苏元和人，名郁生，号钝斋、钝叟。1877年中进士，曾任翰林院编修，曾为内阁学士，兼礼部尚书、四川督学，主考广东，康有为出其门下。清政府学部侍郎，邮传部右侍郎，弼德院顾问大臣、军机大臣。1906年冬，吴蔚若选编《国文新选读本》上、下卷，上海时中书局出版，经学部审定，最前面有1906年9月荣庆撰“叙”，指出“余念国文为方今所最重，辄举昔时肄业所及敬叙而就正焉”[3]，接着是1906年冬严修撰“序”，以及吴蔚若自撰关于国文重要性论述。

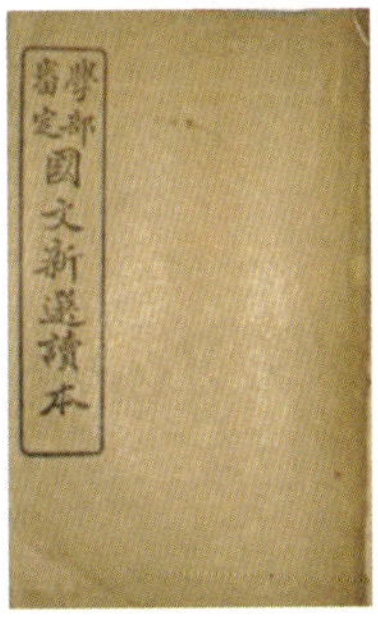

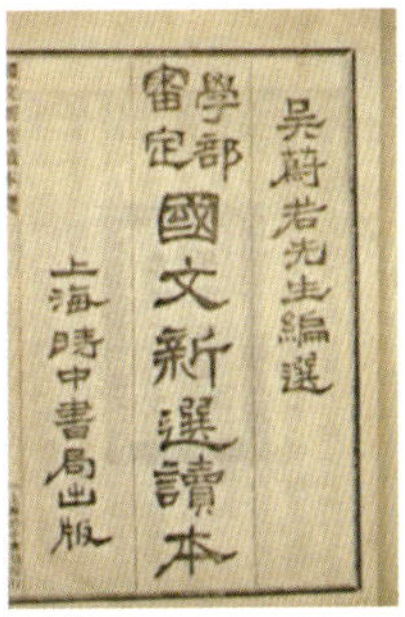

1—4—14

图1—4—14 《国文新选读本》，时中书局，1906年版

[1] 刘师培. 中国文学教科书：第1册[M]. 上海：国学保存会，1906：序例.

[2] 刘师培. 中国文学教科书：第1册[M]. 上海：国学保存会，1906：序例.

[3] 吴蔚若. 国文新选读本[M]. 上海：时中书局，1906：叙.

《国文新选读本》课文无课序，在标题下有小字注明文章出处。文章中有小字位于文章上方进行解释说明。标点符号有小圆圈与顿号。对于一些名词则编有“语语透切”，进行大幅解释，如对于“自立”有大篇幅的解释。

5. 林纾评选《中学国文读本》

林纾（1852—1924），原名群玉，字琴南，号畏庐、冷红生，福建闽县人。光绪八年（1882）举人。先后执教于福州龙潭精舍、杭州东城讲舍、北京五城中学、金台书院、正志学校、京师大学堂等，并讲学于北京孔学会、文学讲习会等，留下许多读本与讲义。1897年，由王寿昌口述，林纾执笔译成的《巴黎茶花女遗事》风靡海内。随后林纾与人合作译书180余部，世称“林译小说”，影响极大。他擅诗词、精绘画，被誉为“古文殿军”。

1908年6月，林纾评选《中学国文读本》十册，上海商务印书馆出版。这套教科书的选文编排不取《古文观止》等选本自古代按顺序至近代的序列，而仿《古文分编集评》的方式，按时代先后顺序由近代逆溯至古代，每册之中适当兼顾体裁的安排。教科书依循姚鼐《古文辞类纂》的体例，不收录古代周秦的经文，不选诗词曲的韵文，而选择一般“试课论说文字”“浅显书信记事文法”等“官私实用”的文章。林纾精选篇目，逐篇评注，有眉批、总批与圈点，每卷前都有精心撰写的序言。

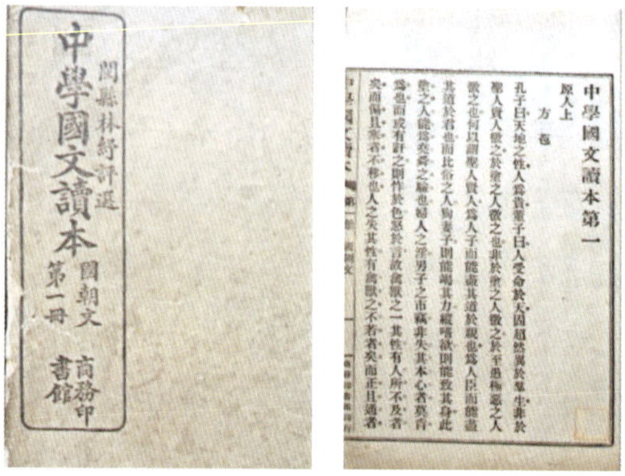

1-4-15

图1-4-15 《中学国文读本》（第1册国朝文），商务印书馆，1908年版

这套教科书根据《奏定学堂章程》对国文教学的要求编成，一学年使用两册。民国之后，中学校学制改为四年。《中学国文读本》经武进许国英重订，1913年3月以“（重订）中学国文读本”为名出版，改为八册，继续供中学使用，第一册为清文，第二册为元明文，第三、四册为宋文，第五、六册为唐文，第七册为六朝文，第八册为秦汉三国文。选文有十几种，诗歌和骈文没有选入。选文的文体篇数位于前三位的是杂记类70篇、书牍类46篇、论辩类44篇。所选文体各朝代有所侧重，其中清、元、明、宋以杂记为主，唐以杂记、论辩为主，六朝文以书牍为主，秦、汉、三国以奏议为主。

6. 吴增祺评选《（中学堂用）国文教科书》

吴增祺，福建闽县人，曾就读于闽浙总督左宗棠创办的正谊书院。1908年9月，吴增祺评选

《（中学堂用）国文教科书》五集，上海商务印书馆出版。书的前面有“中学国文教科书例言”，各册还有各册的“例言”。这套教科书编写指导思想是为了通过阅读，使学生学得写作的技能，“学生至入中学堂，多读经书，渐悉故事，此时急宜授以作文之法”[1]。这套教科书有评点、提示、文章作法。

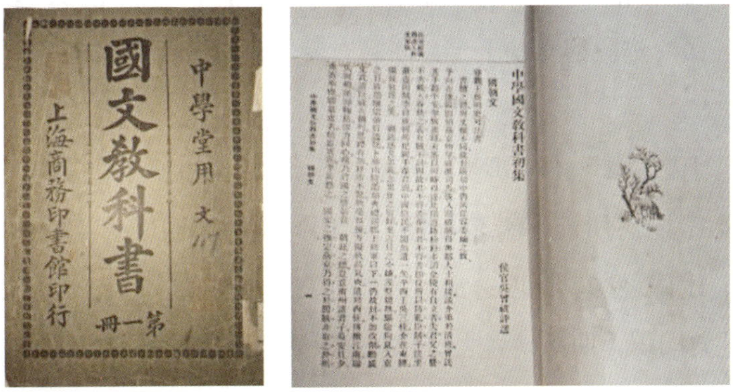

1—4—16

图1—4—16　《（中学堂用）国文教科书》第1册，商务印书馆，1908年版

《（中学堂用）国文教科书》全书收录文言文七百余篇，整体编排采用逆序法，但在每集中则按王朝顺序编排。第一集是清代文，第二集是金元明文，第三集是五代宋文，第四集是晋唐文，第五集是周秦汉魏文。在选文标准方面，对于清代姚鼐的《古文辞类纂》与曾国藩的《经史百家杂钞序例》两种文选体制，编者再三明确表示“谨附姚氏之意”，所以对于古代经书全部不选；史书除《史记》《汉书》《后汉书》与《新五代史》共选二十余篇外，其他一概不选；庄子、列子、申子、韩子之文因为“多变化不测”，所以“不善学者得其貌”，且“去文也远矣”[2]也不收录。古代有韵的词赋类中，颂赞、箴铭与哀祭一类，当时属常见应用文字，每集收录数篇，其余诗词曲赋一般不收录。[3]选文基本是朗朗上口的文言文，不选诗歌和骈文，韵文也只选当时还有实用意义的颂赞、箴铭、哀祭诸体，且为数极少。这套教科书选编了晚清著名思想家冯桂芬的《〈校邠庐抗议〉序》、鲁一同的《秦论》等文章，以引导学生关注现实问题。这套教科书为单篇教学，选文除有密圈、眉批之外，还有总批，对全文作简要评论。没有课后练习、教学指导或参考等。

中华民国成立之后，中学校学制改为四年。《（中学堂用）国文教科书》经武进许国英重订为四集出版。“明清为第一集，五代宋金元为第二集，自晋及唐为第三集，周秦汉魏为第四集，一年

[1] 吴曾祺. 中学堂用：国文教科书：第1册[M]. 上海：商务印书馆，1908：例言.

[2] 吴曾祺. 中学堂用：国文教科书：第1册[M]. 上海：商务印书馆，1908：例言.

[3] 吴曾祺. 中学堂用：国文教科书：第1册[M]. 上海：商务印书馆，1908：例言.

读一集，四年可毕，沿流以溯源，由近及远。”[1]

7. 缪文功、蔡国璜编辑《中学国文示范》

缪文功（生卒年不详），字敏之，东台人，清末秀才。后考入南通民立师范学校，1904年作为乙班本科生留学日本宏文师范。[2]1905年与蔡少岚等人创办启秀两等小学，蔡少岚任校长。蔡少岚病故后，缪文功接任校长。缪文功回国后在南通、如皋等地任教，1913年任江苏省第七中学校长，兼任栟茶启秀两等小学校长。1906年，缪文功著《最新教育学教科书（师范学堂学生用书）》，由上海文明书局出版。

1909年2月，缪文功、蔡国璜编辑《中学国文示范》，上海中国图书公司出版。这套教科书强调学习文章需要“规矩准绳，教者之所能示善范而已”，因此选有“纪人之文、纪时之文、纪地之文、纪物之文、纪言之文、述德之文、说理之文、抒情之文、纪艺之文、游戏之文”[3]，依次呈现，以为示范，文中编有“评语圈识，期助读者之眉眼”[4]。

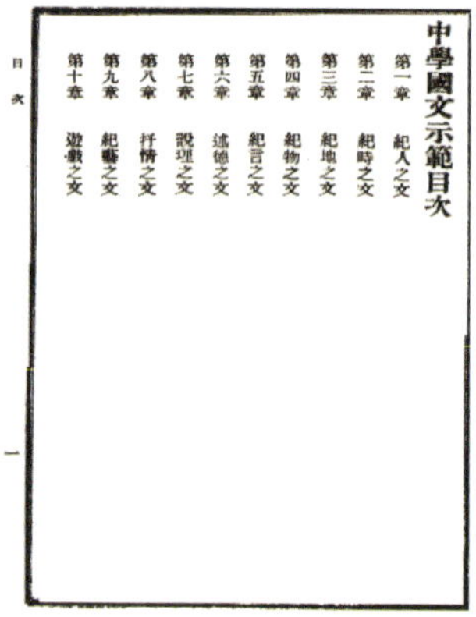

中學國文示範目次

第一章 紀人之文
第二章 紀時之文
第三章 紀地之文
第四章 紀物之文
第五章 紀言之文
第六章 述德之文
第七章 說理之文
第八章 抒情之文
第九章 紀藝之文
第十章 遊戲之文

目次 一

1—4—17

图1—4—17 《中学国文示范》，中国图书公司，1909年版

《中学国文示范》以章编排，共计10章，目次为《纪人之文》《纪时之文》《纪地之文》《纪物之文》《纪言之文》《述德之文》《说理之文》《抒情之文》《纪艺之文》《游戏之文》。每一章先说明此类文章的要点，并结合具体文章进行讲解。

四、中等程度文法类教学用书

1. 丁永铸译编《国文典》

1905年8月，丁永铸（无锡人，北洋警察学堂毕业）译编了日本儿岛献吉郎原著《国文典》一册，由上海科学书局发行，东京宏文堂印刷。

[1] 吴曾祺. 重订：中学国文教科书：初集[M]. 8版. 上海：商务印书馆，1913：例言.
[2] 璩鑫圭，童富勇，张守智. 中国近代教育史资料汇编：实业教育 师范教育[M]. 上海：上海教育出版社，2007：页码不详.
[3] 缪文功，蔡国璜. 中学国文示范：第1册[M]. 上海：中国图书公司，1909：1.
[4] 缪文功，蔡国璜. 中学国文示范：第1册[M]. 上海：中国图书公司，1909：编辑大意.

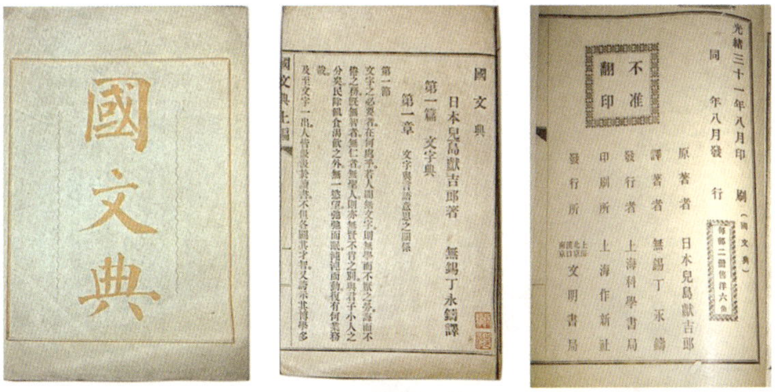

1—4—18

图1—4—18 《国文典》，科学书局，1905年版

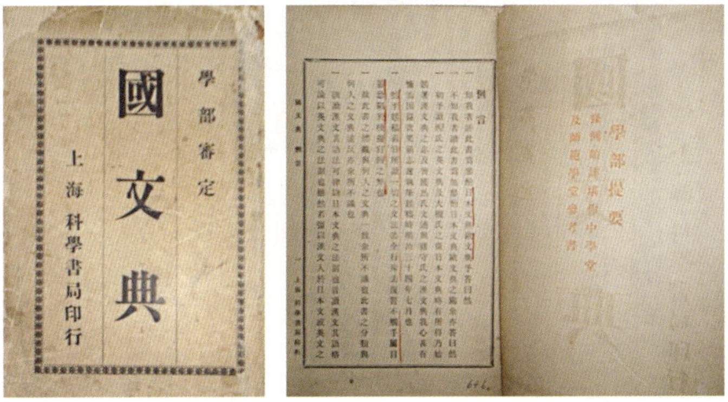

1—4—19

图1—4—19 《国文典》，科学书局，1907年版

《国文典》原著是东京合资会社富山房明治三十五年（1903年）印行，分上、下两编。上编文字典，论述文字、音韵、训诂的若干问题；下编文辞典，详论名词、代名词、动名词、形容词、副词、前置词、助动词、转接词、感应词、歇尾词等十种词类。《国文典》以章为单位编排，章下设节，介绍基本的文法常识，如《国文典》第五章写道：“示事物之等次者，曰序数词。”序数表示方法，主要有三种：在基数前加“第”字，如“第一”“第二”“第三”；年月日直接用基数，如“十年春”“赵惠文王十六年”；用“甲、乙、丙、丁”“子、丑、寅、卯”等天干地支；用“太上、其次、次之”，“长、次、次”等。通过《国文典》的译编，不少术语被介绍到中国，沿用至今。如《汉文典》（来裕恂）、《中等国文典》（章士钊）、《文典》（汤振常）、《国文典讲义》（戴克敦）等均受其影响。

2. 来裕恂编撰《汉文典》

1906年夏，来裕恂编撰《汉文典》，共二册，上海商务印书馆出版。《汉文典》编撰的主旨在于：“以泰东西各国文典之体，详举中国四千年来之文字，强而正之，缕而析之，示国民之程途，使通国无不识字之人，无不读书之人。”

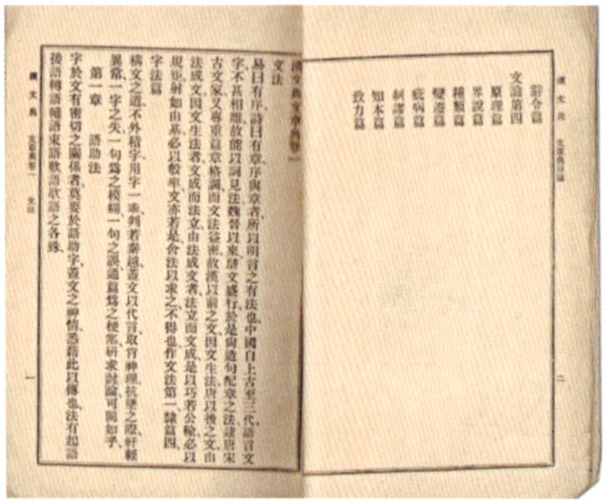

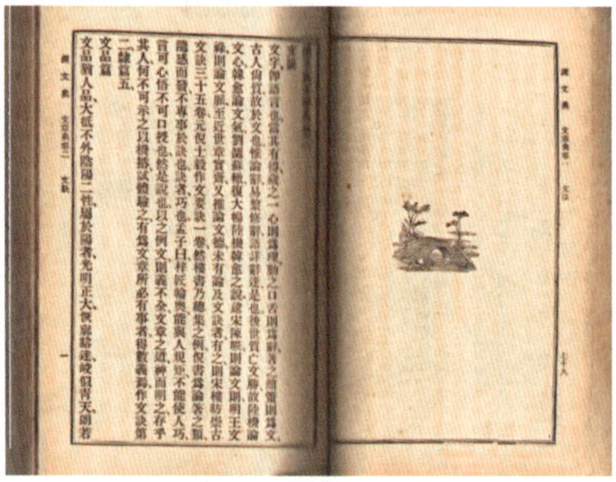

1-4-20

图1-4-20　《汉文典》，商务印书馆，1906年版

《汉文典》内容分为“文字典”和“文章典”两大部分，装订为上、下册。“文字典”分三卷，卷一为“字由”，讲述文字的起源、功用称谓、变化；卷二为“字统”，讲述六书及音韵；卷三为“字品”，讲述名字、动字、静字、状字、代字、介字、联字、助字、叹字等九大词类。“文章典”分四卷，即“文法第一（字法篇、句法篇、章法篇、篇法篇）”“文诀第二（文品篇、文要篇、文基篇）”“文体第三（叙记篇、议论篇、辞令篇）”“文论第四（原理篇、界说篇、种类篇、变迁篇、疵病篇、纠谬篇、知本篇、致力篇）”，讲述文章写作、文章体裁等有关问题，涉及若干修辞方法中有关语法的论述，主要是依据《马氏文通》，但更详细。

3. 章士钊编纂《中等国文典》

章士钊（1881—1973），字行严，湖南长沙人。清末任《苏报》主笔。1907年4月，章士钊编纂《中等国文典》，由商务印书馆出版。

《中等国文典》前面有章士钊1906年撰于日本东京长兴胃肠病院的“中等国文典序例”，叙述编纂此书的缘由、经过及特点。他指出，在日本受下田氏所邀入实践女校讲授国文，当时他正在学习英语，就以西洋语法为参照教授国文，效果很好，“未数月遣词造句皆循定律，而为文益斐然可观矣。自是予益信教人治国文文典之不可以已也，屡思以所授者编之成帙……”[1]该书于1905年在日本完稿，1907年出版，原为《初等国文典》，供中学一、二、三年级教学用，章士钊原拟续撰《中等国文典》供中学校四、五年级使用，拟撰《高等国文典》供高等学校使用，但未实施，因此《中等国文典》由原《初等国文典》更名而来。

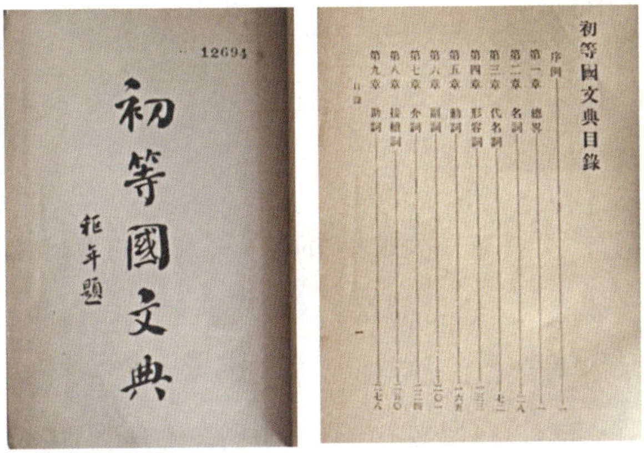

1-4-21

图1-4-21　《初等国文典》，多文社，1907年版

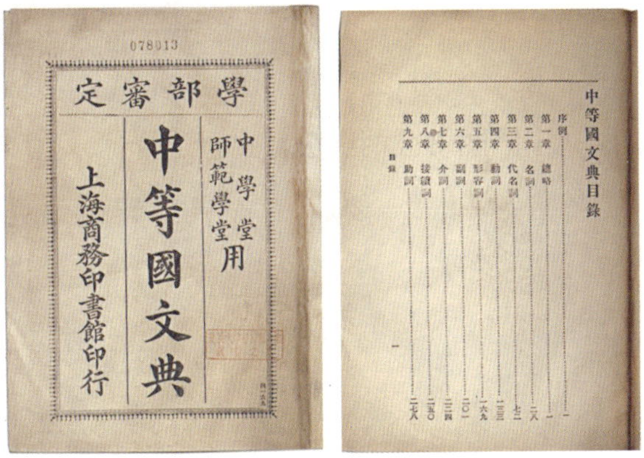

1-4-22

图1-4-22　《中等国文典》，商务印书馆，1911年版

《中等国文典》分九章编排，第一章为“总略”，阐述了句子的结构和成分，其余八章分别为“名词”“代名词”“动词”“形容词”“副词”“介词”“接续词”“助词”，介绍各类的种类和用途。这套教科书是对《马氏文通》部分章节的解说，只是术语不尽相同，例句多选自《马氏文通》。课文中有小字注释，课后还设计有“练习”。《中等国文典》在当时产生了较大的影响，民国中后期还一直在中学校、师范学校使用。1924年商务印书馆广告写道：“章氏治学，以条理绵密见称，是书征引浩繁，驭以简要，为本国文典中之名著。”[2]

4. 俞固礼编著《中等作文教科书》

1906年2月，通州人俞固礼编著《中等作文教科书》，上、下编合订，上海文明书局出版，内题“最新作文教科书”。

[1] 章士钊. 中等国文典[M]. 5版. 上海：商务印书馆，1913：序例.

[2] 范祥善，顾颉刚，叶绍钧. 新学制：国语教科书：第2册：初级中学用[M]. 上海：商务印书馆，1923：广告页.

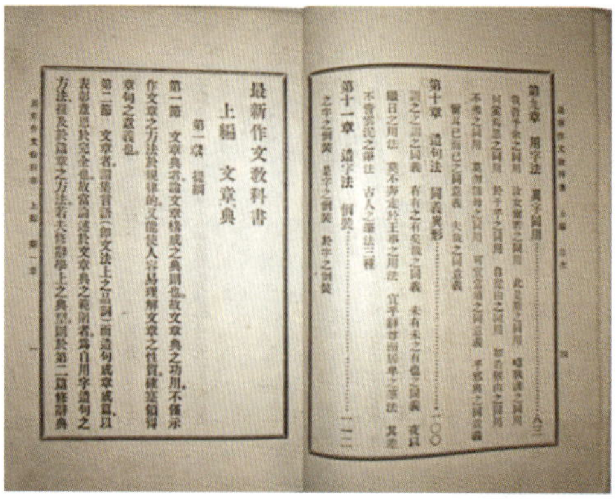

1-4-23

图1-4-23 《中等作文教科书》，文明书局，1908年版

《中等作文教科书》上编为“文章典”，编有《提纲》《解剖的观察 词句》《解剖的观察 篇章》《外形上之分类 词句》《内容上之分类 词句》《体裁上之分类 篇章》《性质上之分类 篇章》《用字法 同字异用》《用字法 异字同用》《造句法 同义异形》《造字法 倒装》十一章。各章分若干小节，每一节文字中有小圆圈和顿号断句，以及标识重点，在课文中出现有举例，还有小字标识的出处。

5. 汤振常编辑《（国文教科书）文典》

1910年3月，汤振常编辑《（国文教科书）文典》1册，中国图书公司出版，沈恩孚校订，供中等及师范学校使用。

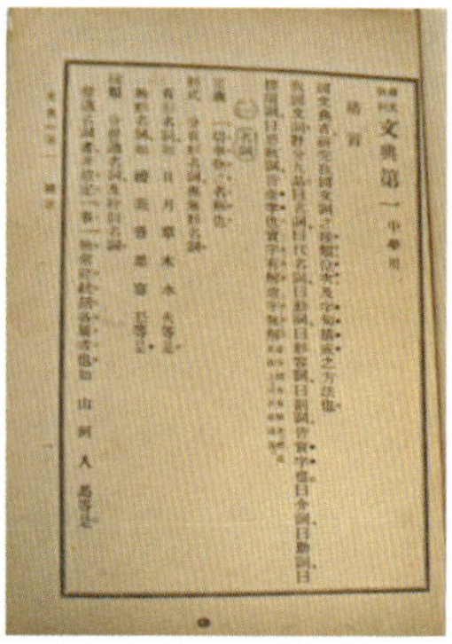

1-4-24

图1-4-24 《（国文教科书）文典》，中国图书公司，1910年版

《（国文教科书）文典》在“第一”中依次对每一类词列“定义、形式、种类”等，在“第二”中列有“释名及定位”等，在“第三”中列有“词论”等，如第一章“名词”，列有“效用、种类”等。

五、书法类教科书

董金南编辑《（说文）篆学教科书》

1906年正月，董金南（会稽人）编辑《（说文）篆学教科书》上、下两册，上海会文学社出版。《（说文）篆学教科书》最前面有“说文篆学课本初编自叙”，首先明确了中华书写历史悠久，历经变化而形体与本义都发生变化，这导致识字的困难。“我国文明最古，为全球冠，……由篆变隶，由隶变真，形体既殊，本义渐失。俗学瞀儒，睹篆若蒙，识字之难，由来远矣。”[1]董金南指出，“余幼喜究六书之旨，凡金石古刻，间行摩仿，小学各书，亦时泛览”[2]，于是编成这套教科书。

《（说文）篆学教科书》课文以篆书（大字）与楷书（小字）呈现，上册为《篆学举隅歌谣》，五字一句，文字竖排，篆书位于上方，对应的楷书位于下方，无插图。下册根据部首编排单个汉字，楷书位于该字右上方，部分在该字的右下方注明汉字读音，也有整篇课文以篆书呈现。

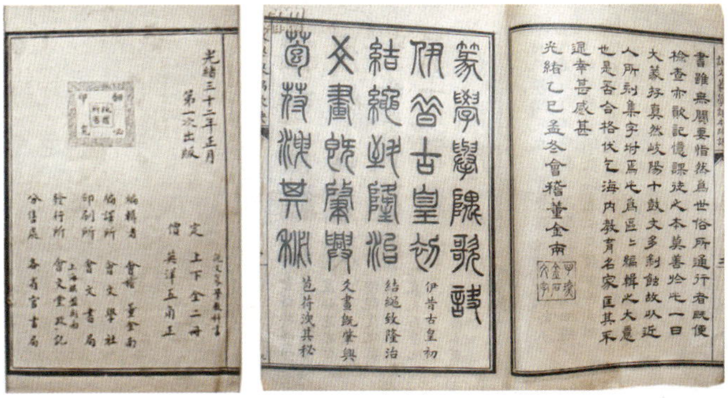

1-4-25

图1-4-25 《（说文）篆学教科书》上册，会文学社，1906年版

清末的中学国文教科书依据学制规定的年级，分科编撰，数量种类不多，教科书多基于教学实践，出自名校或古文大家。这些教科书选取古今名家范文，全部为文言文，目的在于让学生通过诵读范文，学会谋篇布局，读写各类文章。教科书在编制方面多采用时代逆序，以体现由近及远、由易到难、由浅入深的思想。选文中有小字注释，对于佳妙之处添加圆圈，并加眉批，也有在全文结尾加简要评价。由于不同编撰者对于国文教育的理解不一，有的注重古文的选取与点评，有的则选入大量时文，以使学生了解时务，感知大势。相对而言，这一阶段中学语文类教科书的编制较为单一，中学作文教科书编辑较少。

[1] 董金南. 说文：篆学教科书：上册[M]. 上海：会文学社，1906：自叙.

[2] 董金南. 说文：篆学教科书：上册[M]. 上海：会文学社，1906：自叙.

第五节
国文类教科书的审定与统编

晚清新式教科书的编撰出版最先由新式学堂和民间书坊开始。为维护清政府在意识形态领域的统治地位，1902年京师大学堂成立中国第一个官方教科书编纂机构，从国家层面对中小学教科书进行管理，并指定了一些教学用书。1904年清政府颁布的《奏定学堂章程》正式确立教科书审定制度，强调官编教科书的重要地位。1905年12月，清政府成立学部，负责审定与编撰中小学教科书，中小学统编教科书开始推行。

一、京师大学堂颁布《暂定各学堂应用书目》

1898年6月，《京师大学堂章程》提出开设编译局以进行教学用书的官方纂译。1902年正月，张百熙在《奏筹办京师大学堂情形疏》中明确强调："故学堂又以编辑课本为第一要事。现在各处学堂，皆亟待国家编定，方有教法。上海南洋公学，江、鄂新设学堂，即自编课本以教生徒，亦不得已之举也。臣维国家所以变法求才，端在一道德而同风俗，诚恐人自为学，家自为教，不特无以收风气开通之效，且转以生学术淩杂之虞。"[1]他还建议书成之后，再请颁发各省学堂应用。

經濟叢編
光緒壬寅六月
第九冊

京師大學堂編書處章程 [illegible]
一編纂書籍謹遵原奏專備普通學課本之用擇取中國學問為學堂必須者[illegible]
分門編輯派員擔理為編書處其西學課本俱由譯書局[illegible]
一編纂課本擬照中小學堂課程門目分類編纂一曰經學課本二曰史學課本三
曰地理課本四曰修身倫理課本五曰諸子課本六曰文章課本七曰詩學課本
一經學課本除四書五經分年誦習外其諸家註釋擬編纂羣經通義一書略仿爾
雅之例天地人物禮樂政刑類別部居依次敘列務取簡括不求繁富其大義微
言師承派別亦區分門目略加證次要必符乎普通之義取資誦習為通經致用
之先何異乎漢宋專家探微畸博之業也
一史學課本擬以編年為主刪除繁瑣務存綱要主史家論斷所以明是非而別嫌
疑於人事至為切要擬就先哲史論文集精為擇取或逐條系附或另卷編列
一地理課本擬區分行省府廳州縣凡經緯度數山川形勢戶口丁漕驛傳道路關
京師大學堂編書處章程 一

1—5—1

图1—5—1 《京师大学堂编书处章程》，《经济丛编》第9册，京师大学堂，1902年版

1902年10月，京师大学堂成立了编书处和译书处，任命李希圣为编书处总纂。普通科目由编书处分科编辑，西学科目由译书处翻译外国教科书应用，这是张百熙为改变教科书编写发行无序状况

[1] 舒新城. 中国近代教育史资料：上册[M]. 北京：人民教育出版社，1961：213-214.

而进行的初步尝试，京师大学堂编书处也是中国近代第一个官方组织的教科书编纂机构。1902年，《京师大学堂编书处章程》第一次对统编教科书的宗旨、范围、门目程度、分纂各员、编纂方式等做了规定。

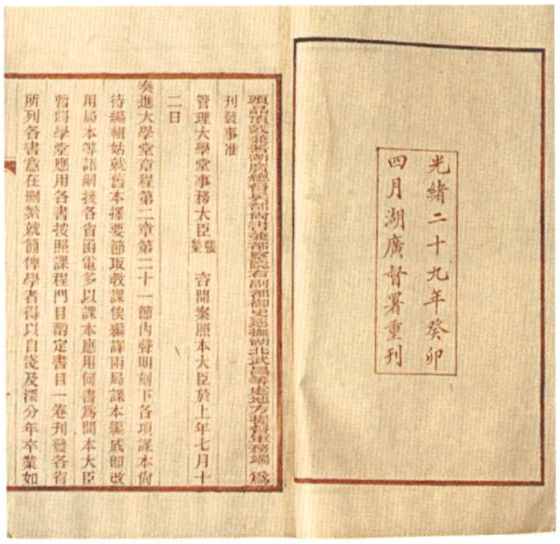

1—5—2

图1—5—2　《暂定各学堂应用书目》，湖广督署，1903年版

1903年，京师大学堂编书处颁布了《暂定各学堂应用书目》，将学堂课程分为16门，列有教学用书91本，供学堂采用。中国语言文字类列有“字课、作文、词章”三门，据《中国第一次教育年鉴》之《教科书之发刊概况（1868—1918）》载：字课作文门，列入蜚英馆本张维新初级《普通启蒙图课》、王筠《文字蒙求》、苗夔《说文建首字读》、文明书局本之无锡三等学堂《蒙学课本》、戴懋哉《汉文教授法》及马建忠《马氏文通》等书。词章门，列入梅曾亮《古文词略》、姚鼐《古文辞类纂》《今体诗抄》等书。

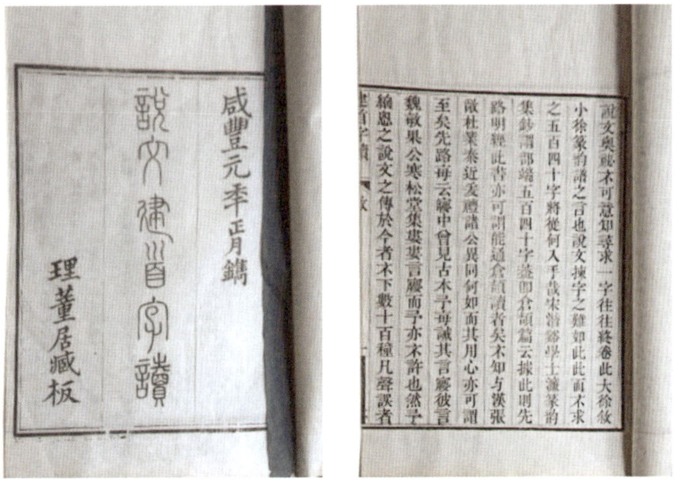

1—5—3

图1—5—3　《说文建首字读》，理董居，1851年版

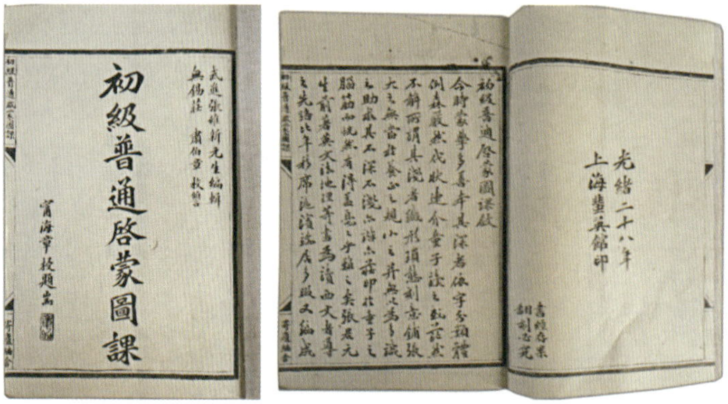

1-5-4

图1-5-4　《初级普通启蒙图课》，蜚英馆，1902年版

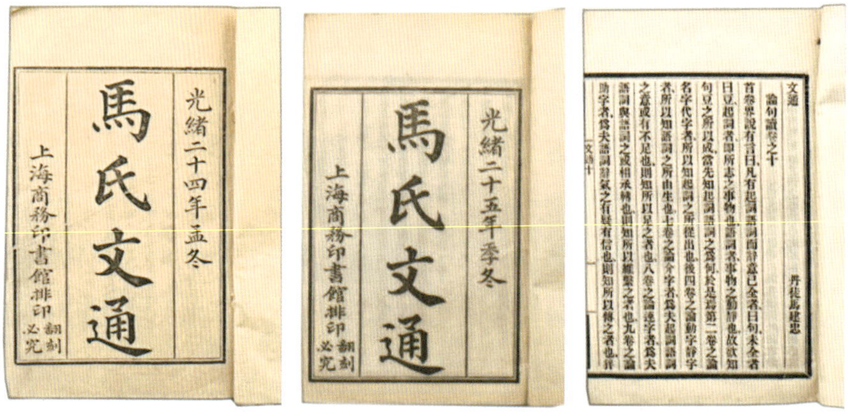

1-5-5

图1-5-5　《马氏文通》概览，商务印书馆，1898年、1899年版

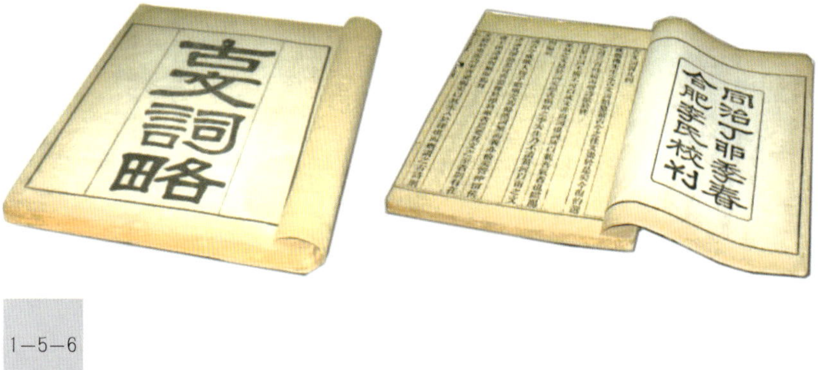

1-5-6

图1-5-6　《古文词略》，李氏校刊，1867年版

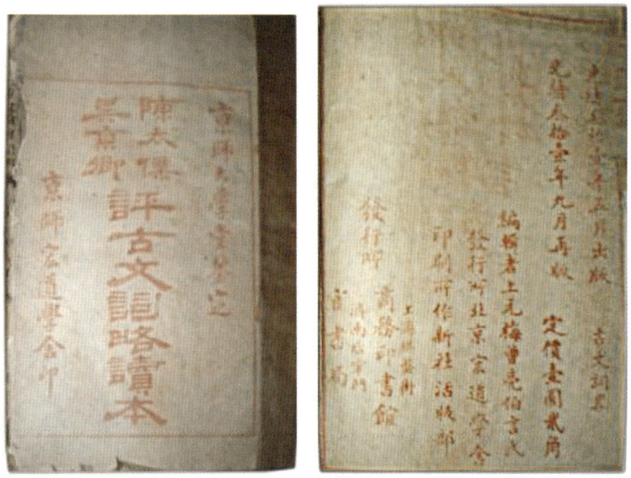

1-5-7

图1-5-7 《评古文词略读本》，京师宏道学舍，1905年版

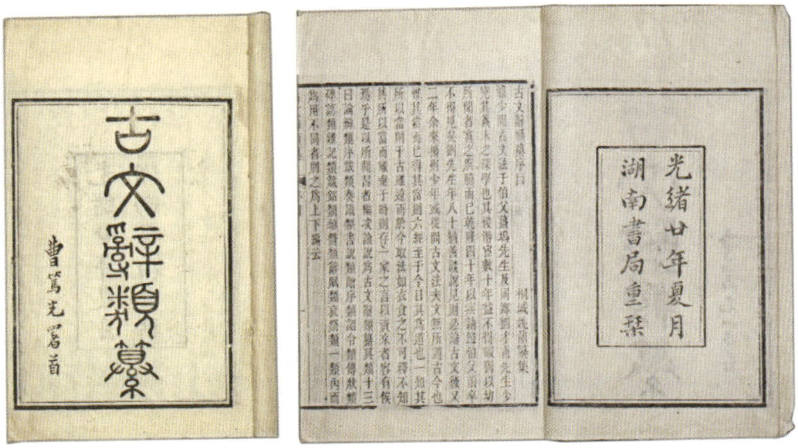

1-5-8

图1-5-8 《古文辞类纂》，湖南书局，1894年版

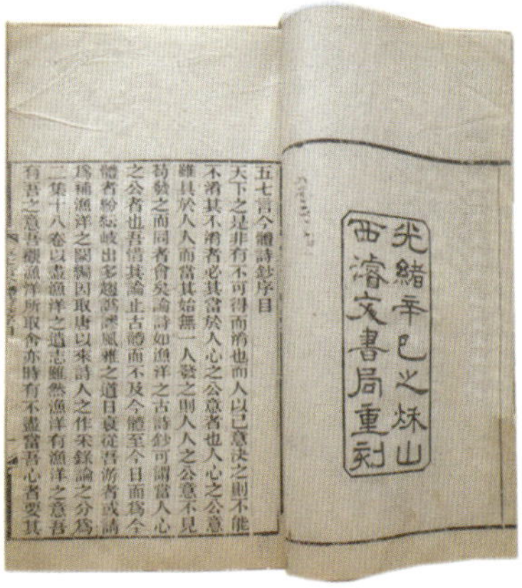

1-5-9

图1-5-9 《今体诗抄》，濬文书局，1881年版

二、中小学审定制确立及国文类教科书的审定

由于全国学堂课程的门类众多，所需教科书种类繁多、数量巨大，而教科书的编撰需要付出相当的人力、物力和时间，不可能短期内完全由官方完成。张之洞在考察了日本教育的经验之后，会同张百熙等重新厘定学堂章程。1904年，张之洞、张百熙等在《学务纲要》中对短期内统编中小学教科书提出异议："查京师现设编译局，专司编辑教科书，惟应编各书，浩博繁杂，断非数年所能成事，亦断非一局所能独任。"[1]在官方统编教科书未能编订发行前，应以审定民间教科书为主导，"书成后，应咨送学务大臣审定，颁行各省"[2]。编辑的教科书要"宗旨纯正，说理明显，繁简合法，善于措词，合于讲授之用"[3]。根据国家统一的教育宗旨，分别由国家、地方、民间个人多渠道、多层次地编辑教科书，再由国家统一审定后颁行，这标志着教科书审定制度在中国的正式确立。

1. 京师大学堂审定教科书

1904年当局指出："……现在各属渐次开办，而学科既不完备，课本无所适从，难保不以乡俗课本羼入其中，于开通民智之道，大有妨碍。……应由普通教育处暨编译处汇择各项图书，就学务大臣所审定者及官局编纂、私家撰述最合初等小学堂之用，价廉而通行者，分科选定书目，颁示各属，使令购置。"[4]1905年，山西学政宝熙请设学部，奏折中建议在官编教科书大量出版以前，对各学堂、私家、书局等编辑的教科书应"由编译处统加审定，择其善者，分别部居，暂作为各学堂应用之书，俟学部成立后，人才敷用，再行详悉编纂，随时改良"[5]。同年11月，顺天学政陆宝忠也上奏，请求加强教科书的编审工作。"现在各州县蒙小学堂，需用教科书甚急，近日直隶、湖北，虽有编辑成书，呈学务大臣审定。"[6]

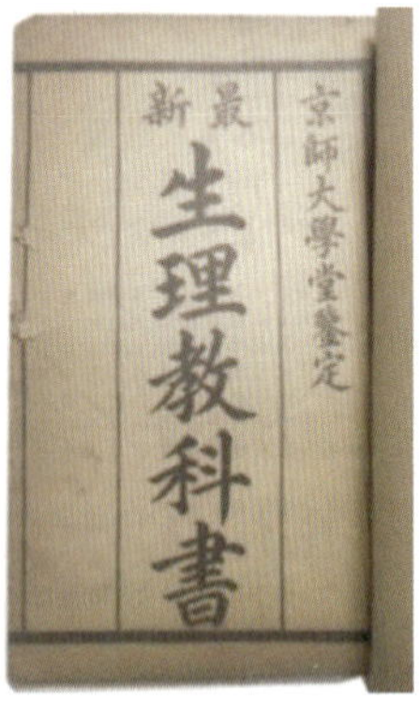

1-5-10

图1-5-10 《最新生理教科书》，英商育文书局，出版时间不详

[1] 舒新城. 中国近代教育史资料：上册[M]. 北京：人民教育出版社，1961：213-214.

[2] 舒新城. 中国近代教育史资料：上册[M]. 北京：人民教育出版社，1961：213-214.

[3] 舒新城. 中国近代教育史资料：上册[M]. 北京：人民教育出版社，1961：213-214.

[4] 佚名. 直隶总督袁饬学校司选定初等小学堂合用书目颁示各属札[J]. 东方杂志，1904（7）：160.

[5] 佚名. 光绪朝东华录：第5册[M]. [出版信息不详]：125.

[6] 陆宝忠. 条陈学务折[J]. 学部官报，1905（1）：汇录京外奏稿.

所见京师大学堂鉴定的《最新初等小学生理教科书》的扉页上印有《学务大臣审定初等小学堂应用教科书目》，列有《最新经学教科书》《最新农学教科书》《最新算学教科书》《最新心算教科书》《最新工学教科书》《最新地文教科书》《最新心算教授法》《最新体操教科书》《最新植物教科书》《最新物理教科书》《最新动物教科书》等十余种。

就在京师大学堂审定中小学教科书的同时，各省学务处也有教科书应用书目刊行，如1905年，江西学务处委员恽福成拟订《中小学堂暂行应用教科书目》，以便于全省新式学堂的教学用书之统一，其中“中国文字”“中国文学”列有应用教科书目18种。“初等小学堂用书”之“中国文字”科列有书目7种：《澄衷学堂字课图说》（上海澄衷学堂本）、《绘图识字实在易》（上海彪蒙书室本）、《类字蒙求》（江西坊刻本）、《绘图虚字速通法》（上海彪蒙书室本）、《绘图造句实在易》（上海彪蒙书室本）、《初等小学国文教科书附教授法》（上海商务印书馆本）、《普通击蒙读本》（上海时中书局本）。[1]“高等小学堂用书”之“中国文学附习官话”科列有书目8种：《古文翼》（通行本）、《古文关键》（通行旧本）、《文章轨范》（通行本）、《汉文教授法》（上海商务印书馆本）、《中学文粹》（开明书店售）、《高等小学国文读本》（文明书局本）、《史论启蒙》（上海经文社本）、《圣谕广训直解》（湖北官书处本又通行本）。[2]“中学堂用书”之“中国文学”列有书目3种：《古文渊鉴》（通行本）、《任述记》（石印本）、《文史通义》（通行本又石印本）。[3]

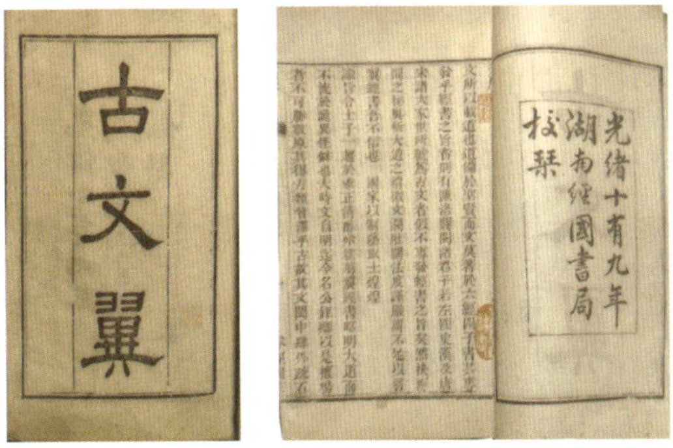

1-5-11

图1-5-11　《古文翼》，经国书局，1893年版

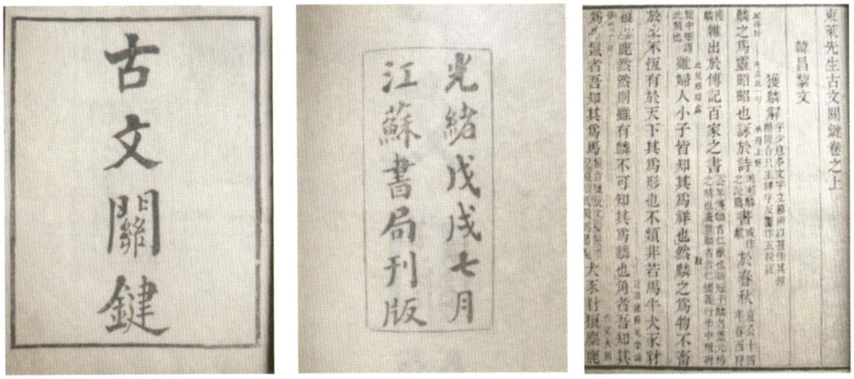

1-5-12

图1-5-12　《古文关键》，江苏书局，1898年版

[1] 恽福成. 中小学堂暂行应用教科书目[J]. 江西官报，1905（27）：奏牍二　1-2.

[2] 恽福成. 中小学堂暂行应用教科书目[J]. 江西官报，1905（28）：奏牍二　1.

[3] 恽福成. 中小学堂暂行应用教科书目[J]. 江西官报，1905（29）：奏牍二　1.

2. 学部审定教科书

1905年12月清学部正式设立。为了加强教科书的审定工作，学部于总务司下设立审定科，其职责是主管审查教科图书，对编译局已经编辑之图书详加审核颁行。1906年3月，学部咨文各省，要求“该省督抚饬属晓谕官商人等，如有家藏或市肆售卖新编教科等书，一并邮寄本部，候审定后再行颁发各省，以归画一”[1]。在荣庆与严修的主持下，晚清学部从初等小学教科书开始，有序开展中小学教科书审定工作。

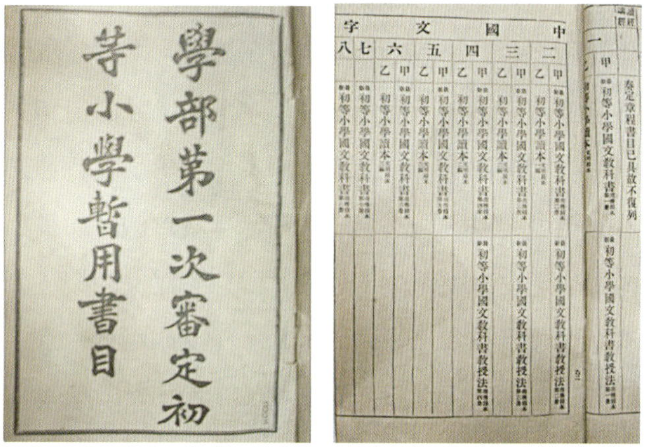

1-5-13

图1-5-13 《学部第一次审定初等小学暂用书目》，学部图书编译局，1906年版

1906年，学部拟定《第一次审定初等小学暂用教科书凡例》，指出“凡本部所编教科书未出以前，均采用各家著述，先行审定，以备各学堂之用”[2]。而且此次审定之初等小学堂教科书，准其五年内通用，“若五年之后，著书者再加改良，仍可呈本部再加审定”[3]。学部第一次审定初等小学教科书送审时间以“光绪三十二年三月三十日为止”[4]，以后有呈请审定者，归入下次办理。

1906年6月，学部颁发《通行第一次审定初等小学暂用书目文》及《第一次审定初等小学教科书改正》，强调兴办小学教科书籍至关重要，刊列书目，通知各省，以便各学堂采用，对于在审定中发现教科书需要改正之处，“详见本部所刊提要及校勘表”，要求“各发行所应一律照改，另将样本寄呈本部，复核无异，方作为审定之本，否则以未审定论”[5]。

1906年9月，《学部官报》第四期刊登《审定初等小学暂用教科书列表》，有《初等小学国文教科书》（10册，生徒用，商务馆印刷，商务馆发行）、《初等小学国文教科书教授法》（4册，教员用，商务馆印刷，商务馆发行）、《初等小学读本》（3册，生徒用，文明局印刷，南洋公学发行）。[6]

1907年，学部对高等小学教科书进行审定，《学部第一次审定高等小学暂用书目凡例》八条并

[1] 佚名. 学部咨调教科新书[N]. 申报，1906-03-17.

[2] 佚名. 第一次审定初等小学暂用教科书凡例[J]. 学部官报，1906（3）：审定书目1.

[3] 佚名. 第一次审定初等小学暂用教科书凡例[J]. 学部官报，1906（3）：审定书目1.

[4] 佚名. 第一次审定初等小学暂用教科书凡例[J]. 学部官报，1906（3）：审定书目2.

[5] 佚名. 第一次审定初等小学教科书改正[J]. 学部官报，1906（4）：审定书目5.

[6] 佚名. 审定初等小学暂用教科书列表[J]. 学部官报，1906（4）：审定书目1.

附书目表，指出此次审定高等小学堂各图书“应准通用四年”[1]，《学部第一次审定高等小学暂用教科书表》之“中国文字”列有“一、《蒙学读本全书》（文明局本，五编，学生用书），二、《蒙学读本全书》（文明局本，五编，学生用书），三、《蒙学读本全书》（文明局本，七编，学生用书），四、《蒙学读本全书》（文明局本，七编，学生用书），五、《高等小学国文读本》（文明局本，三册，学生用书），六、《高等小学国文读本》（文明局本，三册，学生用书），七、《高等小学国文读本》（文明局本，四册，学生用书），八、《高等小学国文读本》（文明局本，四册，学生用书）”[2]。

1908年，学部开始审定中学堂教科书，《学部公报》第五十七期刊行《本部审定中学暂用书目表》，列有《马氏文通》二册（商务馆）、《中等国文典》一册（多文社）。其中，《马氏文通》用者为“教员”，《中等国文典》用者为“学生”。[3]《学部第一次审定中学堂初级师范学堂暂用书目凡例并表》规定“此次审定之本，应准通用五年”[4]。并且指出，“中国文学”科，应遵循《奏定学堂章程》，“择读《御选古文渊鉴》，此外如蔡选《古文雅正》、唐选《古文翼》、姚选《古文辞类纂》、黎选王选《续类纂》、梅选《古文词略》、曾选《经史百家杂钞》、贺选《经世文编》，皆可选读，不复列入书目”[5]。

三、学部编译图书局编纂《初（高）等小学国文教科书》《初等小学习字帖》

1906年6月，学部设立编译图书局，主持全国教科书编辑工作。作为清学部设立的编撰和审定学堂教科书的专门机构，编译图书局下设编书课、译书课，编写“统一国之用”的教科书。1906年11月，学部编译图书局编纂《初等小学国文教科书》并印行初版，共计10册。

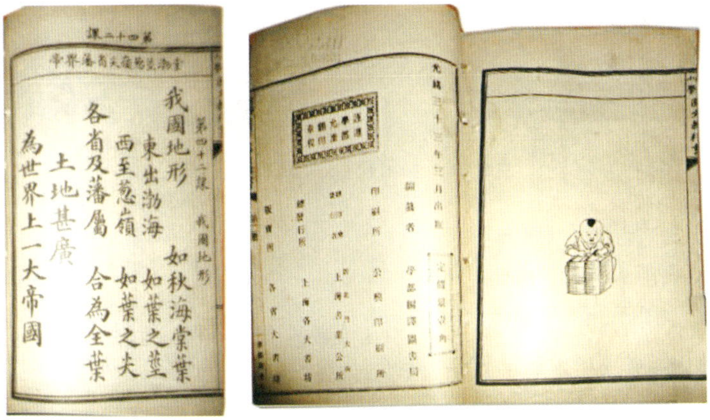

1-5-14

图1-5-14 《初等小学国文教科书》第2册，学部编译图书局，1907年版

[1] 佚名. 学部第一次审定高等小学暂用书目凡例[J]. 学部官报，1907（21）：审定书目20.

[2] 佚名. 学部第一次审定高等小学暂用教科书表[J]. 学部官报，1907（21）：审定书目20-21.

[3] 佚名. 审定书目：本部审定中学暂用书目表[J]. 学部官报，1908（57）：2.

[4] 佚名. 学部第一次审定初等小学暂用教科书凡例[J]. 学部官报，1906（3）：审定书目附录.

[5] 佚名. 第一次审定中学堂初级师范学堂暂用书目凡例[J]. 教育杂志，1910，2（9）：附录.

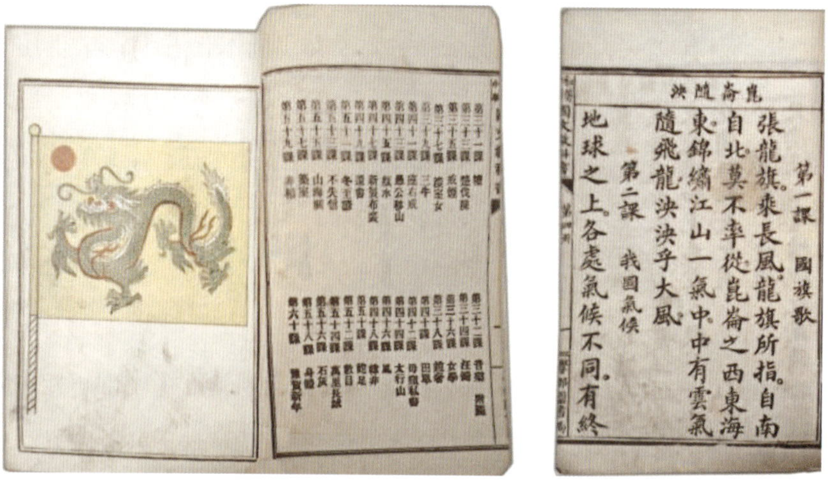

1-5-15

图1-5-15 《初等小学国文教科书》第4册，学部编译图书局，1907年版

在形式上，既有一页单独一课，也有一页两课一起呈现的情况，如第一课《人》单独一页编排，第五课第六课先是插图合排在一页中，对应的文字单独一页两课同时呈现。

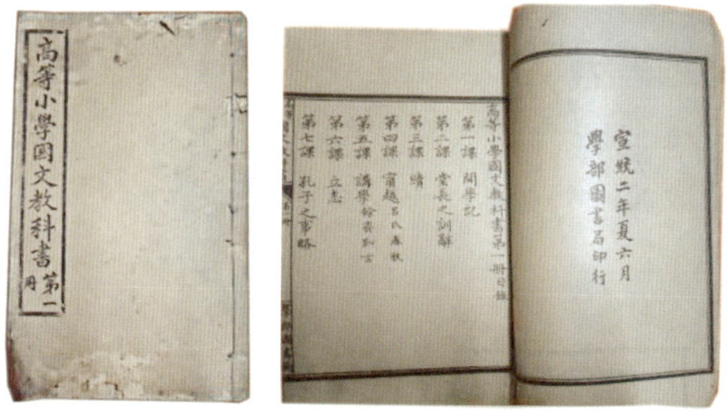

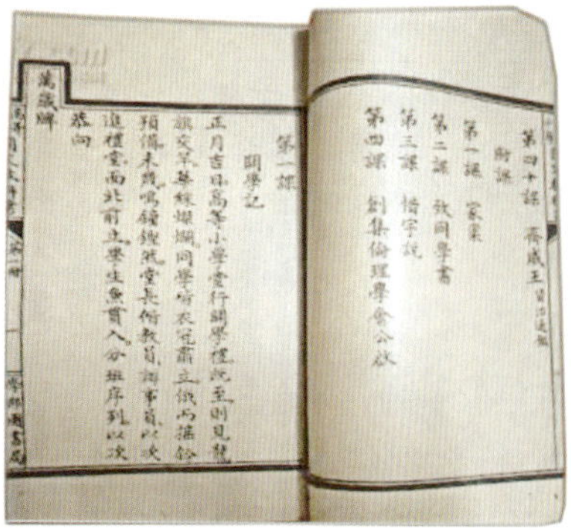

1-5-16

图1-5-16 《高等小学国文教科书》第1册，学部编译图书局，1910年版

1910年6月，学部编译图书局编纂《高等小学国文教科书》并印行出版。《高等小学国文教科书》第一册共计40课，并有四课示范应用文写作的“附课”。全书极少插图，断句有简单圆圈标点，没有生字编排，没有问题设计。第一册编有《开学记》《堂长之训辞》《续》《奮越（吕氏春秋）》《讲学（余齐耻言）》《立志》《孔子之事略》等。

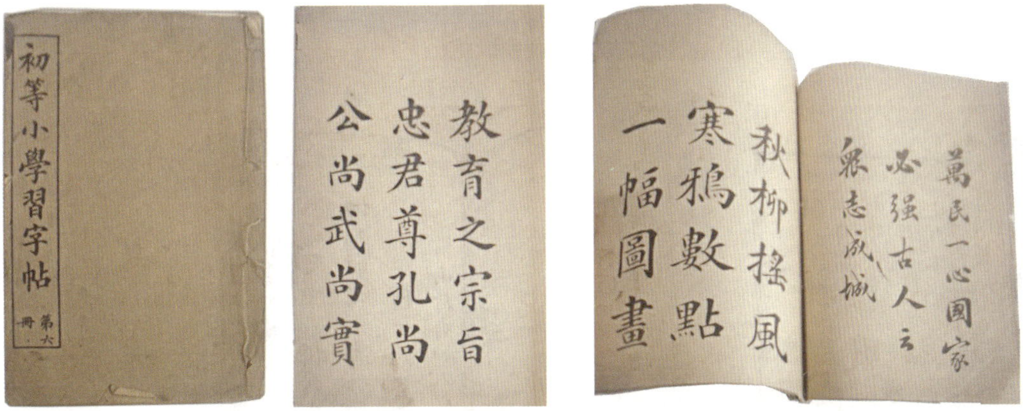

1-5-17

图1-5-17　《初等小学习字帖》第6册，学部编译图书局，1908年版

1907年5月，学部编译图书局编撰《初等小学习字帖》并印行出版。第二、三册为楷书，每页12字，无边框，无图。第六册为楷书，行书隔页编排。

四、学部编译图书局编纂《女子初（高）等小学国文教科书》

1910年，学部编译图书局按照《奏定女子小学章程》，编纂出版小学女子国文教科书，其中，《女子初等小学国文教科书》10册，所见第2册印行时间为1910年12月。这套教科书的形式体例与普通学堂教科书一致。

1910年12月，学部图书局编撰《女子高等小学国文教科书》10册。每册有40课，第1册有《四德》《讲学》《弓人妻》《衣服》《西湖记》《燕诵》《手艺》等。在形式上无插图，在课文的文字边上有小圆圈以断句，在一些标题下面有小字以解题，在上栏有小字加以说明等。

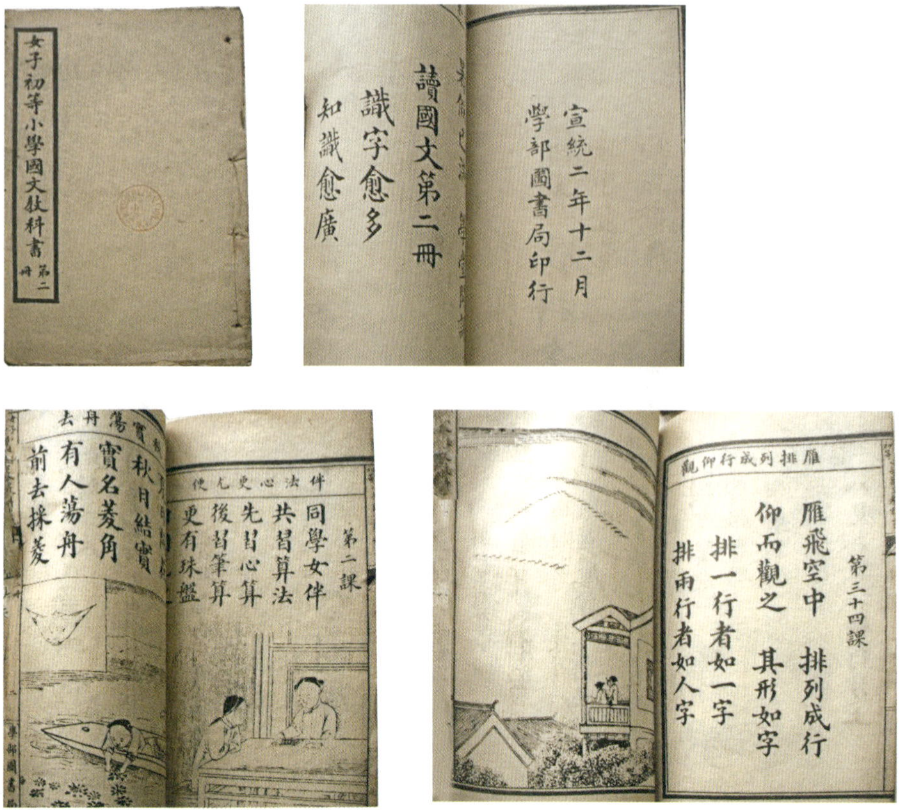

1—5—18

图1—5—18　《女子初等小学国文教科书》第2册，学部编译图书局，1910年版

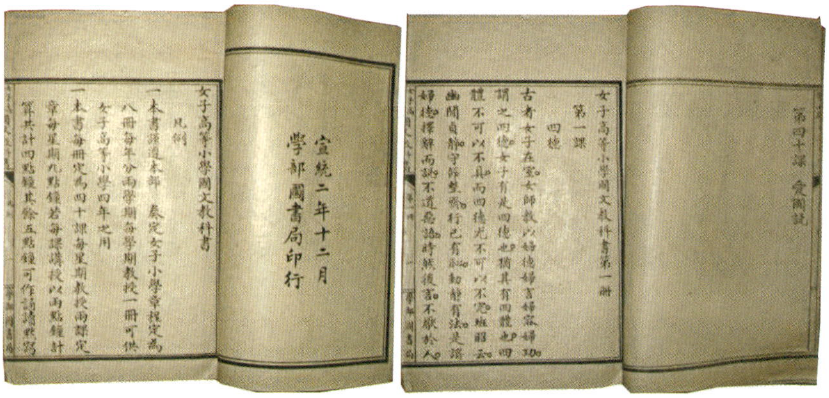

1—5—19

图1—5—19　《女子高等小学国文教科书》第1册，学部编译图书局，1910年版

五、学部编译图书局编撰三种《简易识字课本》

1909年，学部编译图书局编辑出版了各种《国民必读课本》《简易识字课本》等教材，并审定

了各书局编的多套教材。[1]《简易识字课本》共分三种，“遵照奏章，一种三年毕业；一种二年毕业；一种一年毕业”[2]。

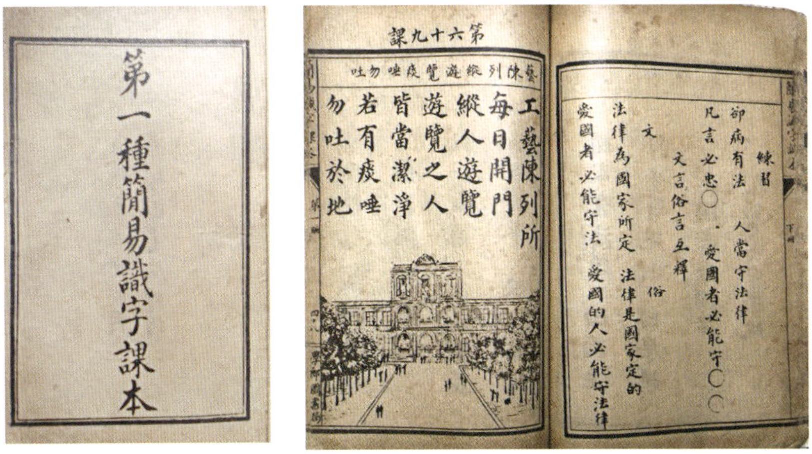

1—5—20

图1—5—20 《第一种简易识字课本》第1编下册，学部编译图书局，1909年版

《第一种简易识字课本》共六册，供家贫年幼的儿童学习使用，用于简易识字学塾及三年简易科初等小学堂，三年毕业。按学年分为三编，每编两册，第一编以识字为主，由单字进于短句、短文，由名字进于动字，以类相连，分之为单字，合之则成一句，教材多取儿童易知的实物；第二、第三编则开始加入文法，所选教材以道德教育、国民教育为主，教材还包含历史、地理、格致等科的内容。全书排列采用圆周法， 大概是担心家境贫寒的子弟未必都能学够三年毕业，所以编目为首尾，这样学生读一编可获一编之益。“全编读完后，如欲入初等小学堂者，可与国文教科书第七册程度相接。”[3]

《第一种简易识字课本》各课中均于上栏标出生字，“遇有同一字而前后音读不同者，仍作生字标出按四声加图以别之”[4]，这样学生易于辨识，“练习附见之生字则不标于上栏，惟于字旁加一图以为识别，以后再见时仍从生字之例”[5]。这套教科书“全编计之共用三千二百余字，于普通文字庶可敷用”[6]。

《第一种简易识字课本》各编所选教材包含地理、历史、格致等科，旨在“明忠孝之大义，扬勤俭之美德，启发爱国之意志，励激尚武之精神……于普通识字应有道德悉具大要，以义成立国民

[1] 吴洪成. 略论清末部编教科书及对教科书的审定[J]. 杭州大学学报（哲学社会科学版），1990，20（1）：164-165.

[2] 朱有瓛. 中国近代学制史料：第2辑上册[M]. 上海：华东师范大学出版社，1987：350.

[3] 学部编译图书局. 第一种简易识字课本：第1编[M]. 北京：学部编译图书局，1909：凡例.

[4] 学部编译图书局. 第一种简易识字课本：第1编[M]. 北京：学部编译图书局，1909：凡例.

[5] 学部编译图书局. 第一种简易识字课本：第1编[M]. 北京：学部编译图书局，1909：凡例.

[6] 学部编译图书局. 第一种简易识字课本：第1编[M]. 北京：学部编译图书局，1909：凡例.

之资格”[1]，配有给教师使用的教授书。

《第一种简易识字课本》第一编分为上、下两册，每册120课，以识字为主，有1300字，由单字单句进于短文。上册“前半先名字，次静字，动字，多选文言俗言相同之字用之”[2]，下册“以文言所用之字，前半多用模范以示代字、连字、介字、助字等用法，后半则用极浅之短文，庶使儿童循序渐进易于领悟”[3]。同时，说明“本编附有练习，为学生复习之用。其中或空一二字，令学生补出，以启其联字造句之心思，至文言俗语相异者，更加互释，一则于俗字不能入文者，既可藉以附见，且使学生知言文对译之法，于作文亦有裨益。惟本编练习，皆间四课一列，意取齐整，教者于教授某课时，节可按法练习，不必拘定四课以后也”[4]。

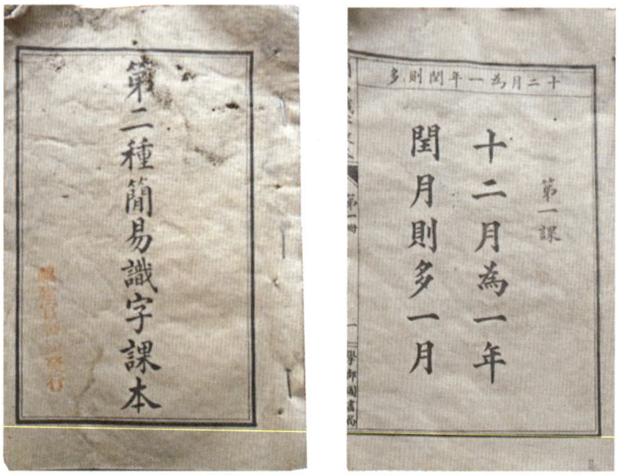

1-5-21

图1-5-21　《第二种简易识字课本》第1册，学部编译图书局，1909年版

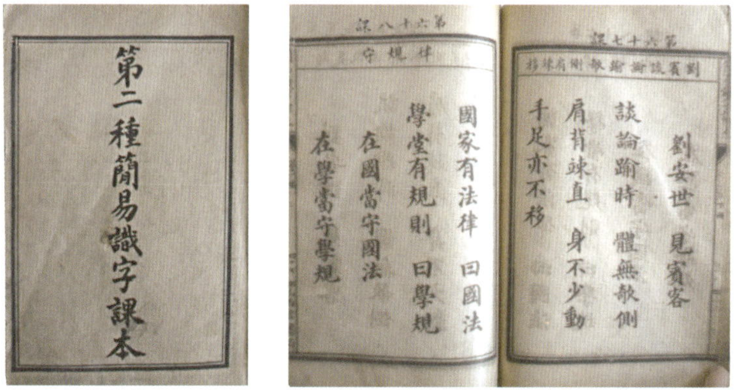

1-5-22

图1-5-22　《第二种简易识字课本》第2册，山西官书局，1910年版

[1] 学部编译图书局. 第一种简易识字课本：第1编[M]. 北京：学部编译图书局，1909：凡例.
[2] 学部编译图书局. 第一种简易识字课本：第1编[M]. 北京：学部编译图书局，1909：第1编凡例.
[3] 学部编译图书局. 第一种简易识字课本：第1编[M]. 北京：学部编译图书局，1909：第1编凡例.
[4] 学部编译图书局. 第一种简易识字课本：第1编[M]. 北京：学部编译图书局，1909：第1编凡例.

《第二种简易识字课本》共四册，供年长失学的学生学习使用，两年毕业，由简句进于短文，个别引用成语，也选择一些易于学生理解的内容。

《第三种简易识字课本》共两册，用以教年长失学粗能识字之人，一年毕业，与第二种程度大略相同，但生字较第二种少。为了保证教材试用的稳妥及有效性，采取先试验后推广的模式。“以上各书均于今年夏间告成，臣等详加校改于本年九月先印数册颁发京师督学局设塾试验，第一第二两种颇称合用，即于十二月二十日颁布各省。惟第三种印成后复有修改，俟明年各学塾开学即当发往试验。”[1]

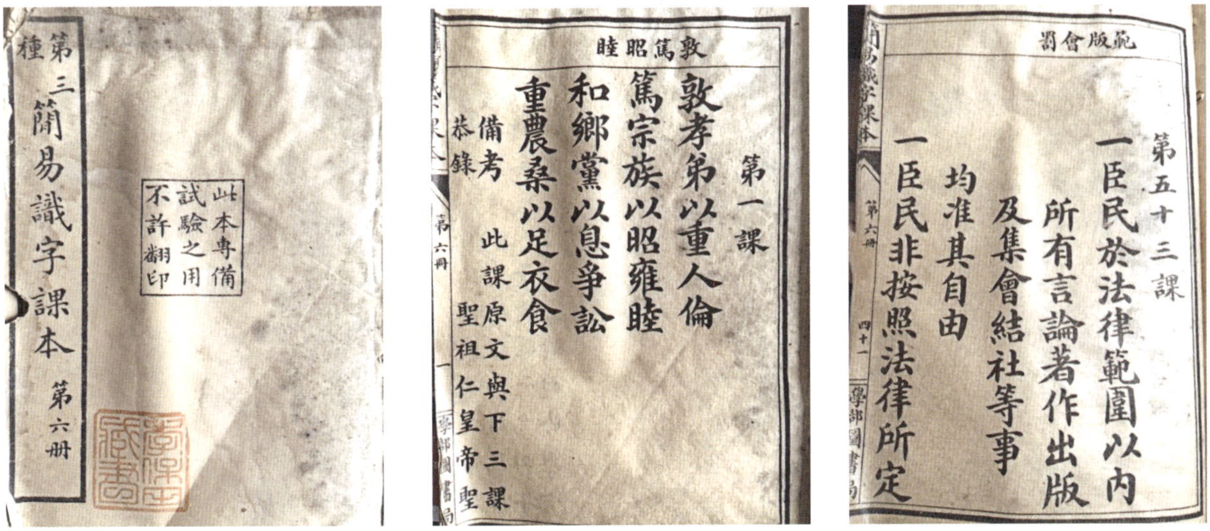

1-5-23

图1-5-23　《第三种简易识字课本》第6册，学部编译图书局，出版时间不详

清政府出于政治上维护其统治，文化上规范其标准，教育上普及其推广等目的，从京师大学堂颁布《暂定各学堂应用书目》到学部审定中小学教科书，彰显了统治阶级面对名目繁多、内容各异、体例不一的各种教科书的国家管理机制，也在一定程度上强调与规范了教科书的编撰出版。特别是教科书审定制实施之后，许多教科书的版权页及刊登的广告上，都以学部（民国时期为教育部或大学院）的审定词示众。特别值得一提的是，为普及教育起见，学部允准翻印其编撰出版的初等小学教科书、教授书，但对印刷质量、定价有具体要求，以求规范。尽管学部编撰的小学国文、

[1] 李桂林，戚名琇，钱曼倩. 中国近代教育史资料汇编：普通教育[M]. 上海：上海教育出版社，1995：54-55.

识字教科书受到民间书坊的较多议论，但学部并未强制全国学校统一选用，既反映其较为开放的心态，也表现出对坊间出版教科书的认可。这种公平、公开的做法鼓励了教科书编撰出版机构、出版团体、出版个人之间的竞争，为优质教科书的出版提供了空间。由此，优胜劣汰的市场竞争机制在晚清及民国时期教科书的编撰出版上发挥了作用。

古代传统的语文教育，依存于经、史、哲的综合教育之中，讲究义理、考据、词章，讲究“文道统一”。中国现代语文教育史以1903年语文教育独立设科而掀开扉页。[1]在此之前，传统蒙学改良读本及新编蒙学读本的出现，以常识为内容，以文字或文章为形式的统一体，但出现以课为编排单位，规定了单位时间的教学内容，这是新式语文教科书的萌芽，更昭示着新式语文教育的起步。伴随着语文学科的确立，虽然科目名称不断变化，但大量分科、分级、分类编撰出版的国文、国语教科书，将所有关于文字、语音、句法、章法及文章流别等方面的知识融合在语文学科的读写中进行教授，并编有配套的教授书。在特定的时代背景下，国文、国语教科书不仅承载着中华母语文明的传承重任，更反映着这一时代的编著者们在中西文化的交融中对语文学科价值进行的大胆地、创新的精神估定和知识建构，对语文教育规律的积极探究。

[1] 李杏保，顾黄初. 中国现代语文教育史[M]. 成都：四川教育出版社，1997：4.

第二章

中华民国初期国文、国语教科书之变革

中华民国肇建，1912年1月9日于南京设教育部，孙中山任命蔡元培为南京临时政府教育总长。为适应政体变化，资产阶级教育改革全面实施，“凡各教科书，务合乎共和国宗旨，清学部颁行之教科书，一律禁用”，全国中小学统一设“国文”科。伴随着教育宗旨变化及课程改革，国文、国语教科书大量编撰出版，内容、形式等均发生巨大变化。

第一节 政体变革与国文教科书新编

1912年是中国历史上最重要的年份之一，其空前的伟大意义在于中国建立了第一个民主共和的新政权。共和政治的基本含义就是，国家和政府是公共的，而不是私人的，国家和政府应当为公共利益而努力，公正而自由地选举是判断一个国家是否真正实行共和政治的又一基本准则。全新的教育宗旨、学制系统及课程标准陆续公布，引发教科书改革，力图博采世界最新主义，期以养成共和国民人格的国文类教科书迅速推出。

一、1912 年教育改革与“国文”科设置

1912年1月19日，教育部公布《普通教育暂行办法通令》及《普通教育暂行课程标准》，拉开资产阶级教育改革的历史大幕。

1. 中小学统一设置“国文”一科

《普通教育暂行办法通令》规定改学堂为学校，初等小学可以男女同校，中学校改为普通教育，四年毕业，明确禁用清学部颁行的教科书，并且凡民间通行的教科书，其中如有尊崇清朝廷及旧时官制、军制等课，并避讳抬头字样，应由各书局自行修改，呈送样本于本部及本省民政司、教育总会存查。如学校教员遇有教科书中不合共和宗旨者，可随时删改，亦可指出呈请民政司或教育部通知该书局改正。[1]《普通教育暂行课程标准》规定中小学均开设“国文”一科。其中初等小学校学科目为修身、国文、算术、游戏体操四门，视地方情形可加设图画、手工、唱歌之一科目或数科目，女子加课裁缝。高等小学校学科目为修身、国文、算术、中华历史、地理、博物、理化、图画、手工、体操（兼游戏)十门，女子加课裁缝，视地方情形，加设唱歌、外国语及农、工、商业之一科目或数科目。“中学校学科目为修身、国文、外国语、历史、地理、数学、博物、理化、图画、手工、音乐、体操、法制、经济十四门，女子加课裁缝、家政。”[2]“国文”一科首次在中小学有了统一的学科命名，但其内涵要旨等还未有具体规定。

---

[1] 朱有瓛. 中国近代学制史料：第3辑上册[M]. 上海：华东师范大学出版社，1990：2.

[2] 朱有瓛. 中国近代学制史料：第3辑上册[M]. 上海：华东师范大学出版社，1990：3-4.

2. 公布新教育宗旨与新学校系统，明确提出“国文要旨”

1912年2月10日，蔡元培发表《新教育意见》一文，主张对清末学部制定的“忠君、尊孔、尚公、尚武、尚实”的教育宗旨加以修正。1912年9月2日，《教育部公布教育宗旨令》规定：“注重道德教育，以实利教育、军国民教育辅之；更以美感教育完成其道德。”[1]

1912年9月3日，《教育部公布学校系统表令》颁布，将整个国家教育分为普通教育、师范教育与实业教育三大体系。“初等小学校四年毕业，为义务教育，毕业后得入高等小学校或实业学校。高等小学校三年毕业，毕业后得入中学校或师范学校或实业学校。初等小学校及高等小学校设补习科，为毕业生欲升入他校者补修学科兼为职业上之预备，均二年毕业。中学校四年毕业，毕业后得升入大学或专门学校或高等师范学校”[2]。因1912年为农历壬子年，该学制史称“壬子学制”。

1912年9月28日，《教育部公布小学校令》颁布，小学校分为初等小学校与高等小学校。初等小学校修业期限为四年，设修身、国文、算术、手工、图画、唱歌、体操七科目，女子加课缝纫。遇不得已时，可暂缺手工、图画、唱歌之一科目或数科目。高等小学校修业期限为三年，设修身、国文、算术、本国历史、地理、理科、手工、图画、唱歌、体操十科目，男子加课农业，女子加课缝纫。视地方情形，农业可以从缺，或改为商业，并可加设英语；遇不得已时，手工、唱歌亦可暂缺。视地方情形，可改英语为别种外国语。1912年11月22日，《教育部通咨各省订定小学校教则及课程表文（附教则及课程表）》第三条是“国文要旨”，对国文科教学目标、内容、教法等进行了规定，如在目标方面规定“在使儿童学习普通语言文字，养成发表思想之能力，兼以启发其智德。初等小学校首宜正其发音，使知简单文字之读法、书法、作法，渐授以日用文章，并使练习语言。高等小学校，首宜依前项教授渐及普通文之读法、书法、作法，并使练习语言”[3]。

1912年9月28日，《教育部公布中学校令》颁布，规定中学校以完足普通教育、造成健全国民为宗旨，修业年限定为四年，“中学校之学科目与其程度，及教科书之采用，别以规程定之”[4]。1912年12月2日，《教育部公布中学校令施行规则》（1914年1月改正第十八条）规定中学校设修身、国文、外国语、历史、地理、数学、博物、物理、化学、法制及经济、图画、手工、乐歌、体操十四科目，女子中学校加课家事、园艺、缝纫（园艺可缺），外国语以英语为主，也可任择法、德、俄语一种。关于“国文要旨”，明确“在通解普通语言文字，能自由发表思想，并使略解高深文字，涵养文学之兴趣，兼以启发智德。国文首宜授以近世文，渐及于近古文，并文字源流、文法要略及文学史之大概，使作实用简易之文，兼课习字”[5]。

[1] 商务印书馆编译所. 中华民国教育新法令：第1册[M]. 上海：商务印书馆，1912：1.
[2] 商务印书馆编译所. 中华民国教育新法令：第1册[M]. 上海：商务印书馆，1912：9-10.
[3] 商务印书馆编译所. 中华民国教育新法令：第3册[M]. 上海：商务印书馆，1913：68-69.
[4] 商务印书馆编译所. 中华民国教育新法令：第1册[M]. 上海：商务印书馆，1912：33.
[5] 商务印书馆编译所. 中华民国教育新法令：第2册[M]. 3版. 上海：商务印书馆，1915：19-20.

1912年9月至1913年8月，教育部陆续颁布了各种学校令和学校规程，因1912、1913两年的阴历纪年分别为壬子年和癸丑年，故又总称为“壬子癸丑学制”。这一学制规定学生的整个教育期仍是十八年，初等教育段分初等小学校、高等小学校二级，共计七年；中等教育段只有一级，四或五年。

3. 确立教科书“自行编辑、教育部审定”制度及“各省图书审查会”选定制

1912年5月，教育部总务厅下附设编纂、审查两处，以后合并为编审处，其重心不在编纂教科书，而在审查教科用图书，如5月9日，教育部通饬各书局，将出版的各种教科书送部审查，9月3日，教育部嘱各书局，按章编定春、秋两季入学儿童教科书，送部审查。

为了使教科书的编辑更加严格统一，教育部修改了5月颁布的《审定教科书暂行章程》十一条，1912年9月13日，教育部公布《审定教科用图书规程令》十四条，其中第一条规定“初等小学校、高等小学校、中学校、师范学校教科用图书，任人自行编辑，惟须呈请教育部审定”[1]。教科书审定有效期限为五年，凡审定认为合用的教科书，须载明“经教育部审定”字样，并在《政府公报》分批刊登发布。各省图书审查会就教育部审定教科书内择定适宜之本，通告各校采用。[2]《审定教科用图书规程》确立“自由编写，统一审定”的教科书制度，要求小学编辑学生用书与教师用书两种。

值得关注的是，1912年9月28日《教育部公布小学校令》，其中第十六条规定：“小学校所用教科图书，由各省图书审查会择定之。补习科所用教科图书，亦适用前项之规定。”[3]同样，在1912年9月28日《教育部公布中学校令》设有课程及教科书规定，在1912年12月2日《教育部公布中学校令施行规则》的第十八条规定“中学校教科用图书，由各省图书审查会选定之”[4]。也就是说，1912年9月确立“自行编辑，教育部审定”制度时，明确教科书由教育部审定，但是中、小学教科书的选用权是各省图书审查会。

1912年，《教育部通告小学校教科书编纂办法文》中指出：“查本部九月初三日令，各学校以八月一日为学年之始。”[5]但是小学校教科书多照春日始业编纂，“所有关于时令各课，自与新章不合”[6]。同时，该文件提出“按日本文部省所编小学读本，别有秋季始业一种，于学校教授，极为便利”[7]，要求各书坊按照新的规定进行修改以及新编教科书，以实施秋季始业。

[1] 商务印书馆编译所. 中华民国教育新法令：第1册[M]. 上海：商务印书馆，1912：14.
[2] 商务印书馆编译所. 中华民国教育新法令：第1册[M]. 上海：商务印书馆，1912：14.
[3] 商务印书馆编译所. 中华民国教育新法令：第1册[M]. 上海：商务印书馆，1912：25.
[4] 商务印书馆编译所. 中华民国教育新法令：第2册[M]. 3版. 上海：商务印书馆，1915：27.
[5] 商务印书馆编译所. 中华民国教育新法令：第1册[M]. 上海：商务印书馆，1912：77.
[6] 商务印书馆编译所. 中华民国教育新法令：第1册[M]. 上海：商务印书馆，1912：78.
[7] 商务印书馆编译所. 中华民国教育新法令：第1册[M]. 上海：商务印书馆，1912：78.

二、“中华”“新制中华”“新编中华”中小学国文系列

1912年1月，陆费逵、戴克敦、陈寅、沈颐、沈继方等在上海创办中华书局，强调“立国根本在乎教育，教育根本，实在教科书。教育不革命，国基终无由巩固；教科书不革命，教育目的终不能达也”[1]。中华书局在其成立之日就推出了以“中华”冠名的教科书，这套教科书成为民国第一套小学教科书，之后各类以“中华”冠名的教科书不断编撰出版。

（一）“中华”系列中小学国文教科书

1912年正月，即阳历2月18日至3月18日，中华书局推出《中华初等小学国文教科书》和《中华高等小学国文教科书》，成为民国第一套以“中华”冠名的小学教科书。当时，中华民国临时政府下令禁用清学部颁行的教科书，这套教科书成为春季小学开学“国文”科首选，非常畅销。由于新的学制未公布，初等小学及高等小学编撰的册数仍按1910年学部《改订两等小学堂课程折》中初等小学四年、高等小学四年，各编了八册。

1. 华鸿年、何振武编《中华初等小学国文教科书》

1912年正月，华鸿年、何振武编《中华初等小学国文教科书》八册，上海中华书局出版。

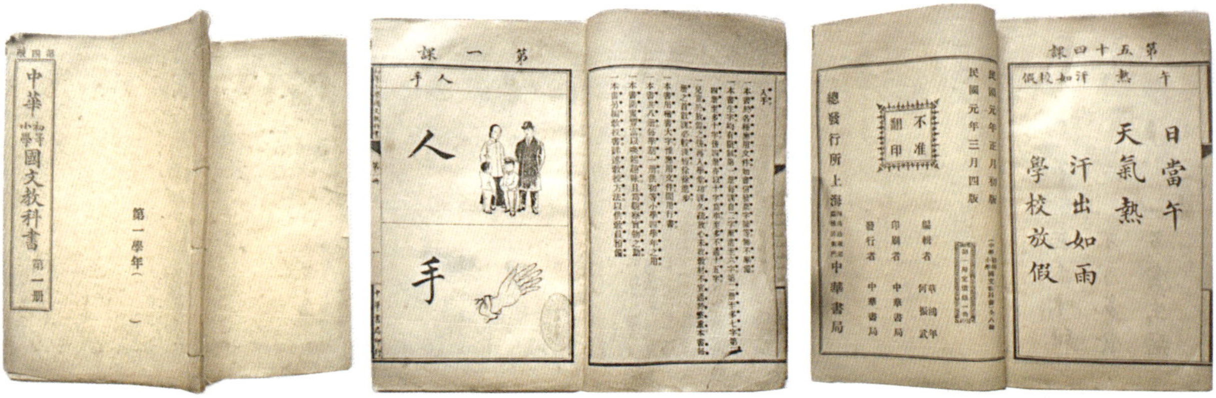

2-1-1

图2-1-1 《中华初等小学国文教科书》第1册，中华书局，1912年版

《中华初等小学国文教科书》开宗明义指出：“本书以养成中华共和国完全国民为宗旨，以独立自尊、自由平等为经，以生活上必须之知识为纬。”[2]这套教科书以“人”开篇，在内容与形式上展现了全新的国家符号与国家形象，从字词学习到短句短文，涉及多学科知识。以课为单位编

[1] 陆费逵. 中华书局宣言书[N]. 申报，1912-02-23.

[2] 华鸿年，何振武. 中华初等小学国文教科书：第1册[M]. 4版. 上海：中华书局，1912：编辑大意.

排，每册54课，有大量插图。这套教科书迎合共和政治的需求，在历史巨变的节点上推出，迅速受到社会欢迎。山西省“其省垣及各县小学所用教科书，前多商务书馆本，今春以来，则用中华书局本者日渐增多”[1]。

2. 汪渤、何振武编《中华高等小学国文教科书》

1912年正月，汪渤、何振武编《中华高等小学国文教科书》八册，上海中华书局出版。在《中华高等小学国文教科书》不同版本上印有阅者或校订者“侯鸿鉴、陆费逵、戴克敦、姚汉章”，或者校阅“戴克敦、沈颐、陆费逵”。

需要说明的是，中华书局的这套教科书编有八册，“每册三十六课，每星期授二课，可供四年之用”。可见此套书是按照清末的学制编写的。1912年9月，教育部公布学校系统表令时，明确高等小学校学制为三年，所以这套教科书当时虽然影响很大，但使用时间并不长，随着学制的变革而被中华书局在1912年底推出的“新制”中华教科书取代。

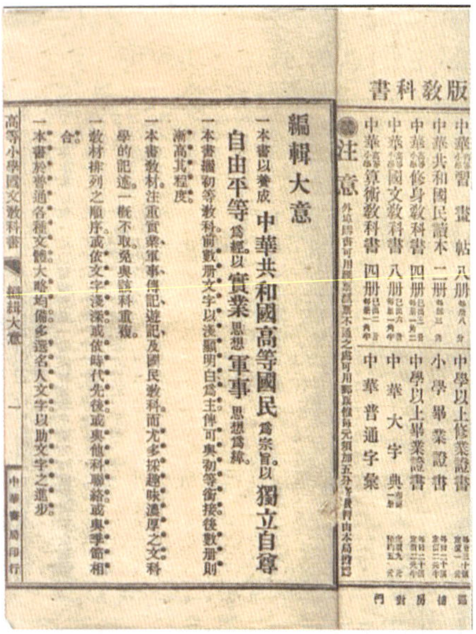

版教科書
中華習畫帖 八册
中華共和國民讀本 二册
中華修身教科書 四册
中華國文教科書 八册
中華算術教科書 四册
中學以上修業證書
小學畢業證書
中學以上畢業證書
中華大字典
中華普通字彙
注意

編輯大意
一本書以養成中華共和國高等國民爲宗旨。以獨立自尊自由平等爲經。以實業思想軍事思想爲緯。
一本書編初等教科前數册文字以淺顯明白爲主。俾可與初等銜接。後數册則漸高其程度。
一本書教材注重實業、軍事、傳記、遊記、及國民教科。而尤多採趣味濃厚之文科學的記述。一概不取。免與該科重複。
一教材排列之順序。或依文字淺深。或依時代先後。或與他科聯絡。或與季節相合。
一本書於普通各種文體大略均備。多選名人文字以助文字之進步。

高等小學國文教科書 編輯大意 一
中華書局印行

2-1-2

图2-1-2 《中华高等小学国文教科书》第1册，中华书局，1912年版

《中华高等小学国文教科书》开宗明义指出：“本书以养成中华共和国高等国民为宗旨，以独立自尊、自由平等为经，以实业思想、军事思想为纬。”[2]这套教科书突出新的国家符号，在内容上注重实业、军事、传记、游记及国民教育，前四册编为一个循环，后四册为一个循环。选文方面，“多选名人文字”[3]，随着年级的增高，名家名篇所占的比重越来越大，并对名家编有小传；将课文篇幅较长的拆分成两课或三课；同一作家的文章连续编排。全书有少量插图，无练习设计，教学方面强调学生的诵读活动。

[1] 朱有瓛. 中国近代学制史料：第3辑上册[M]. 上海：华东师范大学出版社，1990：248.
[2] 汪渤，何振武. 中华高等小学国文教科书：第1册[M]. 7版. 上海：中华书局，1912：编辑大意.
[3] 汪渤，何振武. 中华高等小学国文教科书：第1册[M]. 7版. 上海：中华书局，1912：编辑大意.

3. 刘法曾、姚汉章评辑《中华中学国文教科书》

1912年8月，刘法曾、姚汉章评辑《中华中学国文教科书》四册，陆费逵、戴克敦阅，上海中华书局出版。

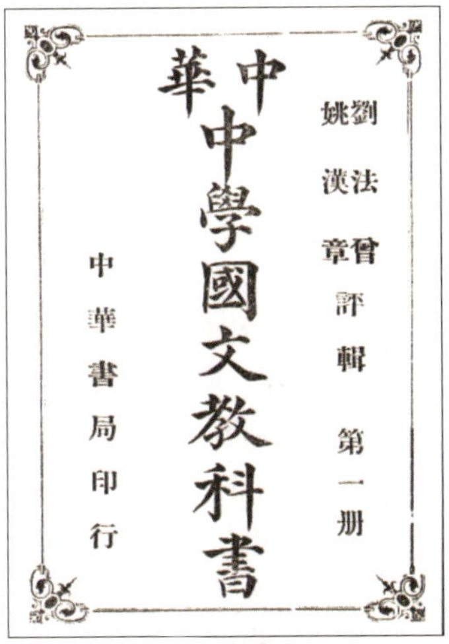
中華中學國文教科書

劉法曾 姚漢章 評輯

第一册

中華書局印行

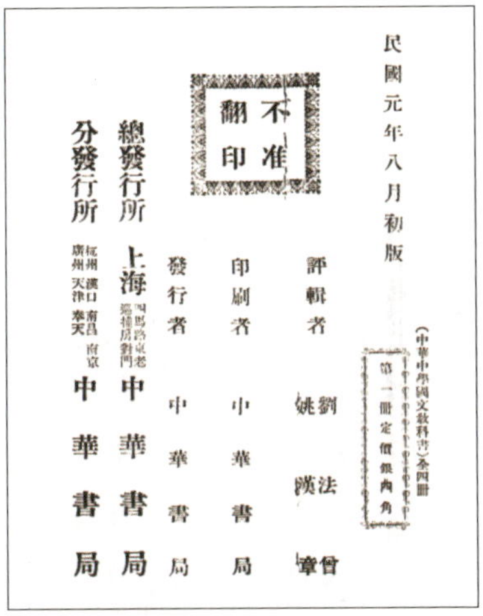
民國元年八月初版

不准翻印

（中華中學國文教科書）全四册 第一册定價銀角

評輯者 劉法曾 姚漢章

印刷者 中華書局

發行者 中華書局

總發行所 上海 中華書局

分發行所 中華書局

2—1—3

图2—1—3 《中华中学国文教科书》第1册，中华书局，1912年版

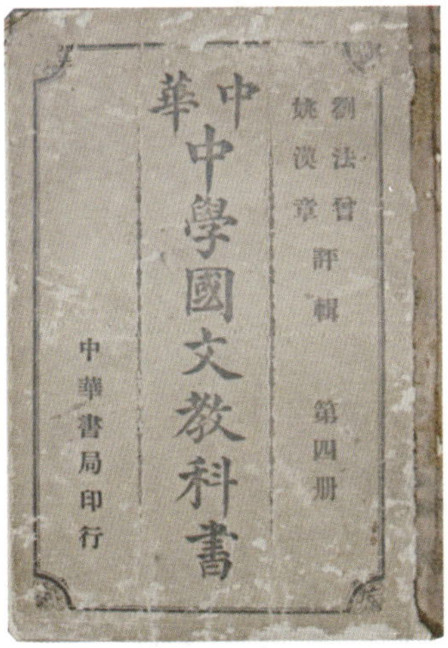
中華中學國文教科書

劉法曾 姚漢章 評輯

第四册

中華書局印行

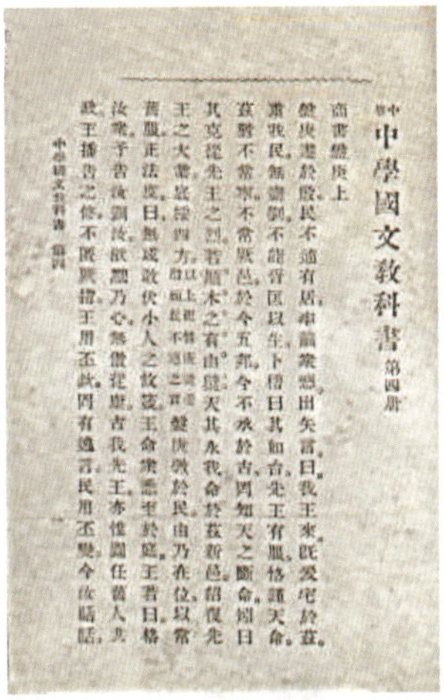
中學國文教科書 第四册

商書盤庚上

2—1—4

图2—1—4 《中华中学国文教科书》第4册，中华书局，1912年版

《中华中学国文教科书》供中学校四年之用，“授以古人作文义法”[1]。第一册选文篇幅较短，意义较简单，词语较浅显明了。第二册之后，递进教授文字之词义。第三、第四册选用了一些普通日用的论说书牍，也选了骈体文。同时，“略选择著名之诗歌附焉，大率先近体而后古风，取其声律和顺，易学易解，其在三代以下六朝以前之古诗”[2]。这套教科书各册选文二百篇左右，先排史书作品，后排作家作品，如第一册选取《左传》《国语》《公羊传》《论语》《孟子》《战国策》《庄子》《楚辞》《史记》《汉书》等12部史书篇目，作家篇目从贾谊的《吊屈原文》到吴汝纶的《二许集序》。每篇文章逐段划分，精彩文句加以圈点，段落之间和文末加以圈点、点评以引

[1] 刘法曾，姚汉章. 中华中学国文教科书：第1册[M]. 上海：中华书局，1912：编辑大意.

[2] 刘法曾，姚汉章. 中华中学国文教科书：第1册[M]. 上海：中华书局，1912：编辑大意.

起学习者注意。

（二）“新制中华”系列中小学国文教科书

1. 陆费逵、沈颐、戴克敦、华鸿年编《（初等小学校用）新制中华国文教科书》

1912年10月，陆费逵、沈颐、戴克敦、华鸿年编《（初等小学校用）新制中华国文教科书》12册，范源廉阅，上海中华书局出版。

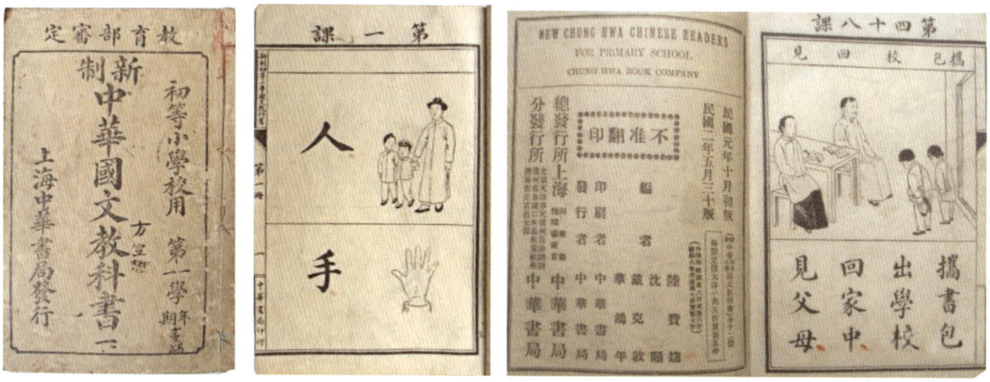

2–1–5

图2–1–5 《（初等小学校用）新制中华国文教科书》第1册，中华书局，1913年版

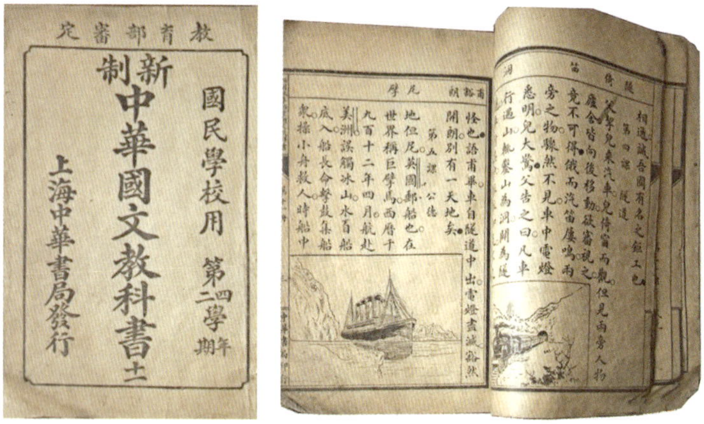

2–1–6

图2–1–6 《（国民学校用）[1]新制中华国文教科书》第11册，中华书局，1920年版

《（初等小学校用）新制中华国文教科书》是照新制秋季始业，每年三学期，分编三册，其中第一、四、七、十册为每年的第一学期，有48课，其他各册为36课。这套教科书“遵照教育部所定教则，令儿童学习普通语言文字，养成发表思想之能力，兼以启发其智德”[2]，内容涉及修身、历史、地理、理科、实业、人事、游戏、国民知识、世界知识、国耻，取材强调实用，以记叙文为

[1] 1915年7月，教育部公布《国民学校令》，并于1916年10月修正。《国民学校令》规定从前设立之初等小学，一律改为国民学校。于是，中华书局改初等小学阶段的新制中华教科书为国民学校教科书.

[2] 沈颐，陆费逵，戴克敦，等. 国民学校用：新制中华国文教科书：第1册[M]. 111版. 上海：中华书局，1920：编辑大意.

主，也有收条、账目、书信之类多种应用文体。这套教科书在文字选取上，“一义有数字者，先见最普通之字；一字有数音者，先见本音，一字一音，而有数义者，先见常见之义。虚字亦就其了解之难易，按次用之”[1]。

2. 郭成爽、汪涛、何振武、缪徵麟编《（高等小学校用）新制中华国文教科书》

1913年2月，郭成爽、汪涛、何振武、缪徵麟编《（高等小学校用）新制中华国文教科书》九册，戴克敦、沈颐、陆费逵阅，上海中华书局出版。

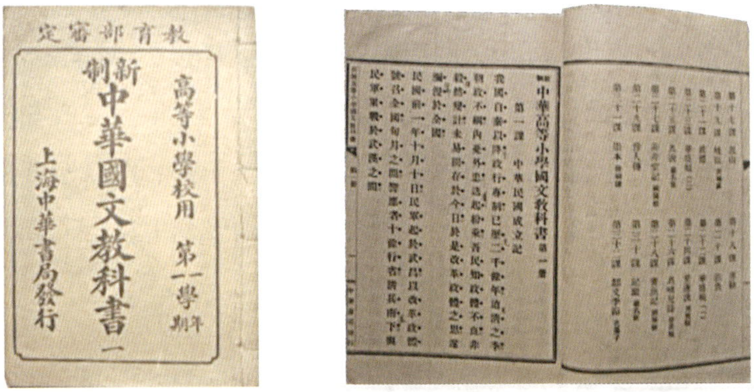

2-1-7

图2-1-7　《（高等小学校用）新制中华国文教科书》第1册，中华书局，1915年版

《（高等小学校用）新制中华国文教科书》编制分三学年，每学年分三学期，共九册，其中第一、四、七册供学年第一学期用，每册32课，其余各册每册24课。这套教科书强调“养成学生正确运用文字，并以唤起自由、平等之精神，爱国、合群之道德”[2]，在内容方面“详言国体、政体及国民知识，世界知识，期输入国民政治之常识。注重汉、满、蒙、回、藏五族共和之义，以巩固中华民国。表章固有之国粹，采录古人言行，名流著作，以资观感，并为练习作文之助。兼采经史子集各体文字，以引起文学之兴味，涵养优美之感情”[3]。这套教科书共选取古今名家及时文240篇，选材涉及修身、历史、地理、理科、实业、人事等。清代以前的文章八十余篇，以唐宋散文为主，诗歌较少。清代选文四十余篇，涉及道德修养、风土游记等。时文一百余篇，涉及国民知识、实业财政等。文体方面有论说文、叙事文、传记文、游记文、写景文、书信文、杂记文等。编排上有些

[1] 沈颐，陆费逵，戴克敦，等. 国民学校用：新制中华国文教科书：第1册[M]. 111版. 上海：中华书局，1920：编辑大意.

[2] 郭成爽，汪涛，何振武，等. 高等小学校用：新制中华国文教科书：第1册[M]. 9版. 上海：中华书局，1915：编辑大意.

[3] 郭成爽，汪涛，何振武，等. 高等小学校用：新制中华国文教科书：第1册[M]. 9版. 上海：中华书局，1915：编辑大意.

篇目内容前后照应，如第四册《圜法》《纸币》分别介绍古代钱币和现代钱币，让学生了解货币的演变历史。不设单元，插图以人物及风景为主。

3. 刘传厚、范源廉、沈颐编《（初等小学校）新制单级国文教科书》

1913年11月，刘传厚、范源廉、沈颐编《（初等小学校）新制单级国文教科书》十二册，由上海中华书局出版。

这套教科书照秋季始业分三学期编辑，第一学期16周，编48课；第二、第三学期各12周，各编36课。这套教科书“一、二、三、四、五、六册，同教材异程度，以便一、二学年分别使用，仍可以同时教授。后六册分甲、乙编，各为七、八、九册，同程度异教材，以便三、四学年合班教授，将甲、乙二编隔年交互使用”[1]。在使用方面，第一、第二、第三册与第一学年程度相当，第四、第五、第六册与第二学年程度相当。后六册与第三、第四学年程度相当。第一、第二、第三册供第一学年用，第四、第五、第六册供第二学年用，甲编第七、第八、第九册及乙编第七、第八、第九册供第三、第四学年循环使用。

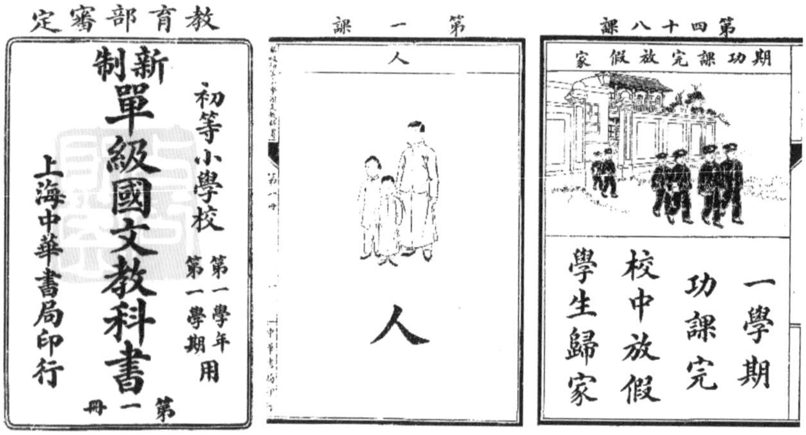

2-1-8

图2-1-8 《（初等小学校）新制单级国文教科书》第1册，中华书局，1915年版

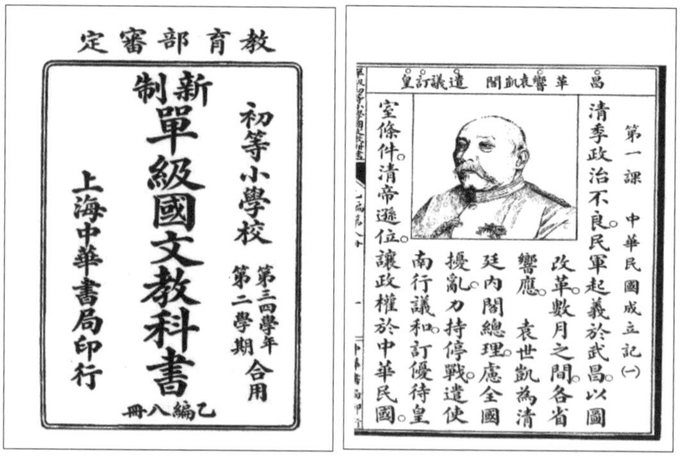

2-1-9

图2-1-9 《（初等小学校）新制单级国文教科书》乙编第8册，中华书局，1915年版

[1] 刘传厚，范源廉，沈颐，等. 初等小学校：新制单级国文教科书：第1册[M]. 6版. 上海：中华书局，1915：编辑大意.

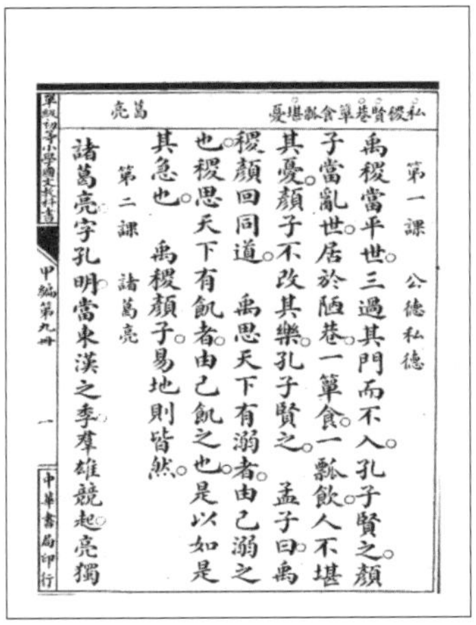
第一課 公德私德
禹稷當平世。三過其門而不入。孔子賢之。顏子當亂世。居於陋巷。一簞食。一瓢飲。人不堪其憂。顏子不改其樂。孔子賢之。孟子曰。禹稷顏回同道。禹思天下有溺者。由己溺之也。稷思天下有飢者。由己飢之也。是以如是其急也。禹稷顏子。易地則皆然。
第二課 諸葛亮
諸葛亮字孔明。當東漢之季。羣雄競起。亮獨
中華書局印行

2–1–10

图2–1–10 《（初等小学校）新制单级国文教科书》甲编第9册，中华书局，1915年版

《（初等小学校）新制单级国文教科书》课文内容由浅入深，内容涉及修身、历史、地理、理科、实业、人事、游戏、国民知识、世界知识。插图丰富多彩。文体有状物、叙事、记述、论证，附收条、账目、书信、股票、合同之类。生字位于课文上栏，“其甲编之七、八、九册，与乙编之七、八、九册，是循环相互用，生字各有出入”[1]。因为教材是循环使用，生字有具体标识，“凡先用为生字，后用为熟字者，概加圈为识。不分先用或后用，皆是生字者，概不加圈，教授时如儿童先读甲编则甲编上栏之字，不论有圈与否，概是生字。乙编上栏之字，凡是圈者，概非生字，先读乙编者以此类推”[2]。这套教科书一、二年级采用异程度同教材，三、四年级采用同程度异教材的编制方法，第一册与第四册、第二册与第五册、第三册与第六册教材的选文衔接紧密，如第一册第一课“人”，第四册第一课《人》则为短文。

4. 谢蒙编《（中学校适用）新制国文教本》

1914年8月，谢蒙（谢无量）编《（中学校适用）新制国文教本》四册，范源廉、姚汉章阅，上海中华书局出版。《最新最良新制中学各科教本》的广告词写道：“本局前出中华中学教科书颇承学界欢迎，第出版已逾三载，按之目前趋势不无稍有出入，特延专家另编新制各科教本，已蒙教育部陆续审定并承海内学界纷纷评奖，许为最新最良第一适用之书，印有样本，函索即寄。”[3]

[1] 刘传厚，范源廉，沈颐，等. 初等小学校：新制单级国文教科书：第1册[M]. 6版. 上海：中华书局，1915：编辑大意摘要.

[2] 刘传厚，范源廉，沈颐，等. 初等小学校：新制单级国文教科书：第1册[M]. 6版. 上海：中华书局，1915：编辑大意摘要.

[3] 谢蒙. 中学校适用：新制国文教本：第3册[M]. 上海：中华书局，1914：广告页.

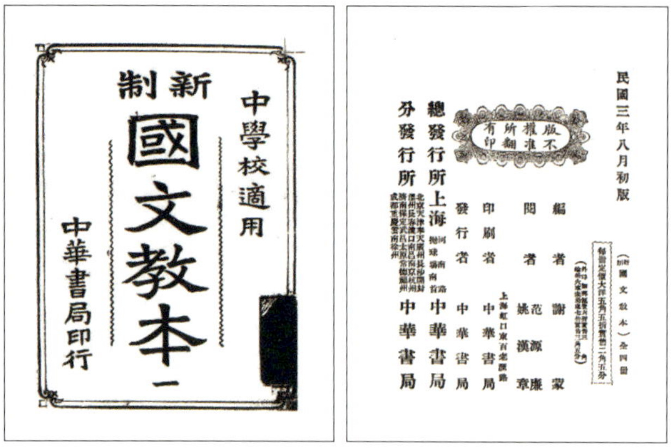

2—1—11

图2—1—11　《（中学校适用）新制国文教本》第1册，中华书局，1914年版

《（中学校适用）新制国文教本》所选文章，上至经传，下至近人，每册编排逆向溯源，由近及远。第一册选文近世至宋，第二册选文近世至唐，第三册选文近世至汉，第四册选文近世至三代。在近世选文方面，较为推崇曾国藩、桐城古文，在古人选文方面推崇唐宋八大家。“文章编选依文学上之分类，略以体制为次，庶几先后相承，得以辨识文章之流别”[1]。选文按照文学分类，进行单元编排。每篇文章需要诵读的部位，在文字的右下角连加空圈和黑实圈标明。

（三）“新编中华”国文教科书

1. 戴克敦、范源廉、沈颐、杨喆编《（春季始业初等小学用）新编中华国文教科书》

1913年12月，戴克敦、范源廉、沈颐、杨喆编《（春季始业初等小学用）新编中华国文教科书》八册，上海中华书局出版。[2]

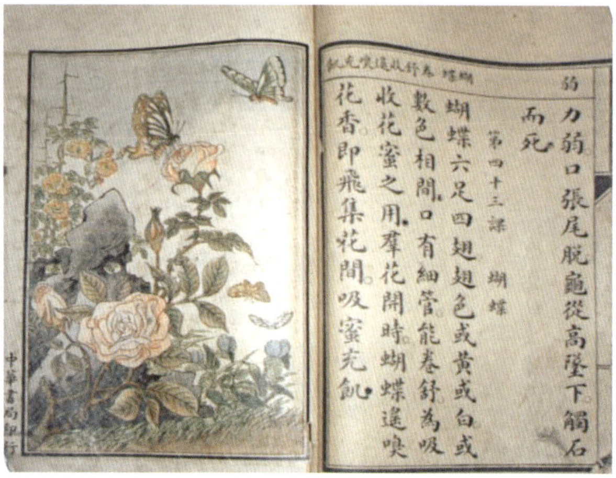

2—1—12

图2—1—12　《（春季始业国民学校用）[2]新编中华国文教科书》第3册，中华书局，1921年版

[1] 谢蒙. 中学校适用：新制国文教本：第1册[M]. 上海：中华书局，1914：编辑大意.

[2] 1915年7月，教育部公布《国民学校令》，并于1916年10月修正。《国民学校令》规定从前设立之初等小学，一律改为国民学校。于是，中华书局改初等小学阶段的新制中华教科书为国民学校教科书.

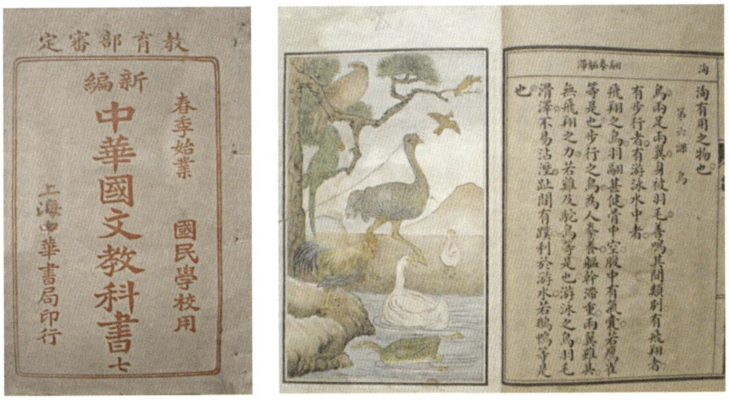

2-1-13

图2-1-13 《（春季始业国民学校用）新编中华国文教科书》第7册，中华书局，1920年版

《（春季始业初等小学校用）新编中华国文教科书》明确“民国学制以新历八月为学年之始，惟近时各校，尚有未能改者，教育部上年颁布学年学期规程，亦难变通入校始期，补有通告，分别春季始业、秋季始业”[1]，因此编撰这套教科书为春季始业初等小学校用。

2. 沈颐、杨喆编《（春季始业高等小学校用）新编中华国文教科书》

1913年11月，沈颐、杨喆编《（春季始业高等小学校用）新编中华国文教科书》六册，阅者范源廉，上海中华书局出版。

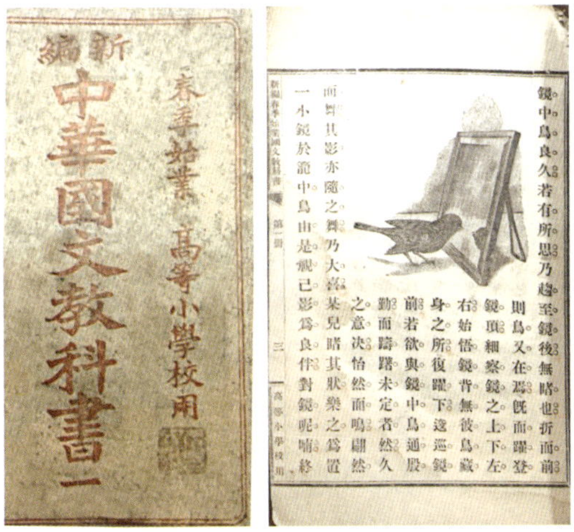

2-1-14

图2-1-14 《（春季始业高等小学校用）新编中华国文教科书》第1册，中华书局，1913年版

《（春季始业高等小学校用）新编中华国文教科书》遵照教育部令春季始业编制，“在养成学生普通作文之能力，兼以启发其智德”[2]。这套教科书注重实用，选文视域开阔，以增加学习者兴趣，同时选录古文及欧美读本，内容涉及修身、历史、地理、理科、实业、人事、国民知识、世界知识，其中有关修身、国民知识以及理科的较多。有记叙文、议论文、诗歌、散文、寓言等文体。教科书以课编排，无单元，无练习。插图以人物肖像、动物画像、地理诸图等为主，多为学生日常

[1] 刘传厚，沈颐，范源廉，等. 初等小学校春季始业：新编中华国文教科书：第1册[M]. 9版. 上海：中华书局，1914：编辑大意.

[2] 沈颐，杨喆. 高等小学校春季始业用：新编中华国文教科书：第1册[M]. 10版. 上海：中华书局，1916：编辑大意.

少见之物。选用典故注明出处，涉及人名则注明历史背景，历史地名以当时的地名去解释。

三、“共和国教科书”中小学国文系列

1912年初，商务印书馆面对教育改革新形势，一方面将旧有各书按教育部通令精神大加改订出版，以应各校开学急需，一方面集中力量着手编辑与南京临时政府的教育方针积极吻合的“共和国教科书”，以适应新时代教育改革的需要。

1912年的《教育杂志》第4卷第1号刊登了商务印书馆《编辑共和国小学教科书的缘起》一文，阐述了这套教科书的编辑要点：“一、注重自由、平等之精神，守法、合群之德义，以养成共和国民之人格。二、注重表彰中华固有之国粹特色，以启发国民之爱国心。三、注重国体政体及一切政法常识，以普及参政之能力。四、注重汉、满、蒙、回、藏五族平等主义，以巩固统一民国之基础。五、注重博爱主义，推及待外人爱生物等事，以扩充国民之德量。六、注重体育及军事上之知识，以发挥尚武之精神。七、注重国民生活上之知识技能，以养成独立自营之能力。八、联络各科教材，以期获得教授上之统一。九、各科教材俱先选择分配，再行编辑成书，知识完全，详略得宜。十、各科均按照学生程度，循序渐进，绝无躐等之弊。十一、关于时令之材料，依阳历编次。十二、各书均编有详备之教授法，以期活用。十三、书中附图及五彩画，便与文字相引证，并以引起学生兴趣而启发其审美之观念。十四、初等科兼收女子材料，以便男女同校之用。”[1]

1. 庄俞、沈颐编纂《（初等小学校用）共和国教科书新国文》

1912年6月，庄俞、沈颐编纂《（初等小学校用）共和国教科书新国文》八册，高凤谦、张元济校订，商务印书馆出版。

2-1-15

图2-1-15 《（初等小学校用）共和国教科书新国文》第1册，商务印书馆，1912年版

[1] 商务印书馆. 编辑共和国小学教科书缘起[J]. 教育杂志，1912，4（1）：1-2.

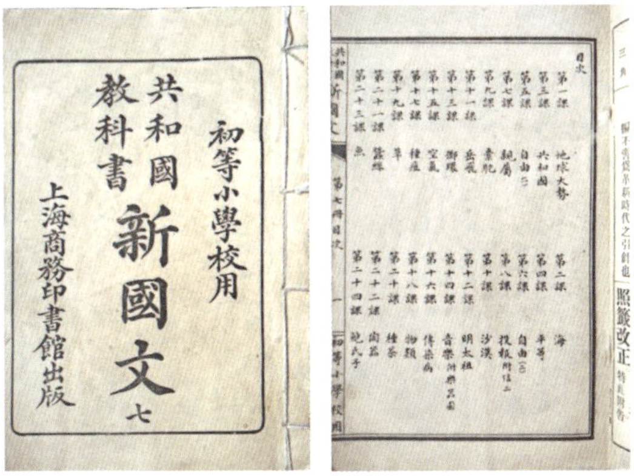

2-1-16

图2-1-16 《（初等小学校用）共和国教科书新国文》第7册，商务印书馆，1912年版

《（初等小学校用）共和国教科书新国文》明确“以养成共和国民之人格为目的”[1]，内容包含理科及天文、地理、历史等科之常识，注重立身、居家、处世以及重人道、爱生物等，附有书信、账簿、票据等，特别“注重国民科材料，如政治、法律、军事国耻等，具择要编入”[2]，也选取孔子、孟子、孟母、匡衡、司马光、大禹、唐太宗等中国历史上优秀人物故事教导儿童。这套教科书以课编辑，选文不分文体，无单元，无练习、注释等，生字列于课文上栏，课文附有黑白及彩色插图。

为了既适应新学制秋季始业的规定，又照顾到老学校一时难以放弃旧学制春季始业的情况，商务印书馆将初等小学国文教科书都分编春季和秋季两种，作者与内容存在一些变化，且春季始业为黑色封面印刷，秋季始业为红色封面印刷。

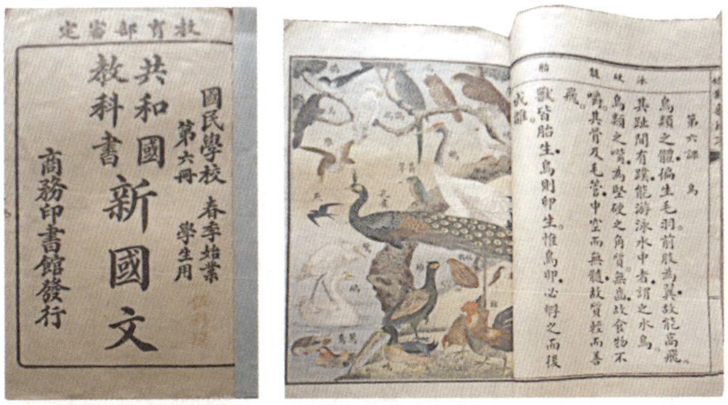

2-1-17

图2-1-17 《（国民学校春季始业）共和国教科书新国文》第6册，商务印书馆，1920年版

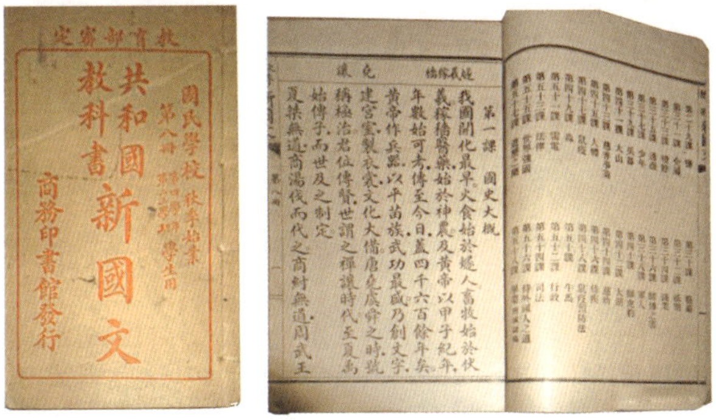

2-1-18

图2-1-18 《（国民学校秋季始业）共和国教科书新国文》第8册，商务印书馆，1913年版

[1] 庄俞，沈颐. 初等小学校用：共和国教科书新国文：第1册[M]. 上海：商务印书馆，1912：编辑大意.

[2] 庄俞，沈颐. 初等小学校用：共和国教科书新国文：第1册[M]. 上海：商务印书馆，1912：编辑大意.

2. 庄俞、沈颐编纂《（高等小学校用）共和国教科书新国文》

1912年6月，庄俞、沈颐编纂《（高等小学校用）共和国教科书新国文》六册，商务印书馆出版，高凤谦、张元济校订。

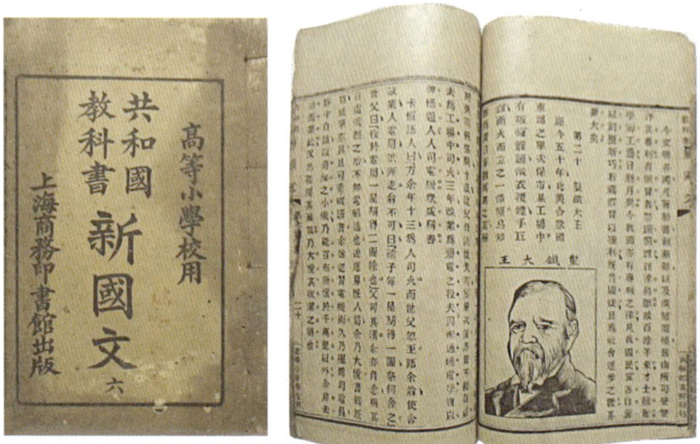

2—1—19

图2—1—19 《（高等小学校用）共和国教科书新国文》第6册，商务印书馆，1912年版

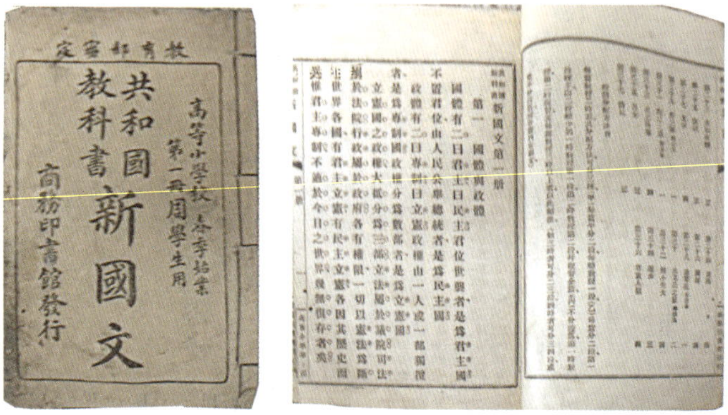

2—1—20

图2—1—20 《（高等小学校春季始业）共和国教科书新国文》第1册，商务印书馆，1913年版

《（高等小学校春季始业）共和国教科书新国文》明确“注重自由、平等之精神，守法、合群之德义，以养成共和国民之人格”[1]，同时还强调“表章中华固有之国粹，以启发国民之爱国心。矫正旧有之弊俗，以增进国民之智德。详言国体、政体及一切法政常识，以普及参政之能力。提倡汉、满、蒙、回、藏五族平等主义，以巩固统一民国之基础。注重博爱主义，推及待外人、爱生物等事，以扩充国民之德量。注意体育及军事上之知识，以发挥尚武之精神。注重国民生活上之技能，以养成独立自营之能力”[2]。这套教科书注重选择古今名人著作，各种文体略备，强调“诏令、奏议二类，非共和国所用，故不采”[3]。对于古文如全录原文则载明著者姓名，如为节选的课

[1] 庄俞，沈颐. 高等小学校春季始业：共和国教科书新国文：第1册[M]. 29版. 上海：商务印书馆，1913：编辑大意.
[2] 庄俞，沈颐. 高等小学校春季始业：共和国教科书新国文：第1册[M]. 29版. 上海：商务印书馆，1913：编辑大意.
[3] 庄俞，沈颐. 高等小学校春季始业：共和国教科书新国文：第1册[M]. 29版. 上海：商务印书馆，1913：编辑大意.

文则将作者姓名出处在教授法中写明。全书用浅近文言文，选取少量古代名家篇目，文章深度随学年提高。以课为单位编排，不设单元，课文内容之间具有一定的关联性。值得关注的是，这套教科书课文中出现多种标点符号和图表。标点符号除了实心圆点圆圈表示强调及名词、重点词等的运用外，还出现了句号、顿号和引号。有些课文附有图表，如《周游世界（一）》中附有周游世界图，标注出世界地图及行程路线。《公债》附有各国公债表，表头有“公债国名”“欠债总数”“每人承担公债之数”，并列出数字，清晰明了。

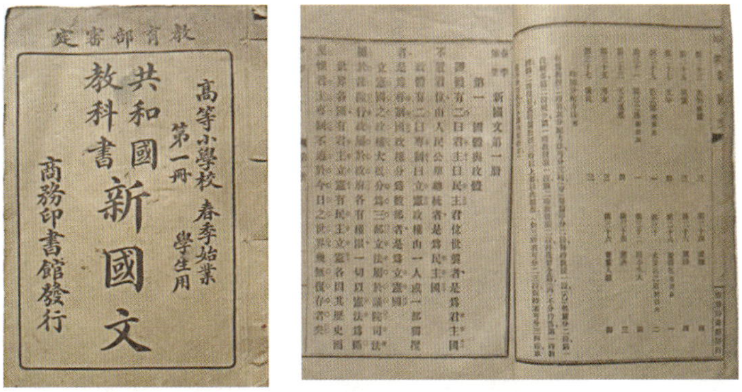

2-1-21

图2-1-21　《（高等小学校春季始业）共和国教科书新国文》第1册，商务印书馆，1922年版

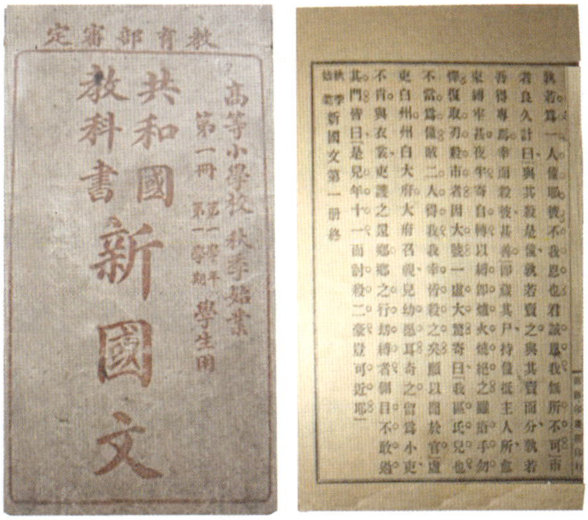

2-1-22

图2-1-22　《（高等小学校秋季始业）共和国教科书新国文》第1册，商务印书馆，1921年版

根据春季和秋季不同学期的长短变化，编撰者及教科书中内容也有变化。笔者所见1912年8月初版的《（高等小学校春季始业）共和国教科书新国文》由庄俞、沈颐编纂，高凤谦、张元济校订。1913年1月初版的《（高等小学校秋季始业）共和国教科书新国文》则是樊炳清、庄俞编纂，高凤谦、张元济校订。春季始业的第一册为37课，秋季始业的第一册为30课。

3. 许国英编纂《（中学校用）共和国教科书国文读本》

1913年8月，许国英编纂《（中学校用）共和国教科书国文读本》四册，张元济、高凤谦、庄俞校订，上海商务印书馆出版。这套教科书配套有许国英编、蒋维乔校订的《共和国教科书国文读本评注》四册，由上海商务印书馆出版。

《（中学校用）共和国教科书国文读本》的教育部审定批语：“是编选录各文，斟酌中学程度，以次递进，历代之文，亦略备大要，现时中学国文善本尚尠，是书在中学较为适用。”[1]

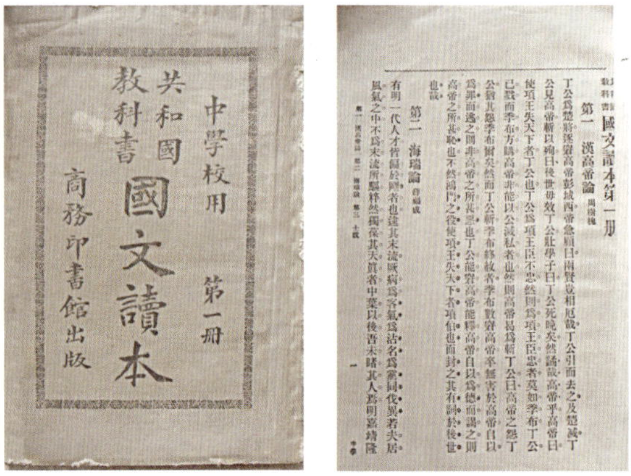

2-1-23

图2-1-23 《（中学校用）共和国教科书国文读本》第1册，商务印书馆，1913年版

《（中学校用）共和国教科书国文读本》指出中学国文程度高于小学，“故宜授以适当之作文法理，且使略知本国古今文章轨范，以期共保国粹”[2]。由于中小学废止读经，所以按中学生程度，选取很多中国经典文辞。“第一、二册选文准现代至唐为主，而以论辩、书说，注重事实上发挥之文为多（此举其大概而言，宗旨仍在浅深递进，故第一册选清至宋文，第二册选明至唐文，不欲以古今强判难易也），第三、四册则准唐汉以上至周秦经史为主（仍取宋文字较繁深者，例如一、二册），而文字则渐趋繁复深邃，间及奏议学说与夫考据说理等著作，盖中学三四年程度，积学既多，始能容受此等知识也。”[3] 在编排上，课文之间呈现出一定的关联与衔接，“兹编特创新例，斟酌分量，既不泥于时代之升降，亦不囿于门类之分科，虽同为选录名家之文，而要以中学教科适用为准则，且不背于部定法程，由近世文以进于近古及远古，惟生存人之文不录”[4]。这套教科书各册均用递进法，注重选文引发学生的兴趣，“时代不必其尽历，派别不必其悉备……独令学生感受文字之兴味，不可不求其充分，故所选录之文，无论浅深，力避干燥无味之弊”[5]。这套教科书还选录了一些诗歌以涵养学生性情。

4. 张之纯、庄庆祥编纂《（中学校用）共和国教科书文字源流》

1914年8月，张之纯、庄庆祥编纂《（中学校用）共和国教科书文字源流》一册，蒋维乔校订，上海商务印书馆出版，并配套编有《共和国教科书文字源流参考书》。

[1] 许国英. 中学校用：共和国教科书国文读本：第2册[M]. 5版. 上海：商务印书馆，1916：封3.
[2] 许国英. 中学校用：共和国教科书国文读本：第1册[M]. 上海：商务印书馆，1913：编辑大意.
[3] 许国英. 中学校用：共和国教科书国文读本：第1册[M]. 上海：商务印书馆，1913：编辑大意.
[4] 许国英. 中学校用：共和国教科书国文读本：第1册[M]. 上海：商务印书馆，1913：编辑大意.
[5] 许国英. 中学校用：共和国教科书国文读本：第1册[M]. 上海：商务印书馆，1913：编辑大意.

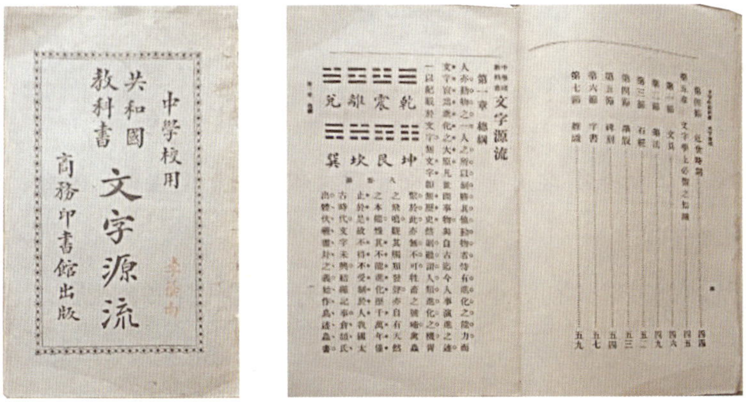

2-1-24

图2-1-24 《（中学校用）共和国教科书文字源流》，商务印书馆，1919年版

《（中学校用）共和国教科书文字源流》的编撰是因为教育部规定“中学第二年国文科兼授文字源流，除讲读作文外，每周约占一时”[1]。全书共一万余字，“以全年四十周计，每周约授三百字”[2]。这本教科书呈现上自太古，下及近世的文字源流，探究古人造字之义，以及历代字体之变迁，“叙次六书解释字形，悉依许慎说文”[3]，对于引用他种书籍，则在参考书中详释。

5. 王梦曾编纂《（中学校用）共和国教科书中国文学史》

1914年8月，王梦曾编纂《（中学校用）共和国教科书中国文学史》一册，蒋维乔校订，上海商务印书馆出版，配套有《共和国教科书中国文学史参考书》。

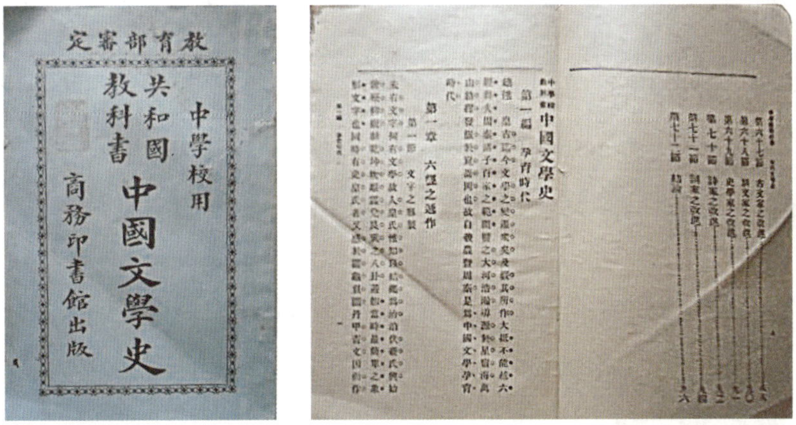

2-1-25

图2-1-25 《（中学校用）共和国教科书中国文学史》，商务印书馆，1919年版

《（中学校用）共和国教科书中国文学史》编撰源于教育部规定“中学第四学年国文科兼授中国文学史，除讲读作文等外，每周约占一时”[4]。这本教科书依据文学变迁之大势，划分为四编，又于每编之内，分期叙述，以文为主体，史学、小说、诗词、歌曲等为附庸，并且说明“采辑材料，载籍纂繁，不及观缕，惟涉于隐僻者，悉所屏弃”[5]。

[1] 张之纯，庄庆祥. 中学校用：共和国教科书文字源流[M]. 14版. 上海：商务印书馆，1919：编辑大意.
[2] 张之纯，庄庆祥. 中学校用：共和国教科书文字源流[M]. 14版. 上海：商务印书馆，1919：编辑大意.
[3] 张之纯，庄庆祥. 中学校用：共和国教科书文字源流[M]. 14版. 上海：商务印书馆，1919：编辑大意.
[4] 王梦曾. 中学校用：共和国教科书中国文学史[M]. 21版. 上海：商务印书馆，1919：编辑大意.
[5] 王梦曾. 中学校用：共和国教科书中国文学史[M]. 21版. 上海：商务印书馆，1919：编辑大意.

四、“女子”国文教科书

1. 戴克敦、蒋维乔、庄俞、沈颐编纂《（初等小学用）订正女子国文教科书》及庄俞、沈颐、樊炳清编纂《（女子高等小学校用）女子新国文》

1912年，戴克敦、蒋维乔、庄俞、沈颐编纂《（初等小学用）订正女子国文教科书》八册，上海商务印书馆出版。

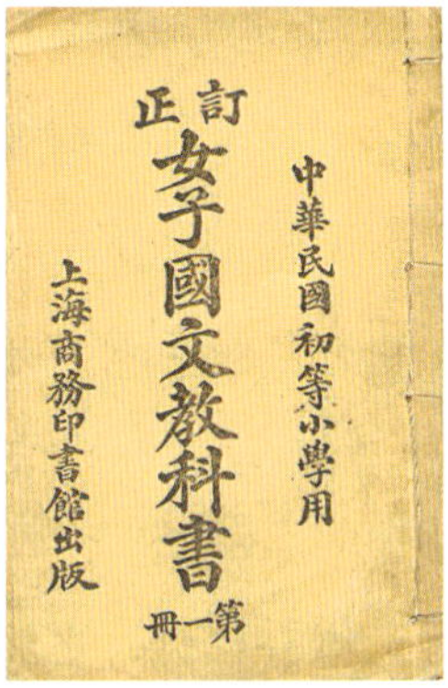

2-1-26

图2-1-26　《（初等小学用）订正女子国文教科书》第1册，商务印书馆，出版时间不详

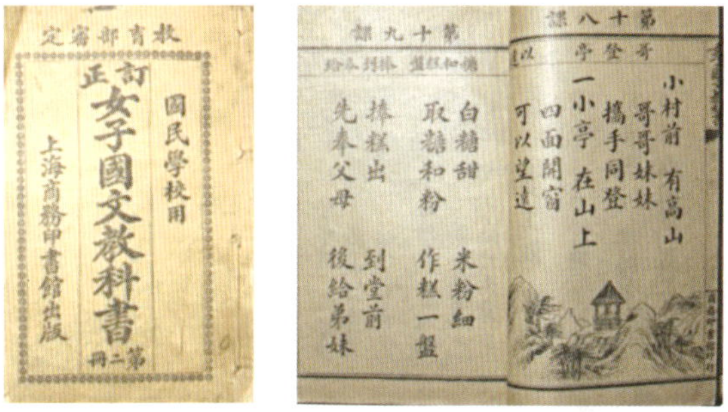

2-1-27

图2-1-27　《（国民学校用）订正女子国文教科书》第2册，商务印书馆，1920年版

这是将清末的教科书订正出版，仍然不采用古事和外国事，生字位于每课上栏，课文有练习，有插图。

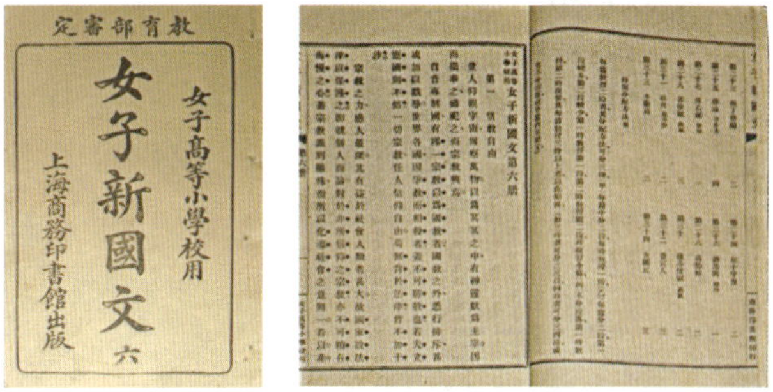

2-1-28

图2-1-28　《（女子高等小学校用）女子新国文》第6册，商务印书馆，1922年版

1912年11月，庄俞、沈颐、樊炳清编纂《（女子高等小学校用）女子新国文》六册，高凤谦、张元济校订，上海商务印书馆出版。这套教科书配编有教授法。

《（女子高等小学校用）女子新国文》的教育部审定批词是："是书大半取材男子高等小学国文教科书，而益以女子教材。前二册较彼书程度稍浅，似尚适用……（第一次批）。增删各课，均甚切当，准作女子高等小学校学生用书（第二次批）。"[1]

2. 沈颐、范源廉、杨喆编《（高等小学）女子国文教科书》及沈颐编《（国民学校用）女子国文教科书》

1914年8月，沈颐、范源廉、杨喆编《（高等小学）女子国文教科书》六册，上海中华书局出版。

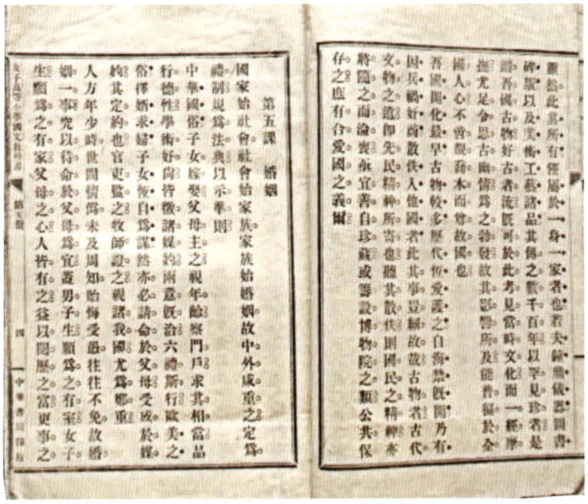

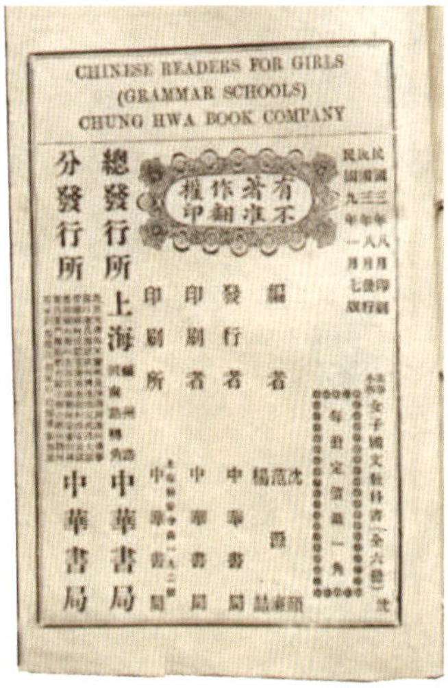

2-1-29

图2-1-29 《（高等小学）女子国文教科书》，中华书局，1920年版

《（高等小学）女子国文教科书》遵照教育部订小学教则编写，针对女子特性、谋生所需，及生活上必需的知识技能选取内容。选材注重平易适用的内容，加入家事要项，以及和修身、历史、地理、理科、生活必需事项还有孔子言论、国民知识等内容，以记叙文为主，各种文体略备，并选有诗歌。每册40课，有插图，无课后练习。

1915年，沈颐编《（国民学校用）女子国文教科书》八册，范源廉阅，上海中华书局出版。

[1] 庄俞，沈颐，樊炳清，女子高等小学校用：女子新国文：第6册[M]. 8版. 上海：商务印书馆，1922：封三.

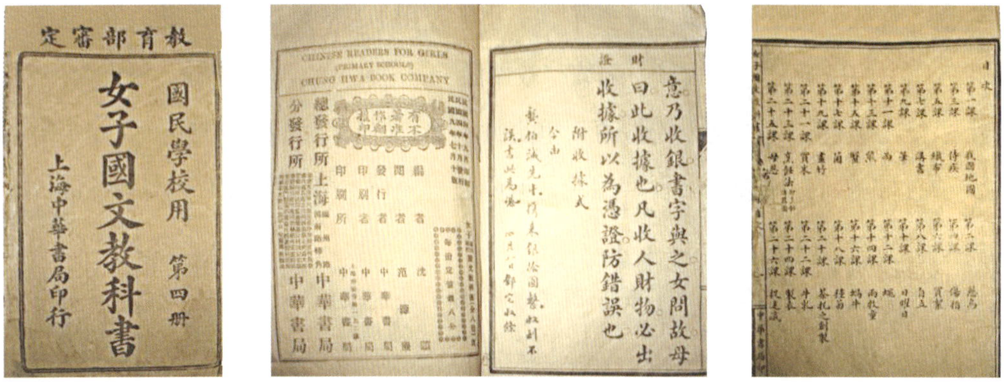

2-1-30

图2-1-30 《（国民学校用）女子国文教科书》第4册，中华书局，1920年版

3. 林任编纂《评注女子论说轨范》初集、二集

1918年3月，林任编纂《评注女子论说轨范》共两册，包括初集和二集，上海商务印书馆出版。

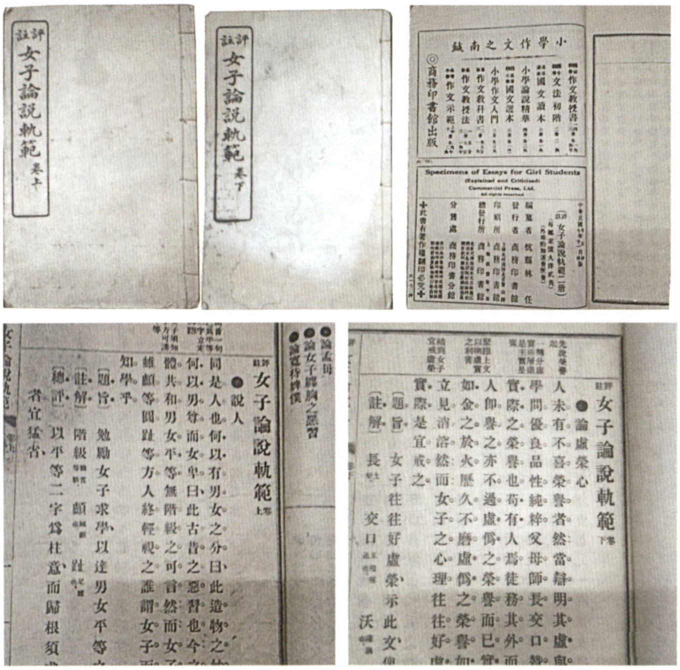

2-1-31

图2-1-31 《评注女子论说轨范》初集上、下卷，商务印书馆，1921年版

作者原编《评注论说轨范》为帮助小学生自主写作文，有《评注论说轨范》初集二册、二集三册。作者强调作文时命意措辞存在男女差别，又专门编撰两套女子作文教材《评注论说轨范》，注重女子应知事项，以及国民必具知识。

4. 诸维时编辑《注音女子白话文范》

1921年6月，诸维时编辑《注音女子白话文范》二册，孙宗苏校订，赵传璧校阅，上海会文堂书局印刷发行。

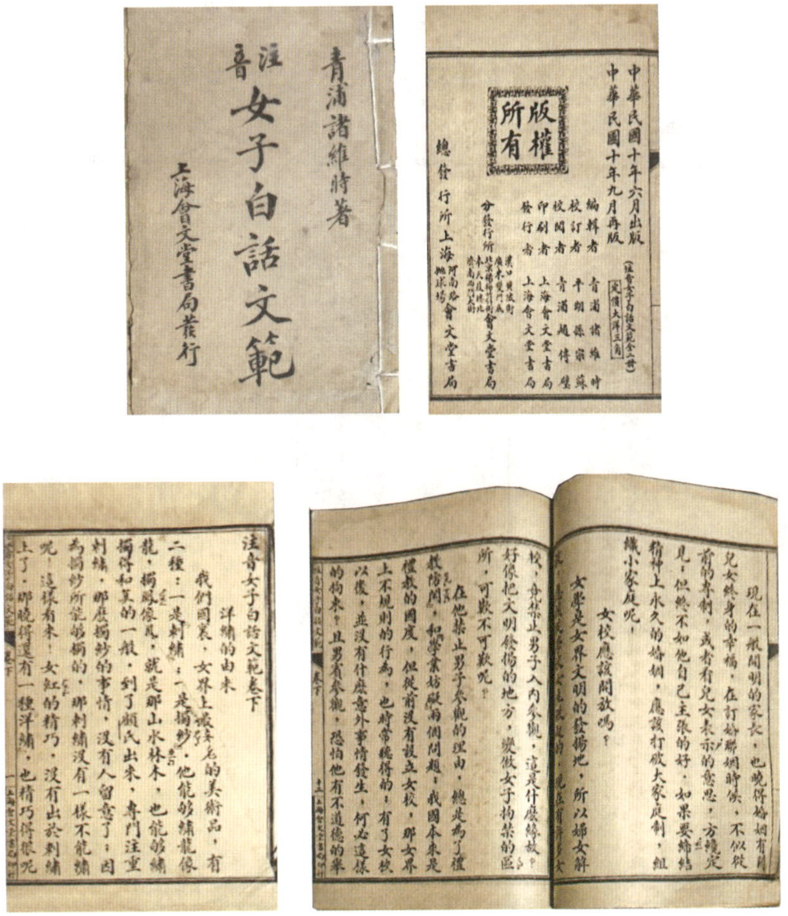

2—1—32

图2—1—32 《注音女子白话文范》卷下，会文堂书局，1921年版

《注音女子白话文范》选取与女子生活、学习及与社会相关的白话范文，如《救济妇孺会的成绩》《女校应该放假吗？》等，无练习，无插图。

五、“南侨”国语教科书

1. 陈抚辰编《南洋华侨国语教科书》

1912年12月，陈抚辰编《南洋华侨国语教科书》上、下二册，中华书局印刷，林木秀发行，振林公司总售，版权页明示“书经荷督注册，严禁翻印”。

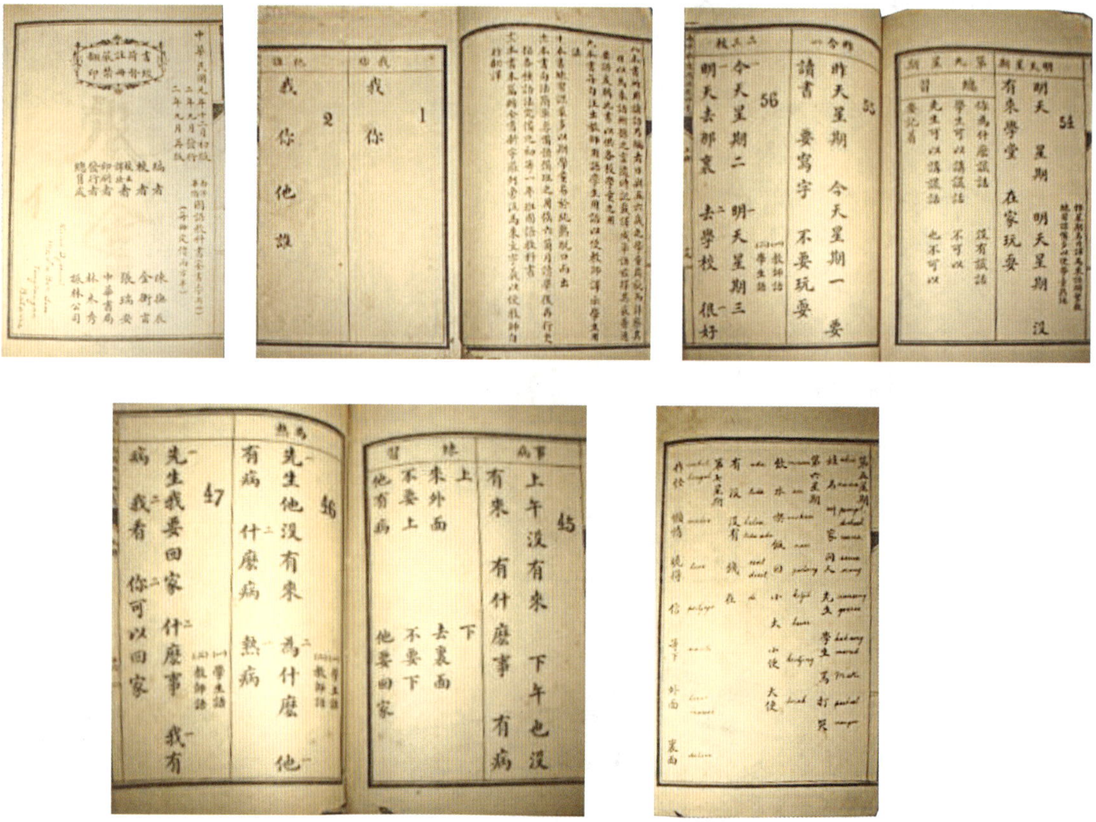

2-1-33

图2-1-33 《南洋华侨国语教科书》上册，中华书局，1913年版

《南洋华侨国语教科书》的“序”指出，编者“五年前曾编辑国语教科书四册，以备初等一、二年学生之用，其编旨注重译法，易于译成马来语者，语法各种语词全备选择南北省方言最易通行者，近于文理者，用法专择适于校中用语以及分类要语”[1]。这套教科书是为六七岁儿童预备班所编，每册60课，供3个月之用。这套教科书每课新字不超5个字，每句不超7个字。每3课设置一个练习，每6课设置一个总练习。出版后各校选用，通行数年。

2. 周肇华、李文渠编辑兼发行《民国南侨初等小学国语教科书》

所见1913年2月，周肇华、李文渠编辑兼发行的《民国南侨初等小学国语教科书》第二册。总代售处为泗水叶元泰号。这套教科书共12册。封二有“通俗字义音释表”。每课标题与生字均位于上栏，且有两课合编在一页，课后有练习，全书无插图。

[1] 陈抚辰. 南洋华侨国语教科书：上册[M]. 上海：中华书局，1912：序.

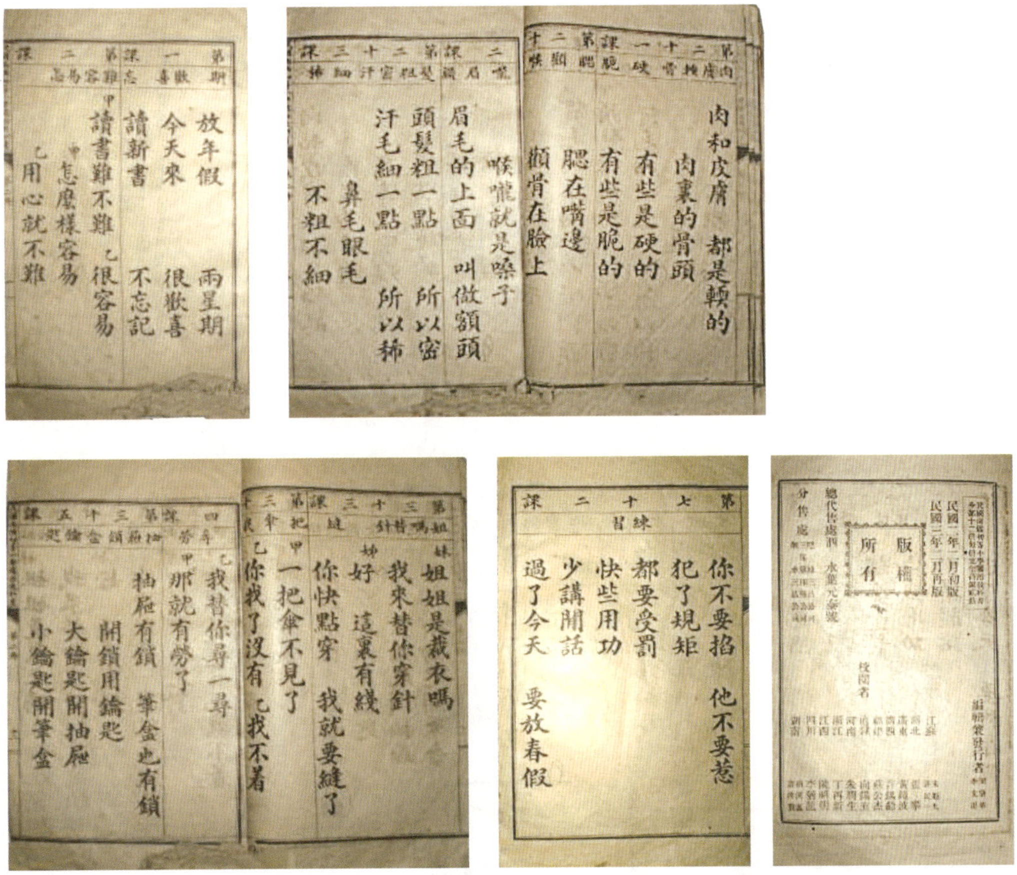

第一課
放年假 兩星期
今天來 很歡喜
讀新書 不忘記

第二課
甲讀書難不難 乙很容易
甲怎麼樣容易
乙用心就不難

第二十一課
肉和皮膚 都是軟的
肉裏的骨頭
有些是硬的
有些是脆的
腮在嘴邊
顴骨在臉上

第二十三課
喉嚨就是嗓子
眉毛的上面 叫做額頭
頭髮粗一點 所以密
汗毛細一點 所以稀
鼻毛眼毛
不粗不細

第三十三課
妹姐姐是裁衣嗎
我來替你穿針
姊好 這裏有綫
你快點穿 我就要縫了
甲一把傘不見了
乙你找了沒有 乙我找不着

第三十五課
乙我替你尋一尋
甲那就有勞了
抽屜有鎖
開鎖用鑰匙 筆盒也有鎖
大鑰匙開抽屜
小鑰匙開筆盒

第七十二課 練習
你不要掐 他不要惹
犯了規矩
都要受罰
快些用功
少講閒話
過了今天 要放春假

民國二年一月初版
民國二年二月再版
版權所有

2-1-34

图2-1-34 《民国南侨初等小学国语教科书》第2册，周肇华、李文渠编辑兼发行，1914年版

六、其他中小学国文教科书

（一）小学国文教科书

1. 四川教育司编纂《新编高等小学国文教科书》

南京临时政府成立后，锐意恢复和改革教育，四川地方当局和社会各界也多方筹划，通过积极有效的改革举措，四川教育得到迅速发展。1912年有学校9016所，学生250 525人，1913年有学校14 190所，学生341 197人[1]。

1912年11月，四川教育司编纂《新编高等小学国文教科书》六册，蔚成印书公司印刷，四川教育司印行。

[1] 何一民. 民初四川教育发展述论[J]. 四川师范大学学报，1990（1）：75.

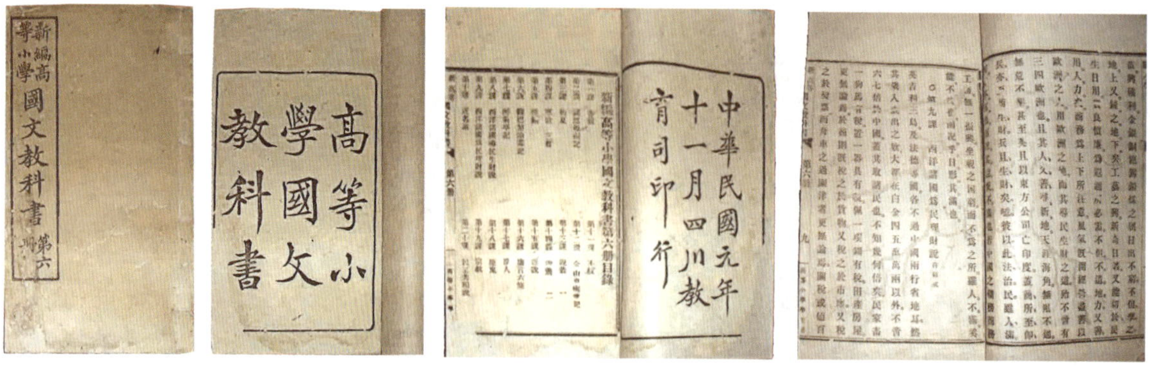

2-1-35

图2-1-35　《新编高等小学国文教科书》第6册，蔚成印书公司，1912年版

2. 胡仁清、刘景琨编辑《（高等小学校秋季始业）最新国文教科书》

1913年5月，胡仁清、刘景琨编辑《（高等小学校秋季始业）最新国文教科书》九册，上海国华书局出版。在第九册的版权页上校订者还有“包延辉”。

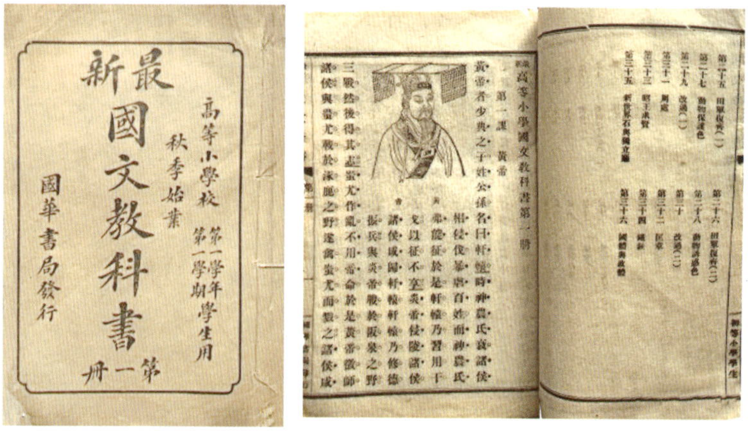

2-1-36

图2-1-36　《（高等小学校秋季始业）最新国文教科书》第1册，国华书局，1913年版

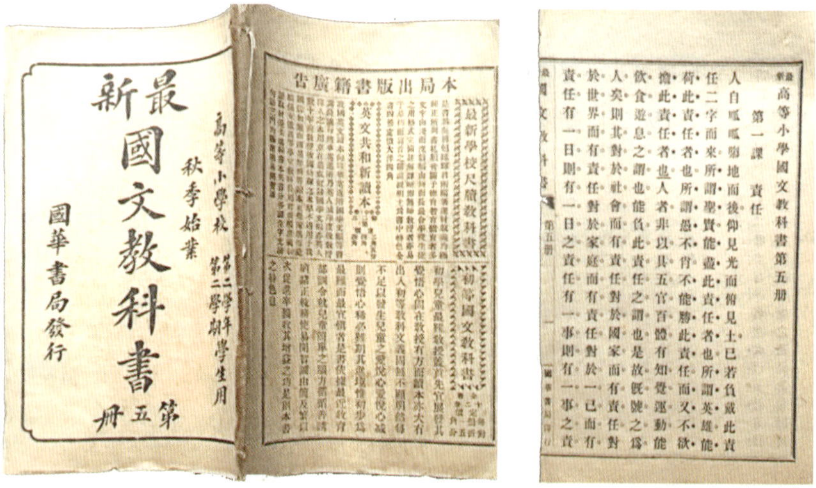

2-1-37

图2-1-37　《（高等小学校秋季始业）最新国文教科书》第5册，国华书局，1914年版

《（高等小学校秋季始业）最新国文教科书》注重国民应用各文体，在取材方面多选古今名人的著述。

3. 庄适、郑朝熙编纂《（初等小学）单级国文教科书》

1913年11月，庄适、郑朝熙编纂《（初等小学）单级国文教科书》十二册，高凤谦、陈宝泉、庄俞、张元济校订，上海商务印书馆出版。

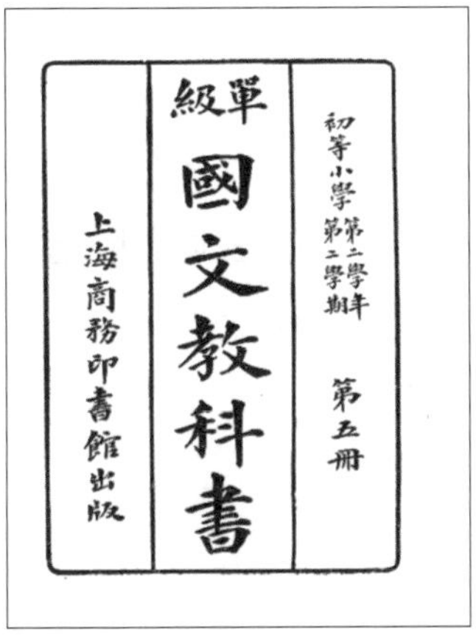

初等小學第二學年第二學期 第五冊

單級國文教科書

上海商務印書館出版

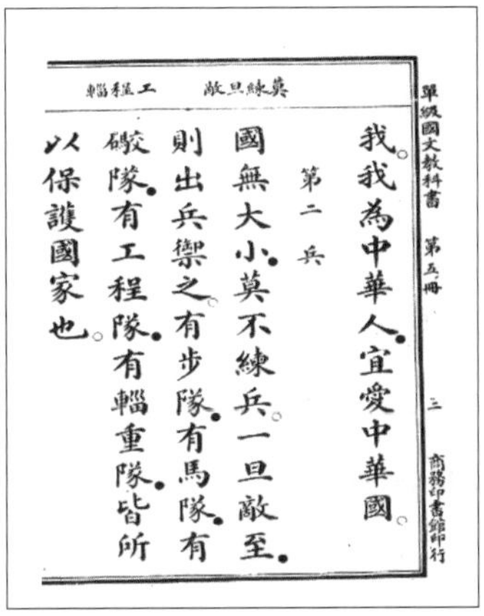

單級國文教科書 第五冊 三 商務印書館印行

莫練旦敵 工程輜重

我

我為中華人。宜愛中華國。

第二 兵

國無大小。莫不練兵。一旦敵至。則出兵禦之。有步隊。有馬隊。有礮隊。有工程隊。有輜重隊。皆所以保護國家也。

2-1-38

图2-1-38 《（初等小学）单级国文教科书》第5册，商务印书馆，1913年版

这套教科书供初等小学国文科一至四年级用，按照三学期分配，每学年分编三册。第一、第二、第三册适用于第一学年三个学期，第四、第五、第六册适用于第二学年三个学期，第七、第八、第九册适用于第三学年三个学期，第十、第十一、第十二册适用于第四学年三个学期。这套教科书选文涉及修身、游戏、常识、史地、政治、实业等，用浅近文言编写，多童谣儿歌式语言，口语化程度较高，具有一定的节奏感。前六册插图丰富，第七册开始插图数量减少，文字随学年增加而加深。生字位于课文上栏，无练习设计。

1914年7月的《（教育研究）实用主义问题（教育杂志第六卷临时增刊）》上载有“《单级国文教科书/教授书》各十二册”和教育部审定批词：“编纂均甚合法（以上教科书教授法各第一册批），编纂材料选择适宜，文字亦浅显合度（以上教科书第二、第三册批），是书继续前册编纂，材料字句均颇妥适，程度亦相衔接（以上教科书第四、第五、第六册批）。”[1]

（二）中学国文教科书

1. 林纾评选、许国英编《重订中学国文读本》

1913年，林纾评选、许国英编《重订中学国文读本》八册，上海商务印书馆出版。

[1] 朱元善. 教育研究：实用主义问题：教育杂志第六卷临时增刊[M]. 上海：教育杂志社，1914：广告页.

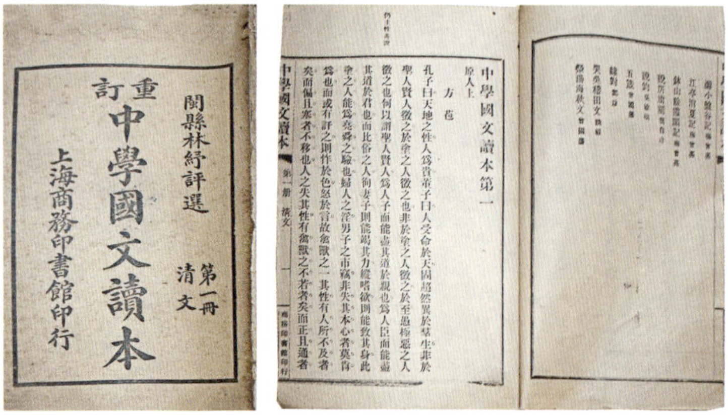

2-1-39

图2-1-39 《重订中学国文读本》第1册，商务印书馆，1913年版

由于中学改为四年，许国英将1908年初版的《中学国文读本》重订为八册，仍然强调“所选之文，各类略备，使读者稍知其门径”[1]，并且说明，“本书次序，自清代上溯元明而宋而唐而六朝以至于秦汉三国，由近及远，由浅及深，循序渐进”[2]。

2. 吴曾祺编辑、许国英编《重订中学国文教科书》

1913年，吴曾祺编辑、许国英编《重订中学国文教科书》四册，上海商务印书馆出版。

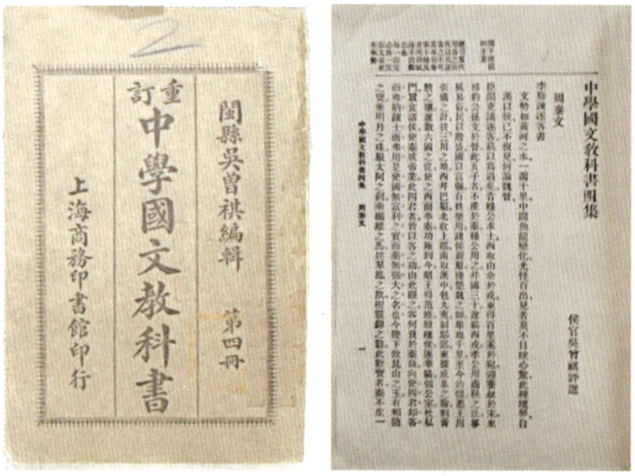

2-1-40

图2-1-40 《重订中学国文教科书》第4册，商务印书馆，1914年版

《重订中学国文教科书》分为四册，明清为第一册，五代宋金元为第二册，自晋及唐为第三册，周秦汉魏为第四册。

中华民国初期，在资产阶级教育改革背景下，中小学设“国文”一科，以“国文”冠名中小学教科书成为中国语言文学教学用书名称的统一形式。小学国文教科书在内容上不仅建构了字、词、句、篇的基本知识，更是明确突出了对于“共和精神”的强烈启蒙诉求，大量呈现崇尚自由、民主政治等国民知识。中学国文教科书则较为关注中华传统经史文学篇目的选取与编排，不断强调由浅入深，精彩博收，同时以求编例上的创新。

[1] 许国英. 重订：中学国文读本：林纾评选：第1册[M]. 上海：商务印书馆，1915：凡例.

[2] 许国英. 重订：中学国文读本：林纾评选：第1册[M]. 上海：商务印书馆，1915：凡例.

第二节
社会思潮与国文教科书改革

中华民国初年，在对如何培植“共和国健全的国民”的关注中，教育部推行通俗教育、义务教育及复古教育。与此同时，以实用主义、自学辅导主义教育为代表的新教育思潮成为中小学教育实践关注的重点。伴随着教育改革全面展开，国文教科书编撰出版。

一、教育部推行通俗教育、义务教育及复古教育

1912年1月29日，教育部通电各省都督府筹办社会教育，强调“惟社会教育，亦为今日急务。入手之方，宜先注重宣讲”[1]。教育部在普通、专门二司外特设社会教育司，以通俗教育为中心的社会教育事业发展起来。1912年教育部筹设北京通俗教育调查会，并于1913年3月成立。1912年4月，唐文治等发起组织通俗教育研究会，借设事务所于江苏教育总会，推定黄炎培、沈心工等人为理事。5月，章太炎、于右任、王正廷、张謇等人在上海成立通俗教育研究会，“以研究通俗教育设施方法，为普通人民灌输常识，培养公德，并发启有关社会教育之各事物为宗旨”[2]。11月，陈宝泉、祝椿年等组织成立北京通俗教育会，获得教育部拨款，先后设露天学校七处。同年，伍达等人组织中国通俗教育研究会，后改名为中华通俗教育研究会，开始研究和推广通俗教育。1914年12月，教育部整理教育方案草案，明确“通俗之社会教育，以补充群众道德及常识为目的”[3]。1915年7月，教育总长汤化龙呈请设立通俗教育研究会，强调“国家之演进，胥视人民智德之健全，而人民智德之健全，端赖一国教育之普及。而考求教育普及之方法，学校而外，尤借有社会教育以补其所不逮”[4]。9月，教育部设立通俗教育研究会，颁行《通俗教育研究会章程》，明确“以研究通

[1] 教育部. 通电各省都督府筹办社会教育[J]. 教育杂志，1912，3（10）：69.

[2] 于右任等. 发起通俗教育研究会宣言[N]. 时报，1912-5-6.

[3] 教育部. 1914年12月教育部整理教育方案草案[A]//朱有瓛. 中国近代学制史料：第3辑上册[M]. 上海：华东师范大学出版社，1990：42.

[4] 佚名. 呈拟设通俗教育研究会缮具章程预算表给予拨款开办请鉴文并批令[J]. 教育公报，1915，2（4）：6-7.

俗教育事项、改良社会、普及教育为宗旨”[1]。

在学校教育方面，教育部不断推行义务教育。1913年10月，教育部拟定强迫教育办法，1914年2月19日，教育部发布筹办普及教育训令，规定初等小学为义务教育，以普及为旨归。为达普及教育之目的，在办初等小学的同时，应筹办半日制学校，发展校外教育。1914年2月19日，教育部颁布《半日学校规程》，修业期限为三年，入学年龄为十二至十五岁，招收对象为未入初等小学校者，但已入初等小学校而辍业者亦可插入相应班次。半日学校科目及每周授课时数为18学时，即“修身一学时，国文十二学时，算学三学时，体操二学时”[2]。教学所需教材“由校长就教育部审定图书内择用之，在此项图书未审定以前，适用初等小学教科书”[3]。1914年12月，《教育部整理教育方案草案》第一条“确定义务教育年限，明白宣示，使地方知建学为对于国家之责任”[4]。1915年1月，袁世凯颁行《特定教育纲要》之“总纲”第一条指出：“施行义务教育，宜规划分年筹备办法，务使克期成功以谋教育之普及。”[5]1915年4月，第一届全国教育会联合大会议决案之一《请将义务教育列入宪法案》提出：“吾国民俗窳陋，欲谋教育之普及，情格势禁，著手殊难。……惟有仿普鲁士、丹麦、瑞士、葡萄牙诸国之先例，将义务教育定之于宪法条文中，则于吾国教育前途所裨实巨。”[6]

1915年7月，教育部公布《国民学校令》《高等小学校令》（于1916年10月修正），要求“从前设立之初等小学校，一律改称国民学校”[7]。国民学校修业期限为四年，“施行国家根本教育，以注意儿童身心之发育，施以适当之陶冶，并授以国民道德之基础及国民生活所必需之普通知识技能为本旨”[8]，教学科目为修身、读经（修正案删此二字）、国文、算术、手工、图画、唱歌、体操，女子加课缝纫。高等小学校修业年限为三年，“以增进国民学校之学业，完成初等普通之教

[1] 教育部. 1915年7月教育部公布通俗教育研究会章程[A]//朱有瓛. 中国近代学制史料：第3辑下册[M]. 上海：华东师范大学出版社，1992：697.

[2] 教育部. 1914年2月教育部公布半日学校规程[A]//朱有瓛. 中国近代学制史料：第3辑下册[M]. 上海：华东师范大学出版社，1992：696.

[3] 教育部. 1914年2月教育部公布半日学校规程[A]//朱有瓛. 中国近代学制史料：第3辑下册[M]. 上海：华东师范大学出版社，1992：696-697.

[4] 教育部. 1914年12月教育部整理教育方案草案[A]//朱有瓛. 中国近代学制史料：第3辑上册[M]. 上海：华东师范大学出版社，1990：30.

[5] 教育部. 1914年2月教育部公布半日学校规程[A]//朱有瓛. 中国近代学制史料：第3辑下册[M]. 上海：华东师范大学出版社，1992：43.

[6] 教育部. 1914年2月教育部公布半日学校规程[A]//朱有瓛. 中国近代学制史料：第3辑下册[M]. 上海：华东师范大学出版社，1992：324.

[7] 教育部. 1914年2月教育部公布半日学校规程[A]//朱有瓛. 中国近代学制史料：第3辑下册[M]. 上海：华东师范大学出版社，1992：134.

[8] 教育部. 1914年2月教育部公布半日学校规程[A]//朱有瓛. 中国近代学制史料：第3辑下册[M]. 上海：华东师范大学出版社，1992：128.

育为宗旨”[1]，教学科目为修身、读经（修正案删此二字)、国文、算术、本国历史、地理、理科、手工、图画、唱歌、体操，男子加课农业，女子加课家事。1915年11月，教育部公布《预备学校令》，主张小学采双轨制。[2]预备学校附设于中学校，“以注意儿童身心之发达，施以初等普通教育，预备升入中学为本旨”，修业年限“分为前后两期，前期为四年，后期为三年”[3]。预备学校“前期之教科目，为修身、读经、国文、算术、手工、图画、唱歌、体操，女子加课缝纫。其后期之教科目，为修身、读经、国文、算术、本国历史地理、理科、手工、图画、唱歌、体操，男子加课外国语，女子加课家事”[4]。

1913年，袁世凯发布《注重德育整饬学风令》，提出“共和国体必养成人民优美高尚之风，而后自由平等，方能以法律为范围”[5]。同年10月，《天坛宪法草案》规定“国民教育，以孔子之道为修身大本”[6]。1914年4月，袁世凯颁发《维持学校令》，认为十余年来学校教育“于锻炼气质，尊重道德之精神教育，非徒玩弛，甚或背驰”[7]。同年5月，教育总长汤化龙在《上大总统言教育书》中论述“孔子为人伦师表，历代均致尊崇”“深维孔子之道，最切于伦常日用，为举国所敬仰，其言行多散见于群经”等观点，提出“孔子之道”“正人心而扶国本”[8]。袁世凯对此大加赞赏，让教育部修订修身、国文教科书。1914年6月，教育部《饬京内外各学校中小学修身及国文教科书采取经训务以孔子之言为旨归文》，明确“国民教育以国民道德为根本，国民道德之渊源肇于国民特性而集其成于出类拔萃之模范人物也”，中国“表示于世界各国而为我国教育上之模范者，莫大于孔子”，因此要求“嗣后各书坊各学校教员等编纂修身及国文教科书，采取经训务以孔子之言为旨归，即或兼及他家亦必择与孔子同源之说。从前业经审定发行之本，如有违背斯义或漏未列入者，并即妥慎改订呈部审查，以重教育。各中小学校教员讲解修身或国文时，间有征引孔子言行之处并各依于生徒年龄程度循序演进，更端指导，务令浅深各有所得，信仰积于无形。率此以往，甄陶熏育，迪其所固有，补其所不及”[9]。

[1] 教育部. 1914年2月教育部公布半日学校规程[A]//朱有瓛. 中国近代学制史料：第3辑下册[M]. 上海：华东师范大学出版社，1992：134-135.

[2] 编者的话：1916年10月，此令与教育纲要一并撤销。已设置预备学校，依照地方情形废止或变更。学生发给证书，转入相当学校肄业。此令公布仅一年，影响不大，但为明令公布双轨制之始。

[3] 教育部. 1915年11月教育部公布预备学校令[A]//朱有瓛. 中国近代学制史料：第3辑上册[M]. 上海：华东师范大学出版社，1990：137.

[4] 教育部. 1915年11月教育部公布预备学校令[A]//朱有瓛. 中国近代学制史料：第3辑上册[M]. 上海：华东师范大学出版社，1990：138.

[5] 大总统令. 注重德育整饬学风[J]. 教育杂志，1913，5（4）：25.

[6] 陈学恂. 中国近代教育大事记[M]. 上海：上海教育出版社，1981：247.

[7] 大总统. 维持学校令[J]. 教育杂志，1914，6（1）：3.

[8] 陈学恂. 中国近现代教育史教学参考资料：中册[M]. 北京：人民教育出版社，1987：202-203.

[9] 1914年6月教育部饬京内外学校中小学修身及国文教科书采取经训务以孔子之言为指旧文[A]//朱有瓛. 中国近代学制史料：第3辑上册[M]. 上海：华东师范大学出版社，1990：125-127.

1915年1月，袁世凯以大总统的名义颁行《特定教育纲要》，“申明教育宗旨，注重道德、实利、尚武，并运之以实用以命令颁布”[1]，并在“教育要言”中明确提出“各学校均应崇奉古圣贤以为师法，宜尊孔以端其基，尚孟以致其用……教科书宜采辑学案，以明尊孔尚孟之渊源”，强调“至教科书如历史国文等科，亦宜将宋明学案选择，编为课目，以明道统之源流。讲求心性之学，实教育国民必不可少之趋旨也”。而且“中学小学修身科国文科，应将诚心爱国尽责任重阅历之积极行为，与破坏、躁进、贪争之消极行为，编入德目，重量教授。一面准此以为训练，俾在受学时期养成其意志与惯性，以资涉世处事时之应用”[2]，明确“中小学校国文教科书除编定者外，应读《国语》《国策》，并选读《尚书》，……以增其政治之知识”[3]。

二、新教育思潮与国文科变化

1912年2月11日，蔡元培任教育总长后，发表《对于新教育之意见》，提出教育有两大别：曰隶属于政治者，曰超轶乎政治者，认为军国民主义、实利主义、德育主义三者隶属于政治之教育，世界观、美育主义为超轶政治之教育，五者，皆今日之教育所不可偏废者也。蔡元培指出，以教育家之方法衡之：军国民主义、世界观、美育，皆为形式主义，实利主义为实质主义，德育则二者兼之。[4]形式教育和实质教育是关于教学目的和任务的不同主张。形式教育强调教学的主要目的和任务是训练思维、增进智慧、发展能力，而不是传授知识，注重古典文、文法、数学、逻辑学等教学内容中对于字形、句法、章法、数和形的变化规则。实质教育主张学校课程应教授自然科学、历史、数学以及所有对现实生产、生活有用的知识，没有知识不能进行思维训练，大力发展实科中学。德国民主主义教育家第斯多惠主张：“经常追求形式的目的，或者同时追求形式和实质的目的；借助同一教材，应尽可能多方面地激发学生的心智，就是说：把知识和技能联系起来，迫使他去练习，直至所学会的东西成为他思想的下意识之流的财产为止！”[5]蔡元培留学德国，他认为“国语国文之形式，其依准文法者，属于实利，而依准美词学者，属于美感。其内容则军国民主义当占百分之十，实利主义当占其四十，德育当占其二十，美育当占其二十五，而世界观则当占其五”[6]。蔡元培将国语、国文位列“五育”落实于各科的首位，且在内容选择方面，强调与国民生

[1] 1914年6月教育部饬京内外学校中小学修身及国文教科书采取经训务以孔子之言为指旧文[A]//朱有瓛. 中国近代学制史料：第3辑上册[M]. 上海：华东师范大学出版社，1990：44.

[2] 1915年1月袁世凯：特定教育纲要[A]//朱有瓛. 中国近代学制史料：第3辑上册[M]. 上海：华东师范大学出版社，1990：46-47.

[3] 1915年1月袁世凯：特定教育纲要[A]//朱有瓛. 中国近代学制史料：第3辑上册[M]. 上海：华东师范大学出版社，1990：49.

[4] 蔡元培. 对于新教育之意见[A]. 临时政府公报，第13号，1912年2月11日.

[5] 张焕庭. 西方资产阶级教育论著选[M]. 北京：人民教育出版社，1979：357.

[6] 蔡元培. 对于新教育之意见[A]. 临时政府公报（第13号），1912-2-11.

计相关的实用知识所占比例最大。

中华民国初期，时任江苏省教育司司长黄炎培大力推行实用主义教育思想。1913年8月，他在《学校教育采用实用主义之商榷》一文中明确提出“以实用为目的，而设改良之方法”。他认为国文一科，“读本材料，全取应用的。作文力戒以论人论事命题，多令作记事、记物（记物置实物于前为题，或令写实景）、记言等体。尤多作书函（正式书函、便启、通告书均备)或拟电报。（书函兼授各种称谓，及邮政章程。电报兼授电码翻译法、电报价目表等。旧时‘宦乡要则’，今之‘官商快览’，以及坊间印售之日记册，附载各种，实包有无数适于应用之好资料。)习写各种契据式。书法注重行书。”这样进行教学，“即打破平面的教育，而为立体的教育。易言之，盖欲渐改文字的教育，而为实物的教育”[1]。黄炎培关于实用主义教育思想及其具体实施，引发教育界的讨论，《教育杂志》《中华教育界》《教育研究》等杂志登载大量讨论文章，实用主义教育思潮迅速兴起。1914年1月，顾树森在《实用主义生活教育设施法》中提出，要达到实用之目的，必须以生活二字为实用之标准。[2]1914年3月，杨保恒、黄炎培翻译日本学者竹原久之助所著《（实用主义）小学教育法》，并结合中国实际情况，强调“实用者，乃活用各种知识技能于实地”[3]，专门论述实用教育教材观，明确小学校教材“即以可为国民道德基础之知识技能为教材，及以生活所必需之知识技能为教材也”[4]。对于“国文”一科，分三章阐释了实用主义之读法观、作文观、书法观，以及相关设施、注意事项等。

当时教育界人士认为清末流行的赫尔巴特五段教学法机械呆板，提倡以自学辅导主义为代表的新教学方法。1913年，江苏省立第一师范附属小学主事俞子夷受江苏省教育司之命赴欧美考察师范教育和小学教育，接触到美国教育家麦克默里兄弟的《怎样自学与怎样教自学》，回国后在江苏省立第一师范开始了自学辅导法的教育实践探索。当时，江苏省立第一师范附属小学校成立有读法研究部，专门进行国文科读法的自学辅导探究。《国文科读法教授顺序说明书》指出：“教授难，教授国文更难。盖其他科学，各先进国已先我而研究之，教授之法浸备，不难翻译抄袭之以为己有。而国文则独辟蹊径，无所循轨，非自究不可。然自究不易言也。非积日累月不为功。我校国文教授，耗若干人之心思，积若干时之经验，始有所谓读法教授顺序者出。”[5]说明有五个教案已经在各年级试行，“采自学辅导主义，都为教案例五则，各级试行之，以己意相出入”[6]。1915年7月，潘文安在《教育研究》第二十三期发表《应用自学辅导主义之读法研究》，强调“国文科读法之自学辅导法，其要义不外预习（自习）、辅导（补正）、练习（复习）三种，斯皆所以发展儿童心意

[1] 黄炎培. 学校教育采用实用主义之商榷[J]. 教育杂志，1913，5（7）：57-59.

[2] 顾树森. 生活教育设施法[M]. 3版. 上海中华书局，1915：7.

[3] 杨保恒，黄炎培. 实用主义：小学教育法[M]. 南京：江苏省教育会研究部，1914：3.

[4] 杨保恒，黄炎培. 实用主义：小学教育法[M]. 南京：江苏省教育会研究部，1914：21.

[5] 江苏省立第一师范附属小学校读法研究部. 国文科读法教授顺序说明书[J]. 小学校，1915（3）：1.

[6] 江苏省立第一师范附属小学校读法研究部. 国文科读法教授顺序说明书[J]. 小学校，1915（3）：2.

之活动量者也。凡施行此种方法，必先调查儿童之经验界及思想界，已知者令发表之，未知者为启发之，知而未当或谬讹者矫正而补充之。此读法上自学辅导法之要义，而亦实施教授中所应有之手续也”[1]。自学辅导法在国文科的探索还有蒋昂的《自学辅导之书法教授》等。周予同曾说：“民国初年，小学教学法并没有什么进展，到了民国三四年（1914—1915年）以后，自学辅导主义输入，才由教师的教授转到儿童的学习。”[2]新教学方法的引入及其实验，直接影响到各学科教科书的编辑目标及编排内容等。

三、小学“普通”“实用”“新式”国文教科书

伴随着一系列教育政令颁布及新教育思潮的实践探索，以“普通”“实用”“新式”“通俗”冠名的中小学国文教科书编撰出版，如“商务印书馆最新编辑 小学实用教科书”广告中写道：“教育之道，以时势为转移。教科书为教育之主要品，尤当视教育之趋势，按时编辑。现今教育，方趋重实用主义，本馆有鉴于此，特遵新颁教育纲要与教育宗旨，编成小学实用教科书多种，陆续出版，实为近今最新最良之本。”[3]

1. 庄适编纂《（国民学校春季始业）普通教科书新国文》和谭廉编纂《（高等小学校春季始业）普通教科书新国文》

1915年12月，庄适编纂《（国民学校春季始业）普通教科书新国文》八册，上海商务印书馆出版。这套教科书配套编有教授法。

2-2-1

图2-2-1 《（国民学校春季始业）普通教科书新国文》第1册，商务印书馆，1915年版

[1] 潘文安. 应用自学辅导主义之读法研究[J]. 教育研究，1915，（23）：10.

[2] 陈学恂. 中国近代教育史教学参考资料：中册[M]. 北京：人民教育出版社，1987：447-448.

[3] 庄适. 国民学校春季始业：普通教科书新国文：第1册[M]. 41版. 上海：商务印书馆，1915：封3.

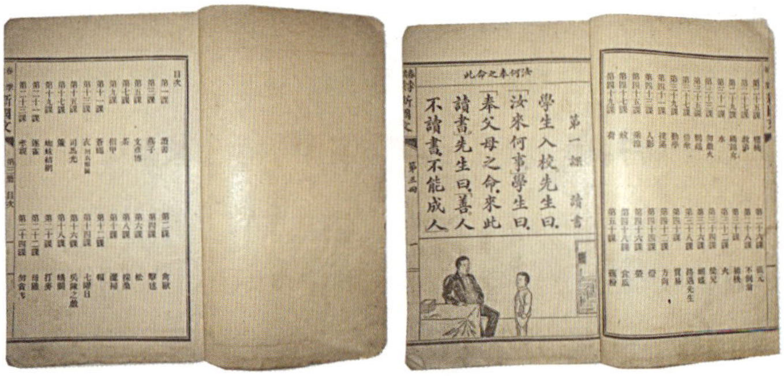

2—2—2

图2—2—2　《（国民学校春季始业）普通教科书新国文》第3册，商务印书馆，1915年版

2—2—3

图2—2—3　《（国民学校春季始业）普通教科书新国文》第6册，商务印书馆，出版时间不详

所见《（国民学校春季始业）普通教科书新国文》的“编辑大意”与《（初等小学春季始业）共和国教科书新国文》一样，课文及插图也是一致的。

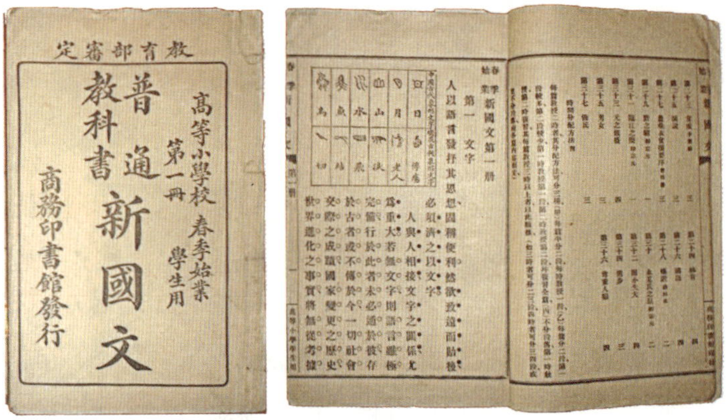

2—2—4

图2—2—4　《（高等小学校春季始业）普通教科书新国文》第1册，商务印书馆，1915年版

1915年12月，谭廉编纂《（高等小学校春季始业）普通教科书新国文》四册，上海商务印书馆出版，其“编辑大意”与《（高等小学校春季始业）共和国教科书新国文》基本相同，但略有改变，如“编辑大意”第一条改为“注重文字起源，以及其派别，使国民知国文之关系”。第二条是“注重道德、法律，养成国民优美之人格”[1]。而《（高等小学校春季始业）共和国教科书新国文》第一条则是“注重自由平等之精神，守法合群之德义，以养成共和国民之人格”[2]。谭廉在内容方面重点关注语言文字的学习，也注重“表章本国固有之国粹，以启发国民之爱国心”[3]。在取

[1] 谭廉. 高等小学校春季始业：普通教科书新国文：第1册[M]. 上海：商务印书馆，1915：编辑大意.

[2] 庄俞，沈颐. 高等小学校春季始业：共和国教科书新国文：第1册[M]. 29版. 上海：商务印书馆，1913：编辑大意.

[3] 谭廉. 高等小学校春季始业：普通教科书新国文：第1册[M]. 上海：商务印书馆，1915：编辑大意.

材方面，选录古今名人著作及历史、地理、理科材料，以有兴趣者为主，注重应用，且不与他科重复。

2. 北京教育图书社编纂《（国民学校学生用）实用国文教科书》《（高等小学校春季始业学生用）实用国文教科书》

1915年12月，北京教育图书社编纂《（国民学校学生用）实用国文教科书》八册，郑朝熙、邓庆澜、陈宝泉、王凤岐、秦同培校订，上海商务印书馆出版。这套教科书编有教授书。

这套教科书的教育部审定批词如下：

第一次批　查是书选择教材以及序次文字均注重实用方面，与标名相符，可供国民学校之用。

第二次批　查是书既经修改，准作国民学校教科用书。[1]

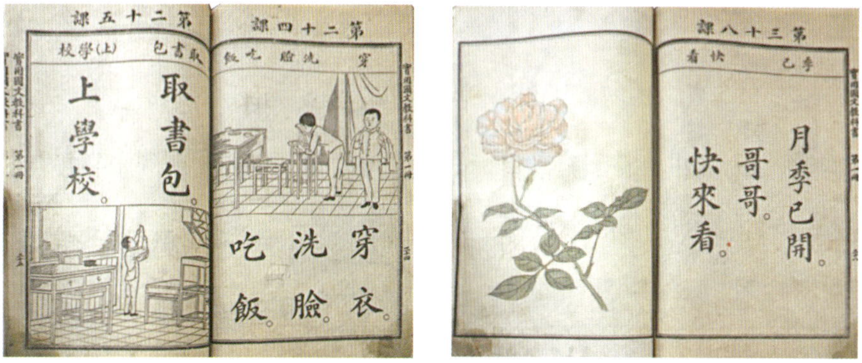

2-2-5

图2-2-5　《（国民学校学生用）实用国文教科书》第1册，商务印书馆，1915年版

《（国民学校学生用）实用国文教科书》明确为国民学校男女共用，且不论省域、乡村、市邑皆可适用。这套教科书特别多选书函、账单、收条、日记、契据、章程、广告等应用文，“期与实用之旨相合”。每册各课互相衔接，第三、第五、第七册的前面几课内容与之前相衔接的册之间知识相连贯，每册末附数课作为复习课，“如学期将终，授课或虞不足，使学生得以温故知新，如时间无余，可令学生自修之”[2]。第一、第二册课文插图多且为儿童日常之物。课文字体采用的是楷书，在应用书条等部分兼有行体。

[1] 北京教育图书社. 国民学校学生用：实用国文教科书：第1册[M]. 60版. 上海：商务印书馆，1915：封三.
[2] 北京教育图书社. 国民学校学生用：实用国文教科书：第1册[M]. 60版. 上海：商务印书馆，1915：编辑大意.

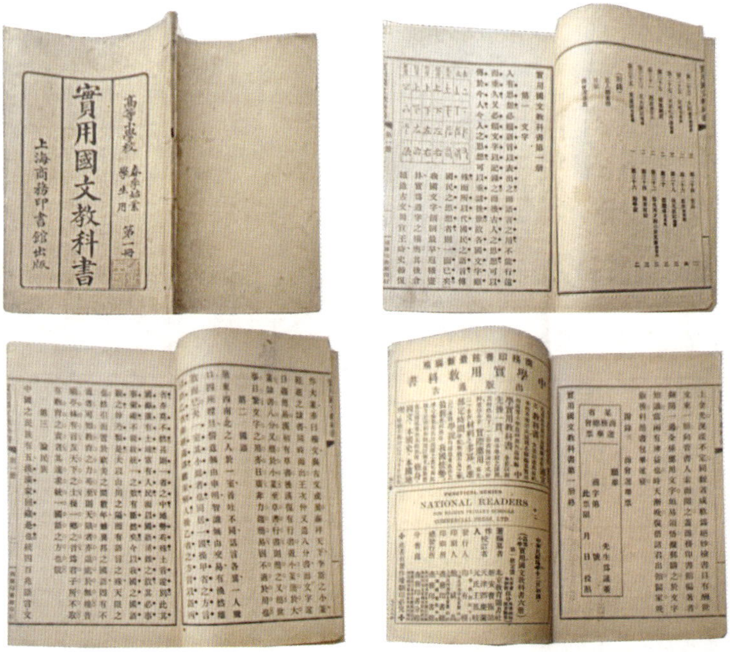

2-2-6

图2-2-6 《（高等小学校春季始业学生用）实用国文教科书》第1册，商务印书馆，1915年版

1915年12月，北京教育图书社编纂《（高等小学校春季始业学生用）实用国文教科书》六册，校订者杨游、曹振勋、邓庆澜、王凤岐、王言纶，上海商务印书馆出版。

《（高等小学校春季始业学生用）实用国文教科书》遵照教育部颁布高等小学校令及教育宗旨编纂，取材涉及修身、历史、地理、理科及国民必需之知识技能，“尤以文字之形式为要，凡事物之理趣，文章之法则，皆循序渐进，务使一体”。这套教科书每册课数不等，由三十多篇选文组成，每册都有介绍中外历史人物的篇章，“于国家真义及法政常识亦甚注重”。这套教科书选文既有成文，也有编者自撰，“各体文字，凡切于实用者略备”[1]。不同文体、不同内容的文章交错编排，没有明显的单元体系，但与主题相关的文章编在一起，各课文字，以点断句，以圈断节，以句分段。文章筋节处，则用连点，文章扼要处，则用连圈，“以期醒目”[2]。各课没有练习，有插图，“以能达文意而止，至于人物风景，又必力求精美，冀合美感教育”[3]。这套教科书在目次上列有“教授时数”，在每册课文后编有“附录”，如第一册“附录”有《托人购书启》《日记》《商会选举票》等应用文。

3. 陆费逵、沈颐、李步青、姚铭恩、戴克敦编《（国民学校用）新式国文教科书》及吕思勉编辑《（高等小学校用）新式国文教科书》

1916年1月，陆费逵、沈颐、李步青、姚铭恩、戴克敦编《（国民学校用）新式国文教科书》八

[1] 北京教育图书社. 高等小学校春季始业学生用：实用国文教科书：第1册[M]. 上海：商务印书馆，1915：编辑大意.

[2] 北京教育图书社. 高等小学校春季始业学生用：实用国文教科书：第1册[M]. 上海：商务印书馆，1915：编辑大意.

[3] 北京教育图书社. 高等小学校春季始业学生用：实用国文教科书：第1册[M]. 上海：商务印书馆，1915：编辑大意.

册，上海中华书局出版。这套教科书各册封面及内页、封底均为红色字体印刷。

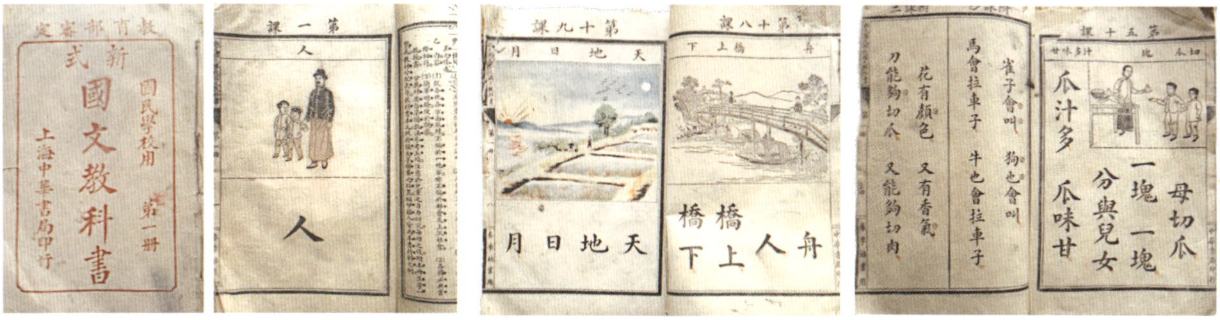

2-2-7

图2-2-7 《（国民学校用）新式国文教科书》第1册，中华书局，1923年版

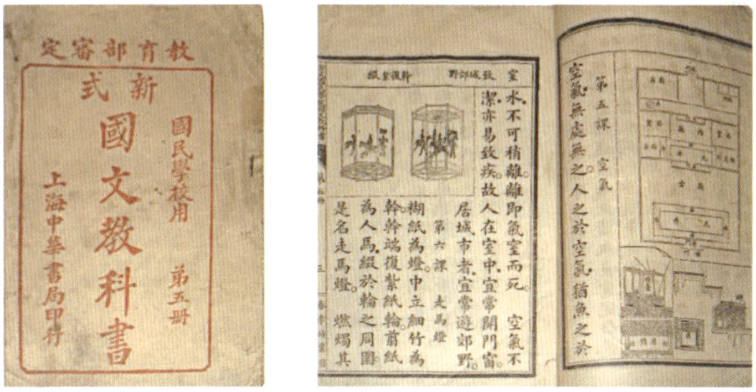

2-2-8

图2-2-8 《（国民学校用）新式国文教科书》第5册，中华书局，1922年版

《（国民学校用）新式国文教科书》的编辑宗旨明确："修炼儿童之语言；授与切于实用之文字、文章，养成发表思想之能力；培养国民之德性；启发智识。"这套教科书在内容材料选择上主要围绕道德教育、普通知识、美育三个方面展开。道德教育选用的材料包含经传精义、古书传说，以培养国民精神；还选用了一些名人轶事、良好的风俗习惯等。普通知识选用的材料包含公民知识、历史、地理、理科、实业。美育选用的材料包含自然界的美丽景色、美术、课文本身具有的文学兴趣。这套教科书选择2 500~3 000字，编排时先本义后旁义、先简笔后繁笔、先单体后合体、先言文一致后言文歧异，并且"辨别词性，分程采用"。教科书编有书信、收条、账目、柬帖、合同、股票、契约、章程、电报等实用性质的日用文。每册54课，其中正课50课，附课4课。附课是"纯用口语体，将与本册文言字相应之口语字，而又通行全国者，编入课中，其内容亦与本课教材联络"[1]。课文插图简单明了，丰富多样，主要功能在于"写课文情景，便于本文之说明；足引起儿童向往之情者；足引起儿童爱美之情者"[2]。

[1] 陆费逵，沈颐，李步青，等. 国民学校用：新式国文教科书：第1册[M]. 77版. 上海：中华书局，1923：编辑大意.
[2] 陆费逵，沈颐，李步青，等. 国民学校用：新式国文教科书：第1册[M]. 77版. 上海：中华书局，1923：编辑大意.

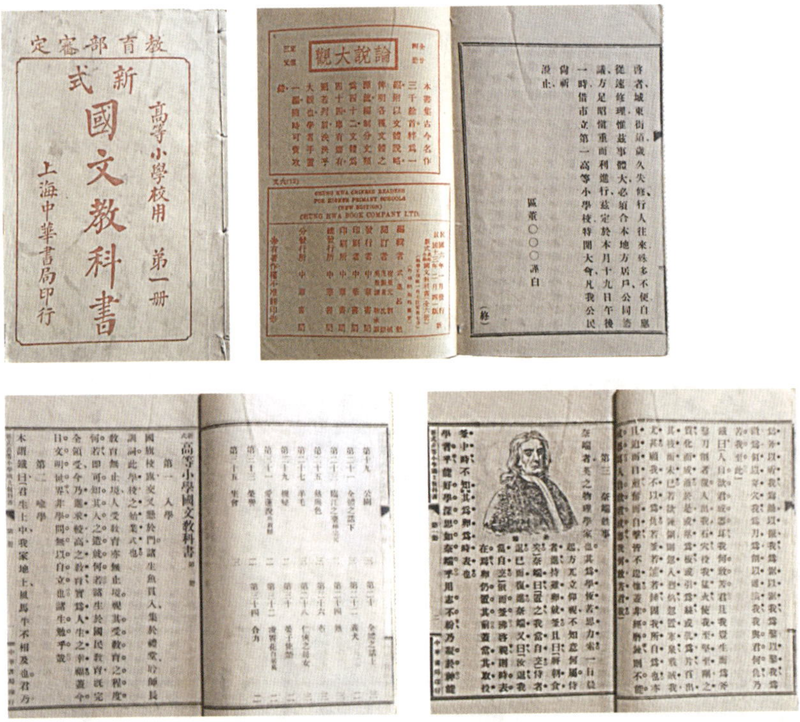

2-2-9

图2-2-9 《（高等小学校用）新式国文教科书》第1册，中华书局，1917年发行，1924年版

1917年1月，吕思勉编辑《（高等小学校用）新式国文教科书》六册，上海中华书局出版，崔景元、刘棫、范源廉、沈颐、吴景濂、鞠承颖阅订。这套教科书各册封面及内页、封底均为红色字体印刷。

《（高等小学校用）新式国文教科书》的编撰宗旨明确“授以切于实用之文字，养成发表思想之能力，修炼语言，辅导智德”[1]。这套教科书的内容材料重视实业事项及日用知识，避免与高等小学修身、历史、地理、理科等重复，而是“当补各科所缺”。注重文章在形式方面的明晰、势力、流畅，以及文章的排列及采择标准，表现为五个方面：“一、首顺叙法及平列法，次要总起法及总结法，次总起总结法。二、首记叙次说理，次议论次言情。三、语气之属于普通者居前，其特须注意者居后……。四、多采散文，间采明白流畅之韵文，借达美感教育之旨，至所采散文如记事、记物及日常应用之书简文等，采列最多，其契约、单据等，为国民学校国文教科书未能列入者，分附于课后，借便练习。五、行文之程式，如论辩、序跋、书说、赠序、传记以及记游、记物之作，无不甄采，而其选录之多少，排列之先后，则一以实质形式之深浅为衡，其箴铭、颂赞、词赋、哀祭之类，仅择其浅近易解者甄录一二，借示程式。”这套教科书在文体选用上有记叙文、议论文、说明文、韵文、书函、传记等，选文编排注重与时令和节气同步。各册课数不同，无单元设置，但内容上有关联的篇目连续编排。文章注重考证详确，有重点标识，有插图。课文使用的符号多样，“书中符号最要处用○○○○，次要处用●●●●，分句用“。”，分读用“、”，语言用“「」”，引用成语用，“『』”，语言中引用他语亦用“『』”。在教学方面，“注重于动的

[1] 吕思勉. 高等小学校用：新式国文教科书：第1册[M]. 41版. 上海：中华书局，1924：编辑大意.

教育法，期以养成儿童独立自营之实力”[1]。

4. 上海徐家汇圣教杂志社编辑《国民学校国文新课本》《高等小学国文新课本》

1914年，上海徐家汇圣教杂志社编辑《国民学校国文新课本》八册，上海徐家汇土山湾印书馆出版，不仅封面为彩色图案印刷，而且扉页、课文均为中英文印刷。

2-2-10

图2-2-10　《国民学校国文新课本》8册，徐家汇土山湾印书馆，1930—1940年

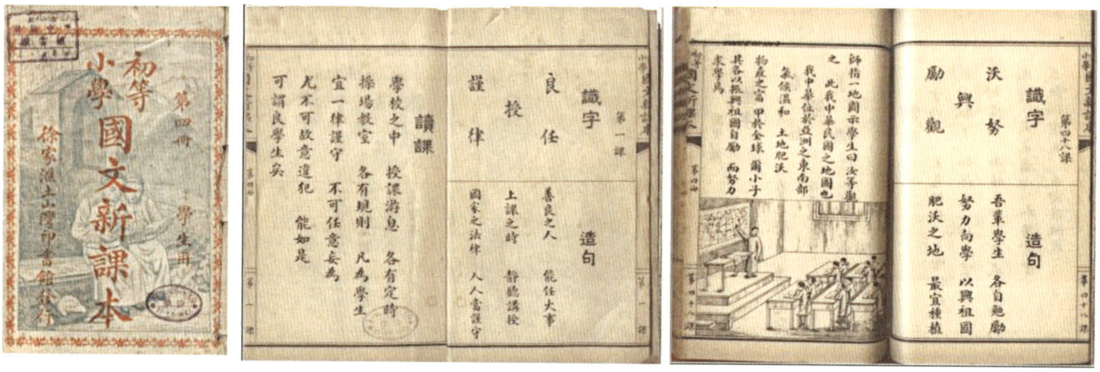

2-2-11

图2-2-11　《初等小学国文新课本》第4册，徐家汇土山湾印书馆，1915年版

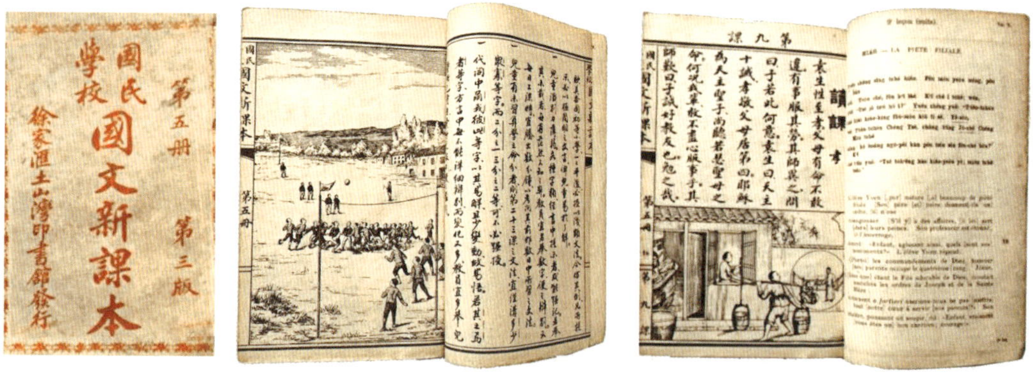

2-2-12

图2-2-12　《国民学校国文新课本》第5册，徐家汇土山湾印书馆，1920年版

[1] 吕思勉. 高等小学校用：新式国文教科书：第1册[M]. 41版. 上海：中华书局，1924：编辑大意.

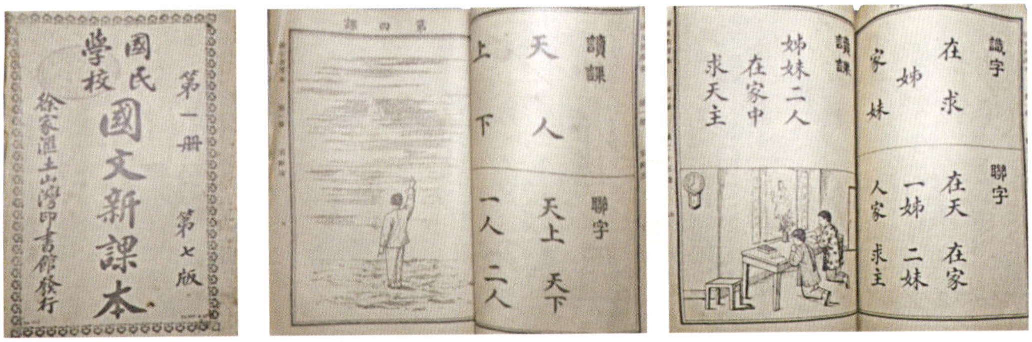

2-2-13

图2-2-13 《国民学校国文新课本》第1册，徐家汇土山湾印书馆，1931年版

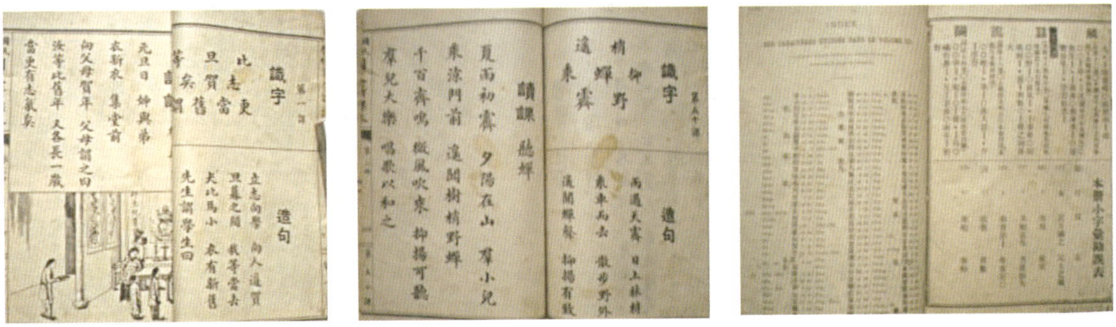

2-2-14

图2-2-14 《国民学校国文新课本》第3册，徐家汇土山湾印书馆，1921年版

这套教科书共400课，生字3100个。第一至第四册以单语及短文构成，第五、第六册编有文法，第七、第八册编有日用文章。每册后附有小字汇，以便于练习和应用。第一册编排有“识字”“联字”“读课”等内容，插图丰富。第七册课文编有“作文初步”“读课”等内容，无插图。

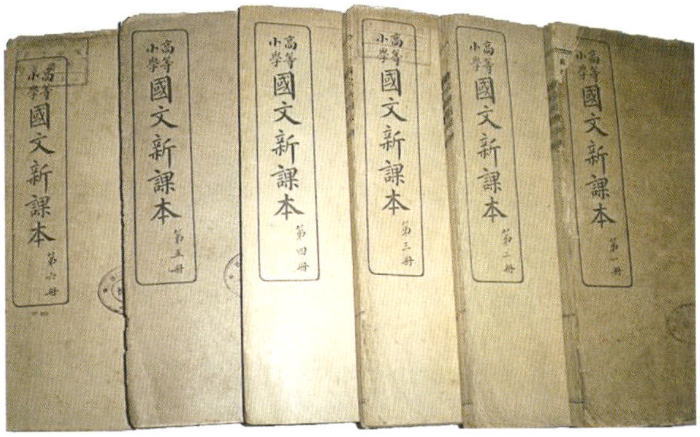

2-2-15

图2-2-15 《高等小学国文新课本》6册，徐家汇土山湾印书馆，1917年版

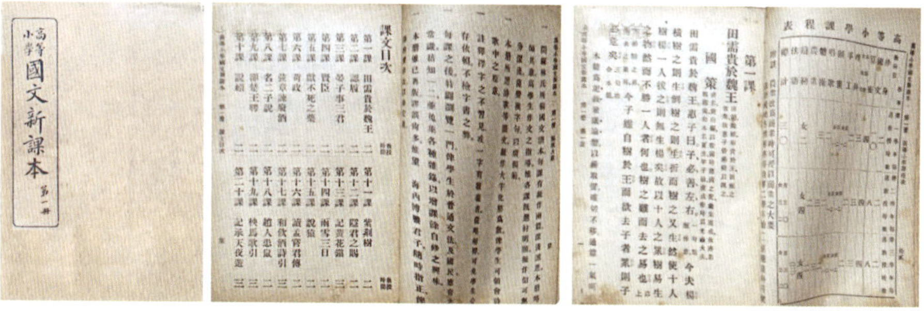

2-2-16

图2-2-16 《高等小学国文新课本》第1册，徐家汇土山湾印书馆，1920年版

1917年8月，上海徐家汇圣教杂志社编辑《高等小学国文新课本》六册，上海徐家汇土山湾印书馆出版。这套教科书前附耶稣会司铎潘谷声撰“序”，明确“国文之教材，又莫善于古文，如水之有源，木之有本，而莫能外焉”。这套教科书选择“纯正之古文”且“择其理明辞达浅而易解者加以评注”，以使儿童“而得以窥周秦以下诸家行文之法则”。各册均有“编辑大意”，强调选文及教授要求。在编排上，课文逐段加以说明，逐篇加以总评。在每课之后，“特辟浏览一门，俾学生于普通文法，及国民应有之常识，借知一二，并搜集各种杂录，以增课余自修之兴味”[1]。借鉴林纾编撰的高等小学国文读本体例，“每课有拟作两篇，深浅递进”。

四、“小学作文要书”系列

1914年，商务印书馆推出“小学作文要书”系列，包括《高等小学国文选本》《高等小学作文示范》《小学作文入门》《（国民学校用）最新作文教科书》等[2]。1919年商务印书馆推出《小学作文南针》，列有《评注文法津梁》《文法初阶》《浅深递进国文读本》《小学论说精华》《（高等小学）国文选本》《小学作文入门》《最新作文教科书》《最新作文教授法》《（高等小学）作文示范》。[3]其中，《小学文法初阶》审定为教员用书。在1924年商务印书馆“作文之好模范”广告中，分别印有“《注释文法津梁》三册，《（评点）学生文范》初编四册，《（小学）论说精华》四册，《评注论说轨范》初二集五册，《（小学）文法初阶》二册，《作文示范》上、中、下三册，《（小学）作文入门》三册”的广告语。明确说明学生用书的有两种，一是《评注论说轨范》“可备小学校生徒之用”，二是《作文示范》上、中、下三册“极合高等小学程度之用”。[4]

---

[1] 徐家汇圣教杂志社. 高等小学国文新课本：第1册[M]. 4版. 上海：徐家汇土山湾印书馆，1930：序.

[2] 王蓺. 小学文法初阶：卷上[M]. 3版. 上海：商务印书馆，1914：封2.

[3] 胡君复. 小学作文入门：三集[M]. 6版. 上海：商务印书馆，1919：封底.

[4] 范祥善，顾颉刚，叶绍钧. 初级中学用：新学制国语教科书：第2册[M]. 3版. 上海：商务印书馆，1924：广告页.

1. 王蕴编纂《小学文法初阶》

1914年1月，王蕴编纂《小学文法初阶》二册，庄庆祥校订，上海商务印书馆出版。

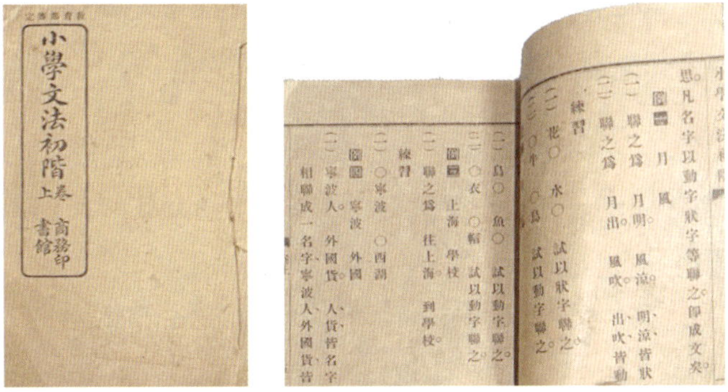

2-2-17

图2-2-17 《小学文法初阶》卷上，商务印书馆，1914年版

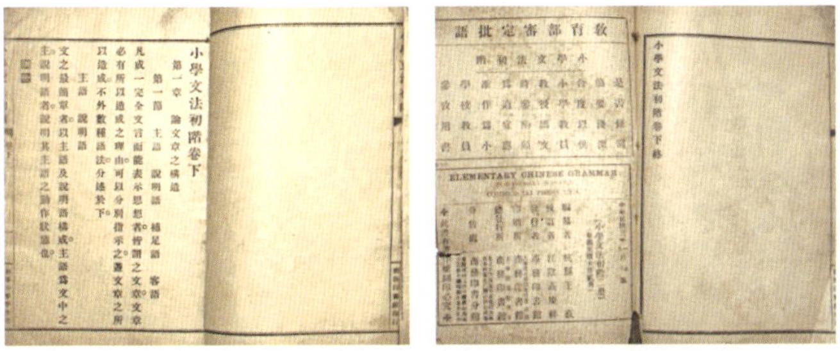

2-2-18

图2-2-18 《小学文法初阶》卷下，商务印书馆，1914年版

《小学文法初阶》对于字之辨别，句之成立，指示释例，反复求详，尤为注重虚字之探寻。在联字造句中，各题较易模仿。编排时不断出现范例与练习，并附有一定的说明。

2. 诸宗元评选《高等小学国文选本》

1914年2月，诸宗元评选《高等小学国文选本》六册，上海商务印书馆出版。

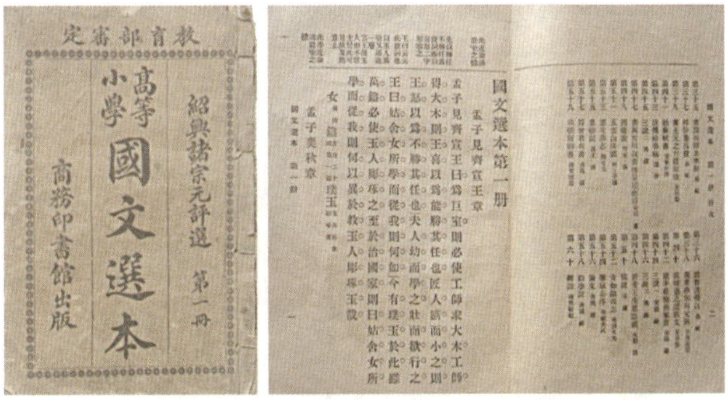

2-2-19

图2-2-19 《高等小学国文选本》第1册，商务印书馆，1916年版

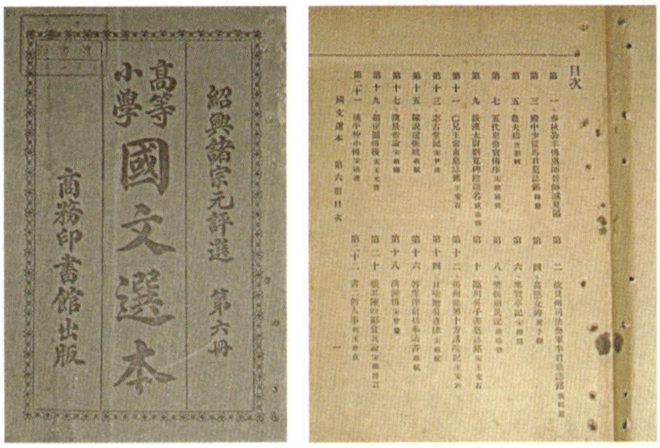

2-2-20

图2-2-20 《高等小学国文选本》第6册，商务印书馆，1914年版

《高等小学国文选本》选文320篇，所选各文据湘乡曾氏经史百家杂钞之例，间录经史，依照原本编辑而成，“多传志铭戒之文，则欲使读者振奋志意，陶冶道德，且与初学讲授作文方法，只可用具体的，不可用抽象的，故所甄采，悉依此例”[1]。课文使用圈点批评，对篇中注重之要点，均加说明于上。每篇后有引用与注释，文章佳处则圈识之，“皆以便学生自修时之研究也”[2]。

3. 秦同培、胡君复评选《小学作文入门》

1914年2月，秦同培、胡君复评选《小学作文入门》三集，上海商务印书馆出版。其中，秦同培评选《小学作文入门》初集，胡君复评选《小学作文入门》二、三集。

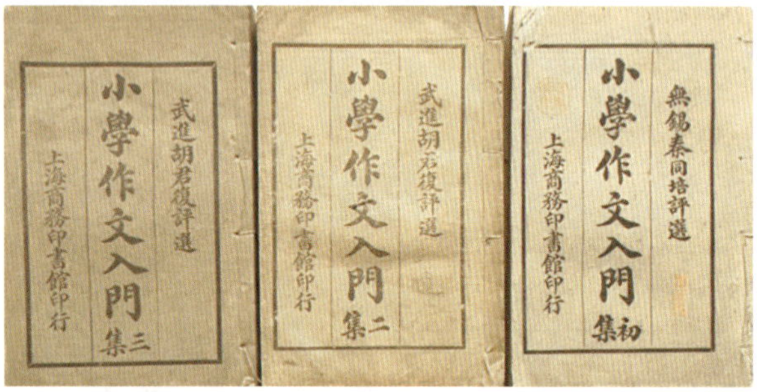

2-2-21

图2-2-21 《小学作文入门》初集、二集、三集，商务印书馆，1914年版

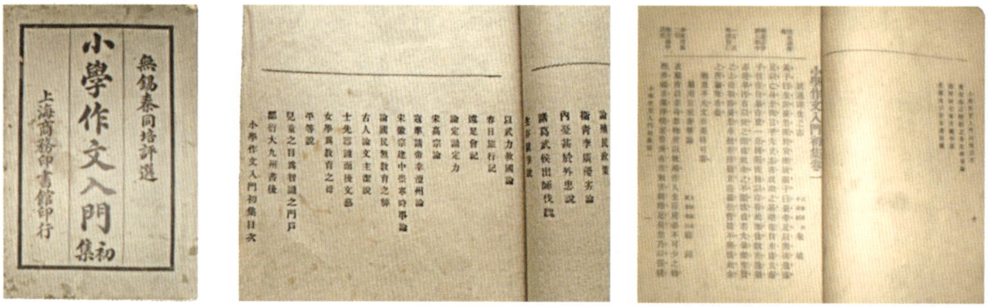

2-2-22

图2-2-22 《小学作文入门》初集，商务印书馆，1914年版

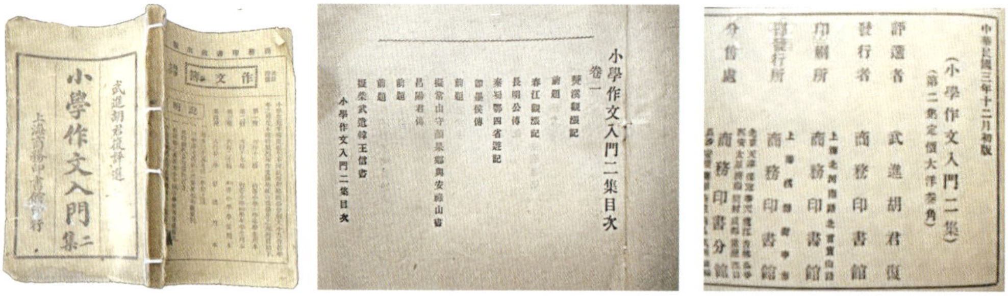

2-2-23

图2-2-23 《小学作文入门》二集，商务印书馆，1914年版

[1] 诸宗元. 高等小学：国文选本：第1册[M]. 4版. 上海：商务印书馆，1916：编辑大意.

[2] 诸宗元. 高等小学：国文选本：第1册[M]. 4版. 上海：商务印书馆，1916：编辑大意.

《小学作文入门》是学生的优秀作文选编，有上海尚公小学校等学生的记事及浅近之论文，并且兼取女子作文，以便女学生揣摩。编排以文章长短为先后，且不分类，“惟于各篇中评论谋篇布局之法，以醒读者之目”，对深奥字句，附以注释，故事则详加考据。有些文章同时呈现两篇，标题一致，“以见笔法之变化，开初学之思路”[1]。

4. 胡君复评选《小学论说精华》

1914年10月，胡君复评选《小学论说精华》四集，上海商务印书馆出版。

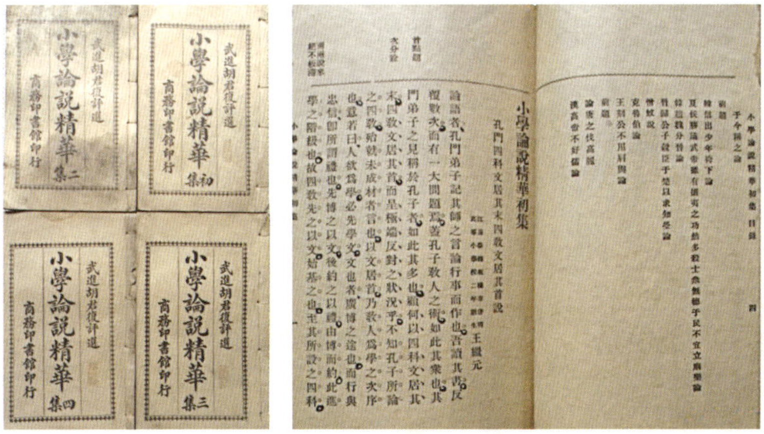

2-2-24

图2-2-24 《小学论说精华》初集、二集、三集、四集，商务印书馆，1914年版

《小学论说精华》“荟集海内男女各小学校成绩而拔其尤，将借以资观摩，示激劝，庶几所谓相观而善者欤”[2]。同一题目的佳作选两、三篇，所选皆学生原作，稍有增删，还特别说明与《小学作文入门》无重复。编者对原作加有评点。

5. 嵇毅复、李味青及宋文蔚编纂《高等小学作文示范》

1914年3月，嵇毅复、李味青及宋文蔚编纂《高等小学作文示范》三册，上海商务印书馆出版。其中，嵇毅复、李味青编纂《高等小学作文示范》上册，宋文蔚编纂《高等小学作文示范》中册、下册，胡君复校。

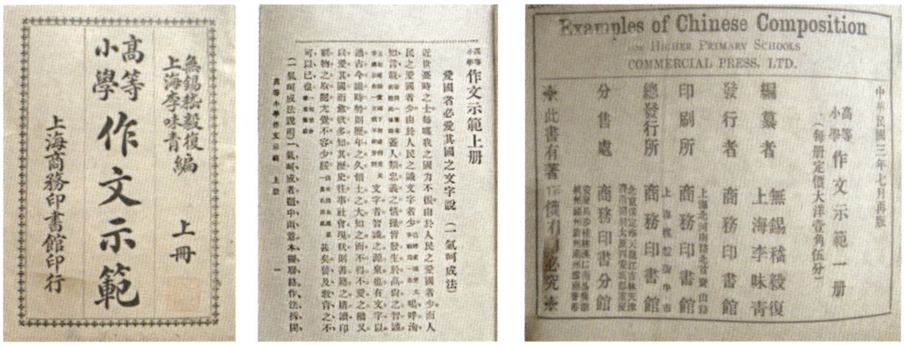

2-2-25

图2-2-25 《高等小学作文示范》上册，商务印书馆，1914年版

[1] 秦同培. 小学作文入门：初集[M]. 上海：商务印书馆，1914：例言.

[2] 胡君复. 小学论说精华：初集[M]. 上海：商务印书馆，1915：叙言.

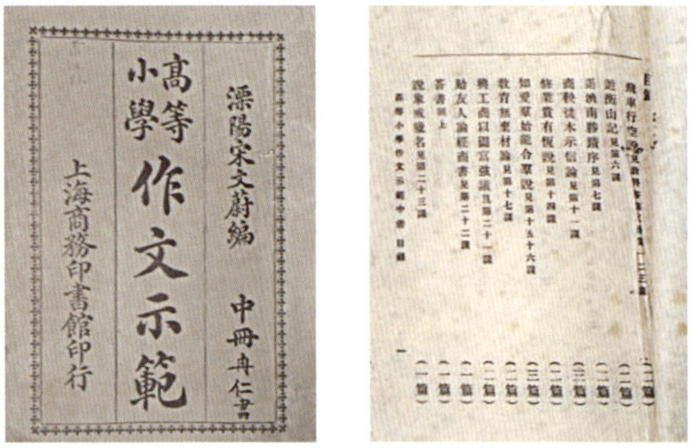

2-2-26

图2-2-26 《高等小学作文示范》中册，商务印书馆，1914年版

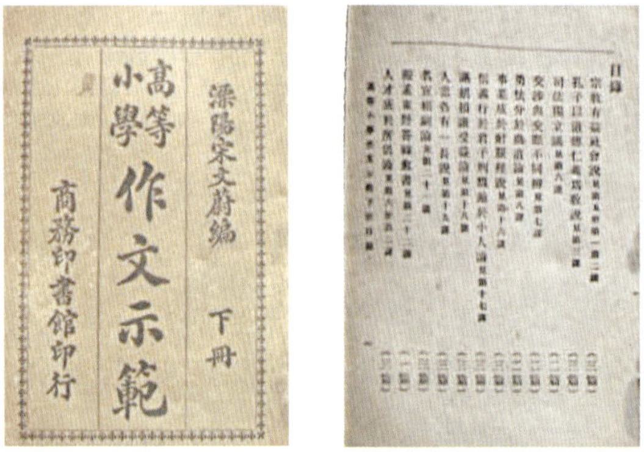

2-2-27

图2-2-27 《高等小学作文示范》下册，商务印书馆，1914年版

《高等小学作文示范》在“编辑大意”开篇说明编纂缘由：“学生作文，非经平日将文法详细研求，揣摩简练，不能收效。故本馆于国文之外，另编此项作文示范，以辅国文教科书及国文教授法之所不及。”因此，“本编为高等小学校学生作文应用之书，明示轨范，使学生易于领会，故定名为‘作文示范’”[1]。这套教科书以《（高等小学校用）共和国教科书》的课文为依据，撰成各种文体，“约举数题，每题或撰数篇或撰一篇程度相同，作法互异，并示以殊别之点，以为模范。”这套教科书呈现了各种文法程式，如论断、叙事、譬喻、引证、旁衬、反托、辩驳、翻腾等。

6. **戴克敦编《（国民学校用）最新作文教科书》**

1914年，戴克敦将其编纂的《（国民学校用）最新作文教科书》五册订正，以用于国民学校，高凤谦校订，上海商务印书馆出版。

[1] 嵇毅复，李味青. 高等小学：作文示范：上册[M]. 上海：商务印书馆，1914：编辑大意.

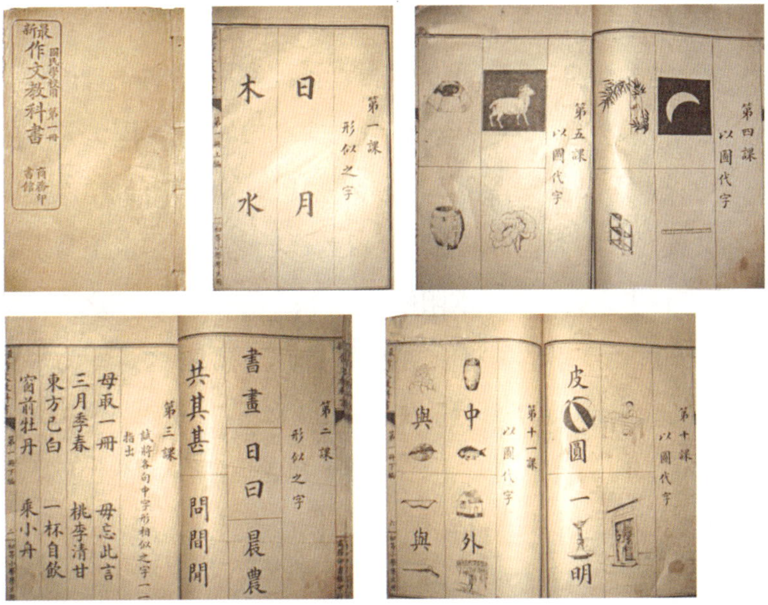

2-2-28

图2-2-28 《（国民学校用）最新作文教科书》第1册，商务印书馆，1914年版

7. 林纾编纂《（高等小学校学生用）浅深递进国文读本》

1916年5月，林纾编纂《（高等小学校学生用）浅深递进国文读本》六册，上海商务印书馆出版。林纾认为自己从教授小学至高等及分科大学，有二十二年教员经历，发现学生在理解上有三种水平："以极笨拙者为第一等，列前中材为第二等，聪颖为第三等。"作为一名教员，"不能黜笨拙之学生而不教，专教其聪明者。……不如编为浅深递进之法，使读者有阶级可循，或易为力，因以此法"[1]。这套教科书之所以冠名"浅深递进"，是为了适合不同程度的学生。

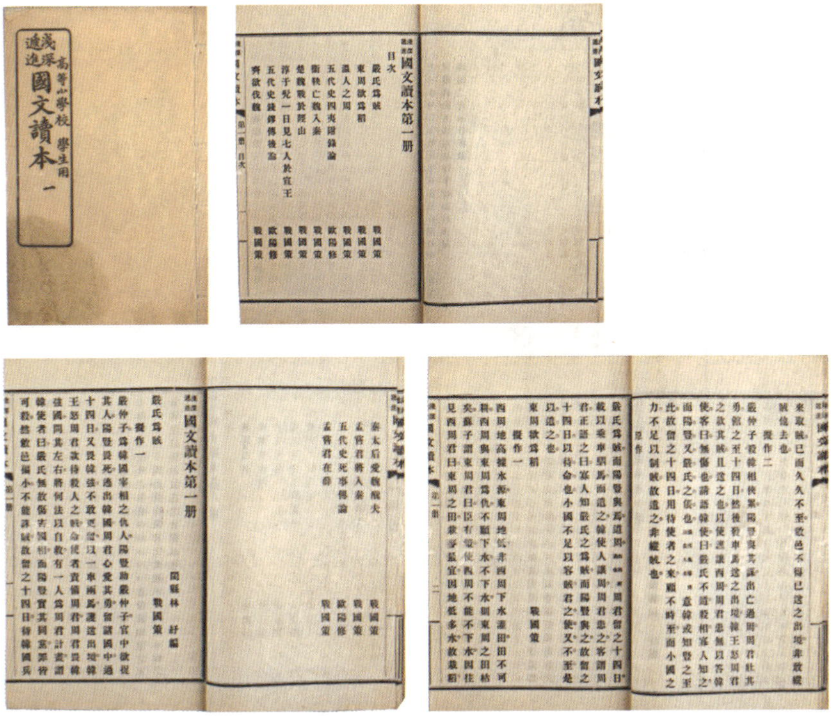

2-2-29

图2-2-29 《（高等小学校学生用）浅深递进国文读本》第1册，商务印书馆，1916年版

[1] 林纾. 高等小学校学生用：浅深递进国文读本：第1册[M]. 上海：商务印书馆，1916：序.

《（高等小学校学生用）浅深递进国文读本》在编排上很有特色，每篇包含有“拟作二，原作一”，拟作二篇题目同、意思同，“惟文法别以浅深”。因此，要求学生“先读拟作，再读原作，深浅比较，或能悟出行文变换之法。”其中，“原作”文章至多不过二百字，选自《国策》《庄子》《孔丛子》《说苑》《列女传》《史记》《汉书》等，“皆序事之文，专取其有风趣，足以开小儿知识者，文简而明”。“拟作”文章“犹翻译也，译古文之深为浅近之说，俾童子易于启悟”。林纾还特别说明：“序事之后，宜有论事之文，因采欧阳修、张溥、王夫之三大家之论，稍节作百余语，皆文中之有精采者。若本文不过百余语，则将原文选登，亦照前法拟作，一为短简者，一为稍长者，用意发论，仍遵原文，惟造句计谋篇异耳。”史论宜知本事，“故每一论，必录本事一则于题目之下，以简为度，文中所论，即论此一节之事，庶童子知题旨所在，不至茫然失据。”[1]这套教科书对古文中艰深句法，有诠释，对引用的典故有注释，无插图，无习题。

8. 宋文蔚编纂《评注文法津梁》

1916年12月，宋文蔚编纂《评注文法津梁》三册，杨游校订，上海商务印书馆出版。

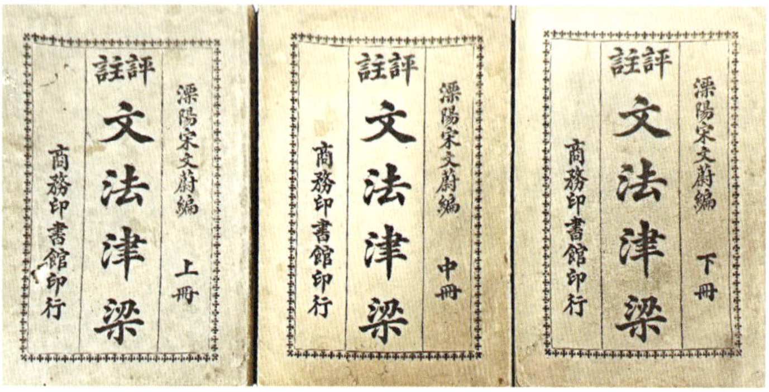

2-2-30

图2-2-30 《评注文法津梁》三册，商务印书馆，1916年版

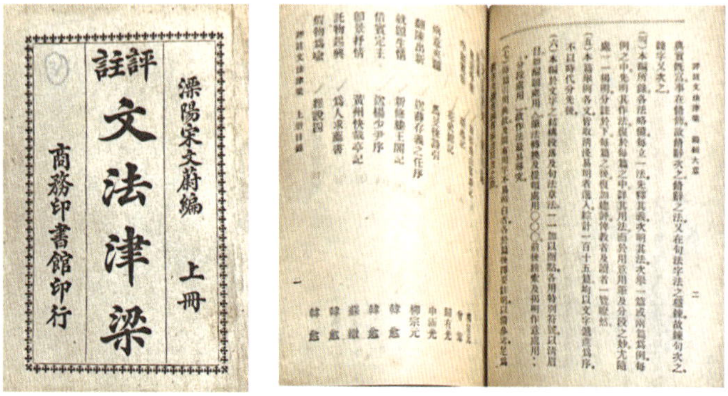

2-2-31

图2-2-31 《评注文法津梁》上册，商务印书馆，1930年版

《评注文法津梁》是举例呈现文法变化，以及行文规律。全书选文115篇，列出造意、篇法、布局、段落、分段、音节、运典等共十项基本作文法。每种方法先解释其意义，后明确用法，再举一或两篇为例，每例先明确作法，后详解用法，再加以总评。这套教科书对文章进行分段，并用了多种标点以标识，如圈、点、空心三角形、顿号等。

[1] 林纾. 高等小学校学生用：浅深递进国文读本：第1册[M]. 上海：商务印书馆，1916：例言.

9. 林任编《评注论说轨范》

1917年12月，林任编《评注论说轨范》初、二集，胡君复校订，上海商务印书馆出版。《评注论说轨范》后来多次印刷，见图2-2-32和图2-2-33，1926年第10版的《评注论说轨范》初集为二册，二集为三册。《评注论说轨范》依次编排文章，没有单元，每篇文章后面有“题旨”“注解”“总评”，无练习，无插图。

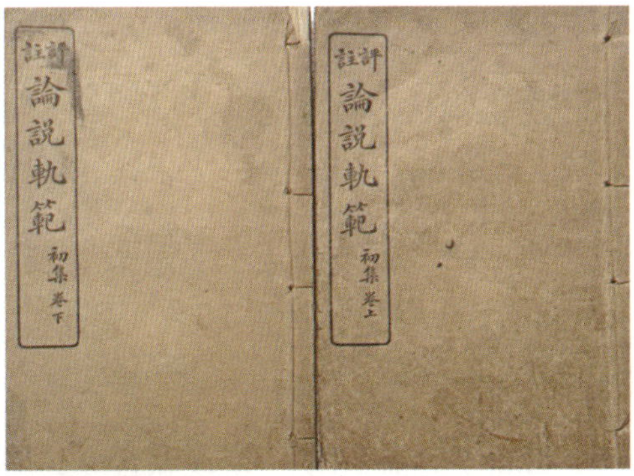

2-2-32

图2-2-32 《评注论说轨范》初集，商务印书馆，1926年版

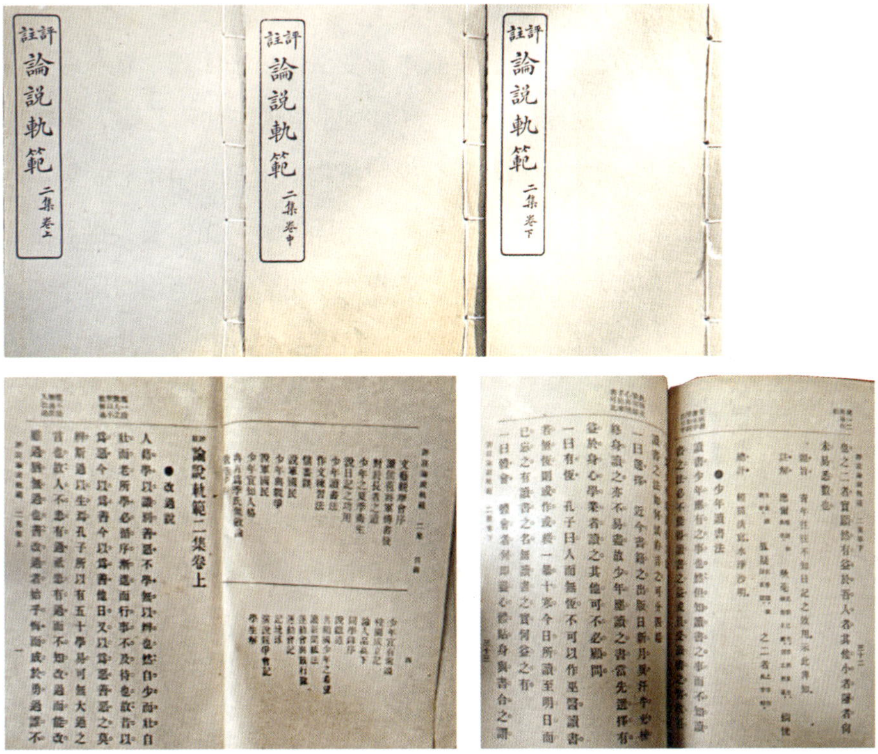

2-2-33

图2-2-33 《评注论说轨范》二集，商务印书馆，1917年版

林任认为，学读古文，不如读今文，读今文又不如读自己构思一番之课文。《评注论说轨范》选取儿童文二百余篇，并加以点评，“备国民学校、高等小学生徒及校外自修之用”[1]。初集选有《学校之乐》《发之功用》《纸菸之害》《酒》《食瓜之利害》等应用性较强的文章，二集选入历

[1] 林任评注. 论说轨范：初集卷上[M]. 10版. 上海：商务印书馆，1926：例言.

史、地理、博物、算学、手工、图画等内容，如《人不可以无恒说》《新年祝词》《说义利》《说慎》《青年宜用国货说》《自由之界说》等文章。

五、学校自修适用"诗文评注读本"系列

1916年，文明书局出版了一套"历代诗文评注读本"，共10种25册，即《秦汉三国文评注读本》二册、《南北朝文评注读本》二册、《唐文评注读本》二册、《宋元明文评注读本》二册、《清文评注读本》四册、《近代文评注读本》三册、《古诗评注读本》二册、《唐诗评注读本》二册、《宋元明诗评注读本》二册、《清诗评注读本》三册。[1]这套读本由王文濡编，沈秉钧、郭希汾、金熙、汪劲扶、汪处庐、张廷华、沈镕、江山渊、王懋、蒋殿襄、陈迺乾等注释，蒋殿襄、王文濡校勘 。

"历代诗文评注读本"广告词写道："本局所编历代诗文评注读本，为吴兴王均卿先生评选，开示源流，启迪后学，矜慎不苟，煞费苦心音注，均方闻之士，复经先生研削发行，浅深合度，循序渐进，洵为诗文选本中最完善之本，通行各校，佥云适用。"[2]

王文濡，字均卿，湖州南浔人，十七岁补博士弟子员，主张维新变法。后在明理学塾、浔溪学塾任教，从他受业的有王懋、沈镕等。王文濡还加入同盟会，参加柳亚子创办的南社等，鼓动革命。先后担任过商务印书馆、中华书局、文明书局、大东书局等出版机构的编辑，中年后长期寓居上海，主持进步书局、国学扶轮社的编辑工作。1935年，他还担任南浔国学讲习馆馆长，讲习馆设初、高级两班，以讲授经史文集为主。讲习馆因战争一度停办，后迁至上海，更名为南浔国学专修学校。王文濡一生编著较多，如《国朝文汇》200卷、《古今说部》245种、《说库》233种，《香艳丛书》20集。[3]

1. 王文濡编《清文评注读本》，沈秉钧、郭希汾注释

1916年2月，王文濡编《清文评注读本》四册，沈秉钧、郭希汾注释，上海文明书局出版。王文濡认为，国文为各学之根据，但坊刻读本，无一适用之善本，于是编撰这一套读本。这套选文有二百余位作者，共计六百余篇范文，"首以清文涂所由入也，继以宋元明文、唐文、南北朝文，殿以秦汉三国文，升堂入室，美富罄于此矣。"[4]

---

[1] 王文濡. 古诗评注读本：第1册[M]. 9版. 上海：文明书局，1924：广告页.

[2] 王文濡. 秦汉三国文评注读本[M]. 11版. 上海：文明书局，1927：广告页.

[3] 顾国华. 文坛杂忆：全编 1[M]. 上海：上海书店，2015：234.

[4] 王文濡. 清文评注读本：第1册[M]. 4版. 上海：文明书局，1918：编辑历代文评注读本之缘起.

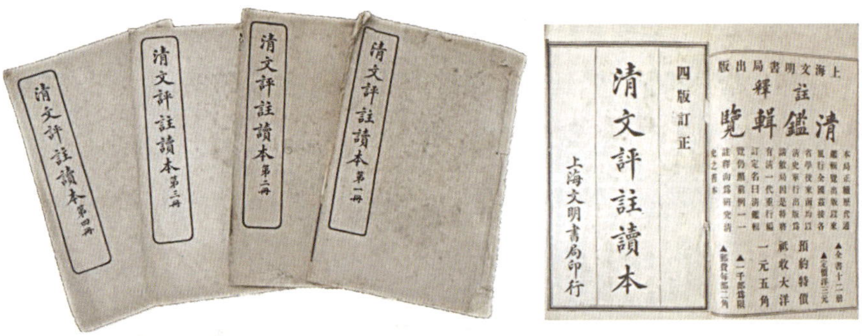

2-2-34

图2-2-34 《清文评注读本》4册，文明书局，1918年版

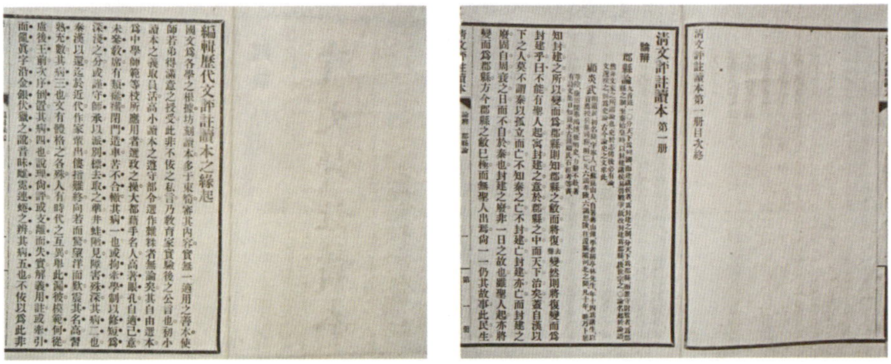

2-2-35

图2-2-35 《清文评注读本》第1册，文明书局，1918年版

2. 王文濡编《宋元明文评注读本》，金熙、汪劲扶注释

1916年6月，王文濡编《宋元明文评注读本》二册，金熙、汪劲扶注释，上海文明书局出版。“本编与清文相衔接，在读者为第二级”，较清文稍深，选文“以便于诵读短篇为多，间登长篇”[1]，并指出长篇的选文可分为两日学习。

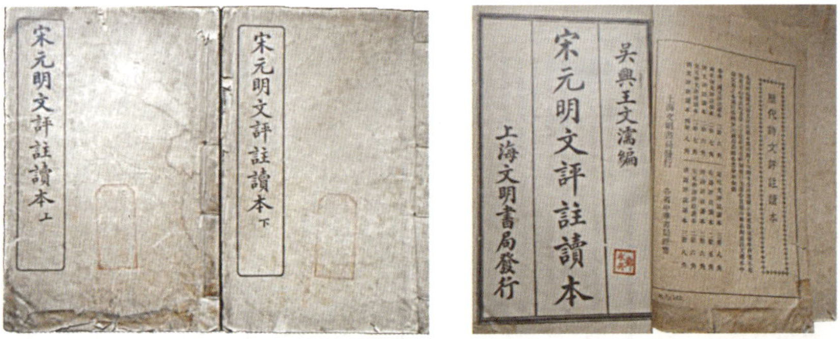

2-2-36

图2-2-36 《宋元明文评注读本》2册，文明书局，1916年版

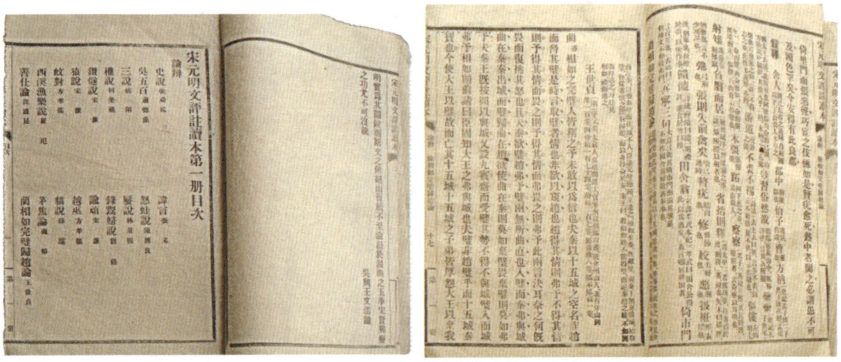

2-2-37

图2-2-37 《宋元明文评注读本》第1册，文明书局，1920年版

[1] 王文濡. 宋元明文评注读本：第1册[M]. 7版. 上海：文明书局，1920：编辑大意.

3. 王文濡编《唐文评注读本》，张廷华、沈镕、郭希汾注释

1916年6月，王文濡编《唐文评注读本》二册，张廷华、沈镕、郭希汾注释，蒋殿襄、王文濡校勘，上海文明书局出版。这是“依据姚氏唐文粹本，博观约取，得百二十篇，与宋元明文相衔接，为读者之第三级”，并说明由于学者知识增加，“本编为高小以上读本，音读注释，自可稍略，然于艰僻之字，繁奥之典，不嫌复出，以省翻检，幸勿责其烦絮”[1]。

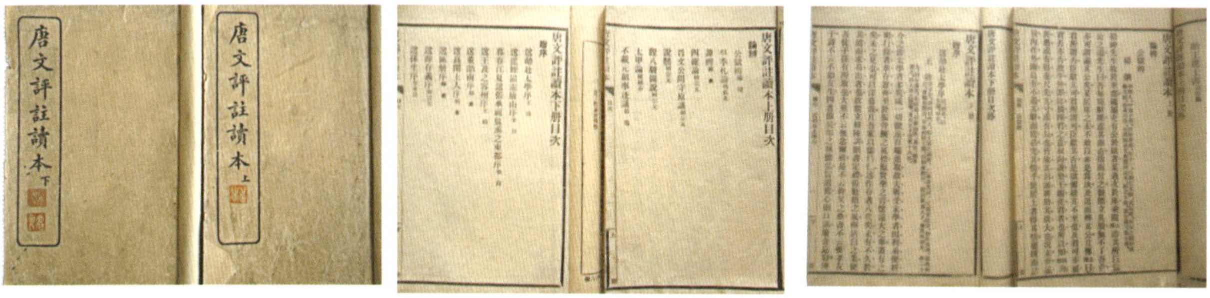

2-2-38

图2-2-38 《唐文评注读本》2册，文明书局，1916年版

4. 王文濡编《南北朝文评注读本》，张廷华、江山渊注释

1916年2月，王文濡编《南北朝文评注读本》二册，张廷华、江山渊注释，蒋殿襄校勘，上海文明书局出版。“编辑大意”中写道：“本编衔接唐文，进而益上，由散之整，由奇之偶，炼格炼句炼词，为文家必经之阶级，故兹选趋重骈体。”并说明：“本编虽以典丽为主，而所选多思深旨远、骨秀神清之作，其肥浓近俗、姚冶涉佻者不录。”[2]

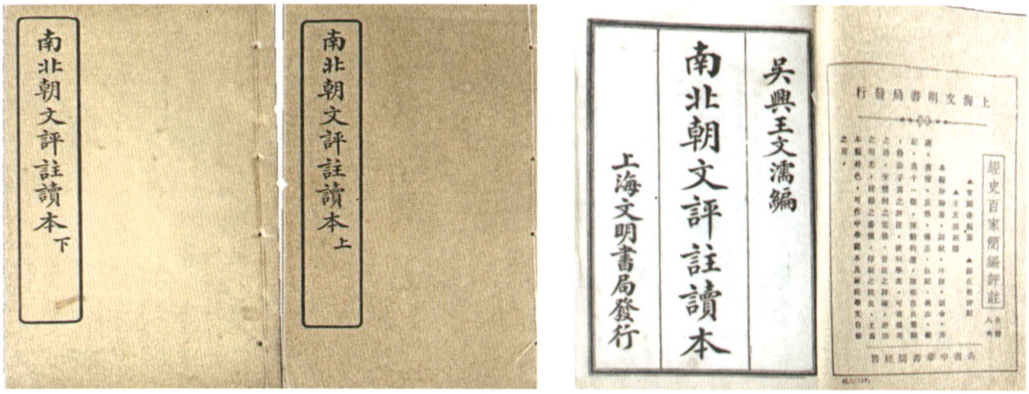

2-2-39

图2-2-39 《南北朝文评注读本》2册，文明书局，1916年版

[1] 王文濡. 唐文评注读本：上册[M]. 16版. 上海：文明书局，1932：编辑大意.

[2] 王文濡. 南北朝文评注读本：第1册[M]. 5版. 上海：文明书局，1920：编辑大意.

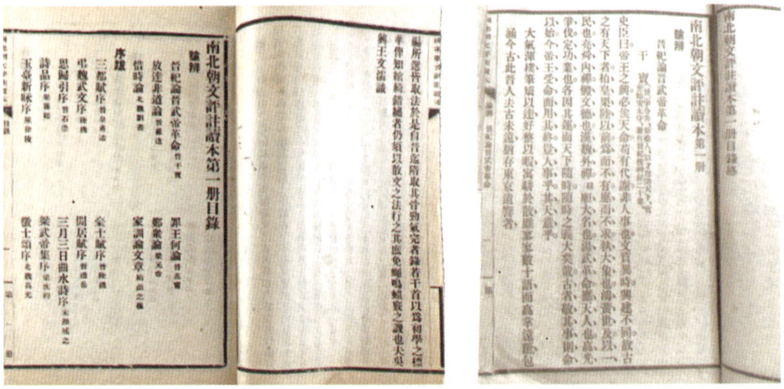

2—2—40

图2—2—40 《南北朝文评注读本》第1册，文明书局，1920年版

5. 王文濡编《秦汉三国文评注读本》，王懋、郭希汾注释

1916年10月，王文濡编《秦汉三国文评注读本》二册，王懋、郭希汾注释，蒋殿襄校勘，上海文明书局出版。“编辑大意”中写道：“本编与南北朝文相衔，上起嬴秦，下迄三国，甄录文百首，为读本第五级。”并且说明：“诏令等体，已不用于民国。本编聊存一二，爱其文笔之峻洁，非贵其有王者气象也。”[1]

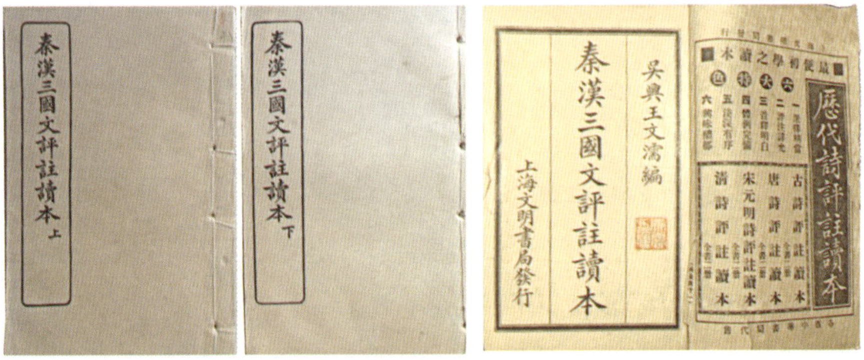

2—2—41

图2—2—41 《秦汉三国文评注读本》2册，文明书局，1916年版

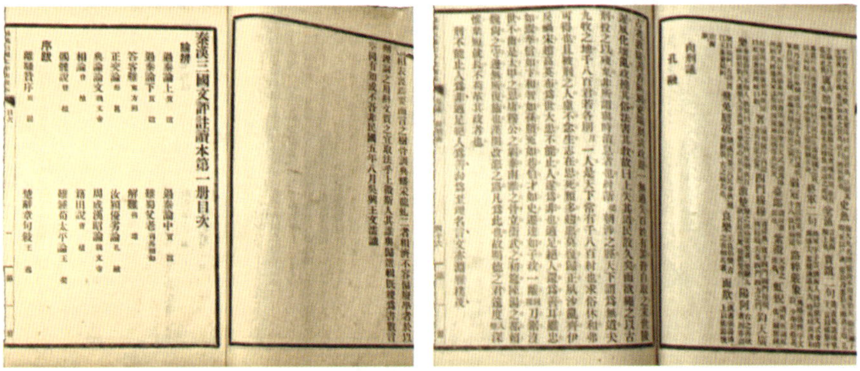

2—2—42

图2—2—42 《秦汉三国文评注读本》第1册，文明书局，1916年版

6. 王文濡编《古诗评注读本》，金熙、汪处庐注释

1916年4月，王文濡编《古诗评注读本》二册，金熙、汪处庐注释，上海文明书局出版。“编辑大意”中写道：“兹选以词旨浅显，意味深厚为主，每诗加以评注。”并且说明：“本编就古诗中

[1] 王文濡. 秦汉三国文评注读本：第1册[M]. 上海：文明书局，1916：编辑大意.

录其词之纯正雅驯，合乎温柔敦厚之旨者百六十余首。”[1]

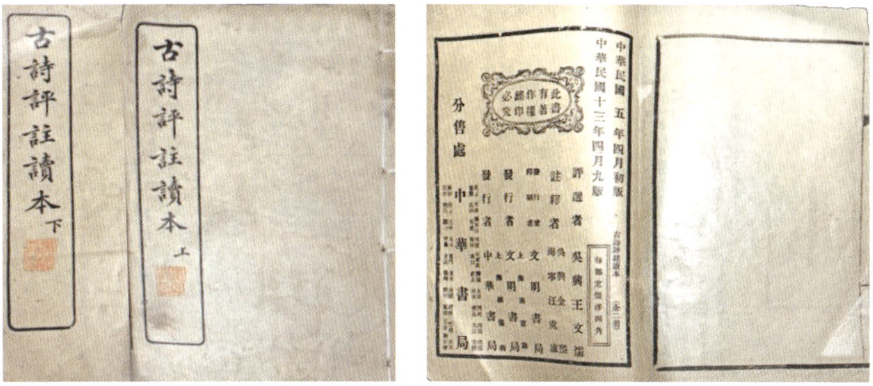

2-2-43

图2-2-43 《古诗评注读本》2册，文明书局，1924年版

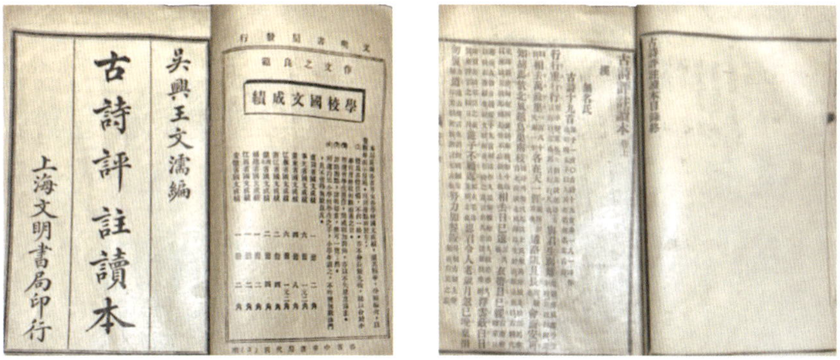

2-2-44

图2-2-44 《古诗评注读本》卷上，文明书局，1924年版

7. 王文濡编《唐诗评注读本》，汪处庐、金熙注释

1916年6月，王文濡编《唐诗评注读本》二册，汪处庐、金熙注释，上海文明书局出版。王文濡认为：“诗至唐而极盛，陈隋之间，非律非古，颓波日下。沿至唐初，一变而成，律绝近体，学者由古入律，则选读唐诗，乃古诗后必经之阶级。”[2]这套读本首选古诗，次绝句，次律诗，为合学者之程度，其排比之先后，悉依学诗初步中学诗次第。全书共选62家，诗250首，按时代依次排列。

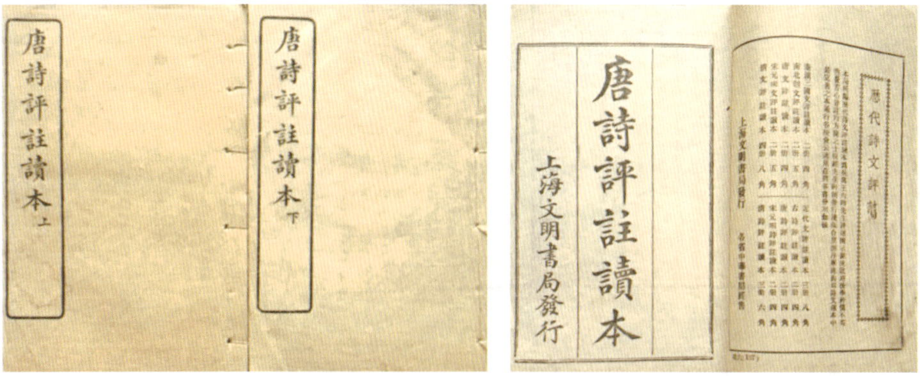

2-2-45

图2-2-45 《唐诗评注读本》2册，文明书局，1930年版

[1] 王文濡. 古诗评注读本：上册[M]. 9版. 上海：文明书局，1924：编辑大意.

[2] 王文濡. 唐诗评注读本：上册[M]. 19版. 上海：文明书局，1930：编辑大意.

8. 王文濡编《宋元明诗评注读本》，汪劲扶、沈镕注释

1916年10月，王文濡编《宋元明诗评注读本》二册，汪劲扶、沈镕注释，上海文明书局出版。本书“编辑大意”中写道：“本编甄入之诗，概由宋诗钞、元诗选、明诗综，诸大总集中选出。”[1]

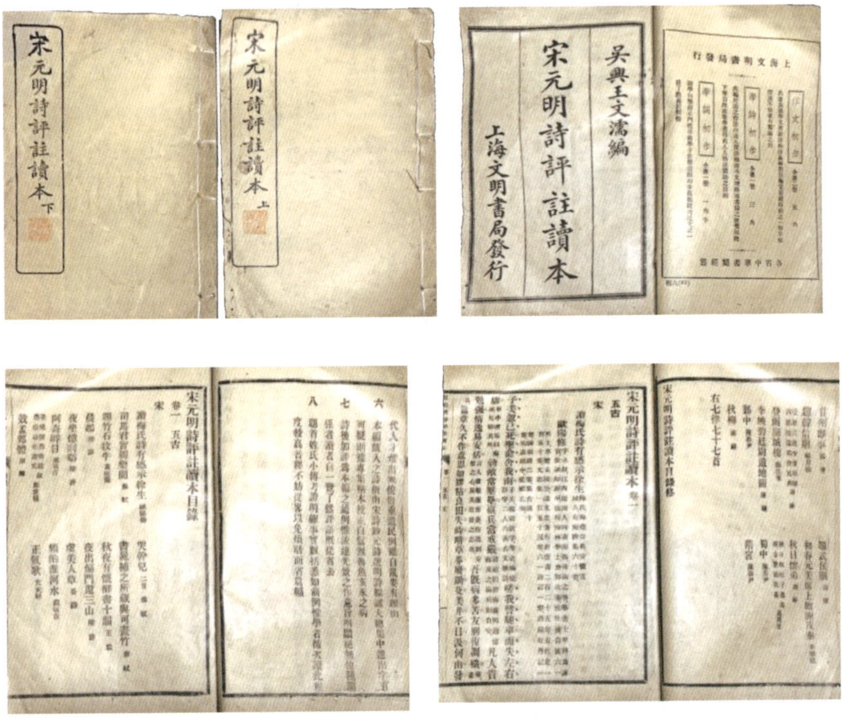

2-2-46

图2-2-46 《宋元明诗评注读本》2册，文明书局，1926年版

9. 王文濡编《清诗评注读本》，王懋、郭希汾注释

1916年12月，王文濡编《清诗评注读本》三册，王懋、郭希汾注释，上海文明书局出版。本书“编辑大意”中写道：“本编自顺康以及嘉道辑得四百余首”，并且说明“诗以兴味浓厚，意识超拔为主。上下千秋，知人论世，激昂慷慨，读之令人神往，故咏古之诗入选为多”[2]。

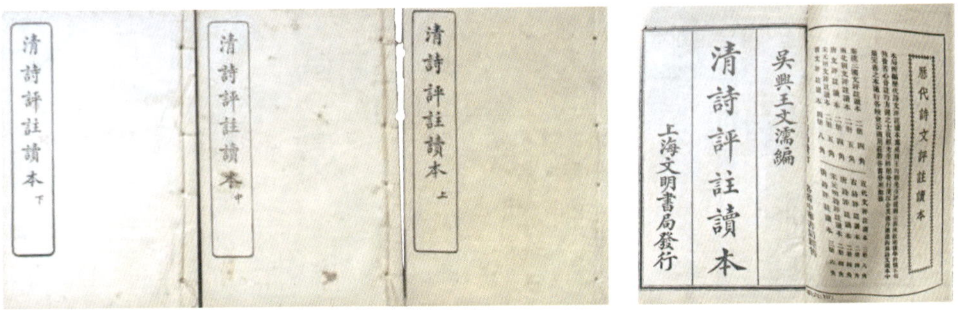

2-2-47

图2-2-47 《清诗评注读本》3册，文明书局，1929年版

[1] 王文濡. 宋元明诗评注读本[M]. 13版. 上海：文明书局，1926：编辑大意.

[2] 王文濡. 清诗评注读本[M]. 6版. 上海：文明书局，1929：编辑大意.

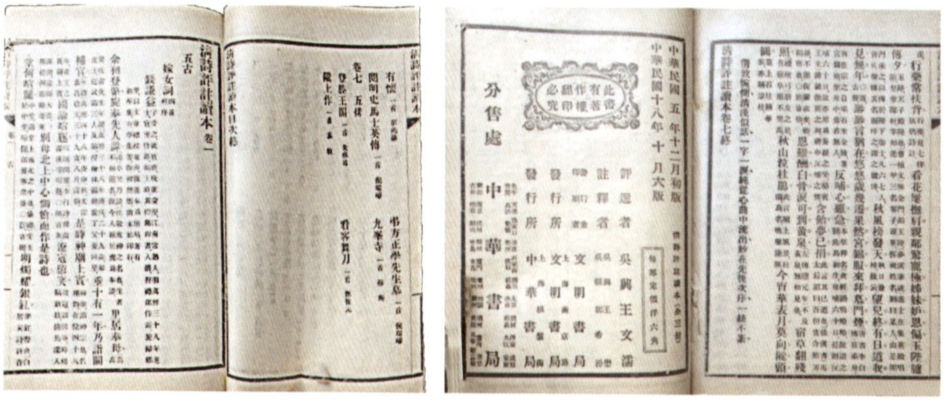

2-2-48

图2-2-48 《清诗评注读本》卷一，文明书局，1929年版

10. **王文濡编《清代骈文评注读本》，蒋殿襄、陈迺乾注释**

1917年，王文濡编《清代骈文评注读本》四册，蒋殿襄、陈迺乾注释，上海文明书局出版。“编辑大意”中写道：“俪体六朝尚矣有，清一代无体不备，云蒸霞蔚，已趋极轨。读此自不至有诡途歧径之惑。”[1]

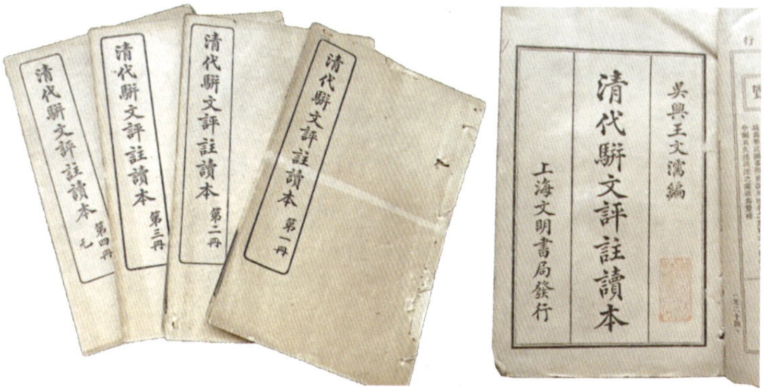

2-2-49

图2-2-49 《清代骈文评注读本》4册，文明书局，1917年版

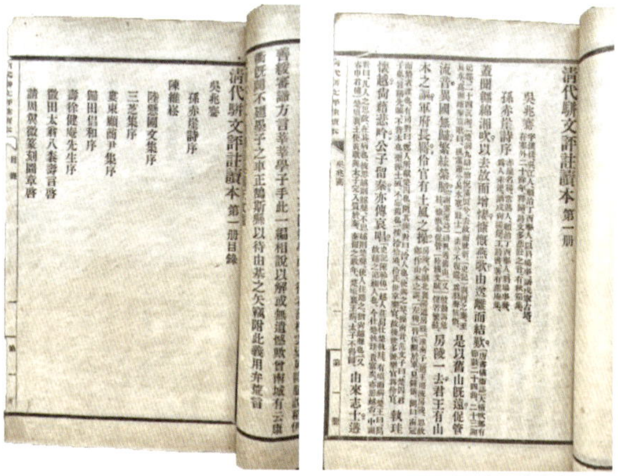

2-2-50

图2-2-50 《清代骈文评注读本》第1册，文明书局，1917年版

这套读本分编历代文与历代诗，选编思路明晰，评注翔实，在民国时期广为流传。“历代文评注读本”广告词曰：“超前绝后之选本”，“高小学校！师范学校！中（大）学校！文学专修科！均宜用此读本！”，“特色：评注精当、体格完备、浅深合度、音释详允、兴味浓郁、价值极

[1] 王文濡. 清代骈文评注读本：第1册[M]. 上海：文明书局，1917：编辑大意.

廉！”[1]“历代诗评注读本”广告词曰：“最便初学之读本”，“六大特色：一是选择精当；二是评注详尤；三是音释明白；四是体例完备；五是浅深有序；六是兴味浓恽！”[2]

六、高等小学“国文”“古文”读本

1. 唐蔚芝编辑《高等小学国文读本》

1914年5月，唐蔚芝编辑《高等小学国文读本》四册，文明书局印刷，南洋公学发行，李颂韩、陆景周校订。见图2-2-51，这套教科书封面印有“注意　凡用此本教授者务令学生熟读为要旨”的字样。

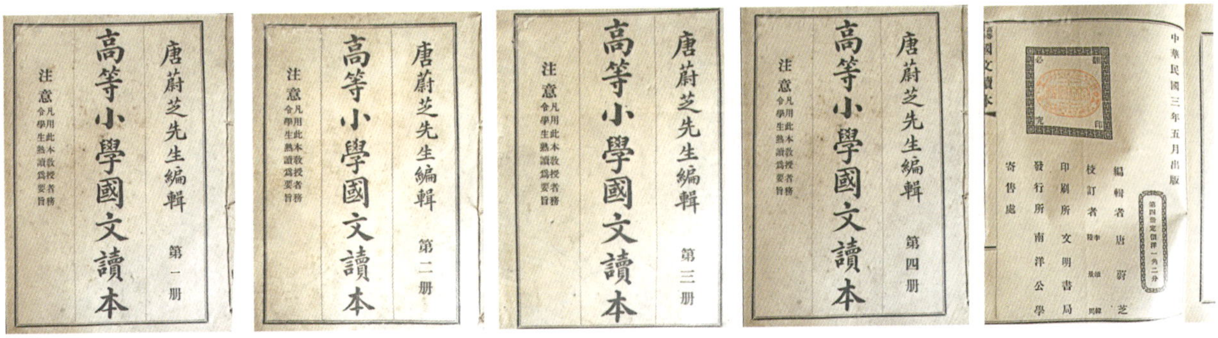

2-2-51

图2-2-51　《高等小学国文读本》（四册），文明书局，1914年版

2. 林景亮著《（高等小学校用）评注古文读本》

1916年12月，林景亮著《（高等小学校用）评注古文读本》六册，沈颐校阅，上海中华书局印行。

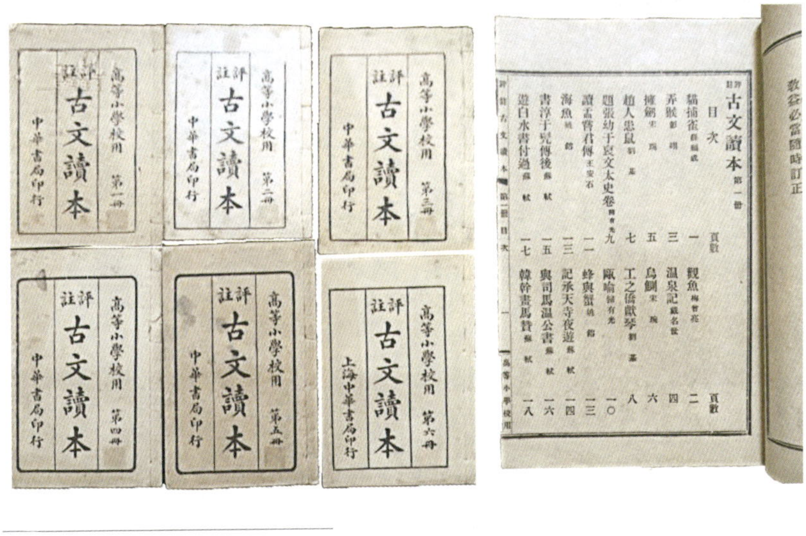

2-2-52

图2-2-52　《（高等小学校用）评注古文读本》6册，中华书局，1916年版

[1] 王文濡. 秦汉三国文评注读本：上[M]. 上海：文明书局，1916：封2.

[2] 王文濡. 秦汉三国文评注读本：下[M]. 上海：文明书局，1916：封2.

《（高等小学校用）评注古文读本》专供“高等小学教科及自修之用”“搜采诸家文集凡百余种”[1]，每册30篇，选文由清而明而宋唐汉秦周，时代逆次而上，兼及各类文体。这套教科书评注采用“眉批”和文末“评注”两种主要形式，“眉批”侧重写作鉴赏与指导，“评注”侧重阅读欣赏与指导。文章“篇法”立足全文欣赏并指明文章体裁，“句法”“字法”侧重阅读指导。

3. 吕珮芬编辑《分级古文读本》

1917年9月，吕珮芬编辑《分级古文读本》八册（甲编、乙编、丙编、丁编各二册），上海中华书局出版。

《分级古文读本》甲、乙两编皆记事之文，“征引书籍，专以子史二部为主”，选文范围“上溯三代，下迄元明，约取为人之道，辑为课本”，编排“分孝、悌、忠、信、礼、义、廉、耻八类”[2]，每类12课，共计96课，每篇课文后有总结语。

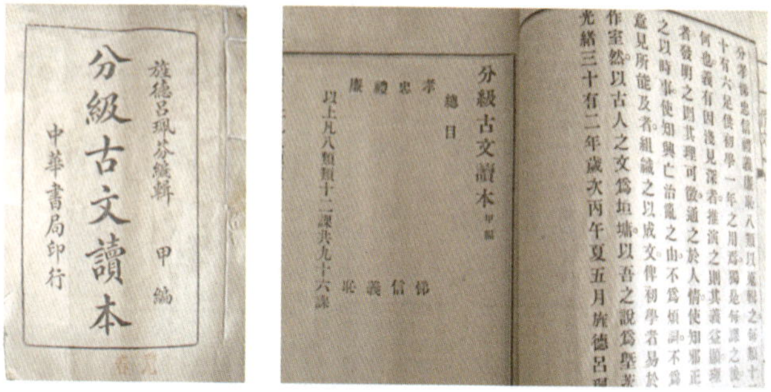

2-2-53

图2-2-53 《分级古文读本》甲编上册，中华书局，1917年版

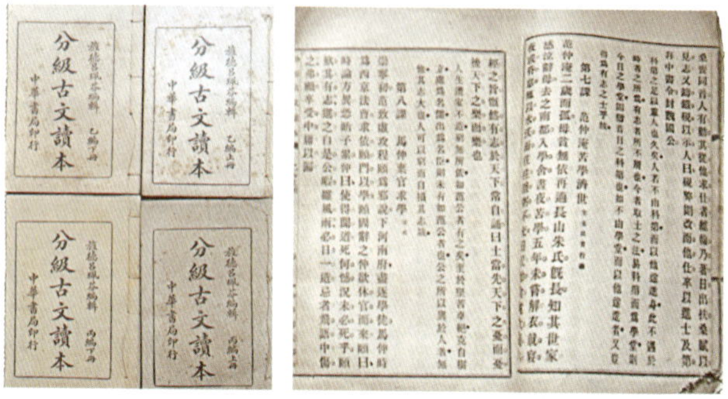

2-2-54

图2-2-54 《分级古文读本》乙编上、下册，丙编上、下册，中华书局，1917年版

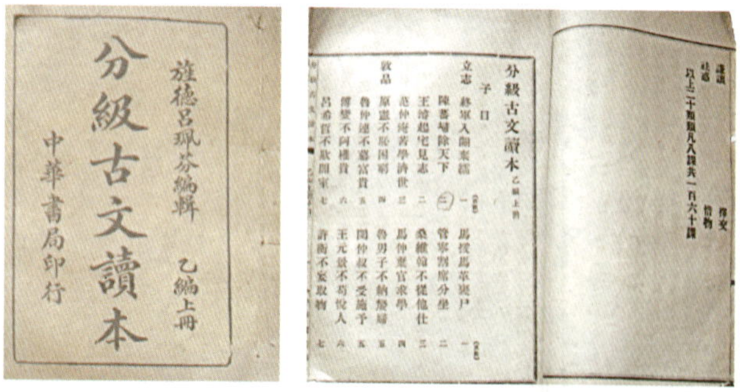

2-2-55

图2-2-55 《分级古文读本》乙编上册，中华书局，1917年版

[1] 林景亮. 高等小学校用：评注古文读本：第1册[M]. 上海：中华书局，1916：编辑大意.

[2] 吕珮芬. 分级古文读本：甲编上册[M]. 上海：中华书局，1917：分级古文读本（甲乙）编总例.

《分级古文读本》丙、丁两编在总序中希望学生三年读之，能疏论其心思，略解文情，进而与之言理法。文章段落也有标识，精彩的文字边上用实心圆点或圆圈提示读者留心。

七、中学国文读本

1. 刘宗向编辑《（中等学校国文课本）国文读本》

1914年4月，刘宗向编辑《（中等学校国文课本）国文读本》四册，黎锦熙、刘翰良参订，长沙宏文图书社出版。这套教科书编有配套的《国文读本详释》，刘翰良、刘宗向编辑，黄锡卣、黎锦熙参订，长沙宏文图书社印行，1914年8月初版。

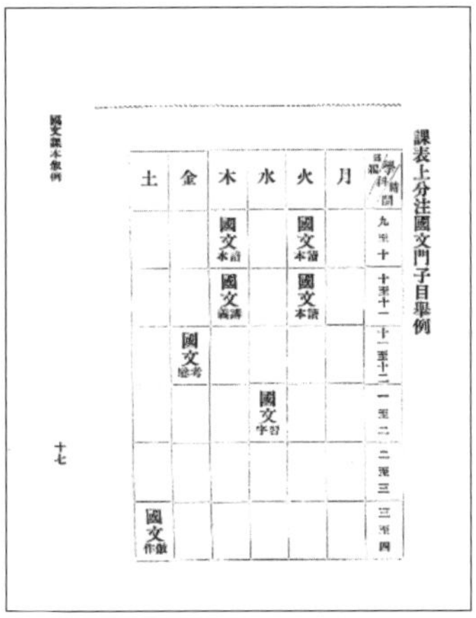

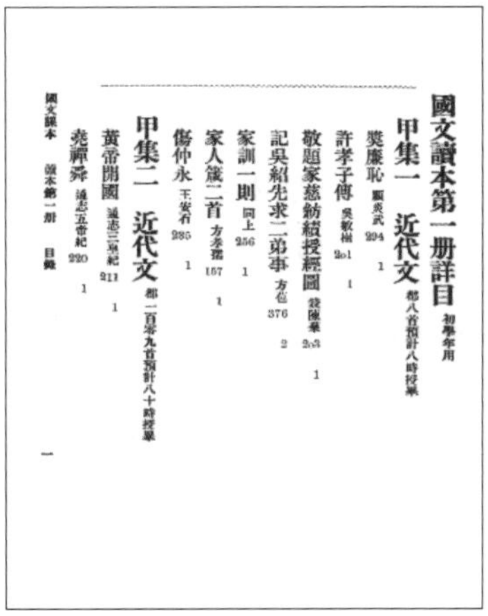

2-2-56

图2-2-56 《（中等学校国文课本）国文读本》第1册，宏文图书社，1914年版

《（中等学校国文课本）国文读本》适合中华民国初期四年制中学，选五百多篇文言文，分为甲、乙两集。第一册为甲集文，第二至第四册为乙集文。第一册为古今各体文，第二册为唐宋元明清文、近体诗及词，第三册为两汉三国两晋南北朝文及古体诗（《史记》《汉书》专门列出讲授），第四册为上古三代秦文。选文着重史传和史论、政论，有记叙、议论、说明、抒情、描写等文体。课文在重要的字或词右加实心圆点或小圆圈以助解说。除长篇外，文章均不分段。文中有小字注释，标示读音、出处、问题、总结等。文章篇篇相连，中间不留空，正文字体较大，无插图。

2. 雷瑨编辑、雷瑊注释中学《新编国文读本》

1914年，雷瑨编辑、雷瑊注释中学《新编国文读本》五卷，上海扫叶山房出版。这套教科书最前面有雷瑊自作于松江中学的“序”，指出“今日学子，非稍窥古文门径当行远自迩”，所以选录清代各家150篇文章，“详加诠释，以资读者一得之助”[1]。

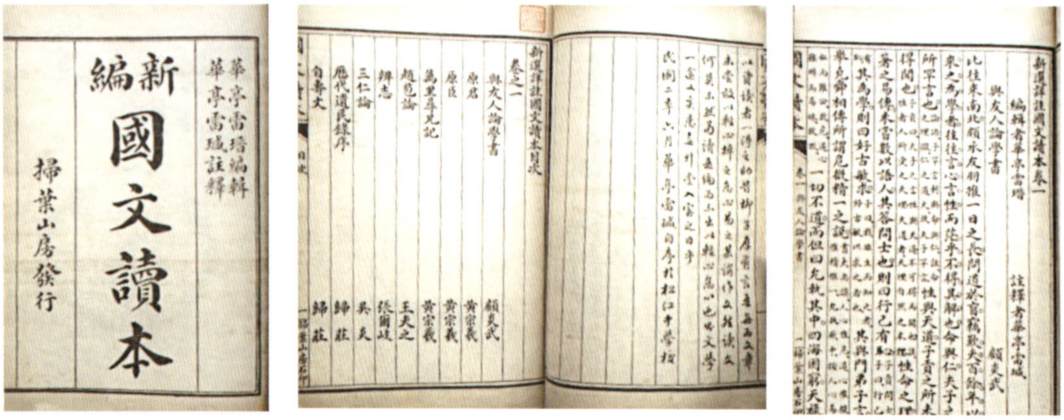

2–2–57

图2–2–57 《新编国文读本》卷一，扫叶山房，1914年版

《新编国文读本》先授近世文，渐进及于近古文。编者明确具体选文标准有“五不录”，即“造语奇险艰深未易了解者不录，应酬之作如墓表寿言无所关系者不录，汉学家考据琐碎之文不录，宋学家性理沉晦之文不录，奏议语多直叙且与今日国体抵触之文不录”[2]。编排以著者时代为先后，以彰显文章与时变迁之意，文章注释求详，评则从略。

中华民国初期，教育界在实用主义、自学辅导主义引领下探索改革，探究语文学科知识的进一步建构，小学国文教科书注重实用性及语文与生活的联系，中学国文教科书大量选编实用性强的政论文章。从清末的缀法到民初作文教学的演进，书信、契据等题目充斥于作文教科书。由于复古思潮的影响，1915年不仅要求中小学加设“读经”一科，而且还要求将部分内容融入“国文”科，且明确说明是“以期养成政治知识”[3]。这一时期，以“国文”冠名的教科书需要建构哪些知识以彰显“国文”一科的价值，如何科学化编排以发挥“国文”教学之功效，教科书编撰者们都在积极探寻中。

[1] 雷瑨. 新编：国文读本[M]. 上海：扫叶山房，1914：序.

[2] 雷瑨. 新编：国文读本：卷1[M]. 上海：扫叶山房，1914：凡例.

[3] 朱有瓛. 中国近代学制史料：第3辑上册[M]. 上海：华东师范大学出版社，1990：49.

第三节
新文化运动与国语教科书发展

辛亥革命唤起中国社会的希望，但随之而来的却是政治上的帝制复辟及文化上的复古思想，两者形成巨大的落差。一些知识分子在对中国传统思想与文化的反思中意识到，要通过新教育普及国民常识，首先需要对思想的载体——语言进行变革，他们力图以通俗易懂的白话文进行教育启蒙，以新文学涤荡人们的思想观念并改变人们的表述方式。新文化运动由此展开，以白话文代替文言文的中小学国语教科书开始编撰出版。

一、国音统一与“注音字母”教科书

晚清卢戆章、王照、劳乃宣推行国语，影响较大。1911年，学部中央教育会议议决《统一国语办法案》，提出“定音标”。1912年7月，蔡元培在《全国临时教育会议开会词》中倡导国语统一，他认为：“中国语言各处不同，若限定以一地方之语言为标准，则必遭各地方之反对，故必有至公平之办法。国语既一，乃可定音标。从前中央教育会虽提出此案，因关系重要，尚未解决。”[1]1912年8月，教育部通过《采用注音字母案》，决定先从统一汉字的读音做起，并决定召开读音统一会。1913年2月，读音统一会在北京召开。会议根据马裕藻、朱希祖、许寿裳、周树人等人的提议，通过了由汉字古文字和偏旁组成的拼音方案，即注音字母，并以一省一票的方式表决通过3500个汉字的国定读音，称“国音”。国音议定以后，因出现多种反对理由，北洋政府教育总长汤化龙迟迟未给予公布。1915年10月，教育总长换为张一麐，读音统一会会员王璞等人呈请创立注音字母传习所，张一麐指出注音字母案尚未正式颁行，故传习所“应准先行试办”[2]。1915年12月，北京的注音字母传习所开始在王璞的主持下展开工作，教育部通知各省酌派师范生到所学习，国音陆续得以传习。1917年10月，第三次全国教育会联合会在浙江杭州召开，会议向教育部提交了《请定国语标准并推行注音字母以期语言统一案》，明确“我国语言不能统一，凡事每生障碍，欲谋教育普及，亟宜采取与文相近之语言，编制一种标准语，以薪国语之改良，且助文化之进步。考

[1] 蔡元培．全国临时教育会议开会词[J]．教育杂志，1912，4（6）：4.

[2] 商务印书馆．最近三十五年之中国教育：卷下[M]．上海：上海书店出版社，[出版时间不详]：107-108.

之东西各国，其小学校不称国文科，而称国语科者，盖有由也。……拟请大部速定国语标准，并设法将注音字母推行各省区，以为将来小学国文科改国语科之预备”[1]。1918年6月，教育部召集全国高等师范学校校长会议，议决国立高等师范学校在暑期增设国语讲习科，“专教注音字母及国语，以养成国语教员为宗旨”[2]，同时教育部公布《国语讲习科简章》，明确学员从各省区中学教职员中选派，修业期限暂定两个月，于暑假内进行。讲授科目包括注音字母、声音学、国文读本、会话、文法、成语、翻译、演讲、国语练习及国语教学之研究。1918年11月，教育部公布《采用注音字母案》，“特将注音字母三十九字正式公布，以便各省区传习推行”[3]。

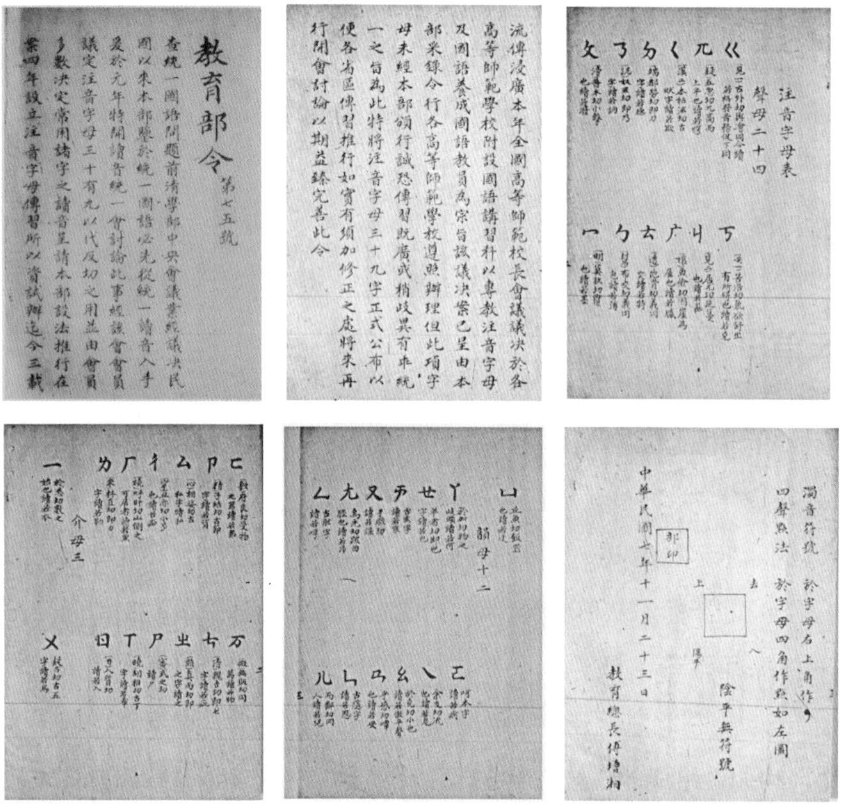
教育部令 第七五號

查統一國語問題前清學部中央會議業經議決民國以來本部鑒於統一國語必先從統一讀音入手爰於元年特開讀音統一會討論此事該會會員議定注音字母三十有九以代反切之用並由會員多數決定常用諸字之讀音呈請本部設法推行在案四年設立注音字母傳習所以資試辦迄今三載流傳浸廣本年全國高等師範校長會議議決於各高等師範學校附設國語講習科以專教注音字母及國語養成國語教員為宗旨該議決案已呈由本部采錄令行各高等師範學校遵照辦理但此項字母未經本部頒行誠恐傳習既廣或稍歧異有乖統一之旨為此特將注音字母三十九字正式公布以便各省區傳習推行如實有須加修正之處將來再行開會討論以期益臻完善此令

注音字母表

聲母二十四

介母三

韻母十二

中華民國七年十一月二十三日

教育總長傅增湘

2-3-1

图2-3-1 《官话注音字母报》第60期，1918年版

白话文登上舞台的同时，新式标点的需求也应时而来。此前的著作没有类似今天使用的新式标点。新式标点是清末学者模仿西方的书写习惯而创制的，初期较为简单。1916年8月，胡适应《科学》杂志的邀请，作《论句读及文字符号》一文，全面阐述他对句读以及文字符号的理论思考，这是新式标点的奠基之作。1917年7月，钱玄同在《新青年》第3卷第5号发表《论应用文之亟宜改

[1] 佚名. 全国教育会联合会议决案（民国六年十月十日）请定国语标准并推行注音字母以期语言统一案[J]. 官话注音字母报，1917（38）：1-2.

[2] 朱有瓛. 中国近代学制史料：第3辑下册[M]. 上海：华东师范大学出版社，1989：488.

[3] 傅增湘. 教育部令：第七五号[J]. 官话注音字母报，1918（60）：1-2.

良》一文，指出文章应加标点符号，数目字可改用阿拉伯数字，纪年可改用全世界通行的公元纪年，书写方式“改右行直下为左行横迻”[1]。1919年4月，以胡适为首，包括钱玄同、刘复、朱希祖、马裕藻等教授，在国语统一筹备会第一次大会上提出方案，要求政府颁布通行一些新式标点。11月底，胡适对上述方案作了修改，把原方案所列符号总名为“新式标点符号”。这个议案先说明了使用标点符号的必要性，再列出各种符号，包括句号、点号、分号、冒号、问号、惊叹号、引号、破折号、删节号、夹注号、私名号、书名号共12种。1920年2月2日，北洋政府教育部发布第53号训令——《通令采用新式标点符号文》，批准了由北大六名教授联名提出的《请颁行新式标点符号方案》，我国第一套法定的新式标点符号诞生了。

1. 王璞著《注音字母国语讲义（师范用）》

1916年3月，王璞著《注音字母国语讲义（师范用）》一册，陈恩荣校阅，北京注音字母书报社印刷发行。

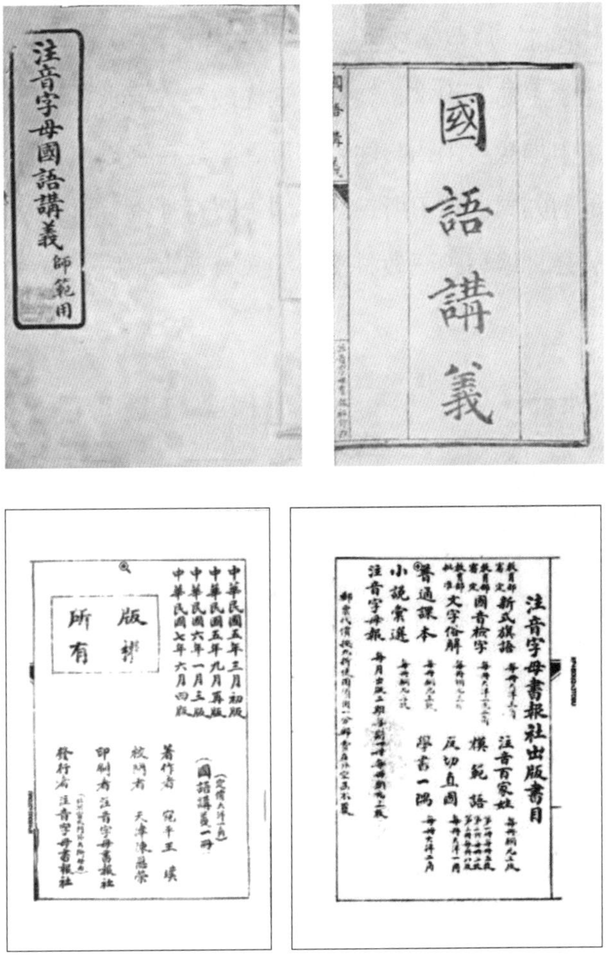

2-3-2

图2-3-2 《注音字母国语讲义（师范用）》，注音字母书报社，1918年版

[1] 钱玄同. 论应用文之亟宜改良[J]. 新青年，1917，3（5）：2.

《注音字母国语讲义（师范用）》开篇印有“国语讲义”短文，明确“国语者何？官话也；官话者何？我国一种公共之语言也（我国幅员广漠，方言各殊，非用京师语言定为统一之标准不可）。北京自有明以来，各省士民，辐辏于此；于是荟萃而成一种公共之语言，所谓官话是也。……今以北京官话定为国语之标准，诚有至当不易之理在也。德国对于各联邦，皆习普鲁士语；日本对于各府县，皆习东京语，良有以也”[1]。这套讲义不断再版，也作为师范用书。在1918年6月第4版的广告页上，印有注音字母书报社出版书目十种，即《（教育部审定）新式旗语》《（教育部审定）国音检字》《（教育部批准）文字俗解》《普通课本》《小说汇选》《注音字母报》《注音百家姓》《模范语》《反切直图》《学书一隅》。

2. 山西省行政部门颁发《注音字母简易教本》

1918年5月，当国语研究会和全国教育联合会刚通过《国语标准推行注音字母案》而教育部尚未颁布《注音字母令》时，山西省行政部门开始设立注音字母传习所，对山西省公署行政官员、小学教员、县区公职人员进行注音字母培训。1918年6月16日，《申报》刊登了山西省拟将小学所用课本一律改用白话的消息。1918年7月，北京高等师范学校附设夏季国语讲习会，山西特派人前往学习。山西省行政部门明确注音字母可以让学生易于识字，让百姓读懂政令，要求各县广泛设立注音字母传习所，在国民教育与民众补习教育中均教授国语与注音字母，将注音字母作为普及教育的工具。之后山西组成国语统一研究会，议定创办国语传习所，培训国语教育师资，再普及到农工商各界。同时，山西设立国民教科书编审委员会，编写国语教科书，经教育部审定后，通令全省各国民学校一律更换。

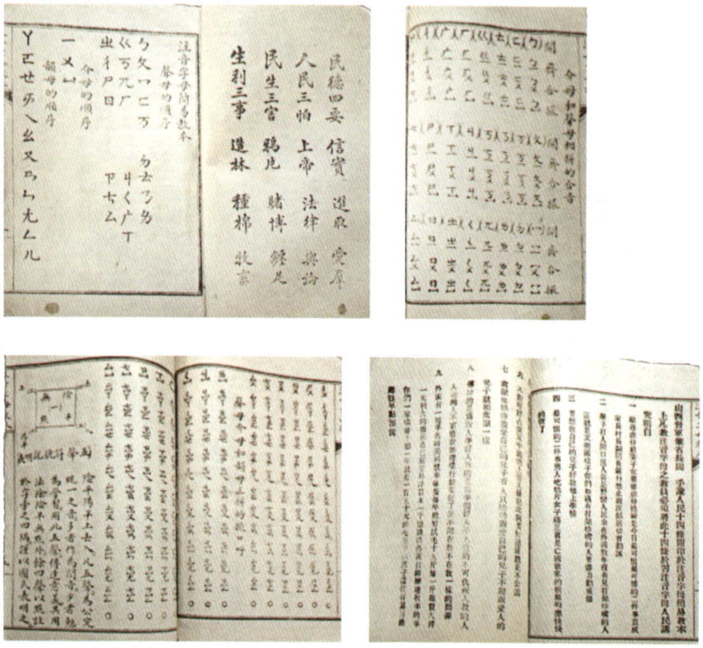

2—3—3

图2—3—3　《注音字母简易教本》，山西省公署印，出版时间不详

[1] 王璞. 注音字母国语讲义：师范用[M]. 4版. 北京：注音字母书报社，1918：国语讲义.

《注音字母简易教本》无版权页。封二印有“民德三要 信实 进取 爱群”“人民三怕 上帝 法律 舆论”“民生三害 鸦片 赌博 缠足”“生利三事 造林 种棉 牧畜”[1]。《注音字母简易教本》内容依次有“声母的顺序”“介母的顺序”“介母和声母相拼的合音”“介母和韵母相拼的合音”“声母和韵母相拼的开口呼”“声母、介母和韵母三拼的齐齿呼”“声母、介母和韵母三拼的合口呼”“声母、介母和韵母三拼的撮口呼”，在文字中穿插有“五声符号说明表”[2]。《注音字母简易教本》编成后免费向民众提供，并发往各县国民学校，在全省试用，要求每家至少有一人掌握注音字母，使《注音字母简易教本》覆盖全省105个县，有的县几乎人手一册。此外，山西还要求各种夜校和补习学校使用国语和注音字母课本。

3. 仲跻翰、张秉淇、赵亨宝编辑《中国最新官话注音字母讲义》

1919年4月，仲跻翰、张秉淇、赵亨宝编辑《中国最新官话注音字母讲义》，任维新、吕济、林家训等校订，北京聚元斋印刷。

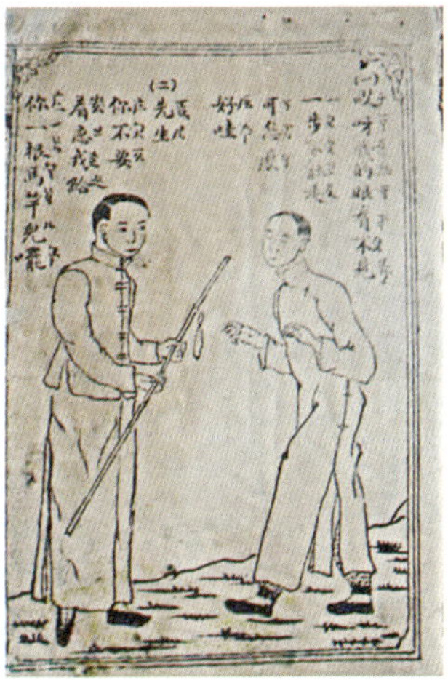

2-3-4

图2-3-4 《中国最新官话注音字母讲义》，北京聚元斋印刷，1919年版

《中国最新官话注音字母讲义》前有编者仲跻翰撰写的“序”，落款为“陆军军官学校”。序言指出：“余今见北京教育部为普及教育起见，新颁一种国语字母，此种字母共三十九，不识字者学之数日，即能记事写信读书阅报（指字母报书），识文字者尤易。……将来可以此种字母为启发民智之基础。故余爱之如珍宝，惟恐各省不能先知，兹特编纂成册，列表附说，尤令初学者多便，借此正可振兴学务，使贫富均能就学，岂不为社会一大快事哉。”[3]

《中国最新官话注音字母讲义》开篇编排有字母二十四，介音三，韵母十二。对于学习字母应注意的一些事项，一一说明，如要熟记十个数目字，要用白话，不用文话等。

[1] 国民学校教科书审编委员会. 注音字母简易教本[M]. [出版地不详]：山西省公署印，[出版年不详]：封二.

[2] 国民学校教科书审编委员会. 注音字母简易教本[M]. [出版地不详]：山西省公署印，[出版年不详]：5.

[3] 仲跻翰，张秉淇，赵亨宝. 中国最新官话注音字母讲义[M]. 北京：聚元斋印刷，1919：序.

4. 范祥善编纂《注音字母讲义》

1922年7月，范祥善编纂《注音字母讲义》一册，上海商务印书馆出版。

《注音字母讲义》前面有编者写于1921年5月的“编辑大意”，指出“本讲义专以练习注音字母的读法、用法、发音法、拼法为主，不涉高深的学理”[1]。

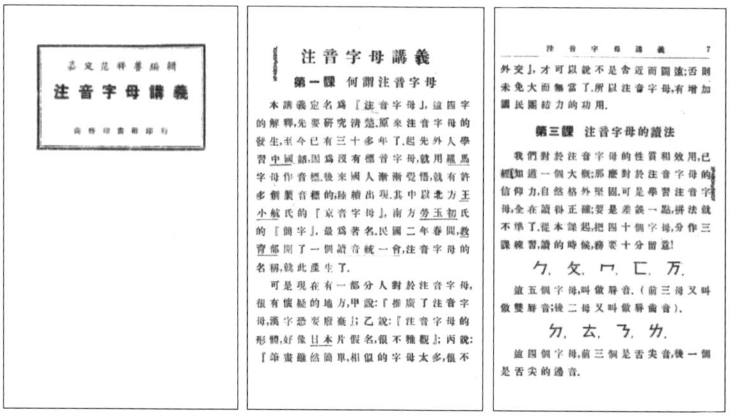
[illegible]范祥善編輯

注音字母講義

商務印書館印行

注音字母講義

第一課　何謂注音字母

本講義定名爲『注音字母』，這四字的解釋，先要研究清楚。原來注音字母的發生，至今已有三十多年了。起先外人學習中國話，因爲沒有標音字母，就用羅馬字母作音標。後來國人漸漸覺悟，就有許多創製音標的，陸續出現。其中以北方王小航氏的『京音字母』，南方勞玉初氏的『簡字』，最爲著名。民國二年春間，教育部開了一個讀音統一會，注音字母的名稱，就此產生了。

可是現在有一部分人對於注音字母，很有懷疑的地方，甲說：『推廣了注音字母，漢字恐要廢棄』；乙說：『注音字母的形體，好像日本片假名，很不雅觀』；丙說：『筆畫雖然簡單，相似的字母太多，很不

注音字母講義　7

外交』，才可以說不是舍近而圖遠；否則未免大而無當了。所以注音字母，有增加國民團結力的功用。

第三課　注音字母的讀法

我們對於注音字母的性質和效用，已經知道一個大概；那麼對於注音字母的信仰力，自然格外堅固。可是學習注音字母，全在讀得正確；要是差誤一點，拼法就不準了。從本課起，把四十個字母，分作三課練習，讀的時候，務要十分留意！

ㄅ. ㄆ. ㄇ. ㄈ. ㄪ.

這五個字母，叫做脣音。（前三母又叫做雙脣音；後二母又叫做脣齒音）。

ㄉ. ㄊ. ㄋ. ㄌ.

這四個字母，前三個是舌尖音，後一個是舌尖的邊音。

2-3-5

图2-3-5　《注音字母讲义》，商务印书馆，1922年版

《注音字母讲义》供一学年之用，分三十六课，用圆周体编辑。第一至第十四课为第一圆周，为读法及用法；第十五至第二十二课为第二圆周，为发音法及拼法；第二十三至第二十八课为第三圆周，为杂说；第二十九至第三十六课为第三圆周，为注音练习法。全书用语体文编辑，对注音字母的含义、功用、读法等进行一一呈现。

二、国语推行与“新体”“新教材”国语教科书系列

1916年，读音统一会的陈懋治等一些原委员，以及由湖南调到教育部任教科书特约编审员的黎锦熙等八十五人，在北京组成中华民国国语研究会。1917年2月，国语研究会召开第一次大会，选蔡元培、张一麐为正副会长，黎锦熙则拟定《国语研究调查之进行计划书》，对于国文、国语之关系及重要性具体说明。他指出，“国文一科，关系极重，而学文必兼习语”[2]。还指出，“部定国民学校课程表，即将语法列为国文科项目之一，是国语之重，亦已迫教育家所公认。然我国各种教科之中，其教授上最无系统无条理者，即莫国文一科若。大都循例传习，究莫知其如何而始能获实用，如何而后能谋教授上之改良；且言文既歧，雅俗异趣，国文之外，辄不知所谓国语。方言万

[1] 范祥善. 注音字母讲义[M]. 上海：商务印书馆，1922：编辑大意.

[2] 黎锦熙. 国语研究调查之进行计划书[J]. 教育公报，1918，5（3）：附录1.

殊，情意隔阂；既阻民智之开通，复碍国家之统一；长此不变，即将来厉行强迫教育，而所以致普及者无其具，则实效恐亦难期”。黎锦熙认为，“语文虽歧，本源则一，国语与国文之问题，须作一串解决”[1]。会议通过《中华民国国语研究会暂定简章》，明确国语研究会的“会务”有五个方面：“甲、调查各省区方言。乙、选定标准语。丙、编辑语法辞典等书。丁、用标准语编辑国民学校教科书及参考书。戊、编辑国语杂志。”[2]黎锦熙将国语研究直接与国民学校教科书关联。

1917年1月，胡适发表《文学改良刍议》，提出“白话文学之为中国文学之正宗，又为将来文学必用之利器”。他主张，“今日作文作诗，宜采用俗语俗字，与其用三千年前之死字，不如用二十世纪之活字。”[3]1917年2月，陈独秀发表《文学革命论》，举“文学革命”大旗以示声援，并提出文学与国民性互为因果，“今日中国之文学，萎琐陈腐，远不能与欧洲比肩。此妖魔为何，即明之前后七子及八家文派之归方刘姚是也。此十八妖魔辈，尊古蔑今，咬文嚼字，称霸文坛。……此种文学，盖与吾阿谀夸张、虚伪迂阔之国民性互为因果。”[4]因此，要革新政治必须以新文学涤荡人们的思想观念及表述方式。1918年4月，胡适发表《建设的文学革命论》，提出文学革命的基本目标是要建设“国语的文学，文学的国语”，要在十年内“创造出一派新中国的活文学”[5]。1918年5月，胡适在《论文学改革的实行的程序——答盛兆熊书》中提出用白话文学建设国民心理、低年级教科书用国语编撰的要求，“进行的次序，在于极力提倡白话文学。要先造成一些有价值的国语文学，养成一种信仰新文学的国民心理，然后可望改革的普及。若必须从学校教育一方面着想，似乎还该从低年级做起。进行的方法，在于一律用国语编纂中小学校的教科书。”[6]1918年初，钱玄同等人在北京孔德学校编写了白话文教科书《国语读本》。1919年至1920年间专门为国民学校编撰国语教科书，其中商务印书馆的“新体”国语教科书系列及中华书局的“新教材”国语读本系列影响较大。这些教科书不仅用白话文编撰，且开始使用新式标点符号。

1. 庄适编纂《（国民学校用春季始业）新体国语教科书》

1919年8月，庄适编纂《（国民学校用春季始业）新体国语教科书》八册，庄俞、范祥善、黎锦熙、陈宝泉、蒋维乔、王璞校订，上海商务印书馆出版。

《（国民学校用春季始业）新体国语教科书》为推广注音字母与国语而专门编撰，经教育部审定。教育部第一次审定为暂用课本，第二次审定为正式通过课本。商务印书馆广告写道：“本馆创刊此书，纯为推广注音字母及统一国语起见。出版以来，承各处国民学校先后采用，谬加赞许，并由教育部审定，作为国民学校练习国语试用之书，惟此书关系统一国语，须得教育家指示，方臻完

[1] 乐嗣炳. 国语学大纲[M]. 上海：大众书局，1935：234-235.

[2] 中华民国国语研究会暂定简章[J]. 新青年，1917，3（1）：1.

[3] 胡适. 文学改良刍议[J]. 新青年，1917，2（5）：10.

[4] 陈独秀. 文学革命论[J]，新青年，1917，2（6）：2-4.

[5] 胡适. 建设的文学革命论[J]. 新青年，1918，4（4）：289.

[6] 胡适. 论文学改革的实行的程序：答盛兆熊书[J]. 新青年，1918，4（5）：487.

善。本馆因此请各校试用是书后，务望详为赐教，无任幸盼。”[1]

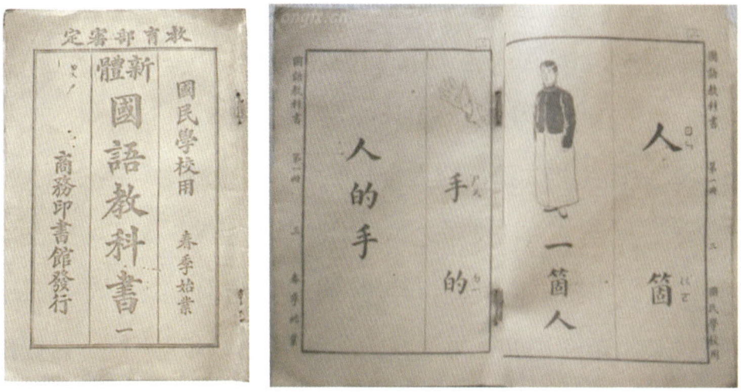

2—3—6

图2—3—6 《（国民学校用春季始业）新体国语教科书》第1册，商务印书馆，1921年版

《（国民学校春季始业）新体国语教科书》前几册无目录，无课文标题，生字单独列出并注音，数课后有练习，形成单元。低年级选文以生活故事、自然常识的普通文为主，中高年级加入历史故事、议论文、古文及特用文，有简易对话、故事、儿歌等。这套教科书前两册重字词积累和基本国音、国语训练，如“天气、和暖”，如“今天的天气很和暖”[2]。课文还使用新式标点符号。这套书较为畅销，第1册到1920年12月已重印78版，到1921年7月已至148版。

2. 黎均荃、陆衣言编辑《（国民学校用）新教材教科书国语读本》

1920年3月，黎均荃、陆衣言编辑《（国民学校用）新教材教科书国语读本》八册，黎锦熙、王璞、沈颐、张相、陆费逵、戴克敦、刘传厚阅订，上海中华书局出版。

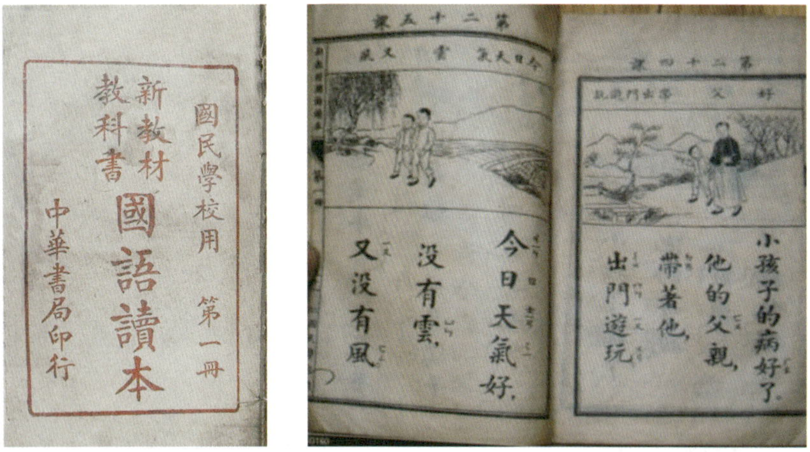

2—3—7

图2—3—7 《（国民学校用）新教材教科书国语读本》第1册，中华书局，1920年版

[1] 教育部. 教育部审定国民学校最为适用新体国语教科书[A]. 教育杂志，1919年，11（11）：广告页.

[2] 庄适. 国民学校春季始业：新体国语教科书：第1册[M]. 63版. 上海：商务印书馆，1920：29.

《（国民学校用）新教材教科书国语读本》以语法系统程度为主，分述教科书在实质与形式上的要求。例如，第一册“是以读音顺着语法为主，并不将语法来迁就读音”[1]。在实质方面，“利用儿童的知识，和他四周的现象，发展他的本能，所选的材料，要有趣味，又要有实用，总求合于儿童的心理，和儿童的生活。”[2]在形式方面，强调“分为两段，前段专教注音字母，后段教初步的语言和识字”[3]。明确注音字母学习分六步：“第一步五课，专教有意义的单独字母。第二步六课，教双拼的字母。第三步十一课，教不能独立的字母，和一切拼法。第四步，于第二十二课，将三十九个字母列为一表，以便依著顺序总复习。以上是专教注音字母的二十二课的分配法。第五步在汉字语体文中教三拼法。第六步于本册的末了，附结合的韵母表，将所有国音中的结合韵母，完全列出，总和练习。”[4]这套教科书生字均注音，使用新式标点符号。

三、小学“新法”“新教育”“新时代”国语、国文、会话系列

1919年4月，国语统一筹备会正式成立，召集在京会员开成立大会，这次会议议决拟请教育部推行议决案：（1）《加添闰母的提议》；（2）《国语统一进行方法的议案》；（3）《国语统一进行方法案》；（4）《编辑国语辞典及国语文典入手办法案》；（5）《国语辞典之编纂拟博采海内方言案》；（6）《拟请教育部推行国语教育办法五条案》；（7）《欲谋国语统一宜先推行注音字母案》；（8）《请颁行新式标点符号案》；（9）《加添注音字母小草议案》。[5]《国语统一进行方法的议案》由胡适、朱希祖、钱玄同、马裕藻、刘复等人提出，涉及编辑国语辞典、国语文法、改编小学课本、编辑国语会话书等事。在“改编小学课本”中提出：“统一国语既然要从小学校入手，就应当把小学校所用的各种课本看作传布国语的大本营；其中国文一项，尤为重要。如今打算把《国文读本》改作《国语读本》。国民学校全用国语，不杂文言；高等小学酌加文言，仍以国语为主体。“国语”一科以外，别种科目的课本，也该一致改用国语编辑。这项课本中所载文字内容，是否与国音字典、国语辞典、国语文法相合应，由本会组织一个委员会随时审查。”[6]在“编辑国语会话书”中指出，统一国语，“实在要希望全国人民除他原有的方言以外，人人都能说一种国内的公共语，所以除学校课本以外，应当编辑种种材料，丰富切合实用的会话书来使大家可以有一个说国语的张本，这种办法虽然有些近乎机械的，但是要实实在在做到‘统一’二字，就非

[1] 黎均荃，陆衣言. 国民学校用：新教材教科书国语读本：第1册[M]. 上海：中华书局，1920：编辑大意.
[2] 黎均荃，陆衣言. 国民学校用：新教材教科书国语读本：第1册[M]. 上海：中华书局，1920：编辑大意.
[3] 黎均荃，陆衣言. 国民学校用：新教材教科书国语读本：第1册[M]. 上海：中华书局，1920：编辑大意.
[4] 黎均荃，陆衣言. 国民学校用：新教材教科书国语读本：第1册[M]. 上海：中华书局，1920：编辑大意.
[5] 陈学询. 中国近代教育史教学参考资料：中册[M]. 北京：人民教育出版社，1988：438.
[6] 胡适，朱希祖，等. 国语统一进行方法的议案[J]. 教育公报，1919，6（9）：专件26.

如此不可”[1]。而且指出这种会话书，应该体察社会情状或应用的不同，分册编述，如学生用、商人用、妇女用、旅行用等。《拟请教育部推行国语教育办法五条案》由朱文熊、陆基、陈懋治、黎锦熙等提议，其中指出“全国国民学校改国文为国语，高等小学校及乙种实业学校则以今日国文功课二分之一教授国语，中学及甲种实业学校则以国文功课三分之一教授国语”。并且指出凡师范、中学、甲乙种实业暨高等小学、国民学校等修身等各学科，都可以国语教授，“各种教科书或讲义亦得用语体文是也”[2]。这次会议还完善了国音字母的顺序、数量、声调的标法等，推出《国音字典》。

1919年10月10日，第五届全国教育会联合会议决案在山西太原召开，其中有《推行国语以期言文一致案》，议决案中对于国文教科书的意见与之前相同，另有推行国语的具体办法。“一、全国师范学校一律添授国语科，并依据《国音字典》，教授注音字母。二、各县劝学所及教育会利用寒暑假时间，设立国语传习所，招集本境小学校教员，一律传习国语，并依据《国音字典》，补习注音字母。三、各省检定小学教员办法，应加入通习国语及注音字母一项。四、国民学校国文教科书，应即改用国语，高等小学国文教科书，应言文互用。五、各省区教育会应设国语研究会。六、提倡编辑国语辞典、国语文法、国语会话等书。”[3]

1920年1月12日，教育部根据全国教育会联合会议案以及国语统一筹备会函请，决定提倡国语教育，以使言文一致，发展文化，令行“兹定自本年秋季起，凡国民学校一、二年级先改国文为语体文，以期收言文一致之效”[4]。1920年1月24日，教育部连续发文，将国民学校国文改为国语，并且明示国语要旨、国语学习内容、国语读本、国语作法等。其中，“国语要旨，在使儿童学习普通语言文字，养成发表思想之能力，兼以启发其德智”。国语的学习，“首宜教授注音字母正其发音；次授以简单语词、语句之读法及做法；渐授以篇章之构成，并采用表演、问答、谈话、辩论诸法，使练习语言”。对于国语读本，“宜取普通语体文，避用土语，并注重语法之程序。其材料择其适应儿童心理并生活上所必需者用之”。国语作法，“宜就读本及他科目已授事项或二条日常闻见与处世所必需者令记述之，以明敏正确为主，书法所用字体为楷书及行书。凡语言文字在教授他科目时，亦注意练习。遇书写文字，务使端正敏捷，不宜潦草”。[5]由此，中小学推行国语有了基本的法令得以遵循。1920年4月，教育部又通令全国各地：“凡照旧制编辑之国民学校国文教科书，其供第一、第二两学年用者，一律作废。第三学年用书，准用至民国十年为止。第四学年用书，准用

[1] 胡适，朱希祖，等. 国语统一进行方法的议案[J]. 教育公报，1919，6（9）：专件27.

[2] 朱文熊，赞成人，陆基，等. 拟请教育部推行国语教育办法五条案[J]. 教育公报，1919，6（10）：专件11.

[3] 推行国语以期言文一致案[J]. 教育杂志，1919，11（11）：专件48-49.

[4] 咨各省区国民学校一、二年级自本年秋季起先改国文为语体文以为国语教育之预备文[J]. 教育公报，1920，7（2）：77.

[5] 教育部. 教育部令：二则[J]. 政府公报，1920，1422：16-17.

至民国十一年为止。”[1]从1922年起，凡国民小学各种教科书一律改为白话文。

1920年，商务印书馆与中华书局在国民学校国语教科书的基础上，汇集知名学者编撰小学“新法”“新教育”国语、国文、国语会话系列。世界书局则单独出版有“新时代”国文读本。

（一）商务印书馆“新法”国语、国文、会话教科书系列

1920年，商务印书馆推出小学“新法”教科书系列，既有春季始业用国文教科书，也有秋季始业用国语教科书，还有会话、故事读本，其广告写道：“材料崭新，适切现代潮流，编制特别依据最新学说，分量匀称，前后联络一气，语法详备，图画精美丰富，各书原稿曾经实地试验，迭蒙教育部审定公布。”[2]

1. 范祥善、庄适编纂《（国民学校学生用春季始业）新法国文教科书》

1920年1月，范祥善、庄适编纂《（国民学校学生用春季始业）新法国文教科书》八册，吴研因、蒋昂、庄俞、高凤谦校订，上海商务印书馆出版。

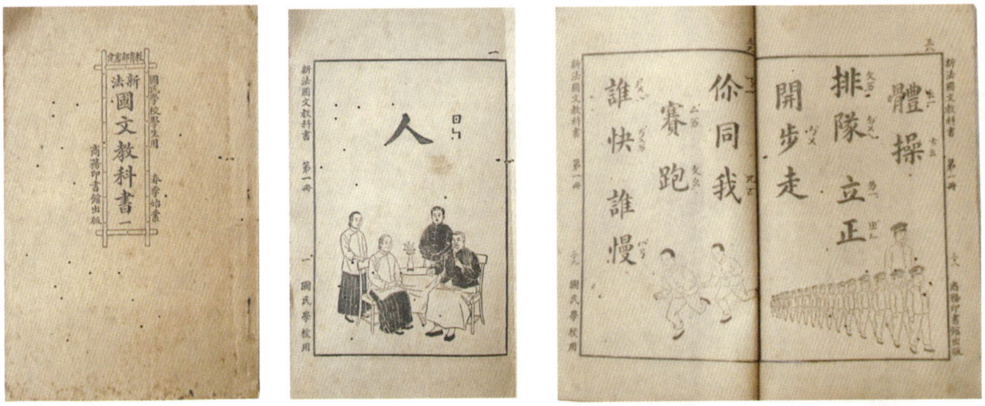

2-3-8

图2-3-8 《（国民学校学生用春季始业）新法国文教科书》第1册，商务印书馆，1921年第5版

《（国民学校学生用春季始业）新法国文教科书》仍然以“人”开篇，每册46课，无单元编排。每课序号标注在边框外的上方，课题则在框内。课文用浅近文言文编写，生字随文注音，没有单独编排，课文语言表现活泼，插图丰富。

2. 庄适编纂《（国民学校学生用秋季始业）新法国语教科书》

1920年7月，庄适编纂《（国民学校学生用秋季始业）新法国语教科书》八册，范祥善、黎锦熙、王璞、庄俞校订，上海商务印书馆出版。

[1] 胡适. 国语讲习所同学录. 序[A]奉贤劝学所. 奉贤教育汇刊. 1920（6）：附录17-18.

[2] 王应伟. 实用国语文法：上编[M]. 上海：商务印书馆，[出版时间不详]：广告页.

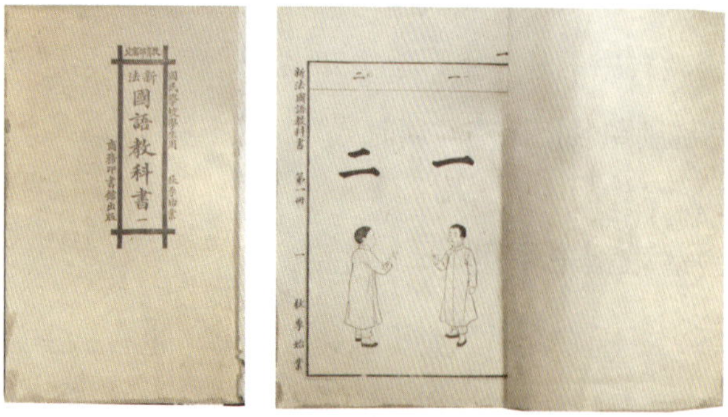

2-3-9

图2-3-9　《（国民学校学生用秋季始业）新法国语教科书》第1册，商务印书馆，1920年版

《（国民学校学生用秋季始业）新法国语教科书》以“一”“二”为开篇，生字位于课文上栏，并注音。第一至四册提交教育部审查时，同时也给国语统一筹备会审查。教育部的审定批词：“教材的排列也还好，语法也都注意，在现代国语教科书里头很可以算是善本。”[1]

3. 刘大绅、王国元、吴俊升等编校《（高等小学学生用秋季始业）新法国语教科书》

1920年7月，刘大绅、王国元、吴俊升等编校《（高等小学学生用秋季始业）新法国语教科书》六册，上海商务印书馆出版。

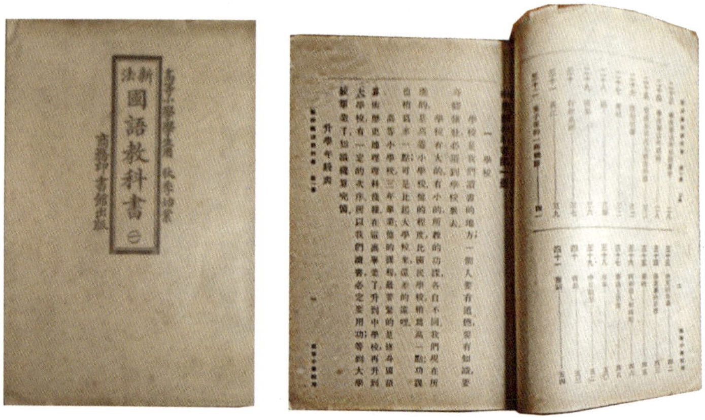

2-3-10

图2-3-10　《（高等小学学生用秋季始业）新法国语教科书》第1册，商务印书馆，1920年版

《（高等小学学生用秋季始业）新法国语教科书》选材标准分为实质与形式两个方面。“实质方面，凡是关于身心国家世界的地方，都十分注重。形式方面，务求明爽、活泼、有规律，词类显豁，语法有序。”[2]教科书日常应用的内容占30%，科学占25%，公民常识占15%，其他占30%，选材贴近儿童生活，注重实用价值。这套教科书以课为单位编排，前后有关联，无单元编排，无习题，有插图。前四册为纯语体文，后二册为语体文和文言文互用，文言文占十分之三。一些课文在编排中，将同一内容的语体文与文言文并列，两两对照。

[1] 庄适. 国民学校学生用秋季始业：新法国语教科书：第1册[M]. 上海：商务印书馆，1920：封3.

[2] 刘大绅，戴杰，庄俞，等. 高等小学学生用秋季始业：新法国语教科书：第1册[M]. 15版. 上海：商务印书馆，1920：编辑大要.

4. 季锡组、唐湛声、魏寿镛、李康复、钱基博、沈圻、严既澄、郑士杓等编纂《（高等小学校用）新法国文教科书》

1921年5月，季锡组、唐湛声、魏寿镛、李康复、钱基博、沈圻、严既澄、郑士杓等编纂《（高等小学校用）新法国文教科书》六册，庄俞、高凤谦校订，上海商务印书馆出版。这套教科书编有《国旗之话》《催同学到校读书》《造纸》《书籍之印制》《月之神话》《月夜记游》《水声》《惜阴琐谈》《精神平等》《蜂蚁之生活》《骆驼与鸵鸟》《黄河流域》《检衣诗（张謇）》《国交之演进》《我国之地理与民性》《我国第一次长途航空记》等课文。

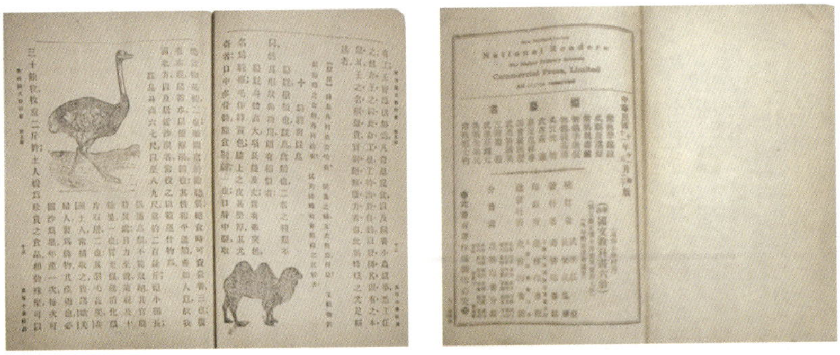

2-3-11

图2-3-11 《（高等小学校用）新法国文教科书》第5册，商务印书馆，1920年版

5. 范祥善编纂《（小学适用）新法会话读本》

1921年1月，范祥善编纂《（小学适用）新法会话读本》四册，黎锦熙、庄俞校订，上海商务印书馆出版。

2-3-12

图2-3-12 《（小学适用）新法会话读本》4册，商务印书馆，1921年版

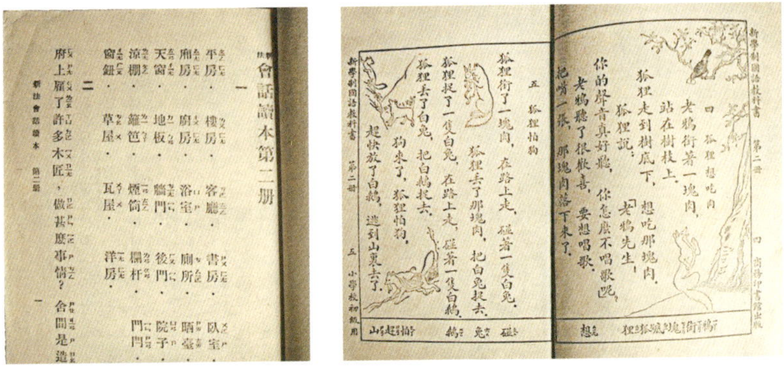

2-3-13

图2-3-13 《（小学适用）新法会话读本》第2册，商务印书馆，1928年版

《（小学适用）新法会话读本》每册十八课，供小学生两年之用。全书分“国音、词类、问答、词类的性别、短语、句的种类、句的组织、短篇记叙文”八个部分，所取材料注意道德及常识。这套教科书围绕儿童日常会话，词类涉及“磨墨、写字、读书、画图、学校、开学、放学、上课、退课、游戏、回家、吃饭、做事、睡觉、房屋、用具、装饰品、衣服、植物、食物、禽兽、时间、行路、招待客人”等，有叙述句、疑问句、命令句、希望句、感叹句等句式。课文文字附注国音，前两册注重练习读准词类，有多幅图画。

6. 赵宗预、王砥平等编纂《新法故事读本》

1921年，赵宗预、王砥平等编纂《新法故事读本》甲编十册及乙编十册，严既澄校订，上海商务印书馆出版。

1922年，程伯威、赵宗预编纂《新法故事读本》丙编十册，范祥善校订，上海商务印书馆出版。

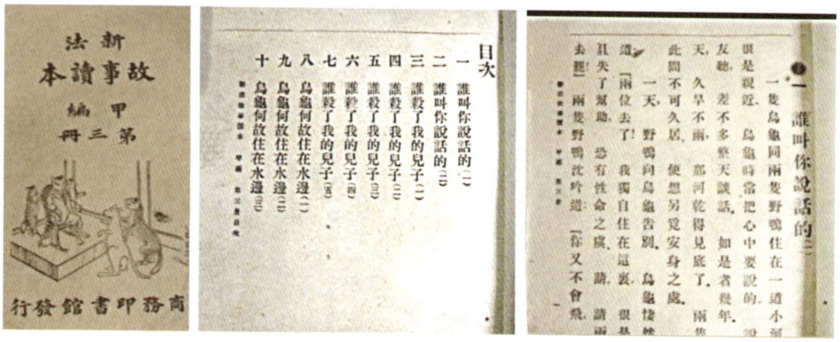

2—3—14

图2—3—14 《新法故事读本》甲编第3册，商务印书馆，1921年版

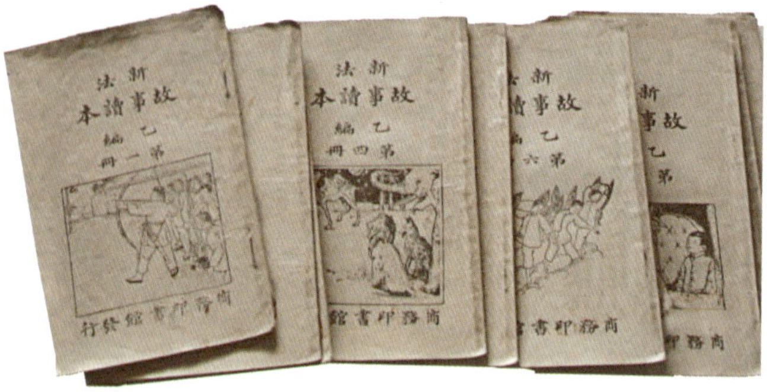

2—3—15

图2—3—15 《新法故事读本》乙编，商务印书馆，1921年版

2—3—16

图2—3—16 《新法故事读本》乙编第2册，商务印书馆，1921年版

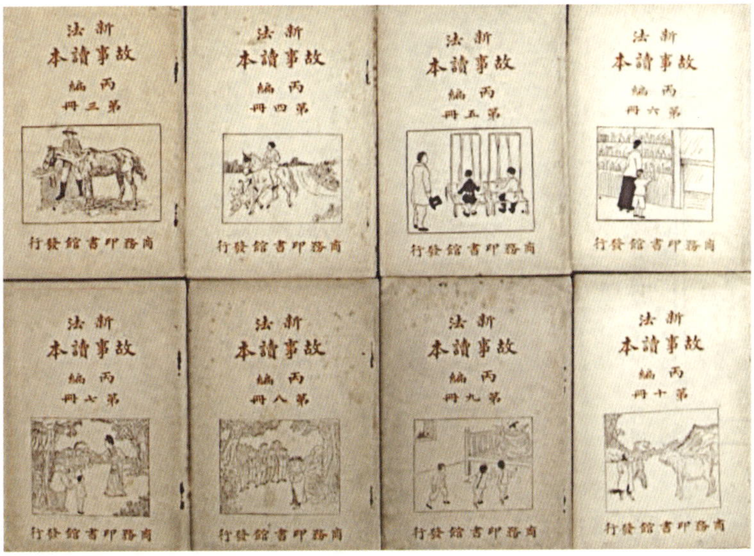

2-3-17

图2-3-17 《新法故事读本》丙编，商务印书馆，1922年版

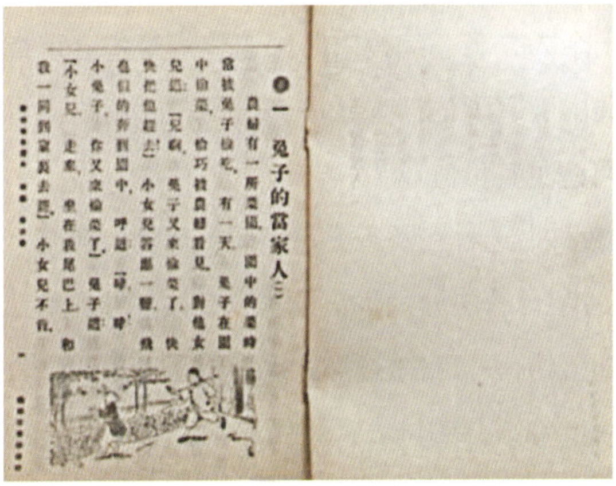
一 兔子的當家人（三）

農婦有一所菜園，園中的菜時常被兔子偷吃。有一天，兔子在園中偷菜，恰巧被農婦看見，對他女兒說："兒啊，兔子又來偷菜了，快快把他趕去！"小女兒答應一聲，飛也似的奔到園中，呼道："咩，咩，小兔子，你又來偷菜了！"兔子說："小女兒，走來，坐在我尾巴上，和我一同到家裏去罷。"小女兒不肯。

2-3-18

图2-3-18 《新法故事读本》丙编第3册，商务印书馆，1922年版

《新法故事读本》用白话文呈现一个又一个有趣的故事，分编为若干课，如甲编第三册有《谁叫你说话的（一）》《谁叫你说话的（二）》等。丙编第三册有《兔子的当家人（一）》《兔子的当家人（二）》《兔子的当家人（三）》《大铜钟（一）》《大铜钟（二）》《大铜钟（三）》《大铜钟（四）》《大铜钟（五）》《大铜钟（六）》《大铜钟（七）》等。在教科书的封面及插图中均首次出现拟人化的动物图。

（二）中华书局"新教育教科书"国语、国文、会话系列读本

1. 胡舜华、杨敬勤、陆衣言、黎均荃、陆费逵、戴克敦、张相、刘传厚编辑《（国民学校春季始业用）新教育教科书国语读本》

1920年12月，胡舜华、杨敬勤、陆衣言、黎均荃、陆费逵、戴克敦、张相、刘传厚编辑《（国民学校春季始业用）新教育教科书国语读本》八册，黎锦熙、王璞、沈恩孚、李廷翰、李廷慧校阅，上海中华书局出版。

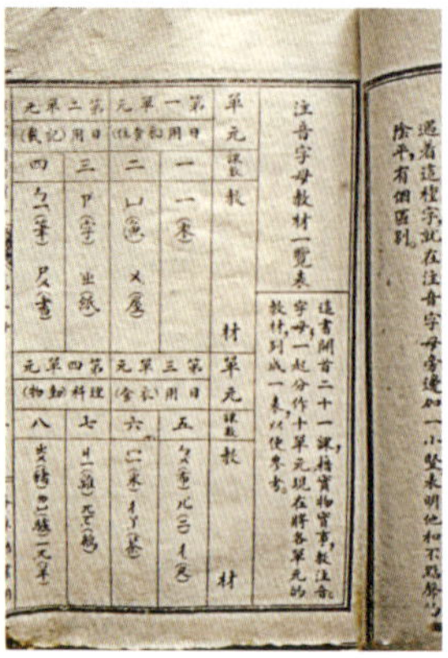

2-3-19

图2-3-19 《（国民学校 春季始业用）新教育教科书国语读本》第1册，中华书局，1921年版

《（国民学校春季始业用）新教育教科书国语读本》的编撰出版与教育实践密切联系，编撰者中有学校校长、教员，编撰过程中经过实验。在许地山编著的《语体文法大纲》的广告页中介绍本书："经本局编辑同人，暨著名男女学校校长教员十余人，悉心编校。"国语统一筹备会审查后，经教育部审定发行，"北京公立国民学校，认本局出版之国语读本，最为适用，改用国语者一百四十三班，用本局出版者，至一百三十一班之多，可想见其价值"[1]。

这套教材先教注音字母，后教最浅的语体文。这套教科书选材涉及历史、地理、博物、理化、公民常识等，每册均有诗歌二三首，以养成美感。将注音字母教法分六步：第一步专教字母的单独用法；第二步从单独用法进一步，教双拼法；第三步注重双拼法，略微掺点儿单独用法；第四步教联字和简单语法；第五步在语体文中掺教三拼法；第六步附结合韵母表，将所有国音中的结合韵母，完全列出，以便练习。课文生字有注音。

2. 朱麟、陆衣言、潘文安、陆费逵、任镕、戴克敦、刘传厚、李直、张相编辑及校阅《（高等小学校用）新教育教科书国文读本》

1921年1月，朱麟、陆衣言、潘文安、陆费逵、任镕、戴克敦、刘传厚、李直、张相编辑及校阅《（高等小学校用）新教育教科书国文读本》六册，上海中华书局出版。

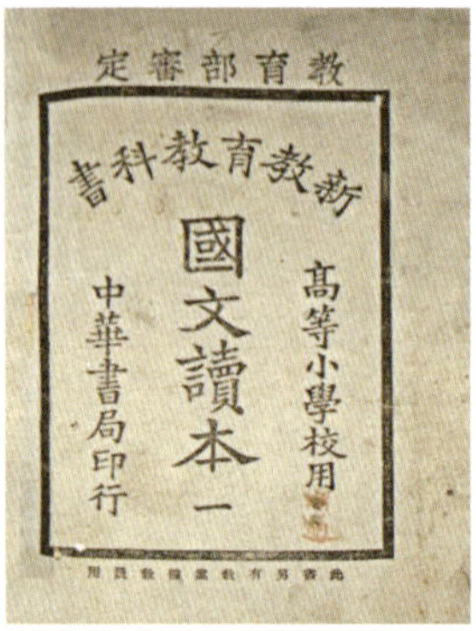

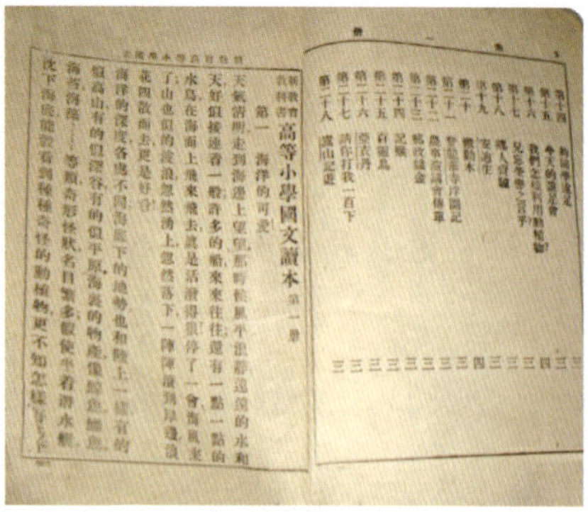

2-3-20

图2-3-20 《（高等小学校用）新教育教科书国文读本》第1册，中华书局，1921年版

[1] 许地山. 语体文法大纲[M]. 上海：中华书局，1921：广告页.

《（高等小学校用）新教育教科书国文读本》的编辑宗旨有五个方面：“（一）从语体进为文体，使言文渐趋一致。（二）灌输国民必需的常识。（三）欣赏美文，养成审美的观念、文艺的思想。（四）练习特用文，适切平日的应用。（五）启发自由思想，养成分析、推理、比较、归纳的能力。”选材标准分为实质与形式两方面，实质方面为：“（一）共和国民特宜注意的。（二）适切生活的。（三）合于世界进化的。（四）和各科目联络为一部分的。（五）不背民本主义的。”形式方面为：“（一）活泼有趣味的。（二）层次明了的。（三）意义通畅的。（四）涵养性情的。（五）启发想象的。”[1]选文题材多是儿童熟悉和喜闻乐见的，并且大量选入写景记游的文章，如《约同学远足》《游普陀山记》《学问与游历》《饥民惨状记》《海行随录——上海至香港》《海行随录——香港至西贡》《观巴黎油画记》等。第一学年语体为三分之二，文体为三分之一，第二学年语体、文体各半，第三学年语体为三分之一，文体为三分之二。这套教科书的文体包含有普通文、特用文、文艺文三种，普通文占60%，有记叙文、表抒文、说明文、议论文，以记叙文为最多；特用文占20%，有书信、契约、广告、电报、传单、章程，以书信为最多；文艺文占20%，有诗歌、童话、寓言、小说、记序等。全书采用新式标点符号。

3. 陆衣言编《新教育教科书国语会话》

1921年9月，陆衣言编《新教育教科书国语会话》六册，黎锦晖、陆费逵、黎锦熙、江仁纶等校订，上海中华书局出版。这套教科书“专供教学国语会话时，作为课本之用”，且说明，“应用本书，可先考察学者说话的程度，不论小学中年级、高年级，中等学校初年级，以及国语讲习所，都可分别采用”[2]。

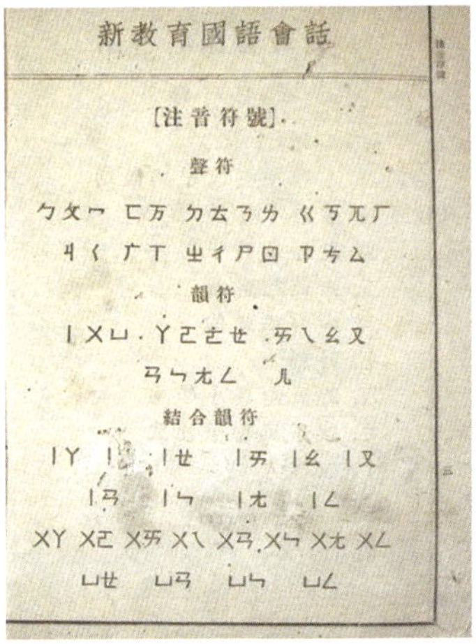

2—3—21

图2—3—21 《新教育教科书国语会话》第1册，中华书局，1926年版

《新教育教科书国语会话》强调选材“采择有理想的、写实的，并且都能够启发想象力的，

[1] 朱麟，潘文安，任镕，等. 新教育教科书国文读本：高等小学校用：第1册[M]. 5版. 上海：中华书局，1921：编辑大意.

[2] 陆衣言. 新教育教科书国语会话：第1册[M]. 11版. 上海：中华书局，1926：例言.

容易感动情绪的，更注意合于学生生活状况的，并能矫正现在社会积习的”[1]。会话形式为一问一答，课文语句较为活泼，句法力求变换。这套教科书插图较多，文字横排，文字上加注音符号，使用新式标点符号。

4. 陆衣言编辑《国语常识会话交通》

1920年11月，陆衣言编辑《国语常识会话交通》一册，上海中华书局出版。

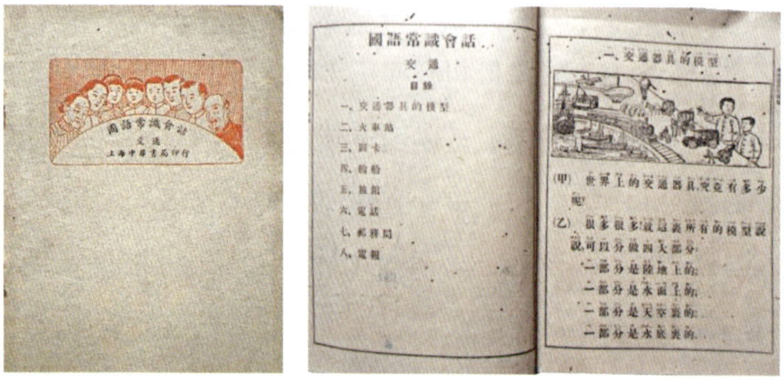

2-3-22

图2-3-22 《国语常识会话交通》，中华书局，1929年版

《国语常识会话交通》共八课，即《交通器具的模型》《火车站》《关卡》《轮船》《旅馆》《电话》《邮务局》《电报》。内容专取交通上的常识，编排上注重重现，每课均插图画与文句对照，文字横排，文字上方注国音，全书用新式标点符号，还专列有“教者注意”，对于字音、语势、语调、语态等进行说明。

（三）世界书局“新时代”国文大观、文学大观

1922年，世界书局推出“新时代”系列教学用书，既包含有课堂教学用的国文读本，也有全国学生模范作文，还有自修用的“文学大观”系列。

1. “新时代国文大观”系列

世界书局编辑所编辑《（全国学校成绩）新时代国文大观》甲、乙编六册，各编分编初集、二集、三集。

2-3-23

图2-3-23 《（全国学校成绩）新时代国文大观》甲、乙编，世界书局，1922年版

[1] 陆衣言．新教育教科书国语会话：第1册[M]．11版．上海：中华书局，1926：例言．

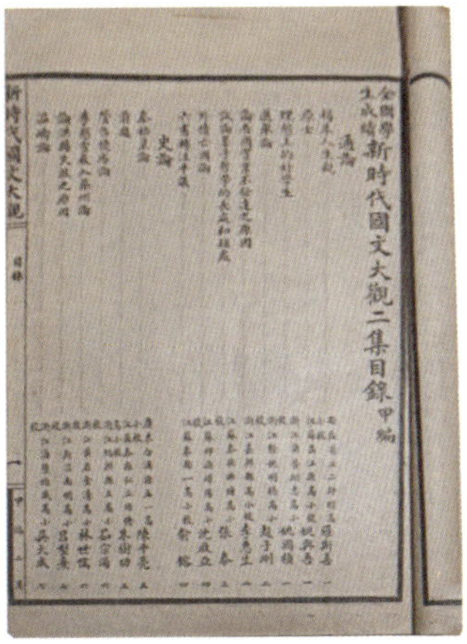

2-3-24

图2-3-24 《（全国学生成绩）新时代国文大观》甲编，世界书局，1925年版

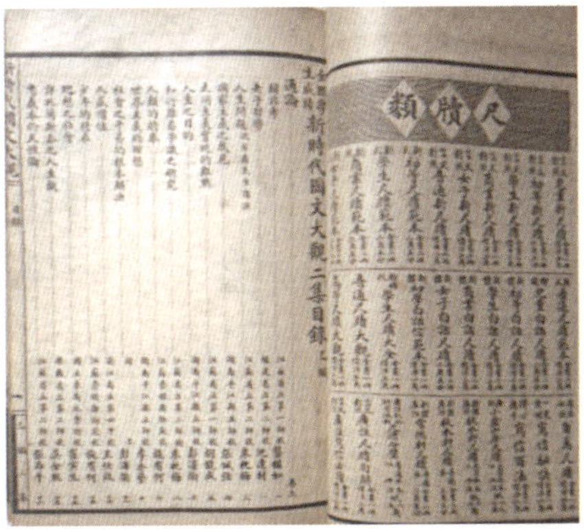

2-3-25

图2-3-25 《（全国学生成绩）新时代国文大观》乙编，世界书局，1925年版

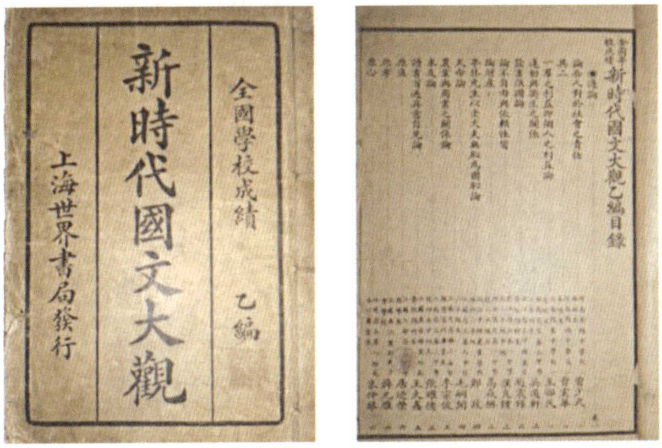

2-3-26

图2-3-26 《（全国学生成绩）新时代国文大观》乙编，世界书局，1925年版

《（全国学校成绩）新时代国文大观》是世界书局“征求全国学校国文成绩……，所收到不下千余篇，精选编撰而成，但以篇幅之限，入选之文不及全数十分之二”[1]。甲编为高小国文成绩，分编“通论、史论、传状、谐文、经说、感言、序跋、书后、书启”等14类；乙编为中师国文成绩，分编“通论、史论、陈说、杂说、问答、辨释、经说、感言、序跋、书后、书启、游记、杂记、小说、哀祭、诗歌、谐文”17类。

[1] 世界书局编辑所. 全国学校成绩：新时代国文大观[M]. 上海：世界书局，1925：例言.

2.“新时代文学大观”系列

1921年，世界书局推出“新时代文学大观”甲、乙集系列。所见《新时代文学大观》乙集十册，包含《新体广注纪事文自修读本》二册、《新体广注论说文自修读本》二册、《新体广注书翰文自修读本》二册、《新体广注骈体文自修读本》二册、《新体广注古今诗自修读本》二册。见图2-3-27，乙集全套的礼盒上方印有“学生自修唯一善本”的字样，下方印有“自修有无师自通之乐，教授免东翻西阅之劳”的字样。

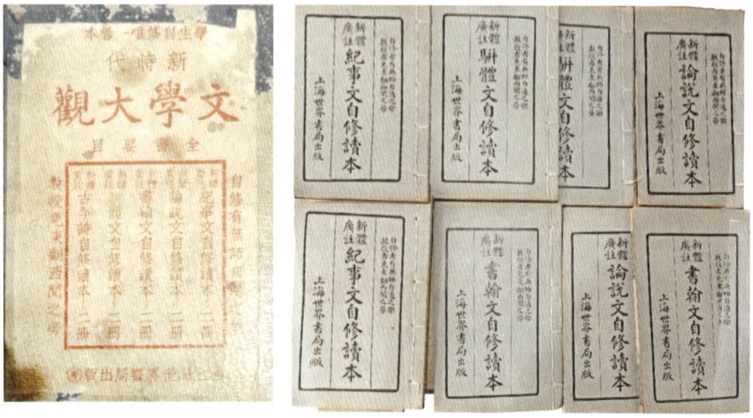

2-3-27

图2-3-27 “新时代文学大观”系列，世界书局，1921年版

（1）陆翔评选、邹志鹤注释《新体广注纪事文自修读本》

陆翔评选、邹志鹤注释《新体广注纪事文自修读本》二册，上海世界书局印刷、发行。

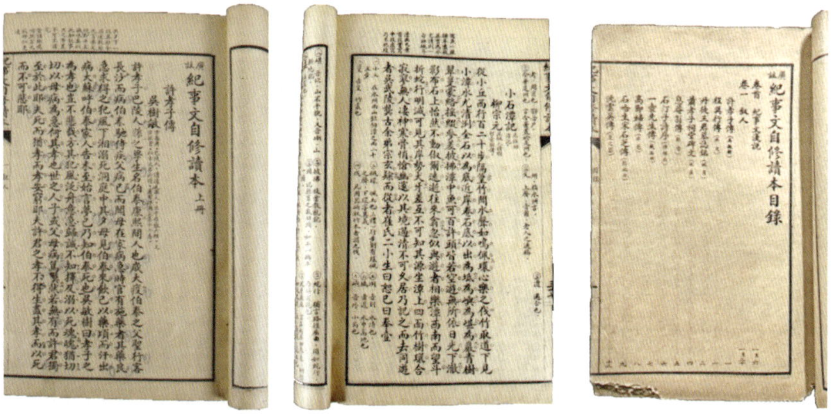

2-3-28

图2-3-28 《新体广注纪事文自修读本》上册，世界书局，1930年版

《新体广注纪事文自修读本》最前面有“新体广注国文自修读本缘起”，指出当今白话诗文盛行，编古诗文为读本，并非逆时势之潮流，而是因为“真古文，真古诗，皆贵自然，尚质朴，重性灵，其宗旨无一不与今日之白话诗文合”。内容编排有“纪事文浅说”“卷一 叙人”“卷二 叙事”“卷三 叙地”“卷四 叙物”以及“附文体分类目录”。

（2）世界书局编辑部编辑《新体广注论说文自修读本》

世界书局编辑部编辑《新体广注论说文自修读本》二册，上海世界书局发行、印刷。

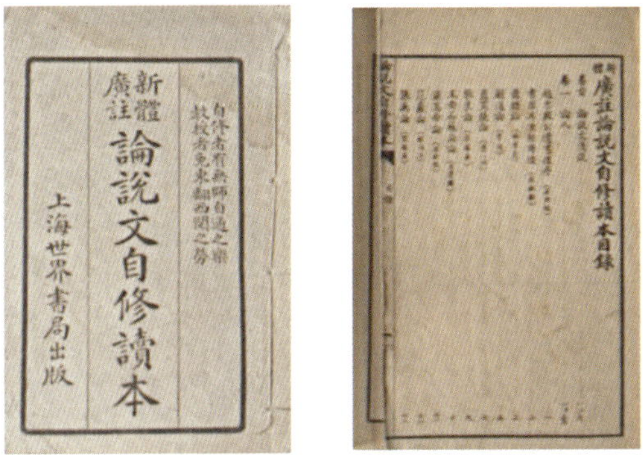

2—3—29

图2—3—29　《新体广注论说文自修读本》上、下册，世界书局，1924年版

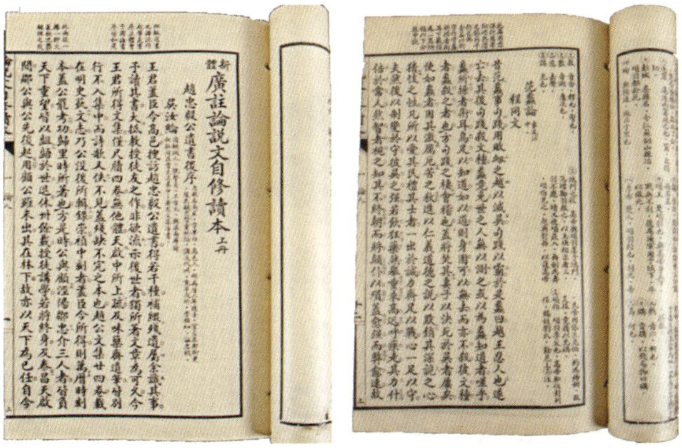

2—3—30

图2—3—30　《新体广注论说文自修读本》上册，世界书局，1921年版

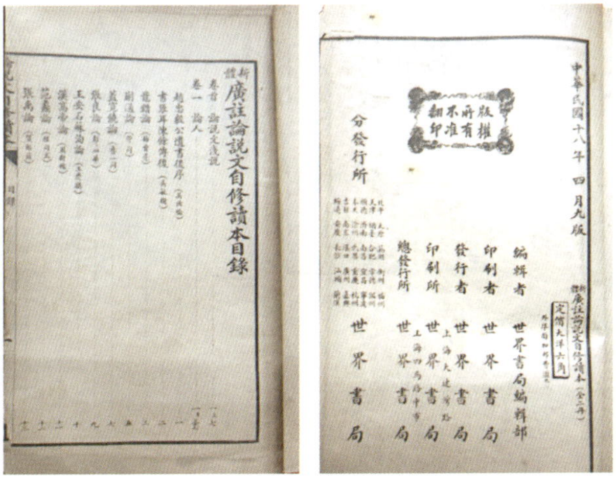

2—3—31

图2—3—31　《新体广注论说文自修读本》上册，世界书局，1929年版

《新体广注论说文自修读本》最前面编有“论说文浅说”，然后依次编“卷一 论人”“卷二 论事”“卷三 论学”等，并“附文体分类目录”，有“论”“志”等。

（3）陆翔评选、邹志鹤注释《新体广注书翰文自修读本》

陆翔评选、邹志鹤注释《新体广注书翰文自修读本》二册，上海广文书局印刷，世界书局发行。

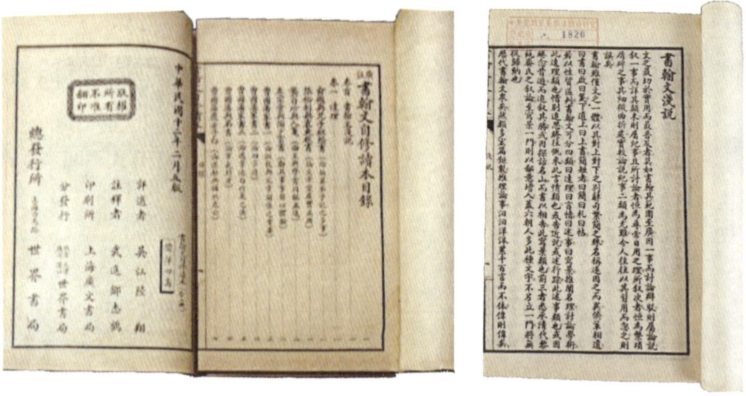

2-3-32

图2-3-32 《新体广注书翰文自修读本》上、下册，世界书局，1923年版

《新体广注书翰文自修读本》最前有“书翰文浅说”，然后编有“卷一 达理” “卷二 述事” “卷三 言情” “卷四 写景”等。

（4）张廷华编辑《广注骈体文自修读本》

张廷华编辑《广注骈体文自修读本》二册，上海广文书局印刷，世界书局发行，1923年正月5版。

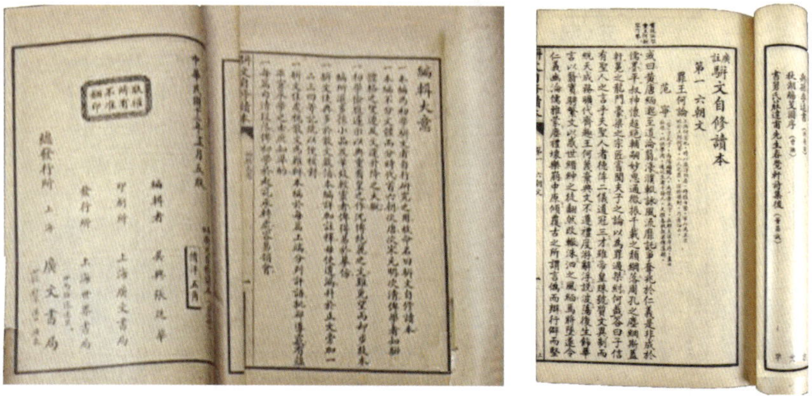

2-3-33

图2-3-33 《广注骈文自修读本》上、下册，世界书局，1921年版

《广注骈体文自修读本》前有“编辑大意”，指出编辑时不分文体而分时代，按照六朝、唐、宋元明、清编排。目录之后，也有“骈文浅说”。

（5）张廷华编辑《新体广注古今诗自修读本》

1921年3月，张廷华编辑《新体广注古今诗自修读本》二册，上海世界书局印刷、世界书局发行。

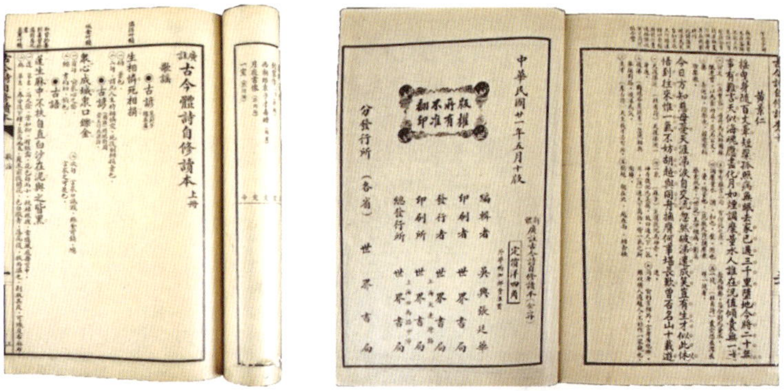

2-3-34

图2-3-34　《新体广注古今体诗自修读本》上册，世界书局，1922年版

《新体广注古今诗自修读本》最前有“编辑大意”，明确“本编为初学诗者自行研究之用”[1]。这套读本编有歌谣、古诗、近体诗，共计二百四十余首，“首歌谣，取其句无定式，字数又少，不讲平仄、随口叶韵而已。次古诗，取其句式虽定，不用对偶，不重平仄，亦取叶韵而已。次近体诗，凡关于人力之所有事，如格律、声调、对偶、词藻、押韵之范围，始于此一一讲究焉，而诗体乃大备”[2]。

四、“通俗”“实验”国文、国语教科书系列

1917年7月，阎锡山任山西省省长后，结合山西地方特点，提出将教育体系分类，分为国民教育、人才教育、职业教育和社会教育。1918年，山西省行政公署先后颁布了《山西逐年教育计划进行案》和《山西省实施义务教育规程》，对山西义务教育的实施做了详细的规定，要求从1918年7月到1921年2月，用三年时间，在全省普及义务教育。1918年下半年，山西省成立了国民学校教科书审编委员会，负责设计与编写课本。1919年，山西省推出为国民学校编印的《注音字母简易教本》及《通俗国文课本》，在全国影响较大。1919年7月，山西省订印整齐的六七百万本注音字母书，由军用车辆分送各县，以作推广之用。[3]1919年8月，张一麐在《新中国》第一卷第4号发表《我之国语教育观》，认为“上年十一月二十三日，教育部傅总长又把部令公布。山西的阎省长已经颁出一种掺用注音字母的通俗国文教科书。随便哪一省的话，都可以用这种字母写在纸上，不到一个月，向来不认得字的人，可以用这种字母给人家写信，可以不费什么教育费用。若是将来做成

[1] 张廷华. 新体广注古今诗自修读本：上册[M]. 5版. 上海：世界书局，1923：编辑大意.

[2] 张廷华. 新体广注古今诗自修读本：上册[M]. 5版. 上海：世界书局，1923：编辑大意.

[3] 苏讳. 谈阎锡山的教育思想及其实践[J]. 山西广播电视大学学报，2000：1-2.

一种教科书，推广到全国，……那不是一种最大的慈善事业么？”[1]

1. 山西国民教科审编委员会编辑《（国民学校用春季始业）通俗国文教科书》

1920年1月，山西国民教科审编委员会编辑《（国民学校用春季始业）通俗国文教科书》八册，由太原晋新书社印刷所印刷发行。这套教科书配套编有《通俗国文教授书》八册。这套教科书经北洋政府教育部审定通过，1927年后还有修正版。

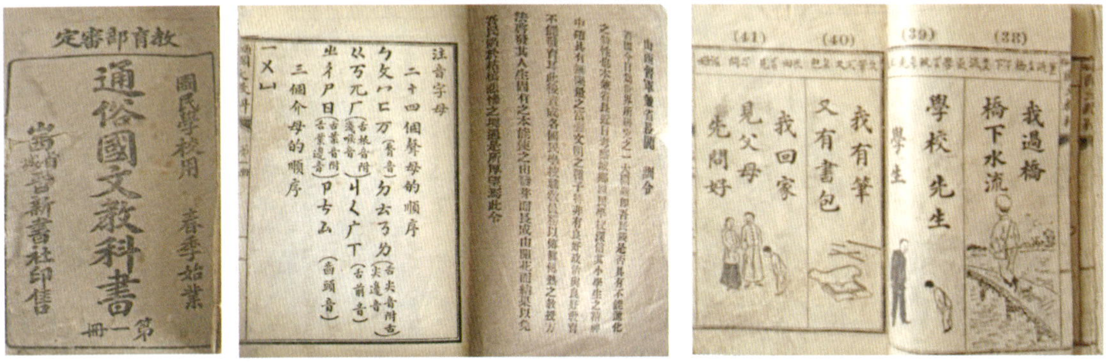

2-3-35

图2-3-35 《（国民学校用春季始业）通俗国文教科书》第1册，晋新书社，1921年版

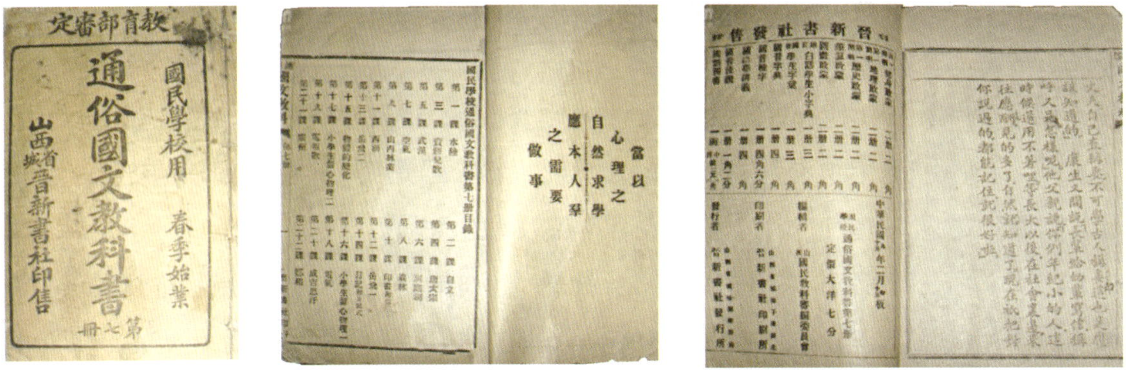

2-3-36

图2-3-36 《（国民学校用春季始业）通俗国文教科书》第7册，晋新书社，1926年版

《（国民学校用春季始业）通俗国文教科书》第一册开篇为“注音字母”，呈现“二十四个声母的顺序”“三个介母的顺序”“十二个韵母的顺序”以及“附用作三拼的合音字”。[2]课文上栏有注音字母，课文文字没有注音，最后编排“附课”。这套教科书从简单对话到歌曲、信件、寓言

[1] 张一麐. 我之国语教育观[J]. 新中国，1919，1：14.

[2] 山西国民教科审编委员会. 国民学校用春季始业：通俗国文教科书：第1册[M]. 太原：晋新书社，1921：1-2.

等，内容涉及生活常识等，反映当时的社会发展状况，且显示出山西发展特色，如1918年阎锡山推行的“六政三事”中，禁烟是其中很重要的内容，在这套教科书中选有禁烟的内容。教科书每册封底或最后一页印有菱形编排的格言，如第一册印有“心是万事的主宰，心一坏不会有一样好”[1]，第二册印有“知道是好事，就应该当下做起”[2]“真血性男子脑筋里边有国家两字”[3]。这套教科书有大量不同出版机构的翻印本。

2. 北京高等师范学校附属小学校教科书编纂会编辑《（初级小学春秋季通用）实验国语教科书》

1920年12月，北京高等师范学校附属小学校教科书编纂会编辑《（初级小学春秋季通用）实验国语教科书》八册，北京平民书局出版，北京高等师范学校暨附属小学校教科书审查会校订。

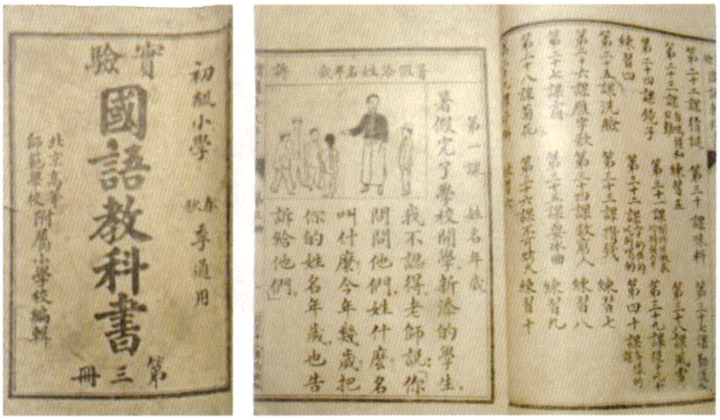

2-3-37

图2-3-37 《（初级小学春秋季通用）实验国语教科书》第3册，平民书局，1923年版

《（初级小学春秋季通用）实验国语教科书》内容注重生产知识、地理知识、卫生知识，以及一些古代人物故事、动物故事、景物描写等。以课为单位编排，一些课文之间有联系。课文有习题，七八课之后设有练习，主要为句式练习。每课生字单独列出，为标注读音。

五、“实用”国语文法、国音学、国语会话系列

1920年，商务印书馆出版“推行国音国语之利器”[4]——《实用国语文法》《实用国音学》《实用国语会话》。

1. 王应伟编纂《实用国语文法》

1920年8月，王应伟编纂《实用国语文法》二册，上海商务印书馆出版。《实用国语文法》上编最前面有张一麐写于1920年9月2日的序文，在回顾了古今文法教学用书之后，指出：“国语的内容，共分三项：一、就是音韵；二、就是词类；三、就是语法。这三项鼎足而立，实为国语的三

[1] 山西国民教科审编委员会. 国民学校用春季始业：通俗国文教科书：第1册[M]. 太原：晋新书社，1921：封底.
[2] 山西国民教科审编委员会. 国民学校用春季始业：通俗国文教科书：第1册[M]. 太原：晋新书社，1921：封2.
[3] 山西国民教科审编委员会. 国民学校用春季始业：通俗国文教科书：第1册[M]. 太原：晋新书社，1921：末页.
[4] 王应伟. 实用国语文法：下编[M]. 上海：商务印书馆，1922：封底.

大要素，真是缺一不可的。……吾友王君硕辅，好学不倦，兼通英、德、日三国文字，于语法的组织，素有研究。现在做成《实用国语文法》一书，上编专述词论及单句，下编专论复句，条理井然，烦简适当。”[1]

《实用国语文法》获得教育部的奖励，“教育部批奖”写道：“查该书内容是专门研究词语句组织之方法，体裁新颖，切合实用。与寻常文法书迥异，所举例证亦颇周备简明，应准作为小学教员教授参考用书，并给酬金四十元以示鼓励。”[2]

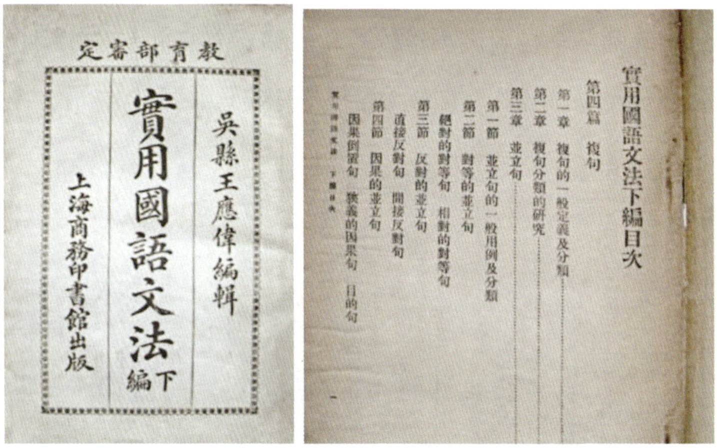

2—3—38

图2—3—38 《实用国语文法》下编，商务印书馆，1922年版

《实用国语文法》上编中的取材都是日常说话的句式及句法，下编的用例多选自最新的白话文章。编者指出，“本书设五种语（主语、述语、形容词附加语、宾语、副词附加语）为构成句的总纲，其他条目，都是从这五种语推出来的”。《实用国语文法》上编分三篇：为第一篇词论，有“词的定义及分类、名词、形容词、代名词、动词、副词、介词、接续词、助词、感叹词、词论应用的实例”十一章；第二篇句论总说，有“句论的一般定义、句的成分、句的分类”三章；第三篇单句，有“主语、述语、形容词附加语、宾语、副词附加语、单句的配语法、单句应用的实例”七章。下编为第四篇复句，有“复句的一般定义及分类、复句分类的研究、并立句、合体句、包孕句、副词附属句、缩合句、复句应用的实例”八章。全书最后附录有标点符号用法。

2. 廖立勋编纂《实用国音学》

1920年11月，廖立勋编纂《实用国音学》一册，上海商务印书馆出版。

[1] 王应伟. 实用国语文法：上编[M]. 上海：商务印书馆，1920：序.

[2] 王应伟. 实用国语文法：上编[M]. 3版. 上海：商务印书馆，1921：封三.

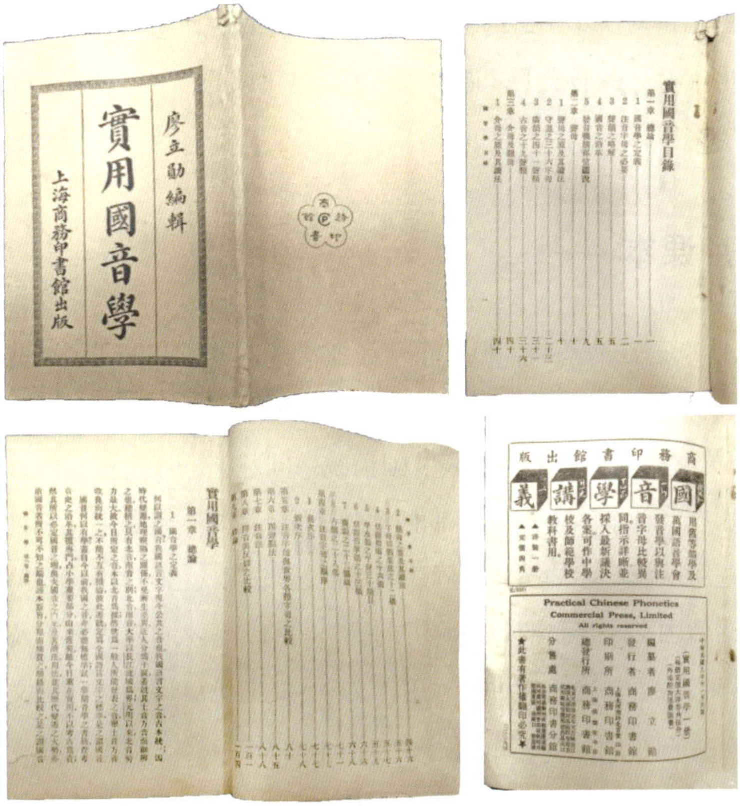

2-3-39

图2-3-39　《实用国音学》，商务印书馆，1920年版

《实用国音学》内容共九章，第一章总论，介绍国音学的定义、注音字母的必要、声韵略解、国音沿革、发音机关部位图说；第二章声母，介绍声母之原及其读法、守温三十六字母、广韵四十一声类、古音十九声类；第三章介母及韵母，介绍介母之原及其读法、韵母之原及其读法、字母切韵要法十二摄、切韵指南十六摄、平水韵平声三十韵目、切韵指掌图十三摄、广韵二十二韵摄、古韵二十八部；第四章介绍旧次序、新次序；第五章注音字母与世界各种字母的比较；第六章四声点法；第七章注音法；第八章拼音与反切的比较；第九章结论。

3. 王璞编纂《实用国语会话》

1920年12月，王璞编纂《实用国语会话》一册，范祥善校订，上海商务印书馆出版。

2-3-40

图2-3-40　《实用国语会话》，商务印书馆，1923年版

《实用国语会话》是“教育部所立国语讲习所第二班的会话讲义”[1]。每课先举单字，由单字成名词，由名词构成句子，以便学者循序练习。在形式上，课中“（ ）”是重读的符号，使得一句话里边必须分出轻重来。

六、国音教本与国语留声片课本

读音统一会审定的国音，虽然是以北京语音为基础，但掺杂了江浙语音，这样就出现了一些北京语音里面没有的音节，导致没有一个人能完全照着《国音字典》（1919年9月由商务印书馆初版）说话。1920年，南京高等师范学校英文科主任张士一发表《国语统一问题》，认为语言统一和言文一致是有分别的，“语言统一是求有一种全国人都能说都能听的国语，言文一致是求有一种可以直接记出国语的语体国文，两个问题所从而产生的困难不同，不能混起来的”。他指出：“第一，言文一致是要靠语言统一的，因为语体国文既经是照口说耳听的国语写的，那么自然先要有统一的国语，才可以有统一的语体国文。第二，语言统一有可以利用言文一致的地方，因为语体国文可以用作一种工具，帮我们去推行国语的。两个问题的关系是天然，不能截断的。”[2]他主张注音字母连带国音都要根本改造，提出“由教育部公布合于学理的标准语定义，就是定至少受到中等教育的北京本地人的话为国语的标准”[3]。1920年8月，第六届全国教育联合会在上海召开，会议响应张士一的主张，形成议决“请教育部广征各方面意见，定北京音为国音标准，照此旨修正国音字典，即行颁布”[4]。同时，江苏全省师范附属小学联合会在常州开会，也通过一个议案，“不承认国音，主张以京音为标准音”[5]。1921年，中华国音留声机片及国语留声机片先后发行，确定了国音声调。中华国音留声机片由王璞在上海发音，阴、阳、上、去依北京声调，入声短而不促，仿自北京读书音。

注音字母又名为“国音字母”，《国音字典·例言》指出：“此字母为改良旧日之反切而作，用以标注汉字之读音，全国共同遵用之标准音，故名曰国音。注音字母为标注国音之用，亦可名曰国音字母。”[6]

1923年，国语统一筹备会召开第五次大会，决定兼采二者，使用标准国音中的京音声系，是为“国音京调”。1923年，国语统一筹备会成立国音字典增修委员会。1924年12月21日，国语统一筹备会开会讨论《国音字典》增修问题，决定将汉字读音改为“以北京的普通读法为标准”，这样

[1] 王璞. 实用国语会话[M]. 上海：商务印书馆，1920：弁言.

[2] 张士一. 国语统一问题[J]. 教育潮，1920，1（9）：23.

[3] 张士一. 国语统一问题：续前期[J]. 教育潮，1921，1（10）：58.

[4] 黎锦熙. 国语运动史纲[M]. 北京：商务印书馆，2011：143.

[5] 黎锦熙. 国语运动史纲[M]. 北京：商务印书馆，2011：152-153.

[6] 北京市语言学会. 中国语言学百年丛论[M]. 北京：北京语言大学出版社，2004：229.

决定的国音，被称为“新国音”。新国音主要变化为：（1）去掉了浊音声母；（2）ㄗ、ㄘ、ㄙ（z、c、s）不和齐齿呼、撮口呼相拼；（3）ㄛ（o）没有齐齿呼，ㄝ（ê）没有开口呼；（4）取消入声。

1920年前后，商务印书馆推出教授国音的系列教科书，如黎锦熙编纂的《国语学讲义》和易作霖编纂的《国音学讲义》，还有《国音字典》《国音学生字汇》《国音字母发音图》等。《国音字母发音图》广告写道：“推行国音之利器，初学练习之准则”，“五十五图，分印十五幅，另附说明书一册，详述各图之发音方法，极为详悉”。另有《国音方字图解》一盒及教授书，广告写道：“依国音四百六十七拼法，选取熟字，旁附注音，下附同音熟字，后附明了图画。俾学者由图画知字义，由字母知读音，为初学识字最适用之品，并有简明教授书，说明字义与图之关系，又广辑同音字，凡三千六百余，以五声分别类列，尤便教师取材之用。”[1]

1. 范祥善编纂《国音浅说》

1919年7月，范祥善编纂《国音浅说》一册，方毅校订，上海商务印书馆出版。

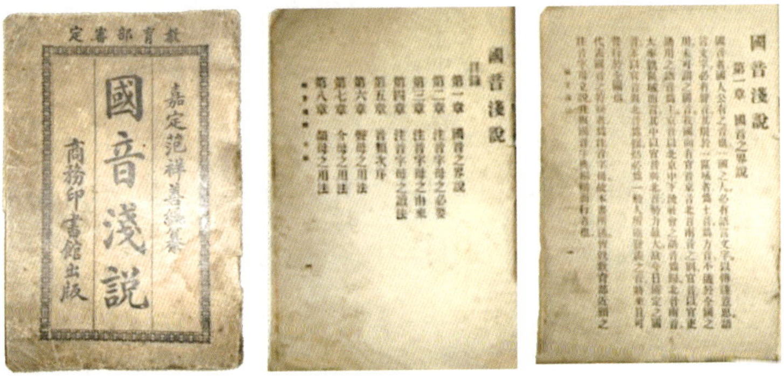

2-3-41

图2-3-41 《国音浅说》，商务印书馆，1920年版

《国音浅说》内容为十章，内容包括：“国音之界说”“注音字母之必要”“注音字母之由来”“注音字母之读法”“音韵次序”“声母之用法”“介母之用法”“韵母之用法”“四声符号”“注音练习”。在形式上有图解、表解等项。

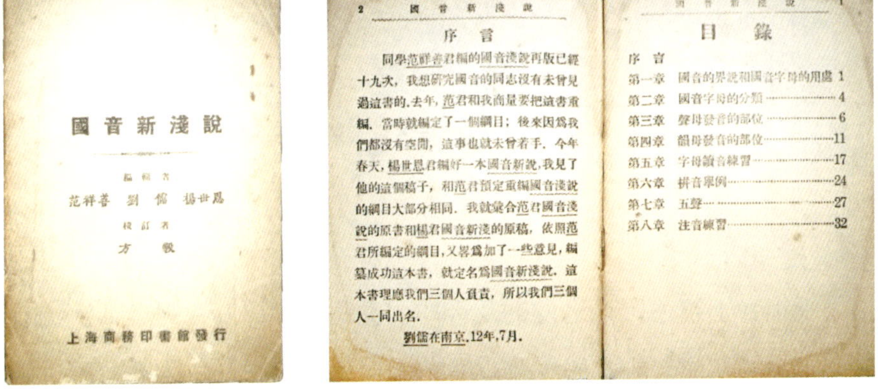

[1] 范祥善. 注音字母讲义[M]. 上海：商务印书馆，1922：广告页.

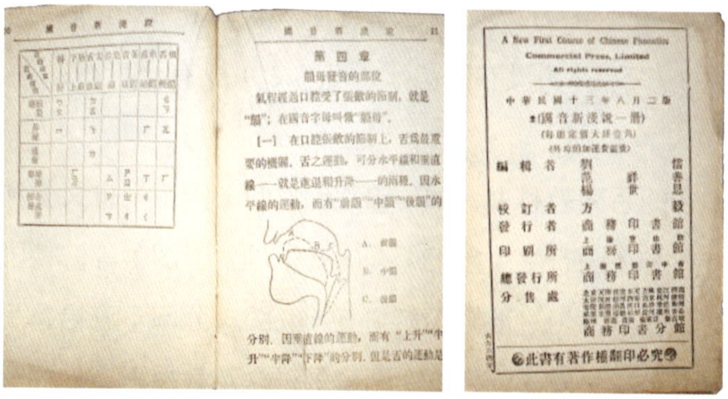

2–3–42

图2–3–42 《国音新浅说》，商务印书馆，1924年版

1923年7月，《国音浅说》修改为《国音新浅说》出版，编辑者为范祥善、刘儒、杨世恩，校订者方毅。在该书的最前面有1923年7月刘儒写于南京的“序言”：“同学范祥善君编的《国音浅说》再版已经十九次，我想研究国音的同志没有未曾见过这书的。去年，范君和我商量要把这书重编。当时就编定了一个纲目；后来因为我们都没有空闲，这事也就未曾着手。今年春天，杨世恩君编好一本《国音新说》，我见了他的这个稿子，和范君预定重编《国音浅说》的纲目大部分相同。我就汇合范君《国音浅说》的原书和杨君《国音新说》的原稿，依照范君所编定的纲目，又略为加了一些意见，编纂成功这本书，就定名《国音新浅说》。这本书理应我们三个人负责，所以我们三个人一同出名（编者注：在书上写出名字）。”

《国音新浅说》共八章内容，即“国音的界说和国音字母的用处、国音字母的分类、声母发音的部位、韵母发音的部位、字母读音练习、拼音举例、五声、注音练习”。

2. 黎锦熙编纂《国语学讲义》

1919年5月，黎锦熙编纂《国语学讲义》一册，上海商务印书馆出版。这是黎锦熙在1919年1月至山西调查国语教育，在省城师范讲习所演讲国语学一星期所编讲义，又经武昌高师校国语讲习所讲演者增订而成。

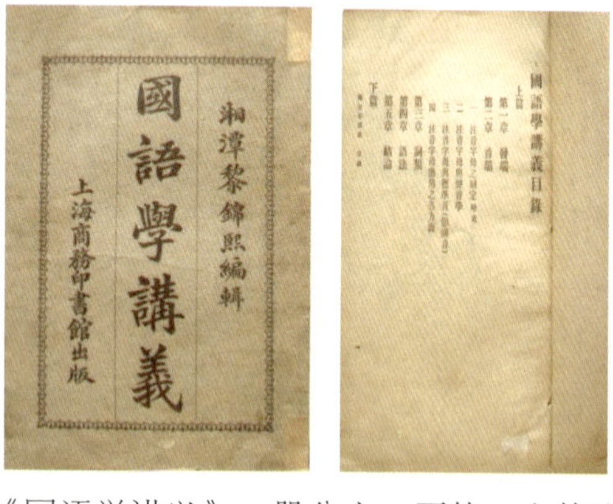

2–3–43

图2–3–43 《国语学讲义》，商务印书馆，1919年版

《国语学讲义》一册分上、下篇，上篇述国语之发端及音韵词类语法等，五章内容依次编有“发端”“音韵”“词类”“语法”“结论”，下篇汇集近今关于提倡国语之文件为教育家所必备，三章内容依次为“清朝关于简字音标及统一国语之文件”“关于注音字母之法令文件”“关于国语全部进行之法令文件”。“教育部批”写道：“全书征引尚富，持论亦颇明通，与胡以鲁国语

学草创同为佳著，应准审定作为各学校国语教科用书。”[1]

3. 易作霖编纂《国音学讲义》

1920年6月，易作霖编纂《国音学讲义》一册，上海商务印书馆出版。《国音学讲义》广告写道：“用旧等韵学及万国语音学，会发音学，与注音字母比较同异，指示详晰，并采入最新议决等案，作中学及师范教科用书。”[2]

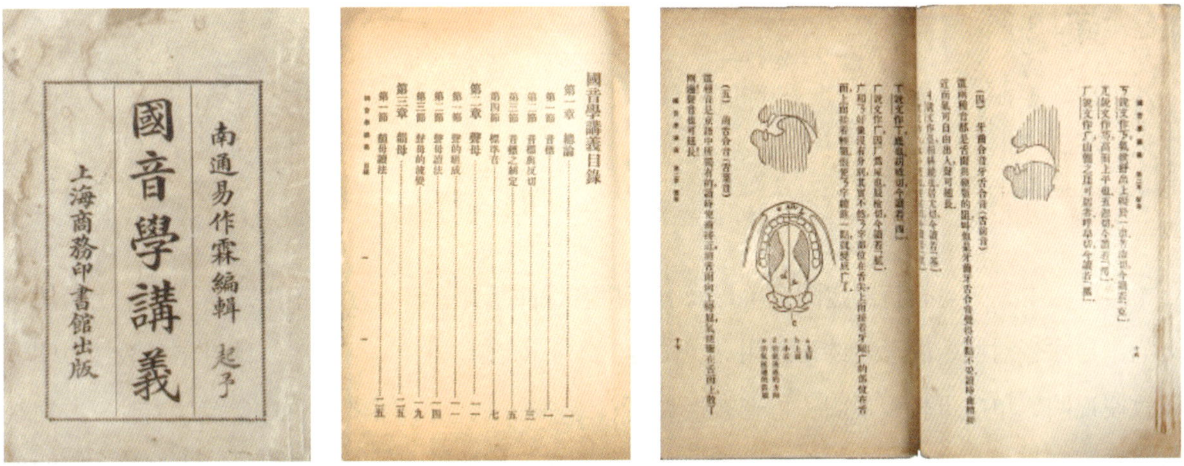

2-3-44

图2-3-44 《国音学讲义》，商务印书馆，1921年版

《国音学讲义》明确学国语有辨音韵、习词类、娴语法三件事情，这本讲义专论国音，“是编者教授时所辑录”[3]。讲义之末附注音练习文字，选用短句数则，以及张一麐撰《我之国语教育观》原文。《国音学讲义》分为六章，第一章“总论”，有“音标”“音标与反切”“音标之制定”“标准音”四节；第二章“声母”，有“声的组成”“声母读法”“声母的流变”三节；第三章“韵母”，有“韵母读法”“韵的组成”“韵母的流变”三节；第四章“介母”，有“等呼”“介母的作用（附等呼表）”二节；第五章“合母”，有“合音与反切”“合音法（附合音表）”二节；第六章“清浊四声及闰母”，有“清浊四声的原理”“清浊四声的应用”“闰母”三节。第六章之后编排“练习”“附录”。练习有“名词及短语”“长篇”两部分；“附录”有“对照表”“手语法”两部分。[4]

[1] 方宾观. 国音教本[M]. 上海：商务印书馆，1920：广告页.
[2] 范祥善. 注音字母讲义[M]. 上海：商务印书馆，1922：广告页.
[3] 易作霖. 国音学讲义[M]. 上海：商务印书馆，1920：编辑大意.
[4] 易作霖. 国音学讲义[M]. 上海：商务印书馆，1920：目录.

4. 方宾观编纂《国音教本》

1920年4月，方宾观编纂《国音教本》一册，上海商务印书馆出版。

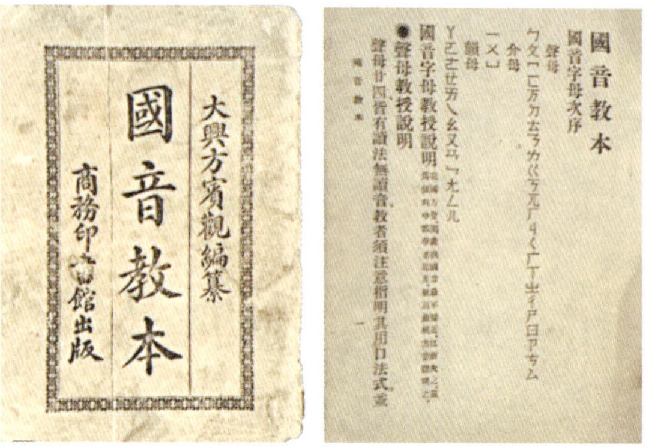

2—3—45

图2—3—45 《国音教本》，商务印书馆，1920年版

《国音教本》专述教育部定国音字母及五声拼音，注重读音及读法，不涉理论，书末附短篇语体文范，与注音对照，供学者练习之用。《国音教本》内容有国音字母次序、国音字母教授说明、五声教授说明、单字母教授说明、拼音教授说明、练习七法、拼音举隅、语体文范。当时“方宾观先生的《国音教本》销数达到十万部以上，国语界同志，恐怕没有一个不曾看过这本书的；它的价值，也就可想而知”[1]。

1923年4月，方宾观与章寿栋先生一同将《国音教本》修订内容、增加材料，冠名《国音新教本》，刘儒校订，上海商务印书馆出版，配套编有教授书，供中等学校、师范学校讲习国语，或短期国语讲习会之用。

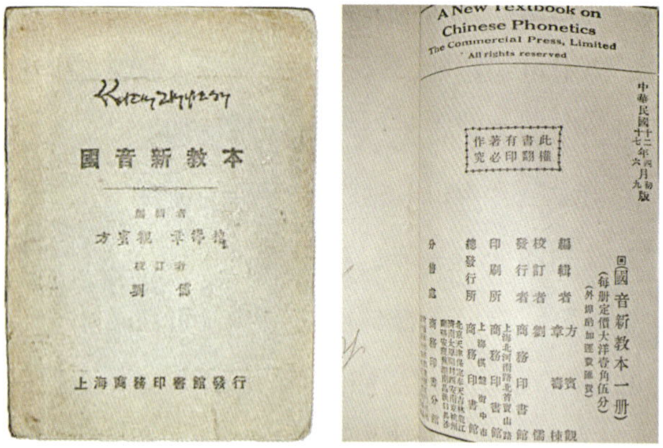

2—3—46

图2—3—46 《国音新教本》，商务印书馆，1928年版

《国音新教本》内容有国音字母次序、声母发音各图、韵母读法图、拼音表、五声练习表、辨音表、书法体式、国音字母练习，注重实际应用、注重辨别相似的读音、注重字母的练习。教科书的编辑注重实际的应用，注重辨别的正确性，注重字母的练习。前几课教材内容着重在图表，第五、六课专门辨别疑似的音和五声的调。

[1] 方宾观，章寿栋. 国音新教本[M]. 6版. 上海：商务印书馆，1926：序.

5. 赵元任编著《国语留声片课本》（甲种）、《国语留声片课本》（乙种　附说明）

1922年10月，赵元任编著《国语留声片课本》（甲种）一册，上海商务印书馆出版。

2—3—47

图2—3—47　《国语留声片课本》（甲种）封面，商务印书馆，1927年版

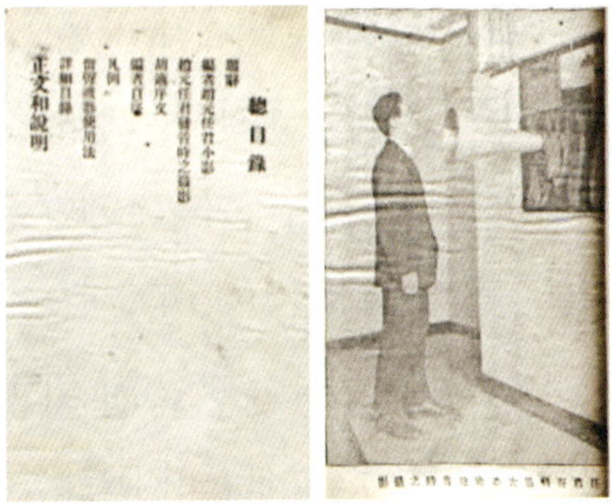

2—3—48

图2—3—48　《国语留声片课本》（甲种）目录，商务印书馆，1927年版

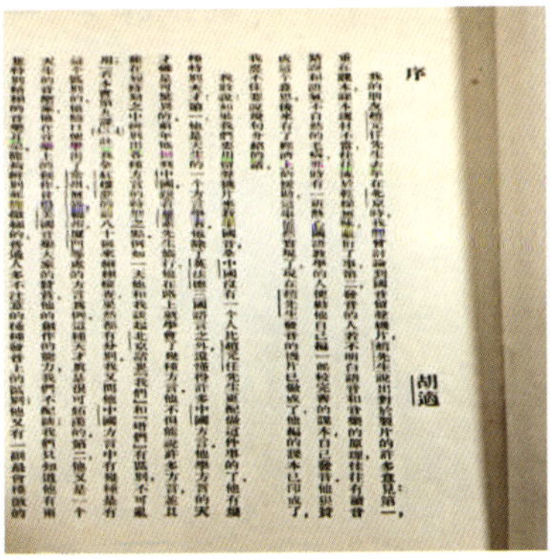

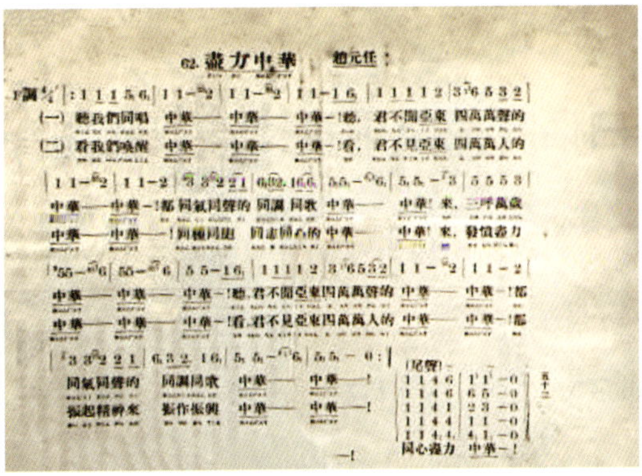

2—3—49

图2—3—49　《国语留声片课本》（甲种）内文，商务印书馆，1927年版

1923年1月，赵元任编著《国语留声片课本》（乙种　附说明）一册，上海商务印书馆出版。

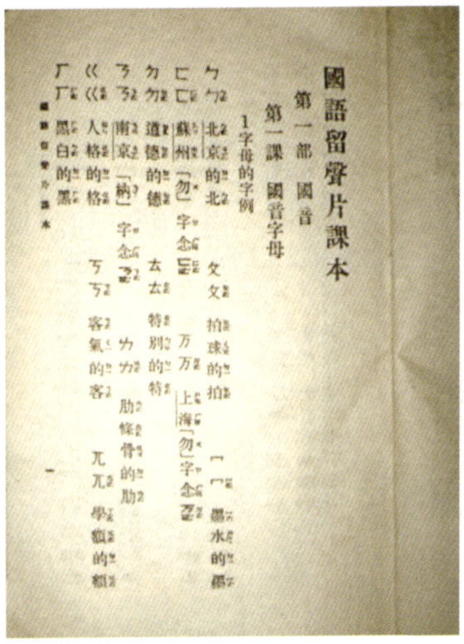

2—3—50

图2—3—50　《国语留声片课本》（乙种　附说明），商务印书馆，1932年版

赵元任（1892—1982），字宣仲，又字宜重，江苏武进（今常州）人，会说33种汉语方言，并精通英、德、法等多国语言。1909年考取留美官费生，进入康奈尔大学学习，主修数学，选修物理、音乐。1914年获数学学士学位。1914—1915年，在康奈尔大学哲学院研究学习一年。1915年进入哈佛大学主修哲学并继续选修音乐。1918年获哈佛哲学博士学位。1918年在芝加哥大学和加州大学研究学习。1919年，回到康奈尔大学物理系任教一年。1920年到清华任教，讲授数学、英语、中国史、哲学、心理学、物理。是年冬，英国哲学家罗素来华，他担任罗素讲学的翻译。1921年，赵元任携妻到哈佛大学任哲学和中文讲师，致力于语言学研究。1925年，再次回到清华大学，教授数学、物理学、中国音韵学、普通语言学、中国现代方言、中国乐谱乐调和西洋音乐欣赏等课程。1928年，赵元任作为中央研究院语言研究所研究员，进行了大量的语言田野调查和民间音乐采风工作。1938—1939年，赵元任到美国夏威夷大学任教，开设中国音乐等课程。1938—1941年，赵元任任教于耶鲁大学。之后五年，赵元任再次到哈佛任教，并参加《汉英字典》的编辑工作。1947至1962年，赵元任一直在加州大学伯克利分校教授中国语文和语言学课程，直至退休。1945年，赵元任当选为美国语言学学会主席，1952年荣任阿加细基金会东方语和语文学教授，1960年被选为美国东方学会主席。1973年，赵元任夫妇回国探亲，受到周恩来总理接见。1981年，赵元任应中国社会科学院语言研究所之邀，回国探亲，受到邓小平接见，并接受了北京大学授予的名誉教授称号。

七、中等教育用白话文范及国语文法教学用书

1. 洪北平、何仲英编纂《（中等学校用）白话文范》

1920年5月，南开大学教员洪北平编纂《（中等学校用）白话文范》一册，上海商务印书馆出版。后来南开大学教员何仲英又编辑了《白话文范》三册，商务印书馆将其出版，形成四册，其中第一册由洪北平编纂，第二、第三、第四册由何仲英编纂。

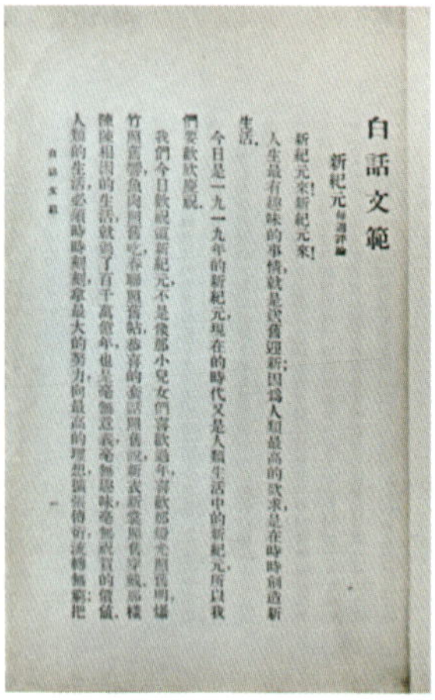
白話文範

新紀元（每週評論）

新紀元來！新紀元來！

人生最有趣味的事情，就是送舊迎新；因爲人類最高的欲求，是在時時創造新生活。

今日是一九一九年的新紀元，現在的時代又是人類生活中的新紀元，所以我們要歡欣鼓舞。

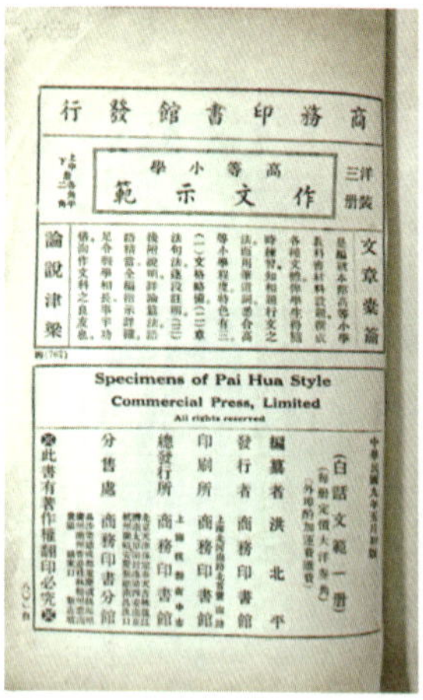
商務印書館發行

高等小學 作文示範

三冊 洋裝

文章叢論

論說津梁

Specimens of Pai Hua Style

Commercial Press, Limited

All rights reserved

中華民國九年五月初版

（白話文範一冊）

編纂者 洪北平

發行者 商務印書館

印刷所 商務印書館

總發行所 商務印書館

分售處 商務印書分館

此書有著作權翻印必究

2-3-51

图2-3-51 《（中等学校用）白话文范》，商务印书馆，1920年版

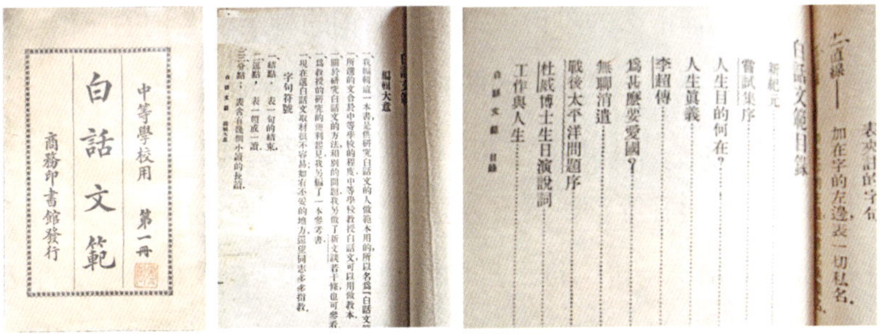

2-3-52

图2-3-52 《（中等学校用）白话文范》第1册，商务印书馆，1922年版

《（中等学校用）白话文范》所选的文章合于中等学校的程度，“旨在中等学校教授白话文，可以用做教本”，而且指出“现在选白话文取材很不容易”[1]。全书选有程颢、程颐、朱熹等古代名家作品，也有现代教育家蔡元培、胡适、钱玄同、梁启超、沈玄庐、陈独秀诸先生的作品。这套教科书广告写道：“不但形式上可得白话文的模范，就是实质上也都是有关新道德、新知识、新思想的文字；并且和中等学校的程度很合，另编参考书，凡是考据解释和语文的组织法，都详细说明；还有新文谈若干条载在后面，好算一种破天荒的教科书了！”[2]

2. 杨树达编纂《中国语法纲要》

1920年11月，杨树达编纂《中国语法纲要》一册，上海商务印书馆出版。该书“例言”指出：“著者自民国来，在长沙第四师范学校、第一女子师范学校教授中国文法。民国三年，因本从来的经验，编纂国文法纲要一册，作国文法初步教本之用。此篇大纲一依彼书，但于篇首加‘总论’一章，篇末加‘论句’一章，与彼微有出入而已。”[3]

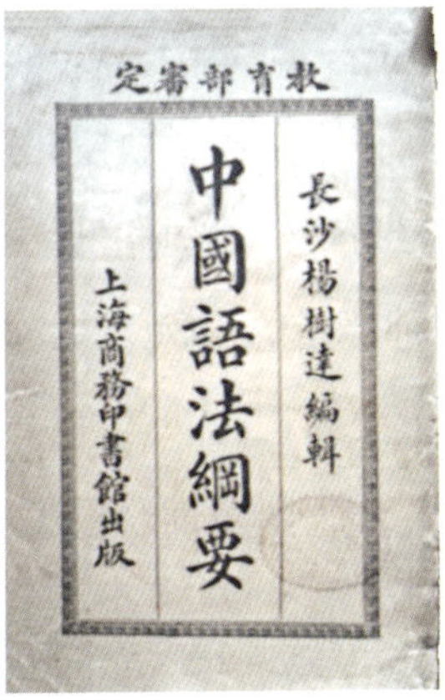

2-3-53

图2-3-53 《中国语法纲要》，商务印书馆，1920年版

[1] 洪北平. 中等学校用：白话文范：第 1 册[M]. 上海：商务印书馆，1921：编辑大意.

[2] 杨树达. 中国语法纲要[M]. 4版. 上海：商务印书馆，1921：广告页.

[3] 杨树达. 中国语法纲要[M]. 4版. 上海：商务印书馆，1921：例言.

《中国语法纲要》共十六章，依次为总论、词类、名词的种类、名词的三位、代名词的三种、代名词的三位、动词的四种、形容词、形容词的两种用法、形容词的比较法、副词、介词、连词、助词、叹词、句[1]。杨树达认为：“中国的文字，此后只当以词为单位，不应以字为单位”，《马氏文通》等文法书“于名、动、形容等词，莫不各立单字、双字等区别，犹存以字为单位之意。著者于彼一概不取，且欧洲文字无以一拼二拼三拼为区别者，知中国文字以字之单双为分为可不必也”，因此“此篇凡自撰之例，务取主语、叙述语两成分完全之句，但间有采自旧小说者，则不能以此相绳”[2]。《中国语法纲要》教育部审定批词“第一次批”写道：“查是书内容简要，堪供初步研究语法者之参考，应给奖金三十元以示鼓励。”杨树达不断修改此书，后又增加了练习题，教育部“第二次批”写道：“……较原本更见妥善，就请大部准如原著作人所请，把这书审定作为示范中学及国语讲习所语法科初步教科书等，因查该会审查此书尚属公允，应准审定。”[3]

3. 陈浚介编纂《（中等学校用）白话文文法纲要》

1920年9月，陈浚介编纂《（中等学校用）白话文文法纲要》一册，吴研因校订，上海商务印书馆出版。

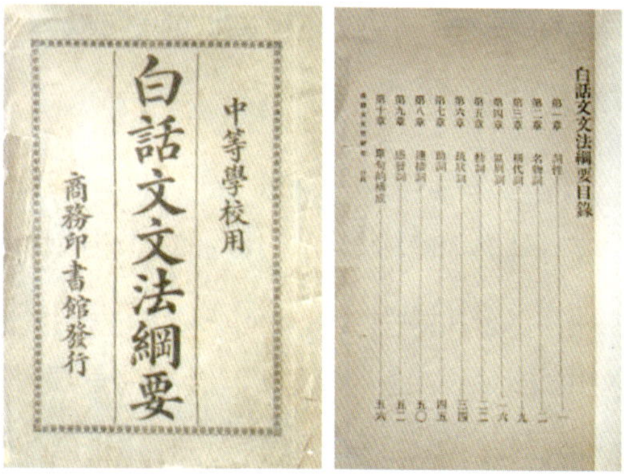

2-3-54

图2-3-54 《（中等学校用）白话文文法纲要》，商务印书馆，1921年版

《（中等学校用）白话文文法纲要》最前面有作者写于1920年2月29日的“序”，指出近来人家都知道白话文使用便利，所以研究教育的人，非常主张拿白话文在小学校里教授儿童，“预计将来可推行到中学”，但是“一般的论调，都以为白话文容易做，容易学，不拘体例，……可以随笔写出来，不必十分去研究的”。编者认为白话文不容易，“有种种严密的惯例”[4]，因此要进行文法的学习。《（中等学校用）白话文文法纲要》内容为十六章，依次为词性、名物词、称代词、区别词、动词、疏状词、助词、连接词、感发词、单句的构成、句主和区别属词的构成、谓语和疏状属词的构成、复句的构成、句的分析、句的种类、标点符号[5]。

[1] 杨树达. 中国语法纲要[M]. 4版. 上海：商务印书馆，1921：目次.

[2] 杨树达. 中国语法纲要[M]. 4版. 上海：商务印书馆，1921：例言.

[3] 杨树达. 中国语法纲要[M]. 4版. 上海：商务印书馆，1921：封三.

[4] 陈浚介. 中等学校用：白话文文法纲要[M]. 4版. 上海：商务印书馆，1921：序.

[5] 陈浚介. 中等学校用：白话文文法纲要[M]. 4版. 上海：商务印书馆，1921：目录.

4. 尔槑编《国语文法讲义》

1921年5月，尔槑编《国语文法讲义》一册，上海中华书局出版。

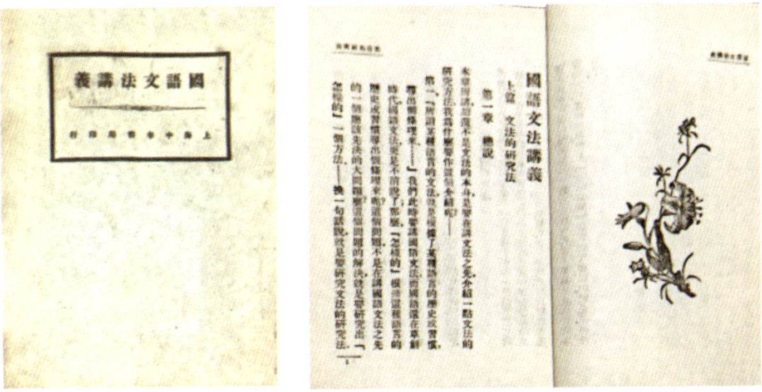

2—3—55

图2—3—55 《国语文法讲义》，中华书局，1921年版

《国语文法讲义》是作者在嵊县国语讲习所的讲稿，并说明“本书编者自造之例，务以简明为主”[1]。全书分“绪论”“上篇”“中篇”“下篇”四个部分。上篇为“文法的研究”，有“总说”“归纳的研究法”“历史的研究法”“比较的研究法”四章；中篇为“论词”，有“总说”“九品词”“词的雅俗问题”“词类从古文变到国语的特点”四章；下篇为“论句”，有“总说”“句的骨格”“附加词”“分句”“句的种类”“标点符号”六章。

5. 许地山编著《语体文法大纲》

1921年8月，许地山编著《语体文法大纲》一册，上海中华书局出版。

2—3—56

图2—3—56 《语体文法大纲》，中华书局，1921年版

《语体文法大纲》的编撰目的是“要使学者在很短的时间明白文法底纲领，所以定义、举例，等等，都以简单为主”[2]。全书内容有句法、句的种类、仂语与子句、名词、代名词、形容词、动词、副词、介词、连词、助词、感叹词，共十二章。该书一半的篇幅（49页至84页）为“附录”，即“图表法”。

6. 金兆梓编辑《（中等学校适用）国文法之研究》

1922年11月，金兆梓编辑《（中等学校适用）国文法之研究》一册，上海中华书局出版。

[1] 尔槑. 国语文法讲义[M]. 6版. 上海：中华书局，1923：例言.

[2] 许地山. 语体文法大纲[M]. 4版. 上海：中华书局，1923：编例.

2-3-57

图2-3-57 《（中等学校适用）国文法之研究》，中华书局，1936年版

作者于1921年9月26日在北京高师（1923年起改为北京师范大学）写的“自序”中指出：“我国的文法和他国文法，依文字组织上的习惯，仅有不可强同，而亦不必强同的地方，所以于词品的分配，却以论理学做个基础，下一个根本的研究，去整理我国文字的习惯法。既然如此，所以本书的说明，专注重我国文字的历史和习惯，不似《马氏文通》和其余的文法书，专注重记述的说明。”[1]全书共三章，第一章为“导言”，第二章为“文法之研究法”，第三章为“名学现象与文法现象”。

八、中等学校“新著”系列

1922年，商务印书馆推出“中等学校最新教本”——“新著”系列，这一系列包含有《新著中国文字学大纲（中等学校用）》《新著国语文学史》《新著国语文法》《新著国语发音学》等十二种。

1. 何仲英编纂《新著中国文字学大纲（中等学校用）》

1922年2月，何仲英编纂《新著中国文字学大纲（中等学校用）》一册，上海商务印书馆出版。这本教科书配套编有何仲英编纂《新著中国文字学大纲参考书（中等学校用）》一册，1922年4月商务印书馆出版。

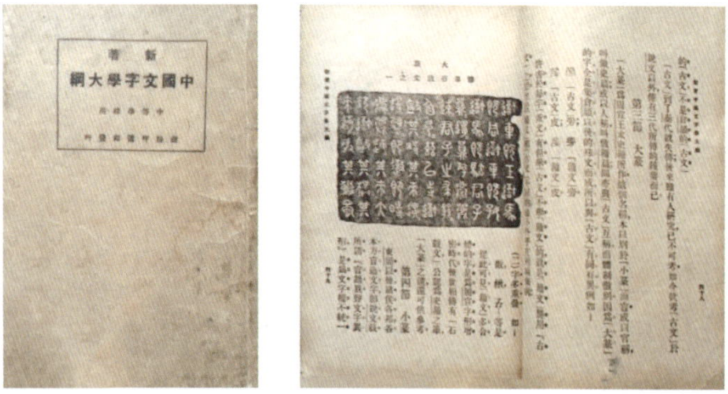

2-3-58

图2-3-58 《新著中国文字学大纲（中等学校用）》，商务印书馆，1926年版

[1] 金兆梓. 中等学校适用：国文法之研究[M]. 上海：中华书局，1922：自序.

《新著中国文字学大纲（中等学校用）》明确其为专供中学校、师范学校用教科书，大学校文预科、高等师范学校文科，也可将其作为参考本。教科书取材强调“精确”和“隽永”，叙述全用白话。编排以时代为经，以音、形、义为纬，依次展开，尤其注重字音，“惟注音字母，另有专书，此仅言其大要”[1]。为便于学者了解起见，字体源流只叙述正体的变迁，所有别体、异文，如秦八体、汉六体等，一概未纳入。

2. 凌独见编纂《新著国语文学史》

1923年2月，凌独见编纂《新著国语文学史》一册，上海商务印书馆出版。

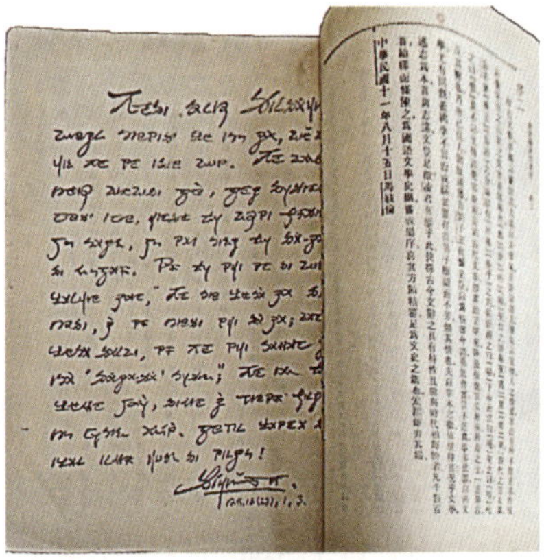

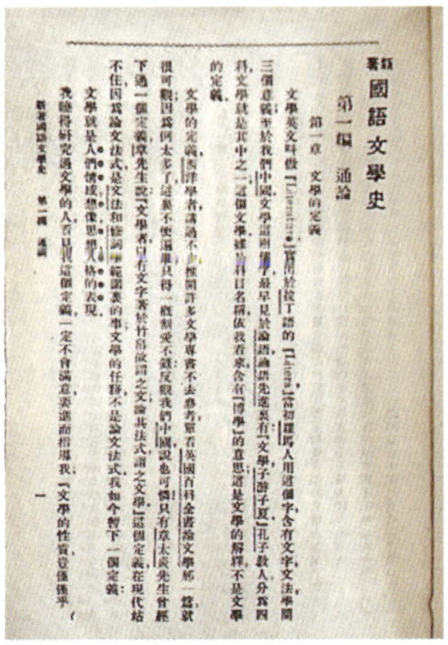

2-3-59

图2-3-59 《新著国语文学史》，商务印书馆，1923年版

《新著国语文学史》前面有夏敬观、马叙伦以中文写的“序”，黎锦熙以外文写的“序（章寿栋译）”，以及作者以中文写的“自序”。自序介绍此书编撰缘由是1922年3月浙江省教育会开办国语传习所，邀其讲国语文学史，一面讲授，一面读书，从而编撰而成。特别指出，这本书的编撰不同于常见国语文学史编撰者将不同时代的代表作品选出来进行评价的方法，而是“把某时代某大作家，足以代表时代精神的，足以代表个人作品的，抄些下来，平铺在书里面，让读者自己去赏识，去评判，这是我这部书编纂的大意”[2]。全书共收诗词一千二百余首，分七篇内容，第一、第二篇论文学的性质及国语文学的关系，后五篇，从唐虞起至中华民国止，分为四期展开。

[1] 何仲英. 新著中国文字学大纲：中等学校用[M]. 6版. 上海：商务印书馆，1926：编辑大意.

[2] 凌独见. 新著国语文学史[M]. 上海：商务印书馆，1923：序.

3. 黎锦熙编纂《新著国语文法（中等学校用）》

1924年2月，黎锦熙编纂《新著国语文法（中等学校用）》一册，上海商务印书馆出版。

2-3-60

图2-3-60 《新著国语文法（中等学校用）》，商务印书馆，1924年版

《新著国语文法（中等学校用）》最前面有1924年黎锦熙写的“自序”，指出这本书是四年来经过反复教授、讨论、研究等积累而成的。他指出，多年前编有《国文文法系统表》《虚字分类表》《虚字用法变迁表》几种稿本，但没有出版，1920年教育部开办第一届国语讲习所，才把这些旧稿和沈朵三先生合作改编为《国语文法系统表草案》，仍旧没有出版，后来不断地在北京师范大学、国语讲习所、小学教员讲习所、戏剧专校以及各地的暑期学校讲授这门功课，经过不断修改，才正式出版。黎锦熙在“国语文法教学法和本书的使用法”中说明：“本书虽曾用作师范大学国文学系的讲义，但也曾用作初级中学一年级的教本；其体例编制大体上即供初、高两级中学之用。因为这书是寓圆周法于二十章的进程之中：大约前三章为第一圆周；第四、五两章和第十二、十三两章又成一段落；中间插入第六至第十一凡六章的词类细目，只备参检之用；第十四章以下又进而成一段落，故下自短期的讲习所、补习科，上至大学专门的文学系，都可用为课本。”[1]

4. 汪怡编纂《新著国语发音学》

1924年4月，汪怡编纂《新著国语发音学》一册，上海商务印书馆出版。

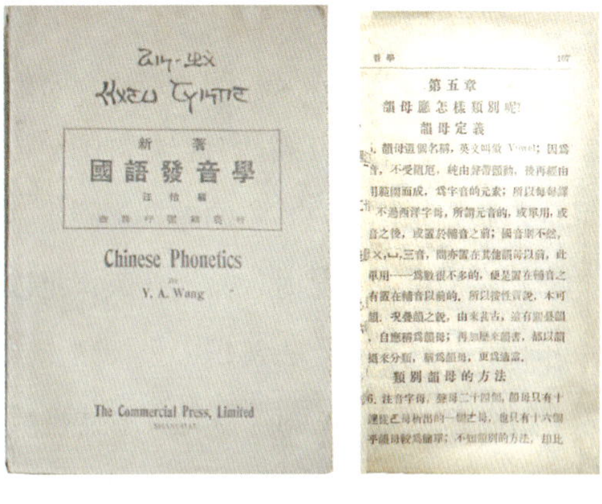

2-3-61

图2-3-61 《新著国语发音学》，商务印书馆，1928年版

[1] 黎锦熙. 新著国语文法：中等学校用[M]. 3版. 上海：商务印书馆，1925：5.

《新著国语发音学》之前有钱玄同用中文写的长“序”和黎锦熙用注音字母写的短“序”，以及“自序”，明确这是汪怡于1920年4月在国语统一筹备会办第一届国语讲习所讲授国音时编的讲义，后来继续在第二、第三、第四届的国语讲习所讲授国音，并且也在北京师范大学和北京师范学校的国音科讲授，还曾经在天津、上海、杭州等处讲演国音，不断进行修改完善而成。“例言”指出这本书“所讲虽属国语发音学，但向不认识注音字母者也可就此学习。倘学校中欲令国语发音学与注音字母并授时，亦可适用”。这本书对于国音声韵各音素，采用国际音标为对照，“但在短期讲习所，不能并加讲习时，亦得适用所列的注音字母，以为表示”。[1]

《新著国语发音学》依次编有“绪论”“发音机关”“声母与韵母的分别”“类别声母”“类别韵母”“组合韵母”“拼音”“五声”“音变”“音调”“结论”，在每章之末，各设提问若干。

随着国音统一、言文一致及新文学运动渐趋高潮，各类注音字母教科书、国语教科书编撰出版，这些教科书不仅成为新文化运动的重要组成部分，而且在一定程度上直接推动了新文化运动的发展。从“国文”到“国语”“会话”，教科书不仅种类丰富，而且在内容与形式上全面融入新的文化要素。在内容上，大量新文学作品进入教科书；在形式上，使用生字注音、文字横排、新式标点、插图等，都昭示着全新的文化标准开始确立，“国文”“国语”学科知识的建构在全面探索中。

[1] 汪怡. 新著国语发音学[M]. 上海：商务印书馆，1924：例言.

第四节 新学制与国语、国文教科书多样化编撰

中国现代学制形成之后，虽经民国初年的改造，却依然存在体系单一、缺乏灵活性等问题。新社会思潮与新文化运动引发中国教育界出现全新的局面，原有的学制体系越来越不适应新的形势，改革势在必行。

一、1923年《新学制课程标准纲要》设“国语”“国文”

1921年，全国教育会联合会第七届年会在广州召开，以学制为主要议题。1922年9月，北洋政府召开全国学制会议。11月1日，北洋政府以大总统的名义公布实施《学校系统改革令》，史称“壬戌学制”，又称“新学制”。新学制确立七条标准：（一）适应社会进化之需要；（二）发扬平民教育精神；（三）谋个性之发展；（四）注意国民经济力；（五）注意生活教育；（六）使教育易于普及；（七）多留各地方伸缩余地。[1]在初等教育阶段，规定小学校修业年限六年，且依地方情形得暂延长一年，小学校分为初高两级，前四年为初级，得单设之。“义务教育年限暂以四年为准，但各地方至适当时期得延长之。义务教育入学年龄，各省区得依地方情形自定之。”[2]对于年长失学者，宜设补习学校。在中等教育方面，中学校修业年限六年，分初级三年，高级三年，且依设科性质，得定为初级四年，高级二年，或初级二年，高级四年。初级中学得单设之。高级中学应与初级中学并设，但有特别情形时，得单设之。初级中学施行普通教育，但得视地方需要，兼设各种职业科。高级中学分普通、农、工、商、师范、家事等科，但得酌量地方情形，单设一科或兼设数科。“中等教育得用选科制”[3]，且各地方得设中等程度之补习学校或补习科，补习种类及年限视地方情形而定。

1922年10月，第八届全国教育会联合会组织了新学制的课程标准起草委员会，选举袁希涛、金曾澄、胡适、黄炎培、经亨颐为委员，并“请托各专家分科拟定，汇集整理”[4]，1923年教育部公

[1] 佚名. 大总统令[J]. 政府公报，1922（2393）：23.

[2] 佚名. 大总统令[J]. 政府公报，1922（2393）：25.

[3] 佚名. 大总统令[J]. 政府公报，1922（2393）：26.

[4] 全国教育联合会新学制课程标准起草委员会. 新学制课程标准纲要[M]. 上海：商务印书馆，1925：3.

布了《新学制课程标准纲要》，《新学制课程标准纲要》总说明课程开设如下：

小学课程分为国语、算术、卫生、公民、历史、地理（前四年卫生、公民、历史、地理合并为社会）、自然园艺、工用艺术、形象艺术、音乐、体育等十一目。[1]

初级中学课程分为社会科（公民、历史、地理）、言文科（国语、外国语）、算学科、自然科、艺术科（图画、手工、音乐）、体育科（生理、卫生、体育）等六学科。[2]

在新学制课程改革中，“国语”一科的设置从小学贯穿至高中，“国文”一科仅在高中阶段出现。

二、小学国语、国语文、国文、作文教科书

新学制课程改革明确小学为初小四年且为义务教育，高小由三年改为二年。《小学国语课程纲要》由吴研因起草，委员会复订。小学国语课程的目的在于“练习运用通常的语言文字，引起读书趣味，养成发表能力，并涵养性情，启发想象力及思想力”[3]。在教学方法上，“语言”要求初年多用演进法，以后多用会话、讲演、表演；“读文”要求注重欣赏、表演，取材以儿童文学（包含文学化的实用教材）为主；“文字”要求注重反复练习；“作文”要求注重应用文的设计、研究和制作。前三年读文与作文写字合并教学，并与他科联络设计，后三年注重自学辅导。语言可独立教学，或与作文等联络教学，如无师资，可暂从缺。独立教学时，在方言与标准语相近的地方，时间可以以一年为限。[4]与新学制课程改革交相呼应，民间书坊一方面将原有的教科书随着新学制要求调整，同时也推出多样的小学国语、国语文、国文、作文教科书。

（一）小学国语教科书

1922年8月之后，标注“新学制”的国语教科书迅速出现，主要由商务印书馆、中华书局、世界书局等编撰出版。

1. 沈圻编纂《新学制小学后期用新法国语教科书》

1922年6月，沈圻编纂《新学制小学后期用新法国语教科书》四册，上海商务印书馆出版，庄俞校订。这套教科书是商务印书馆推出的首套新学制教科书，配编有教授书，“还有详细编辑纲要，就印在教授书的卷首”[5]。

[1] 全国教育联合会新学制课程标准起草委员会. 新学制课程标准纲要[M]. 上海：商务印书馆，1925：5.

[2] 全国教育联合会新学制课程标准起草委员会. 新学制课程标准纲要[M]. 上海：商务印书馆，1925：5.

[3] 全国教育联合会新学制课程标准起草委员会. 新学制课程标准纲要[M]. 上海：商务印书馆，1925：1.

[4] 全国教育联合会新学制课程标准起草委员会. 新学制课程标准纲要[M]. 上海：商务印书馆，1925：3.

[5] 沈圻. 新学制小学后期用：新法国语教科书：第一册[M]. 41版. 上海：商务印书馆，1924：编辑大要.

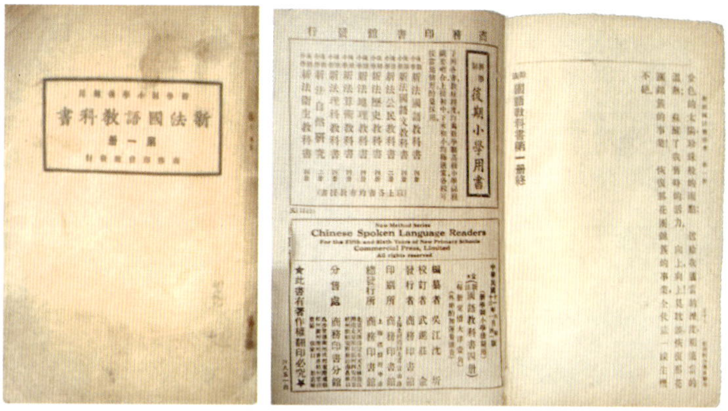

2–4–1

图2–4–1 《新学制小学后期用新法国语教科书》第1册，商务印书馆，1924年版

《新学制小学后期用新法国语教科书》的内容编制依据课程纲要，注重新文学内容，强调“以动人感情，发人想象，供人欣赏做主目的”。这套教科书在实质、形式两方面，“都取有文学的兴趣做准”。选材注重“儿童生活的、心理的、积极的、想象的四大要点”[1]，有记叙文、说明文、议论文、诗歌、应用文五种文体，记叙文包含谐谈、谜语、物语、寓言、传记、故事、小说、游记等，应用文包含广告、传单、章程、契据、书信等。前两册记叙文占60%，说明文、议论文合计占20%，诗歌和应用文各占10%；后两册记叙文占50%，说明文占20%，议论文、诗歌和应用文各占10%。这套教科书以课编排，无单元，无练习，有插图，采用新式标点。

2. 庄适、吴研因、沈圻编纂《（小学校初级用）新学制国语教科书》及《（小学校高级用）新学制国语教科书》

1923年2月，庄适、吴研因、沈圻编纂《（小学校初级用）新学制国语教科书》八册，朱经农、高梦旦、王岫庐、唐钺校订，上海商务印书馆出版。这套教科书配编有教授书。

2–4–2

图2–4–2 《（小学校初级用）新学制国语教科书》第1册，商务印书馆，1923年版

1927年南京国民政府成立后，这套教科书封面为彩色印刷，并且冠名为“三民主义教育适用新学制初级小学教科书”[2]。1932年“一·二八”事变商务印书馆被日军轰炸，之后这套教科书以

[1] 沈圻. 新学制小学后期用新法国语教科书：第1册[M]. 41版. 上海：商务印书馆，1924：编辑大要.

[2] 庄适，吴研因，沈圻. 小学校初级用：新学制国语教科书：第7册[M]. 上海：商务印书馆，1923：封三.

“国难版”印刷出版。

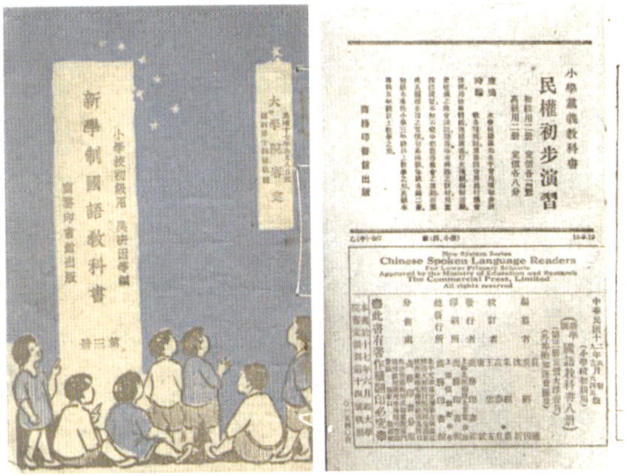

2-4-3

图2-4-3 《（小学校初级用）新学制国语教科书》第3册，商务印书馆，1930年版

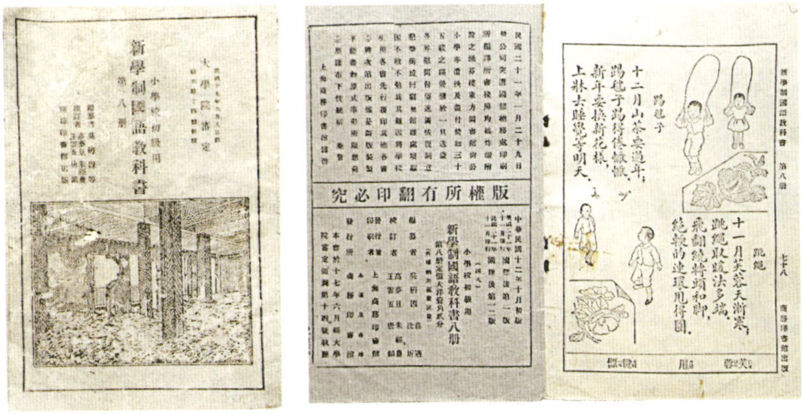

2-4-4

图2-4-4 《（小学校初级用）新学制国语教科书》第8册，商务印书馆，1932年版

《（小学校初级用）新学制国语教科书》依照全国省教育会联合会学程委员会所定国语课程纲要编辑课文，字数比以前的教科书增加很多，但生字数稍减。这套教科书取材注重儿童文学，以故事（童话、寓言、 传记等）和诗歌（儿歌、新诗、故事诗等）为主，还有相当数量的戏剧（歌剧、短剧）、书信文、拗口令和游戏动作等等，第六册以后出现了弹词。内容兼顾文学和语言，并插入与各科联络的材料，取材上“凡思想上含有危险分子，道德上略有消极色彩，以及种种不合儿童生活的，本书都所不取”[1]。这套教科书以课编排，无单元，无练习。生字列在附录栏，旁注注音字母，采用新式标点。插图多取连续的动作。

1924年1月，庄适、吴研因、沈圻编纂《（小学校高级用）新学制国语教科书》四册，朱经农、高梦旦、王岫庐、唐钺校订，上海商务印书馆出版。这套教科书编有教授书。

[1] 庄适，吴研因，沈圻. 小学校初级用：新学制国语教科书：第1册[M]. 70版. 上海：商务印书馆，1923：编辑大意.

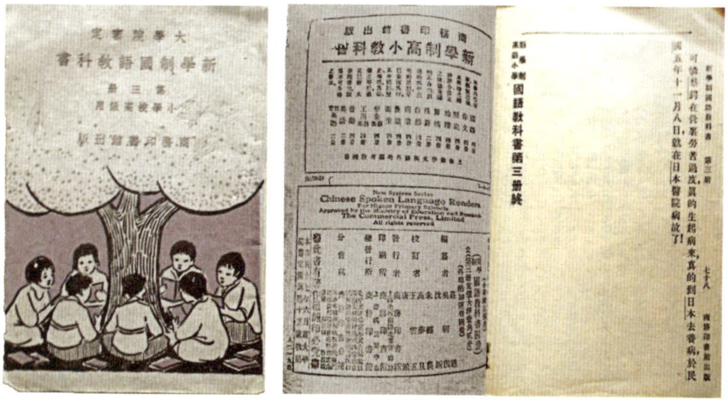

2-4-5

图2-4-5 《（小学校高级用）新学制国语教科书》第3册，商务印书馆，1929年版

《（小学校高级用）新学制国语教科书》根据全国省教育会学程委员会所定的国语课程纲要编纂，与《（小学校初级用）新学制国语教科书》衔接。这套教科书每册50课，无单元。内容以儿童文学为主，注重现实生活，减少想象的材料，但注重趣味性、生动性和文学性、经典性。多选传记、小说，诗歌约占全书六分之一，还有部分剧本、弹词、大鼓词、笑话、寓言等，有散文、韵文，以求活泼有趣，在语体文中夹入文言文的引用语，“以为言文沟通的预备”[1]，后两册酌加文言文和文言诗。

3. 黎锦晖、陆费逵编辑《新学制适用新小学国语读本（初级）》及黎锦晖、陆费逵、易作霖编辑《新学制适用新小学国语读本（高级）》

1923年1月，黎锦晖、陆费逵编辑，国语专修学校及附小同仁、各学校校长教员、中华书局国语部同仁撰述《新学制适用新小学国语读本（初级）》八册，黎锦熙计划，戴克敦、刘传厚、邓庆澜、张相、李廷翰、陆衣言校阅，上海中华书局出版。

2-4-6

图2-4-6 《新学制适用新小学国语读本（初级）》第1册，中华书局，1931年版

[1] 庄适，吴研因，沈圻. 小学校高级用：新学制国语教科书：第1册[M]. 30版. 上海：商务印书馆，1924：编纂大要.

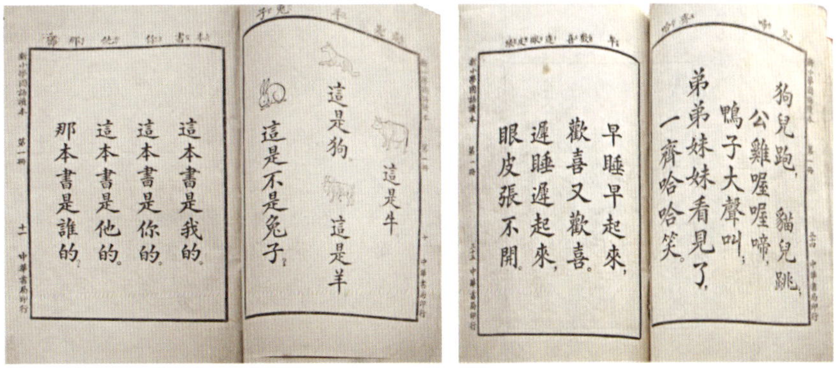

2–4–7

图2–4–7 《新学制适用新小学国语读本（初级）》第1册，中华书局，1924年版

《新学制适用新小学国语读本（初级）》以儿童文学为主，低年级课文较短，多写儿童生活故事，高年级渐加入哲理性的故事及知识性的文章。教科书选有各类故事、童话、寓言、儿歌童谣、谜语、书信等，以课编排，无单元，第一册无编辑大意，无课名和课序，课文以上图下文方式呈现。生字注音，位于全页上方边框之外。

1923年2月，黎锦晖、陆费逵、易作霖编辑《新学制适用新小学国语读本（高级）》四册，戴克敦、金兆梓、张相、朱文叔校，上海中华书局出版。

《新学制适用新小学国语读本（高级）》各册选文篇数不等，前两册以叙事性文字为主，有童话、民间故事、短篇游记，间杂儿歌与民谣，后两册选入较长的议论文、儒释道语录篇章、小说节选、长篇游记散文、古典诗歌等，主要为文言文。教科书还介绍国外名人、战争、发明制造以及风土人情等。教科书以“课”编排，无单元，无插图，无练习及其他助读材料。

4. 魏冰心、朱翊新、范祥善编辑《新学制小学教科书初级国语读本》及魏冰心编辑《新学制小学教科书高级国语读本》

1924年6月，魏冰心、朱翊新、范祥善编辑《新学制小学教科书初级国语读本》八册，沈知方、胡仁源、秦同培、印鸾章、张肇熊、汪蓉第参订，上海世界书局出版。

2–4–8

图2–4–8 《新学制小学教科书初级国语读本》第1册，世界书局，1927年版

2-4-9

图2-4-9 《新学制小学教科书初级国语读本》第4册，世界书局，1924年版

《新学制小学教科书初级国语读本》明确教科书的选材有文学和语言两种，“文学材料，重在能演充想象、开发思想和陶冶优美情感，养成读书兴味。语言材料，首重日常应用的动作语，次重会话、演讲等”。教科书以单元编排，低年级多连续三四课，成为一单元。教科书选文以诗歌（含儿歌、民谣、古诗等）和故事为主，还有戏剧、绕口令、书信等，低年级注重韵文的编排，如第一册韵文占70%，“可说从来所未有”，特别是将童话、游戏、动作等“也编成韵文，务使错综变化”[1]。在材料选择方面，低年级大量选入想象生活材料，多是与动物有关的童话故事；高年级供给儿童现实生活的材料。第五册以后出现戏剧，还出现了民间说唱形式的故事以及书信等实用文体。教科书内容多可以作为表演素材。低年级各册插入彩色插图。

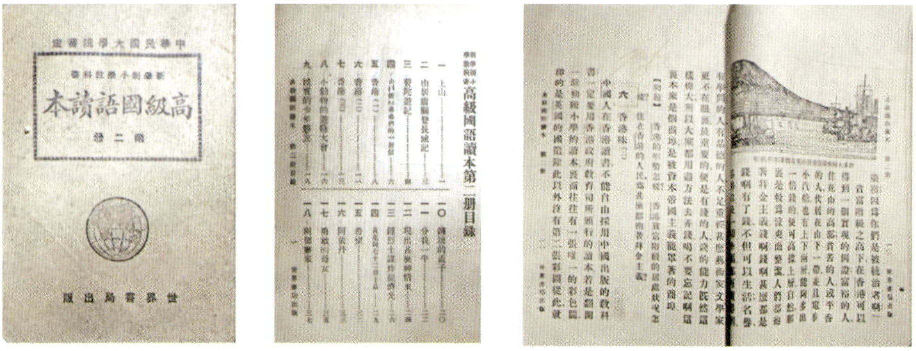

2-4-10

图2-4-10 《新学制小学教科书高级国语读本》第2册，世界书局，1929年版

《新学制小学教科书高级国语读本》选材侧重文学性与故事性，韵文较多。选文有故事、童话、笑话、小说、游记、传记、书信、谜语、新诗、旧诗、弹词、鼓词、词曲等，故事、游记、传记、小说最多，占课文总数的十分之四。第三、第四册，故事减少，小说、传记增多，新诗减少，古诗增多。教科书以课为单位编撰，无单元，语体和文言相间排列，第一、第二册语体占十分之

[1] 魏冰心，朱翊新，范祥善．新学制小学教科书初级国语读本：第1册[M]．62版．上海：世界书局，1927：编辑大纲撮要．

六，第三、第四册语体占十分之四。每课标题下附以小引，呈现篇中大要。每课后附设问题，侧重阅读反馈。

（二）小学国语文教科书

虽然《小学国语课程纲要》大力推行国语，强调语体文的学习与训练，但在第六学年有“可酌加浅易文言的诗、文的诵习”[1]。这样，在新学制不仅高级小学国语教科书增加文言文，而且商务印书馆、世界书局还编有语体、文言对照的教科书，冠名“国语文”教科书。

1. 方宾观、庄适、顾颉刚、范祥善编纂《新学制小学后期用新法国语文教科书》

1923年2月，方宾观、庄适、顾颉刚、范祥善编纂《新学制小学后期用新法国语文教科书》四册，朱经农、唐钺、王岫庐校订，上海商务印书馆出版，这套教科书编有教授书。

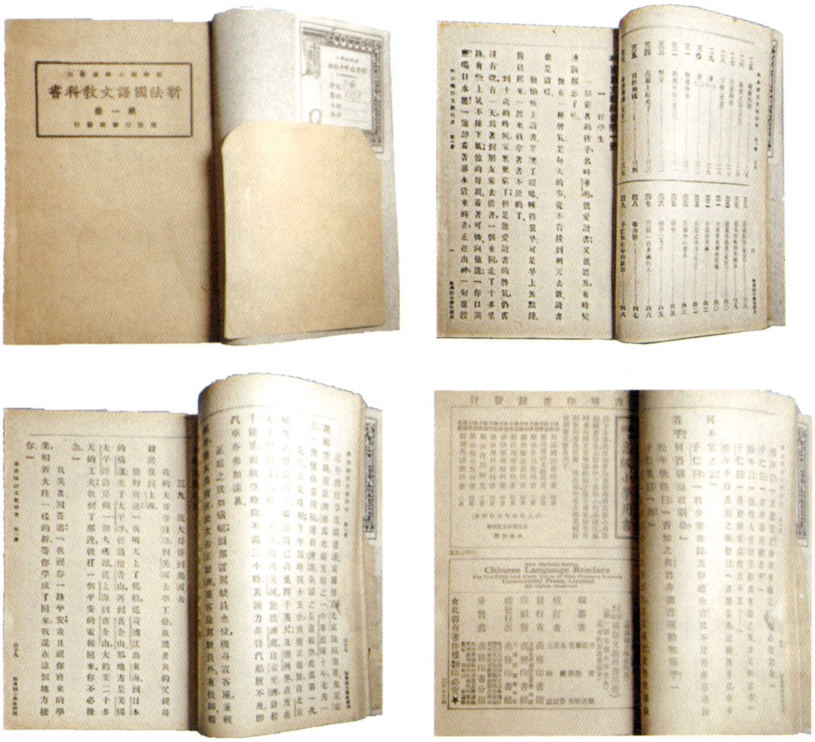

2-4-11

图2-4-11　《新学制小学后期用新法国语文教科书》第1册，商务印书馆，1924年版

《新学制小学后期用新法国语文教科书》选材注重于文学兴趣，“除诗歌外，大部分是语文对照的，后两册并且有几课浅近的文言文，不用语体文对照，所以叫作国语文教科书”[2]。在第三册白话课文中穿插有篇名相同的文言课文，第三课《工读主义》和第四课《工读主义（文言）》、第五课《支干》和第六课《支干（文言）》等，还有内容相同而标题表达不同的第十一课《怎么过意得去》和第十二课《于心安忍（文言）》等，第十六课则是专门的文言课文《李氏八哥（文言）》，加入文言文的目的是“学生方面，稍微懂得文言文组织的方法，将来升入中学，学习文言

[1] 全国教育联合会新学制课程标准起草委员会. 新学制课程标准纲要[M]. 上海：商务印书馆，1925：3

[2] 方宾观，庄适，顾颉刚，等. 新学制小学后期用新法国语文教科书：第1册[M]. 上海：商务印书馆，1923：编辑大要.

文，可以不感困难；就是读文言的报纸，也便利了。学校方面，有许多不能改用语体文教授的，固然可以把这书做一个绝好的过渡方法，就是改用了语体文，这书也很合用”[1]。这套教科书文体有记叙文、说明文、议论文、诗歌四种，记叙文最多，说明文次之，议论文又次之，诗歌最少。全书采用新式标点。

2. 魏冰心编辑《新学制小学教科书高级国语文读本》

1925年3月，魏冰心编辑《新学制小学教科书高级国语文读本》四册，朱翊新、吕云彪、杨喆、戴渭清、董文、范祥善校订，上海世界书局出版。这套教科书编有教学法。

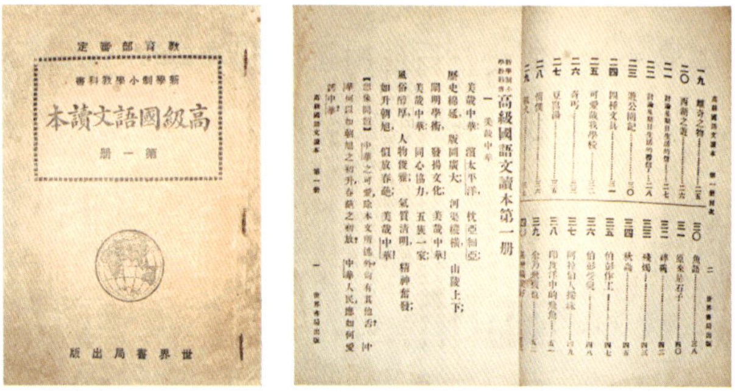

2-4-12

图2-4-12 《新学制小学教科书高级国语文读本》第1册，世界书局，1925年版

《新学制小学教科书高级国语文读本》参照全国省教育会学程起草委员会所定的《国语课程纲要》编辑，“以儿童文学为主，间采文学化的实科材料，但可以开发思想、扩充想象，和陶冶情感的为限”[2]。语体文与文言文相间排列，第一、第二册的语体占十分之六，第三、第四册的语体文占十分之四。注重故事、游记、传记、小说等文体，韵文约占五分之一，还有少量书信等实用材料。每课末附列想象问题若干。

（三）小学国文教科书

1. 杨喆、范祥善编辑《新学制小学教科书初级国文读本》

杨喆、范祥善编辑《新学制小学教科书初级国文读本》八册，秦同培、胡仁源、张肇熊、印鸾章、汪蓉第参订，上海世界书局出版。

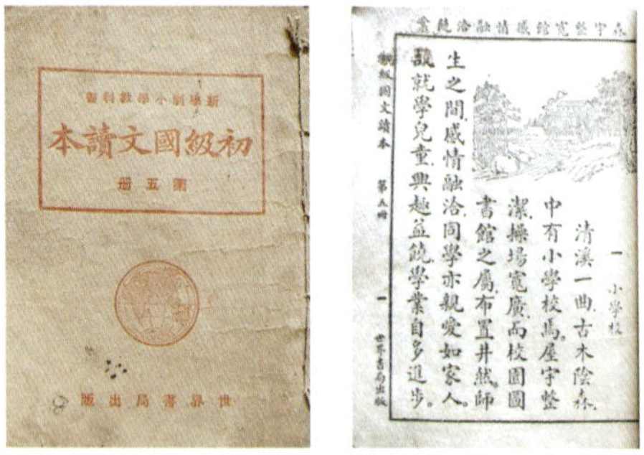

2-4-13

图2-4-13 《新学制小学教科书初级国文读本》第5册，世界书局，1927年版

[1] 方宾观，庄适，顾颉刚，等. 新学制小学后期用新法国语文教科书：第1册[M]. 上海：商务印书馆，1923：编辑大要.

[2] 魏冰心. 新学制小学教科书高级国语文读本：第1册[M]. 13版. 上海：世界书局，1926：编辑大纲.

《新学制小学教科书初级国文读本》依照新教育趋势编辑，春秋始业通用，偏重儿童文学，明确“凡国文教科书应有之精神，无一不备”[1]。文字力求言文接近，有童话、故事、诗歌、寓言、传记等，且多用韵文。每册编有文法，逐渐提高程度。

2. 秦同培、陈和祥编辑《新学制小学教科书高级国文读本》

1925年4月，秦同培、陈和祥编辑《新学制小学教科书高级国文读本》四册，杨喆、张肇熊校订，上海世界书局出版。

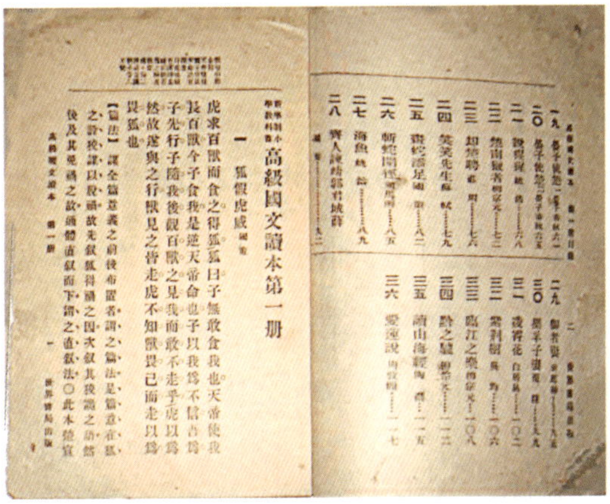

2-4-14

图2-4-14 《新学制小学教科书高级国文读本》第1册，世界书局，1926年版

《新学制小学教科书高级国文读本》每册36课，主要选编记叙文、说明文、议论文三大类，有少量诗歌韵文。第一、第二册记叙文占十分之七八，说明文及议论文占十分之二三；第三、第四册记叙文占十分之五六，说明文及议论文占十分之四五。每篇课文均按正文、篇法、章法、句法、字法、注释、今译编排，课文之间“以文字浅深为标准，不依时代之进程为阶梯”，出现大单元设计，即每两课联为一组以适合一周教授，每十二课为一循环，“此诚空前未有之编制”[2]。这套教科书实用文体多为书信，每册编入两课，并按照家常、酬应、答复、推荐、慰藉、报告等分别采录。课文上方有眉批，对人物、写法等进行评点。

3. 胡怀琛、沈圻编纂《（新学制小学校初级用）新撰国文教科书》及缪天绶编纂《（新学制小学校高级用）新撰国文教科书》

1926年胡怀琛、沈圻编纂《（新学制小学校初级用）新撰国文教科书》八册，朱经农、王岫庐校订，上海商务印书馆出版。这套教科书按册另编教授书，且另编有春季始业用八册。

《（新学制小学校初级用）新撰国文教科书》广告写道：“自学制革新后，小学课本改用语体，然各地学校，为适应环境之要求，仍多采用文言教本者，本馆有鉴于此，特请富有编辑及教授经验者，根据新学制小学课程纲要，用文言文编辑‘新撰教科书’全份，以备采用。”[3]

[1] 杨喆，范祥善. 新学制小学教科书初级国文读本：第1册[M]. 9版. 上海：世界书局，1924：编辑大纲.
[2] 秦同培，陈和祥. 新学制小学教科书高级国文读本：第1册[M]. 15版. 上海：世界书局，1926：编辑大意.
[3] 胡怀琛，沈圻. 新学制小学校初级用：新撰国文教科书：第2册[M]. 80版. 上海：世界书局，1928：封二.

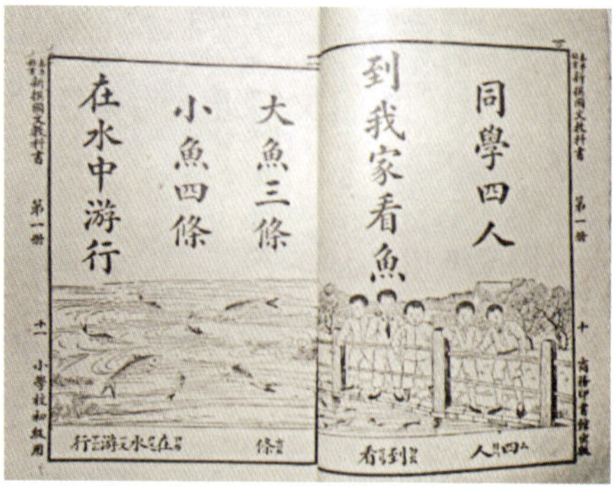

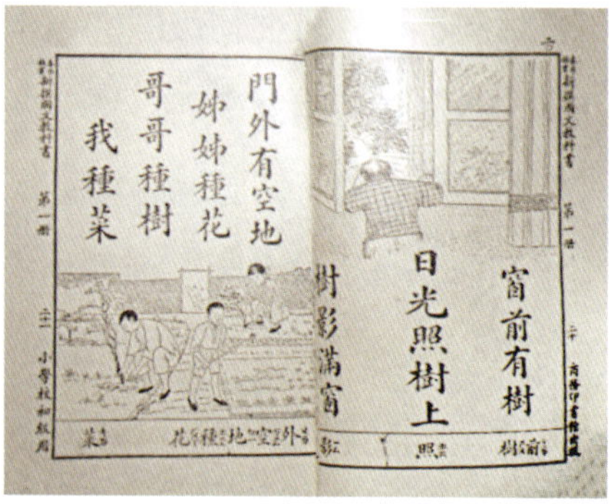

2—4—15

图2—4—15　《（新学制小学校初级用）新撰国文教科书》第1册，商务印书馆，1928年版

《（新学制小学校初级用）新撰国文教科书》依据新学制小学课程纲要编辑，“以引起儿童读书之兴趣，养成儿童启发思想之能力，并涵养其性情，启发其思想为目的”[1]。教科书以儿童生活为主线，穿插历史、地理、人物等内容，并融合在文学之中。教科书强调文学趣味，诗歌特别多，还有故事、游记以及书信、日记等。教科书以课为单位编排，每册均为50课，无单元，应用文体附入课文之后。课文插图丰富，还有附表呈现启事、消费账簿、便条、招租启事、行李清单等。

1924年6月，缪天绶编纂《（新学制小学校高级用）新撰国文教科书》四册，朱经农校订，上海商务印书馆出版。这套教科书按册另编教授书。

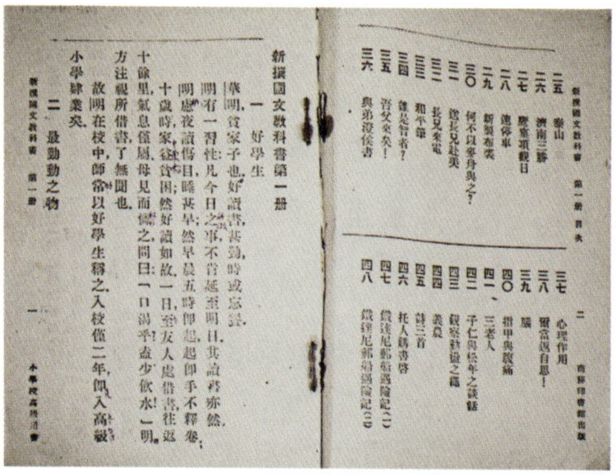

2—4—16

图2—4—16　《（新学制小学校高级用）新撰国文教科书》第1册，商务印书馆，1925年版

《（新学制小学校高级用）新撰国文教科书》编撰目的“以动人感情，发人想象，供人欣赏，促人实践为主旨”[2]。教科书课文多为新编，第一册新编课文约居十分之九，各册中选入的近代之文依次递增，其中诗歌大都采自近代人。选文有记述文、说明文、议论文、诗歌，记述文最多，说明文次之，议论文与诗歌较少，还有少量书信。教科书以课编排，无单元，全书采用新式标点。

[1] 胡怀琛，沈圻．新学制小学校初级用：新撰国文教科书：第1册[M]．80版．上海：商务印书馆，1928：编辑大意．

[2] 缪天绶．新学制小学校高级用：新撰国文教科书：第1册[M]．15版．上海：商务印书馆，1925：编辑大要．

（四）小学作文教科书

1. 计志中编纂《（小学校初级用）新学制作文教科书》

1924年，计志中编纂《（小学校初级用）新学制作文教科书》八册，朱经农、王云五校订，上海商务印书馆出版。

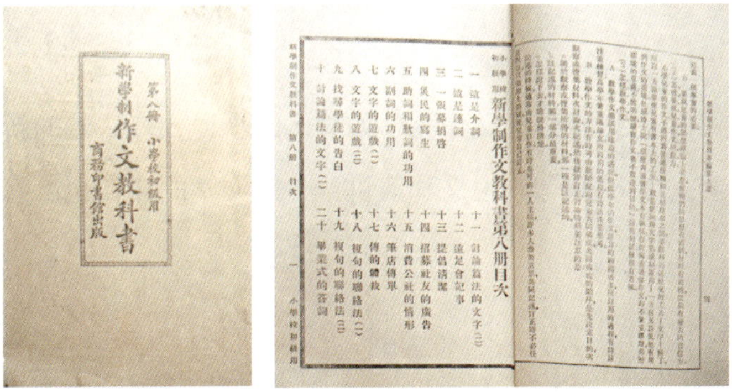

2-4-17

图2-4-17 《（小学校初级用）新学制作文教科书》第8册，商务印书馆，1925年版

《（小学校初级用）新学制作文教科书》每册20课，各课都有练习。每星期教学一课，以四学年的应用为标准。第一册注重联字，第二、第三册注重造句，第四、第五册注重联句，第六、第七册注重接榫，第八册注重层次。前四册注重诱导，每课指示作法，后四册每册用连续故事体，指示作文的要点，以便儿童自己学习。

2. 计志中编纂《（小学校高级用）新学制作文教科书》

1925年，计志中编纂《（小学校高级用）新学制作文教科书》四册，朱经农、王岫庐校订，上海商务印书馆出版。

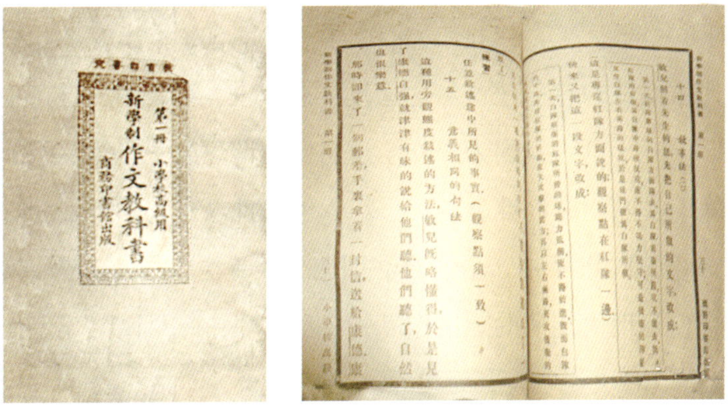

2-4-18

图2-4-18 《（小学校高级用）新学制作文教科书》第1册，商务印书馆，1926年版

《（小学校高级用）新学制作文教科书》纯用连续故事，指示作文要点。每册20课，前两册注意字法及句法，后两册注意篇法及章法。取材注重实用，每课设练习，“所拟题目，都就儿童的思想经验上着想，以便儿童练习时易于有发表的自信力”[1]。

[1] 计志中. 小学校高级用：新学制作文教科书：第1册[M]. 10版. 上海：商务印书馆，1926：编纂大意.

三、初级中学国语、国语文、国文、作文、应用文教科书

依照新学制课程纲要，“文”和“言”并重，初级中学既要教授国语，也要教授国文，于是教科书编辑可以分为三种，即文白混合编辑、纯白话文编辑、纯文言文编辑，呈现多样化发展态势。

（一）初级中学国语、国语文教科书

初级中学国语、国语文教科书大量选入反映新思想的白话文作品，如鲁迅的小说，郭沫若的新诗，冰心的散文和小诗，梁启超、蔡元培、陈独秀、胡适等的论文和演讲。外国文学的译作也占有相当的比重。

1. 佷工、仲九编辑《初级中学国语文读本》

1922年8月，佷工、仲九编辑《初级中学国语文读本》六编，上海民智书局出版。

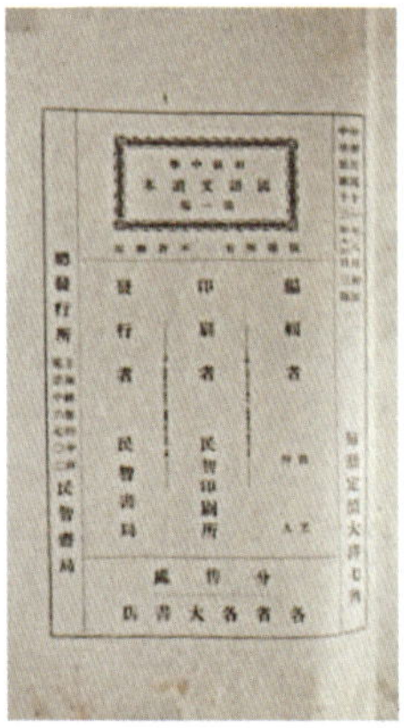

2-4-19

图2-4-19　《初级中学国语文读本》第1编，民智书局，1924年版

《初级中学国语文读本》最前有1922年8月1日佷工、仲九在吴淞中学写的序言，指出编撰此书是由于国语文教材缺乏，并且感谢陈望道先生提供的有益建议。这套教科书第一、第二编注重记叙文，第三、第四编注重论说文，辅以文艺，第五、第六编则为国外小说名作翻译。第一、第二编编排以文理浅洁篇幅长短为准，第三、第四编编排以问题为准，第五、第六编编排以作家的国别和时代为准。这套教科书选材强调“内容真实而不背时代精神，形式合法而充分表现个性”[1]，选取冰心、郑振铎、叶绍钧、鲁迅、郭沫若、俞平伯等现代作家的国语作品一二篇代表作，可以略窥现代思潮及现代文艺。文章没有注释、练习、插图、课文说明等，无单元。

2. 范祥善、吴研因、周予同、顾颉刚、叶绍钧编辑《新学制国语教科书（初级中学用）》

1923年2月，范祥善、吴研因、周予同、顾颉刚、叶绍钧编辑《新学制国语教科书（初级中学用）》六册，王岫庐、胡适、朱经农校订，上海商务印书馆出版。第一册的编者是范祥善、吴研因、周予同，第二册的编者是周予同、吴研因、范祥善，第三至第六册的编者是顾颉刚、叶绍钧。

[1] 佷工，仲九. 初级中学国语文读本：第2编[M]. 4版. 上海：民智书局，1926：3.

2-4-20

图2-4-20 《新学制国语教科书（初级中学用）》第1册，商务印书馆，1925年版

《新学制国语教科书（初级中学用）》是依照全国省教育会联合会学程起草委员会所定初级中学《国语课程纲要》编辑，选文260篇，白话文95篇，文言文165篇。采用国文国语混合编制，第一、第二册文言文占十分之三，第三、第四册文言文占十分之五，第五、第六册文言文占十分之七。教科书选文分记叙、写景、抒情、说理、议论五种，以记叙文、写景文、抒情文为主，选材强调“以具有真见解、真感情、真艺术，不违反现代精神，而又适合于学生的领受为标准，至于高深的学术文，以非初中学生能力所胜，概不加入”[1]。白话文大量选用蔡元培、鲁迅、胡适、叶绍钧等人的作品，古代文学大量选取孔子、孟子、墨子等著述及《左传》《战国策》《史记》等史书中的文章。《新学制国语教科书（初级中学用）》第一册第一课以蔡元培的《劳工神圣》为开篇，第二课是胡适的《新生活》，第三课是蔡元培的《我的新生活观》，第四课、第五课分别为《孟子许行章》（译文）和《孟子许行章》，体现语文过渡原则。教科书“编辑大意”后列有选文的“作者略述”，简单介绍作者生平，课文中对于一些字义及典故较为艰深的或外国人名、地名等，一律加以注释附在篇末。课文把问题或题材相近的篇目编在一起，无单元、无插图、无练习。

3. 沈星一编《新中学教科书初级国语读本》

1924年8月，沈星一编《新中学教科书初级国语读本》三册，黎锦熙、沈颐校订，上海中华书局发行。

[1] 范祥善，吴研因，周予同. 新学制国语教科书：初级中学用：第1册[M]. 7版. 上海：商务印书馆，1925：编辑大意.

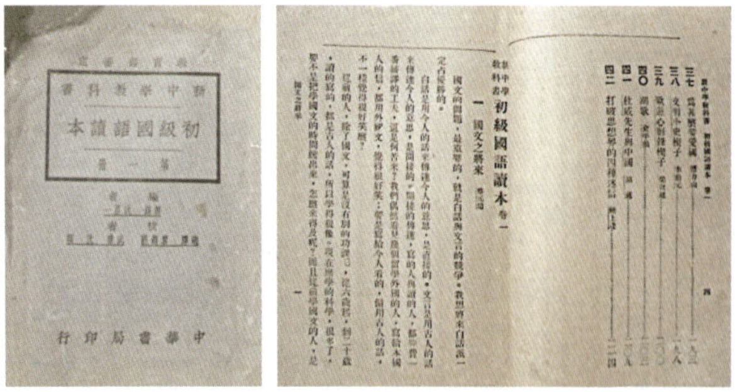

2-4-21

图2-4-21 《新中学教科书初级国语读本》第1册，中华书局，1927年版

《新中学教科书初级国语读本》明确“内容务求适切于现实的人生，文章务求富有艺术的价值”[1]。这套教科书以记叙文、抒情文为主，参用议论文、说明文，注重现代诗歌，古典作品较少，出现了英文，并收入了14篇外国文学作品。“第一册都是今人浅显的作品，以期和小学衔接。第二册兼采旧说部，使学者略识国语文演进的历程。第三册兼采译作，并略注重于讨论问题研究学理之文，使学者益了然于国语文在现今实际上的应用。”[2]教科书大量选入梁启超、胡适、冰心、叶绍钧、蔡元培、鲁迅、郑振铎、王统照、钱玄同等人的作品，如梁启超有十二篇，胡适有十篇。每篇文章后设“附录”，说明文章来历，并对重要词句进行注释。

（二）正式课本与补习通用的“言文对照”读本系列

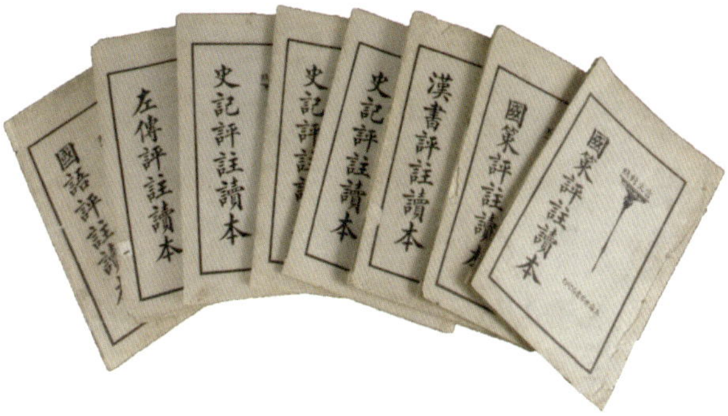

2-4-22

图2-4-22 秦同培的“言文对照”读本系列

1. 秦同培选辑《言文对照国语评注读本》

1924年7月3版，秦同培选辑《言文对照国语评注读本》二册，上海世界书局出版。

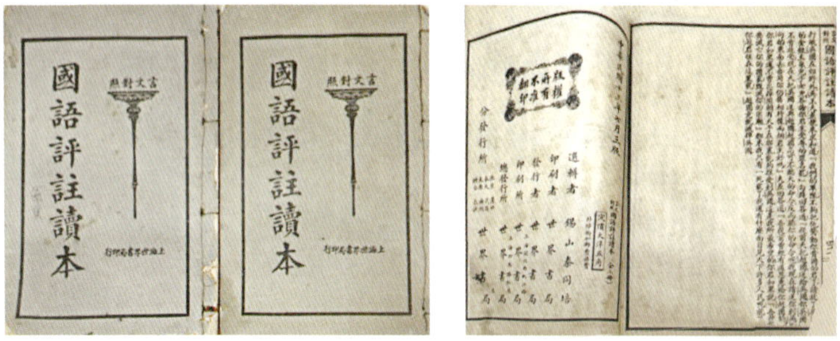

2-4-23

图2-4-23 《言文对照国语评注读本》，世界书局，1924年版

[1] 沈星一. 新中学教科书初级国语读本：第1册[M]. 上海：中华书局，1924：编辑大意.

[2] 沈星一. 新中学教科书初级国语读本：第1册[M]. 上海：中华书局，1924：编辑大意.

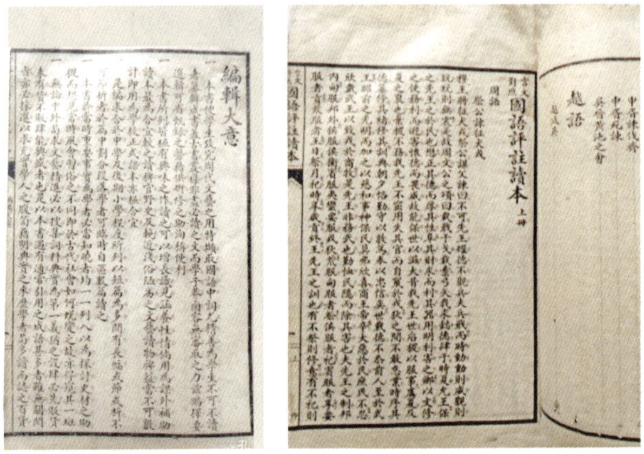

2—4—24

图2—4—24　《言文对照国语评注读本》上册，世界书局，1924年版

《言文对照国语评注读本》选文以短篇为主，“求合于中学及后期小学程度”，是为了“便学生考究周代文艺之用，特撷取国语中词尤精善为学生不可不读者纂辑成书”。编者明确“倘用为课外补助读本，最为合宜。……即用为学校正式课本亦极合宜”[1]。这套教科书按照《周语》《鲁语》《齐语》《越语》《晋语》等编排。

2. 秦同培选辑《言文对照国策评注读本》

秦同培选辑《言文对照国策评注读本》全二册，上海世界书局出版，1924年再版。

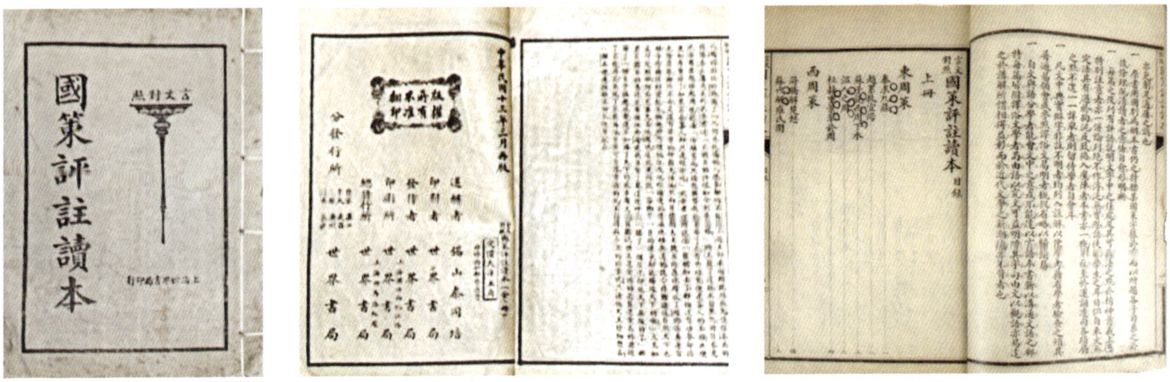

2—4—25

图2—4—25　《言文对照国策评注读本》上册，世界书局，1924年版

《言文对照国策评注读本》采取战国时代的名著，“取便学生攻究战国时代文艺之用”。这套读本是“作为课外读物之补助”，但同时说明“昔人称读文专精一家，再易他家，收效奇速，今是编罗列一时代之作，学者苟一意从事，视徒读杂摭不纯粹之教科书，为益当不可道里计，故用以为国文正式课本之一部分，亦未尝不宜”[2]。这套教科书按照原书用国别为纲，但标注“某国策”字

[1] 秦同培. 言文对照国语评注读本：上册[M]. 上海：世界书局，1924：编辑大意.

[2] 秦同培. 言文对照国策评注读本：上册[M]. 上海：世界书局，1924：编辑大意.

样于前，如《言文对照国策评注读本》上册依次列有《东周策》《西周策》《秦策》《齐策》《楚策》，各策含五至十四篇文章不等，每篇文章之后列有评语，文中典故、生僻字等有注释，全书无插图。

3. 秦同培选辑《言文对照左传评注读本》

秦同培选辑《言文对照左传评注读本》全二册，上海世界书局出版。

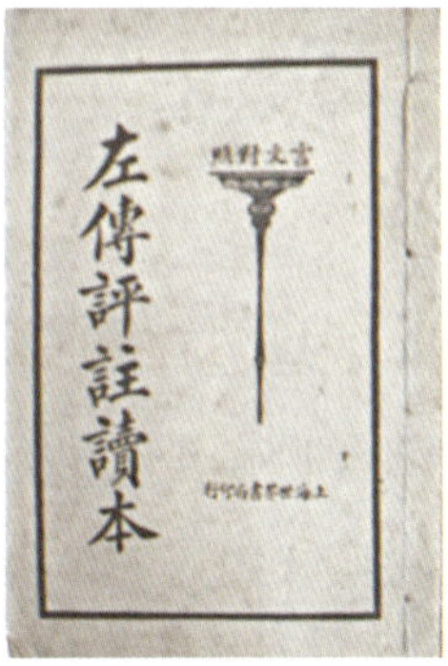

2–4–26

图2–4–26　《言文对照左传评注读本》上下册，世界书局，1928年版

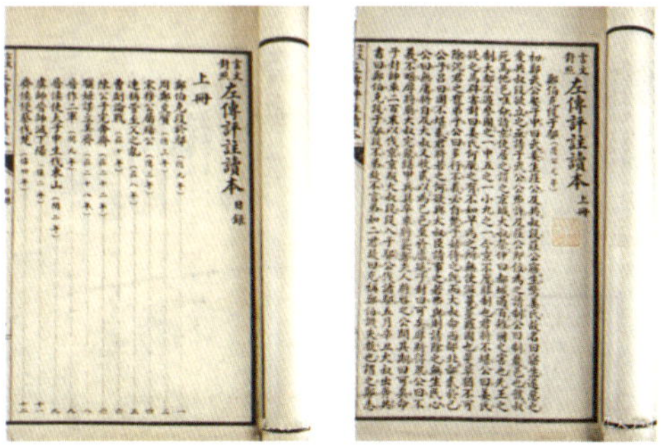

2–4–27

图2–4–27　《言文对照左传评注读本》上册，世界书局，1928年版

《言文对照左传评注读本》的“编辑大意”指出，“左传一书为千古纯粹史籍之祖，亦即文学中之第一书”，内容涵盖了人事、天道等，“不特学子必读，即操政治社会生活者，亦在所必究”。“左传所载，多可与国语互相参证。凡国语读本中所录者，本书亦多采录，学者取而对照读之，于事实既可益明，于文字互有详略之处，亦可增益作文无数法门”。[1]

4. 秦同培选辑《言文对照史记评注读本》

秦同培选辑《言文对照史记评注读本》全三册，上海世界书局出版。

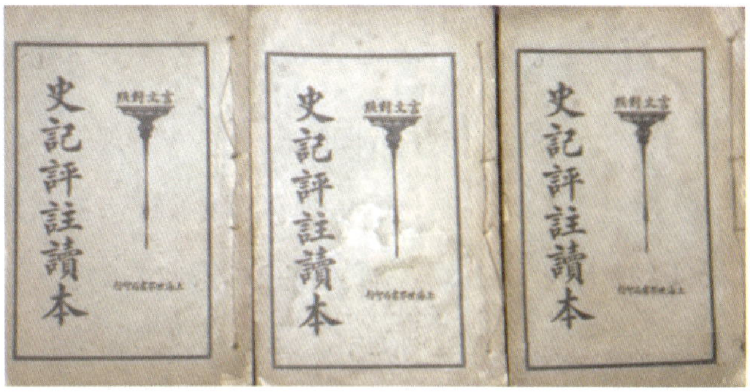

2–4–28

图2–4–28　《言文对照史记评注读本》全三册，世界书局，1925年版

[1] 秦同培. 言文对照左传评注读本：上册[M]. 上海：世界书局，1928：编辑大意.

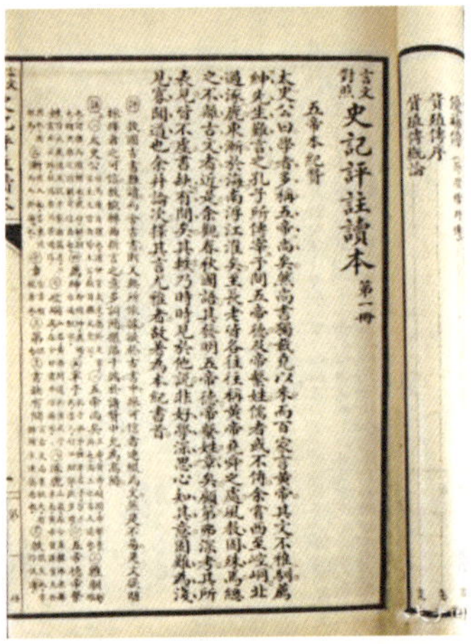

2-4-29

图2-4-29 《言文对照史记评注读本》第1册，世界书局，1925年版

《言文对照史记评注读本》在每篇文章之后附以评语，对于文章实质、形式上的要点进行评论，对难解的词句、典实等注释。“编辑大意”指出，“评注后附译俗文，以代讲解之用。学者理想力薄弱，应先读译俗文，然后再理会原文，必收事半功倍之效”[1]。

5. 秦同培选辑《言文对照汉书评注读本》

秦同培选辑《言文对照汉书评注读本》二册，上海世界书局出版，1925年12月6版。

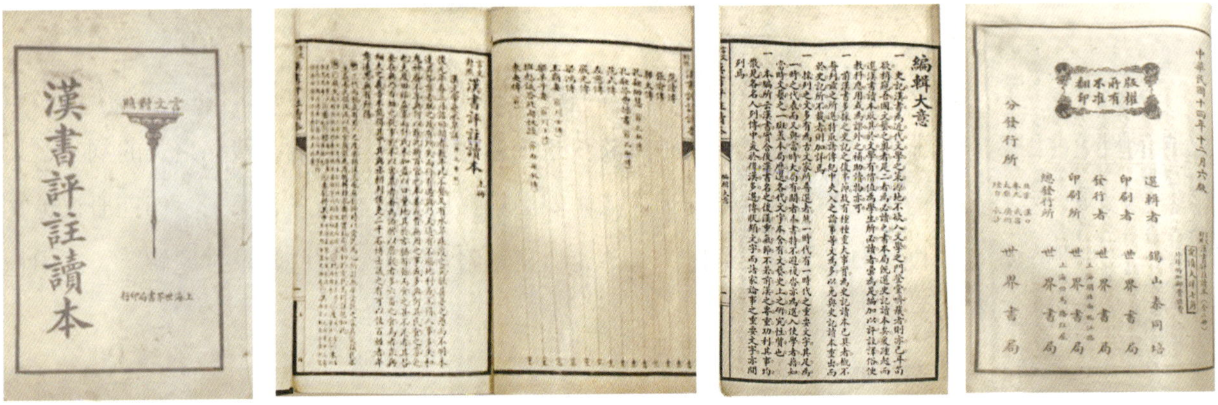

2-4-30

图2-4-30 《言文对照汉书评注读本》，世界书局，1925年版

《言文对照汉书评注读本》在“编辑大意”中指出，“史记汉书为近代文学之策源地”，是欲了解中国文艺之奥者必读之书，“本局既选史记读本矣，爰踵起而选汉书读本，取其于文学有价值，为学生所必读者，汇为是编，加以评注、译俗，便教科应用或为课外之补助读物亦可”。[2]

[1] 秦同培. 言文对照史记评注读本：第一册[M]. 6版. 上海：世界书局，1925：编辑大意.

[2] 秦同培. 言文对照汉书评注读本：第一册[M]. 6版. 上海：世界书局，1925：编辑大意.

（三）初级中学国文科教科书

1. 沈星一编《新中学教科书初级古文读本》

1923年1月，沈星一编《新中学教科书初级古文读本》全三册，黎锦熙、沈颐、金兆梓校订，上海中华书局出版。

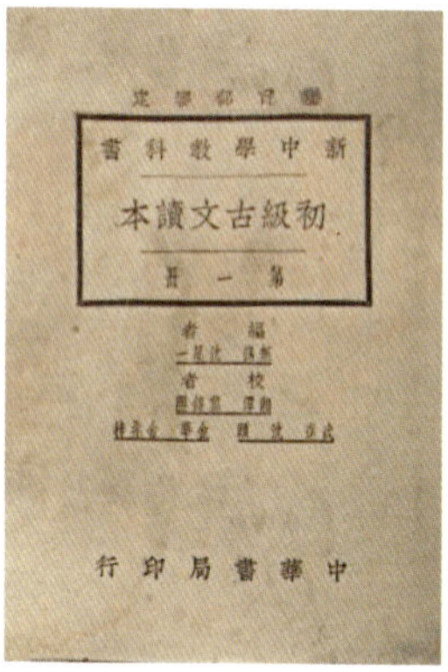

新中學教科書
初級古文讀本
第一冊
編者 沈星一
校者 黎錦熙 沈頤 金兆梓
中華書局印行

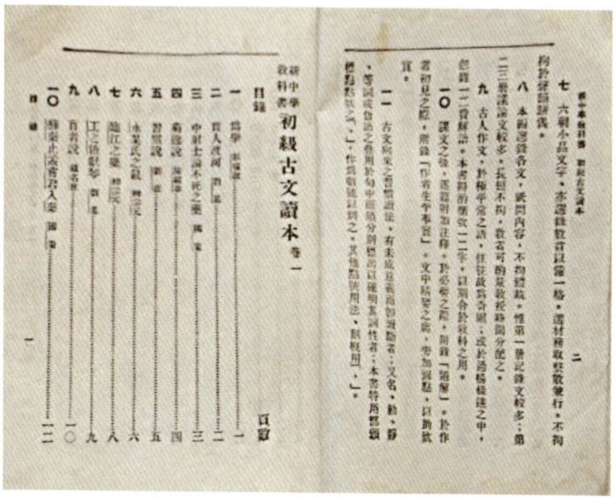

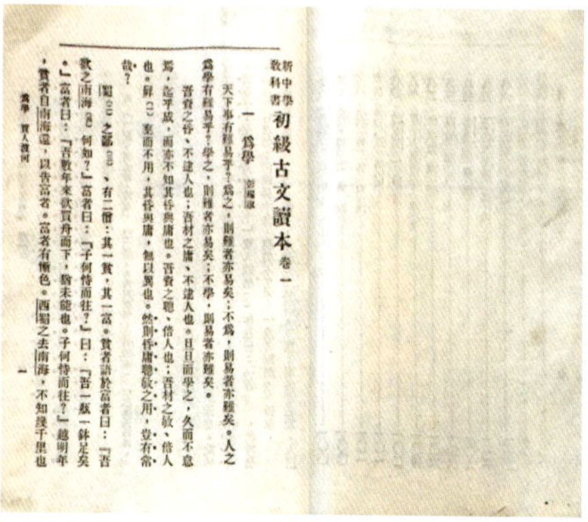

2-4-31

图2-4-31 《新中学教科书初级古文读本》第1册，中华书局，1925年版

《新中学教科书初级古文读本》第一、第二册编排不依时代为先后，而以文之浅深为次序。第三册依照从古到今顺次排列，以明确文学之源流及变迁。选文有诗歌、歌谣、箴铭之类的韵文，其中诗歌较多，六朝文字也有选入，取材不拘于声韵骈偶。第一册记叙文较多，第二、第三册议论文较多，长短不一，这套教科书文章依次编排，无单元，文章附加注释，有些附录“题解”，文中精要之处旁加圆点。全书无插图。

2. 庄适编辑《现代初中教科书国文》

1924年1月，庄适编辑《现代初中教科书国文》六册，朱经农、任鸿隽、王岫庐校订，上海商务印书馆出版。

現代初中教科書
國文
第一冊
編輯者 莊適
上海商務印書館出版

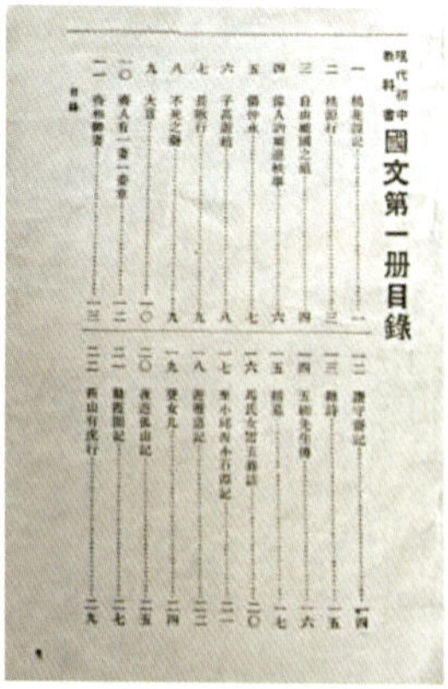

2-4-32

图2-4-32 《现代初中教科书国文》第1册，商务印书馆，1925年版

《现代初中教科书国文》是商务印书馆分科编辑的初中教科书之一，“新学制初中的特色，在混合教授，但师资难得，新近改组的各校或仍有采用分科教授法者，本馆应此需要，另编现代初中教科书一套，……仍注重于全体之联络”[1]。《现代初中教科书国文》选文为文言文，包括史传、论说、疏奏、碑志、赠序、诏令、哀祭、书信、游记、诗歌等，上起先秦，下迄当代，除了参照《古文观止》和《古文辞类纂》，选取唐宋明诸大家、桐城派作家之外，还选取了当时的一些作品，如梁启超的《自由祖国之祖》《伟人纳尔逊轶事》，胡适的《黄克强先生哀辞》，包天笑的《亚美利加之幼童》，蔡元培的《理性与迷信》等，以及当时新创作的小说和外国文学作品的中文译文，以文言文呈现。这套教科书选文编排打破以历史顺序为线索的传统做法，注重同一事件或同一人物的文章对比，如第一册中陶潜的《桃花源记》和王安石的《桃源行》相对照。虽然体裁不同，却都是关于桃花源的。文后有简单注释。全书无插图。

3. 秦同培编辑《（初级中学适用）言文对照国文读本》

1923年，秦同培编辑《（初级中学适用）言文对照国文读本》三册，上海世界书局出版。

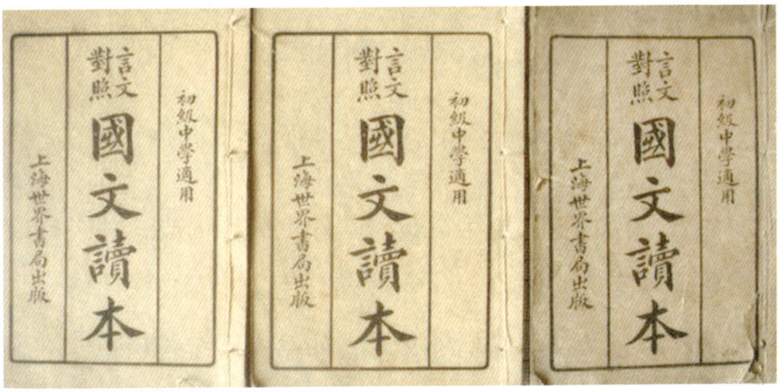

2-4-33

图2-4-33 《（初级中学适用）言文对照国文读本》，世界书局，1923年版

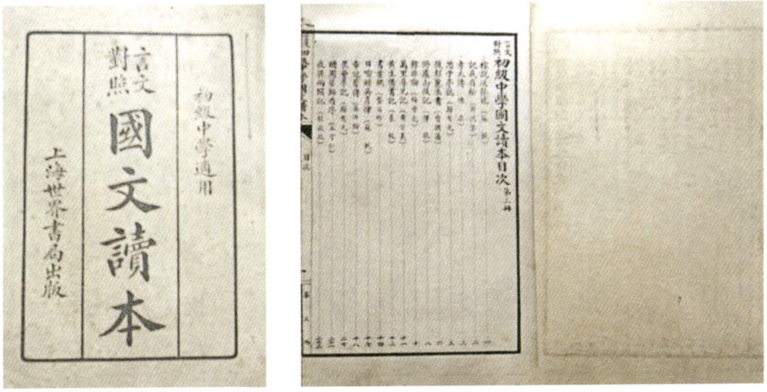

2-4-34

图2-4-34 《（初级中学适用）言文对照国文读本》第3册，世界书局，1930年版

《（初级中学适用）言文对照国文读本》每册选文32篇，近代选文较多，唐宋等选文较少，苏轼的作品选有九篇，数量最多。第一册以记叙文为主，第二册加说明文，第三册议论文增多。每册

[1] 庄适. 现代初中教科书国文：第5册[M]. 上海：商务印书馆，1924：封3.

选入少量诗歌。每篇文章单独编排，无单元，无练习，之后附要旨、评论、注释、译俗文章。

4. 江苏省立中学国文学科会议联合会主编《新学制中学国文教科书初中国文》

1932年4月，江苏省立中学国文学科会议联合会主编《新学制中学国文教科书初中国文》六册，编注者王侃如、周树滋等，编辑者江苏省立扬州中学国文分科会议，校订者江苏省立中学国文学科会议联合会，南京书店发行。

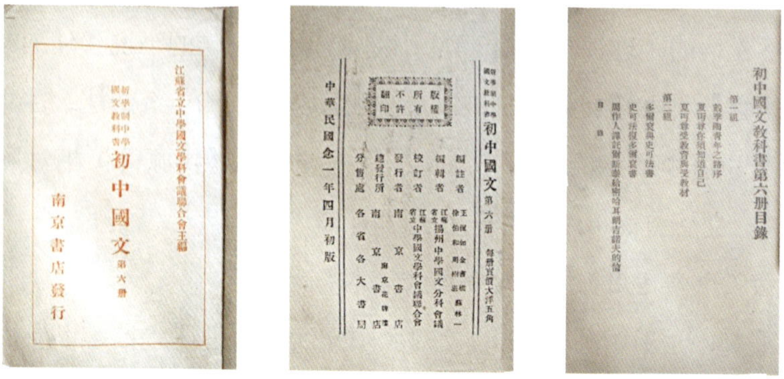

2—4—35

图2—4—35 《新学制中学国文教科书初中国文》第6册，南京书店，1932年版

《新学制中学国文教科书初中国文》是编者在扬州中学累年试验的基础上编撰而成，并经省校国文教本编订委员会审查通过。各册文言文和语体文的比例不一。全书只有范文，无文法、修辞、逻辑等内容，以单元编制。每册最前面必选读书的方法及理论指导文章，如第一册有梁启超《学问的趣味》，第二册有谢婉莹《祝你奋斗到底》。选文包含党义，能发扬民族精神，适应现实生活。每课范文后，有作者小传和课文注释。

（四）初级中学作文教科书

1. 孙俍工编《记叙文作法讲义》《小说作法讲义》《论说文作法讲义》《新诗作法讲义》《戏剧作法讲义（中学校及师范学校适用）》

孙俍工指出，“关于初级中学国文一科底教材，以我个人底忍耐与努力，及和我主张相同的几个朋友底赞同与帮助，到现在这部《论说文作法讲义》出版为止，统共已经有了五种，便是：一、《初级中学国语文读本》（民智出版）；二、《中国语法讲义》（东亚）；三、《记叙文作法讲义》（民智）；四、《论说文作法讲义》（商务）；五、《小说作法讲义》（中华）。这五种中除第一种是我和我底朋友仲九合编的而外，其余都是我个人自己编的”[1]。

[1] 孙俍工. 论说文作法讲义[M]. 5版. 上海：商务印书馆，1930：序言.

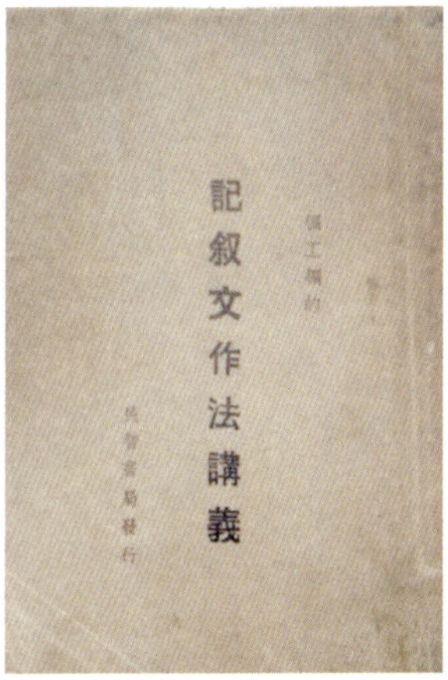

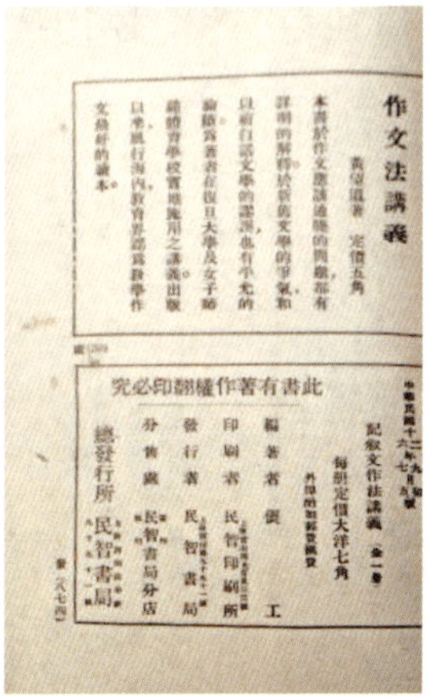
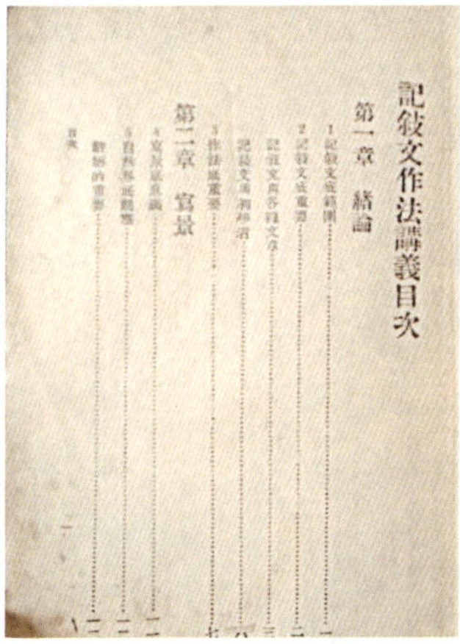

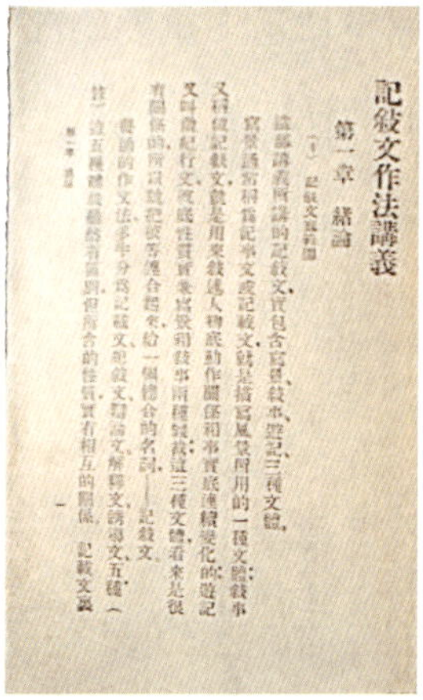

2-4-36

图2-4-36 《记叙文作法讲义》，民智书局，1927年版

1923年9月，孙俍工编著《记叙文作法讲义》一册，封面上写着“俍工”编著，上海民智书局出版，是初中第一年或第二年上学期用的，并且曾经在东大附中实地施用。全书分为“绪论、写景、叙事、游记”四章。孙俍工指出，“在我和仲九所拟的初级中学国文教授大纲里，关于教材底分配，主张第一年注重记叙文，第二年注重论说文，第三年注重文艺。教记叙文时，须兼教记叙文作法；教论说文时，须兼教论说文作法；教文艺时，须兼教文艺作法。这部讲义就是根据这意见而编的”。全书包含写景、叙事、游记三大部分，摘录多位名家作品做例子，使读者容易明白。这本书后附有练习，“是我自己拟定在附中一年级试用的，所以题材多取南京附近的自然风景”[1]。

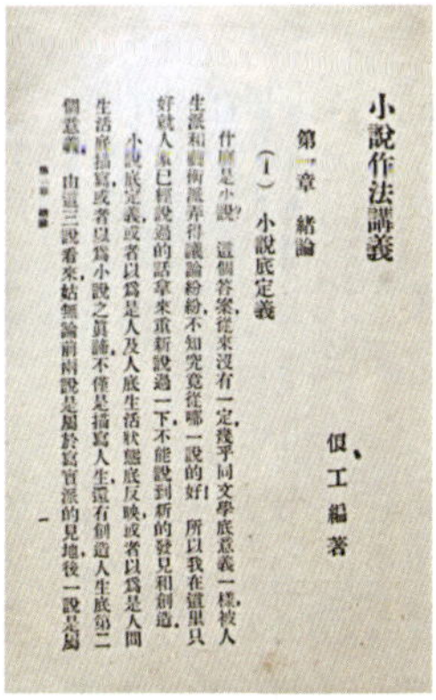

2-4-37

图2-4-37 《小说作法讲义》，中华书局，1929年版

1923年12月，孙俍工编《小说作法讲义》一册，封面上写着“俍工”编，由中华书局出版，是初中第三年用的。《小说作法讲义》有“绪论、作者、方法、余论”四章，及附录。孙俍工特别强

[1] 俍工. 记叙文作法讲义[M]. 5版. 上海：民智书局，1927：序.

调，“这书重要的部分，全在方法，所以第三章的分量独多”[1]。书里所引例子都是国外小说名作的翻译。

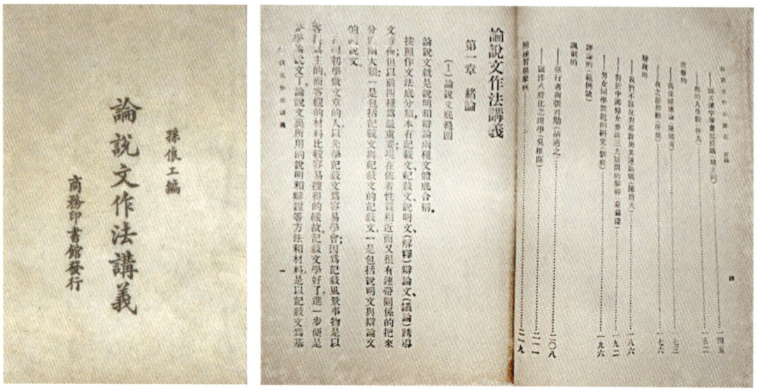

2-4-38

图2-4-38 《论说文作法讲义》，商务印书馆，1930年版

1924年6月，孙俍工编《论说文作法讲义》一册，上海商务印书馆出版。《论说文作法讲义》是初中第二年用的，全书十二万余字，分为“绪论、说明文、辩论文”三章，每星期教一时，可教一学年。

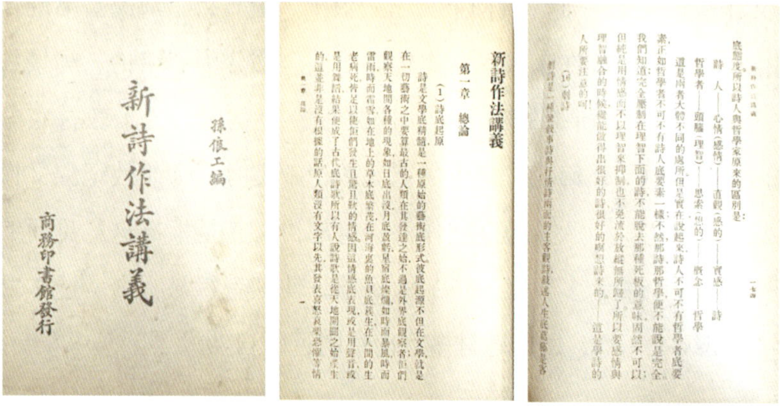

2-4-39

图2-4-39 《新诗作法讲义》，商务印书馆，1933年版

1925年8月，孙俍工编《新诗作法讲义》一册，上海商务印书馆出版。这本书的编撰是1924年12月在东京完成的。《新诗作法讲义》原定是在初中三年级应用的，但因书中例子有平易的，也有比较高深一点的，在高中一年级也可以用。《新诗作法讲义》分为“总论”“诗人”“作法”“体式及其范例”四章。

1925年3月，孙俍工编《戏剧作法讲义（中学校及师范学校适用）》一册，上海亚东图书馆出版。最前面呈现的是“初级中学国文教授大纲底说明”，作为“代序”，长达31页，详细说明了大纲的目的、课程、教材、教法、作文、演说辩论和演剧六大内容。在教材部分，明确教材的体式为“文学”，具体分为“雅文学（记载文、记叙文、说明文、辩论文、诱导文）”和“纯文学（诗歌、小说、戏剧）”，教材的内容为“文章内容”，具体分为“事物的、思想的、情感的”[2]。

[1] 俍工. 小说作法讲义[M]. 上海：中华书局，1923：序言.

[2] 孙俍工. 戏剧作法讲义：中学校及师范学校适用[M]. 上海：亚东图书馆，1925：代序.

《戏剧作法讲义（中学校及师范学校适用）》有“总论、作者、作法、附录”四部分。

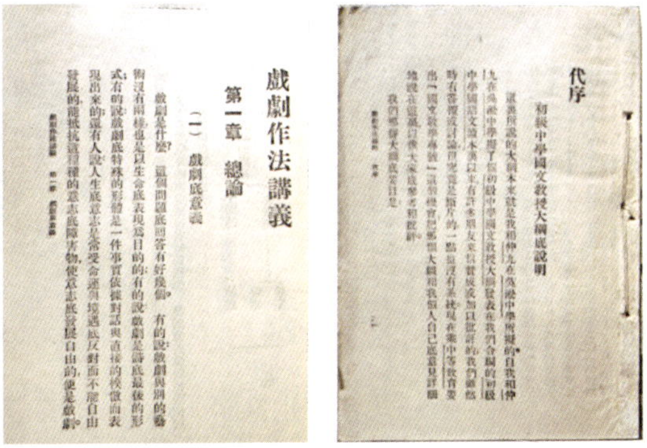

2-4-40

图2-4-40　《戏剧作法讲义（中学校及师范学校适用）》，亚东图书馆，1925年版

2. 陈望道著《作文法讲义》

1922年，陈望道著《作文法讲义》一册，上海民智书局出版。

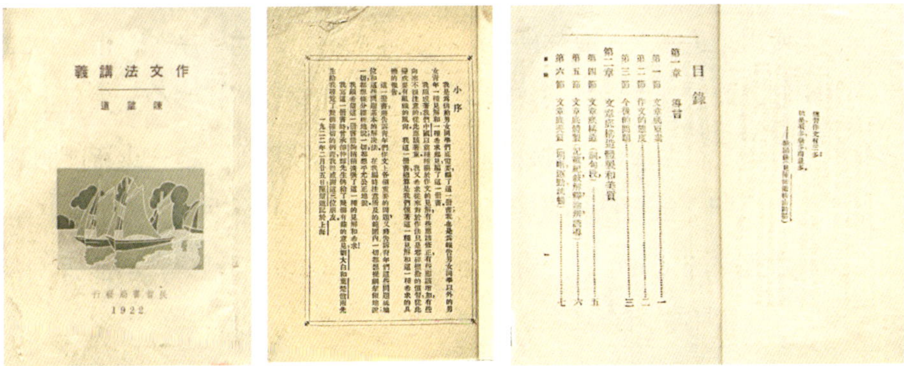

2-4-41

图2-4-41　《作文法讲义》，民智书局，1925年版

《作文法讲义》为陈望道在复旦大学及女子师范体育学校使用的讲义，曾得到邵仲辉、刘大白、叶楚伧的意见和例证，“出版以来，风行海内，教育界认为教学作文最好的读本”[1]。各章内容包括：第一章导言，第二章文章的构造体制和美质，第三章选词，第四章造句，第五章分段，第六章记载文，第七章记叙文，第八章解释文，第九章论辨文，第十章诱导文，第十一章文章的美质，第十二章余言。另有三个附录：附录一为本书所用的三种新字法，附录二为新式标点用法概略，附录三为中文改用横行的讨论。

（五）初级中学应用文教科书

1. 张鸿来编《初级中学应用文》

1926年8月，张鸿来编《初级中学应用文》一册，北平文化学社出版。

[1] 佷工，仲九. 初级中学国语文读本：第2编[M]. 4版. 上海：民智书局，1926：封三.

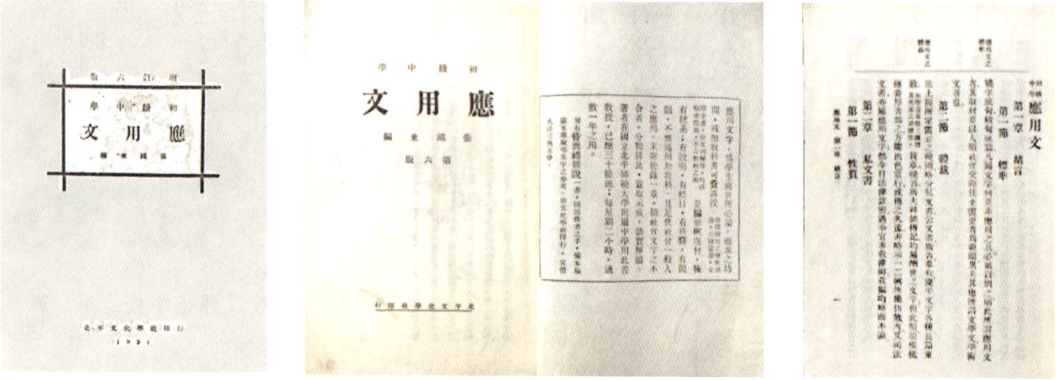

2-4-42

图2-4-42 《初级中学应用文》，北平文化学社，1931年版

《初级中学应用文》是张鸿来在国立北平师范大学附属中学校任教时编撰的，在二十余个班级使用，每星期两小时，适合一学年使用。这本书前有林砺儒于1926年8月1日写的“序”，指出1922年秋，“北京师大附属中学变更学制，商订课程”，初级国文科加课应用文，“托张少元先生主其讲。……五年以来，学生之习是科者，于日常习见各种公私文书，帖式，契约等文字，类皆能明其义例，辨其正伪，且因此而增益关乎吾国之社会结构及人群交际之常识”。[1]全书内容分书札、电报、广告、契约、单据、公文书、章程、庆吊文字，并有说明、标目、注释、问题，“不惟适用于教科，且足供社会一般人之应用”。这本书末附余录一章，“摘社会文字之不合者，分类排比。意取示戒，语实解颐”[2]。

2. 张须编辑《中等学校适用应用文》

1927年3月，张须编辑《中等学校适用应用文》一册，庄适校订，上海商务印书馆出版。

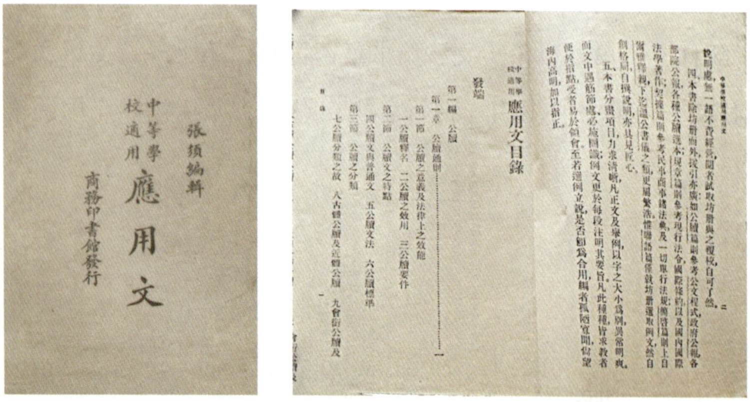

2-4-43

图2-4-43 《中等学校适用应用文》，商务印书馆，1930年版

[1] 张鸿来. 初级中学应用文[M]. 6版. 北京：北平文化学社，1931：序.

[2] 张鸿来. 初级中学应用文[M]. 6版. 北京：北平文化学社，1931：封二.

《中等学校适用应用文》为编者任教五年之后编撰而成，有“发端、第一编公牍、第二编规章、第三编契据、第四编联语、第五编简启”六大内容，第一编公牍有“公牍通则、上行公牍、平行公牍、下行公牍”四章内容，第二编规章有“总说、条约、法规”三章内容，第三编契据有“契据之通则、契据之体制”两章内容，第四编联语有“联语通则、名胜、庆贺、哀挽、署宅、杂缀”六章内容，第五编简启有“总说、简帖”两章内容。

四、高级中学国语、国文、修辞学教科书

1924年商务印书馆“高级中学用书”广告列有国文、国语15种，即《新学制高级中学国语读本古白话文选》二册（吴遁生、郑次川）、《新学制高级中学国语读本近人白话文选》二册（吴遁生、郑次川）、《新学制高级中学国语科用词选》一册（胡适）、《文学研究法》四册（姚永朴）、《韩柳文研究法》一册（林纾）等。[1]

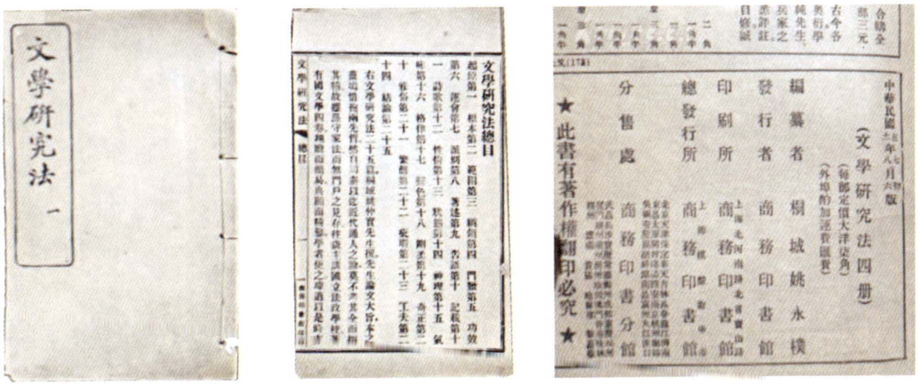

2-4-44

图2-4-44 《文学研究法》第1册，商务印书馆，1922年版

（一）高级中学国语文教科书

随着新学制教科书编撰出版，商务印书馆推出了高级中学用“国语文”系列15种23册，即《新学制高级中学国语读本古白话文选》二册（吴遁生、郑次川）、《新学制高级中学国语科用词选》（胡适）、《（国学小丛书）诗经研究》（谢无量）、《（国学小丛书）陶渊明》（梁任公）、《（国学小丛书）楚辞新论》（谢无量）、《（国学小丛书）平民文学之两大文豪》（谢无量）、《（中学校用）共和国教科书国文读本》四册（许国英）、《新著中国文字学大纲（中等学校

[1] 庄适. 现代初中教科书：国文：第4册[M]. 上海：商务印书馆，1924：封3.

用）》（何仲英）、《文学研究法》四册（姚永朴）、《韩柳文研究法》（林纾）等[1]，这里既有新编的，也有原来已经出版的。

1. 吴遁生、郑次川编辑《新学制高级中学国语读本古白话文选》《新学制高级中学国语读本近人白话文选》

1924年3月，吴遁生、郑次川编辑《新学制高级中学国语读本古白话文选》上下册，王岫庐、朱经农校订，由商务印书馆出版。

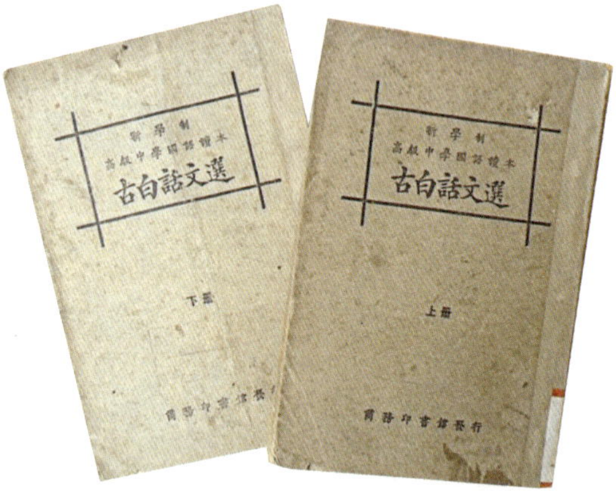

2—4—45

图2—4—45　《新学制高级中学国语读本古白话文选》上下册，商务印书馆，1924年版

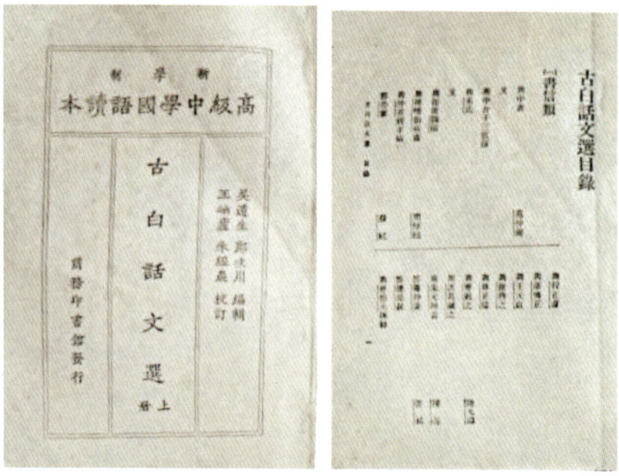

2—4—46

图2—4—46　《新学制高级中学国语读本古白话文选》上册，商务印书馆，1924年版

《新学制高级中学国语读本古白话文选》选文分书信、语录、诗、词、曲、小说六大类呈现。编辑者指出，虽然《书经》《楚辞》很有当时的白话文在内，却不容易懂，所以没有选取。当时公文、契约也有用白话文的，但因材料很难觅取，而且文字过于质朴，所以没有呈现。有选取旧时长篇章回体白话小说其中一二回，或于一回中选一两段，编成一篇短篇小说，也有再加删节的，如《火烧赤壁》一篇，“原文很好，只是写周瑜对付孔明的地方，竟把一个雅量高致的周郎，写成一个阴贼险狠的鄙夫，所以都给删去了”[2]。

[1] 王希和．新学制中学国语科补充读本：诗学原理[M]．上海：商务印书馆，1924：封3.

[2] 吴遁生，郑次川．新学制高级中学国语读本古白话文选[M]．上海：商务印书馆，1924：凡例.

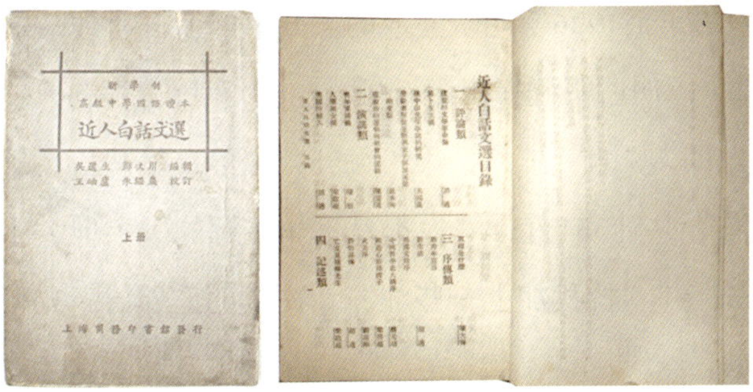

2-4-47

图2-4-47 《新学制高级中学国语读本近人白话文选》上册，商务印书馆，1924年版

2-4-48

图2-4-48 《新学制高级中学国语读本近人白话文选》下册，商务印书馆，1926年版

1924年，吴遁生、郑次川编辑《新学制高级中学国语读本近人白话文选》上下册，王岫庐、朱经农校订，上海商务印书馆出版。这套教科书分为评论、演讲、序传、记叙、书信、小说、短剧、诗歌八类编排，每一类有四至八篇文章，如“评论类”选有《建设的文学革命论》（胡适）、《易卜生主义》（胡适）、《孙中山先生学说的研究》（朱经农）、《从政治的运动向社会的运动》（陈望道）。

2. 胡适选注《新学制高级中学国语科用词选》

1927年7月，胡适选注《新学制高级中学国语科用词选》一册，由商务印书馆出版。

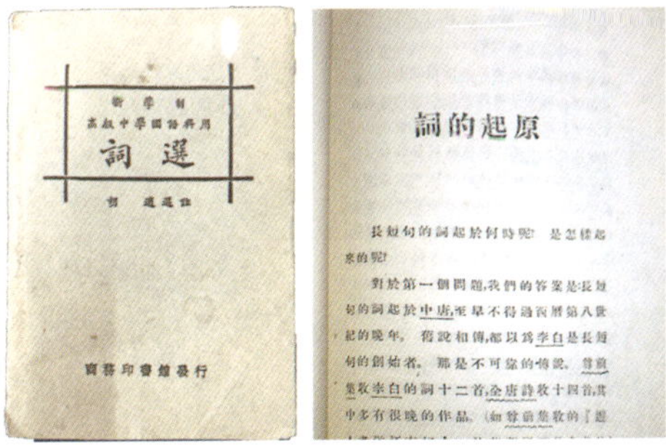

2-4-49

图2-4-49 《新学制高级中学国语科用词选》，商务印书馆，1928年版

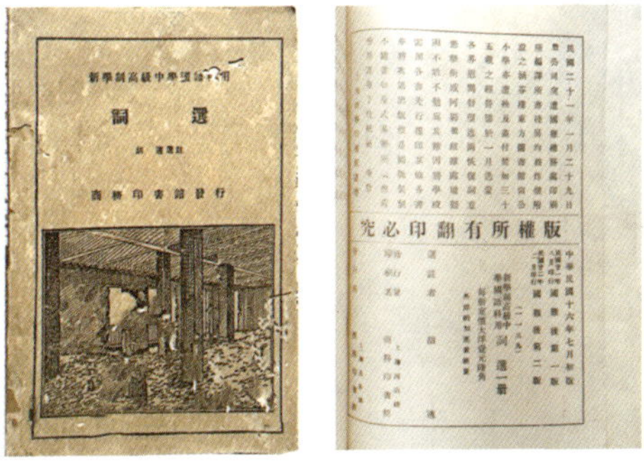

2-4-50

图2-4-50 《新学制高级中学国语科用词选》，商务印书馆，1933年版

《新学制高级中学国语科用词选》是胡适在1923年至1926年间断完成的。此书的前面有他1926年9月30日作于伦敦的序，书后有“附录 词的起源”。胡适明确指出，“我是一个有历史癖的人，所以我的词选就代表我对于词的历史的见解”。全书以“编”排列，第一编56首，第二编49首，第三编50首，第四编63首，第五编67首，第六编66首，共计351首，“大都是不用注解的”，但关于方言或文法方面有注解，而且顾颉刚先生校读此书，并“替我加上一些注”。由于胡适倡导新式标点，特别说明，“关于分行及标点，我要负完全责任”。[1]

（二）高级中学国文教科书

1. 许啸天选演《言文对照新选古文读本》

1924年4月，许啸天选演《言文对照新选古文读本》十四卷，胡翼云校刊，上海群学社出版。

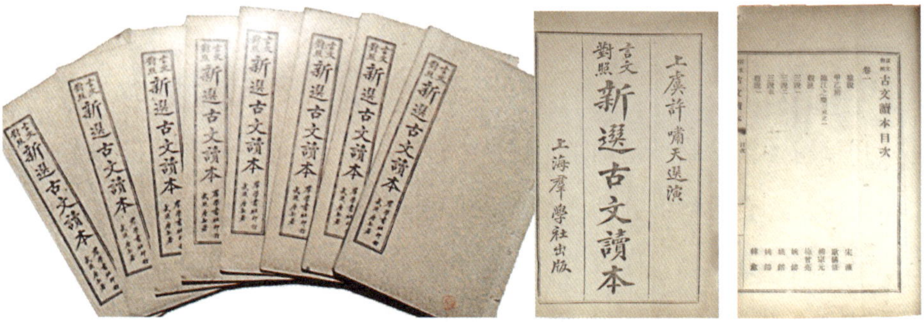

2-4-51

图2-4-51 《言文对照新选古文读本》卷一，上海群学社，1927年版

2-4-52

图2-4-52 《言文对照新选古文读本》，上海群学社，1927年版

[1] 胡适. 新学制高级中学国语科用词选[M]. 上海：商务印书馆，1927：序.

《言文对照新选古文读本》前有许啸天撰“古文读本序”，明确“文以载道”的价值全在于“真”，即理是真理、情是真情、事是真事，而不是虚伪的理、虚伪的情。

2. 张震南、王范矩、范耕研、李荃编辑《中学国文述教》

1925年4月，张震南、王范矩、范耕研、李荃编辑《中学国文述教》一册，上海商务印书馆出版。

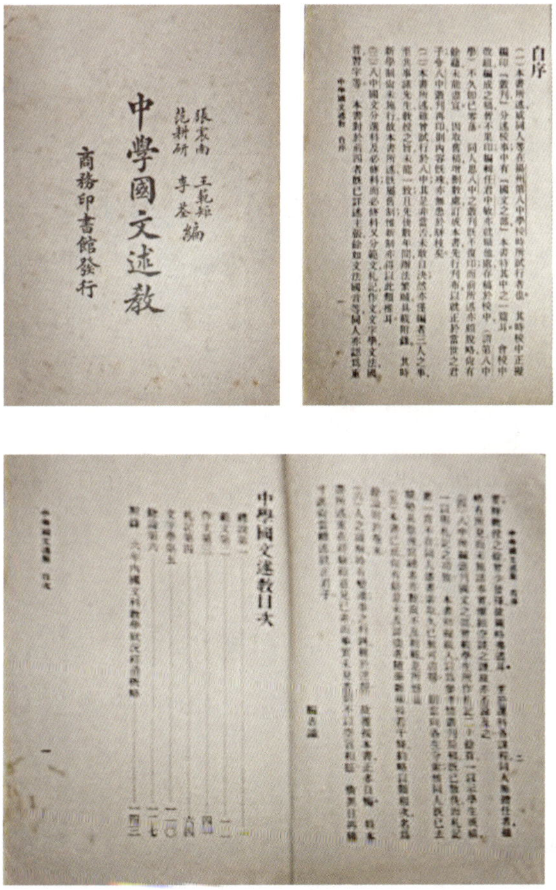

2-4-53

图2-4-53　《中学国文述教》，商务印书馆，1927年版

《中学国文述教》是四位编撰者“在扬州第八中学校时所试行者也”[1]。当时新学制尚未施行，扬州八中的国文分选科及必修科，而必修科又分范文、札记、作文、文字学、文法、国音、习字等，所以这本书对于范文、札记、作文、文字学讲述较为详细，文法、国音等也较为重视。《中学国文述教》分为总论、范文、作文、札记、文字学、余论，共六章，另外有自序、附录。

3. 穆济波编《高级中学用新中学古文读本》

1926年2月，穆济波编《高级中学用新中学古文读本》三册，戴克敦、张相校订，上海中华书局发行。

[1] 张震南，王范矩，范耕研，等. 中学国文述教[M]. 上海：商务印书馆，1927：自序.

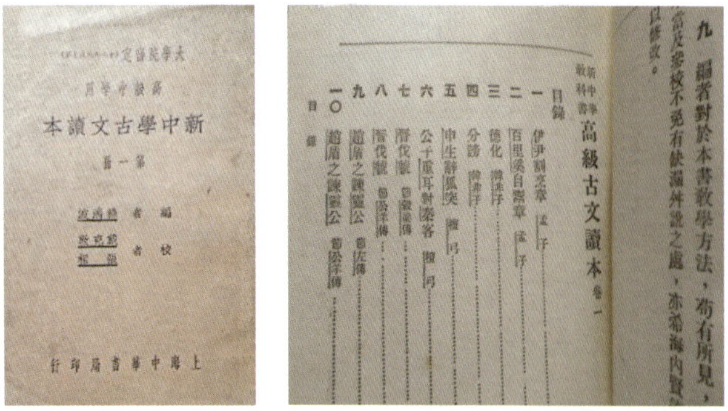

2—4—54

图2—4—54 《高级中学用新中学古文读本》第1册，中华书局，1934年版

《高级中学用新中学古文读本》供新学制高级中学公共必修国文课教学之用，以“养成发表思想之技能，养成阅读古书之能力为主”。第一年多选诸史，第二年多选诸子，第三年多选群经，而且“另由各朝集部选辑名作，分布于相当年度内，庶有统贯的研究与相互的参证”。这套教科书材料均从梁胡诸家书目中取其重要名著，“次序略以时代为先后，取便与文学史相合”[1]。为便于施行道尔顿制以及供自学辅导制者采用，每册均按照学习时间区分为十个学程。每篇文章在编排时，还有诠释和考证。

4. 《南开高级中学国文教本》

所见《南开高级中学国文教本》第一册是1925年由天成印字馆承印，没有编撰者、印刷、发行等信息。

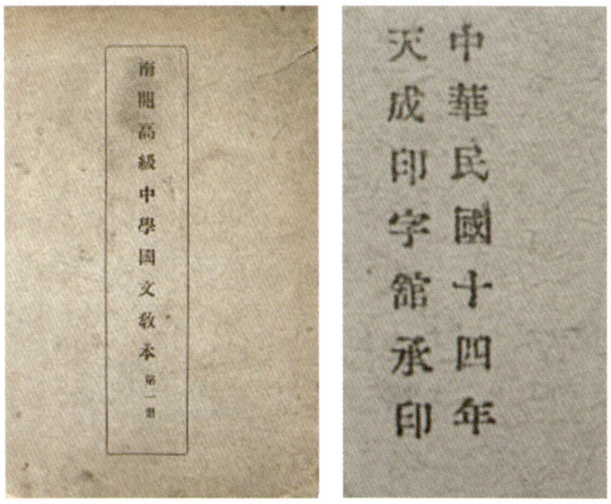

2—4—55

图2—4—55 《南开高级中学国文教本》第1册，天成印字馆承印，1925年版

天津南开中学是私立学校，办学体制灵活，教科书使用也很自由。当时，南开中学、大学的课本，除国文、中国历史外，基本是美国中学、大学的原文课本，讲授也是用英语。南开中学的国文学科也有自己的教学目标和标准，与《新学制课程标准纲要高级中学公共必修的国语课程纲要》（1923年）、《高级中学第一组必修的特设国文课程纲要（一）文字学引论》（1923年）、《高级中学第一组必修的特设国文课程纲要（二）中国文学史引论》（1923年）明显不同。《南开高级中学国文教本》选有文言文与白话文，混合编排。

5. 秦同培编辑《评注高级中学国文读本》

秦同培编辑《评注高级中学国文读本》三册，上海世界书局出版，1926年2月4版。

[1] 穆济波. 高级中学用新中学古文读本：第3册[M]. 11版. 上海：中华书局，1932：编辑大意.

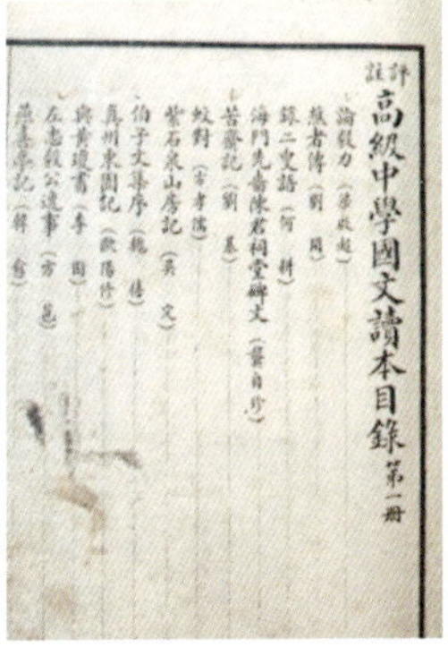

2-4-56

图2-4-56　《评注高级中学国文读本》第1册，世界书局，1925年版

《评注高级中学国文读本》是供高级中学国文科教学之用，选秦以后古近程度相当之文，以唐宋文为多，并说明“特选古今女子之模范文以便女子中学亦可采用”[1]，每篇评其大要，并详加注释。

6. 江恒源编辑《新学制高级中学教科书国文读本》

1928年5月，江恒源编辑《新学制高级中学教科书国文读本》四册，上海商务印书馆出版，配套编有《分周教学方法纲要》四册。

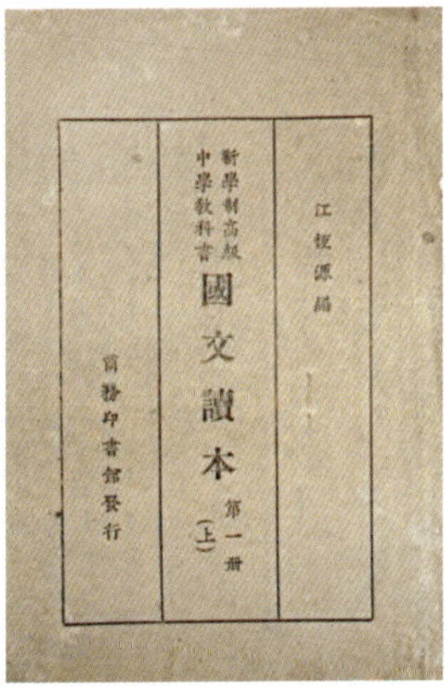

2-4-57

图2-4-57　《新学制高级中学教科书国文读本》第1册，商务印书馆，1928年版

《新学制高级中学教科书国文读本》专供高级中学第一、第二两学年用，编撰目的在于供全国高中学生诵读阅览，“使一般高中学生，能了解本国历代文章及学术之变迁与价值，同时对于人生品行，才识方面，言语技能方面，皆能获得绝大效益；由此可以养成读书、作文之较优兴趣与能力，终身享用不穷”。这套教科书所选以古文为主。选文标准有“（1）关于指导或锻炼人生品格及行为者。（2）关于整理或扩充人生思想及意识者。（3）关于陶冶或安慰人生情感及增进人生兴趣者。（4）关于灌输或补充本国文化学术知识者。（5）关于启发或补助文学创造之知能者”。文章按类排列，“极希望教师对于文章分类系统，另行说明；其方法则详‘分周教学方法纲要’中”。这套教科书所选各文，分正副篇两种，“正篇供精读详阅，附篇仅供阅览”[2]，文中对难解字句加以注释。

[1] 秦同培. 评注高级中学国文读本[M]. 4版. 上海：世界书局，1925：编辑大意.

[2] 江恒源. 新学制高级中学教科书国文读本：第1册[M]. 上海：商务印书馆，1928：编著例言.

7. 江苏省立扬州中学国文学科会议主编《新学制中学国文教科书高中国文》

1931年9月，江苏省立扬州中学国文学科会议主编《新学制中学国文教科书高中国文》六册，编著者徐公美、胡宛春、萧征万、孙雨延、范耕研、张须，校订者江苏省立扬州中学国文学科会议联合会，南京书店发行，上海汉文正楷印书局印刷。

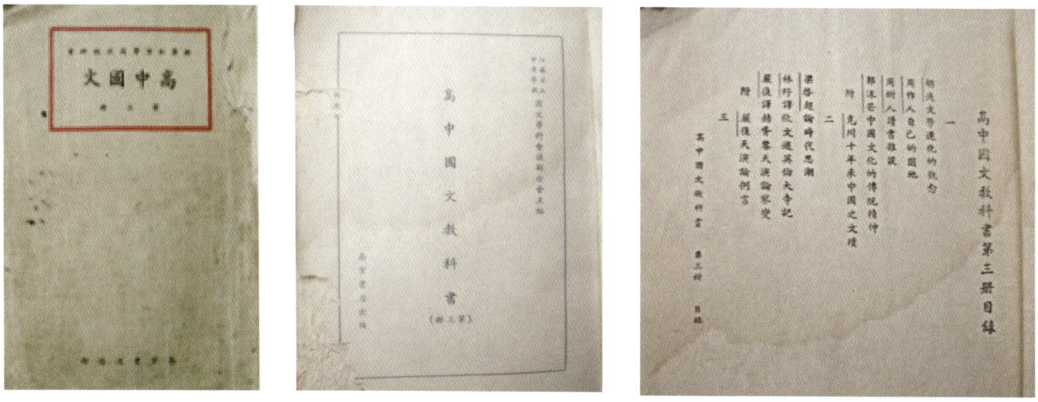

2-4-58

图2-4-58 《新学制中学国文教科书高中国文》第3册，南京书店，1932年版

《新学制中学国文教科书高中国文》所选教材，均经编辑者在扬州中学累年试验，并经省国文教材编定委员会审查通过。教科书选文分为记叙、抒情、说理三类，文章各以类聚，重视文言文选编，第一、第二、第三册有少量译作及白话文，第四、第五、第六册全是文言文。这套教科书采用单元编排，每一组前有该组文章目录。文章编有非常简洁的注释，使用新式标点符号，后编有附篇，以补充与汇集相关知识。附篇概不加注。

（三）高级中学国学教科书

1. 谢无量著《（国学小丛书）诗经研究》《（国学小丛书）楚词新论》《（国学小丛书）平民文学之两大文豪》及梁启超著《（国学小丛书）陶渊明》

1923年，王岫庐主编的"国学小丛书"由商务印书馆出版发行，在商务印书馆"高级中学用书"之列有谢无量著《（国学小丛书）诗经研究》《（国学小丛书）楚词新论》《（国学小丛书）平民文学之两大文豪》及梁启超著《（国学小丛书）陶渊明》。

1923年5月，谢无量著《（国学小丛书）诗经研究》一册，上海商务印书馆出版。全书分五章，依次为"诗经总论、诗经与当时社会之情势、诗经的历史上考证、诗经的道德观、诗经的文艺观"，每章三至八节不等，内容从文学艺术到道德观念均有涉及，共选有三百篇概括精辟的研究，"为治诗者必读之书"[1]。

[1] 梁启超. 国学小丛书：陶渊明[M]. 上海：商务印书馆，1923：封3.

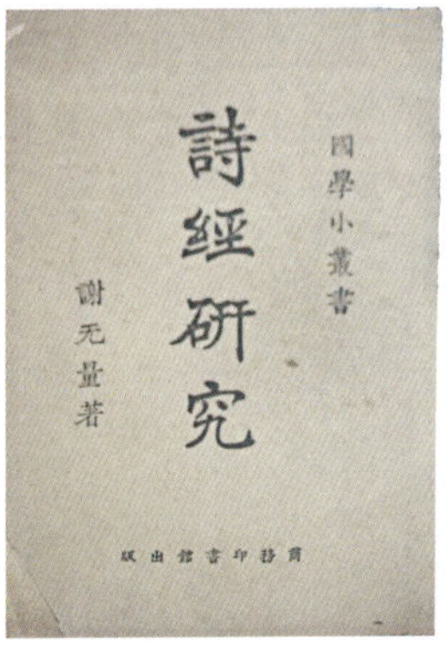

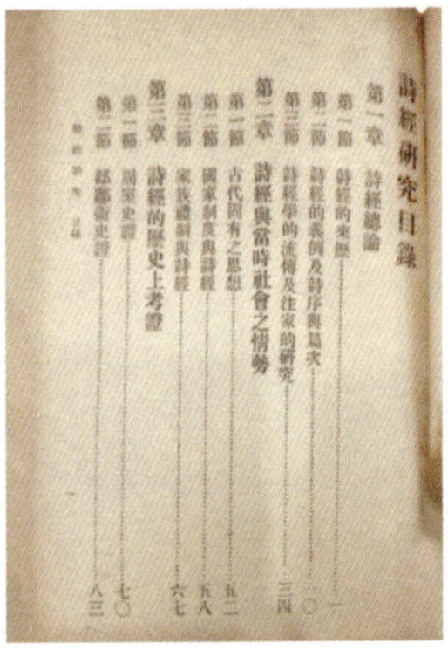

2-4-59

图2-4-59 《（国学小丛书）诗经研究》，商务印书馆，1923年版

1923年5月，谢无量著《（国学小丛书）楚词新论》一册，上海商务印书馆出版。全书分六章，依次为“绪论、屈原历史的研究、楚词的篇目、离骚经新释、屈原的思想及其影响、楚词评论家之评论”。

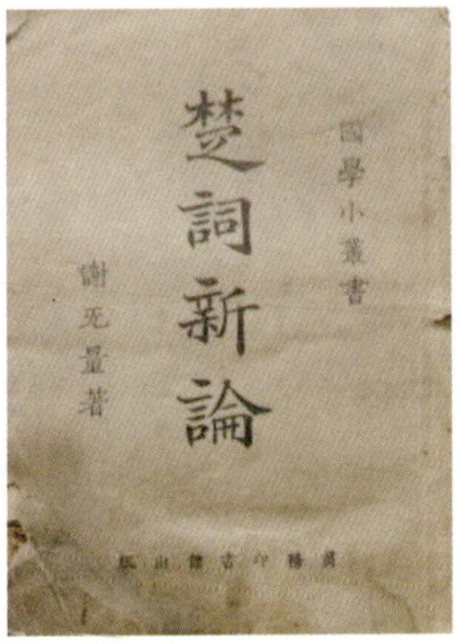

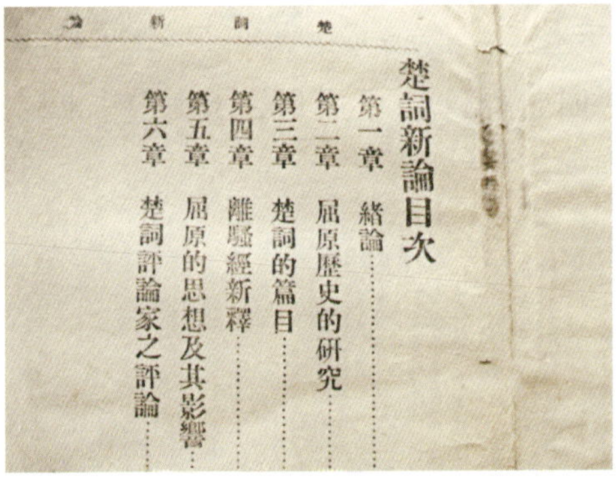
楚詞新論目次

第一章 緒論
第二章 屈原歷史的研究
第三章 楚詞的篇目
第四章 離騷經新釋
第五章 屈原的思想及其影響
第六章 楚詞評論家之評論

2-4-60

图2-4-60 《（国学小丛书）楚词新论》，商务印书馆，1925年版

1923年6月，谢无量著《（国学小丛书）平民文学之两大文豪》一册，上海商务印书馆出版。谢无量指出，从前曾经编一部中国六大文豪，有屈原、司马相如、杨雄、李白、杜甫、韩愈六人的文学，但是这些是高深的，不是浅近的，缺乏平民普遍精神。宋朝出现平民文学，这种文学形成到元朝渐成气候。其中，罗贯中、马致远是平民文学的两大文豪，这本书就是将他们的著作和思想及在文学上的价值进行批评研究。全书有两编内容，第一编“元代小说界之大文豪罗贯中”包含有“罗贯中之著述考证、罗贯中的思想和文学上的价值”两章内容，第二编“元代剧曲界之大文豪马致远”包含有“马致远之人格及其著作、马致远与元代戏曲家、马致远杂剧评论”三章内容。

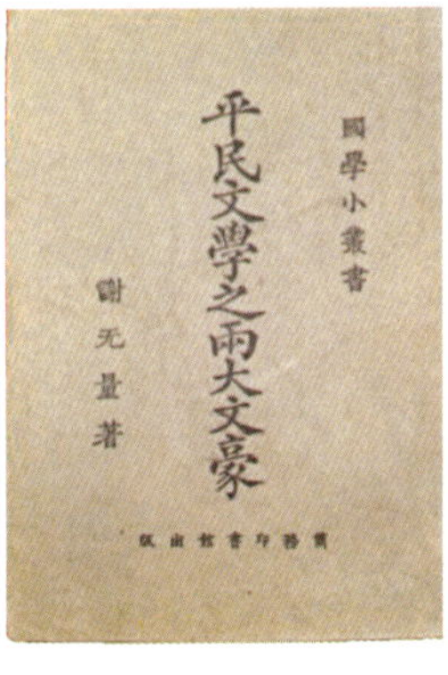

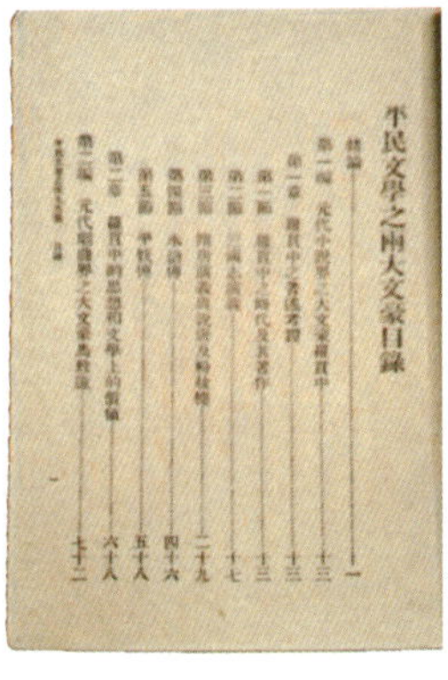

2-4-61

图2-4-61 《（国学小丛书）平民文学之两大文豪》，商务印书馆，1924年版

1923年9月，梁启超著《（国学小丛书）陶渊明》一册，上海商务印书馆出版。《（国学小丛书）陶渊明》由“陶渊明之文艺及其品格”“陶渊明年谱”“陶集考证”三个部分组成。商务印书馆于1947年将《（国学小丛书）陶渊明》作为“新中学文库”作品之一出版。

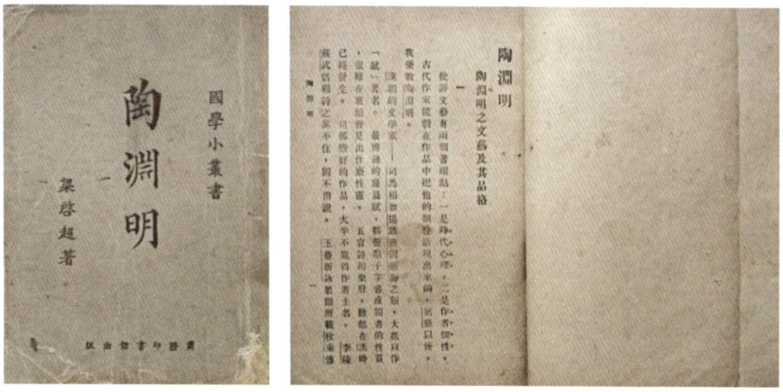

2-4-62

图2-4-62　《（国学小丛书）陶渊明》，商务印书馆，1923年版

2. 钱基博编《新中学教科书国学必读》

1924年4月，钱基博编《新中学教科书国学必读》上下册，上海中华书局出版。

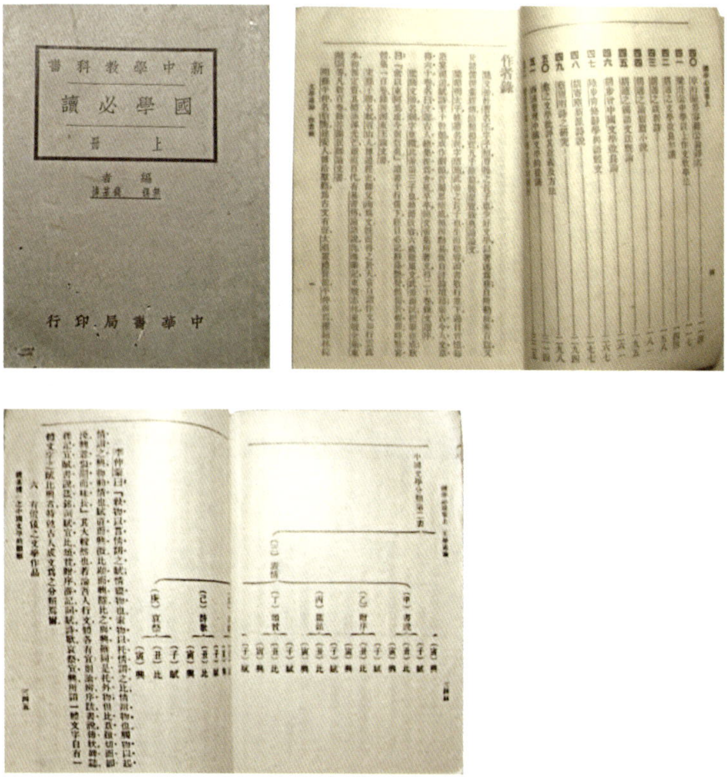

2-4-63

图2-4-63　《新中学教科书国学必读》上册，中华书局，1924年版

《新中学教科书国学必读》是钱基博在江苏省立第三师范学校所著，该书指出“曰国学必读，而不曰国文者，盖国文不过国学之一，而国学可以赅国文言之也”[1]。这套教科书上册为“文学通论”，选编有《魏文帝典论论文》《梁昭明太子文选序》《梁简文帝与湘东王论文书》《宋苏子瞻答谢民师论文书》《胡适之 文学改良刍议》《胡适之 谈新诗》《胡适之 国语文法概论》等共计52篇。下册为“国故概论”，选编有《夏曾祐 孔子学说》《梁任公 治国学的两条大路》《章太炎 中国文学的根源和近代学问的发达》《胡适之 清代学者的治学方法》《胡适之 研究国故的方法》等37篇。

（四）高级中学修辞学讲义

1. 董鲁安著《修辞学讲义》

1926年3月，董鲁安著《修辞学讲义》一册，北京文化学社出版。

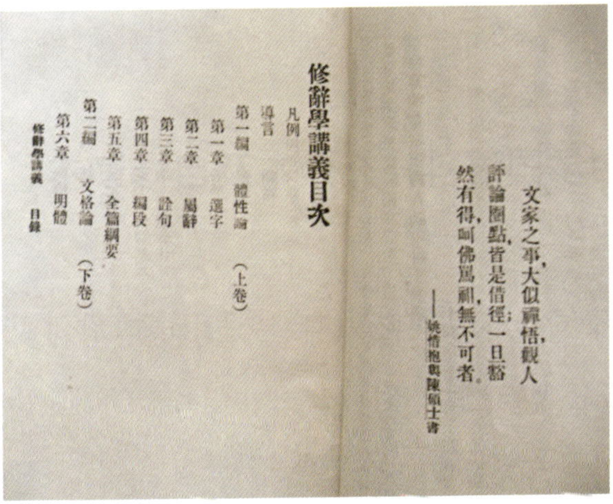

文家之事，大似禪悟，觀人評論圈點，皆是借徑；一旦豁然有得，呵佛罵祖，無不可者。
——姚惜抱與陳碩士書

修辭學講義目次

凡例
導言
第一編　體性論　（上卷）
第一章　選字
第二章　屬辭
第三章　詮句
第四章　編段
第五章　全篇綱要
第二編　文格論　（下卷）
第六章　明體

修辭學講義　目錄

2 4—64

图2—4—64　《修辞学讲义》，北京文化学社，1926年版

《修辞学讲义》供给高级中学、旧制中学及师范学校选科国文之用，一学年内可授毕。全书内容最初包含“体性论、文格论、批评论、余论”四编，后删除“余论”，更名为《修辞学》。《修辞学》第一编为“体性论”，有“选字、属辞、诠句、编段、全篇纲要、缮辞”六章内容；第二编为“文格论”，有“明体”一章内容及“附录一”；第三编为“批评论”，有“诗、散文、戏剧”三章内容及“附录二 华英术语对照表”。[2]

[1] 钱基博. 新中学教科书国学必读：上册[M]. 上海：中华书局，1924：序言.

[2] 董鲁安. 修辞学[M]. 4版. 北京：北平文化学社，1931：目次.

2. 王易著《新学制高级中学参考用书修辞学》

1926年6月，王易著《新学制高级中学参考用书修辞学》一册，上海商务印书馆出版。

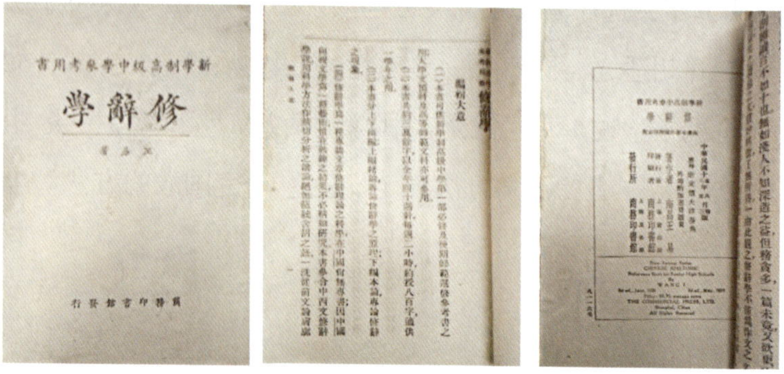

2-4-65

图2-4-65　《新学制高级中学参考用书修辞学》，商务印书馆，1929年版

《新学制高级中学参考用书修辞学》供新学制高级中学第一部必修及后期师范选修参考书之用，并说明“大学文预科及高等师范文科亦可参用”[1]。全书共三万余字，以全年四十周计，每周二小时，供一学年之用。内容分上、下两编，上编“绪论”，专论修辞学之原理，有“定义、论辞、论修辞”三章；下编“本论”，专论修辞之现象，有“修辞论之组织、词藻论、文体论”三章。

五、中学国语科补充读本及自修读本

（一）秦同培选辑中学教科自修适用读本系列

新学制课程改革之后，秦同培选辑中学教科自修适用读本系列，有《中学国语文读本（教科自修适用）》四册、《详注现代文读本（教科自修适用）》上下册、《言文对照清代文评注读本（教科自修适用）》上下册、《言文对照历代文评注读本（教科自修适用）》四册，共计12册，上海世界书局出版。

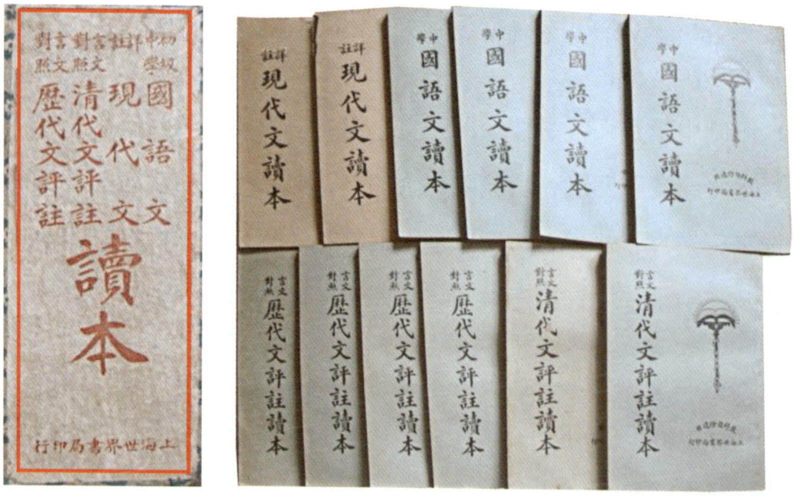

2-4-66

图2-4-66　中学教科自修适用读本系列概览

[1] 王易. 新学制高级中学参考用书修辞学[M]. 3版. 上海：商务印书馆，1929：编辑大意.

1. 秦同培选辑《中学国语文读本（教科自修适用）》

秦同培选辑《中学国语文读本（教科自修适用）》四册，上海世界书局出版，1923年12月再版。

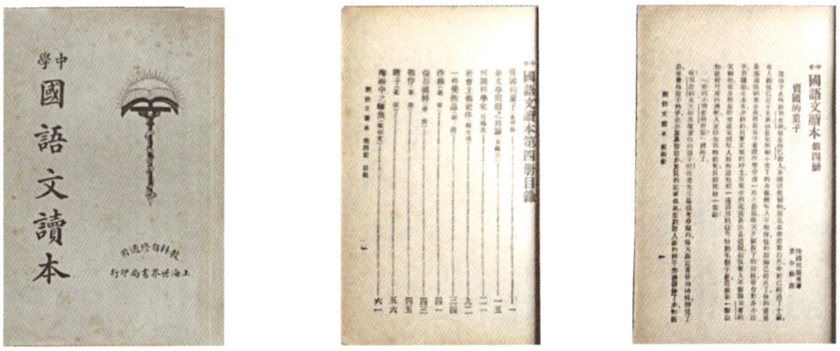

2-4-67

图2-4-67　《中学国语文读本（教科自修适用）》第4册，世界书局，1923年版

《中学国语文读本（教科自修适用）》选编蔡元培、胡适、任鸿隽等现代作品，如第四册开篇五课为《卖国的童子》（黄仲苏译）、《新文学问题之讨论》（朱经白）、《何谓科学家》（任鸿隽）、《社会主义史序》（蔡元培）、《一件美术品》（胡适）等。

2. 秦同培选辑《详注现代文读本（教科自修适用）》

1923年7月，秦同培选辑《详注现代文读本（教科自修适用）》上下册，上海世界书局出版。

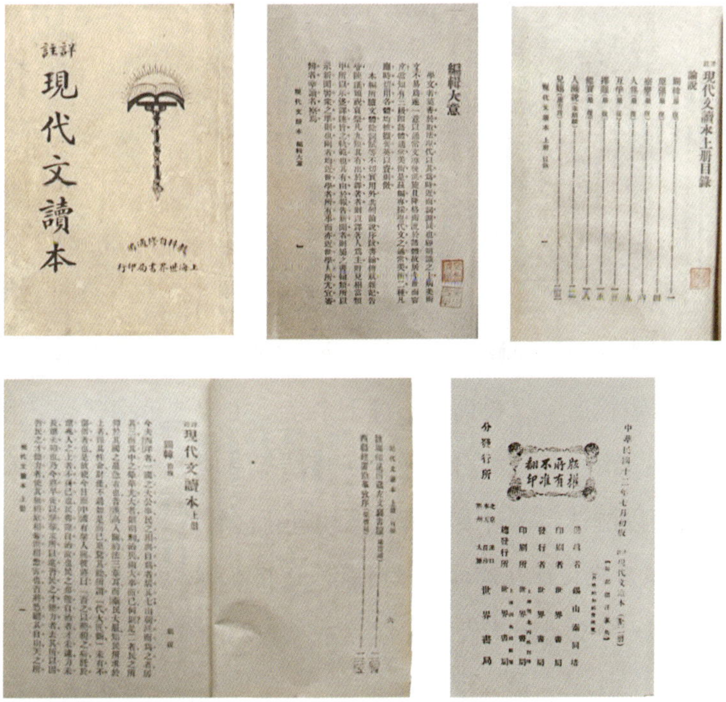

2-4-68

图2-4-68　《详注现代文读本（教科自修适用）》，世界书局，1923年版

《详注现代文读本（教科自修适用）》分类编排有论说、序跋、书翰、传状、杂记、告今、陈议、颂祝、哀祭九类。选有严复、章炳麟、康有为、梁启超、林纾、张謇、蔡元培、黄炎培、杭辛斋、胡适、陈独秀、蒋方震、任鸿隽等人作品。文中引用僻典及特异名词一律附注于后。标点采用旧式圈识外，兼采新式符号。

3. 秦同培评选《言文对照清代文评注读本（教科自修适用）》

1923年7月，秦同培评选《言文对照清代文评注读本（教科自修适用）》二册，上海世界书局出版。

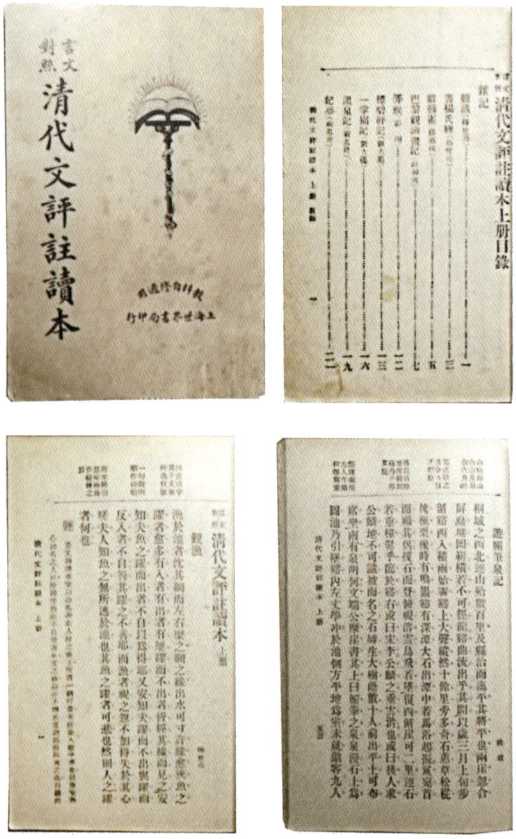

2-4-69

图2-4-69 《言文对照清代文评注读本（教科自修适用）》，世界书局，1923年版

《言文对照清代文评注读本（教科自修适用）》选入“趣味浓厚而不背教育主旨者，供中小学校教学之用”[1]。选入的文章短篇居多，长篇也不过千余字。主要选录梅曾亮、薛福成、彭翊、戴名世、曾国藩、纪昀等清代名家作品，选文分为论辩、序跋等八类，编排时将文章的结构、精神等在评语中进行说明，并有眉评以醒读者，对于难解之典均进行注释。

4. 秦同培评选《言文对照历代文评注读本（教科自修适用）》

1923年7月，秦同培评选《言文对照历代文评注读本（教科自修适用）》四册，上海世界书局出版。

[1] 秦同培. 言文对照清代文评注读本：教科自修适用：上册[M]. 上海：世界书局，1923：编辑大意.

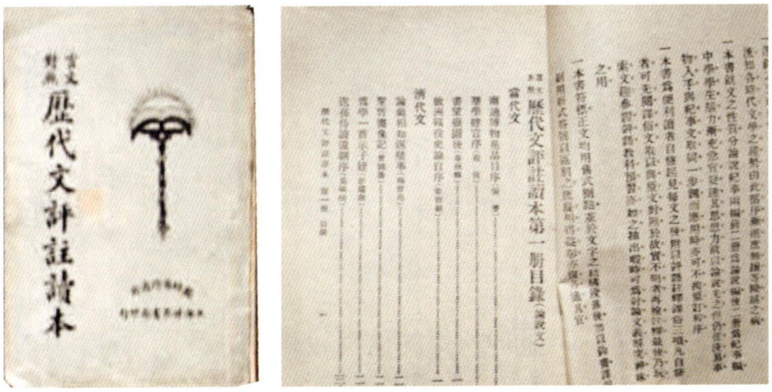

2-4-70

图2-4-70　《言文对照历代文评注读本（教科自修适用）》，世界书局，1923年版

《言文对照历代文评注读本（教科自修适用）》根据文章性质，分为论说、纪事两编，前二册为论说编，后二册为纪事编。每篇文章附有评语、注释、译俗，“凡自修者，可先阅译俗文，取以与原文对照，于故实不明者，再检注释，最后乃玩索文趣，参证评语。教科预习亦如之，抽出暇时可为讨论，文义寻究，神味之用”[1]。这套教科书以时间逆序编排，第一册编有当代文、清代文等，当代文选有张謇、严复、章炳麟、梁启超作品，清代文选有梅曾亮、曾国藩、彭端淑、吴敏树等作品，第二册宋代文选有苏轼、苏洵、司马光、王安石、欧阳修等人的作品。

（二）新学制中学国语科补充读本

王希和编辑《新学制中学国语科补充读本诗学原理》

1924年12月，王希和编辑《新学制中学国语科补充读本诗学原理》一册，上海商务印书馆出版。

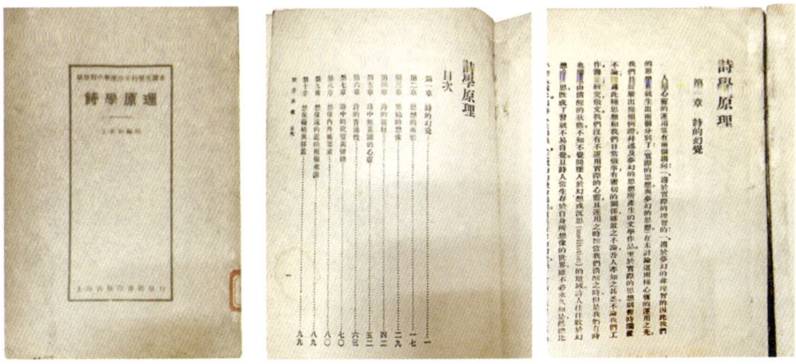

2-4-71

图2-4-71　《新学制中学国语科补充读本诗学原理》，商务印书馆，1924年版

《新学制中学国语科补充读本诗学原理》共编十四章，内容包含《诗的幻觉》《思想的两形》《原始的想象》《诗的题材》《诗中无意识的心灵》《诗的普通性》《诗中的欲望与情绪》《想象内外两要素》《想象远的近的两个来源》《想象凝结与移置》《想象的人物之构成》《诗中的象征

[1] 秦同培. 言文对照历代文评注读本：教科自修适用[M]. 上海：世界书局，1923：编辑大意.

与比喻》《诗的冲动与克制》《诗的疯狂与诗的功用》。文中一些概念用英文标注，并有英文诗歌为例。

六、平民识字课本

1. 平民教育科编辑《平民千字课》

1922年2月，平民教育科编辑《平民千字课》四册。所见1924年的这套教科书进行了重订，编辑者第一册为晏阳初、傅若愚、黄沧渔，第二、第三、第四册的编辑者为晏阳初、傅若愚、黄沧渔。1925年4月，这套教科书根据各地调查的结果，“再彻底的（地）修正了一次”[1]。

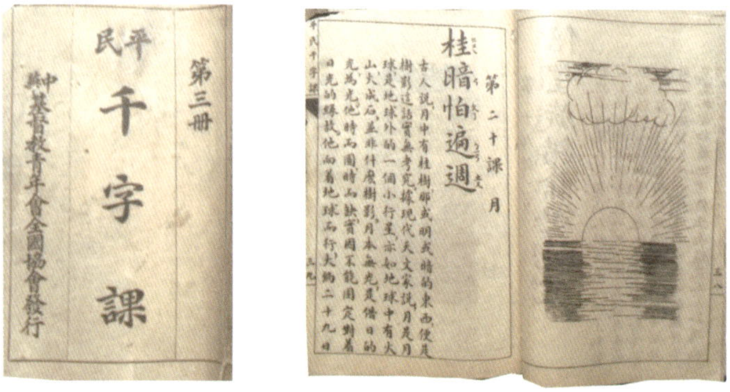

2-4-72

图2-4-72　《平民千字课》第3册，青年协会书局，1923年版

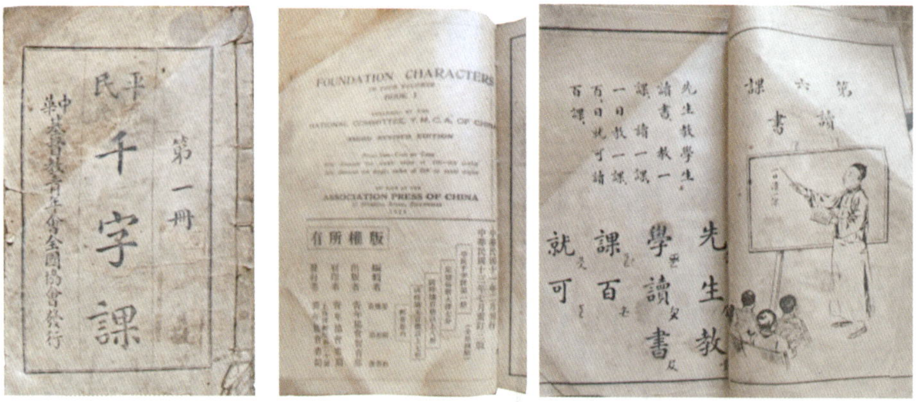

2-4-73

图2-4-73　《平民千字课》第1册，青年协会书局，1925年版

[1] 晏阳初，傅若愚，黄沧渔. 平民千字课：第4册[M]. 5版. 上海：青年协会书局，1925：修正弁言.

《平民千字课》是青年协会出版的平民教育书物之一，同时出版的还有《平民千字帖》《平民书信》。

《平民千字课》包含语体文中最通用的一千生字，对于十五至二十五岁的失学少年，最为适用。“编辑大意”指出，“我国的平民，大多数都是贫苦的，朝夕为衣食忙碌，没有工夫求学。所以要谋他们的教育普及，必须制造一种特别工具，使他们能于最短的时间，用最省经济，识最多和最有用的字”[1]。这套教科书每册编有24课。第一册以《手》开篇，编有《分西瓜》《写字》《家人吃饭》《卖菜》《卖米》《唱歌》《演讲会》等二十四课，内容与成人日常生活联系紧密，且希望通过识字了解现代社会生活方式。这套教科书以课编排，课序与标题单独一页并插图，课文与生字一页，课文位于页面上方，字小，生字位于课文下方，字大并注音。封三为版权页，中英文印刷。

2. 朱经农、陶知行编纂《平民千字课》

1923年8月，朱经农、陶知行编纂《平民千字课》四册，中华平民教育促进会出版，商务印书馆印刷发行。

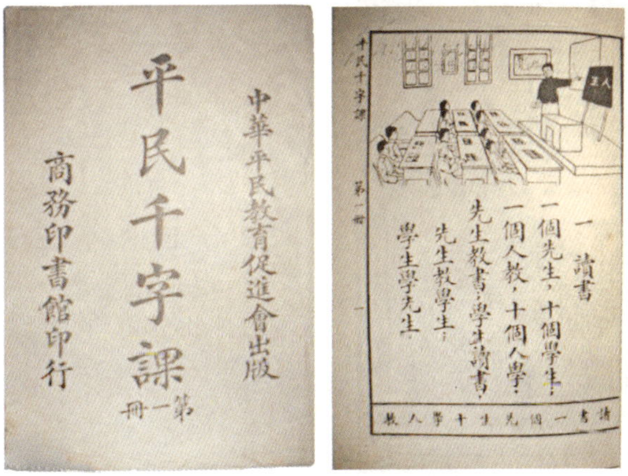

2-4-74

图2-4-74 《平民千字课》第1册，中华平民教育促进会，1923年版

《平民千字课》的编撰目的有三个方面：“（一）培养人生与共和国民必不可少之精神和态度。（二）训练处理家常信札、账目和别的应用文件的能力。（三）培养继续读书看报，和领略优良教育之基本能力。”[2]这套教科书是根据一千多个常用字和平民目标，为十二岁以上不识字之人民编的，一共编有96课，每册24课。课文生字位于课文下栏，没有标注音字母，有插图。这套教科书辅助工具有幻灯片和挂图。

[1] 晏阳初，傅若愚，黄沧渔. 平民千字课：第1册[M]. 3版. 上海：青年协会书局，1924：编辑大意.

[2] 朱经农，陶知行. 平民千字课：第1册[M]. 132版. 上海：中华平民教育促进会，1925：本书注意事项.

3. 黎锦晖、刘传厚、陆费逵、戴克敦编《平民教育适用平民千字课本》

1924年2月，黎锦晖、刘传厚、陆费逵、戴克敦编《平民教育适用平民千字课本》四册，上海中华书局出版。

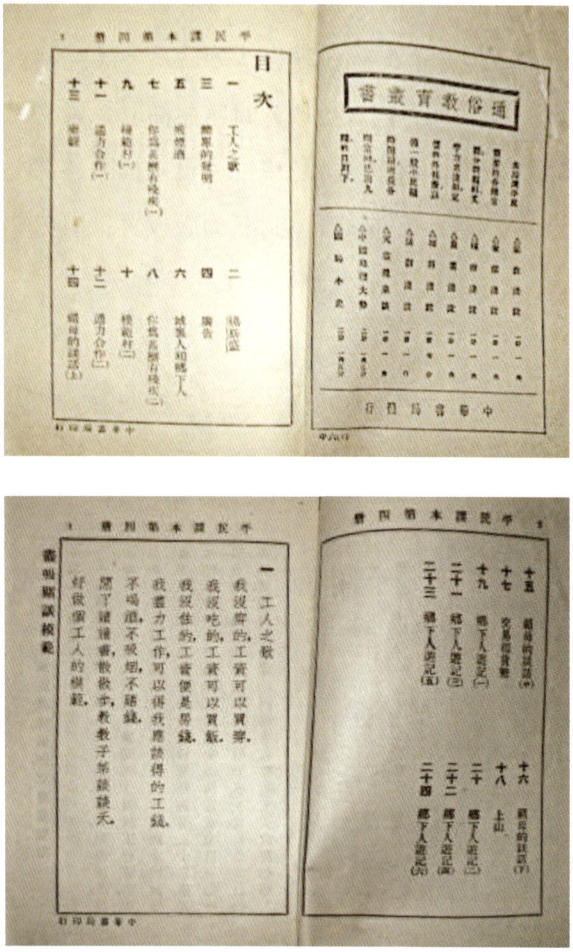

2-4-75

图2-4-75 《平民教育适用平民千字课本》第4册，中华书局，1925年版

《平民教育适用平民千字课本》共96课，每册24课，生字位于边框外，无注音，插图较小。课文内容较长则分几课编排，如第四册第十九课至第二十四课分别为《乡下人游记（一）》《乡下人游记（二）》《乡下人游记（三）》《乡下人游记（四）》《乡下人游记（五）》《乡下人游记（六）》。

4. 魏冰心、董文、戴渭清、曹芝清编辑《平民教育用书千字课本》

1925年，魏冰心、董文、戴渭清、曹芝清编辑《平民教育用书千字课本》四册，范祥善、汪镜人、秦同培、印水心校订，上海世界书局印刷发行。

平民教育用書
千字課本
第四冊
世界書局出版

千字課本第四冊目錄

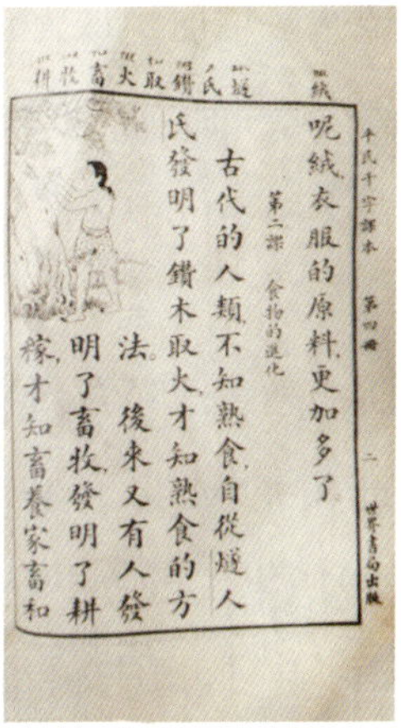
呢絨衣服的原料更加多了
第二課 食物的進化
古代的人類不知熟食自從燧人氏發明了鑽木取火才知熟食的方法後來又有人發明了畜牧發明了耕稼才知畜養家畜和

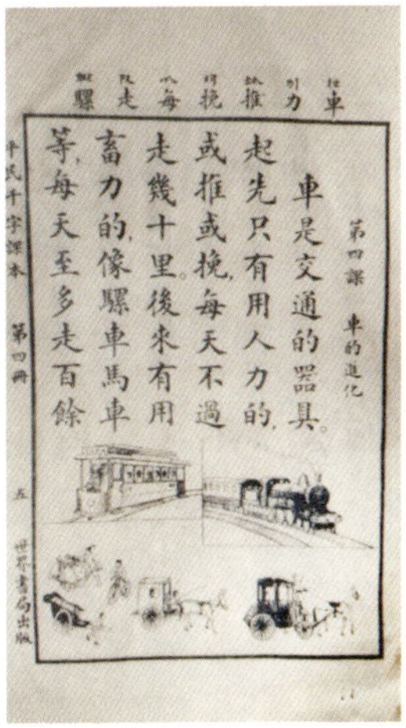
第四課 車的進化
車是交通的器具起先只有用人力的或推或挽每天不過走幾十里後來有用畜力的像騾車馬車等每天至多走百餘

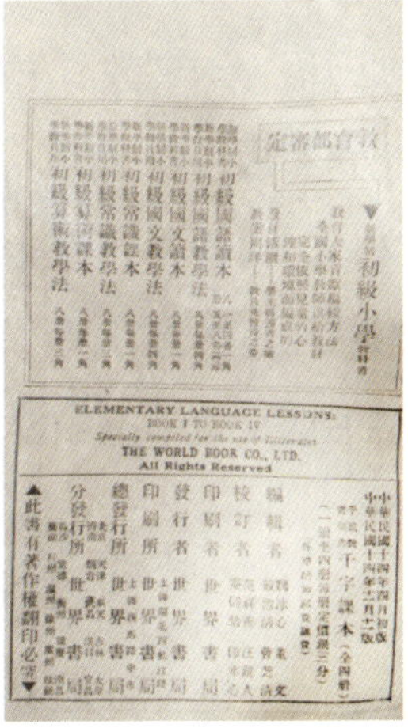
教育部審定
ELEMENTARY LANGUAGE LESSONS
BOOK I TO BOOK IV
THE WORLD BOOK CO., LTD.
All Rights Reserved
此書有著作權翻印必究

2–4–76

图2–4–76　《平民教育用书千字课本》第4册，世界书局，1925年版

平民教育用書
千字課本
第三冊
世界書局出版

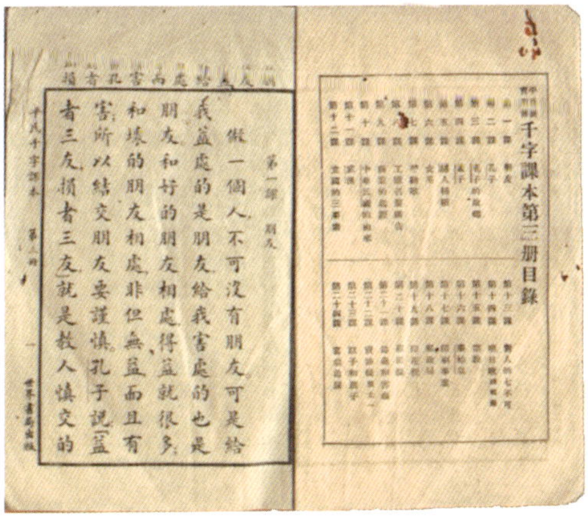
第一課 朋友
假一個人不可沒有朋友可是給人益處的是朋友給我害處的也是朋友和好的朋友相處得益就很多和壞的朋友相處非但無益而且有害所以結交朋友要謹慎孔子說益者三友損者三友就是教人慎交的
千字課本第三冊目錄

2–4–77

图2–4–77　《平民教育用书千字课本》第3册，世界书局，1927年版

《平民教育用书千字课本》每册24课，1925年11月第11版的第四册没有单元编排，但1925年12月第12版第二册出现单元编排，每六课为一单元，中间用练习隔开。1927年1月25版的第三册也没有单元编排。这套教科书课文生字位于边框之上并标有注音字母，插图较多。

中华民国肇建，资产阶级教育改革及新文化运动开创了中国现代语文教育发展的新时期，现代白话文带着新的思想大量进入中小学教科书，形成国文、国语并存的新局面。从中华民国成立后教育部公布中小学校令，到1919年教育部下令将小学一、二年级国文改为国语，再到新学制设“国语”科，全面推行国音国语，中小学国文、国语教科书的编写展现了全新的发展态势。在编撰种类上，专门的国音、会话教科书编撰出版，伴随着新学制的实施，正式教科书之外，自修课本、补充课本以及平民识字课本陆续编撰出版，使得这一时期国语、国文教科书呈现立体多元变化的特点。教科书在内容上加进了很多资产阶级的道德教育思想和实用科学知识，体现了资产阶级的教育改革新思想和社会思潮，选文体裁多样变化，注重实用文体，与修身、历史、理科、地理、实业、国民知识、世界知识等方面有关的内容均有所涉。教科书从注重教到注重学，课前设问、课后练习、单元复习等多样设计，编写体例等不断走向成熟。教科书课文生字有注音，使用新式标点符号，语言生动活泼，连续编排动作且拟人化的插图彰显儿童趣味。

第三章

中华民国中后期国文、国语教科书之丰富

1924年孙中山改组国民党，正式提出“以党建国”“以党治国”的政治理念。1927年南京国民政府成立之后，在中小学实施党化教育，构建以“三民主义”为核心的意识形态。1929年至1948年，国民政府教育部先后五次颁布修订中小学国文、国语课程标准，中小学教育教学改革依旧在积极探索中，国文、国语教科书从编制到内容呈现出较为丰富、多元的发展态势。这一时期，教科书审定较为严格，出现国定教科书。与此同时，共产党领导的革命根据地在极其艰苦的条件下，编辑出版适应革命形势的中小学国文、国语教科书，为中华人民共和国的中小学语文教科书的发展奠定了基础。

第一节
党化教育与国文、国语教科书的改变

党化教育是国民党的重大政治举措，形成于广东国民革命政府时期，在南京国民政府成立之后强力推向全国。

一、1929 年颁行三民主义教育宗旨及《中小学课程暂行标准》

1922年第二次护法运动失败，国民党严重受挫。1922年9月，孙中山开始改组国民党。1924年1月，孙中山在广州主持召开中国国民党第一次全国代表大会改组国民党，并确定“联俄、联共、扶助农工”三大政策，把旧三民主义发展为新三民主义。1924年1月27日起，孙中山在广东高等师范学校（后为广东大学）礼堂开始宣讲三民主义，期望民众了解、响应、拥护国民党的主义、宗旨。1924年，中国国民党第一次全国代表大会通过的《出版及宣传问题案》规定：“改组后的国民党应成立有系统的宣传组织，使教育与国民党的事业紧密结合，一方面建立以‘党义宣传、党德养成’为中心的学校，培养国民党的干部，另一方面扩大国民党在其他学校的影响，使其他学校逐步变成国民党的学校。”[1]

1. 党化教育实施及三民主义教育宗旨确立

1927年8月，国民党政府教育行政委员会制订了《学校实行党化教育办法草案》，强调“所谓党化教育就是在国民党指导下，把教育变成革命化和民众化。……我们的教育方针应该根据这种材料而定，这是党化教育的具体意义”[2]。国民党向各级学校推行党化教育遭到进步人士的抨击，国民党内部对“党化”二字的解释存在分歧，于是，以“三民主义教育”代替“党化教育”的呼声日益高涨，并最终确定以“三民主义”为中华民国的教育宗旨。

1928年，中华民国大学院（1927年10月成立，1928年10月改为教育部，以下简称“大学院”）颁行《小学暂行条例》，明确“小学教育，应根据三民主义，按照儿童身心发展之程序，培养国民

[1] 于述胜. 中国教育制度通史：第七卷[M]. 济南：山东教育出版社，2000：68.

[2] 舒新城. 近代中国教育史料[M]. 上海：中华书局，1928：9.

之基本知识技能，以适应社会生活”[1]。小学教授科目为三民主义、公民、国语、算术、历史、地理、卫生、自然、乐歌、体育、党童子军、图画、手工，高级小学根据地方情形加设职业或其他科目。小学修业年限六年，前四年为初级小学，后两年为高级小学。在不能设立完全小学的地方，单设初级小学。

1928年3月，大学院颁行《中学暂行条例》，明确“中学教育应该根据三民主义，继续小学之基础训练，增进学生之知识技能，为预备研究高深学术及从事各种职业，以达适应社会生活之目的”[2]。中学分初级中学与高级中学，修业年限各三年，依设科性质定为初级四年，高级三年，初级中学得单设之。初级中学实施普通教育，视地方需要兼设各种职业科。高级中学设普通、师范、农业、工业、商业、家事各科，依地方情形，单设一科或兼设数科。中学之教授科目，分为必修及选修两种。

1928年5月，大学院召集第一次全国教育会议，通过《中华民国教育宗旨说明书》《废止党化教育名称代以三民主义教育案》《确立教育方针实行三民主义的教育建设以立救国大计案》等，对什么叫三民主义教育、三民主义教育的实施方案等进行了说明，指出“从教育上作实现三民主义的播种，才可以从政治上得到实现三民主义的效果”[3]。此后，大学院根据全国教育会议相关议案拟具教育宗旨，中央执行委员会训练部也拟具有教育宗旨，经过多次修正，最终定稿为国民党中央宣传部提出的《确定教育方针及其实施原则案》，此案交由国民党第三次全国代表大会审议通过后，确立教育宗旨。

1929年4月26日，国民政府发布《中华民国教育宗旨及其实施方针》，称教育宗旨事关“以党建国，以党治国大计”[4]，予以正式公布：“中华民国之教育，根据三民主义，以充实人民生活，扶植社会生存，发展国民生计，延续民族生命为目的；务期民族独立，民权普遍，民生发展，以促进世界大同。”[5]

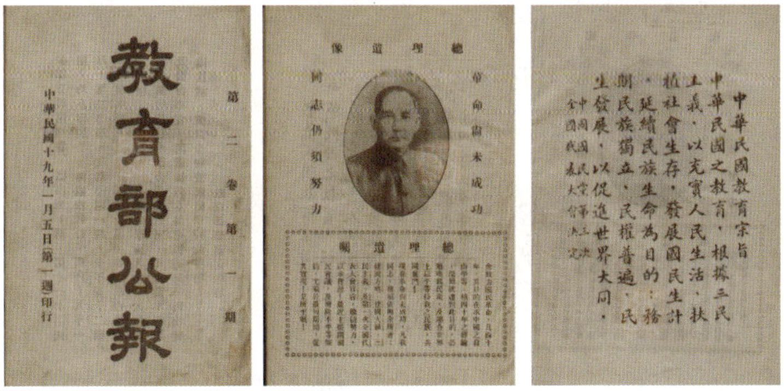

3-1-1

图3-1-1 《教育部公报》第2卷第1期（1930年1月印行，教育部总务司公报编辑处编辑，教育部总务司第一科发行，南京大陆印书馆）[6]

[1] 大学院公报编辑处. 小学暂行条例[J]. 大学院公报，1928，1（3）：13.

[2] 大学院公报编辑处. 中学暂行条例[J]. 大学院公报，1928，1（4）：1.

[3] 中华民国大学院. 全国教育会议报告[M]. 上海：商务印书馆，1928：4.

[4] 行政院秘书处. 中华民国教育宗旨及其实施方针[J]. 行政院公报（第43号），1929-5-1：1.

[5] 行政院秘书处. 中华民国教育宗旨及其实施方针[J]. 行政院公报（第43号），1929-5-1：1-2.

[6] 教育宗旨从这一期开始每期出现在《教育部公报》开篇。

1931年6月1日，南京国民政府公布《中华民国训政时期约法》，明确规定“三民主义为中华民国教育之根本原则”[1]，从国家根本大法的层面确立了三民主义在教育领域的地位。

2. 1929年，教育部颁行中小学课程暂行标准

1928年5月，大学院召开全国教育会议，议决由院组织中小学课程标准起草委员会，编订中小学课程标准。1928年10月，大学院改组为教育部，同年12月，教育部颁布《教育部中小学课程标准起草委员会规程》，组织一百余人进行中小学暂行标准的制订工作。1929年8月，教育部颁行中小学课程暂行标准，由全国中小学实地试行，以便修订。其中，中小学设“党义”一科且“党义”课程标准由中央党部训练部主持。小学开设党义、国语、社会、自然、算术、工作、美术、体育、音乐，即“工用艺术”改名为“工作”，“形象艺术”改名为“美术”，课程标准内容增加“作业类别”一项的规定。初级中学科目为党义、国文、外国语、历史、地理、算学、自然科、生理卫生、图画、音乐、体育、工艺、职业科目、党童军。高级中学普通科科目为党义、国文、外国语、算学、本国历史、外国历史、本国地理、外国地理、物理、化学、生物学、军事训练、体育等。

《小学暂行课程标准·小学国语》由吴研因、施仁夫、孙世庆、赵欲仁起草，吴研因整理，详细列出小学国语目标、作业类别、各学年作业要项、教学方法要点、最低限度五大内容。小学国语目标为：（一）练习运用本国的标准语，以为表情达意的工具，以期全国语言相通。（二）学习平易的语体文，以增长经验，养成透彻、迅速、扼要等阅读儿童图书的能力。（三）欣赏相当的儿童文学，以扩充想象，启发思想，涵养感情，并增长阅读儿童图书的兴趣。（四）运用平易的口语和语体文，以传达思想，表现感情，而使别人了解。（五）练习书写，以达到正确、清楚、匀称和迅速的程度。小学国语作业类别有说话、读书、作文、写字，“说话”包含日常的与临时的，“读书”包含精读的与略读的，“作文”包含练习的、研究的，“写字”包含练习的、认识的。《小学暂行课程标准·小学国语》明确“读书”教材教科书的选择应注意几点：（甲）不背本党主义，或足以奋兴民族精神，启发民权思想，养成民生观念的。（乙）积极前进，乐观解放，而非消极退缩、悲观束缚者。（丙）提倡合作、互助、勇敢、劳动、纪律，而非自私自利懒惰浪漫的。（丁）是有曲折、有含蓄，而且含有优美、壮美、滑稽美等的儿童文学，但不取可怕而无寓意的纯粹神话。（戊）是流利的国语的语体文。（己）合于儿童学习心理，并便于教学的。“教材排列的程序”注意几点：（甲）初学先用口述故事，次用演进连续的图画故事（每图有简单语句的），再次用语句多反复的故事，到三、四年级才可用通常的故事。（乙）开始用一段故事入手，不用单字单句入手（学过一段故事以后，从故事里认识句子，再从句子里认识单字），后来用完整成段或成篇的文章，更不用零碎的字句。（丙）各文体错综排列，低年级诗歌宜多，高年级逐渐减少。[2]

[1] 中国第二历史档案馆. 中华民国史档案资料汇编：第五辑第一编：政治：二[M]. 南京：江苏古籍出版社，1994：272.

[2] 教育部中小学课程标准起草委员会. 幼稚园、小学课程暂行标准[M]. 上海：商务印书馆，1930：39-40.

《初级中学国文暂行课程标准》由孟宪承、刘大白等起草及审查，详细列出初级中学国文目标、作业要项、时间支配、教材大纲、教法要点、毕业最低限度六大内容。初级中学国文目标有三项：（一）养成运用语体文及语言充畅地叙说事理及表达情意的技能。（二）养成了解平易的文言文书报的能力。（三）养成阅读书报的习惯和欣赏文艺的兴趣。作业要项规定有阅读、习作两项，其中阅读包括精读和略读，习作包括作文练习、口语练习、书法练习。《初级中学国文暂行课程标准》之“教材大纲”分列阅读、习作两大方面，阅读分为精读、文法与修辞、略读三个部分，习作则分为作文练习、口语练习、书法练习三个部分。其中，初级中学国文“精读”选用教材的标准为：（一）包含党的主义及策略，或不违背党义的。（二）合于现实生活的，乐于社会生活的。（三）含有改进社会现状的意味的。（四）合于学生身心发育的程序的。（五）叙事明晰，说理透辟，描写真实的。（六）造句自然，音节和谐，能耐讽诵的。精读教材排列的程序为：（一）语体文与文言文并选，语体文渐减，文言文渐增，各学年分量的比例递次为七与三，六与四，五与五。（二）各种文体错综排列。第一年偏重记叙文、抒情文，第二年偏重说明文、抒情文，第三年偏重议论文、应用文。初级中学“文法与修辞”教材大纲包含文法的词性、词位、句式，修辞的组织法、藻饰法和文体的分类等，并就精读的选文中采取例证和实习的材料。初级中学“略读”选用读物的标准：（子）能使学生对于国文知识与技能，获到更广的观察和更深的领会，而足以助其作文和读书的能力的。（丑）能使学生对于品性的涵养，获到方法的指导与实际的受用，同时于作文读书有相当的助力的。（寅）能使学生对于思想之启发，获到理论的指示和实际的自得，而同时于作文读书有相当的助力的。（卯）能使学生对于文学获到最低限度的常识，或引起欣赏的兴趣。[1]

《高级中学普通科国文暂行课程标准》由孟宪承、胡适起草及审查，详细列出高级中学普通科国文目标、作业要项、时间支配、教材大纲、教法要点、毕业最低限度六大内容。高级中学普通科国文目标有三个方面：（一）继续养成学生运用语体文正确周密隽妙地叙说事理及表达情意的技能，并依学生的资性及兴趣，酌量兼使有运用文言作文的能力。（二）继续培养学生读解古书的能力。（三）继续培养学生欣赏中国文学名著的能力。作业要项列有阅读、文法及修辞、读解古书的准备工作三项，其中，阅读包含有专书精读、选文精读、略读三个部分。高级中学普通科国文“阅读”之“专书精读”教材大纲为：以助长学生作文与看书的能力为主要目的，增益知识启发思想涵养品性为副作用，依照各学年之程度，选定名著，每学期约一部。“阅读”之“选文精读”教材大纲为：选读范围，关于文的技能方面，以叙事明晰，说理透辟，描写真切，可供欣赏，可备参考为度。关于内容方面，有系统地分年，选及有关中国学术思想与文学的体制流变之文。“阅读”之“略读”教材大纲为：学生各就性之所近，力之所及，研究所涉，从教员的指导，选读整部的名著、名著的选本、文学的总集、有价值的杂志、散见各书的单篇作品等。高级中学普通科国文“文

[1] 教育部中小学课程标准起草委员会. 中小学课程暂行标准：第2册：初级中学之部[M]. 上海：卿云图书公司，1929：1-11.

法及修辞”教材大纲为：（一）文法应注重语体文与文言文的文法上的异同，并参采方言的文法及外国语文法，以供文法的比较研究。古书上文法的特例，也应分别说明，为学生读解古书的助力。（二）修辞应注重文的组织法和体制，遣辞的各种方式，辞格的类例。关于文学作品的玩味，作家风格的识别，也应注意，以培养学生欣赏中国文学名著的能力。高级中学普通科国文“读解古书的准备工作”教材大纲为：（一）就古籍中，选取校勘训诂注释之实例，用以说明最普通最切要的几条原则，便于学生阅读时之应用，并述及中国文字的构造法。（二）列举最低限度的工具书籍，如书目答问，四库全书简明目录，各种年表，李氏五种，经籍纂诂，许学考，经义考。丛书举要，说文易检，小学考，广韵，玉篇等，说明各书之体例及使用法，使学生得以检字，查人名地名、考年时，觅参考书目等。[1]

二、中小学“新主义”“新时代”“新中华”“基本教科书”系列

随着党化教育的推行，特别是《幼稚园、小学课程暂行标准》“内容”第一条规定“根据三民主义：加入关于三民主义化的材料，删除违反三民主义的一切”[2]。各大书坊开始编撰新的小学国文、国语教科书。

（一）“新主义”小学国文、国语教科书

1925年，世界书局率先新编以“新主义”冠名的小学国文教科书以便于学生自修，1928年又推出“新主义教科书”小学国语教科书。

1. 朱剑芒、陈霭麓编辑《新主义国文读本（初级小学）》及《（新主义教科书）国文读本（前期小学）》

朱剑芒、陈霭麓编辑《新主义国文读本（初级小学）》八册，魏冰心、范祥善校订，上海国文自修社于1925年出版发行。这套教科书各册配套编有教学法。

[1] 教育部中小学课程标准起草委员会. 中小学课程暂行标准：第3册：高级中学之部[M]. 上海：卿云图书公司，1930：12.

[2] 教育部中小学课程标准起草委员会. 幼稚园、小学课程暂行标准[M]. 上海：商务印书馆，1930：27.

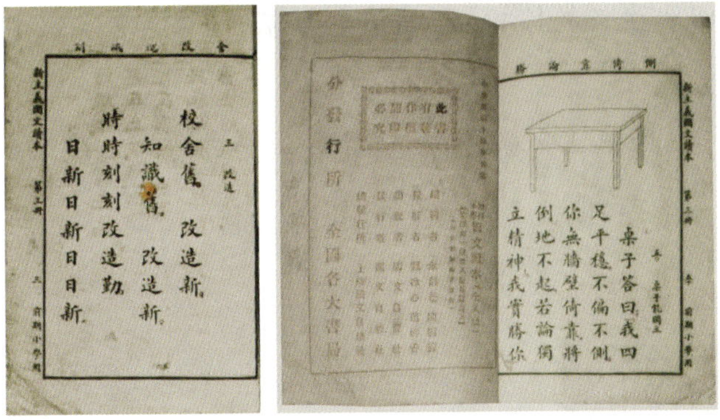

3–1–2

图 3－1－2　《新主义国文读本（初级小学）》第3册，上海国文自修社出版发行，1925年版

1927年，这套教科书冠名《（新主义教科书）国文读本（前期小学）》出版发行，编撰者与校订者没有变，但版权页上印刷、发行、总发行均改为“世界书局”。

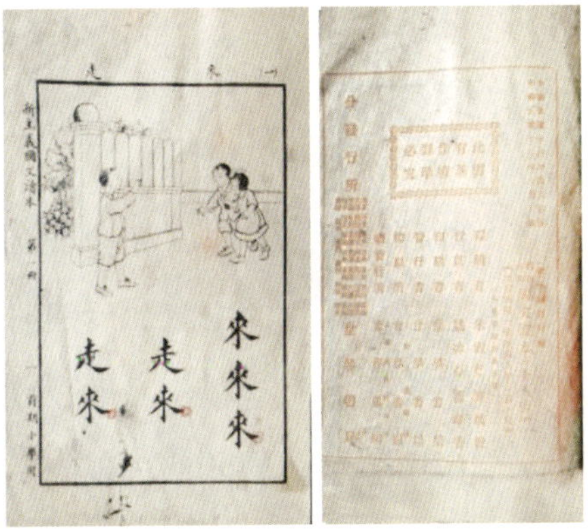

3–1–3

图3－1－3　《（新主义教科书）国文读本（前期小学）》第1册，世界书局，1927年版

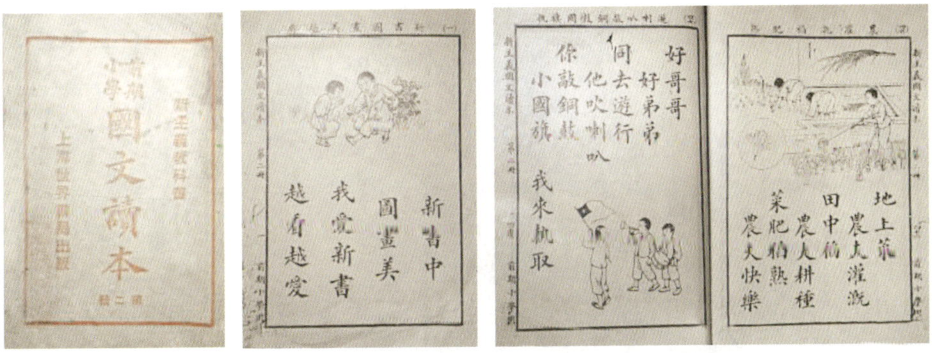

3–1–4

图3－1－4　《（新主义教科书）国文读本（前期小学）》第2册，世界书局，1927年版

《（新主义教科书）国文读本（前期小学）》根据国民政府所颁布小学规程，“以贯彻中国国民党党义，培养儿童革命思想之基础为目的”[1]。这套教科书前四册取材注重儿童环境上所习见之事物，后四册加入中国国民党之发展事实，“以期养成其崇仰革命，而为三民主义下之忠实信徒”[2]。教科书前四册多韵文，后四册以记叙文为主，还有简明之议论文。插图以描写课文情景、便于说明、引起儿童爱美观念者为主，第三册起用新式标点，并不限定行列。全书有2 500个至3 000个生字。

[1] 朱剑芒，陈霭麓. 新主义教科书：国文读本：前期小学：第1册[M]. 10版. 上海：世界书局，1927：编辑大纲.

[2] 朱剑芒，陈霭麓. 新主义教科书：国文读本：前期小学：第1册[M]. 10版. 上海：世界书局，1927：编辑大纲.

2. 吕伯攸、王剑星、曾叔平、朱亮基编辑《（新主义教科书）国语读本（前期小学）》及魏冰心、吕伯攸编辑《新主义国语读本（小学高级学生用）》

1928年6月，魏冰心主干，吕伯攸、王剑星、曾叔平、朱亮基编辑《（新主义教科书）国语读本（前期小学）》八册通过审定，范祥善校订，于右任校阅，上海世界书局出版。

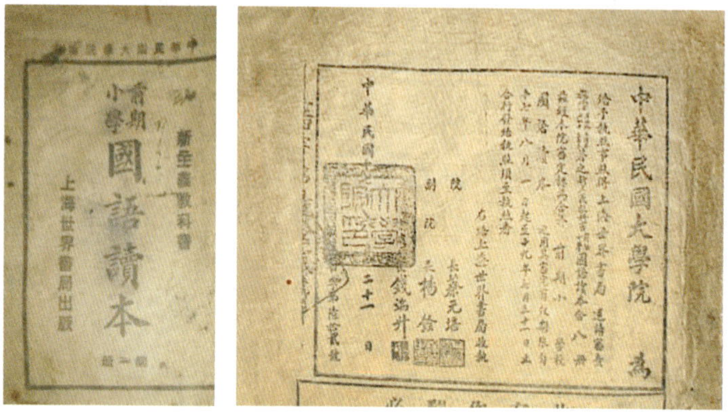

3—1—5

图3—1—5 《（新主义教科书）国语读本（前期小学）》第1册，世界书局，1929年版

《（新主义教科书）国语读本（前期小学）》的编撰宗旨在于“利用童话、寓言，灌输革命思想”[1]，进而以培养儿童的革命思想。前四册为一系统，取儿童日常生活中常见的事物，后四册为一系统，多取中国国民党的具体事实以及现实生活的材料。教科书的韵文以儿歌谜语、民歌、故事、诗、新体诗等为主，散文以童话寓言、故事、传记、游记、剧本、访谈等为主，高年级出现应用文、议论文等。全书插图丰富，无练习。

1928年8月，魏冰心、吕伯攸编辑《新主义国语读本（小学高级学生用）》四册，范祥善校订，于右任校阅，上海世界书局出版。

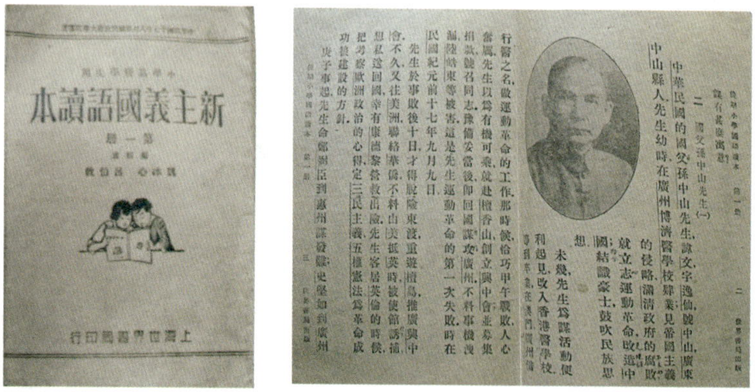

3—1—6

图3—1—6 《新主义国语读本（小学高级学生用）》第1册，世界书局，1927年版

[1] 魏冰心，吕伯攸，王剑星，等. 新主义教科书：国语读本：前期小学：第1册[M]. 100版. 上海：世界书局，1931：编辑纲要.

《新主义国语读本（小学高级学生用）》内容编排“注重含有革命性的故事、史谈、传记、游记、小说、诗歌等，并阐发中国国民党的党义，以期适合于党化教育之用”[1]。前两册每册38课，后两册每册36课，课文有明显的相关性，无单元，每课末设有问题。

（二）“新时代”中小学国语教科书

1927年，商务印书馆推出“新时代小学教科书”系列，明确“完全根据三民主义的教育宗旨编纂而成。目的在使儿童适应社会生活，为国家养成良好的国民，实是最适切于现代的儿童读物”[2]。1928年，商务印书馆推出“新时代教科书”。

1．胡贞惠编辑《新时代国语教科书（小学校初级用）》《新时代国语教科书（小学校高级用）》

1927年2月，胡贞惠编辑《新时代国语教科书（小学校初级用）》八册，蔡元培、王云五校订，上海商务印书馆出版。这套教科书各册配套编有教学法。

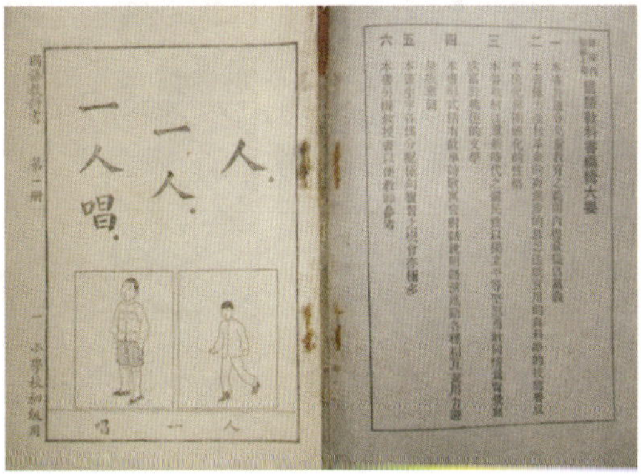

3—1—7

图3—1—7　《新时代国语教科书（小学校初级用）》第1册，商务印书馆，1930年版

《新时代国语教科书（小学校初级用）》强调“于适合儿童教育之范围内尽量提倡党义”[3]，同时“极力灌输革命的与进步的思想，造就实用的与科学的技能，养成平民化与团体化的性格”[4]。在材料选择方面，“注重新时代之国民性，以独立、平等、坚忍、勇敢、同情为背景，写成富于兴趣的文学”[5]。教科书选有故事、诗歌、寓言、对话、说明语、演进语等，第三册开始出现书信、招租帖子、日记等应用文体，第七、八两册戏剧篇目增多。这套教科书将内容相近的课文排列在一起，无单元划分。

[1] 魏冰心，吕伯攸．新主义国语读本：小学高级学生用：第1册[M]．19版．上海：世界书局，1930：编辑纲要．

[2] 丁尧章．新时代教科书样本：小学校用[M]．上海：商务印书馆，［出版年不详］．

[3] 胡贞惠．新时代国语教科书：小学校初级用：第1册[M]．52版．上海：商务印书馆，1929：编辑大意．

[4] 胡贞惠．新时代国语教科书：小学校初级用：第1册[M]．52版．上海：商务印书馆，1929：编辑大意．

[5] 胡贞惠．新时代国语教科书：小学校初级用：第1册[M]．52版．上海：商务印书馆，1929：编辑大意．

1927年10月，胡贞惠编辑《新时代国语教科书（小学校高级用）》四册，王云五校订，上海商务印书馆出版。这套教科书各册配套编有教学法。

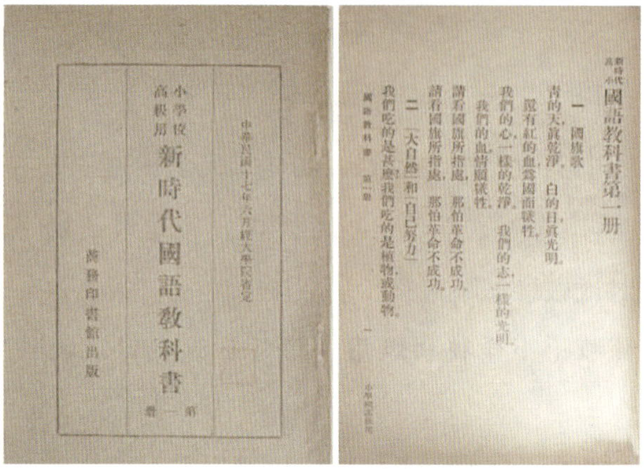

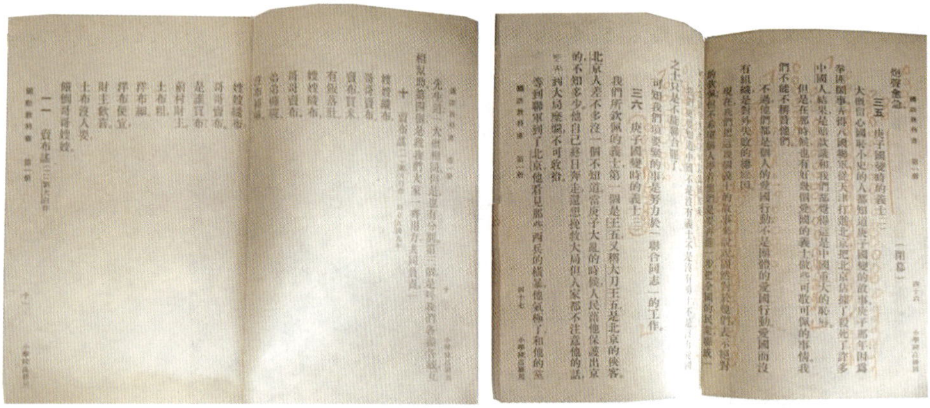

3—1—8

图3—1—8 《新时代国语教科书（小学校高级用）》第1册，商务印书馆，1928年版

《新时代国语教科书（小学校高级用）》强调“适合高小教育之范围内尽量提倡党义”[1]，同时“极力灌输革命的与进步的思想，造就实用的与科学的技能，养成平民化与团体化的性格”[2]。选材方面，“注重新时代之国民性，以独立、平等、坚忍、勇敢、同情为背景，写成富于兴趣的文学”[3]，特别说明，“多选民党要人的作品，以见其思想言论的一斑”[4]。这套教科书选有故事、诗歌、寓言、小说、剧本，第一册以记叙文、故事为主，第二册加重了说明文、戏剧的比例，第三册以诗歌、说明文为主，加入小说，第四册以小说、剧本、说明文、诗歌为主，小说包括白话小说与唐人传奇。在编排方面，每三、四篇文章是同一主题，可以看成单元制的雏形。

[1] 胡贞惠. 新时代国语教科书：小学校高级用：第1册[M]. 51版. 上海：商务印书馆，1932：编辑大意.
[2] 胡贞惠. 新时代国语教科书：小学校高级用：第1册[M]. 51版. 上海：商务印书馆，1932：编辑大意.
[3] 胡贞惠. 新时代国语教科书：小学校高级用：第1册[M]. 51版. 上海：商务印书馆，1932：编辑大意.
[4] 胡贞惠. 新时代国语教科书：小学校高级用：第1册[M]. 51版. 上海：商务印书馆，1932：编辑大意.

2. 胡怀琛编辑《新时代国语教科书（初级中学用）》

1928年1月，胡怀琛编辑《新时代国语教科书（初级中学用）》六册，蔡元培校订，上海商务印书馆出版。

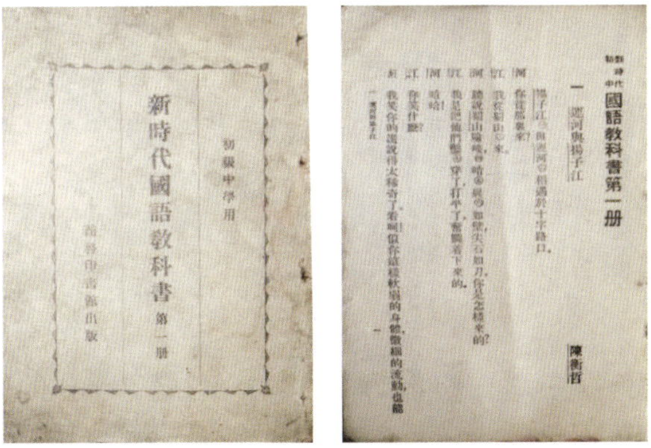

3—1—9

图3—1—9 《新时代国语教科书（初级中学用）》第1册，商务印书馆，1929年版

《新时代国语教科书（初级中学用）》的编辑“完全根据三民主义教育的精神，和大学院教科图书审查会国文国语组审查标准”[1]。选材有七项标准，即“甲、灌输中国国民党党义的；乙、鼓励革命精神的；丙、导入政治轨道的；丁、确立科学观念的；戊、改善学生的生活的；己、引起文学兴趣的；庚、训练作文技能的”[2]。语体与文言混合编排，其中一年级注重记叙文、抒情文，国语占四分之三；二年级注重说明文、抒情文，国语占四分之二；三年级注重议论文、应用文，国语占四分之一。教科书选有小说、诗歌、戏剧、散文、寓言、人物传记、传奇故事等文体。对于比较艰深的字用国音字母注明读音并详释意义，各篇文章后附注有典故、人名、地名等。这套教科书在编排上不分单元，课与课之间没有内在的联系性，课文没有练习题。

（三）“新中华”小学国语、初中国语与国文、高中国文教科书

1927年，新国民图书社开始推出“新中华”小学国语教科书系列。1928年，新国民图书社继续推出“新中华”初级中学国语与国文教科书系列。

1. 王祖廉、黎锦晖著《新中华国语读本（小学校初级用）》及朱文叔编《新中华国语读本（小学校高级用）》

1927年6月，王祖廉、黎锦晖著《新中华国语读本（小学校初级用）》八册，新国民图书社出版，中华书局发行。这套教科书各册配套编有教学法。

[1] 胡怀琛. 新时代国语教科书：初级中学用：第1册[M]. 25版. 上海：商务印书馆，1929：编辑大意.
[2] 胡怀琛. 新时代国语教科书：初级中学用：第1册[M]. 25版. 上海：商务印书馆，1929：编辑大意.

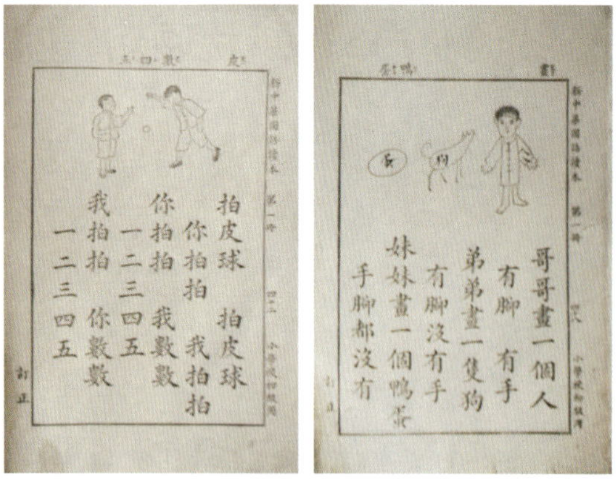
拍皮球 拍皮球
你拍拍 我拍拍
你拍拍 我數數
一二三四五
我拍拍 你數數
一二三四五

哥哥畫一個人
有腳 有手
弟弟畫一隻狗
有腳沒有手
妹妹畫一個鴨蛋
手腳都沒有

3-1-10

图3-1-10 《新中华国语读本（小学校初级用）》第1册，新国民图书社，1932年版

《新中华国语读本（小学校初级用）》是“根据三民主义的精神，用文学化，儿童化的作品，期儿童于四年之中，识普通应用之字约二千五百，并能作国语文”[1]。这套教科书每册四十八课，前四册注重儿童习见的教材，后四册注重文学上、生活上、世界上重要教材，第一、二册多用韵文和儿童语，第二、三册参用谜语、寓言、童话，之后渐增记事文、叙述文、议论文、想象文，也有书信等应用文体。低年级课文多取材于儿童生活，涉及动物故事、家庭生活的居多，高年级课文内容逐渐扩大到社会、历史和自然，还有异域风情与外国人物。教科书没有单元，长的故事分为两课或三课，生字单列并标注音符号。前四册课文用楷书，后四册用铅字。前二册无题目、无标点，第三册开始用新式标点。插图较丰富，主要呈现故事情节、人物、地图等。

1927年9月，朱文叔编《新中华国语读本（小学校高级用）》四册，陈棠、张相校，新国民图书社出版，中华书局发行。这套教科书各册配套编有教学法。

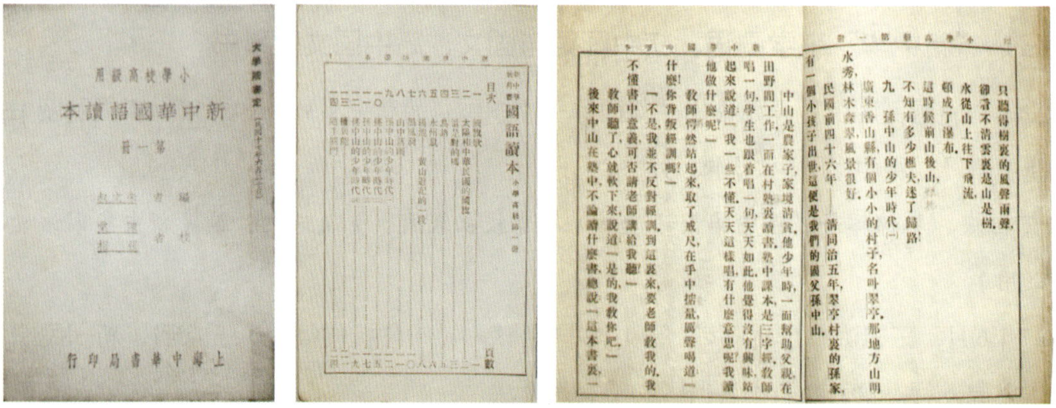
小學校高級用
新中華國語讀本
第一冊
上海中華書局印行

3-1-11

图3-1-11 《新中华国语读本（小学校高级用）》第1册，新国民图书社，1931年版

[1] 王祖廉，黎锦晖．新中华国语读本：小学校初级用：第1册[M]．129版．上海：新国民图书社，1932：编辑大意．

《新中华国语读本（小学校高级用）》的编辑强调三大原则：“1. 文学的。选材首注重文学的价值与意味，全书由童话、寓言、小说、传记、游记、故事、传说、诗歌等文艺教材组织而成。2. 儿童化的。课文力求儿童化。实质方面以儿童经验为准；文字方面，以简洁生动、合于儿童口语习惯为准。3. 党化的。思想务求适合党义：尤注意将三民主义之精意，融化于儿童文学之中。”[1]课文以白话文编辑，相连几课在主题、特色或文体方面一致，连载课文较多，没有单元。

2. **朱文叔编《新中华国语与国文（初级中学用）》**

1928年8月，朱文叔编《新中华国语与国文（初级中学用）》六册，陈棠校，上海新国民图书社出版，中华书局印行。

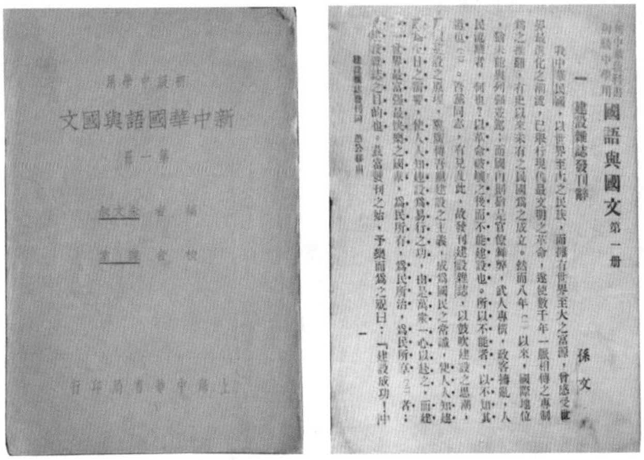

3—1—12

图3—1—12 《新中华国语与国文（初级中学用）》第1册，新国民图书社，1931年版

《新中华国语与国文（初级中学用）》选材有五条标准：“（1）合于中国国民党党义。能发扬民族精神，引起政治兴味，启示建设之途径并促其努力者。（2）合于社会现实的生活。能提倡劳动及互助合作。感发同情与利他心，并养成正直廉洁之风者。（3）合于艺术的条件。能扩展想象，陶冶感情，激起文学兴趣，习得发表思想之技术者。（4）合于理论的规范，能启发思考，涵养科学精神，且增进读书能力者。（5）合于初中学生之心理及学力，实质与学生固有经验接近，而文字又平正通达，浅显生动者。”[2]这套教科书有记叙文、抒情文、说明文、议论文、应用文五种文章体裁，第一、二册语体文占四分之三，文言文占四分之一，以记叙文、抒情文为主；第三、四册语体文与文言文各占一半，以说明文、抒情文为主；第五、六册，语体文占四分之一，文言文占四分之三，以议论文、应用文为主。“本书所采古人作品，文中间有初学骤难了解之处或篇幅过长者，略经节改，以期合于教科之用。今人作品，亦取同一办法”[3]。这套教科书对于人物均注明其生平及所在地，外国人名、地名兼注原文，并在语体文的篇末附录有“题解”。

[1] 朱文叔. 新中华国语读本：小学校高级用：第1册[M]. 上海：新国民图书社，［出版年不详］：编辑大意.

[2] 朱文叔. 新中华国语与国文：初级中学用：第1册[M]. 6版. 上海：新国民图书社，1930：编辑大意.

[3] 朱文叔. 新中华国语与国文：初级中学用：第1册[M]. 6版. 上海：新国民图书社，1930：编辑大意.

3. 沈颐编《新中华国文（高级中学用）》

1930年7月，沈颐编《新中华国文（高级中学用）》六册，喻璞、范作乘、方钦照、华士诚注，新国民图书社出版，中华书局发行。

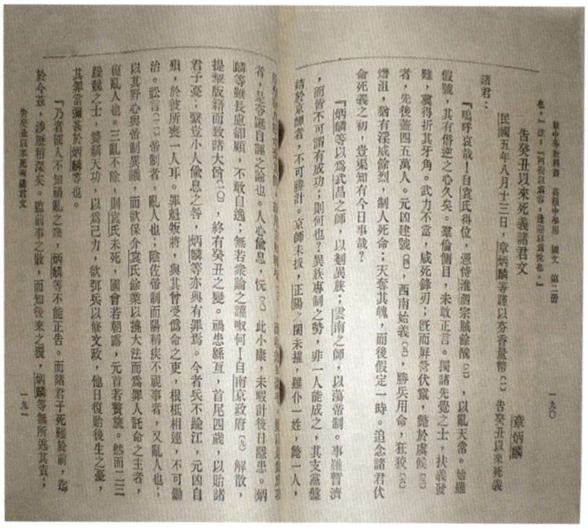
新中華教科書 高級中學用 國文 第二冊 一九〇

告癸丑以來死義諸君文

章炳麟

民國五年八月十三日，章炳麟等謹以芬香盟幣（一）告癸丑以來死義諸君：

「嗚呼哀哉！自袁氏得位，憑恃淮泗宗賊餘醜（二），以亂天常。始雖假號，其有僭逆之心久矣。羣倫側目，未敢正言。獨諸先覺之士，扶義發難，冀得折其牙角。武力不當，咸死鋒刃；既而屏營伏竄，斃於虞候（三）者，先後蓋四五萬人。元凶建號（四），西南始義（五），勝兵用命，狂狡（六）燋沮，猶有淫威餘烈，制人死命；天奪其魄，而後假定一時。追念諸君伏命死義之初，豈渠知有今日事哉？

「炳麟等以為武昌之師，以剗異族；雲南之師，以蕩帝制。事雖暫濟，而皆不可謂有成功；則何也？異族專制之勢，非一人能成之，其支黨盤結於京師者，不可勝計。京師未拔，正陽之閾未摧，雖仆一姓，斃一人，

……者，是[illegible]自譁之論也。人心偷息，恱（八）此小康，未暇討後日隱患。炳麟等雖長慮卻顧，不敢自逸；無若衆論之譊呶何！自南京政府（九）解散，提挈版籍而致諸大猾（一〇），終有癸丑之變。禍患縣亙，首尾四歲，以貽諸君子憂；緊豈小人偷息之咎，炳麟等亦與有罪焉。今者兵不踰江，元凶自殞，於彼所喪一人耳。罪魁叛將，與其曾受僞命之吏，根柢相連，不可猝治。訟言（一一）帝制者，亂人也；陰佐帝制而陽稱疾不視事者，又亂人也；以其野心與帝制異議，而欲保介袁氏餘業以撓大法而爲罪人託命之主者，復亂人也。三亂不除，則袁氏未死，國會若朝露，元首若贅旒。然而二三躁競之士，貪竊天功，以爲己力，欲弭兵以修文政，他日復貽後生之憂，其罪當彌甚於炳麟等也。

「乃者國人不知禍亂之萌，炳麟等不能正告。而諸君子死難於前，迄於今茲，涉歷衍深矣。鑒前事之敗，而知後來之禍，炳麟等無所逃其責，

告癸丑以來死義諸君文 一九一

3-1-13

图3-1-13 《新中华国文（高级中学用）》第2册，新国民图书社，1932年版

《新中华国文（高级中学用）》根据教育部新颁暂行课程标准编辑，“专供教室精读之用”[1]。这套教科书专选文言文，“着眼之点”有三个方面：“1. 继续初中养成学生自由运用适应现世文字之能力。2. 使学生思辨之力日进有功，容易理解事物之真相；更进而判断，创造，足应其生活之所需。3. 培养学生阅读古书欣赏文学之兴味。”[2]各篇之后附本文释要，说明作者简介、文章的时代背景及要旨，且“典实专名，概加详注”[3]。编排“就各文所含意义，以类相从，使教者有择要选授之便，学者有联络比较之益”[4]，这套教科书明确采用单元进行编排。

（四）“基本教科书”小学国语、初中国文

1931年，商务印书馆开始推出中小学“基本教科书”系列，这是在暂行课程标准试行修订过程中，于新课程标准正式颁行之前编撰出版的，1932年新课程标准才颁行。

[1] 沈颐. 新中华国文：高级中学用：第1册[M]. 3版. 上海：新国民图书社，1932：编辑大意.
[2] 沈颐. 新中华国文：高级中学用：第1册[M]. 3版. 上海：新国民图书社，1932：编辑大意.
[3] 沈颐. 新中华国文：高级中学用：第1册[M]. 3版. 上海：新国民图书社，1932：编辑大意.
[4] 沈颐. 新中华国文：高级中学用：第1册[M]. 3版. 上海：新国民图书社，1932：编辑大意.

1. 沈百英编纂《（基本教科书）国语（小学校初级用）》及戴洪恒编纂《（基本教科书）国语（小学校高级用）》

1931年5月，沈百英编纂《（基本教科书）国语（小学校初级用）》八册，蔡元培、吴研因校订，上海商务印书馆出版。

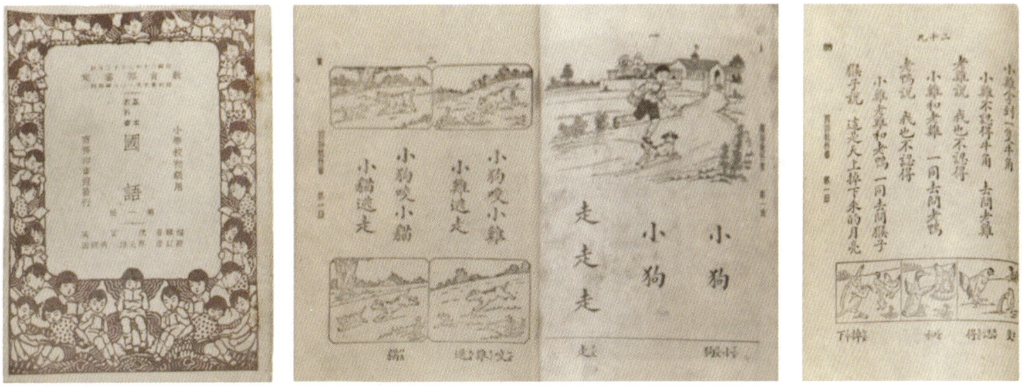

3—1—14

图3—1—14 《（基本教科书）国语（小学校初级用）》第1册，商务印书馆，1931年版

3—1 15

图3—1—15 《（基本教科书）国语（小学校初级用）》第3册，商务印书馆，1931年版

《（基本教科书）国语（小学校初级用）》依照教育部1929年颁布的暂行课程标准编撰，供初级小学国语读本之用。这套教科书的编撰主旨明确“1. 灌输党义。2. 提倡乐观、前进、合作、互助、勇敢、劳动的精神。3. 扩充想象、启发思想、陶冶情绪并培养欣赏儿童文学的能力，增长阅读儿童图书的兴趣”[1]。教科书每册40课，韵文有儿歌、杂歌、故事诗等，散文有童话、笑话、谜语、寓言、传记、游记等，剧文有对话剧、短歌剧等。课文编排强调“各册各课，完全联成一贯”[2]。选字“依照国内教育专家测验统计时的结果，选取日常通用之字”[3]，插图丰富。

[1] 沈百英. 基本教科书：国语：小学校初级用：第1册[M]. 上海：商务印书馆，1931：编辑大意.

[2] 沈百英. 基本教科书：国语：小学校初级用：第1册[M]. 上海：商务印书馆，1931：编辑大意.

[3] 沈百英. 基本教科书：国语：小学校初级用：第1册[M]. 上海：商务印书馆，1931：编辑大意.

1931年8月，戴洪恒编纂《（基本教科书）国语（小学校高级用）》四册，吴研因校订，上海商务印书馆出版。这套教科书各册配套编有教学法。

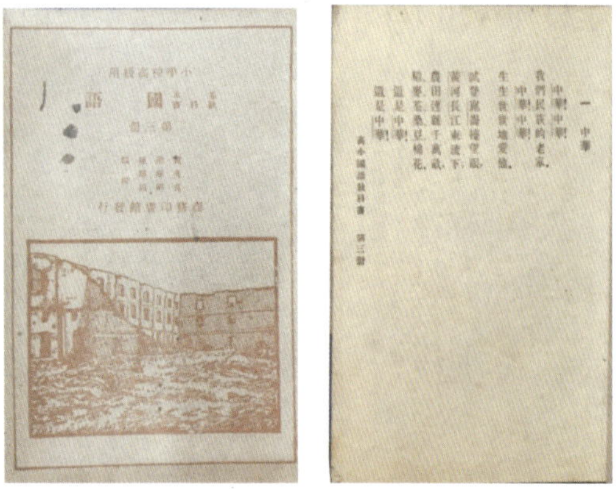

3—1—16

图3—1—16 《（基本教科书）国语（小学校高级用）》第3册，商务印书馆，1932年版

《（基本教科书）国语（小学校高级用）》依照教育部1929年颁布的暂行课程标准编撰，与《（基本教科书）国语（小学校初级用）》相衔接。这套教科书编辑主旨为“1. 灌输党义。2. 提倡乐观、前进、合作、互助、勇敢、劳动的精神。3. 扩充想象、启发思想、陶冶情绪并培养欣赏儿童文学的能力，增长阅读儿童图书的兴趣”[1]。课文有故事（分为童话、史话、寓言、传记等）、诗歌、传记、游记、小说、剧本等，交错编排，注重关联。教科书分五个单元，插图丰富。

2. 傅东华、陈望道编《（基本教科书）国文（初级中学用）》及周颐甫编《（基本教科书）国文教本（初级中学用）》

1931年11月，傅东华、陈望道编辑《（基本教科书）国文（初级中学用）》六册，上海商务印书馆出版。

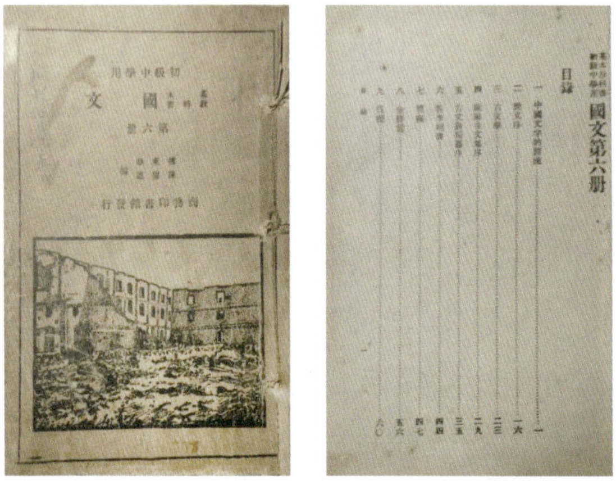

3—1—17

图3—1—17 《（基本教科书）国文（初级中学用）》第6册，商务印书馆，1933年版

《（基本教科书）国文（初级中学用）》第一、二册白话文和文言文的比例为三与一，第三、四册为各半，第五、六册为一与三。教科书不分单元，性质相近的文章编为一组，每组选文，文言

[1] 戴洪恒. 基本教科书：国语：小学校高级用：第4册[M]. 上海：商务印书馆，1931：编辑大意.

白话互见，创作翻译并收。这套教科书是傅东华、陈望道的一种尝试，编有课文辅助系统，即每课除课文外（文后附有作者名及简介），均附有“注释与说明”“文法或修辞”，间或有练习，均与课文联系紧密，“因为我们的编法，和从前的编法颇有不同，所以成效如何，尚待实验”[1]。

1932年10月，周颐甫编《（基本教科书）国文教本（初级中学用）》六册，蔡元培校，上海商务印书馆出版。

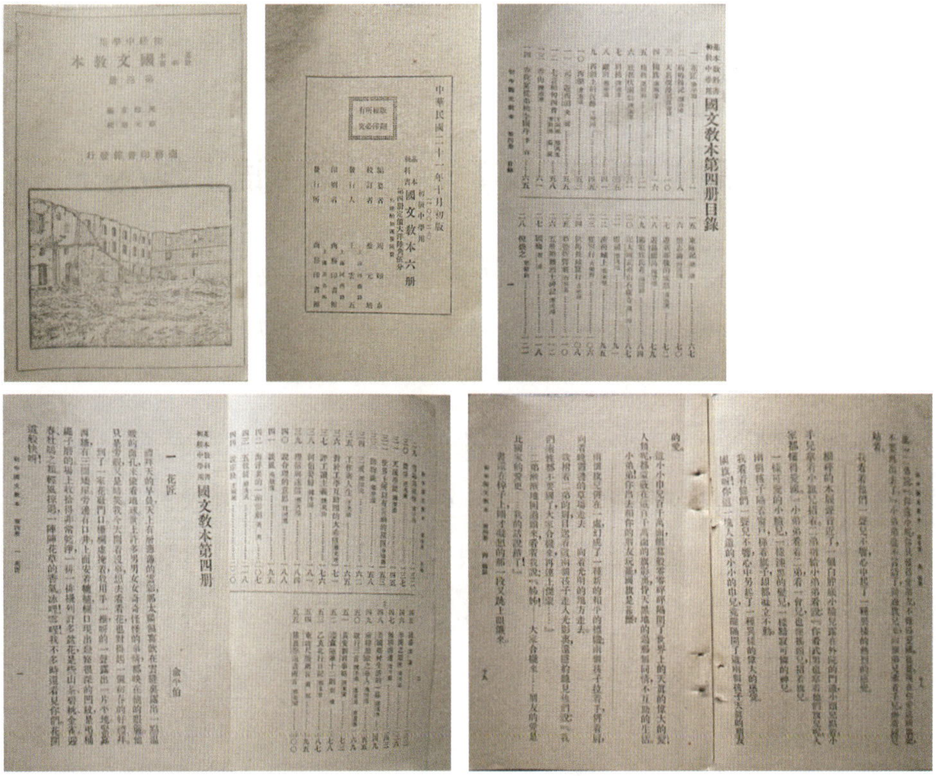

3-1-18

图3-1-18　《（基本教科书）国文教本（初级中学用）》第4册，商务印书馆，1932年版

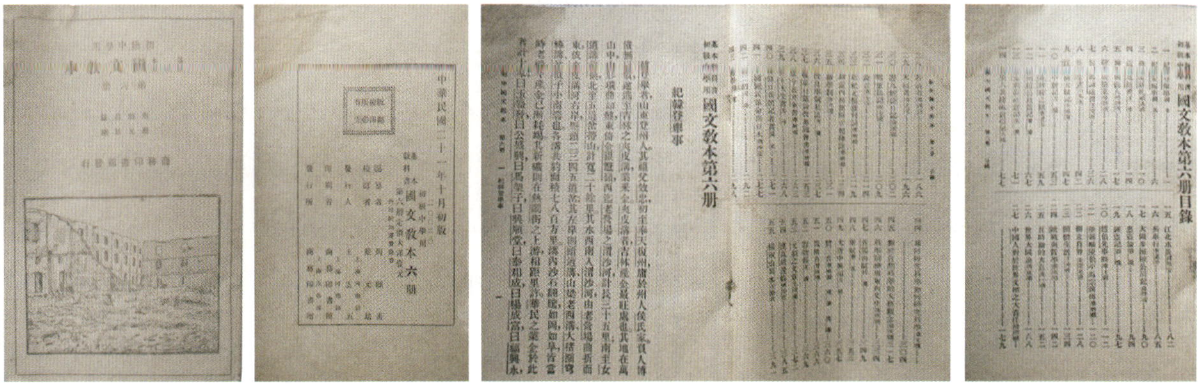

3-1-19

图3-1-19　《（基本教科书）国文教本（初级中学用）》第6册，商务印书馆，1932年版

[1] 傅东华，陈望道. 基本教科书：国文：初级中学用：第1册[M]. 51版. 上海：商务印书馆，1933：编辑大意.

《（基本教科书）国文教本（初级中学用）》第一、二册白话文和文言文的比例为三与一，第三、四册为各半，第五、六册为一与三。教科书以单元编排，“用归纳式，篇各分析，随以综合，作一小结。每册各成为一轮周，循序渐进，初学浅近易知者，逐次及于深奥者。间附问题，以资启发，或及名家作风，以资观摩，重要术语，兼注英语，以为习外国语之助”[1]。课后附“注解”，诠释艰深字义、典故，以及外国人名、地名等。第一、二、三册每课正文后附“文法”。这套教科书对所选新旧体诗，编有“附说”，略及作法；第四、五、六各册每课正文后，附以“修辞提示”，标举文体、组织、辞藻。

三、北平文化学社“初（高）中国文教本”“国文（语）科丛书”

北平文化学社出版了很多适用于中高等教育的国文、国语教学用书，如“初中国文教本”“（高中大学）国文教本”，后来也将其通称为“国文科丛书”或“国语丛书”。

（一）北平文化学社“初中国文教本”和“（高中大学）国文教本”

在1930年的《修辞学》广告页上，列有“初中国文教本”和“（高中大学）国文教本”。“初中国文教本”有《活页国文读本》（已出十四册，目录及购法，另有简章）、《中等国文法》（汪震一册）、《（初中师范用书）国语文法》（汪震一册）、《初级中学应用文》（张鸿来一册）。“（高中大学）国文教本”有《中国文字学概要》（贺凯一册）、《中国文字学概要参考书》（贺凯一册）、《文心雕龙注》（范文澜二册）。[2]1934年3月，北平文化学社出版有“初中国文教本”六种，即《初中国文》（石泉六册）、《活页国文读本》（已出十七册）、《中等国文法》（汪震一册）、《（初中师范用书）国语文法》（汪震一册）、《初级中学应用文》（张鸿来一册）、《书法》（张鸿来一册）。[3]

1934年3月，北平文化学社出版广告有“高中大学国文教本”六种，即《新兴文学概论》（谭丕模一册）、《文艺思潮之演进》（谭丕模一册）、《文学概论》（张希之一册）、《修辞学》（董鲁安一册）、《中国文学鉴赏》（张弓一册）、《文心雕龙注》（范文澜三册）。[4]《文艺思潮之演进》的“编者序言”指出“本书是作者上年在北平市立师范学校讲授文艺思潮的讲义，暑假中略事修改，即命名为《文艺思潮之演进》”[5]。

1. 北平文化学社活页《（初中）国文读本》及《（高中）国文读本》

1930年，活页《（初中）国文读本》十八册，即《（初中一年级）国文读本》六册、《（初中

[1] 周颐甫. 基本教科书：国文教本：初级中学用：第1册[M]. 上海：商务印书馆，1932：编辑大意.

[2] 董鲁安. 修辞学[M]. 4版. 北平：北平文化学社，1931：广告页.

[3] 黄侃. 文心雕龙札记[M]. 北平：北平文化学社，1934：广告页.

[4] 黄侃. 文心雕龙札记[M]. 北平：北平文化学社，1934：广告页.

[5] 谭丕模. 文艺思潮之演进[M]. 北平：北平文化学社，1932：编者序言.

二年级）国文读本》六册、《（初中三年级）国文读本》六册，每篇文章单独编页码，由北平文化学社出版。

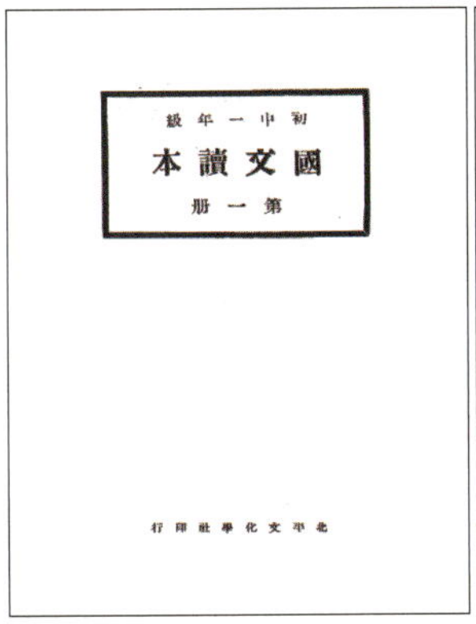
初中一年級
國文讀本
第一冊
北平文化學社印行

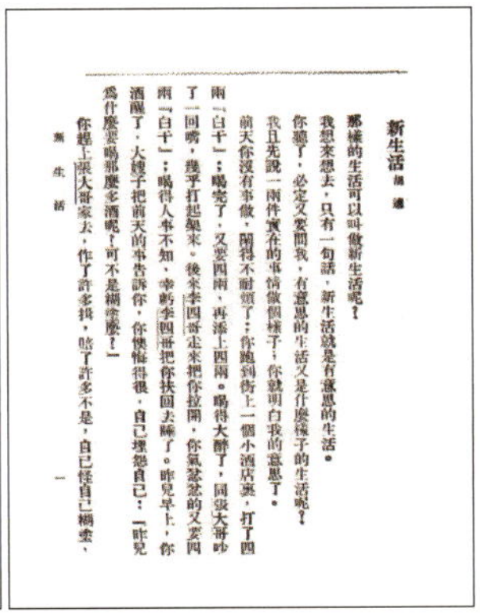
新生活 胡適

那樣的生活可以叫做新生活呢？

我想來想去，只有一句話：新生活就是有意思的生活。

你聽了，必定又要問我，有意思的生活又是什麼樣子的生活呢？

我且先說一兩件實在的事情做個樣子，你就明白我的意思了。

前天你沒有事做，閑得不耐煩了，你跑到街上一個小酒店裏，打了四兩「白干」，喝完了，又要四兩，再添上四兩。喝得大醉了，同張大哥吵了一回嘴，幾乎打起架來。後來李四哥走來把你拉開，你氣忿忿的又要四兩「白干」，喝得人事不知，幸虧李四哥把你扶回去睡了。昨兒早上，你酒醒了，大嫂子把前天的事告訴你，你懊悔得很，自己埋怨自己：「昨兒爲什麼要喝那麼多酒呢？可不是糊塗麼？」

你趕上張大哥家去，作了許多揖，賠了許多不是，自己怪自己糊塗，

新生活　一

图3-1-20　《（初中一年级）国文读本》第1册，北平文化学社，1932年版

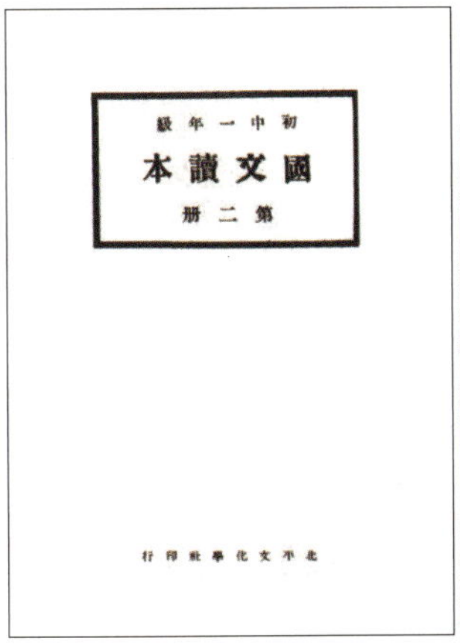
初中一年級
國文讀本
第二冊
北平文化學社印行

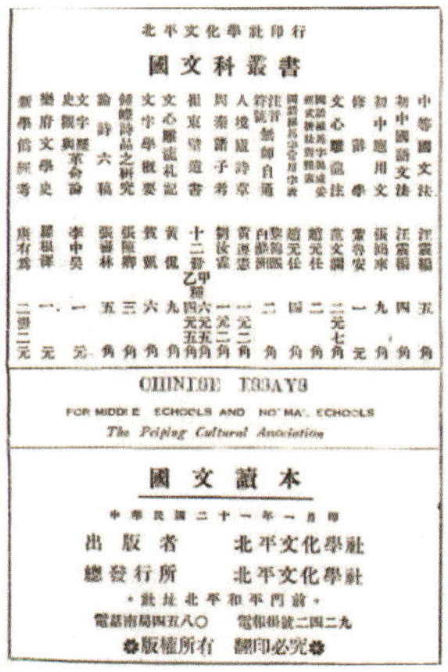
北平文化學社印行
國文科叢書

CHINESE ESSAYS
FOR MIDDLE SCHOOLS AND NORMAL SCHOOLS
The Peiping Cultural Association

國文讀本
中華民國二十一年一月印
出版者　北平文化學社
總發行所　北平文化學社
社址北平和平門前
電話南局四五八〇　電報掛號二四二九
版權所有　翻印必究

图3-1-21　《（初中一年级）国文读本》第2册，北平文化学社，1932年版

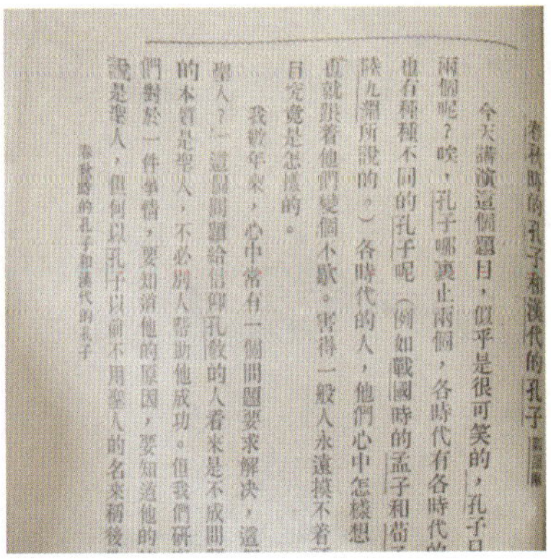
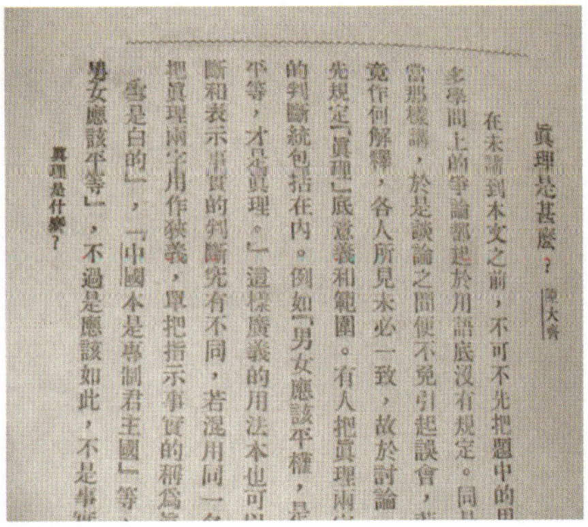
真理是甚麼？

图3-1-22　《（初中三年级）国文读本》第3册，北平文化学社，1932年版

《（初中）国文读本》由北平师大附中选编。该教科书选有《论语》《礼记》《战国策》《列子》《庄子》《史记》《左传》《汉书》等著作以及魏晋六朝、隋唐五代、宋元明清的名篇，还有严复、曾国藩、梁启超、章炳麟、林纾、胡适、蔡元培、鲁迅、夏丏尊等人的文章及译作，涉及诗歌、散文、小说、戏剧等内容。全套书没有编辑大意、编撰者等信息，一些文章后有作者简介和注释，无插图。

《（高中）国文读本》也是北平文化学社出版，册数与出版时间不详，每篇文章单独编页码。所见《（高中一年级）国文读本（第一册）》选有《怎样读书》（胡适）、《不朽》（胡适）、《今》（李大钊）、《谋篇之程序》（夏宇众）等。《（高中二年级）国文读本（第一册）》选有《汉上琴台之铭并序》（汪中代毕沅作）、《附伯牙事考》、《汉武帝秋风辞》、《陌上桑》（乐府诗集）、《羽林郎》（乐府诗集）等，全书共1 015页。《（高中三年级）国文读本（第一册）》选有《河南褚季野》《太常博士》《始得一叔》等，全书共864页。

3—1—23

图3—1—23　《（高中一年级）国文读本》第1册，北平文化学社印行，时间不详

2. 汪震编《中等国文法》及《（初中师范用书）国语文法》

1928年9月，汪震编《中等国文法》一册，北平文化学社出版。

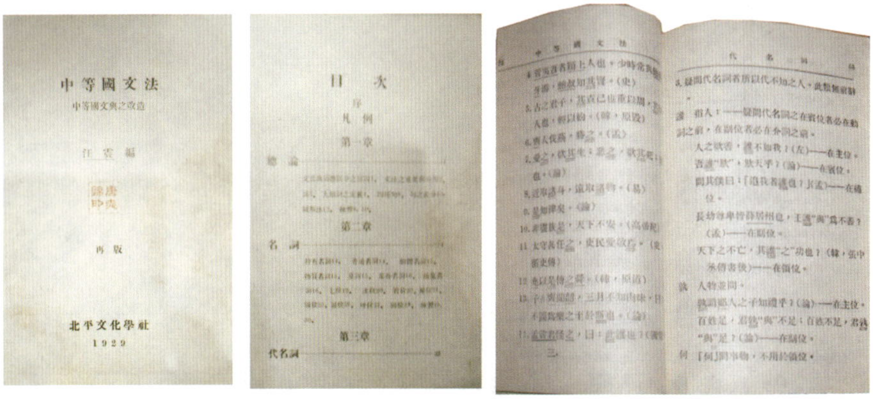

3—1—24

图3—1—24　《中等国文法》，北平文化学社，1929年版

《中等国文法》是汪震在北师大附中教授国文课程之文法一科时所用讲义，当时他已教授章士钊的《中等国文典》三次，发现其中的优点与错误，于是改造章士钊中等国文典而作，“故亦名中等国文典之改造”[1]。此书初版时的内容是在汪震及庐伯璋、吴辛旨各讲授一次的基础上编撰而

[1] 汪震. 中等国文法[M]. 3版. 北平：北平文化学社，1931：凡例.

成。全书选用的名词及系统依照黎锦熙所著《新著国语文法》，并参考黎师文法汇通讲义，而“两书所无者则自创之”[1]，用以补充中等国文典之材料“悉取自马氏文通”[2]，所引古籍“要以文通为宗，兼亦有引及韩柳以后者，为例则极少也”[3]。全书分“总论、名词、代名词、动词、形容词、副词、介词、连词、助词”九章，章后列有附注。每节后附练习题，最后附与中等国文典引用名称对照表，并说明“本书所用专门符号，例中主要词用===，或用≡置于字下，所连带之词用”[4]。

1930年8月，汪震编《（初中师范用书）国语文法》一册，北平文化学社出版。《（初中师范用书）国语文法》是汪震最初于1924年编的一本讲义，1926年曾教过一次，因不甚适用，又在1929年秋天修改，张少元、董鲁安等进行试验及修改。汪震指出，这本讲义是“黎锦熙老师的《新著国语文法》的一个入门，条理比较简单，容易领会。适宜初中二三年级教授之用”[5]。全书内容依次为“总论、名词、位、代名词、动词、形容词、副词、介词、连词、助词、叹词、句之成分、单句图解、复句、标点符号”十五章。

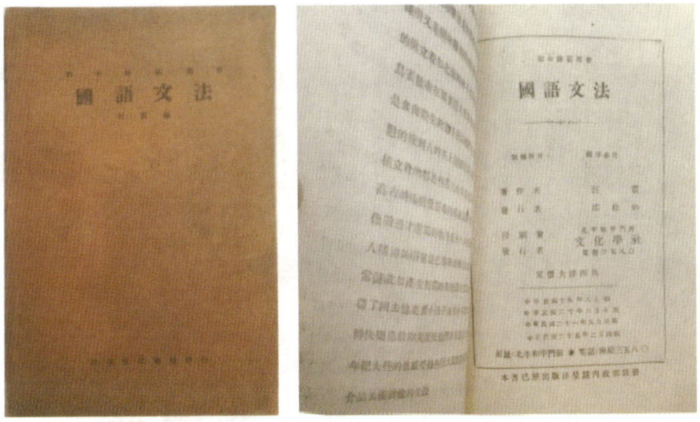

3—1—25

图3—1—25 《（初中师范用书）国语文法》，北平文化学社，1936年版

3. 范文澜编述《文心雕龙注》

1929年9月，范文澜编述《文心雕龙注》三册，北平文化学社出版。

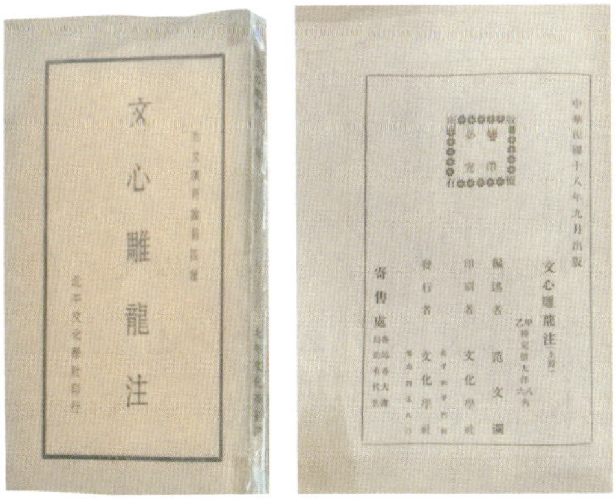

3—1—26

图3—1—26 《文心雕龙注》上册，北平文化学社，1929年版

[1] 汪震. 中等国文法[M]. 3版. 北平：北平文化学社，1931：凡例.
[2] 汪震. 中等国文法[M]. 3版. 北平：北平文化学社，1931：凡例.
[3] 汪震. 中等国文法[M]. 3版. 北平：北平文化学社，1931：凡例.
[4] 汪震. 中等国文法[M]. 3版. 北平：北平文化学社，1931：凡例.
[5] 汪震. 初中师范适用：国语文法[M]. 3版. 北平：北平文化学社，1932：序.

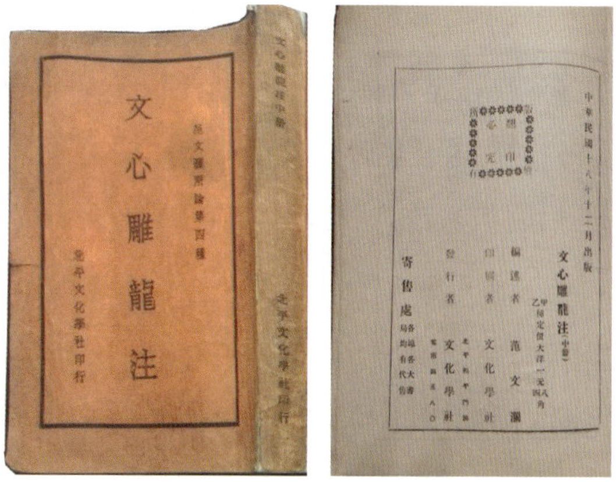

3-1-27

图3-1-27　《文心雕龙注》中册，北平文化学社，1929年版

《文心雕龙注》上册是文心雕龙本文，搜集校本至六七种之多，中册、下册是注文，有三十万言，阐释疏通。

4. 贺凯著《中国文字学概要》

1931年4月，贺凯著《中国文字学概要》一册，北平文化学社出版。

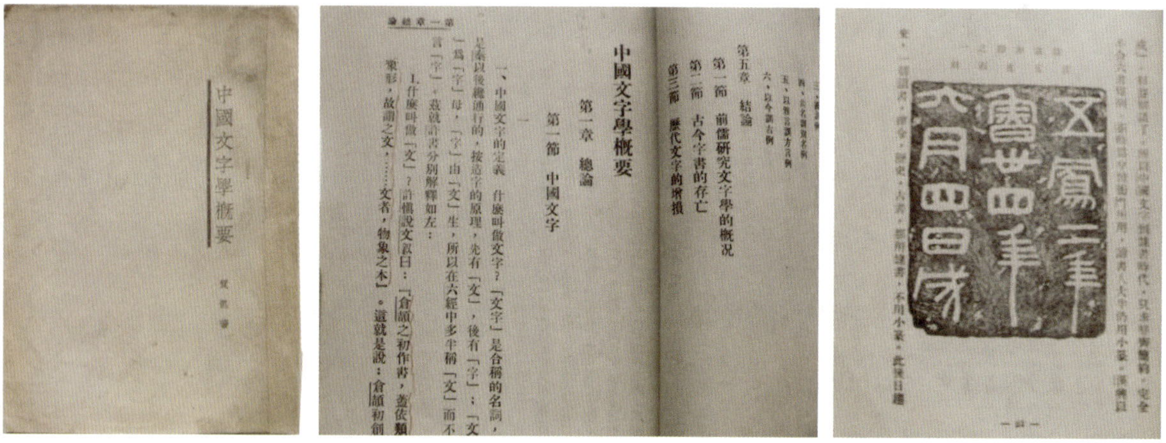

3-1-28

图3-1-28　《中国文字学概要》，北平文化学社，1931年版

《中国文字学概要》将文字的形、音、义三者分别摘要详述，注重文字的历史性及文字的源流演进，“专供高中文科及师范之课本”[1]。这本书理论方面多遵沈兼士、钱玄同的讲述，引证举例参考各通人撰述。另编参考书，对于书中引证详加注释。全书共五章，第一章“总论”，讲述中国文字、中国文字学；第二章“字形”，讲述字形的起源、字形的变迁、六书大意、文字通借；第三章“字音”，讲述字音的发生，古今字音的变迁，什么叫作纽、什么叫作韵、反切、字音字母；第四章“字义”，讲述字义变迁的原因、训诂举例；第五章为“结论”。

[1] 贺凯. 中国文字学概要[M]. 北平：北平文化学社，1932：编辑大意.

（二）北平文化学社“国文科丛书”“国语丛书”

1932年1月，北平文化学社印行“国文科丛书”，列有《中等国文法》（汪震）、《（初中师范用书）国语文法》（汪震）、《初级中学应用文》（张鸿来）、《修辞学》（董鲁安）、《文心雕龙注》（范文澜）、《国语罗马字与威妥玛式拼法对照表》（赵元任）、《国语罗马字常用字表》（赵元任）、《注音符号无师自通》（黎锦熙、白涤洲）、《人境庐诗草》（黄遵宪）、《周秦诸子考》（刘汝霖）、《崔东壁先生遗书》（十二册甲乙种）、《文心雕龙札记》（黄侃）、《中国文字学概要》（贺凯）、《钟嵘诗品之研究》（张陈卿）、《论诗六稿》（张寿林）、《文字历史观与革命论》（李中昊）、《乐府文学史》（罗根泽）、《新学伪经考》（康有为），共计十八种。[1]因为《初级中学应用文》（张鸿来）出版于1926年8月、《修辞学》（董鲁安）出版于1926年3月，已于第二章介绍，故在本章介绍其余各种。1934年3月，北平文化学社出版有“国语丛书”5种，即《文字历史观与革命论》（李中昊一册）、《国语罗马字与威妥玛式拼法对照表》（赵元任一册）、《国语罗马字常用字表》（赵元任一册）、《国语四千年来变化潮流图》（黎锦熙一幅）、《注音符号无师自通》（黎锦熙、白涤洲一册）。[2]

1. 黄侃著《文心雕龙札记》

1927年7月，黄侃著《文心雕龙札记》一册，北平文化学社出版。

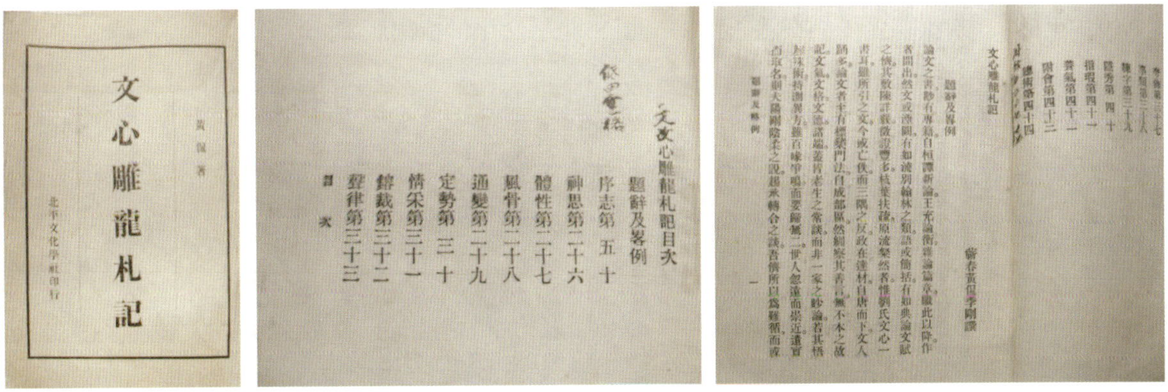

3-1-29

图3-1-29　《文心雕龙札记》，北平文化学社，1929年版

《文心雕龙札记》是黄侃历年在北京大学讲授文心雕龙时，每篇皆有札记，于是编撰出版以示学人。

[1] 北平文化学社. 初中一年级：国文读本：第2册[M]. 北平：北平文化学社，1932：封三.

[2] 黄侃. 文心雕龙札记[M]. 北平：北平文化学社，1934：广告页.

2. 黎锦熙、白涤洲编辑《注音符号无师自通》

1929年6月，黎锦熙、白涤洲编辑《注音符号无师自通》一册，北平文化学社出版。

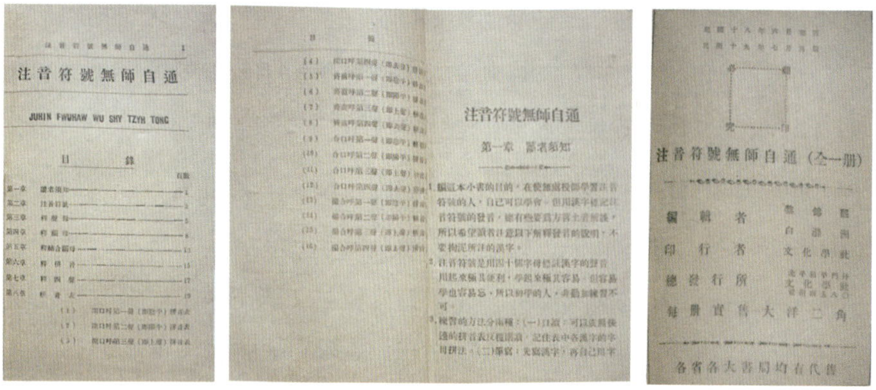
注音符號無師自通

JUHIN FWHAW WU SHY TZYH TONG

目錄

注音符號無師自通

第一章 讀者須知

注音符號無師自通（全一冊）

各省各大書局均有代售

3-1-30

图3-1-30 《注音符号无师自通》，北平文化学社，1930年版

《注音符号无师自通》内容依次为“读者须知、注音符号、释声母、释韵母、释结合韵母、释拼音、释四声、拼音表”八章。第一章“读者须知”指出，编这本书的目的，在于使无处投师学习注音符号的人，自己可以学会。这本书用40个符号标注汉字的声音，学起来极其容易，但容易学也容易忘，所以初学的人，非勤加练习不可，并且明确练习注音符号的方法分口读与笔写两种，这本书附有国语罗马字母，也附在标注的汉字之后，以资对照，“学过外国语的，更可增加无师自通之乐”[1]。

3. 刘汝霖著《周秦诸子考》

1929年6月，刘汝霖著《周秦诸子考》二册，北平文化学社出版。

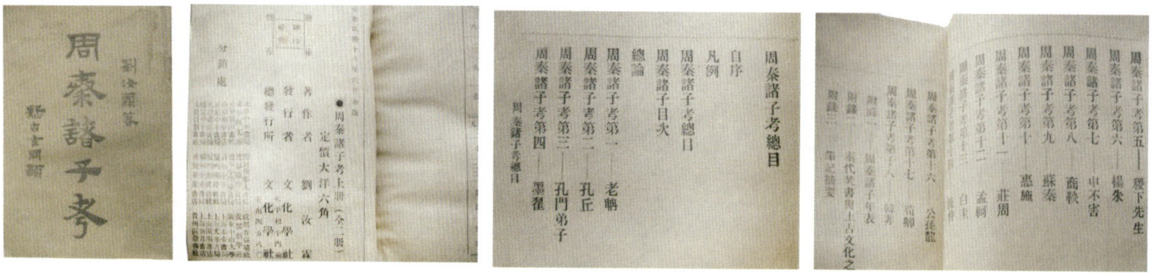
周秦諸子考

周秦諸子考總目

3-1-31

图3-1-31 《周秦诸子考》上册，北平文化学社，1929年版

刘汝霖认为，“要想研究一个人的思想，必先明了他的身世，更须注意他的时代的背景，交际的人物，以及思想的渊源，日后的影响，这个人在历史上的价值，才容易判定”[2]。全书约20万言，详细呈现了诸子生平之遭遇、思想之演进、书籍之流传、时代之影响等。范文澜评之：“刘汝霖先生用科学方法整理先秦诸子史料，费数载之心血，遂成诸子考一书。”[3]

[1] 黎锦熙，白涤洲. 注音符号无师自通[M]. 再版. 北平：北平文化学社，1930：1-2.

[2] 刘汝霖. 周秦诸子考[M]. 北平：北平文化学社，1929：自序.

[3] 范文澜. 文心雕龙注：下册[M]. 北平：北平文化学社，1931：广告页.

4. 张寿林著《论诗六稿》

1929年9月，张寿林著《论诗六稿》一册，北平文化学社出版。

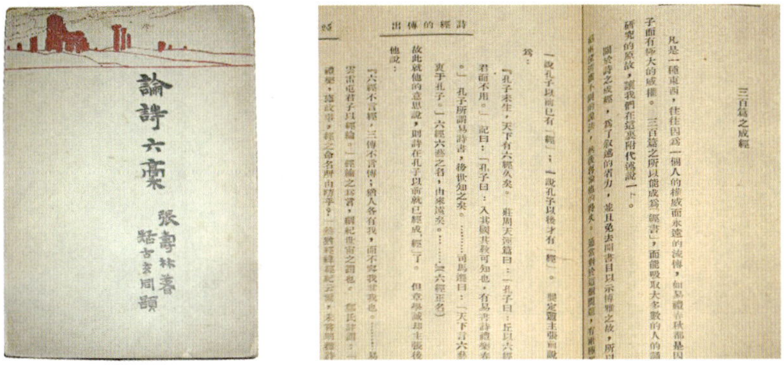

3-1-32

图3-1-32 《论诗六稿》，北平文化学社，1929年版

《论诗六稿》前有白话文的“自序”，内容有“诗经的传出，三百篇是不是孔子所删定的，释四诗，释赋、比、兴，三百篇之文学馆，三百篇所表现之时代背景及思想”。

5. 努力学社校点《崔东壁先生遗书》

1930年6月，努力学社校点《崔东壁先生遗书》12册，北平文化学社出版。

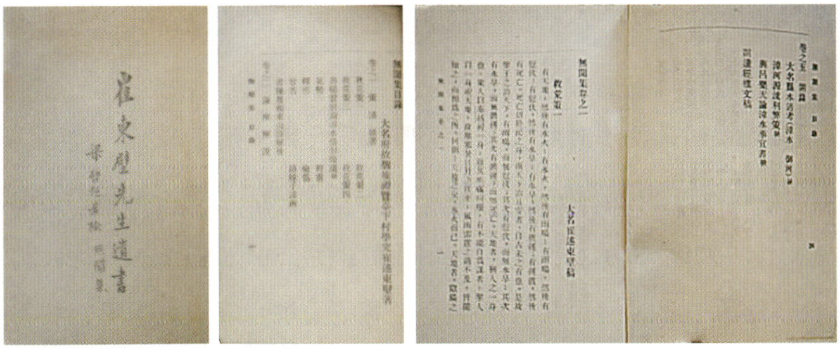

3-1-33

图3-1-33 《崔东壁先生遗书》，北平文化学社，1930年版

《崔东壁先生遗书》相关介绍载：“大名崔东壁，于清儒中特树一帜，说诗不宗毛传，辨伪古文尚书与阁百诗暗合，而其诸种考信录之作，于上古史之考证，尤为独具慧眼，盖用演绎归纳方法，融会贯通，以寻求真历史，成一家之学，此胡适之所以称为‘科学的历史家’而其书之备受近人欢迎也。唯陈履和原刻本已不易得，几辅丛书本又非完璧，日本翻刻本流传不广，近日石印本错误百出，于崔氏学之传播，实为遗憾。敝社有鉴于此，以诸本校陈本，更加标点符号，用大字排印，考据精详，尤为本书特色。”[1]

[1] 罗根泽. 乐府文学史[M]. 北平：北平文化学社，1931：封三.

6. 黄遵宪著《人境庐诗草》

1930年7月，黄遵宪著《人境庐诗草》一册，高崇信、尤炳圻校点，北平文化学社印成。

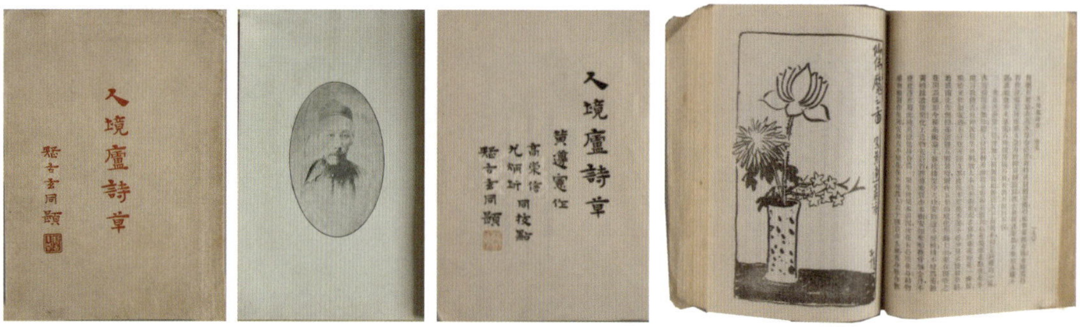

3-1-34

图3-1-34 《人境庐诗草》，北平文化学社，1930年版

《人境庐诗草》相关介绍写道：“黄公度先生为近代第一诗家，其诗不拘古人法度，而能兼前人之长，富于新思想，而为诗界开一新纪元，其精致处，直可谓前无古人，后无来者。《人境庐诗草》，尤为其得意之作，现经高尤二君全部校点出书，为本书作书面的疑古玄同先生说：‘公度之诗，无论从新的方面，或从旧的方面去看，都是价值很高的，而其书今近绝不可得，把他重印，真是莫大公德。’为本书作插画扉画多幅的名画家，丰子恺先生也说：‘我是最喜欢读公度的诗的。’赠给本书许多有趣的集外诗的董鲁安先生说：‘人境庐在近代文学史上的地位，世有定论不必多说了。’”[1]

7. 赵元任编《国语罗马字与威妥玛式拼法对照表》及《国语罗马字常用字表》

1930年7月，赵元任编《国语罗马字与威妥玛式拼法对照表》一册，国语统一筹备委员会发刊，北平文化学社出版。赵元任指出，1928年9月26日，中华民国大学院公布国语统一筹备会制定的国语罗马字拼音法式，作为国音字母第二式，“现在为便于已经懂威氏拼音者对查起见，特将这两种拼法制成对照表式”[2]。

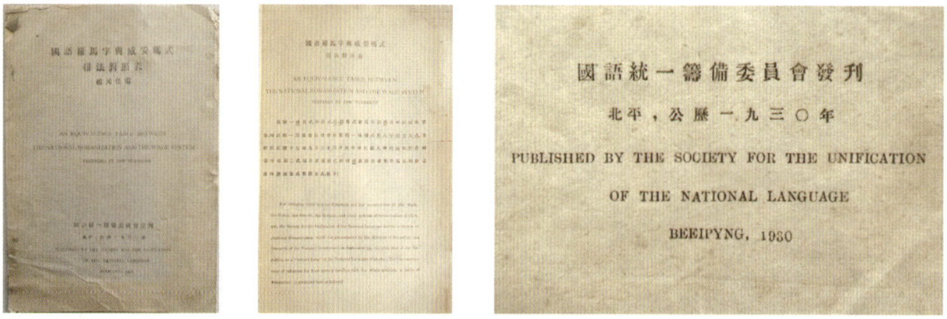

3-1-35

图3-1-35 《国语罗马字与威妥玛式拼法对照表》，北平文化学社，1930年版

[1] 康有为. 新学伪经考[M]. 方国瑜，校点. 北平：北平文化学社，1931：封底.

[2] 赵元任. 国语罗马字与威妥玛式拼法对照表[M]. 北平：北平文化学社，1930：1.

1930年6月，赵元任编《国语罗马字常用字表》一册，国语统一筹备委员会发刊，北平文化学社出版。

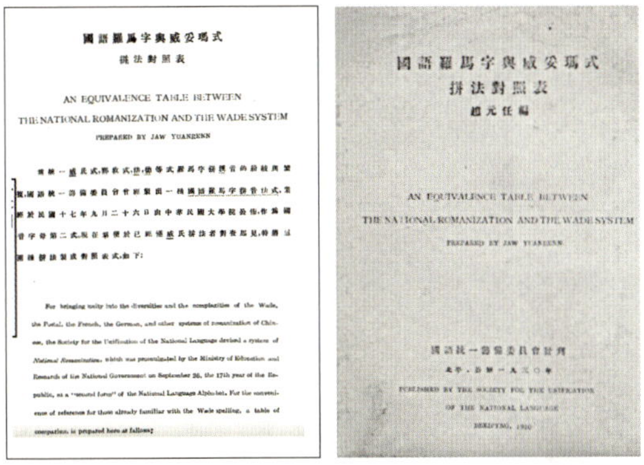

3—1—36

图3—1—36 《国语罗马字常用字表》，北平文化学社，1930年版

8. 罗根泽编述《乐府文学史》

1931年1月，罗根泽编述《乐府文学史》一册，北平文化学社出版。

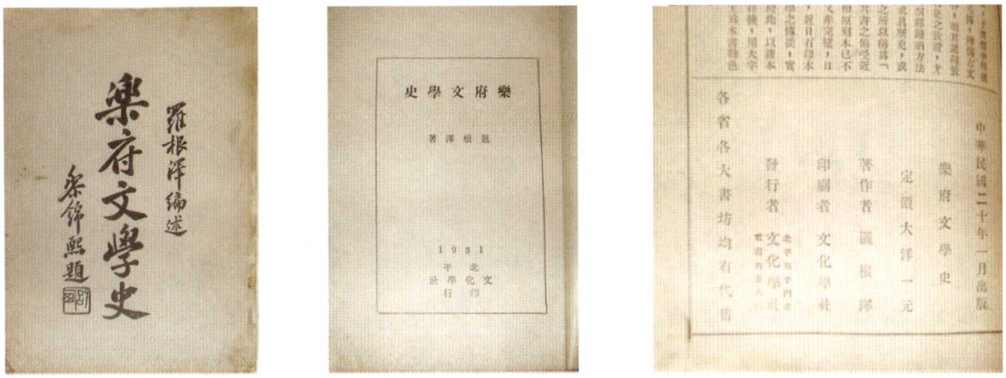

3—1—37

图3—1—37 《乐府文学史》，北平文化学社，1931年版

《乐府文学史》是罗根泽在河南中山大学天津女子师范学院用的讲义，经过几次修改、增补而成。全书叙述乐府文学产生、流变、衰落的现象与背景，“以文艺的志趣，史学的眼光，献身中国的文艺之园，整理各种文学”[1]。

9. 李中昊编辑《文字历史观与革命论》

1931年5月，李中昊编辑《文字历史观与革命论》一册，国语罗马字促进会发刊，北平文化学社出版。这本书由钱玄同写序言跟封面，胡适、刘半农题写书名，黎锦熙、蒋梦麟、赵元任写序言。

[1] 范文澜. 文心雕龙注：下册[M]. 北平：北平文化学社，1931：广告页.

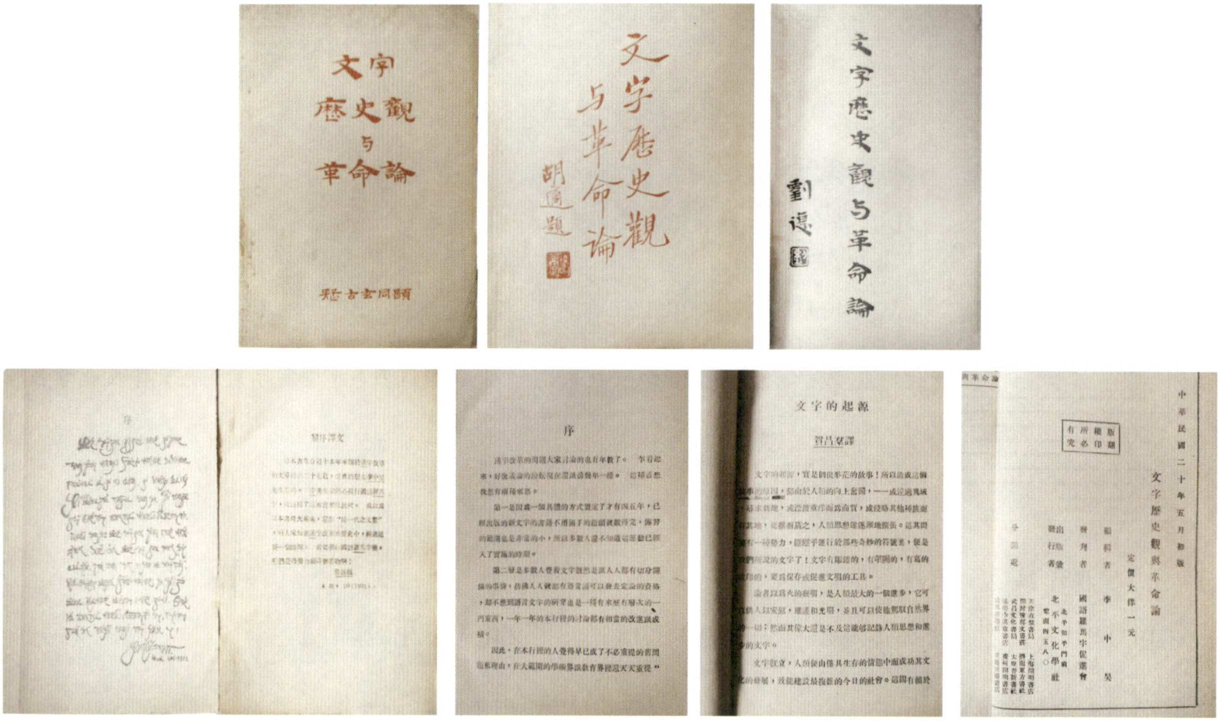

3–1–38

图3–1–38 《文字历史观与革命论》，北平文化学社，1931年版

《文字历史观与革命论》前面有李中昊1931年5月18日写于北京大学教育系阅览室的“写在书前头的话”。他热心推行国语罗马字，强调“（一）在文字构造上讲，方块字是应该废除的。（二）在历史演变上讲，方块字是可能废除的。（三）在社会应用上讲，方块字是必须废除的”[1]。他指出“方块字废除之后，用什么字来替代？那最好是用‘国语罗马字’。用‘国语’是民众的需要，用‘罗马字母’是世界的潮流”[2]。这本书集合民初以来对于汉字改革的文章27篇编辑而成，分编历史观、革命论、附录，其中“历史观”选有贺昌群、章太炎、梁启超、胡以鲁、沈兼士、钱玄同、何仲英、黎锦熙、疑古玄同、魏建功的文章，“革命论”选有傅斯年、李中昊、蔡元培、黎锦熙、疑古玄同、赵元任、彭学沛、杜子劲讲的文章，“附录”选有黎锦熙、李中昊、杜子劲等的文章。

10. 康有为著、方国瑜校点《新学伪经考》

康有为著《新学伪经考》一册，方国瑜校点，北平文化学社于1931年10月出版。

[1] 李中昊. 文字历史观与革命论[M]. 北平：北平文化学社，1931：写在书前头的话.

[2] 李中昊. 文字历史观与革命论[M]. 北平：北平文化学社，1931：写在书前头的话.

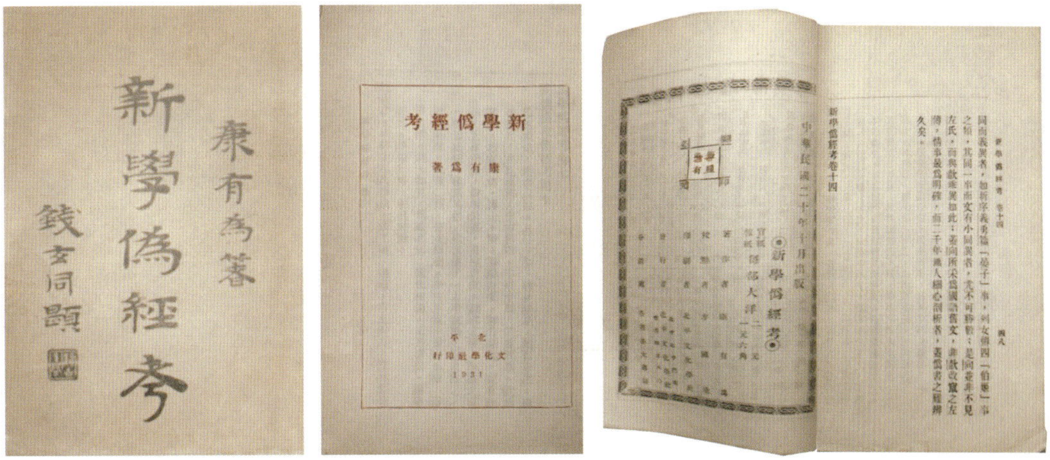

3-1-39

图3-1-39 《新学伪经考》，北平文化学社，1931年版

《新学伪经考》是康有为变法理论体系的一部主要著作。该书初刻于1891年，1894年遭清政府禁毁。1898年，戊戌变法运动中再刻并进呈光绪帝，不久再度遭禁毁，之后出现万木草堂版（1917年、1919年）、北平文化学社版（1931年）、商务印书馆版（1936年）及北京古籍出版社版（1956年）。

《新学伪经考》又名《伪经考》，共十四卷，和《孔子改制考》一样都是康有为宣扬托古改制思想的重要著作，主要内容是通过历史考证的学术方法，断定历代封建统治者所尊崇的“古文”经典，如《周礼》《逸礼》《古文尚书》《左传》《毛诗》等都是西汉末年刘歆伪造的，因此都是“伪经”。而刘歆制造伪经的目的是帮助王莽篡夺西汉的政权，建立国号为“新”的朝代，所以古文经学是新莽一朝之学，只能称之“新学”。康有为在书中主张今文经是孔子的真经，古文经是刘歆篡改过的，并对所有古文经进行彻底的否定和批判。

《（新式标点）新学伪经考》（康有为著……甲乙种）相关评论说：“……不读此书，不足以言经学；不读此书，不足以言儒家思想；不读此书，不足以言中国上古史，其有功于学术，诚难以数量计之。梁任公胡适之钱玄同诸先生极力推重，谓为青年必读之书，良有以也。惟此书绝版已久，坊间无从购得；本社重印行世，特请靳方二先生校点，嘉惠士子，差足以慰宣扬文化之意云。”[1]

11. 张陈卿编著《钟嵘诗品之研究》

1932年8月，张陈卿编著《钟嵘诗品之研究》一册，北平文化学社出版。

[1] 谭丕模. 新兴文学概论[M]. 北平：北平文化学社，1932：广告页.

3—1—40

图3—1—40 《钟嵘诗品之研究》，北平文化学社，1932年版

《钟嵘诗品之研究》共五章，对诗品的版本、著作的期间、评诗的标准、内容的分析，详加考证，书后附有诗品原文，加标点符号。

12. 谭丕模著《新兴文学概论》

1932年8月，谭丕模著《新兴文学概论》一册，北平文化学社出版。

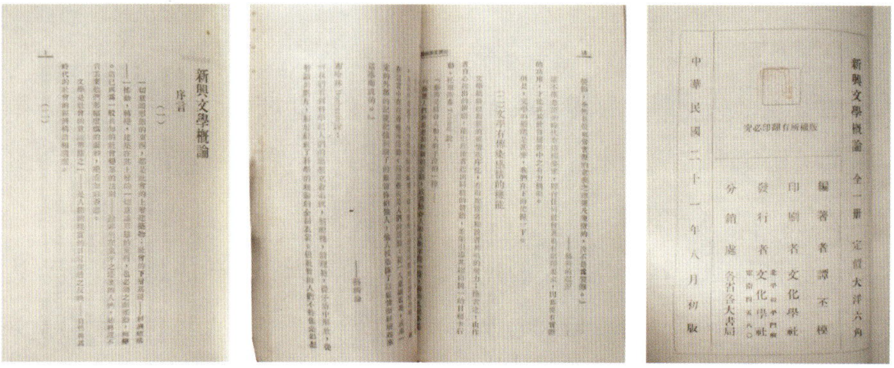

3—1—41

图3—1—41 《新兴文学概论》，北平文化学社，1932年版

《新兴文学概论》前有吕振羽写于1932年2月4日北平的“序言”，指出“谭先生这本著品——唯物论的文学论——始终都不失一个觉悟的严正的态度。本书的第二个精神，是在把文学和科学同哲学的关系，都成立了一个基本的联系”。这本书的相关介绍明确“用作高中或大学文学概论教本，尤为适宜”[1]。全书共14章，7万余言，内容依次为“文学之两大理论、文学的本质、文学的机能、文学与生活、文学与经济、文学与革命、文学的永久性与时代性、文学的普遍性与阶级性、文学是天才的表演吗、文学与个性有关系吗、文学的国民性是可能的吗、诗歌、戏剧、小说”，附录为“关于电影艺术”。

[1] 谭丕模. 文艺思潮之演进[M]. 北平：北平文化学社，1932：广告页.

四、中小学活页“文选”系列

20世纪30年代初，教学用书用活页编排成为一种新的趋势，不仅在正式教科书中使用，也便于自修适用，于是出现有活页“文选”系列。

（一）中小学“北新文选”系列

1. 姜亮夫、赵景深选注《（初级中学）北新文选》及姜亮夫选注《（高级中学）北新文选》

1931年9月，姜亮夫、赵景深选注《（初级中学）北新文选》六册，上海北新书局发行，大华印局排印。选编有彭端淑、张士元、叶绍钧、胡愈之、冰心、郑燮、黄宗羲等人文章。课文编排序号从第一册至第六册连续进行，先是一、三、五册编有1~143课，其次是二、四、六册编有144~274课，具体为第一册为第1~52课、第三册为第53~100课、第五册为第101~143课，第二册为第144~189课、第四册为第190~236课、第五册为237~274课。另编有“作者小传”一册，介绍各篇作者生平及作风。

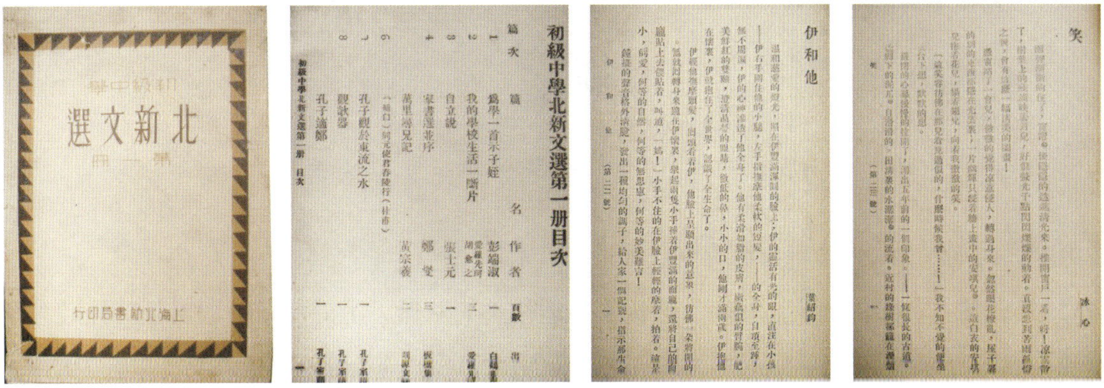

3-1-42

图3-1-42　《（初级中学）北新文选》第1册，北新书局，1931年版

1931年1月，姜亮大选注《（高级中学）北新文选》六册，上海北新书局出版。

3-1-43

图3-1-43　《（高级中学）北新文选》，北新书局，1931年版

《（高级中学）北新文选》供中等以上各校国文科讲习或自修之用，选文分论说、记叙、文艺三类，选有梁启超、章炳麟等人文章。编排时，每一年级皆以一种文体一家学说为中心，“一年级以墨家为主，兼及儒家；二年级以道家、法家为主，并完成儒家；三年级以文化史为中心，一方面收束一、二年级，一方面扩大学术范围。其他记叙文艺两类篇章，亦注以辅助论说文，使读者不仅能辨别文体，且可对于各种学派得一系统之概念”[1]。各篇之后附有“作者小传”。

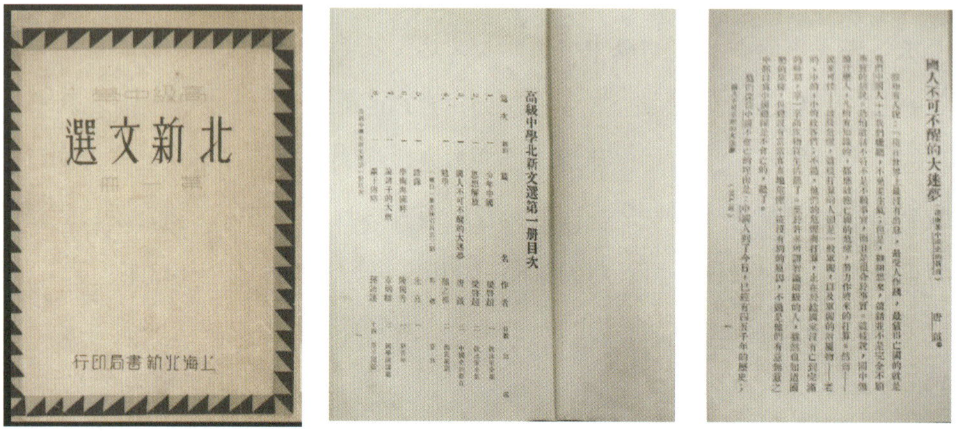

3-1-44

图3-1-44　《（高级中学）北新文选》第1册，北新书局，1934年版

2. 林兰、陈伯吹编《北新文选（小学适用）》系列

1933年，林兰、陈伯吹编《北新文选（小学适用）》八册，上海北新书局出版。林兰为李小峰的笔名。

3-1-45

图3-1-45　《北新文选（小学适用）》第6册，上海北新书局，1933年版

[1] 姜亮夫. 高级中学：北新文选：第1册[M]. 3版. 上海：北新书局，1931：编辑大意.

《北新文选（小学适用）》适用于小学中高年级，其中第一至四册适用于小学中年级，第五至八册适用于小学高年级。选文主要有历史故事、自然故事、传说、小说、寓言与诗歌等。这套教科书以“篇”为单位活页编排，每篇文章之后设计有练习题，偶尔附有名词解释，在几篇文章后加入课外阅读作品与文学常识。

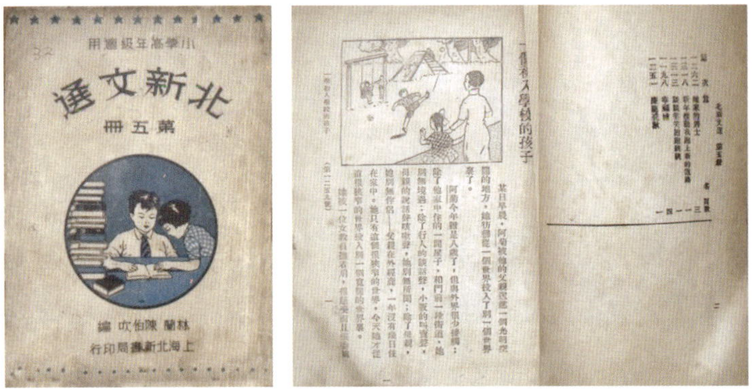

3—1—46

图3—1—46　《北新文选（小学高年级适用）》第5册，北新书局，1933年版

（二）其他活页编排的小学“文选”

1. 徐晋选编《儿童活页文选（合订本）》

1931年8月，《儿童活页文选（合订本）》八辑，上海儿童书局出版，教育部选定。所见第1、2、3辑的选编者为徐晋，勘校者黄一德；第6、8辑选编者徐晋，勘校者张一渠。《儿童活页文选（合订本）》第1辑开篇写道：“小学四年级和五、六年级的国语，在忠实的国语教师指导之下，大有自由选用活的国语教材的新趋势。本局为适应此项急切的需求，特请徐晋先生，节选古今著名的语体文，编排大字，篇篇独立；并经黄一德先生的精细校勘，定名为‘儿童活页文选’。”[1]

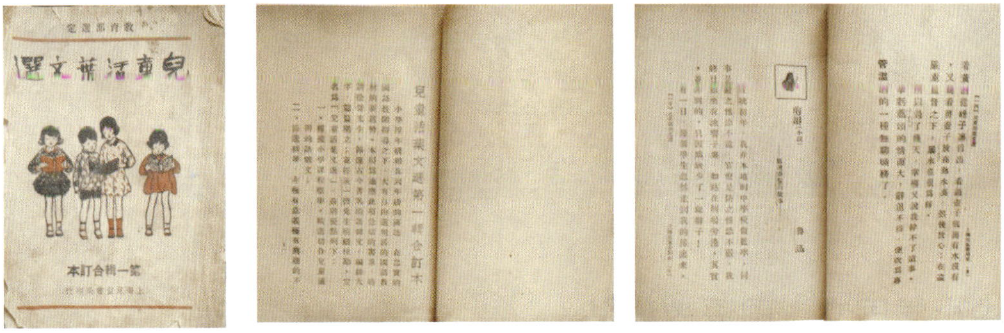

3—1—47

图3—1—47　《儿童活页文选（合订本）》第1辑，上海儿童书局，1933年版

[1] 徐晋．儿童活页文选：合订本：第1辑[M]．22版．上海：儿童书局，1936：1.

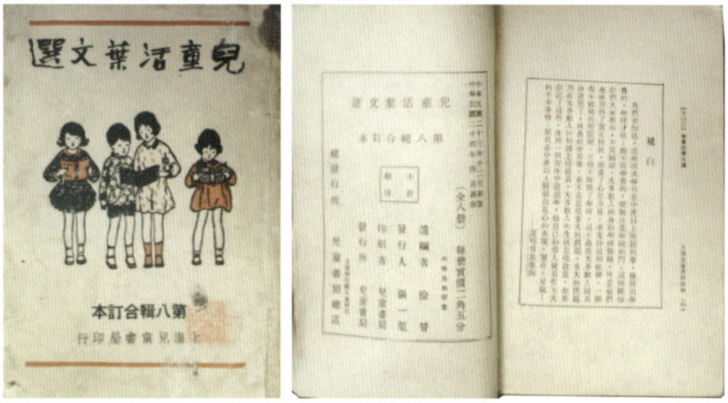

3—1—48

图3—1—48 《儿童活页文选（合订本）》第8辑，上海儿童书局，1935年版

活页文选将文选用活页的形式编印出来，供师生和自学者自由选用。可活页，可成册，是课本编辑中的一种创举。《儿童活页文选（合订本）》每篇选文单独编排页码，选有梁启超、陈独秀、胡适、刘半农、郁达夫、李朴园、陶行知等人文章。有议论文、记事文等，文学体裁有小说、诗歌、对话、传记等。

2. 《新活页文选》

笔者所见儿童书局出版有《新活页文选》，但编撰者及出版时间不详。选有黄河清、许达明、洪懋等人文章，选文的文章体裁有说明文、记叙文、议论文等，文学体裁有故事、日记、演说辞等。每篇选文后编有“文体”“注释”。

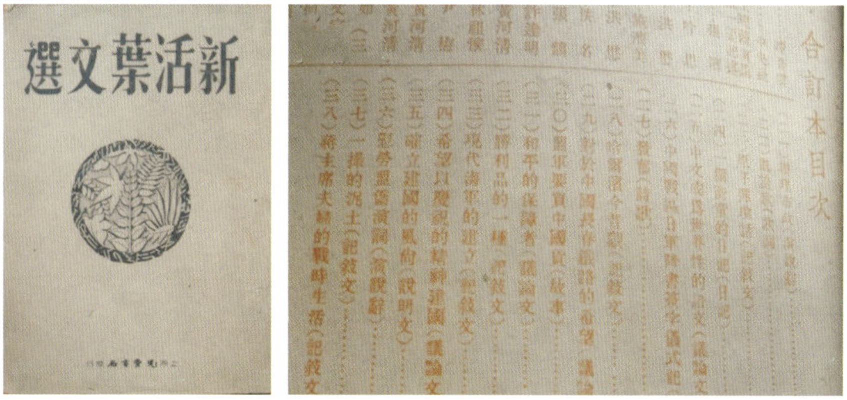

3—1—49

图3—1—49 《新活页文选》，上海儿童书局，出版时间不详

五、其他中小学国文、国语教科书

（一）小学国语教科书

1. 薛天汉编《（民智新课程）高级小学国语教科书》

1931年7月，薛天汉编《（民智新课程）高级小学国语教科书》四册，吴研因校订，上海民智书局出版。

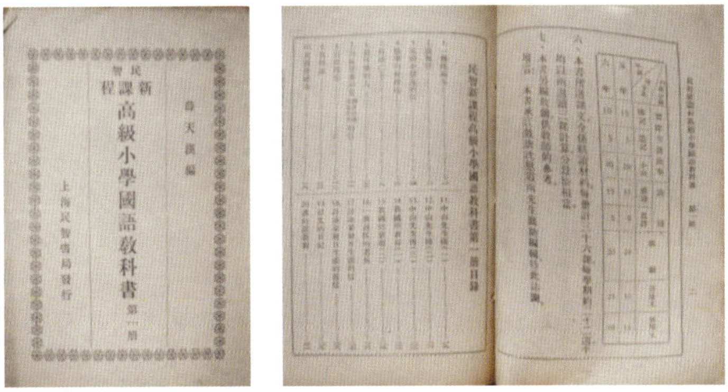

3-1-50

图3-1-50 《（民智新课程）高级小学国语教科书》第1册，民智书局，1931年版

《（民智新课程）高级小学国语教科书》遵循“党化”“儿童化”等要求，编排力求符合儿童学习的规律，材料以不同主题内容为线索编排，话题间有联络。故事所占的比重最大，也有诗歌、戏剧、小说等，实用文绝大部分为书信，内容多与学生学习、生活有关。教科书有插图，无练习。

2. 国立北平师范大学附属第二小学《新选国语读本》

1932年9月，国立北平师范大学附属第二小学刊印《新选国语读本》，册数不详，所见为第一、二、三册，各有三十课。

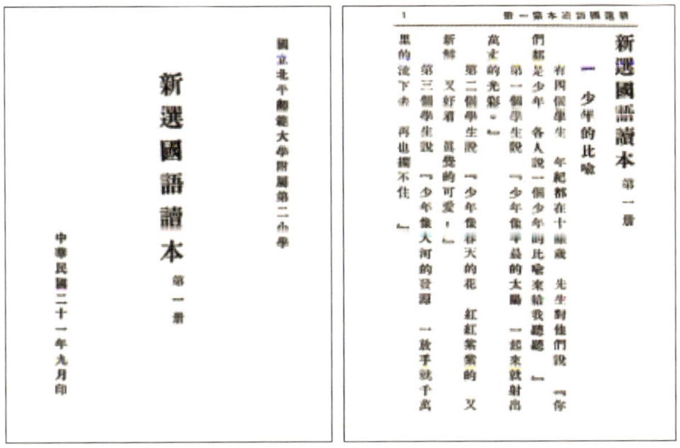

國立北平師範大學附屬第二小學

新選國語讀本 第一册

中華民國二十一年九月印

新選國語讀本第一册 1

新選國語讀本 第一册

一 少年的比喻

有四個學生 年紀都在十幾歲 先生對他們說『你們都是少年 各人說一個少年的比喻來給我聽聽』

第一個學生說『少年像早晨的太陽 一起來就射出萬丈的光彩。』

第二個學生說『少年像春天的花 紅紅紫紫的 又新鮮 又好看 真覺的可愛，』

第三個學生說『少年像大河的發源 一放手就千里的流下去 再也攔不住 』

3-1-51

图3-1-51 《新选国语读本》第1册，国立北平师范大学附属第二小学，1932年版

《新选国语读本》依据1929年公布的《小学暂行课程标准·小学国语》编纂，是国立北平师范大学附属第二小学的自刊教科书，也是当时国立北平师范大学的实习用书。这套教科书以单篇文章编排，没有单元及练习。第一册以记叙文为主，后两册出现书信、说明文、议论文等，选文时代感强，长篇文章分几课连续编排。第一册目录依次为：《少年的比喻》《国旗歌》《去国后给弟弟们的一封信》《青年须具的一种心习》《观潮时的感想》《画他几枝》《一幅好画图》《游西山卧佛寺的一夜》《西湖》《早晨的社会》《一个工读的孩子》《孙先生读书的嗜好》《不许吃闲饭》《两个疑问的信》《复竹虚的信》《可怜的黄莺》《我们须要的一颗心》《团体化》《漆室

女》《发明大王爱迪生》《登泰山》《笑的演说》《劳工神圣》《新年推动我跑上新的道路》《学徒苦》《可怜的女儿》《等候春天到来（一）》《等候春天到来（二）》《雪夜（一）》《雪夜（二）》。

（二）中学国文教科书

1. 石泉编著《（初中师范教科书）初中国文》及罗根泽、高远公编著《（高中师范教科书）高中国文》

1932年6月，石泉编著《（初中师范教科书）初中国文》六册，北平文化学社出版。

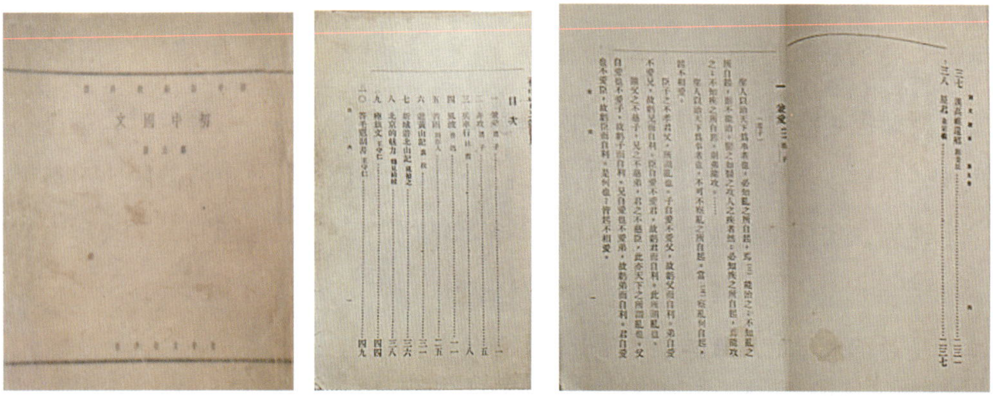

3-1-52

图3-1-52 《（初中师范教科书）初中国文》第5册，北平文化学社，1933年版

《（初中师范教科书）初中国文》是根据《初级中学国文暂行课程标准》编辑，供初级中学三学年用，“多蒙诸师友及师大附中同仁随时匡正”[1]。这套教科书选文共248篇，第一学年语七文三，第二学年语六文四，第三学年语文各半，并且明确与小学及高中适当衔接。选材列有四项基本条件：“1. 内容充实，具有深刻意义，真挚情感者。2. 形式完美，具有文学价值者。3. 切近社会实际生活，合于现代思潮者。4. 适合初中程度，易于引起兴趣者。”[2]选文中散文约占十分之八，有叙事、记事、说明、议论四种：第一学年叙事为主，记事为辅，说明、议论居极少数；第二学年叙记为主，论说为辅；第三学年，记、叙、论、说，约略均等。文学体裁方面，韵文约占十分之二：第一学年仅采新旧诗歌，第二学年兼录简短词令，第三学年乃及元曲、骚赋。这套教科书将选择内容相关或形式相近的文章，每二至三篇或四至五篇，排成一个单元，单元之间有一定联系。每篇末附出处和“作者略历”，作者存疑的，则改附“书名解题”。教科书对于中外专名、难词、术语及典故事实悉加注释。

[1] 石泉. 初中师范教科书：初中国文：第1册[M]. 北平：北平文化学社，1932：编辑大意.

[2] 石泉. 初中师范教科书：初中国文：第1册[M]. 北平：北平文化学社，1932：编辑大意.

1932年9月，罗根泽、高远公编著《（高中师范教科书）高中国文》六册，北平文化学社出版。

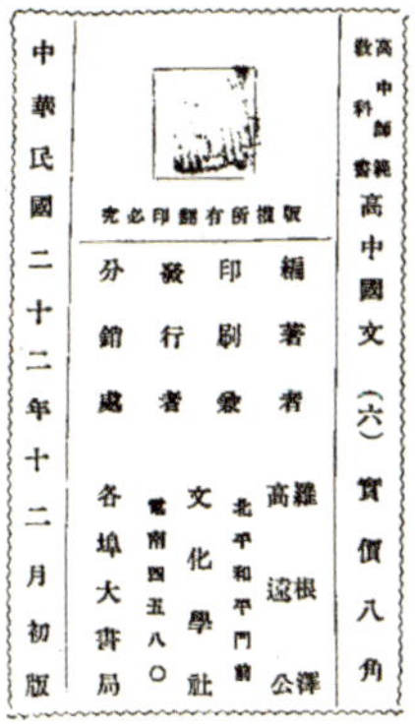
高中師範教科書 高中國文（六） 實價八角
版權所有翻印必究
編著者 羅根澤 高遠公
印刷發 北平和平門前
發行者 文化學社 電南四五八〇
分銷處 各埠大書局
中華民國二十二年十二月初版

3—1—53

图3—1—53 《（高中师范教科书）高中国文》，文化学社，1933年版

《（高中师范教科书）高中国文》专备高级中学及后期师范国文教学或自修之用。第一、二册语体文约占四分之一，第三、四册约减至五分之一，第五、六册约减至六分之一。选文选有各个时代的作品，现代作品尤多，“藉使学生认识本国文化及现代精神”[1]。特别“兼注重真诚的生命，借以提高学者的生活态度”[2]，且“间采奋发激壮之文艺作品，借使学者于欣赏之外，认识前人不屈不挠之精神，以作应付未来大难之参考”[3]。这套教科书编排“以学习心理为标准”[4]，性质相近者连续编排。第一、二册侧重抒情文与记叙文，第三、四册侧重说明文，第五、六两册侧重学术文，并且特别强调“本书不采纯粹讨论政治经济一类文字”[5]。

2. 徐汇师范（汇师中学）编选《（初中）国文选读》《（高中）国文选读》

1932年，徐汇师范编选《（初中）国文选读》六册，上海土山湾印书馆印刷，徐汇师范初版，这套教科书再版时，编纂者及发行者均改为“汇师中学”。

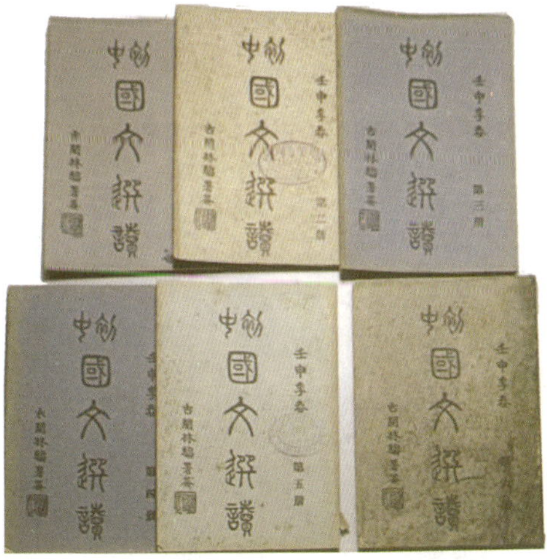

3—1—54

图3—1—54 《（初中）国文选读》，徐汇师范，1932年版

[1] 罗根泽，高远公．高中师范教科书：高中国文：第1册[M]．北平：北平文化学社，1933：编辑纲要．

[2] 罗根泽，高远公．高中师范教科书：高中国文：第1册[M]．北平：北平文化学社，1933：编辑纲要．

[3] 罗根泽，高远公．高中师范教科书：高中国文：第1册[M]．北平：北平文化学社，1933：编辑纲要．

[4] 罗根泽，高远公．高中师范教科书：高中国文：第1册[M]．北平：北平文化学社，1933：编辑纲要．

[5] 罗根泽，高远公．高中师范教科书：高中国文：第1册[M]．北平：北平文化学社，1933：编辑纲要．

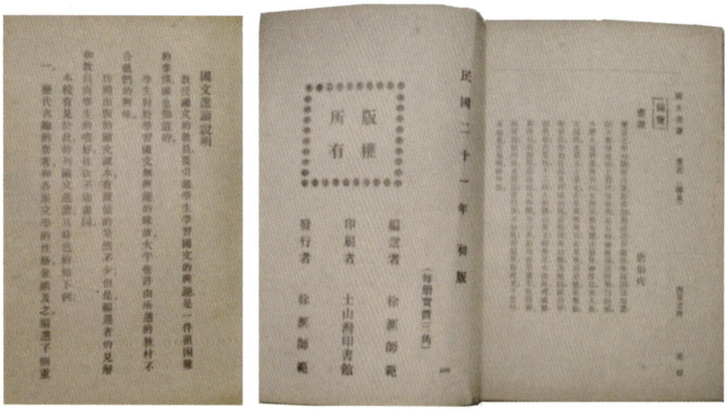

3-1-55

图3-1-55　《（初中）国文选读》第1册，徐汇师范，1932年版

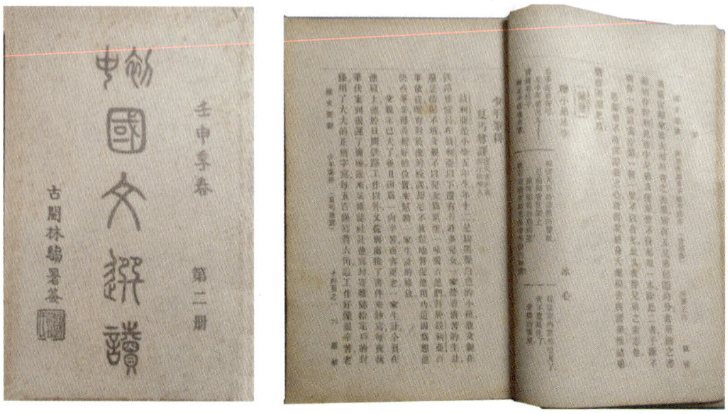

3-1-56

图3-1-56　《（初中）国文选读》第2册，汇师中学，1935年版

《（初中）国文选读》在“说明”中指出，学生对于学习国文无兴趣的缘故，大半是所选的教材不合他们的兴味。坊间出版的国文课本，有价值的确实不少；但是，编选者的见解和教员与学生的嗜好，往往不能尽同。这套教科书对于历代名论的要著，和各派文学的性格，兼顾及之。编选难字奇句，注解详明，每篇分段另起，并用新式标点。

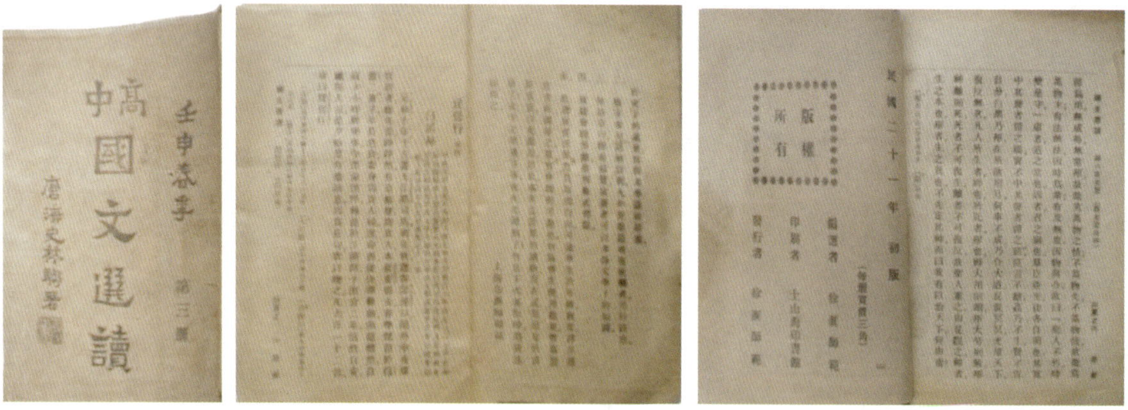

3-1-57

图3-1-57　《（高中）国文选读》第3册，汇师中学，1932年版

六、南洋华侨国语读本

陆费逵、黎锦晖、易作霖编《（南洋华侨）国语读本（高级小学用）》

1932年5月，陆费逵、黎锦晖、易作霖编《（南洋华侨）国语读本（高级小学用）》四册，张国基校阅，上海中华书局出版。

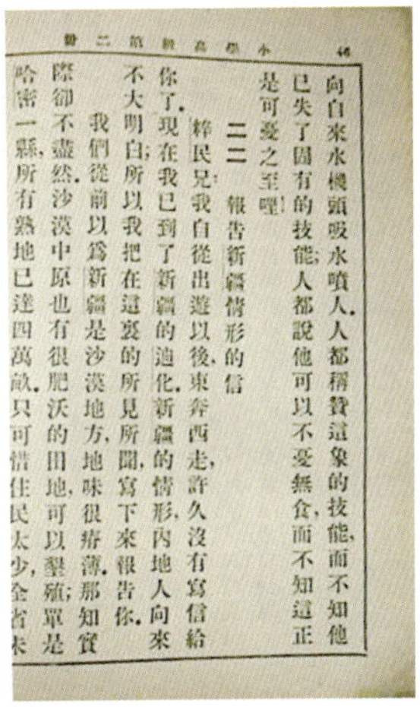

小學高級第二冊　46

向自來水機頭吸水噴人。人人都稱贊這象的技能，而不知他已失了固有的技能；人都說他可以不憂無食，而不知這正是可憂之至哩！

二二　報告新疆情形的信

梓民兄：我自從出遊以後，東奔西走，許久沒有寫信給你了。現在我已到了新疆的迪化。新疆的情形，內地人向來不大明白；所以我把在這裏的所見所聞，寫下來報告你。

我們從前以為新疆是沙漠地方，地味很瘠薄。那知實際卻不盡然。沙漠中原也有很肥沃的田地，可以墾殖；單是哈密一縣，所有熟地已達四萬畝。只可惜住民太少，全省未

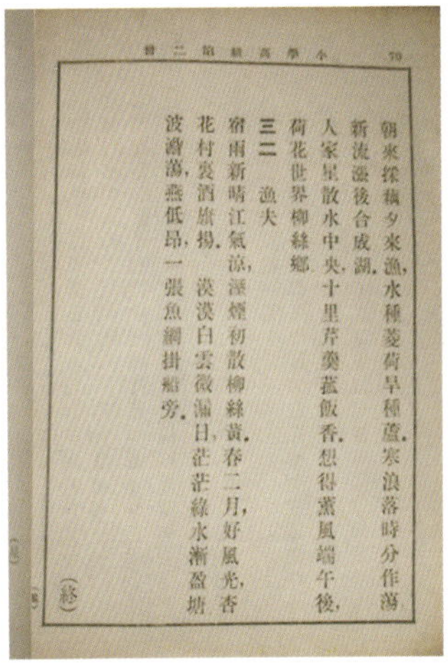

小學高級第二冊　79

朝來採藕夕來漁，水種菱荷旱種蘆。寒浪落時分作蕩，新流漲後合成湖。

人家星散水中央，十里芹羹菰飯香。想得薰風端午後，荷花世界柳絲鄉。

三二　漁夫

宿雨新晴江氣涼，淫煙初散柳絲黃。春二月，好風光，杏花村裏酒旗揚。　淡淡白雲微漏日，茫茫綠水漸盈塘，波瀲灔，燕低昂，一張魚網掛船旁。

（終）

3—1—58

图3—1—58　《（南洋华侨）国语读本（高级小学用）》，中华书局，1932年版

《（南洋华侨）国语读本（高级小学用）》各册32课，第二册有《袋鼠》《报告新疆情形的信》《渔夫》等课文，第三册有《天明了》《觉悟》《鲁滨孙漂流记》等课。课文无单元编排，封面彩色印刷，无插图，无注音符号，无练习。

七、民众识字课本

1.《（合音注义）千字课》

《（合音注义）千字课》前、后编是军队识字课本，所见“（合音注义）千字课后编序言”落款为1927年7月1日团长方克猷志于榆次东阳镇军次。

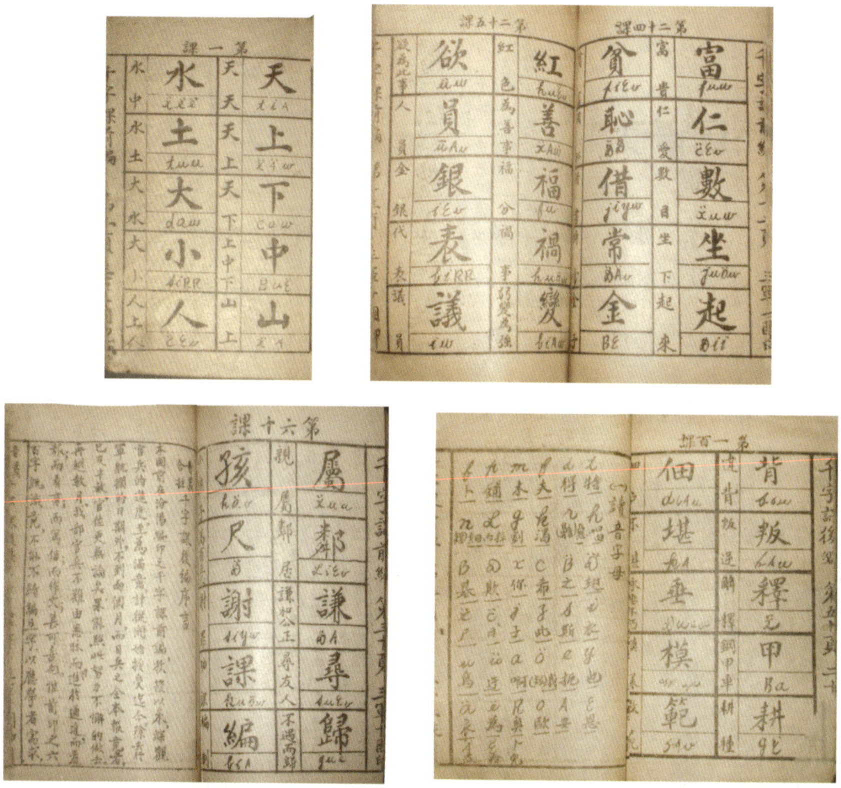

3—1—59

图3—1—59 《（合音注义）千字课》，出版信息不详

《（合音注义）千字课》共计100课，前编60课、后编40课，每课为一页，以方格单字编排十个字，每个字格内下注读音、左边组词，后编最后附有“千字课附录”，有读音字母、军歌，读音字母列出声母、介母、四声表等，军歌有《早起歌》《吃饭歌》《就寝歌》《国民革命歌》《三民主义歌》。

2. 中华平民教育促进会改编《（成年青年识字用）市民千字课》《（乡村初级平民学校识字读本）农民千字课》《（士兵识字用）士兵千字课》

1927年3月，中华平民教育促进会总会将《千字课》改编为《（成年青年识字用）市民千字课》四册，中华平民教育促进会出版，商务印书馆发行。在《（成年青年识字用）市民千字课》第一册“改编纪要”中写道：“旧编千字课出版以来，销数已达三百余万，然本会同人为益求精良，增加效果起见，特综合左列各项人员意见，重行改编。”[1]这套教科书另编有自修用本，于1932年出版时注明国难后第1版，1950年进行修订，所见有1956年印刷版次。

[1] 中华平民教育促进会总会. 成年青年识字用：市民千字课：第1册[M]. 北京：中华平民教育促进会，1927：改编纪要.

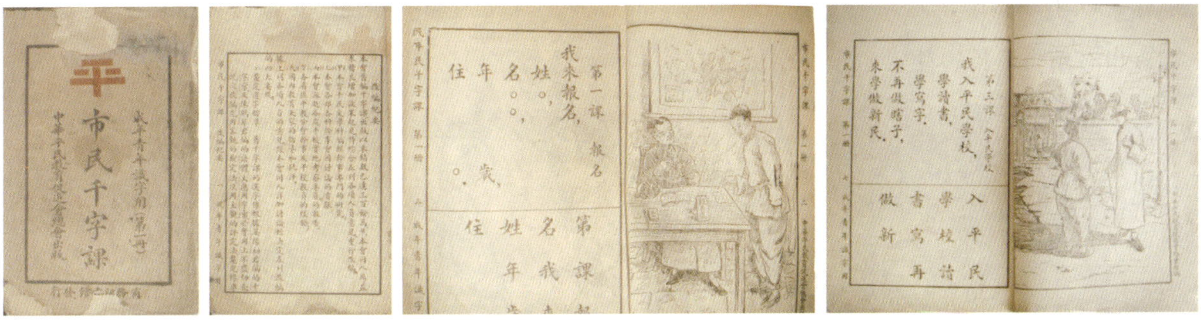

3-1-60

图3-1-60　《（成年青年识字用）市民千字课》第1册，中华平民教育促进会，1927年版

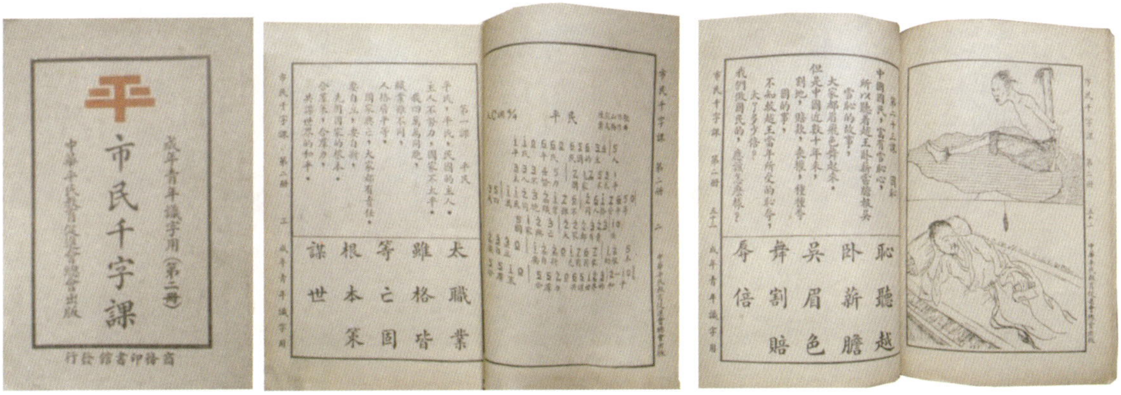

3-1-61

图3-1-61　《（成年青年识字用）市民千字课》第2册，中华平民教育促进会，1938年版

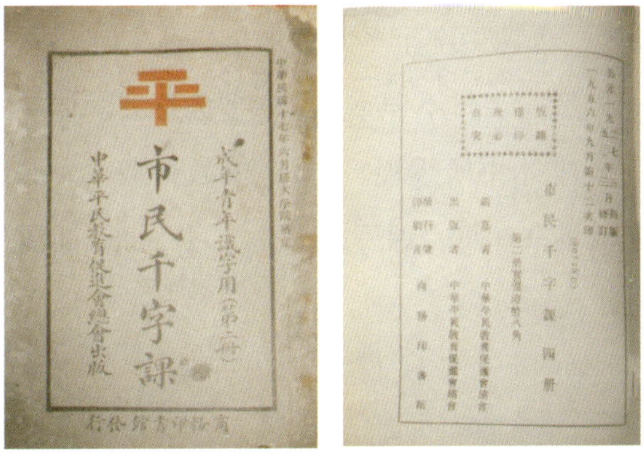

3-1-62

图3-1-62　《（成年青年识字用）市民千字课》第2册，中华平民教育促进会，1956年印

旧的千字课选字是根据晏阳初编的《千字汇》及陈鹤琴编的《语体文应用字汇》，改编时明确“先用客观的检定法，次用主观的评定法，厘定标准，重新选字”[1]。《（成年青年识字用）市民

[1] 中华平民教育促进会总会. 成年青年识字用：市民千字课：第1册[M]. 北京：中华平民教育促进会，1927：改编纪要.

千字课》以单元编排，六课为一单元，中间穿插练习。课文与插图分别单页编排，插图一般为单页一幅，也有单页六幅，生字位于课文页下方，生字无注音符号，课文用新式标点。

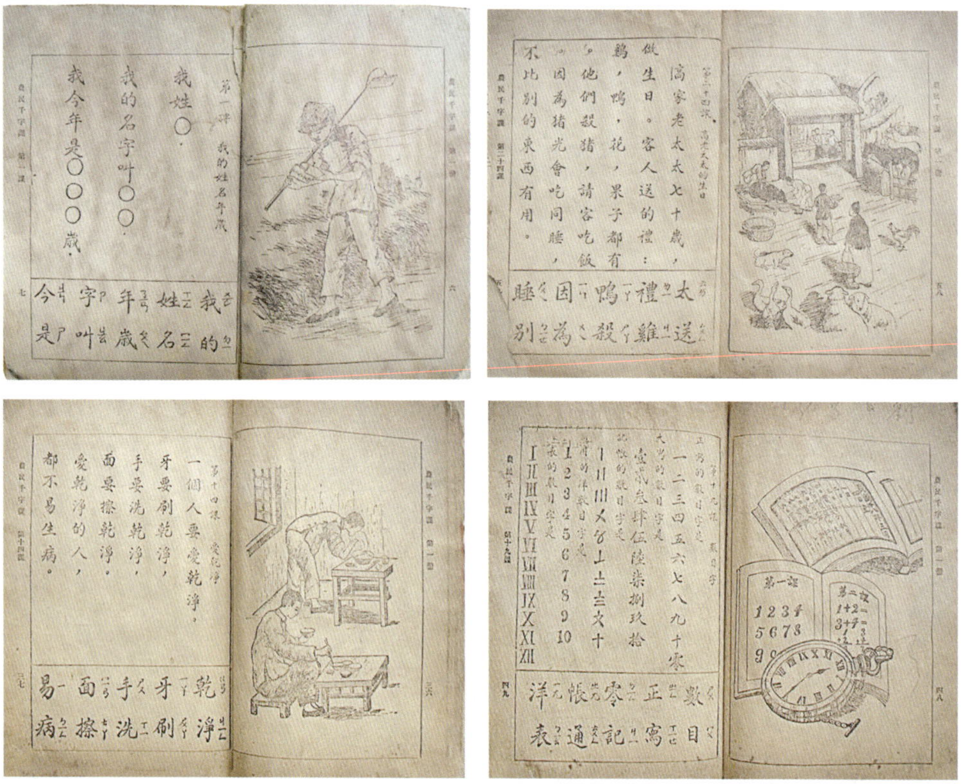

3-1-63

图3-1-63 《（乡村初级平民学校识字读本）农民千字课》第1册，中华平民教育促进会，出版时间不详

《（乡村初级平民学校识字读本）农民千字课》共四册，编撰目的有三点：“（甲）使学生识得最常用的单字及复字，并能练习运用；（乙）使学生能练习简单的写信（明信片）；（丙）使学生能练习记账。”[1]第一册共有24课，生字238个，每课生字至多不过十个，课文至长不过50字。“本书以介绍最常用之单字、复字及数目号码，以适应乡村不识字人之需要为标准。课文中亦有灌输公民、卫生、生计等常用者，但均属附带性质，非本书所重视。”[2]这套教科书“为提起学生读书之兴趣起见，故课文或采韵文体裁”。[3]这套教科书在每六课后，加一练习。每课插图单独排一页。生字位于课文页下方，有注音符号。课文用新式标点。

[1] 中华平民教育促进会总会．乡村初级平民学校识字读本：农民千字课：第1册[M]．北京：中华平民教育促进会，［出版年不详］：农民千字课第一册编辑大意．

[2] 中华平民教育促进会总会．乡村初级平民学校识字读本：农民千字课：第1册[M]．北京：中华平民教育促进会，［出版年不详］：农民千字课第一册编辑大意．

[3] 中华平民教育促进会总会．乡村初级平民学校识字读本：农民千字课：第1册[M]．北京：中华平民教育促进会，［出版年不详］：农民千字课第一册编辑大意．

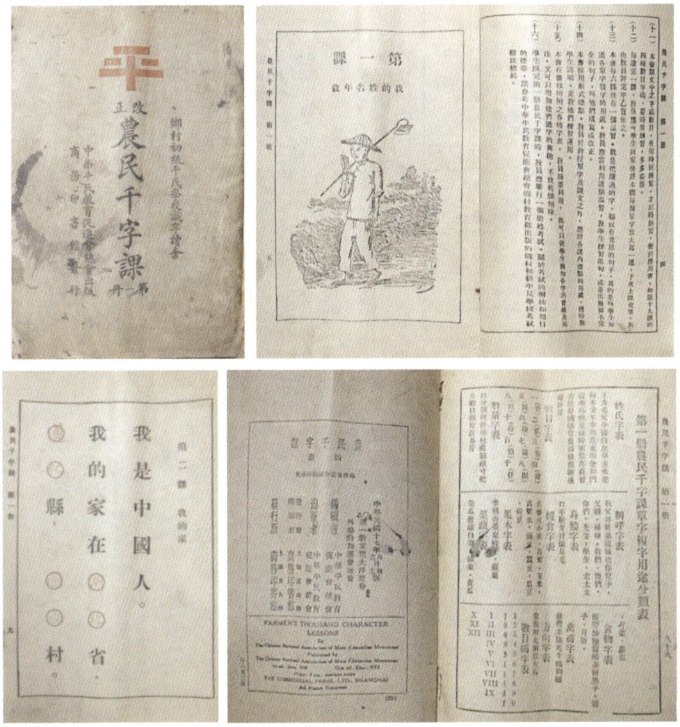

3—1—64

图3—1—64 《（乡村初级平民学校识字读本）（改正）农民千字课》第1册，中华平民教育促进会，1928年版

《（乡村初级平民学校识字读本）农民千字课》出版后多次改正，所见1928年的《（乡村初级平民学校识字读本）（改正）农民千字课》的课文印刷字体为宋体，第一册最后附有“第一册农民千字课单字复字用途分类表”，包含“姓氏字表”“数目字表”“数量字表”“称呼字表”“身体字表”“果木字表”“菜蔬字表”“食物字表”“禽畜字表”“数目码字表”。

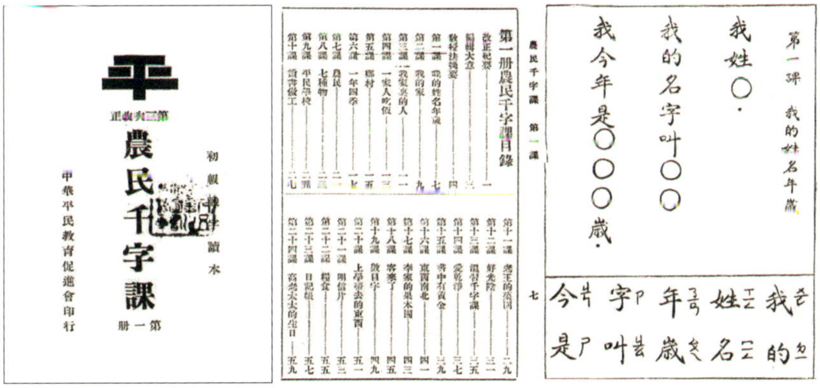

3—1—65

图3—1—65 《（初级识字读本）（第三次改正）农民千字课》第1册，中华平民教育促进会，1935年版

1931年1月，中华平民教育促进会根据中华平民教育促进会定县实验区各平民学校实验和研究的结果，对《农民千字课》进行了第三次改正。《（初级识字读本）（第三次改正）农民千字课》主要修改之处在于：“（一）前两册的生字，每课至多十个，后两册的生字，每课至多十二个。（二）课文力求简明，教材更求适用。”[1]

[1] 中华平民教育促进会平民文学部．初级识字读本：第三次改正：农民千字课：第1册[M]．8版．北平：中华平民教育促进会，1935：第三次改正纪要．

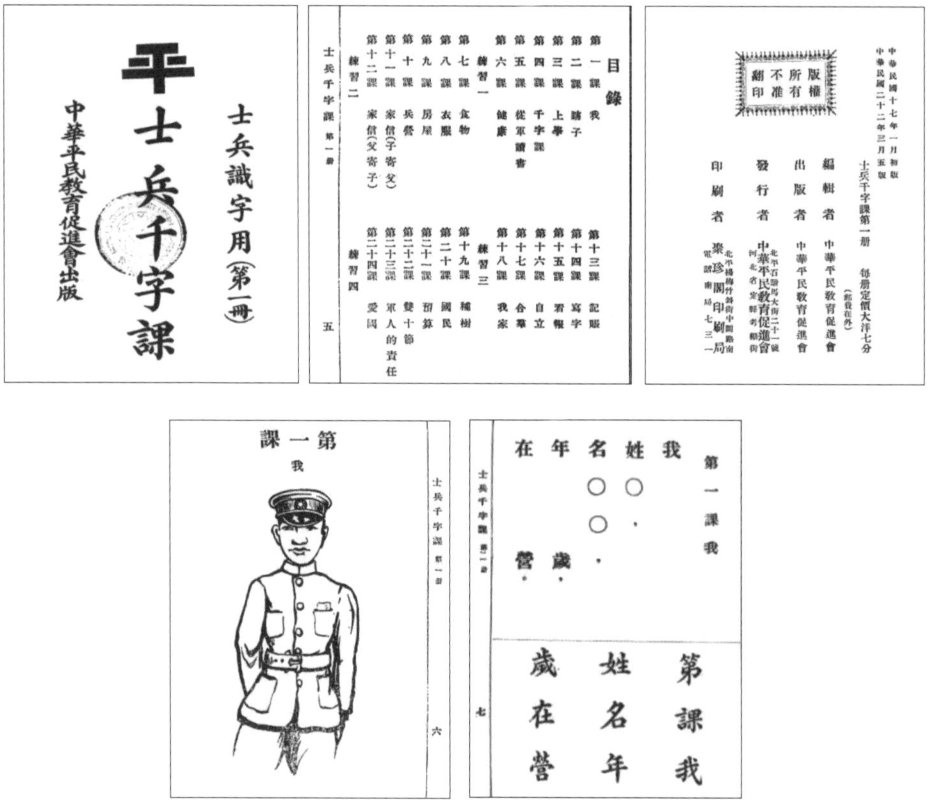

3-1-66

图3-1-66 《（士兵识字用）士兵千字课》第1册，中华平民教育促进会，1933年版

《（士兵识字用）士兵千字课》是为不识字的兵士编辑的，这套教科书的编辑目的有二：“（1）主要目的在认识并运用日常生活所必需的文字。（2）次要目的使士兵略得公民教育及生计教育的基础知识。”[1]这套教科书用字，“根据本会所定选字标准，用客观的检定法和主观的评定法，重新厘定日常生活最适用最紧要的一千三百余字”[2]。这套教科书的教学原则，“最重要的有三：（1）以学生为本位；（2）根据学生的经验和需要；（3）引起学生好学的兴趣”[3]。这套教科书每课插图单独排一页，一般为单页一幅。课文按单元编排，中间穿插练习，生字位于课文下栏，无注音符号，有新式标点。

3. 王琳著《军人千字课》《军人千字课续集》

1927年10月，晓庄学校民众教育研究会王琳著《军人千字课》一册，许士骐绘图，陶知行校订，教育建国同志社编辑，上海商务印书馆出版。

[1] 中华平民教育促进会. 士兵识字用：士兵千字课：第1册[M]. 5版. 北平：中华平民教育促进会，1933：编辑大意.
[2] 中华平民教育促进会. 士兵识字用：士兵千字课：第1册[M]. 5版. 北平：中华平民教育促进会，1933：编辑大意.
[3] 中华平民教育促进会. 士兵识字用：士兵千字课：第1册[M]. 5版. 北平：中华平民教育促进会，1933：编辑大意.

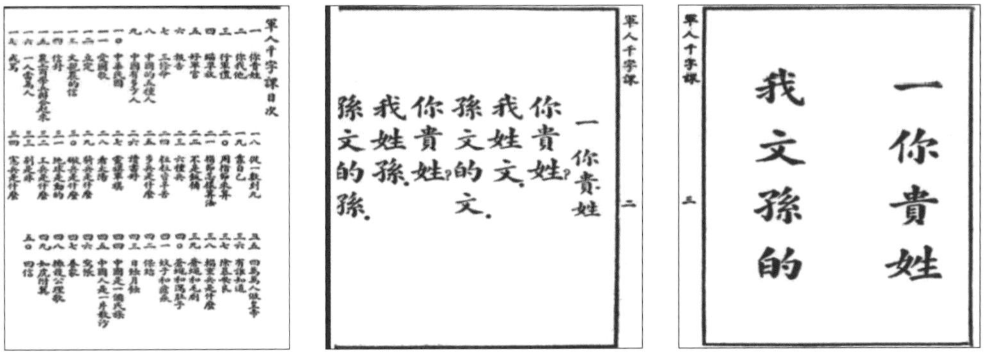

3-1-67

图3-1-67 《军人千字课》，商务印书馆，1929年版

《军人千字课》共50课，课文、生字、插图单页编排，课文无生字，无练习，有新式标点。

1927年12月，晓庄学校民众教育研究会王琳著《军人千字课续集》一册，许士骐绘图，陶知行校订，教育建国同志社编辑，上海商务印书馆出版。

3-1-68

图3-1-68 《军人千字课续集》，商务印书馆，1929年版

《军人千字课续集》共50课，课文、生字、插图单页编排，课文无生字，无练习，有新式标点。

4. 晓庄学校民众教育研究会编辑《三民主义千字课》

1927年12月，晓庄学校民众教育研究会编辑《三民主义千字课》两册，蔡元培校订，上海商务印书馆出版，新时代教育社发行。

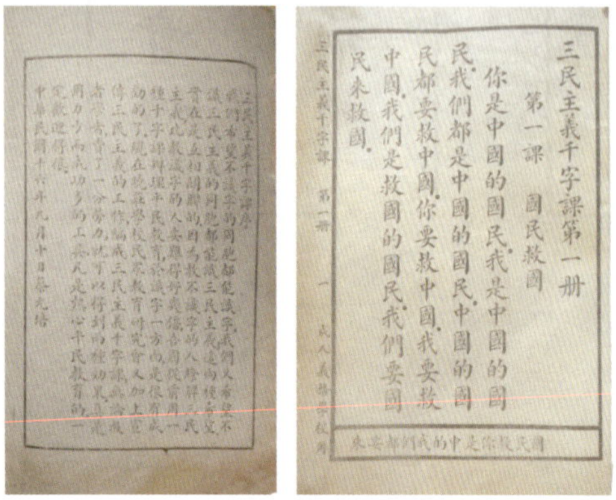
三民主義千字課第一冊
第一課 國民救國
你是中國的國民，我是中國的國民，我們都是中國的國民，中國的國民都要救中國。你要救中國，我要救中國，我們是救國的國民，我們要國民來救國。

3-1-69

图3-1-69 《三民主义千字课》第1册，商务印书馆，1927年版

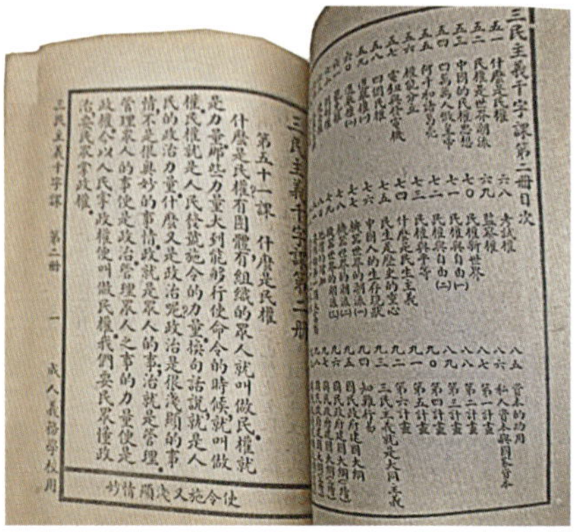

3-1-70

图3-1-70 《三民主义千字课》第2册，商务印书馆，1928年版

《三民主义千字课》最前面有蔡元培写的“三民主义千字课序”，指出“我们希望不识字的同胞都能识字，我们又希望不识三民主义的同胞都能识三民主义，这两种希望，实在是互相关联的。因为教不识字的人了解三民主义，比教识字的人要难得好几倍，吾国从前用一种千字课办理平民教育，于识字一方面，是很有成效的了。现在晓庄学校民众教育研究会又加上宣传三民主义的工作，编成三民主义千字课，无论教者学者，费了一分劳力，就可以得到两种效果，真是用力少而成功多的工具，凡是热心平民教育的，一定欢迎得很”[1]。《三民主义千字课》第一册编有《国民救国》《救国就要革命》《国民革命歌》《农工商学兵联合起来》《救国就要有主义》《中国国民救国的主义》等五十课。课文生字位于下栏，无注音符号，无练习，无单元。

5. 沈百英编纂《（新时代民众学校）识字课本》

1929年8月，沈百英编纂《（新时代民众学校）识字课本》四册，陈布雷校订，上海商务印书馆出版。这套教科书配编有《（新时代民众学校）识字课本教学法》。

[1] 晓庄学校民众教育研究会. 三民主义千字课：第1册[M]. 上海：商务印书馆，1927：三民主义千字课序.

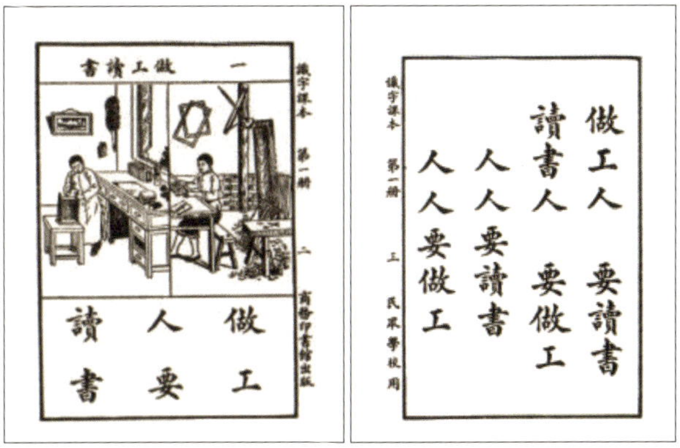

3-1-71

图3-1-71 《（新时代民众学校）识字课本》第1册，商务印书馆，1933年版

《（新时代民众学校）识字课本》遵照教育部公布民众学校办法大纲的规定，根据三民主义，授予年长失学者以日常生活必需之文字。这套教科书“纯采成人习用之文字，以流利浅显之白话编辑”[1]。每册24课，内容偏重互动、合作、勇敢、劳动、敬业等材料。有诗歌、故事、传记、日用文等文体，编排15个单元，每五课有一次复习，书末附生字总表及简笔字表等材料，插图丰富。

6. 山西省教育厅编辑处编辑《农民千字课》

1929年，山西省教育厅编辑处编辑《农民千字课》，山西省教育厅发行，太原晋阳日报社印刷。

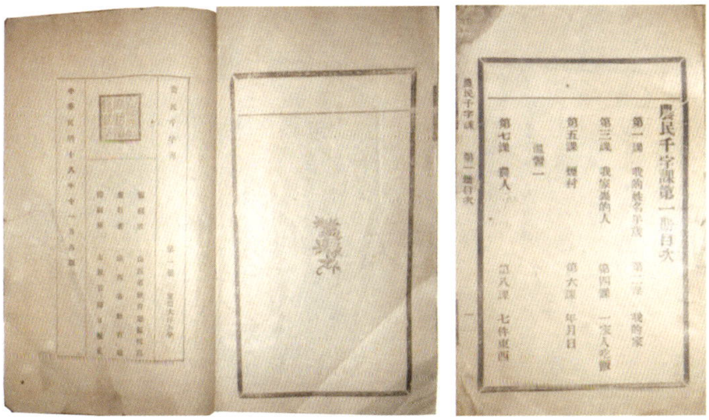

3-1-72

图3-1-72 《农民千字课》第1册，山西省教育厅，1929年版

《农民千字课》每册24课，单元编排，每课编有“练习”，六课编有“温习”。生字位于课文上栏，无注音符号，无插图。

7. 茅仲英、武宝琛等编辑《（党义识字常识混合编制）民众高级读本（高级民众学校用）》

1931年11月，茅仲英、武宝琛等编辑《（党义识字常识混合编制）民众高级读本（高级民众学校用）》，俞庆棠等校订，江苏省立教育学院北夏普及民众教育实验区出版，江苏省立教育学院刊

[1] 沈百英. 新时代民众学校：识字课本：第1册[M]. 12版. 上海：商务印书馆，1933：编辑大纲.

物发行处发行，无锡民生印书馆印刷。

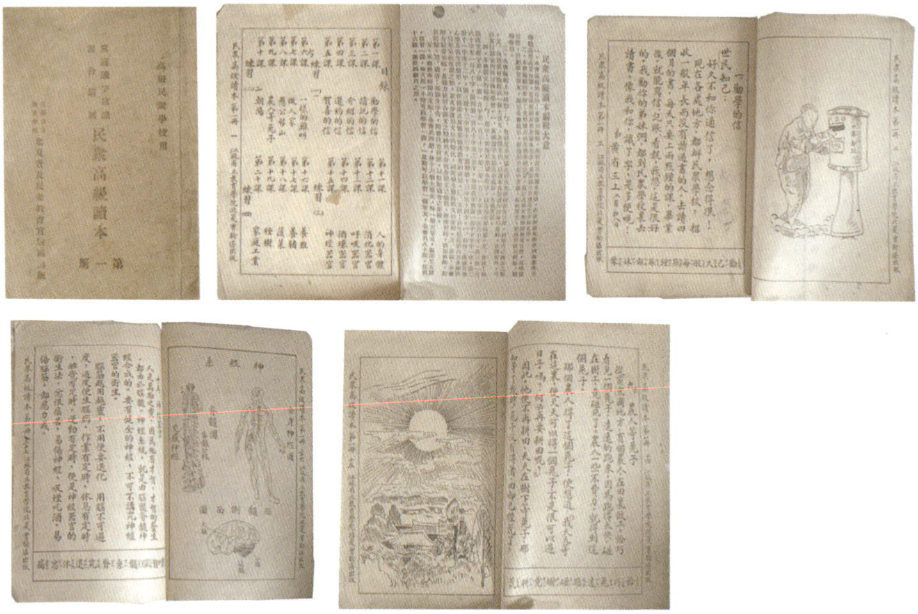

3—1—73

图3—1—73 《（党义识字常识混合编制）民众高级读本（高级民众学校用）》第1册，江苏省立教育学院北夏普及民众教育实验区，1934年版

《（党义识字常识混合编制）民众高级读本（高级民众学校用）》课文与插图分别单页编排，插图一般为单页一幅，也有单页六幅。生字位于课文下栏，有注音符号，有新式标点。

8. 盛朗西、张咏春编《民众千字课本》

1935年2月，盛朗西、张咏春编《民众千字课本》四册，张德骀、吕伯攸校，上海中华书局出版。

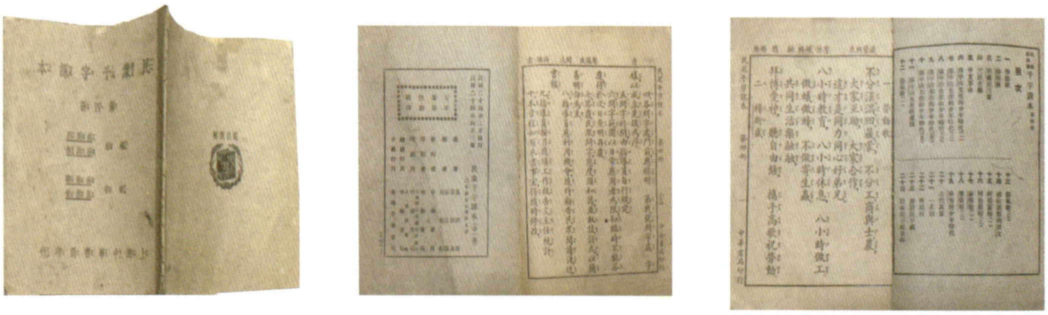

3—1—74

图3—1—74 《民众千字课本》第4册，中华书局，1935年版

《民众千字课本》课文文字全部标注音符号，生字没有标注音符号，位于课文上栏，有少量插图。所见第四册没有单元，有《劳动歌》《杨斯盛》《周处除三害》《三民主义》《辛亥革命》《孙中山先生的少年时代（一）》《孙中山先生的少年时代（二）》《孙中山先生的少年时代（三）》《孙中山先生的少年时代（四）》《孙中山先生的少年时代（五）》《孙中山先生的遗嘱》等二十四课。

9. 陶行知编纂《老少通千字课》

1935年4月，陶行知编纂《老少通千字课》四册，罗珊和、陶宏注音，上海商务印书馆出版。

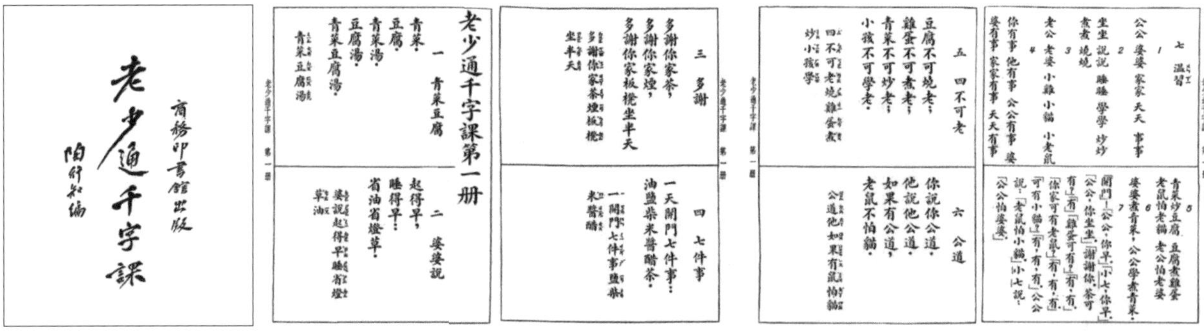

3-1-75

图3-1-75 《老少通千字课》，商务印书馆，1935年版

《老少通千字课》是“老人和孩子通用的课本”[1]，同时“可作民众夜校或平民夜校的课本”[2]，每天学一小时，四个月学习完毕。为了普及民众识字，这套教科书提出“小孩子读了一课就可以拿一课去教家里的人或是邻居不能上学的人。这样一本书可以给两三个人用。教人的小孩子，我们称他为小先生。教师的新责任不是教小学生，乃是把小学生培养成小先生，鼓励你的每一个小学生都做小先生，每人至少教两个人”[3]，同时还要求将汉字与注音符号同时教人，并且指出“汉字重认不重写”[4]，鼓励学生用注音符号写信作文。这套教科书以单元编排，每七课之中有一温习课，运用前六课之生字造句写文。这套教科书每课生字在课后出现，有注音符号，全书无插图。

10. 上海市教育局编辑《（上海市民众）识字读本》

1935年4月，上海市教育局编辑《（上海市民众）识字读本》二册，上海市识字教育委员会校订，王云五发行，商务印书馆出版。这套教科书配编有教学法二册。

[1] 陶行知. 老少通千字课[M]. 11版. 上海：商务印书馆，1935：教师注意.

[2] 陶行知. 老少通千字课[M]. 11版. 上海：商务印书馆，1935：教师注意.

[3] 陶行知. 老少通千字课[M]. 11版. 上海：商务印书馆，1935：教师注意.

[4] 陶行知. 老少通千字课[M]. 11版. 上海：商务印书馆，1935：教师注意.

上海市民衆識字讀本 第一册
上海市教育局編輯
上海市識字教育委員會校訂
商務印書館發行

（一）做工
一二三四五，
一二三四五。
人人要做工，
天天有工做。
（問題）要做工？有工做？
（寫字）「一」「二」「三」「四」「五」「工」「人」。

中華民國二十四年四月初版
上海市民衆識字讀本二册

3—1—76

图3—1—76 《（上海市民众）识字读本》第1册，商务印书馆，1935年版

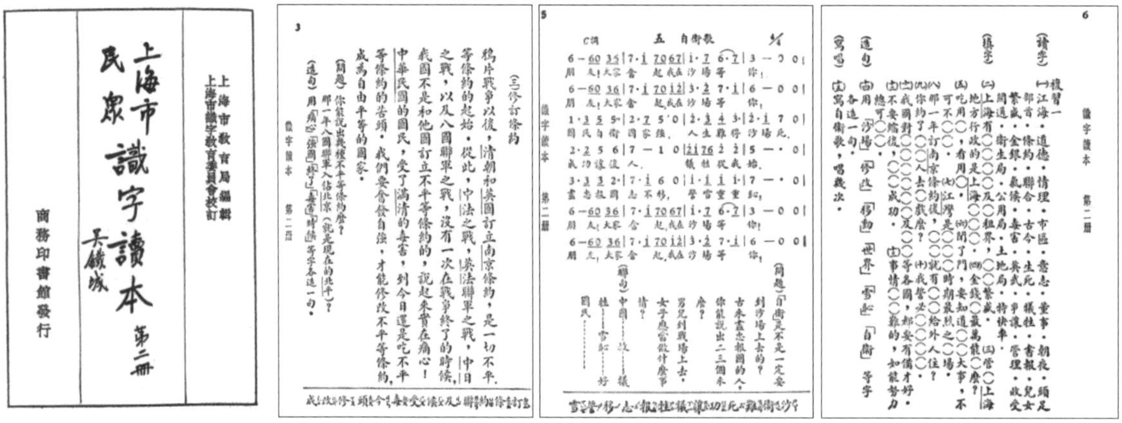

上海市民衆識字讀本 第二册
上海市教育局編輯
上海市識字教育委員會校訂
商務印書館發行

3—1—77

图3—1—77 《（上海市民众）识字读本》第2册，商务印书馆，1937年版

《（上海市民众）识字读本》是根据上海市的识字教育推行计划编辑的，成人初期普教为两个月，故分为二册。这套教科书的编辑宗旨“在使失学的成人和青年在两个月内，失学的儿童在四个月内，获得下列三种效果：（一）能认识和运用日常用字六百余字，并能借注音符号以求自识更多的字；（二）能获得国民必备的基本常识，尤能借识字以受公民训练；（三）能明了国家现状，激发奋起救国的热忱”[1]。这套教科书每册30课，复习六课，星期日不休息，供成人一个月，儿童两个月之用。课文以单元编排，每一单元五课、复习一课，共12个单元，成人以五天学习完毕，儿童则为十天，复习课文留作学生自修之用。这套教科书除教授学生识字、灌输公民知识外，最后特列算术单元，教学生认识数目符号，并学会最简单的加减乘除。课文文体以韵语为主，课文生字位于下栏，标注音符号，课后编有“问题”“写字”，有插图。所见第二册有《大上海（一）》《大上海（二）》《修订条约》《世界各国》《自卫歌》《注音符号（上）》《注音符号（中）》《注音符号（下）》《种牛痘》《防时疫》《开河凿井》《植树造林》等课。

[1] 上海市教育局. 上海市民众：识字读本：第2册[M]. 14版. 上海：商务印书馆，1937：编辑大意.

11. 湖北省政府教育厅编《民众识字课本》

1935年9月，湖北省政府教育厅编《民众识字课本》一册，商务印书馆印刷、发行。

3—1—78

图3—1—78 《民众识字课本》，商务印书馆，1935年版

《民众识字课本》前印有“湖北省政府强迫识字布告”，明确自1935年7月1日起，至1936年6月30日止，“全省九岁以上五十岁以下之失学儿童或成人，人人须读完教育厅所编千字课”[1]，并指出自1936年7月1日起，派考检团施行考验，“在现定年龄内，不识字者，处以相当罚金”[2]。

《民众识字课本》共48课，有单字约700个，是日常应用字。每课内分正课与副课，正课教单字，副课教单字的应用。每课两天教完，第一天教正课，第二天教副课，共96天教完。“本书限十六个星期教完，每星期上课六次，每次五十分钟。”[3]并且该书特别说明，“教完之后，应鼓励受教者，转教别人”[4]。

12. 王耀真主编《教学做儿童千字课》

1938年9月，王耀真主编《教学做儿童千字课》四册，河北昌黎美会小学教育股发行，昌黎洪兴

[1] 湖北省政府教育厅. 民众识字课本[M]. 上海：商务印书馆，1935：湖北省政府强迫识字布告.

[2] 湖北省政府教育厅. 民众识字课本[M]. 上海：商务印书馆，1935：湖北省政府强迫识字布告.

[3] 湖北省政府教育厅. 民众识字课本[M]. 上海：商务印书馆，1935：教学说明.

[4] 湖北省政府教育厅. 民众识字课本[M]. 上海：商务印书馆，1935：教学说明.

和印刷局印刷。昌黎美会小学是一所教会学校，由美国基督教会美以美会筹建。

3—1—79

图3—1—79 《教学做儿童千字课》第1册，河北昌黎美会小学教育股，出版时间不详

3—1—80

图3—1—80 《教学做儿童千字课》第3册，河北昌黎美会小学教育股，1938年版

《教学做儿童千字课》是在“教学做合一”的指导思想下编排的，以课为单位，没有单元，各册衔接较紧密。第二册根据第一册内容编写，是小朋友玩耍的记录册；第三册根据第二册内容编写，主要讨论儿童日用的文具、画报、玩具等；第四册根据第二、三册内容编写，并且完成儿童教学做的全部。这套教科书要求儿童掌握一千个常用汉字，在每课后编排要求儿童做的事情。教科书选材包括基本生活常识、历史故事、自然、地理知识等，无涉及抗战相关内容。教科书插图较为丰富，第二册和第三册分别编入两首配有简谱的儿歌。

13. 昌黎卫理公会静颐园修改及暂时发行《农民初级千字课》

1946年5月，《农民初级千字课》第三册由昌黎卫理公会静颐园修改及暂时发行，昌黎洪兴和书局出版。

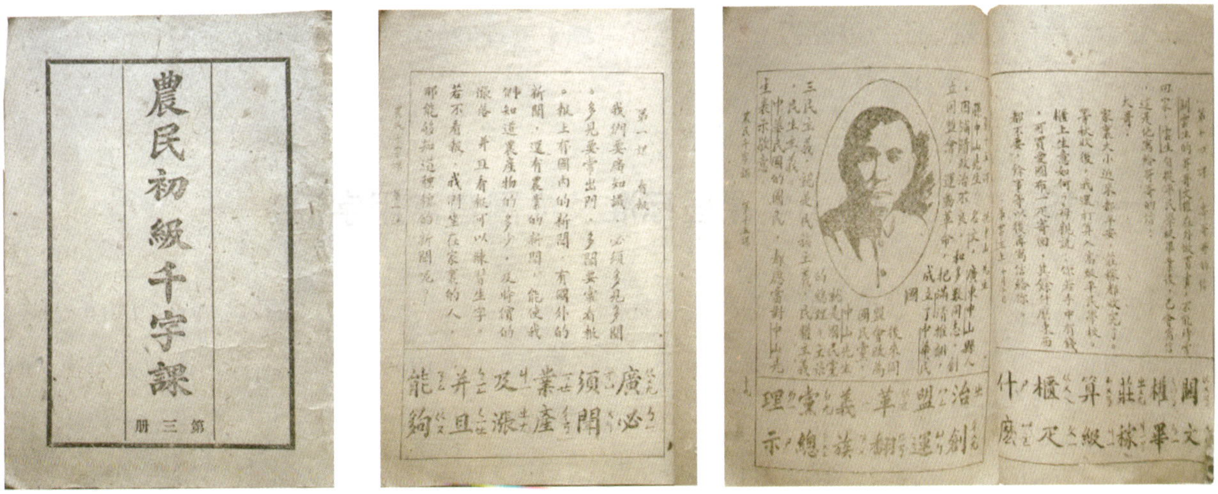

3-1-81

图3-1-81　《农民初级千字课》第3册，昌黎洪兴和书局，1946年版

《农民初级千字课》生字位于课文下栏，标注音符号，课文以单元编排，中间穿插练习，有插图。

中小学国语教科书大力倡导党义，灌输革命思想，选入国民党要人的作品。小学国语教科书选编多样的儿童文学作品，有故事、诗歌、寓言、小说、剧本等，语言形式较为活泼，较多利用了物语和童话的形式，国语教科书儿童化。中学国文、国语教科书都以用语体文来提高叙事说理、表情达意的能力为主要目的；作文则是训练白话文写作技能，教科书中口语表达能力的训练和提高作为一个重要的内容呈现，选文偏重记叙文、抒情文、说明文、议论文、应用文。

第二节
新课程标准与国文、国语教科书创新

1932年10月，教育部颁行中小学课程标准，改学分制为学时制，文理不分组，取消选修科目，在国文、国语课程目标上增加“深切了解固有文化，以期达到民族振兴之目的”一条。这一时期，教育部咨令各省市县推行注音符号，并正式公布《国音常用字汇》，以期达到全国人人识字的目的。中小学教科书实验探索积极展开，各类教科书编审管理制度不断明确，中小学国文、国语教科书编撰出版展现出新的样态。

一、1932 年颁行中小学课程标准及《国音常用字汇》

1929年8月，教育部颁布中小学课程暂行标准，训令各省、市教育厅和教育局在1930年6月以前，将指定学校的试验研究“开具意见，呈部，以供参考”[1]。1930年7月，各省、市并无意见呈送教育部，且有请延展试验研究期限，因此“乃由部通令延长试验研究时期一年，限于二十年六月以前，将结果呈部备考”[2]。1931年6月19日至20日，中小学课程及设备标准编订委员会举行大会，决定各科目推定委员一人，负责召集分组审查委员会，修正各科课程标准。由于“九一八”事变突起，继之“一·二八”事变，“学期之始业期既过，暂行标准遂无形复展一年”[3]。1932年，朱家骅出任教育部长，认为“课程标准关系重要，还须加以整理编订”[4]。教育部重行聘定委员，加以审核修改。1932年8月1日至5日，小学“将此项标准编订就绪”[5]。由于朱家骅认为小学国语课程

[1] 教育部中小学课程标准编订委员会. 中华民国二十一年十月教育部颁行：幼稚园小学课程标准[M]. 上海：中华书局，1936：2.

[2] 教育部中小学课程标准编订委员会. 中华民国二十一年十月教育部颁行：幼稚园小学课程标准[M]. 上海：中华书局，1936：3.

[3] 教育部. 修正初高级中学课程标准[M]. 南京：正中书局，1942：2.

[4] 教育部中小学课程标准编订委员会. 中华民国二十一年十月教育部颁行：幼稚园小学课程标准[M]. 上海：中华书局，1936：5.

[5] 教育部中小学课程标准编订委员会. 中华民国二十一年十月教育部颁行：幼稚园小学课程标准[M]. 上海：中华书局，1936：5.

标准“尤关重要”[1]，于是又聘请文学专家详为审核，从9月26日起开会两天，“把小学国语课程标准再加上一番琢磨工夫（读书教材分量支配表，就是在这次审核中拟订的）”[2]。在中学课程标准方面，“各方提出的修改意见较多，且此际中等教育之学制根本有所变动，即师范与职业学校均分别独立设置，完全划出于中学系统之外，而高初中以升学预备为主要之职能，其课程趋于定型，职业科目既须酌减，选修课程亦非属必要”[3]。1932年10月，教育部颁行《幼稚园小学课程标准》及《幼稚园小学课程标准施行办法》，明确小学不设党义科，将党义教材充分融化于国语、社会、自然等各科中。同时，对于课程标准施行范围、师资准备、课程教材、作业要项等具体规定，明确全国各小学应即一律遵照施行，但经教育部核准备案的实验小学，或因地方特殊情形，由主管教育行政机关呈经教育部核准备案，可得酌量变通办理。在课程教材的管理及编撰要求方面，不仅明确全国通用教科书、地方教材以及补充教材的各级编审管理制度，还对南洋课程教材提出了具体要求，同时明晰了教材内容的单元编排要求等。

1. 1932年10月，教育部颁行《小学各科课程标准·国语》

《小学各科课程标准·国语》[4]审核者是周予同、夏丏尊、赵景深、顾均正、顾树森，内容包括目标、作业类别、各学年作业要项、教学要点四项。其中，“目标”有四个方面：第一，指导儿童练习运用国语，养成其正确的听力和发表力。第二，指导儿童学习平易的语体文，并欣赏儿童文学，以开拓其阅读的能力和兴趣。第三，指导儿童练习作文，以养成其发表情意的能力。第四，指导儿童练习写字，以养成其正确、敏捷的书写能力。“作业类别”包含说话、读书、作文、写字四项。“各学年作业要项”以表格形式列出不同学年四类作业的具体要项，并在附注一栏说明读书项精读的教材，以儿童文学为中心，兼及含有文学性质的普通文和实用文，且第一、二学年说话、读书、作文、写字应混合教学。第三、四学年起，说话、读书、作文、写字仍可混合教学。如分别教学时，也应互相联络。对于重要的史地材料，应加入普通文、实用文及诗歌内。值得注意的是，表格后面列有“附件一　读书教材各种文体的说明”“附件二 读书教材分量支配”“附件三 教材的编选，应注意各点”。“读书教材各种文体的说明”分普通文、实用文、诗歌、剧本四类。“普通文”包含有记叙文（生活故事、自然故事、历史故事、童话、传说、寓言、笑话、日记、游记）、说明文、议论文三类；“实用文”包含有书信、布告、其他三类；“诗歌”包含有儿歌、民歌、杂歌、谜语、诗歌（近人的所谓新诗和古人的白话诗）五类；“剧本”包含话剧、歌剧两类。“读

[1] 教育部中小学课程标准编订委员会. 中华民国二十一年十月教育部颁行：幼稚园小学课程标准[M]. 上海：中华书局，1936：5.

[2] 教育部中小学课程标准编订委员会. 中华民国二十一年十月教育部颁行：幼稚园小学课程标准[M]. 上海：中华书局，1936：5.

[3] 教育部. 修正初高级中学课程标准[M]. 南京：正中书局，1942：2.

[4] 教育部中小学课程标准编订委员会. 中华民国二十一年十月教育部颁行：幼稚园小学课程标准[M]. 上海：中华书局，1936：84-100.

书教材分量支配”明确了普通文、实用文、诗歌、戏剧四类文体分别在一、二学年，三、四学年，五、六学年的比例要求，以及公民、自然、历史、文艺、党义、卫生、地理七项内容分别在一、二学年，三、四学年，五、六学年的比例要求。“教材的选编，应注意各点”则明确列出：（一）依据本党的主义，尽量使教材富有牺牲及互助的精神。凡含有自私、自利、攘夺、斗争、消极、退缩、悲观、束缚、封建思想、贵族化、资本主义化等的教材，一律避免。尤须积极采用关于孙中山先生的故事诗歌、关于国民革命的故事诗歌、关于奋发民族精神的故事诗歌、关于启发民权思想的故事诗歌、关于养成民主观念的故事诗歌等。（二）依据增长儿童阅读能力的原则，想象性的教材（如寓言、物语等）和现实的教材（如自然故事、生活故事、历史故事等），应调和而平均。凡带有恐怖性的，应尽量避免。（三）依据增长儿童阅读趣味的原则，尽量使教材富有艺术兴趣。（四）依据儿童心理，尽量使教材切于儿童生活。（五）依据运用标准语学习语体文的原则，文字组织等，以标准语法为准，诗歌押韵等，以标准音韵为准。“教学要点”分别列出说话、读书、作文、写字的详细要求，其中“说话”强调教师应预编案例作为语言材料，并且列举有组织的演进语料、会话的语料、故事的语料三种具体的语料要求，“读书”强调教材排列的程序的注意点等。

2. 1932年11月，教育部颁行《初级中学国文课程标准》《高级中学国文课程标准》

1931年6月，教育部组织成立中小学课程及设备标准编订委员会，其中部聘委员中学方面计31人，又指派部员14人，并以其中3人为常务委员。编订委员会国文科委员有孙俍工、夏丏尊、周予同、马健民4人，孙俍工为国文组的召集人。1932年11月，教育部颁行《（初级高级）中学课程标准》，审核者是孙俍工、夏丏尊、伍俶。

《初级中学国文课程标准》[1]内容包括目标、时间支配、教材大纲、实施方法概要四个部分。“目标”有四个方面：第一，使学生从本国语言文字上，了解固有的文化，以培养其民族精神。第二，养成用语体文及语言叙事说理表情达意之技能。第三，养成了解平易的文言文之能力。第四，养成阅读书籍之习惯与欣赏文艺之兴趣。“教材大纲”分为阅读和文章作法两部分。“阅读”分为精读、略读。“精读”明确七项选用教材的标准及教材排列的程列。选用教材的标准为：（甲）合于中国党国之体制及政策者。（乙）含有振起民族精神，改进社会现状之意味者。（丙）包含国民应具之普通知识思想而不违背时代潮流者。（丁）合于现实生活及学生身心发育之程序，而无浮薄淫靡或消极厌世之色彩者。（戊）叙事明晰，说理透彻，描写真实，抒情恳挚者。（己）句读简明，音节谐适，而无文法上及论理上之错误者。（庚）体裁风格堪为模范，而能促进学生写作之技能者。教材程列强调：（甲）语体文与文言文并选，语体文递减，文言文递增。各学年分量约为七与三，六与四，五与五之比例。（乙）各种文体之排列，第一年偏重记叙文、抒情文，第二年偏重说明文、抒情文，第三年偏重议论文及应用文件。“略读”明确了选用读物的标准与范围。“文章作法”于习作时间内讲授之，分为语法文法和文章体制两部分。

[1] 教育部中小学课程标准编订委员会. 初级高级：中学课程标准[M]. 上海：商务印书馆，1932：1-5.

《高级中学国文课程标准》[1]内容包括目标、时间支配、教材大纲、实施方法概要四个部分。“目标”有四个方面：（一）使学生能应用木国语言文字，深切了解固有的文化，以期达到民族振兴之目的。（二）除继续使学生能自由运用语体文外，并养成其用文言文叙事说理、表情达意之技能。（三）培养学生读解古书，欣赏中国文学名著之能力。（四）培养学生创造新语新文学之能力。“教材大纲”分为阅读和文章作法两部分。“阅读”有选文精读、专书精读、略读三项。“选文精读”明确选用教材，除适用初中七项标准外，其排列之程序，应语体、文言分授。语体文但选纯文艺及有关学术思想之文字。文言文第一学年以体制为纲，第二学年以文学源流为纲，第三学年以学术思想为纲。各授以代表作品，并得酌授文字学纲要及应用文件。“专书精读”以辅助“选文精读”为原则，增长学生作文看书之能力，依照各学年之程度选定名著，每学期约一部或二部。“略读”要求学生各就其资性及兴趣，由教员指导，选读整部或选本之名著，散见各书之单篇作品，及有价值之定期刊物。“文章作法”明确包括文法修辞学及辩论术等在习作时间内讲授之。

3. 1932年5月，教育部正式公布并出版根据新国音编辑的《国音常用字汇》

1930年1月，国语统一筹备会第一次年会召开，会议提出普及注音字母宜试行强迫传习，可先就南京、北平、上海、无锡四处为试验区。会议认为注音字母推行不利的原因之一是人们对于它的名称的误解，以为注音字母就是“音字”，所以必须改称“注音符号”。4月15日，第二次全国教育会议在南京召开，会议提议“拟请教育部在最短期内提倡注音识字运动案”，其办法如下：（一）全国人民，不论识字与不识字，都应一律采用注音符号；（二）注音符号专为国音而设，但于必要时辅助土音，以利进行；（三）所有民众读物，都应加注音符号；（四）所有教育机关及民众教育团体，应组织注音识字设计委员会，并任专员负责推行。4月21日，中国国民党中央执行委员会召开第八十八次常务会议，会议提出“改定注音字母名称为注音符号，以免歧误而利推行，请求公决案”，获得中央执行委员会同意。4月29日，国民政府第240训令改“注音字母”名称为“注音符号”。同年5月，教育部向各省教育厅发布《改称注音符号并推行注音符号令》，指出，“（一）令行各级党部使党部人员一体采用，以增宣传党义上之便利；（二）知照国民政府令行各机关人员，应一律熟记，藉以周察失学民众疾痛之助；（三）饬教育部令行各级教育机关，师生皆应传习，协力以助民众补习教育容易进行。……又注音符号之读法，应由教育部编成传习小册，呈经中央核定后，分别颁行，限期实施。……奉此，自应遵办，除由本部组织注音符号推行委员会，并饬本部编审处编辑注音符号读法传习小册，以备呈送外，其关于应由本部令行各级教育机关人员及各校师生传习事项，亟应转饬施行”[2]。同时，教育部设注音符号推行委员会，并以部令公布《注音符号推行委员会规程》，明确注音符号推行委员会的任务为：“（一）研究注音符号；（二）编辑关于注音符号的必要的图书；（三）拟具推行

[1] 教育部中小学课程标准编订委员会. 初级高级：中学课程标准[M]. 上海：商务印书馆，1932：1-3.

[2] 乐嗣炳. 国语学大纲[M]. 上海：大众书局，1935：307-308.

注音符号的方案；（四）协助国民政府所属的各院部会处，练习注音符号；（五）督促指导全国各地方推行注音符号。”[1]1930年7月23日，教育部咨令各省市政府教育厅局《各省市县推行注音符号办法》[2]，强调“推行注音符号，应当在最短时间，使全国识字的人，利用注音符号，教导全国不识字的人，从使用注音符号进而认识文字，以达到全国人人识字的目的。”[3]要求各省、市、县教育厅局，各设推行注音符号委员会，负指导和推行注音符号的全责。在推行注音符号的具体办法中涉及学校教育及相关教材的编写，如要求各省、市、县教育厅局编辑方音注音符号传习小册及注音符号本地同音常用字汇，用本地话解释；各省、市、县民众学校，或各种补习学校等在原有课程内传授注音符号等。其中第十一条明确指出“各省、市、县所有公私立各级学校，应当一律在课内或课外，抽出最短时间教授注音符号，如在相当期间后，各校校长、教务主任及教授国语之教员，不熟注音符号者，皆应黜职”[4]。第十八条强调“总理遗嘱、训词，及各省、市、县所编辑的民众识字课本，和关于用语体文的党义宣传印刷品，应当一律加注音符号”[5]。第二十二条明确“自民国二十年一月起，各级党部，各机关、团体、学校、工厂、商店等，优先雇用熟悉注音符号的人”[6]。同时，教育部注音符号推行委员会决定，开办注音符号传习所。10月，教育部编行注音符号传习小册。1932年5月，教育部正式公布并出版根据新国音编辑的《国音常用字汇》，为确立国语的标准提供了范本。

二、“开明”国文、国语教科书及中学讲义

1. 叶绍钧编《（新课程标准适用）开明国语课本（小学初级学生用）》《（新课程标准适用）开明国语课本（小学高级学生用）》

1932年6月，叶绍钧编、丰子恺绘图的《（新课程标准适用）开明国语课本（小学初级学生用）》共八册，由上海开明书店出版。这套教科书配编有《开明国语教学法（小学初级学生用）》八册。

[1] 乐嗣炳. 国语学大纲[M]. 上海：大众书局，1935：308.
[2] 教育部. 各省市县推行注音符号办法[J]. 教育部公报，1930，2（38）：30-32.
[3] 教育部. 各省市县推行注音符号办法[J]. 教育部公报，1930，2（38）：30.
[4] 教育部. 各省市县推行注音符号办法[J]. 教育部公报，1930，2（38）：31.
[5] 教育部. 各省市县推行注音符号办法[J]. 教育部公报，1930，2（38）：32.
[6] 教育部. 各省市县推行注音符号办法[J]. 教育部公报，1930，2（38）：32.

3-2-1

图3-2-1 《（新课程标准适用）开明国语课本（小学初级学生用）》第1册，上海开明书店，1932年版

《（新课程标准适用）开明国语课本（小学初级学生用）》“依据教育部颁布的小学国语课程标准编辑”[1]，内容“以儿童生活为中心”[2]，并与社会、自然、艺术等科联络，取材包含现实性作品与想象性作品，尽量容纳儿童文学及日常生活需要的各种文体，如诗歌、人物传记、成语故事、戏剧、散文、寓言、信函、演讲稿、辩论稿等，词、句、语调力求与儿童切近，“又和标准语相吻合，适合儿童诵读和吟咏”[3]。这套教科书按单元编排，说明文、议论文、戏剧、人物传记、演讲辩论分设立独立单元，其他单元则是各种文体交叉出现。数课之后有练习课。生字无注音，而是将其放在《开明国语教学法（小学初级学生用）》中呈现，每册后附“词汇”。这套教科书文字与插图有机配合。

1934年6月，叶绍钧编、丰子恺绘图的《（新课程标准适用）开明国语课本（小学高级学生用）》四册，由开明书店出版。这套教科书配有《开明国语课本教学法（小学高级教师用）》四册，钱畊莘编，1934年8月由开明书店出版。

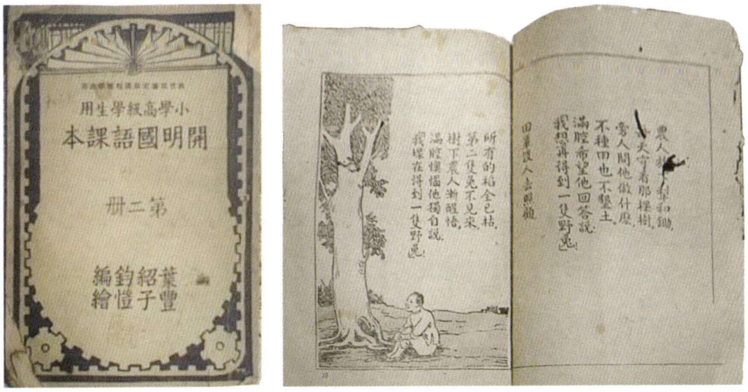

3-2-2

图3-2-2 《（新课程标准适用）开明国语课本（小学高级学生用）》第2册，开明书店，1934年版

[1] 叶绍钧. 新课程标准适用：开明国语课本：小学初级学生用：第1册[M]. 上海：开明书店，1932：编辑要旨.

[2] 叶绍钧. 新课程标准适用：开明国语课本：小学初级学生用：第1册[M]. 上海：开明书店，1932：编辑要旨.

[3] 叶绍钧. 新课程标准适用：开明国语课本：小学初级学生用：第1册[M]. 上海：开明书店，1932：编辑要旨.

《（新课程标准适用）开明国语课本（小学高级学生用）》遵照教育部颁布的小学国语课程标准编辑，取材从家庭、学校逐渐拓展到社会，与卫生、体育、社会、自然、劳作、美术、音乐等科联络，“但每课本身仍然是文学的读物”[1]，强调“用词力求正确，造句力求精密，务期与标准语相吻合，堪为儿童说话、作文的模范”[2]。这套教科书按单元编排，数课之后列有练习课。课文文字与插图配合。

2. 王伯祥编《开明国文读本（初级中学学生用）》

1932年7月，王伯祥编《开明国文读本（初级中学学生用）》六册，由上海开明书店出版。这套教科书配编有《开明国文读本参考书（初级中学学生用）》六册，王伯祥编，1932年9月由上海开明书店出版。

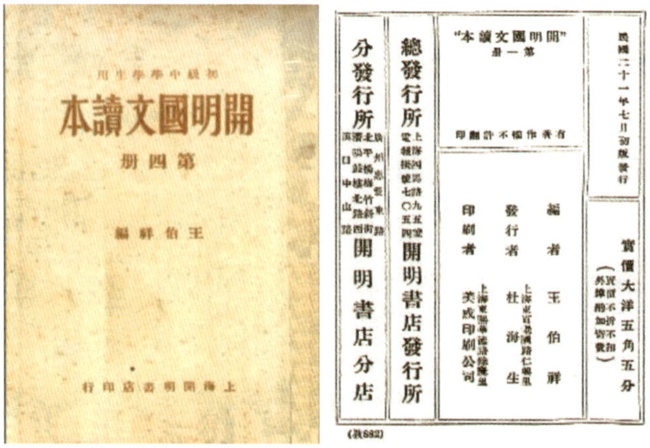

3-2-3

图3-2-3 《开明国文读本（初级中学学生用）》，开明书店，1932年版

《开明国文读本（初级中学学生用）》依照教育部颁布课程标准编辑，专供初级中学学生国文科精读之用，每学期一册，每册选文42篇。第一、二册注重文章之体裁，有记叙、抒情、解释、议论以及应用文等，“期使读者习得叙说事理及表达情意之技能”[3]；第三、四册于体裁外，更注重于文章之组织及风格，“期使读者得进一步究明作文之技术及养成欣赏文艺之兴趣”[4]；第五、六册更进而及于历代名著之选读，“俾读者得以了解我国过去典籍之一斑”[5]。这套教科书文言文与语体文并选，第一、二册文三语七，第三、四册文四语六，第五、六册文五语五。这套教科书语体文选有梁启超、胡适、朱光潜、鲁迅、朱自清、陈衡哲、叶绍钧、冰心等人作品，文言文涉及先秦诸子作品，唐宋文学，元明清戏曲、小说等中国各部分文学作品，没有选入外国文学作品。

[1] 叶绍钧. 新课程标准适用：开明国语课本：小学高级学生用：第1册[M]. 上海：开明书店，1934：编辑要旨.
[2] 叶绍钧. 新课程标准适用：开明国语课本：小学高级学生用：第1册[M]. 上海：开明书店，1934：编辑要旨.
[3] 王伯祥. 开明国文读本：初级中学学生用：第3册[M]. 上海：开明书店，1932：编辑要旨.
[4] 王伯祥. 开明国文读本：初级中学学生用：第3册[M]. 上海：开明书店，1932：编辑要旨.
[5] 王伯祥. 开明国文读本：初级中学学生用：第3册[M]. 上海：开明书店，1932：编辑要旨.

3. 夏丏尊、叶圣陶、宋云彬、陈望道合编《（开明中学讲义）开明国文讲义》

1934年11月，夏丏尊、叶圣陶、宋云彬、陈望道合编《（开明中学讲义）开明国文讲义》三册，由上海开明函授学校出版、上海开明书店印行。

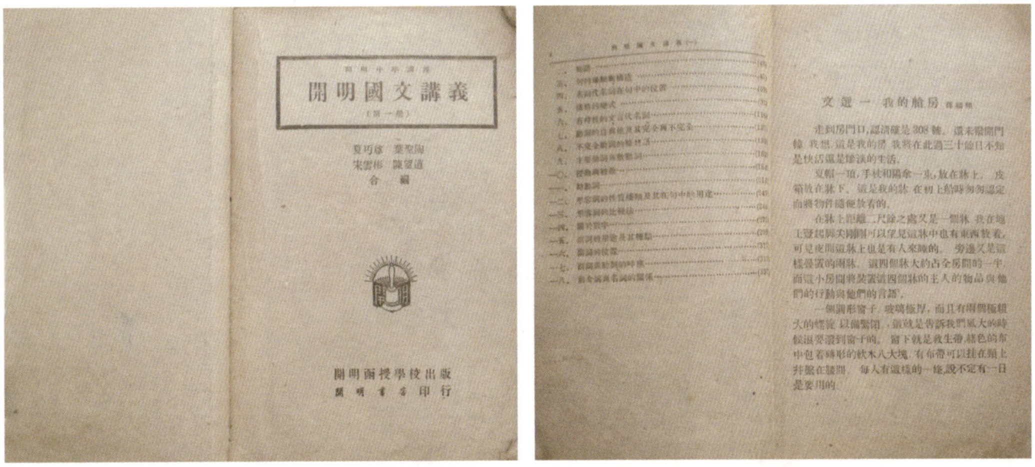

3-2-4

图3-2-4 《（开明中学讲义）开明国文讲义》第1册，开明书店，1934年版

“一·二八”事变之后，上海失学青少年越来越多，开明书店决定开办函授学校，帮他们自学普通中学课程（甚至包括体育）和一些谋生必需技能。1933年夏季，函授学校先办初中班，半年为一期，共三期，一年半结业。每月发给学员讲义一册，作业一本。这些讲义还以“开明中学讲义社”的名义发行。由于教师很有名望，学校收费又低，学员蜂拥而至。最终学校难以负荷，停收新学员。十八种讲义如期出版后，学校停办。

《（开明中学讲义）开明国文讲义》共五个部分，有文选131篇、文话29篇、文法24篇、修辞12篇、文学史话12篇。第一册有文选52篇、文话18篇、文法18篇，第二册有文选44篇、文话11篇、文法6篇、修辞12篇，第三册有文选35篇、文学史话12篇。第一、二册每隔四篇选有一篇文话，以谈话式体裁述说文章写作与欣赏等，文法、修辞均配有练习题；第三册每隔三篇选有一篇文学史话，从《诗经》到“文学革命”历数各代主流文学现象。这套教科书选文包括书信、杂感、随笔、演讲、传记、科技小品文、诗词曲、札记、鼓词、新体诗、白话散文、新体小说等。白话选文为胡适、蔡元培、徐志摩、鲁迅等人的时文共50多篇。文言文选有诸如《朱子语录》《阳明语录》等经典以及像韩愈、柳宗元、宋濂、吴敬梓等名家代表作，文言文有白话注释，并附题解或导言。这套教科书在文学史话“西洋文学的传来”这一节选有外国作品三篇。教科书每篇选文后附有“解题”“作者传略”以及“语释”。书后附有补充读物，如第一册后附夏丏尊、叶圣陶的《文心》，第二册后附夏丏尊、刘薰宇的《文章作法》，黄洁如的《文法与作文》，冯三昧的《小品作文法》，陈望道的《修辞学发凡》，刘大白的《文字学概论》。

4. 夏丏尊、叶绍钧编《（初中国文科教学自修用）国文百八课》

1935年6月，夏丏尊、叶绍钧编《（初中国文科教学自修用）国文百八课》六册，由上海开明书店出版。

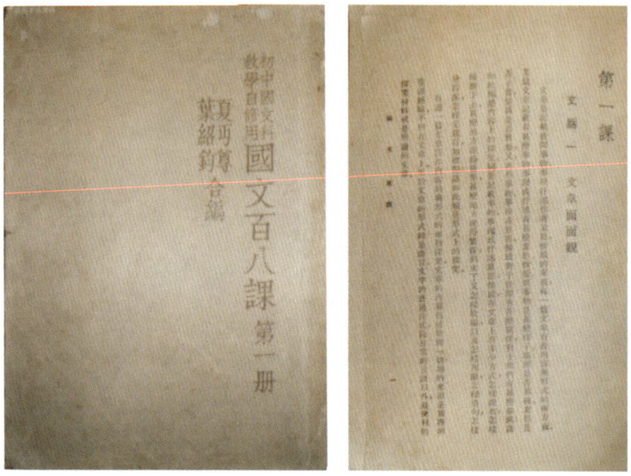

3—2—5

图3—2—5　《（初中国文科教学自修用）国文百八课》第1册，开明书店，1935年版

《（初中国文科教学自修用）国文百八课》依据教育部《初级中学国文课程标准》编辑，供初级中学国文科教学及有志自修者之用。这套教科书的编辑旨趣“最重要的一点就是想给予国文科以科学性，一扫从来玄妙笼统的观念”[1]。这套教科书的编者认为，以前的国文教学，“往往只把选文讲读，不问每小时、每周的教学目标何在”[2]。这套教科书每册18课，“每课为一单元，有一定的目标，内含文话、文选、文法或修辞、习问四项，各项打成一片”[3]。选文注重于形式，不附注释，对文章体制、文句格式、写作技术、鉴赏方法等详加讨究。每课所列文选，都是常见的传诵之作，以文话为中心，从第一册起编入应用文。

三、“新课程标准适用”小学国语、初中国文、高中国文读本及增注本

中华书局为凸显推出的“新课程标准”中小学教科书来自教学实践探索与研究这一特点，在编撰者落款上既署有中华书局的编辑，也有中小学校、教育教材研究会等单位组织。

[1] 夏丏尊，叶绍钧. 初中国文科教学自修用：国文百八课：第1册[M]. 上海：开明书店，1935：编辑大意.
[2] 夏丏尊，叶绍钧. 初中国文科教学自修用：国文百八课：第1册[M]. 上海：开明书店，1935：编辑大意.
[3] 夏丏尊，叶绍钧. 初中国文科教学自修用：国文百八课：第1册[M]. 上海：开明书店，1935：编辑大意.

1. 朱文叔、吕伯攸编，孙世庆、白涤洲、陆费逵等校《（新课程标准适用）小学国语读本（初级）》《（新课程标准适用）小学国语读本（高级）》《（新课程标准适用）小学国语读本（春季始业用初级）》《（新课程标准适用）小学国语读本（春季始业用高级）》

1933年3月，朱文叔、吕伯攸编，上海中学实验小学、苏州中学国语教材研究会、尚仲衣、赵欲仁、俞焕斗、淩瑞棠、钱选青、黄铁崖、胡葆良、朱凝如、周敬侪、舒宽鑫、魏志澄、宋文秉、吴鼎第、徐庆根、陈醉云、鲍维湘、黎锦晖、华汝成、范作乘、朱酥典、喻守真、姚绍华、韩非木、杨友吾、蒋镜芙、郑昶分撰《（新课程标准适用）小学国语读本（初级）》八册，由上海中华书局发行，孙世庆、白涤洲、陆费逵、沈颐、张相、舒新城、金兆梓校阅。这套教科书配编有《（新课程标准适用）小学国语读本教学法（初级）》八册，吕伯攸、杨复耀编，朱文叔校，1933年4月由上海中华书局发行。

3-2-6

图3-2-6 《（新课程标准适用）小学国语读本（初级）》第1册，中华书局，1935年版

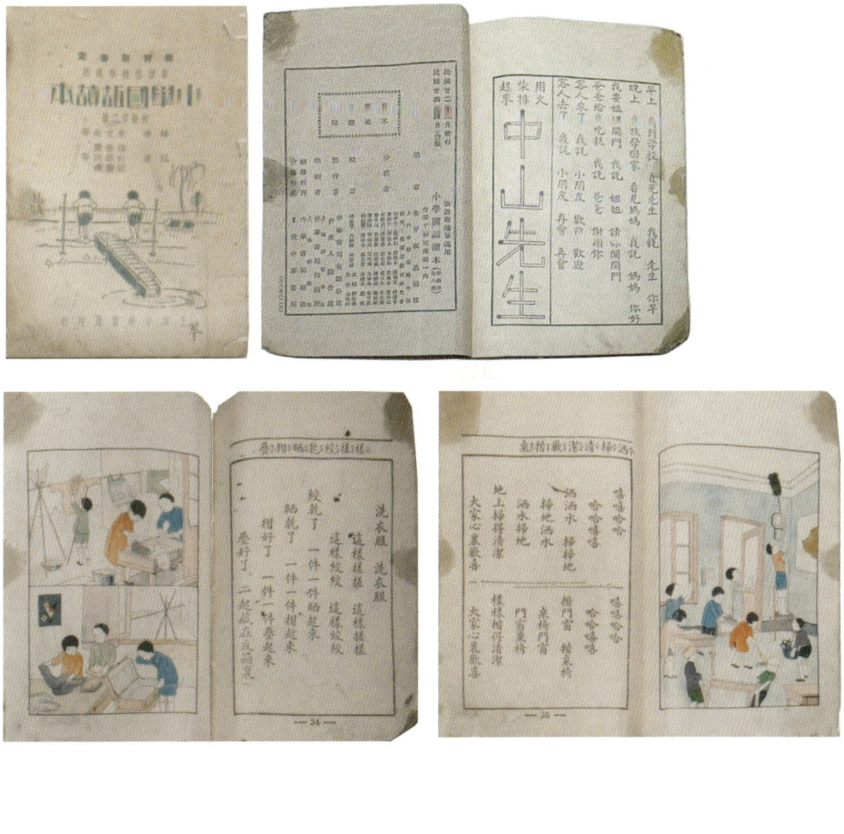

3-2-7

图3-2-7 《（新课程标准适用）小学国语读本（初级）》第2册，中华书局，1935年版

《（新课程标准适用）小学国语读本（初级）》遵照小学课程标准编辑，强调“第一、二年以儿童为本位，期合儿童程度，以促进儿童读书趣味。第三年以上以现代中华民国之国民为本位，期养成未来国民的知识道德”[1]。在内容方面，第一、二年党义10%、公民30%、自然35%、文艺20%、卫生5%，第三、四年党义10%、公民30%、自然20%、历史10%、地理5%、文艺10%、卫生5%，第五、六年党义15%、公民30%、自然10%、历史25%、地理10%、文艺5%、卫生5%。在文体方面，第一年普通文60%、诗歌40%，第二年普通文70%、诗歌30%，第三、四年普通文70%、实用文10%、诗歌15%、戏剧5%，第五、六年普通文70%、实用文15%、诗歌10%、戏剧5%。“中年级以上，常有一课包含两种以上的文体。”[2]第一册开始四课列彩色故事图，之后有自然故事、童话、寓言以及诗歌谜语等，第五册之后加历史故事、游记、剧本、杂记、书信等，第三年以上插图逐渐减少。第一、二年课文使用手写体楷书印刷，第三年以上普通文使用刻体楷书印刷、诗歌使用仿宋体印刷、实用文用行楷印刷。

1933年3月，朱文叔、吕伯攸编，上海中学实验小学、苏州中学国语教材研究会、尚仲衣、赵欲仁、俞焕斗、淩瑞棠、钱选青、黄铁崖、胡葆良、朱凝如、周敬侪、舒宽鑫、魏志澄、宋文秉、吴鼎第、徐庆根、陈醉云、鲍维湘、黎锦晖、华汝成、范作乘、朱酥典、喻守真、姚绍华、韩非木、杨友吾、蒋镜芙、郑昶分撰《（新课程标准适用）小学国语读本（高级）》四册，孙世庆、白涤洲、陆费逵、沈颐、张相、舒新城、金兆梓校阅，上海中华书局发行。这套教科书配编有《（新课程标准适用）小学国语读本教学法（高级用）》四册，喻守真、韩非木等编，朱文叔、张相等校，1933年7月由上海中华书局发行。

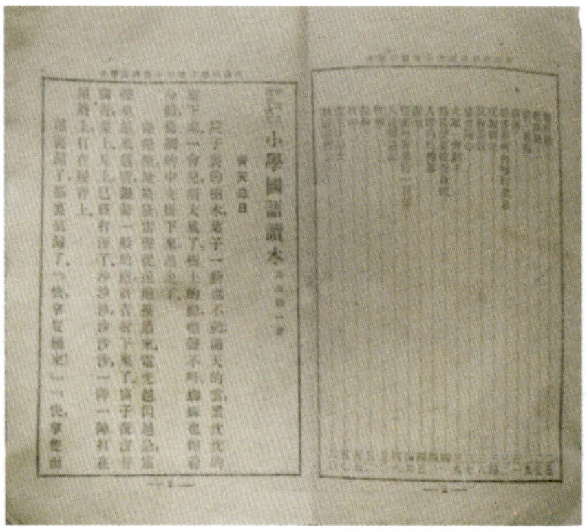

3-2-8

图3-2-8 《（新课程标准适用）小学国语读本（高级）》第1册，中华书局，1933年版

《（新课程标准适用）小学国语读本（高级）》共136课，有记叙文、说明文、议论文和应用文。除《夏日的田园》《木兰诗》《诗二首》三课外，其余均是白话文，即使是《爱国商人》《越

[1] 朱文叔，吕伯攸. 新课程标准适用：小学国语读本：初级：第1册[M]. 上海：中华书局，1933：编例.
[2] 朱文叔，吕伯攸. 新课程标准适用：小学国语读本：初级：第1册[M]. 上海：中华书局，1933：编例.

王复仇》《愚公移山》《晏子使楚》《完璧归赵》《曹刿论战》等也是白话译文。选文与孙中山先生、国民革命、奋发民族精神、启发民权思想、养成民生观念等内容相关，有普通文、实用文、诗歌、剧本四种。普通文又包括记叙文、说明文和议论文，具体有生活故事、自然故事、历史故事、民间传说故事、寓言、滑稽故事、日记、游记、鼓词等。教科书有实用文16篇，还有书信、宣言、演讲词、日记、传单、计划、会议记录、提案、缘起和简章等。这套教科书主要以内容为线索，有时也兼顾文体，文章之间有明显关联性，无单元。课文没有目标、提示、注释、练习等助读体系，极少数课文标注作者出处。这套教科书没有插图。

1934年1月，朱文叔、吕伯攸编，上海中学实验小学、苏州中学国语教材研究会、尚仲衣、赵欲仁、俞焕斗、淩瑞棠、钱选青、黄铁崖、胡葆良、朱凝如、周敬侪、舒宽鑫、魏志澄、宋文秉、吴鼎第、徐庆根、陈醉云、鲍维湘、黎锦晖、华汝成、范作乘、朱酥典、喻守真、姚绍华、韩非木、杨友吾、蒋镜芙、郑昶分撰《（新课程标准适用）小学国语读本（春季始业用初级）》八册，由上海中华书局出版，孙世庆、白涤洲、陆费逵、沈颐、张相、舒新城、金兆梓校阅。

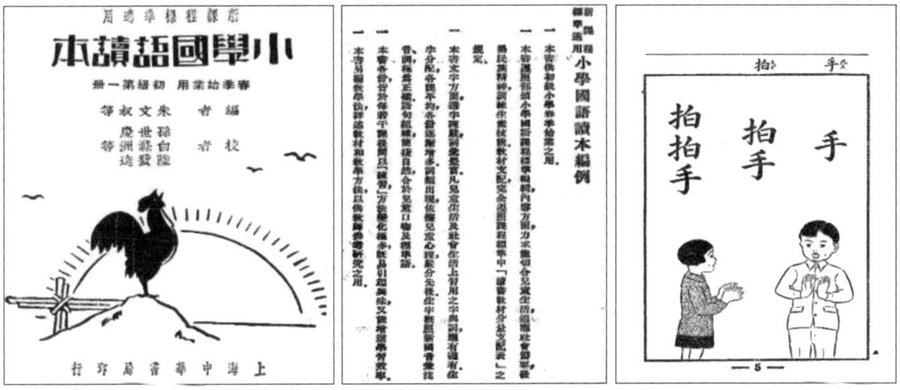

3-2-9

图3-2-9 《（新课程标准适用）小学国语读本（春季始业用初级）》第1册，中华书局，1934年版

《（新课程标准适用）小学国语读本（春季始业用初级）》遵照教育部颁行的小学国语课程标准编辑，供初级小学春季始业之用，“教材支配，完全遵照课程标准中‘读书教材分量支配表’之规定”[1]。在内容方面强调切合儿童生活、适应社会需要、发扬民族精神、训练生产技能。生字照国音兼注音调，“语句组织简捷自然，合于儿童口吻及标准语”[2]。教科书在每若干课后编有“练习”，插图丰富。

[1] 朱文叔，吕伯攸. 新课程标准适用：小学国语读本：春季始业用初级：第1册[M]. 上海：中华书局，1934：编例.
[2] 朱文叔，吕伯攸. 新课程标准适用：小学国语读本：春季始业用初级：第1册[M]. 上海：中华书局，1934：编例.

1934年11月，朱文叔、吕伯攸编，上海中学实验小学、苏州中学国语教材研究会、尚仲衣、赵欲仁、俞焕斗、淩瑞棠、钱选青、黄铁崖、胡葆良、朱凝如、周敬侪、舒宽鑫、魏志澄、宋文秉、吴鼎第、徐庆根、陈醉云、鲍维湘、黎锦晖、华汝成、吕伯攸、朱酥典、喻守真、姚绍华、韩非木、杨友吾、蒋镜芙、郑昶分撰《（新课程标准适用）小学国语读本（春季始业用高级）》四册，孙世庆、鞠承颖、陆费逵、沈颐、张相、舒新城、金兆梓校阅，上海中华书局发行。

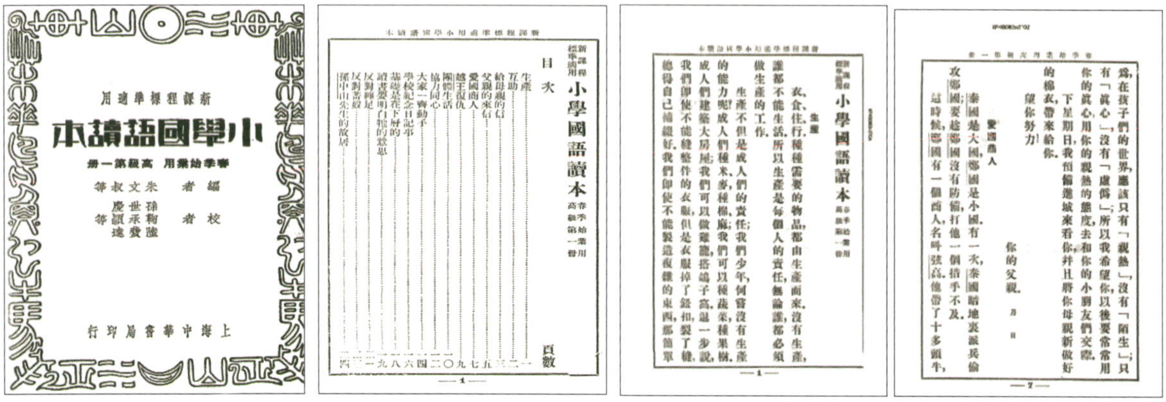

3-2-10

图3-2-10 《（新课程标准适用）小学国语读本（春季始业用高级）》第1册，中华书局，1934年版

2. 罗良铸、朱文叔、吕伯攸编《（新课程标准适用）小学国语读本（南洋华侨学校适用）》

罗良铸、朱文叔、吕伯攸编《（新课程标准适用）小学国语读本（南洋华侨学校适用）》八册，陆费逵、沈颐、张相、舒新城、金兆梓校，上海中华书局出版，所见第一册1934年4月发行初版。这套教科书另编教学法。

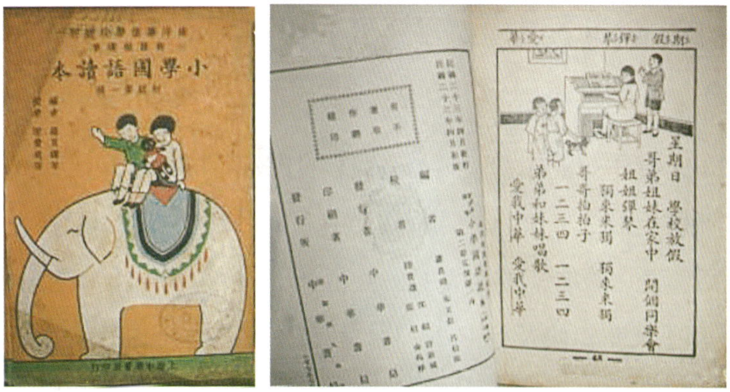

3-2-11

图3-2-11 《（新课程标准适用）小学国语读本（南洋华侨学校适用）》第1册，中华书局，1934年版

《（新课程标准适用）小学国语读本（南洋华侨学校适用）》的生字位于课文上栏，标注音符号，课文文字与插图交融，第一册首四课全用彩色图，第五课以下能绘图者尽量绘图，而后图画逐渐减少。

3. 朱文叔编《（新课程标准适用）初中国文读本》；朱文叔、宋文翰编，张文治、喻守真、张慎伯注《（新课程标准适用）初中国文读本（增注本）》

1933年7月，朱文叔编《（新课程标准适用）初中国文读本》六册，舒新城、陆费逵校，由上海中华书局出版。这套教科书配编有《（新课程标准适用）初中国文读本参考书》六册，张文治、喻守真、张慎伯编，朱文叔校，1933年9月由中华书局出版。

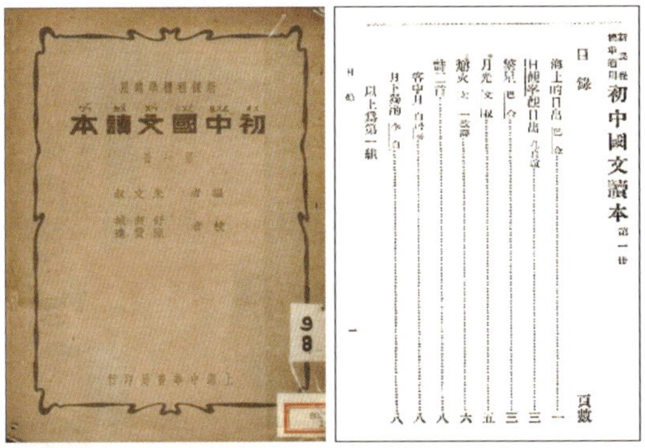

3-2-12

图3-2-12 《（新课程标准适用）初中国文读本》第1册，中华书局，1933年版

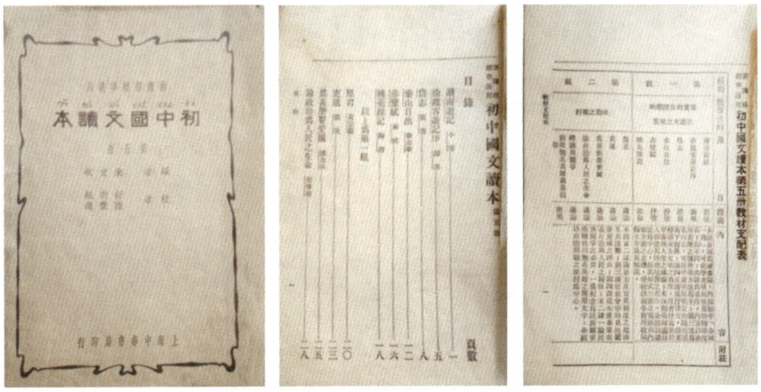

3-2-13

图3-2-13 《（新课程标准适用）初中国文读本》第5册，中华书局，1934年版

《（新课程标准适用）初中国文读本》依照教育部颁行《初级中学国文课程标准》编辑，供初中国文科教学之用。这套教科书“一方面顾到文学本身，一方面更注重民族精神之陶冶、现代文化之理解，故除选录成文外，又特约多人，按照初中学生程度，分别撰述既富兴味，又有内容之文字，编入各册，藉矫从来偏重文艺文之趋向”[1]。选材标准一是“务求文字有内容，言之无物者不用”[2]，二是“多采积极发扬的作品，感伤沉郁足以沮丧青年精神者不用”[3]。这套教科书采用分组办法编制，每组约供两周教学之用。每册之首有教材支配表，详细列出各组各课之教学目的及体裁、内容等等。这套教科书第一年语七文三，第二年语六文四，第三年语文各半。第一年多采记叙文、叙情文，第二年多采说明文、抒情文，第三年多采议论文、应用文。文学体裁有散文、诗歌、戏剧、小说、寓言、说明文、日记、书信、演讲、祭文等。课文不附注解，“期于养成学生自学能力”[4]。

[1] 朱文叔. 新课程标准适用：初中国文读本：第1册[M]. 上海：中华书局，1933：编例.

[2] 朱文叔. 新课程标准适用：初中国文读本：第1册[M]. 上海：中华书局，1933：编例.

[3] 朱文叔. 新课程标准适用：初中国文读本：第1册[M]. 上海：中华书局，1933：编例.

[4] 朱文叔. 新课程标准适用：初中国文读本：第1册[M]. 上海：中华书局，1933：编例.

1935年8月，朱文叔、宋文翰编，张文治、喻守真、张慎伯注《（新课程标准适用）初中国文读本（增注本）》六册，上海中华书局出版。

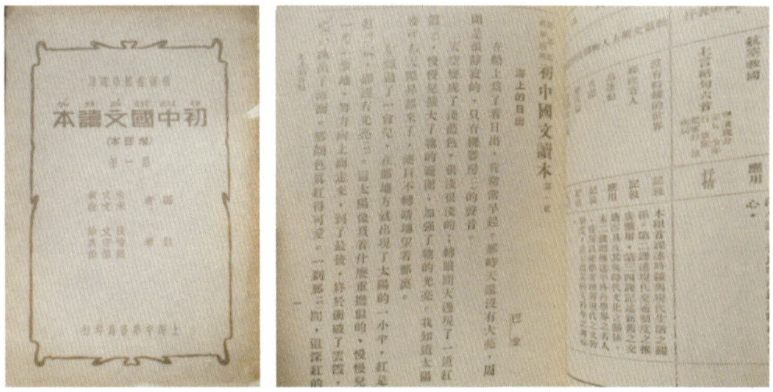

3-2-14

图3-2-14 《（新课程标准适用）初中国文读本（增注本）》第1册，中华书局，1935年版

《（新课程标准适用）初中国文读本（增注本）》编选主旨与《（新课程标准适用）初中国文读本》一致，教科书“依课程标准中实施方法之指示”[1]，课文后列有“题解”“作者生平”“注释”“语文互证”“习题”五项内容。“题解”说明内容概要，或解释题义，介绍课文出处；“作者生平”略述作者生平、作风及其在文学史上之地位、重要的著作等；“注释”注解初见或艰深的生词、术语、典故，引用文字之出处及人、地名之须加说明者；“语文互证”是针对文言文，择要指示语体文与文言文语句组织之异同；“习题”就课文或与课文有关之点命题，供学生课外练习或课内作文之用。

4. 孙怒潮编《（新课程标准适用）初级中学国文教科书》

1934年7月，孙怒潮编《（新课程标准适用）初级中学国文教科书》六册，上海中华书局出版。

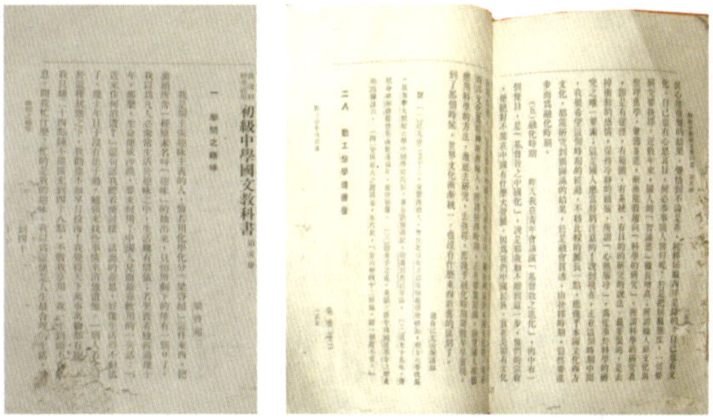

3-2-15

图3-2-15 《（新课程标准适用）初级中学国文教科书》第5册，中华书局，1934年版

《（新课程标准适用）初级中学国文教科书》遵照国文课程新标准编辑，每册36篇（短篇诗歌数百首合为一课）。语体文和文言文比例一年级为七与三之比，二年级为六与四之比，三年级为五与五之比。一年级以记叙文为主，抒情文为辅；二年级以说明文为主，抒情文为辅；三年级以议论文为主，应用文为辅。这套教科书选材“在可能范围内，尽量采取新颖之作品，期能增进教学做之兴趣。翻译作品有振作民族精神，及体制风格合于国情足为模范者，间采百分之七八”[2]。这套教科书编排采用“单程教学制”，包含有“选文”一项及“教学做举要”三项。每册分为九单程，每

[1] 朱文叔，宋文翰. 新课程标准适用：初中国文读本：增注本：第1册[M]. 上海：中华书局，1935：编例.

[2] 孙怒潮. 新课程标准适用：初级中学国文教科书：第1册[M]. 上海：中华书局，1934：编辑例言.

单程内含主要文体一种或某种文体之一部分，有教材四篇，供两周精读教学之用。在“每单程末，附教学做三项举要”[1]，“教”是指“教案。略述每单程教材概况及与教材有关之补充作品，并注明其出处，俾教者能尽量运用”[2]；“学”指“语法，作文法，修辞举例。一年级授以语法初步及记叙文作法；二年级授以语法细目及说明文、抒情文作法；三年级授以修辞举例及议论文、应用文作法，复句分析法”[3]；“做”是指“练习。本项练习，包括部‘章实施方法概要’‘习作’项下‘作文练习’细则之甲乙丙丁……各条。所有举例，除少数外，悉皆举自本书”[4]。习作部分“多取资于黎锦熙先生之《国语文法》，孙俍工先生之《中国语法讲义》，刘复先生之《文法通论》，夏丏尊、刘薰宇两先生之《文章作法》，章衣萍先生之《作文讲话》，叶少刚先生之《作文论》，孙俍工先生之《记叙文作法讲义》及《议论文作法讲义》，张九如先生之《初中记事文教学本》，陈子展先生之《应用文作法讲话》，陈望道先生之《修辞学发凡》，唐钺先生之《修辞格》”[5]。这套教科书课文有简单的注释，先列作者生平，再对重要难解字句与偏僻典故进行说明。

5. 刘劲秋、朱文叔编《（新课程标准适用）高中国文读本》

1934年5月，刘劲秋、朱文叔编《（新课程标准适用）高中国文读本》三册，张文治校，上海中华书局出版。

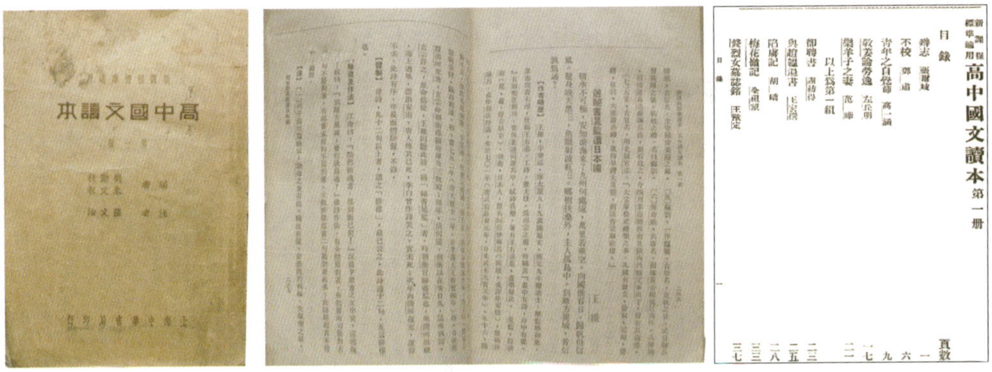

3-2-16

图3-2-16 《（新课程标准适用）高中国文读本》第1册，中华书局，1934年版

[1] 孙怒潮. 新课程标准适用：初级中学国文教科书：第1册[M]. 上海：中华书局，1934：编辑例言.
[2] 孙怒潮. 新课程标准适用：初级中学国文教科书：第1册[M]. 上海：中华书局，1934：编辑例言.
[3] 孙怒潮. 新课程标准适用：初级中学国文教科书：第1册[M]. 上海：中华书局，1934：编辑例言.
[4] 孙怒潮. 新课程标准适用：初级中学国文教科书：第1册[M]. 上海：中华书局，1934：编辑例言.
[5] 孙怒潮. 新课程标准适用：初级中学国文教科书：第1册[M]. 上海：中华书局，1934：编辑例言.

《（新课程标准适用）高中国文读本》遵照《高级中学国文课程标准》编辑，第一册选材遵照课程标准中所规定的七项标准，“并参照二十年（1931年）教育部所颁《学生义勇军教育大纲》第三条，‘……必须注重发扬民族精神，造成雄壮勇敢之风尚，一切浪漫、堕落、萎靡不振之文艺，绝对禁止’之意，多选积极发扬之作品”[1]。这套教科书以“组”编排，第一册有78篇文言文，分12“组”，在目录后呈现的“教材支配表”则对78篇文章从体裁上做详细划分，有论著、序跋、书说、传志、叙记、典志、杂记、美文、赠序、哀祭十类，按表达方式分为记叙文、议论文、抒情文、说明文四类，其中记叙文26篇、议论文21篇、抒情文19篇、说明文12篇。这套教科书每篇文章后列有“体制”“特征及作法”“作者略历”“注”。“体制”详细说明各种文体的源流与变迁、系统与性质；“特征”说明各文字的特点；“作法”说明其布局方法或分段的作用；“作者略历”介绍作者在历史上的地位、文学史上的价值及其文风；“注”对文中典实、专名及其他难以理解之处详加注释。

四、“复兴”中小学国语、说话、国文教科书及教本

1. 沈百英、沈秉廉编著《（新课程标准适用）复兴国语教科书（小学校初级用）》；丁縠音、赵欲仁编著《（新课程标准适用）复兴国语教科书（小学校高级用）》

1933年5月，沈百英、沈秉廉编著《（新课程标准适用）复兴国语教科书（小学校初级用）》八册，王云五、何炳松校订，上海商务印书馆出版。这套教科书配有《复兴国语教学法（小学校初级用）》八册，顾志贤编著，沈百英校订，1933年7月出版。

3—2—17

图3—2—17 《（新课程标准适用）复兴国语教科书（小学校初级用）》第1册，商务印书馆，1935年版

《（新课程标准适用）复兴国语教科书（小学校初级用）》遵照教育部颁行的小学课程标准编辑，编撰主旨是“1. 指导儿童学习平易的语体文，并欣赏儿童文学，以培养其阅读的能力和兴趣。2. 注重体格、德性、经济、政治的训练，以养成健全公民。3. 灌输党义，提倡科学”[2]。这

[1] 刘劲秋，朱文叔. 新课程标准适用：高中国文读本：第1册[M]. 上海：中华书局，1934：编例.

[2] 沈百英，沈秉廉. 新课程标准适用：复兴国语教科书：小学校初级用：第1册[M]. 上海：商务印书馆，1935：编辑大意.

套教科书选有很多关于孙中山、国民革命、奋发民族精神、民权运动的课文，涉及普通文说明文、议论文、实用文，有诗歌、物语、歌谣、童话、剧本、日记、书信、启事等文学体裁。教科书有单元，每隔数课编有“练习”，每册书最后有生字、注音及解释。课文生字均注音标声，插图丰富。

1933年7月，丁穀音、赵欲仁编著《（新课程标准适用）复兴国语教科书（小学校高级用）》四册，王云五、何炳松校订，上海商务印书馆出版。这套教科书配有《复兴国语教学法（小学校高级用）》四册，俞焕斗编著，沈秉廉校订，1933年11月由商务印书馆出版。

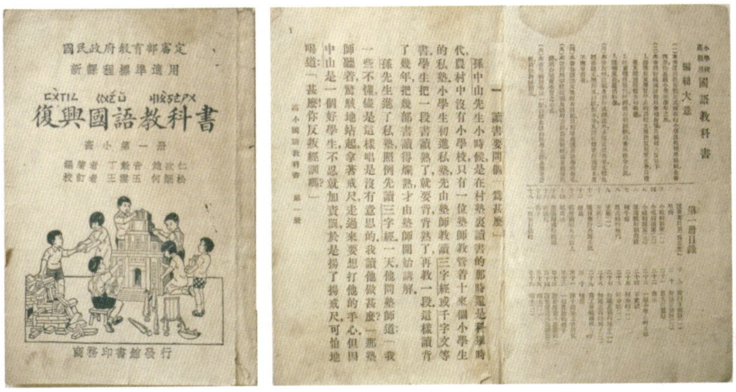

3—2—18

图3—2—18 《（新课程标准适用）复兴国语教科书（小学校高级用）》第1册，商务印书馆，1935年版

《（新课程标准适用）复兴国语教科书（小学校高级用）》遵照教育部颁行的小学课程标准编辑，编撰主旨有“1. 指导儿童学习平易的语体文，并欣赏儿童文学，以培养其阅读的能力与兴趣。2. 注重体格、德性、经济、政治的训练，以养成健全公民。3. 灌输党义，提倡科学”[1]。这套教科书选文除编者创作或翻译外，多选时文，涉及议论文、抒情文、说明文，有故事、寓言、童话、谜语、书信、讲稿、日记、游记、儿歌、弹词、剧本等文学体裁。每课后设计有问题，课文插图不多。

2. 陈伯吹、沈秉廉、庄俞编校《（新课程标准适用春季始业）复兴国语课本（小学校初级用）》；沈百英、丁穀音编校《（新课程标准适用春季始业）复兴国语课本（小学校高级用）》

1934年1月，陈伯吹、沈秉廉、庄俞编校《（新课程标准适用春季始业）复兴国语课本（小学校初级用）》八册，上海商务印书馆出版。这套教科书配有《复兴国语指导法（春季）》八册，蒋品珍、周阆凤、金润青、周尚文编著，沈秉廉校订，1934年2月由上海商务印书馆出版。

[1] 丁穀音，赵欲仁. 新课程标准适用：复兴国语教科书：小学校高级用：第1册[M]. 上海：商务印书馆，1933：编辑大意.

3–2–19

图3–2–19　《（新课程标准适用春季始业）复兴国语课本（小学校初级用）》第1册，商务印书馆，1935年版

1935年1月，沈百英、丁彀音编校《（新课程标准适用春季始业）复兴国语课本（小学校高级用）》四册，上海商务印书馆出版。

3–2–20

图3–2–20　《（新课程标准适用春季始业）复兴国语课本（小学校高级用）》第1册，商务印书馆，1938年版

《（新课程标准适用春季始业）复兴国语课本（小学初级用）》《（新课程标准适用春季始业）复兴国语课本（小学校高级用）》两套教科书均遵照教育部颁行小学国语课程标准编辑，多选当代名著，取材“力求切合儿童生活，凡神话物话及外来的特殊教材，不适合儿童习惯和需要的，

一律不选”[1]。这套教科书内容强调 “以民族复兴为中心，如提倡劳动生产，指示御侮救国，提倡公民道德，启发科学兴趣等等，无不顾及”[2]。小学校初级用教科书以单元编排，数课间编有“练习”。课文生字注音标声，各册尾后附有生字字汇，可备儿童自行检查之用。小学校高级用教科书涉及应用文、记叙文、说明文、议论文等，有诗歌、剧本、书信等文学体裁。每课课文后附有问题，各册均有插图。

3. 齐铁恨编著《（新课程标准适用）复兴说话教科书（小学校高级用）》；白涤洲、黎锦熙、何容、王向编著《（新课程标准适用）复兴说话教本（小学校初级用）》；王向编著《（新课程标准适用）复兴说话范本（小学校初级用）》；齐铁恨编著《（新课程标准适用）复兴说话范本（小学校高级用）》

1933年5月，齐铁恨编著《（新课程标准适用）复兴说话教科书（小学校高级用）》四册，何炳松校订，上海商务印书馆出版。这套教科书配编有《复兴说话教学法（小学校高级用）》四册，齐铁恨、关实之编著，沈百英校订，1934年6月由商务印书馆出版。

3-2-21

图3-2-21 《（新课程标准适用）复兴说话教科书（小学校高级用）》第1册，商务印书馆，1933年版

《（新课程标准适用）复兴说话教科书（小学校高级用）》遵照教育部颁行的小学课程标准编辑，以课为单位编排，没有单元，每册20课，课后有练习，第一册末后附列各项表式，以供检查及自习之用。教科书有日常会话、故事讲述、普通演说、辩论练习等。文字上标注国音，课文配插图。

1933年7月，白涤洲、黎锦熙、何容、王向编著《（新课程标准适用）复兴说话教本（小学校初级用）》八册，何炳松校订，上海商务印书馆出版。

[1] 沈百英，丁榖音. 新课程标准适用春季始业：复兴国语课本：小学校高级用：第1册[M]. 上海：商务印书馆，1935：编辑大意.

[2] 沈百英，丁榖音. 新课程标准适用春季始业：复兴国语课本：小学校高级用：第1册[M]. 上海：商务印书馆，1935：编辑大意.

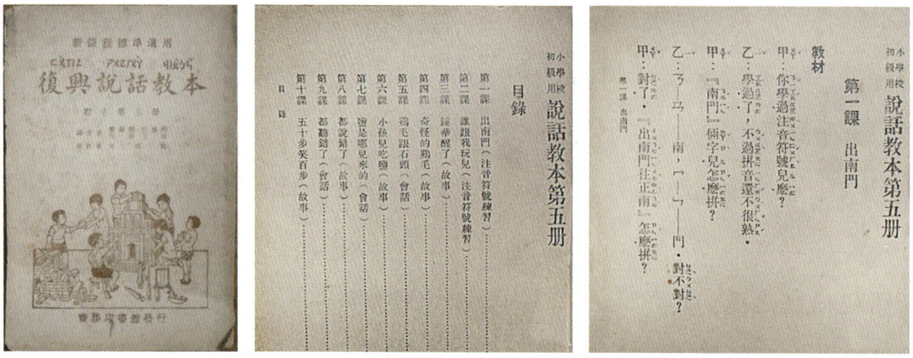

3-2-22

图3-2-22 《（新课程标准适用）复兴说话教本（小学校初级用）》第5册，商务印书馆，1933年版

《（新课程标准适用）复兴说话教本（小学校初级用）》“遵照教育部新颁小学课程标准国语科说话项编辑，供教员教学国语话之用”[1]。教科书分为教材（或基本练习）、替换教材（替换练习）、说明及教学法、释音、备注等项。1933年商务印书馆只在高小年段推出一套“说话教科书”，初小年段只有教师用书。1934年则推出初小、高小学生用的“说话范本”。

1934年6月，王向编著《（新课程标准适用）复兴说话范本（小学校初级用）》八册，王云五校订，上海商务印书馆出版。

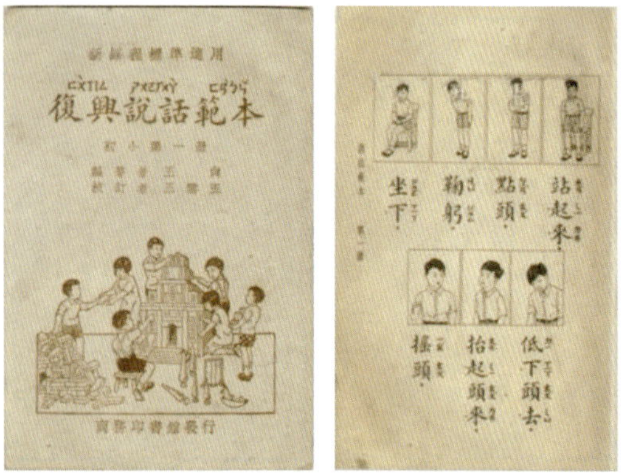

3-2-23

图3-2-23 《（新课程标准适用）复兴说话范本（小学校初级用）》第1册，商务印书馆，1934年版

《（新课程标准适用）复兴说话范本（小学校初级用）》遵照教育部颁行的小学课程标准编辑，编辑目的在“以图画与文字帮助语言的练习”[2]，并且强调“书中文字，只可作练习语言的参考，在低年级尤不可急于先教儿童认识文字”[3]。这套教科书中的“字音、字调、词语、句法均以标准语为准。读音、语音有别的以语音为准。字调常变的（例如‘不’‘一’等字），随处注其应读之调”[4]。这套教科书与《（新课程标准适用）复兴说话教本（小学校初级用）》相辅为用，采用本套书的，须依照教本中的教学方法教学。“低年级各册的课文，乃摘取教本中各课应练习的语

[1] 黎锦熙，白涤洲，何容，等．新课程标准适用：复兴说话教本：小学校初级用：第1册[M]．上海：商务印书馆，1933：编辑大意．

[2] 王向．新课程标准适用：复兴说话范本：小学校初级用：第1册[M]．上海：商务印书馆，1934：编辑大意．

[3] 王向．新课程标准适用：复兴说话范本：小学校初级用：第1册[M]．上海：商务印书馆，1934：编辑大意．

[4] 王向．新课程标准适用：复兴说话范本：小学校初级用：第1册[M]．上海：商务印书馆，1934：编辑大意．

言成分组织而成，与教本中分列各个练习的不同。”[1]

在高等小学方面1934年，《（新课程标准适用）复兴说话教科书（小学校高级用）》改名为《（新课程标准适用）复兴说话范本（小学校高级用）》，内容没有变化。

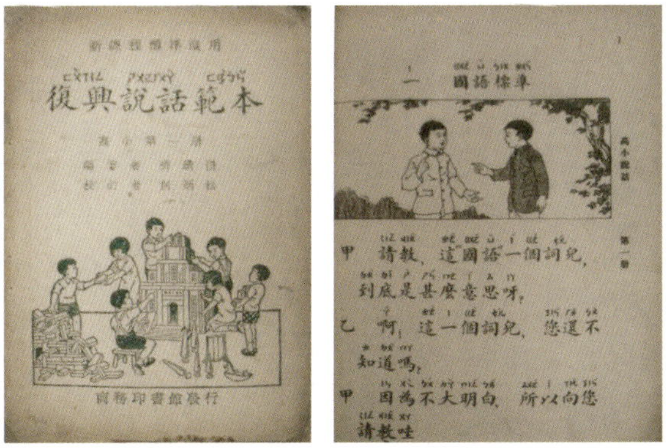

3-2-24

图3-2-24　《（新课程标准适用）复兴说话范本（小学校高级用）》第1册，商务印书馆，1934年版

4. 傅东华编著《（复兴初级中学教科书）国文》《（复兴高级中学教科书）国文》

1933年5月，傅东华编著《（复兴初级中学教科书）国文》六册，上海商务印书馆出版。

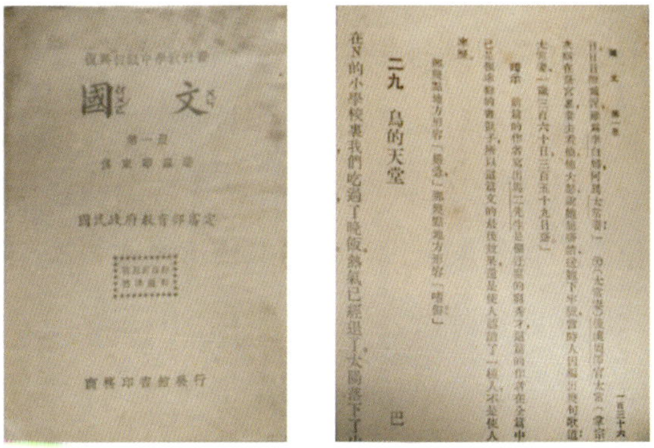

3-2-25

图3-2-25　《（复兴初级中学教科书）国文》第1册，商务印书馆，1934年版

《（复兴初级中学教科书）国文》遵照教育部颁布《初级中学国文课程标准》编辑，供初级中学六个学期国文精读及习作教材之用。教科书各册包含精读教材40课（每学期以20周计算，平均每周两课），习作教材20课（每隔一周授两课），两者穿插排列。选文强调力求时代潮流及体裁风格之模范，没有翻译作品。语体文与文言文各学年之分量为七与三、六与四、五与五之比例。这套教科书有记叙文、说明文、抒情文、议论文等，列有诗歌、书信、演讲词、发刊辞等多种文学体裁。教科书第一年偏重记叙文、抒情文，第二年偏重说明文、抒情文，第三年偏重议论文、应用文。每课之后编排“作者”“注解”“暗示”三项。“作者”介绍作者生平；“注解”解释艰深字词及专名术语等；“暗示”引导学生对教材内容进行分析、综合、比较等研究，使学生深刻了解及欣赏文章。这套教科书的参考书有黎锦熙先生之《国语文法》，杨树达先生之《中国语法纲要》《高等

[1] 王向. 新课程标准适用：复兴说话范本：小学校初级用：第1册[M]. 上海：商务印书馆，1934：编辑大意.

国文法》及《词诠》，黄洁如先生之《文法与作文》，陈望道先生之《修辞学发凡》，唐钺先生之《修辞格》，金兆梓先生之《实用国文修辞学》，夏丏尊、刘薰宇两先生之《文章作法》，叶绍钧先生之《作文论》，孙俍工先生之《记叙文作法讲义》及《论说文作法讲义》等。

1934年8月，傅东华编著《（复兴高级中学教科书）国文》六册，上海商务印书馆出版。

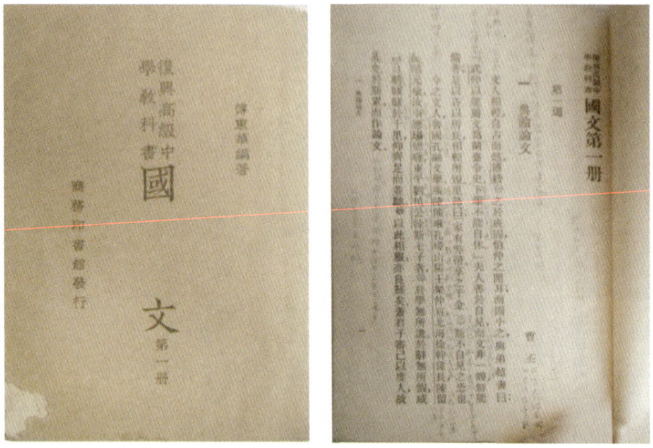

3-2-26

图3-2-26 《（复兴高级中学教科书）国文》第1册，商务印书馆，1935年版

《（复兴高级中学教科书）国文》遵照教育部颁行的《高级中学国文课程标准》编辑，与《（复兴初级中学教科书）国文》衔接，共六册，供高级中学国文精读及习作教材之用。一、二册精读选文以能代表或说明各种体制为标准，又按国文诸体制的性质和流派，以为学生读解古书之助；三、四册取各时代之特长文体，各文体之代表作家，各作家之代表作品，由近及古依次编排，以期使学生由此得见中国文学史之整个轮廓；五、六册专取各时代之代表学术文，兼采时代先后及学术种类两个标准，按领悟之难易依次编排。这套教科书每册教授时间18周，每周一至三课，备精读三小时内讲授。在编排体例上与《（复兴初级中学教科书）国文》一致，课文后列“作者”“注解”“暗示”三项，“唯为多留学生自学地步起见，凡字义、词义、人地名，及其他典实，为普通工具书籍（以《辞源》为标准）中所易检得者，即一概不加注解，其为普通工具书籍所未备或未详者，则均查据本源或名家注本，一一备列”[1]。这套教科书每单数周备“文章作法”一课，每双数周备“作文练习”一课。第一、二册文法部分，多取资于杨树达先生之《高等国文法》；第三、四册关于风格解剖部分，约略采取美国芝加哥大学教授Edith Rickert 女士所著*New Method for the Study of Literature*；第五、六册所讲辩论术之体系，约略依据美国O'Neill、Laycock、Scalea 三氏合著之*Argumentation and Debate*。

[1] 傅东华. 复兴高级中学教科书：国文：第1册[M]. 上海：商务印书馆，1934：编辑大意.

5. 何炳松、孙俍工编著《（复兴高级中学）国文课本》

1935年4月，何炳松、孙俍工编著《（复兴高级中学）国文课本》六册，上海商务印书馆出版。

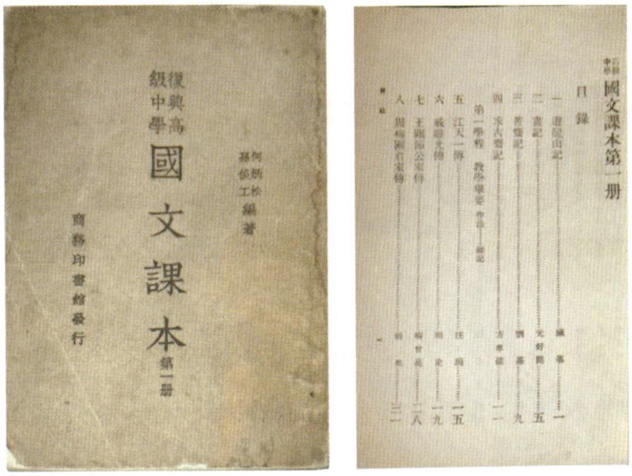

3-2-27

图3-2-27 《（复兴高级中学）国文课本》第1册，商务印书馆，1935年版

《（复兴高级中学）国文课本》遵照教育部颁行的《高级中学国文课程标准》编辑，按单元编排，每册分九个学程，每学程取关联之篇目，学习两周时间。第一、二册以文体作为划分学程的依据，文体有记事、传状、赠序、序跋、诗、小说、曲、书牍、说明、议论、碑志、箴铭、吊祭、乐府、词、赋共16种，选文则为各类文体的名家名篇，教学重点是不同文体的特征和作法以及基本的文法知识；第三、四册以历代文学成就为划分学程依据，按照清、明、元、金、宋、唐、南朝、北朝、晋、魏、汉、战国、春秋、西周的顺序，由近及远呈现各时代的代表作品，并注重其派别及流变；第五、六册以不同朝代的学术思想划分学程，按照由近及远的顺序选录作品，以反映各时代有代表性的学术思想，同时也注意了各种学术思想的时代背景和影响。这套教科书每学程后附教学举要，包含“目的”“作法”“教学注意”。

五、“世界”小学国语读本、中学国文教本及注释本

1. 魏冰心、苏兆骧编辑，朱翊新改编《（新课程标准教科书 世界第一种）国语读本（初级小学学生用）》；小学教科书改进社编辑，魏冰心撰稿《（新课程标准教科书 世界第二种）国语读本（初级小学学生用）》；吴研因编纂《（新课程标准教科书 世界第三种）国语新读本（初级小学）》

1933年，魏冰心、苏兆骧编辑，朱翊新改编《（新课程标准教科书 世界第一种）国语读本（初级小学学生用）》八册，薛天汉、范祥善校订，上海世界书局出版。

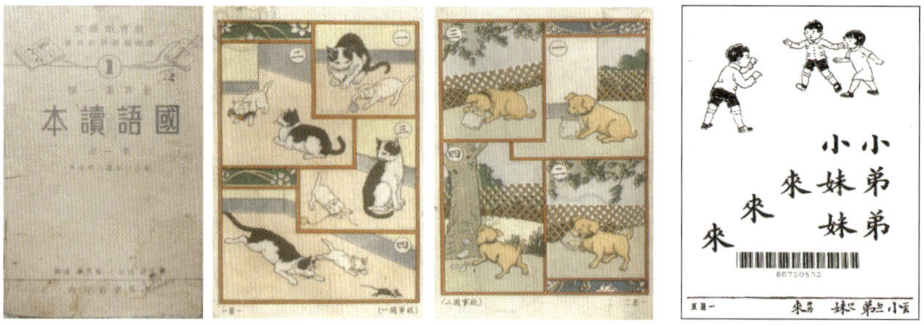

3-2-28

图3-2-28 《（新课程标准教科书 世界第一种）国语读本（初级小学学生用）》第1册，世界书局，1933年版

《（新课程标准教科书 世界第一种）国语读本（初级小学学生用）》根据小学国语课程标准编辑，适合初级小学儿童四个学年精读之用。这套教科书"主旨在使儿童学习平易的语文体，及欣赏儿童文学"[1]，内容包含公民、自然、历史、文艺、党义、卫生、地理，"而弘扬本党主义，灌输忠孝、仁爱、信义、和平、合作、互助、勇敢、劳动等思想，尤为注重"[2]。教科书选文分普通文、实用文、诗歌、剧本四类，一、二学年普通文占70%，诗歌占30%；三、四学年普通文占70%，实用文占10%，诗歌占15%，剧本占5%。这套教科书按单元编排，有练习。课文语言表达"一方面接近标准语；一方面适合儿童口吻，便于吟诵、表演"[3]。这套教科书每个生字都注标准国音，插图丰富。每册后均附有"练习"四课，前四册注重生字的反复活用，后四册注重简易文法的研究。

1933年，小学教科书改进社编辑，魏冰心撰稿、陈丹旭绘图《（新课程标准教科书 世界第二种）国语读本（初级小学学生用）》八册，沈知方、范云六、徐蔚南、张云石校订，上海世界书局出版。

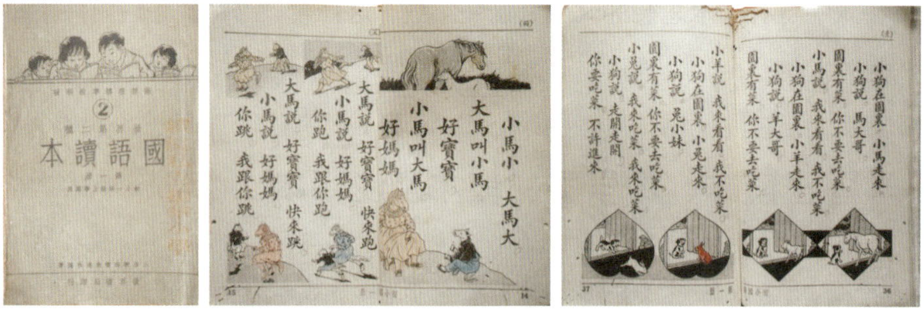

3-2-29

图3-2-29 《（新课程标准教科书 世界第二种）国语读本（初级小学学生用）》第1册，世界书局，1933年版

[1] 魏冰心，苏兆骧，朱翊新．新课程标准教科书：世界第一种：国语读本：初级小学学生用：第1册[M]．8版．上海：世界书局，1933：编辑纲要．

[2] 魏冰心，苏兆骧，朱翊新．新课程标准教科书：世界第一种：国语读本：初级小学学生用：第1册[M]．8版．上海：世界书局，1933：编辑纲要．

[3] 魏冰心，苏兆骧，朱翊新．新课程标准教科书：世界第一种：国语读本：初级小学学生用：第1册[M]．8版．上海：世界书局，1933：编辑纲要．

《（新课程标准教科书 世界第二种）国语读本（初级小学学生用）》依照教育部颁布的小学国语课程标准草案编辑，供初级小学儿童国语科读书作业时精读之用。这套教科书强调“1. 阐发党义。容纳有趣味的中山故事及诗歌，并采用关于启发民族精神，启发民权思想，养成民生观念的故事及诗歌。2. 提倡公民道德。充分选取关于忠心、孝顺、仁侠、博爱、信实、义气、和平、节俭、廉洁、公正等的故事及诗歌。3. 唤起公民精神。尽量加入关于活泼、乐观、规律、劳动、互助、合作、努力、进取、勇敢、团结、奋斗等的故事及诗歌。4. 灌输科学思想。采用关于描写自然现象及动植物生活的自然故事及诗歌，兼采发明家的历史故事等。5. 记述学校生活。采用关于描写日常的学校作业及各种集会的故事及诗歌。”[1]这套教科书设置了与儿童切近的人物作为课文的主角。前四册以童话、儿歌、自然故事为主，兼采生活故事、笑话、杂歌、谜语等；后四册以生活故事、历史故事、自然故事、杂歌故事为主，兼采剧本、游记、传说、杂记、民歌、书信等。各册另附自习教材十多种，前四册是用已读过的生字组成的新课文，含有补充性质，后四册注重语句的编造、文法的变化，可作作文的基本练习。这套教科书各册生字附在各篇之末，并标注音符号。教科书插图约600幅。第一册有甲、乙两种，甲种完全用彩色插图，乙种除去首有彩色故事图17幅外，另有彩色插图多幅。

3-2-30

图3-2-30 《（新课程标准教科书 世界第三种）国语新读本（初级小学）》第1册，世界书局，1933年版

1933年，由吴研因编纂，陈丹旭、庞亦鹏绘图的《（新课程标准教科书 世界第三种）国语新读本（初级小学）》八册，在上海世界书局出版。“本书经中央大学实验学校教员在该校小学中低各年级实地教学，并由诸位专家研究修订”。[2]这套教科书另编教学法八册。

《（新课程标准教科书 世界第三种）国语新读本（初级小学）》“原稿遵照教育部小学国语课程标准草案而编辑，定稿遵照教育部二十一年（1932年）十月正式颁布的小学国语课程标准而改编”[3]，供初级小学儿童国语读书作业的精读之用。这套教科书强调，“在现实的中国，应给儿

[1] 小学教科书改进社. 新课程标准教科书：世界第二种：国语读本：初级小学学生用：第4册[M]. 上海：世界书局，1933：编者的话.

[2] 吴研因. 新课程标准教科书：世界第三种：国语新读本：初级小学：第1册[M]. 上海：世界书局，1933：编辑概要.

[3] 吴研因. 新课程标准教科书：世界第三种：国语新读本：初级小学：第1册[M]. 上海：世界书局，1933：编辑概要.

童以怎样的观念和思想？准备造就如何的国民？这是本书极注重的问题”[1]。选材以儿童文学为主体，并且增加一些可表演、可吟唱的活动材料，“改编时又加入许多可以绘画，可以游戏的活动材料，而且此项材料仍经剔选剪裁，力求不繁冗而多趣味”[2]。这套教科书内容“富于创造精神”[3]，十分之九都是编纂者自己创造的。在编排上“本书教材都依时令编排，关于一年四季的自然现象、纪念日、节日等重要教材，无不应有尽有，极便于随时与各学科教材组织合成大单元而施行设计教学”[4]。这套教科书的前四册每几课就有“附课”。第一册全是“活动附课”，从第五册开始每课之后都有“想”“写”“画”等练习题。第五册以后“写”的练习增加。在各册之末有生字表，“加注国音并附列简笔字等各种普通的别体字，以便检查”[5]，教科书插图丰富，第一册有彩图五幅。

2. 朱翊新编辑《（新课程标准世界教科书）国语读本（小学高级学生用）》；吴研因编著《（新课程标准教科书）国语新读本（小学高级学生用）》

1933年，朱翊新编辑《（新课程标准世界教科书）国语读本（小学高级学生用）》四册，范祥善校订，由上海世界书局印行。

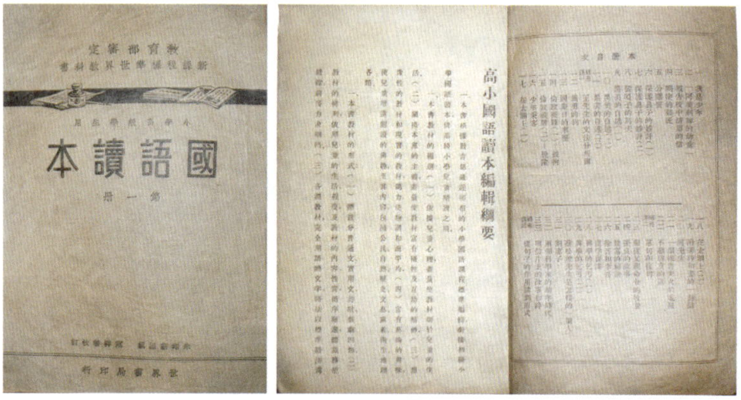

3-2-31

图3-2-31 《（新课程标准世界教科书）国语读本（小学高级学生用）》第1册，世界书局，1935年版

《（新课程标准世界教科书）国语读本（小学高级学生用）》依据教育部颁布的小学国语课程标准编辑，“供高级小学儿童精读之用”[6]。这套教科书每册36课，包含公民、自然、历史、文

[1] 吴研因. 新课程标准教科书：世界第三种：国语新读本：初级小学：第1册[M]. 上海：世界书局，1933：编辑概要.

[2] 吴研因. 新课程标准教科书：世界第三种：国语新读本：初级小学：第1册[M]. 上海：世界书局，1933：编辑概要.

[3] 吴研因. 新课程标准教科书：世界第三种：国语新读本：初级小学：第1册[M]. 上海：世界书局，1933：编辑概要.

[4] 吴研因. 新课程标准教科书：世界第三种：国语新读本：初级小学：第1册[M]. 上海：世界书局，1933：编辑概要.

[5] 吴研因. 新课程标准教科书：世界第三种：国语新读本：初级小学：第1册[M]. 上海：世界书局，1933：编辑概要.

[6] 朱翊新. 新课程标准世界教科书：国语读本：小学高级学生用：第1册[M]. 上海：世界书局，1933：编辑纲要.

艺、党义、卫生、地理等内容。选材依据有四条：“（一）依据儿童心理，尽量使教材切合儿童的生活。（二）宣扬本党的主义，尽量使教材富有牺牲及互助的精神。（三）想象性的教材和现实的教材，竭力使它调和而平均。（四）富有艺术的趣味，使儿童增进阅读的兴趣。”[1]教科书分普通文、实用文、诗歌、戏剧四项，“一课课文，也许不止关于一种文体”[2]。每册教科书最前面列有内容及问题分配表。每篇课文语法以标准语法为准，诗歌音韵均用标准音韵。课文编排体裁错综，前后联络。各课均附有思考问题及各种项目。在各册最后附有补充课三篇，“创作前后衔接的故事，指示文法的大要，使儿童在欣赏趣味浓郁的故事中间，研究国语文法，渐渐增进阅读和发表的能力”[3]。

1935年5月，吴研因编著《（新课程标准教科书）国语新读本（小学高级学生用）》四册，上海世界书局出版。这套教科书的内容，“尤注重关于‘民族复兴’‘科学发明’等的历史材料，关于读书方法的指导，也尽量采入，以期合于小学国语科的目的”[4]。教科书按单元编制，用文法隔开。

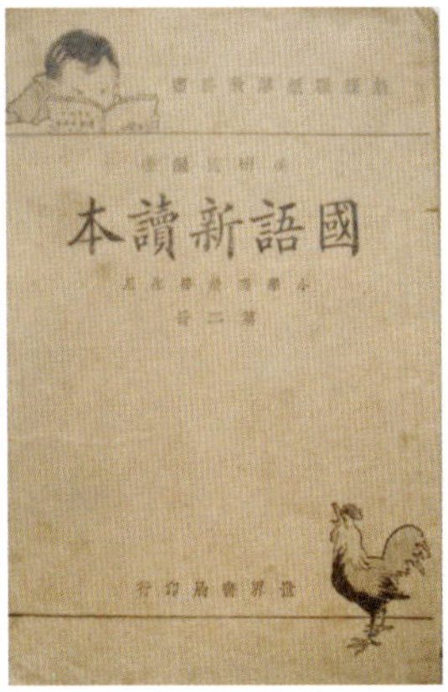

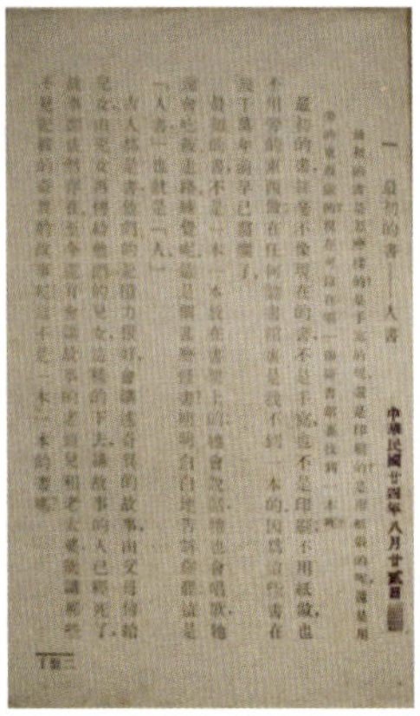

3—2—32

图3—2—32　《（新课程标准教科书）国语新读本（小学高级学生用）》第1册，世界书局，1935年版

3. 朱剑芒编辑，陈霭麓、韩慰农注释《（新课程标准世界中学教本初级中学学生用）朱氏初中国文》

1933年7月，朱剑芒编辑，陈霭麓、韩慰农注释《（新课程标准世界中学教本初级中学学生用）

[1] 朱翊新. 新课程标准世界教科书：国语读本：小学高级学生用：第1册[M]. 上海：世界书局，1933：编辑纲要.
[2] 朱翊新. 新课程标准世界教科书：国语读本：小学高级学生用：第1册[M]. 上海：世界书局，1933：编辑纲要.
[3] 朱翊新. 新课程标准世界教科书：国语读本：小学高级学生用：第1册[M]. 上海：世界书局，1933：编辑纲要.
[4] 吴研因. 新课程标准教科书：国语新读本：小学高级学生用：第1册[M]. 上海：世界书局，1935：编辑大意.

朱氏初中国文》六册，上海世界书局出版。

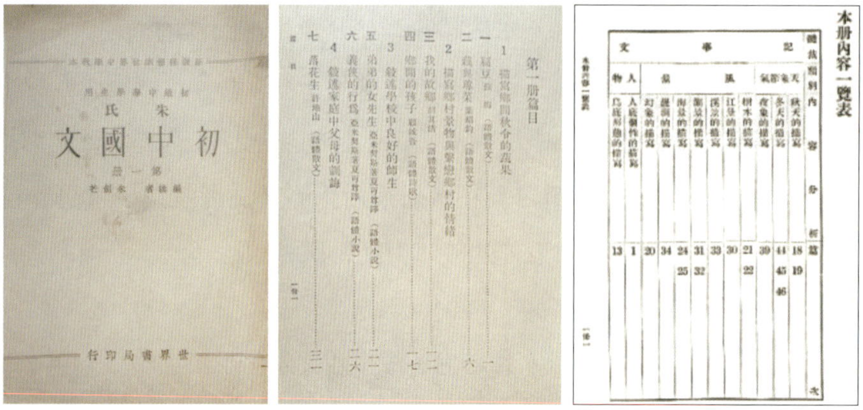

3—2—33

图3—2—33 《（新课程标准世界中学教本初级中学学生用）朱氏初中国文》第1册，世界书局，1933年版

《（新课程标准世界中学教本初级中学学生用）朱氏初中国文》遵照教育部颁行《初级中学国文课程标准》编辑，供初中各学年国文科精读之用。教科书所选材料“以思想纯正，组织完备为两大标准”[1]。教科书选文360篇，其中白话文220篇（翻译作品24篇）、文言文140篇，选文均较简短，在每册中选列发扬民族精神的文字三篇。第一、二册选文100篇，以1 000字左右为限，文言文占十分之三，语体文占十分之七，每周约精读两篇至三篇；第三、四册选文120篇，以2 000字左右为限，文言文占十分之四，语体文占十分之六，每周约精读三篇；第五、六册选文140篇，以3 000至4 000字为限，文言文、语体文各占十分之五，每周约精读三篇至四篇。这套教科书有散文276篇、韵文84篇、记事文64篇、叙事文64篇、抒情文80篇、说明文64篇、议论文58篇、应用文30篇。各册前均附有该册内容一览表，各篇后均附有注释，呈现专有名词、术语、典故、引文出处等，生字附注音符号。每册末除附以文法支配表（即各篇后所附文章作法一项），更附以作者事略，以及本学期略读书目表。书中所附文法与修辞法，大部分都依据黎锦熙著的《新著国语文法》、陈望道著的《修辞学发凡》、金兆梓著的《实用国文修辞学》编写。教科书有插图。

4. 杜天縻、韩楚原编辑《（新课程标准世界中学教本）杜韩两氏高中国文（高级中学学生用）》；杜天縻、韩楚原、沈伯经编著《高中国文注释》

1933年8月，杜天縻、韩楚原编辑《（新课程标准世界中学教本）杜韩两氏高中国文（高级中学学生用）》六册，上海世界书局出版。这套教科书配有《高中国文注释》一册，杜天縻、韩楚原、

[1] 朱剑芒．新课程标准世界中学教本初级中学学生用：朱氏初中国文：第1册[M]．上海：世界书局，1933：编辑大意．

沈伯经编著，1933年8月由上海世界书局出版。

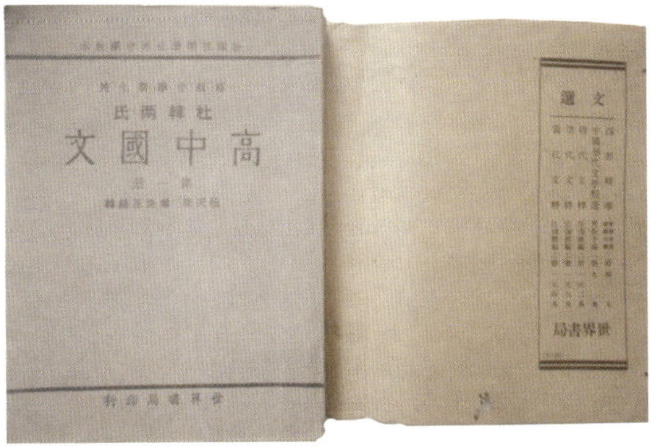

3-2-34

图3-2-34　《（新课程标准世界中学教本）杜韩两氏高中国文（高级中学学生用）》第1册，世界书局，1933年版

《（新课程标准世界中学教本）杜韩两氏高中国文（高级中学学生用）》依据教育部颁行《高级中学国文课程标准》编辑，专供高级中学国文科教学精读之用。这套教科书第一学年内容为文体示范，第二学年为文学源流，第三学年为学术思想。第一、二册按照从今至古的顺序介绍各种文体，语体文介绍了新诗、小说、戏剧及纪实文，文言文介绍了诗、词、曲、散文等，还介绍了一些不常见到序、跋、赋、楹联、碑铭等。文言文与语体文的比例，第一学年为75%与25%，第二学年为85%与15%，第三学年为95%与5%。教科书采用“组”的单元编制，每组有“基础教材”“范文”“参读”“作者传略”“习作讲授”。“基础教材”是一系列的文章，“或依体制，或依性质，或依时代，或依作风，分为若干集团，即以一个集团为一个单元，冠以‘基础教材’，以为之纲，俾教学时先窥其藩，以引起深入之兴趣”[1]。“范文”是配合“基础教材”供学生精读使用的，以增加学生的阅读量。“范文”后有“参读”“作者传略”及“习作讲授”。“参读”是编者给出的一系列书目，“供教学时略读之取材，俾收钻研互发之功”[2]。“作者传略”介绍作者生平及其文学风格，第三学年增加文章的时代背景与思想中心介绍。“习作讲授”系统详细介绍文章作法而无作文练习的要求。这套教科书中基础教材和范文的总量加起来，一个高中的学生三年中要读422篇文章，加上“参读”中要求学生读的文章，三年下来学生要阅读一千多篇文章。这套教科书明确范文之后不附“注释”，而是另编一册。

六、“新生活”小学国语、初中国文教科书及教学做法

1. 蒋息岑、沈百英、施颂椒编辑《新生活教科书国语（小学校初级用）》

1933年，蒋息岑、沈百英、施颂椒编辑，张令涛绘图《新生活教科书国语（小学校初级用）》

[1] 杜天縻，韩楚原. 新课程标准世界中学教本：杜韩两氏高中国文：高级中学学生用：第1册[M]. 上海：世界书局，1933：编辑大纲.

[2] 杜天縻，韩楚原. 新课程标准世界中学教本：杜韩两氏高中国文：高级中学学生用：第1册[M]. 上海：世界书局，1933：编辑大纲.

八册，上海大东书局出版。这套教科书配编有《新生活教科书国语教学做法（小学校初级用）》八册，孙慕坚、冯鼎芬、朱荄阳编辑，沈百英、蒋息岑校阅，1933年由大东书局出版。

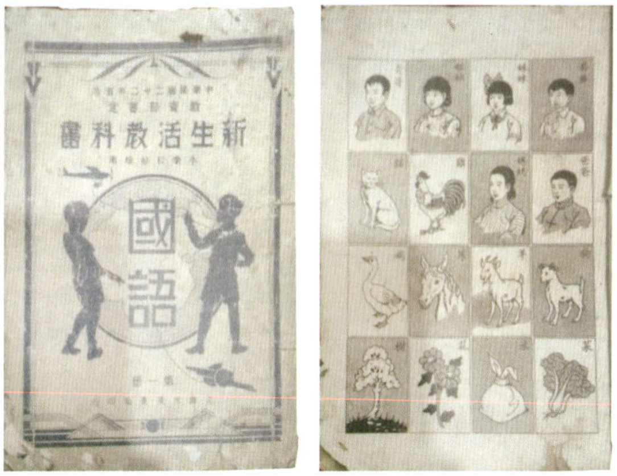

3-2-35

图3-2-35 《新生活教科书国语（小学校初级用）》第1册，大东书局，1933年版

《新生活教科书国语（小学校初级用）》按照小学国语课程标准编辑，专供初级小学国语科读书作业精读之用。这套教科书根据儿童生活选材，多以儿童文学描写儿童生活。为体现三民主义，尤其积极采用党义内容，也选有国外历史、社会风情、著名人物及传统故事等。文体有普通文、实用文、诗歌、剧本等，所选故事较多。课文多用长篇，"一篇可分几次教学"[1]。编排方面注意时令及各科联络。前四册有专门的练习课，并在教科书最后附有词条或练习，从第五册开始，有"总复习"。生字生词的编排，"低级排列匀称且多反复，便于自学，中级将常用之字依次分配列入，以便与补充读物相互为用（生字生词一律注入教学做法中）"[2]。这套教科书"前四册多采用能表演之材料，使儿童由活动而习得文字之实际经验，后四册多采用含有实质之材料，使儿童能在知识里求得文字之实在经验。……语句注意合于儿童语法，并重日常应用之民间谚语，俾与语法一致"[3]。各册均采用默读的考查方法。教科书的插图丰富。

3-2-36

图3-2-36 《新生活教科书国语教学做法（小学校初级用）》第5册，大东书局，1933年版

[1] 蒋息岑，沈百英，施颂椒. 新生活教科书国语：小学校初级用：第1册[M]. 上海：大东书局，1933：编辑大意.
[2] 蒋息岑，沈百英，施颂椒. 新生活教科书国语：小学校初级用：第1册[M]. 上海：大东书局，1933：编辑大意.
[3] 蒋息岑，沈百英，施颂椒. 新生活教科书国语：小学校初级用：第1册[M]. 上海：大东书局，1933：编辑大意.

《新生活教科书国语教学做法（小学校初级用）》视时代趋势采用教学做法，分成教材全文、教材要点、教学做法、测验问题及参考材料五项进行编辑。

2. 《（新生活初中教科书）国文》

1933年8月，周祐、黄骏如编辑《（新生活初中教科书）国文》六册，上海大东书局出版。

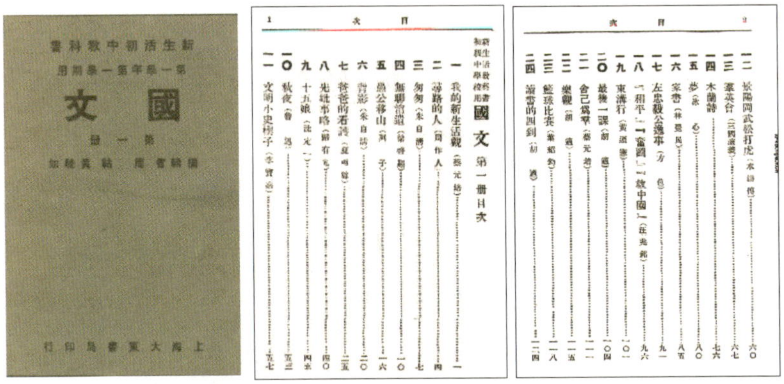

3-2-37

图3-2-37　《（新生活初中教科书）国文》第1册，上海大东书局，1933年版

《（新生活初中教科书）国文》遵照《初级中学国文课程标准》编辑，专供初级中学国文科精读部分之用，每学期一册，每册40课。“关于党义方面的材料，则尽量容纳。”[1]教科书的选材标准、排列的程序、教材分量的分配与课程标准要求一致。对于各篇文字的注释，“我们持有两种主张。一是关于注解的形式方面。古书双行小字夹注的形式，对于阅览实在是最便利的，我们本想采用。后因本书原是供给初中学生精读之用，若用双行小字夹注的形式，对于学生朗诵和记忆，不无妨碍，所以仍照普通形式，放在本文的后面。至题解和作者事略，在未读本文以前，似乎应先晓得，所以一律放在本文的前面，题目和作者姓名的后面。二是关于注解的详略方面的。我们以为这种供学生精读用的教本，不宜太略，也不宜太详。我们采用折衷（中）的办法：除难字难句以外，凡有出处可查的，一一注明详见某书的某卷或某篇或某章，以便学生查看原著，养成参考研究的能力”[2]。

3. 张弓编著《初中国文教本（初级中学学生用）》

1933年，张弓编著《初中国文教本（初级中学学生用）》六册，蔡元培、江恒源校订，上海大东书局出版。

3-2-38

图3-2-38　《初中国文教本（初级中学学生用）》第1册，大东书局，1933年版

[1] 周祐，黄骏如. 新生活初中教科书：国文：第1册[M]. 上海：大东书局，1933：国文编辑要旨.

[2] 周祐，黄骏如. 新生活初中教科书：国文：第1册[M]. 上海：大东书局，1933：国文编辑要旨.

《初中国文教本（初级中学学生用）》的编辑旨趣有三："（甲）以培育初级中学学生'敬己''爱群''创新'（即广义的艺术的革命的精神）的态度为中心。（乙）略略表示'人间的真味''民族的特性'及'文章的美境'，以助初级中学学生之'味识人间''鉴赏书籍''创作文章'，期其人生可渐趋于'深强化''净美化'。（丙）用辅导方法，使初级中学学生自己能获得门径，高兴踏实治学。（读'文'，作'文'，体察'人间'。）"[1]这套教科书的选文标准有六条，即"（甲）内容合于本书中心旨趣。（乙）'艺术'优美，足供品赏。（丙）'问题'切于现代中国青年的思想生活。（丁）'深度'适合于初中各年级之学力。（戊）'篇幅'不过长，适于教室讲授。（己）白话文言，参合编辑"[2]。这套教科书共十五个生活主题，每个主题统领"组"课文，每组有组序、组题、篇注三个部分。"组序"位于每组主题之后，课文之前，展现本组各篇文章的精义；"组题"位于每组课文后，辅助学生探究各篇内容并欣赏其艺术；"篇注"显示本篇的背景，酌释本篇重要的文句，介绍本篇内容的参考资料。这套教科书内容组织明确要求"配合""升进""联络"。"配合"是指在各组中搭配论说、记叙、文艺文等各种文体。"升进"是指内容上层次递进，如初中一年级于事实中暗示敬己、爱群、革新的种种意味。"联络"是指各组、各篇内容自然联络。教科书在欧美国家人名、书名后用括号注出英文原名。

七、"分部互用"小学国语教科书

陈鹤琴编著《（教育部新课程标准适用 分部互用儿童教科书）儿童中部国语（初级小学适用）》；陈鹤琴、梁士杰主编，徐晋助编《（教育部新课程标准适用 分部互用儿童教科书）儿童南部国语（初级小学适用）》；陈鹤琴、陈剑恒主编，刘德瑞、李藻萍、周骍、徐晋、左绍儒助编《（教育部新课程标准适用 分部互用儿童教科书）儿童北部国语（初级小学适用）》

陈鹤琴认为，中国辖地辽阔，"包含着长江流域（中部）、珠江流域和闽江流域（南部）及黄河流域和黑龙江流域（北部）"，各个流域的自然现象与生活状况都各有不同，因之各流域儿童的经验亦各有差异，为求分别适应各流域的儿童经验，就把初级小学用的国语教科书分编三部，即《（教育部新课程标准适用 分部互用儿童教科书）儿童中部国语（初级小学适用）》八册、《（教育部新课程标准适用 分部互用儿童教科书）儿童南部国语（初级小学适用）》八册、《（教育部新课程标准适用 分部互用儿童教科书）儿童北部国语（初级小学适用）》八册。各流域初级小学可采用该流域者作国语课本，以求儿童经验的适应和学习心理的适合，兼可采用他流域者为国语科补充读本，以求提高儿童智力，增进学习兴趣。

[1] 张弓. 初中国文教本：初级中学学生用：第1册[M]. 上海：大东书局，1933：初级中学国文教本编辑条例.

[2] 张弓. 初中国文教本：初级中学学生用：第1册[M]. 上海：大东书局，1933：初级中学国文教本编辑条例.

1934年6月，陈鹤琴编著《（教育部新课程标准适用 分部互用儿童教科书）儿童中部国语（初级小学适用）》八册，上海儿童书局出版。

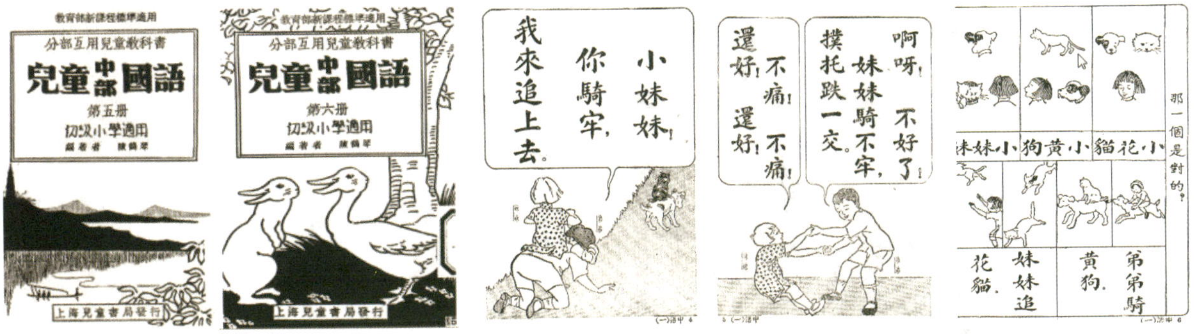

3-2-39

图3-2-39 《（教育部新课程标准适用 分部互用儿童教科书）儿童中部国语（初级小学适用）》第5册、第6册，儿童书局，1934年版

1934年6月，陈鹤琴、陈剑恒主编，刘德瑞、李藻萍、周骍、徐晋、左绍儒助编《（教育部新课程标准适用 分部互用儿童教科书）儿童北部国语（初级小学适用）》八册，上海儿童书局出版。

3-2-40

图3-2-40 《（教育部新课程标准适用 分部互用儿童教科书）儿童北部国语（初级小学适用）》第1册，儿童书局，1934年版

1934年6月，陈鹤琴、梁士杰主编，徐晋助编《（教育部新课程标准适用 分部互用儿童教科书）儿童南部国语（初级小学适用）》八册，上海儿童书局出版。

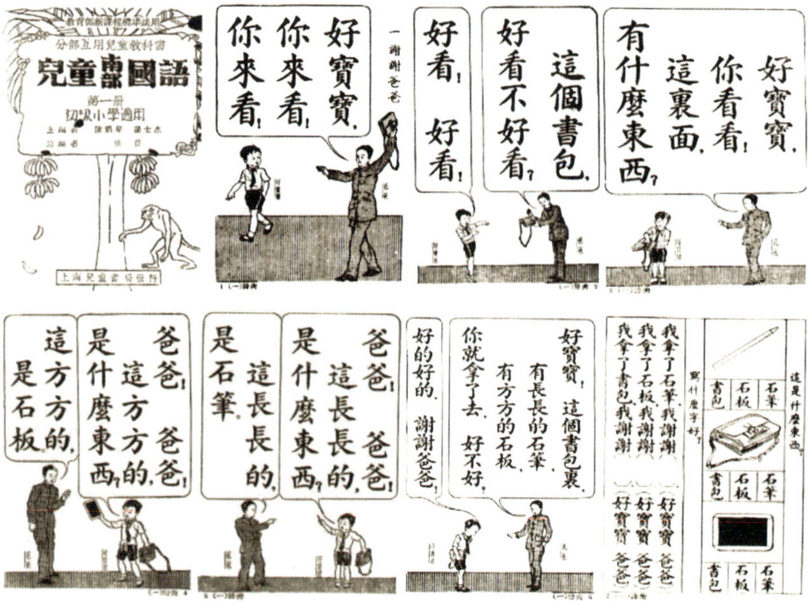

3-2-41

图3-2-41 《（教育部新课程标准适用 分部互用儿童教科书）儿童南部国语（初级小学适用）》第1册，儿童书局，1934年版

《（教育部新课程标准适用 分部互用儿童教科书）儿童国语（初级小学适用）》强调以儿童为中心，“编制方式力求新颖，课文与练习并重，文字与画图兼施，每册全文组织成一个大单元，后一个大单元中分作若干个小单元，前一册的一个大单元和后一册的一个大单元衔接一气”[1]。教科书最后设计了“生字一览表”，并用注音符号进行标注。“本教科书由编者和助编者们各就各该流域经过多次的实验，教学的效果，颇觉显著。”[2]这套教科书的三种版本的第一册都是1934年6月初版，到1934年7月就已经是第20版了。

八、其他小学国语教科书

1. 李小峯、赵景深编《高小国语读本（根据新课程标准编辑）》

1933年6月，李小峯、赵景深编《高小国语读本（根据新课程标准编辑）》四册，青光书局出版，吴研因等校。

3-2-42

图3-2-42 《高小国语读本（根据新课程标准编辑）》第1册，青光书局，1933年版

[1] 陈鹤琴. 教育部新课程标准适用：分部互用儿童教科书：儿童中部国语：初级小学适用：第1册[M]. 上海：儿童书局，1934：封底.

[2] 陈鹤琴. 教育部新课程标准适用：分部互用儿童教科书：儿童中部国语：初级小学适用：第1册[M]. 上海：儿童书局，1934：封底.

《高小国语读本（根据新课程标准编辑）》根据教育部颁行小学课程新标准编辑，内容“竭力灌输进步的思想，以平等、合作、互助、勇敢、劳动、坚忍、团结、规律等美德为背景，写成富于兴趣的文学作品”[1]，“取材力求新颖，如爱国的父亲、上海蕴藻浜的血战等，均采取最近沪淞抗日之光荣史料写成……教科书还多选名人传记，以为儿童之楷模”[2]，“尤于科学家之求知精神，试验态度，再三注意”[3]。选文除记叙文、论说文、寓言小说、童话故事、传记、游记、诗歌、戏剧外，兼及书信、会话、随笔等。教科书以单元编排，课文间注重联络，每五课后附语法与作文，每课后有问题。

2. 中国教科书研究会编辑《（新课程标准）大众教科书国语（初级小学用）》

1934年6月，中国教科书研究会编辑《（新课程标准）大众教科书国语（初级小学用）》八册，大众书局出版，戴渭清校订，倪诚均缮写，樊剑刚发行。

3-2-43

图3-2-43 《（新课程标准）大众教科书国语（初级小学用）》第5册，大众书局，1935年版

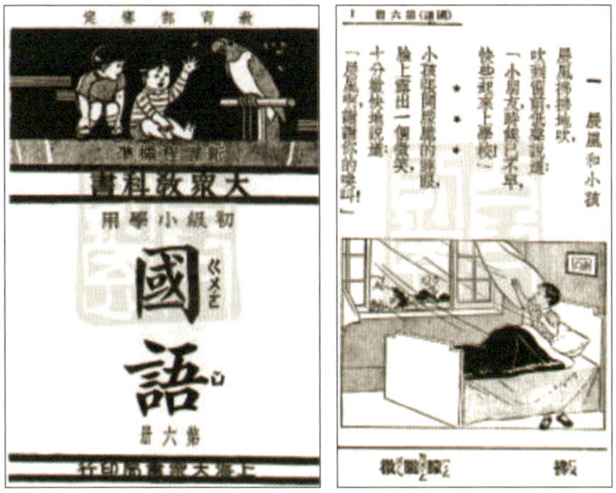

3-2-44

图3-2-44 《（新课程标准）大众教科书国语（初级小学用）》第6册，大众书局，1935年版

[1] 李小峯，赵景深. 高小国语读本：根据新课程标准编辑：第1册[M]. 上海：青光书局，1933：编辑要旨.

[2] 李小峯，赵景深. 高小国语读本：根据新课程标准编辑：第1册[M]. 上海：青光书局，1933：编辑要旨.

[3] 李小峯，赵景深. 高小国语读本：根据新课程标准编辑：第1册[M]. 上海：青光书局，1933：编辑要旨.

3-2-45

图3-2-45 《（新课程标准）大众教科书国语（初级小学用）》第7册，大众书局，1936年版

《（新课程标准）大众教科书国语（初级小学用）》依据教育部颁行的小学课程标准编辑，供初级小学四学年精读之用。编辑主旨“在使儿童学习平易的语体文，并欣赏儿童文学，以养成他们阅读的兴趣与能力”[1]。这套教科书每册40课，按单元编排，每九至十课后有练习。单元内课文体裁变化，有记叙文（包括儿童生活故事、历史故事、自然故事、童话、寓言、传说、日记、游记等）、说明文、应用文（主要是书信）、诗歌（包括儿童诗、民歌）、剧本。教科书选材注重“扩充想象，启发思想，陶冶性情，阐扬党义，于民族意识，尤所注意”[2]。这套教科书生字选用“依据国内教育专家测验的统计”[3]，语言力求适合儿童口吻，且更注意接近标准语。教科书插图丰富，第一册全用彩色插图。

3. 于卫廉、刘瑞斌、李尚之、郑汝彬、朱燕堂、王溯雍选辑，赵玉笙编订《（国立北平师范大学附属第一小学）高小国语汇选》

于卫廉、刘瑞斌、李尚之、郑汝彬、朱燕堂、王溯雍选辑，赵玉笙编订《（国立北平师范大学附属第一小学）高小国语汇选》四册，北平师范大学附属第一小学出版委员会出版，所见第二册与第四册均为1936年2月印。

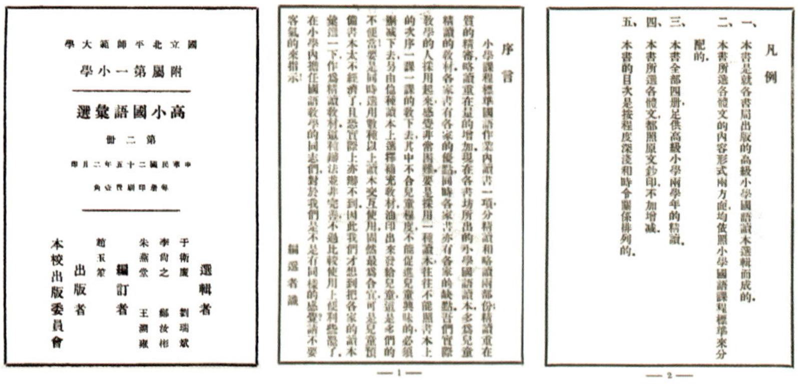

國立北平師範大學
附屬第一小學

高小國語彙選

第二冊

中華民國二十五年二月印
每冊印刷費壹角

選輯者 于衛廉 劉瑞斌 李尚之 鄭汝彬 朱燕堂 王溯雍
編訂者 趙玉笙
出版者 本校出版委員會

序言

小學課程標準國語作業內讀書一項，分精讀和略讀兩部份，精讀重在質的精審，略讀重在量的增加。現在各書坊所出的小學國語讀本，多為兒童精讀的教材，各家書有各家的優點，同時各家書亦有各家的缺點。我們實際教學的人採用起來，感覺非常困難。要是採用一種讀本，往往不能照書本上的次序一課一課的教下去，其中不合兒童程度，不能促進兒童興味的，必須删減下去，另由他種讀本上選擇補充教材油印出來發給兒童，這是我們的不便當！要是同時選用數種以上讀本交互使用，固然最為合宜，可是兒童預備書本太不經濟了，且恐實際上亦辦不到。因此我們才想到把各家的讀本彙選一下，作為精讀教材，這種辦法並非完善，不過比較使用上便利些罷了。在小學內擔任國語教學的同志們，對於我們是不是有同樣的感覺？請不要客氣的來指示！

編選者識

—1—

凡例

一、本書是就各書局出版的高級小學國語讀本選輯而成的。
二、本書所選各體文的內容形式兩方面，均依照小學國語課程標準來分配的。
三、本書全部四冊，是供高級小學兩學年的精讀。
四、本書所選各體文，都照原文鈔印，不加增減。
五、本書的目次是按程度深淺和時令關係排列的。

—2—

3-2-46

图3-2-46 《（国立北平师范大学附属第一小学）高小国语汇选》第2册，北平师范大学附属第一小学出版委员会，1936年版

[1] 中国教科书研究会. 新课程标准：大众教科书国语：初级小学用：第6册[M]. 上海：大众书局，1934：编辑大意.
[2] 中国教科书研究会. 新课程标准：大众教科书国语：初级小学用：第6册[M]. 上海：大众书局，1934：编辑大意.
[3] 中国教科书研究会. 新课程标准：大众教科书国语：初级小学用：第6册[M]. 上海：大众书局，1934：编辑大意.

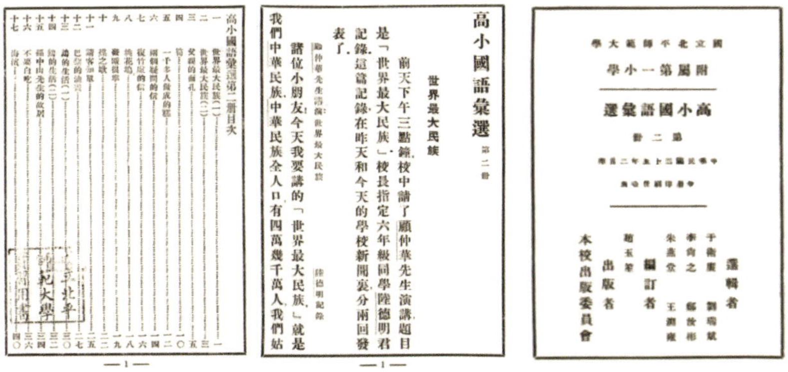
高小國語彙選 第二册

世界最大民族

顧仲華先生演講 世界最大民族 陸德明記錄

前天下午三點鐘，校中請了顧仲華先生演講，題目是「世界最大民族」。校長指定六年級同學陸德明君記錄。這篇記錄在昨天和今天的學校新聞裏分兩回發表了。

諸位小朋友，今天我要講的「世界最大民族」，就是我們中華民族。中華民族全人口有四萬萬幾千萬人，我們姑

國立北平師範大學附屬第一小學

高小國語彙選

第二册

選輯者 編訂者 出版者 本校出版委員會

3-2-47

图3-2-47 《（国立北平师范大学附属第一小学）高小国语汇选》第2册，北平师范大学附属第一小学出版委员会，1936年版

《（国立北平师范大学附属第一小学）高小国语汇选》是供高级小学两学年精读使用，“就各书局出版的高级小学国语读本选辑而成的”[1]，所选各体文“都照原文钞印，不加增减”[2]。“序言”中指出，把各家的读本汇选作为精读教材，“这种办法并非完善，不过比较使用上便利些罢了”[3]。这套教科书选文重视实业教育，引导学生关注农工、关注粮食生产等。教科书无单元，无练习，无插图。

4. 小学国语读本编修委员会编辑《国语读本（小学校初级用）》

小学国语读本编修委员会编辑《国语读本（小学校初级用）》八册，由太原第一土货产销合作商行发行，西北实业公司印刷厂印刷。这套教科书封面印有“山西省政府编印”字样。

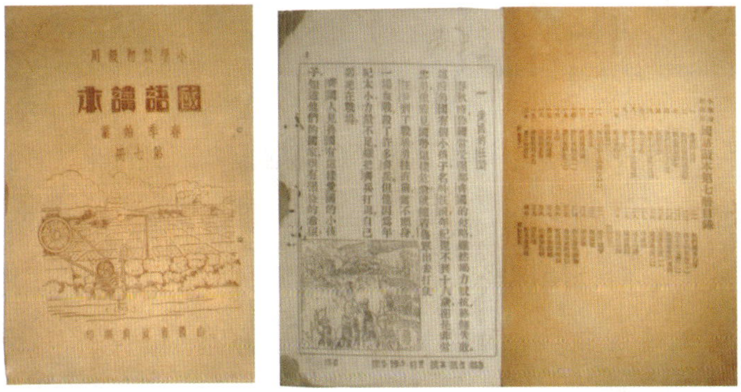

3-2-48

图3-2-48 《国语读本（小学校初级用春季始业）》第7册，太原第一土货产销合作商行发行，1935年版

《国语读本（小学校初级用）》供山西省初级小学国语科教学之用。每册40课，附练习4课，每周教学2课。“本书内容，力求合于本省自然的和社会的环境。”[4]第一、二学年取材从儿童周围开

[1] 于卫廉，刘瑞斌，李尚之，等. 国立北平师范大学附属第一小学：高小国语汇选：第2册[M]. 北平：北平师范大学附属第一小学出版委员会，1936：凡例.

[2] 于卫廉，刘瑞斌，李尚之，等. 国立北平师范大学附属第一小学：高小国语汇选：第2册[M]. 北平：北平师范大学附属第一小学出版委员会，1936：凡例.

[3] 于卫廉，刘瑞斌，李尚之，等. 国立北平师范大学附属第一小学：高小国语汇选：第2册[M]. 北平：北平师范大学附属第一小学出版委员会，1936：序言.

[4] 小学国语读本编修委员会. 国语读本：小学校初级用：第1册[M]. 太原：太原第一土货产销合作商行，1935：封3.

始，随着儿童生活的进展，第三、四学年逐渐扩张到社会，以培养国民必需的知识及道德。这套教科书以单元编排，第一册开始附故事图两课，第三课起，将生活故事、自然故事、诗歌、寓言、谜语等交错呈现；第二册以后，在记叙文之外，加议论文和实用文。这套教科书注重音标以部颁《国音常用字汇》为准。插图丰富。

九、其他中学国文教科书

（一）中学国文教科书

1. 孙俍工编辑《国文教科书（初级中学用）》《国文教科书（高级中学用）》

1932年3月，孙俍工编辑《国文教科书（初级中学用）》六册及《国文教科书（高级中学用）》六册，上海神州国光社出版。

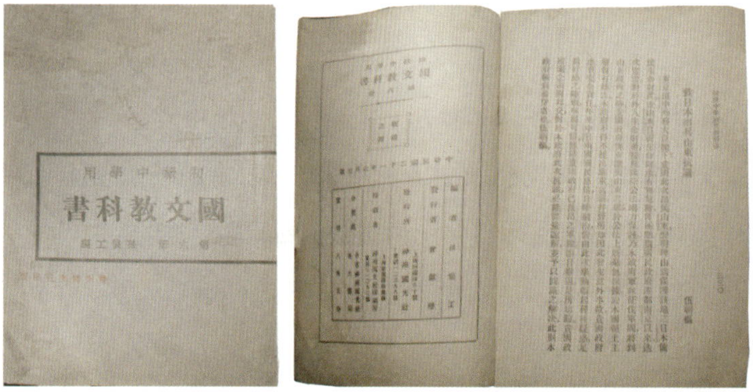

3-2-49

图3-2-49 《国文教科书（初级中学用）》第6册，神州国光社，1932年版

《国文教科书（初级中学用）》《国文教科书（高级中学用）》是根据教育部颁行课程标准编辑，共12册。初中以语体文为主而稍参以文言文，高中以文言文为主而稍参以语体文。教科书以单元编排，每单元教学一种文体，每单元约占精读时间两周或三周。每册前附本册教学细目表，每单元前附本单元教学提要表，每篇末有附记。对于每学期略读书目，“书名、著者、出版处等表列于卷首，以便教者选择，指导学生阅读”[1]。这套教科书容量大，初中六册共350篇精读文本和86种略读书目，高中六册以文言文为主而稍参以语体文，共收文言文240篇、诗词曲125篇、诗经骚赋55篇。初中有记人文、叙事文、写景文、抒情文、游记、说明文、议论文、小品文、应用文、小说、戏剧、古今诗词等，高中则有记事文、叙事文、说明文、议论文、诗词曲、诗经骚赋等。高中写作练习题包括命题作文、读书笔记、游记、专题研究、应用文件和文学作品等，并备有多个作文题供学生选择。教科书“根据新订中学国文课程标准教法要点精读条C项，不附注释，而另编参考书一种，备教学者自由查考（考查）”[2]。

[1] 孙俍工. 国文教科书：初级中学用：第6册[M]. 上海：神州国光社，1932：中学国文教科书编辑例言.

[2] 孙俍工. 国文教科书：初级中学用：第6册[M]. 上海：神州国光社，1932：中学国文教科书编辑例言.

2. 江苏省立镇江中学国文学科编《民族文选（高级中学用）》

1933年2月，江苏省立镇江中学国文学科编《民族文选（高级中学用）》三辑，上海民智书局出版。

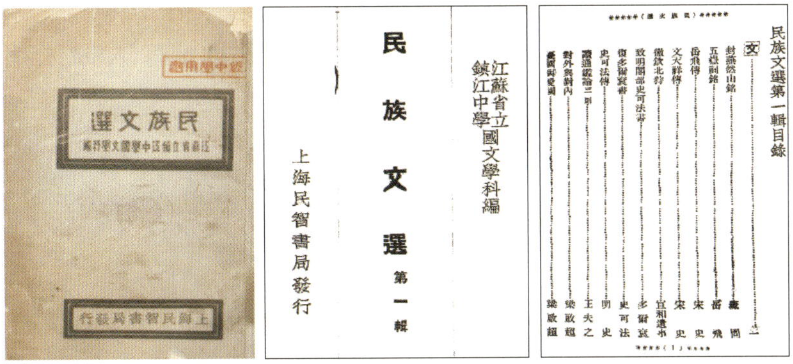

3-2-50

图3-2-50 《民族文选（高级中学用）》第1辑，民智书局，1933年版

《民族文选》的编撰是因为“九一八”国难之后，“举国青年异常愤慨，而无由发泄；又凛于救国不忘读书之训，未尝有罢课之举；只于各科教材以挽救国难为中心，朝乾夕惕，师生互勉而已。因是国语学科之教材首贵选择，苟非忠愤之旨，慷慨之词，不能适用。同人为应此种教学，一月以来，辑有各体文字若干首，粗订成册；未敢私之，谨以献于国内国语教师与青年学子，课内课外，浏览讽诵，应不无感发也。若因是而士气益振，临患愈忠，敌忾既深，仇雠逐复，则文字有灵，国魂可唤，同人之荣幸至矣！”[1]这套教科书选辑标准有四个方面：“（甲）感情方面足以发扬士气，发扬民族精神者；（乙）义理方面足以指导青年，如何挽救危亡者；（丙）积极方面描写进取、奋斗、从军、克敌者；（丁）消极方面描写亡国惨痛、国难、国耻之危险者。”[2]这套教科书选文体裁分为文、诗、词、曲、戏剧五部分，编排各以作者时代为序。

3. 戴叔清编《初级中学国语教科书》

1933年2月，戴叔清编《初级中学国语教科书》六册，上海文艺书局印刷发行。

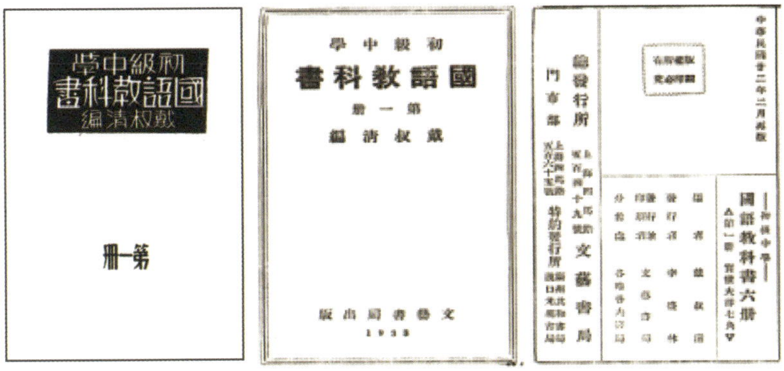

3-2-51

图3-2-51 《初级中学国语教科书》第1册，文艺书局印刷发行，1933年版

[1] 江苏省立镇江中学国文学科. 民族文选：高级中学用：第1辑[M]. 上海：民智书局，1933：编辑大意.

[2] 江苏省立镇江中学国文学科. 民族文选：高级中学用：第1辑[M]. 上海：民智书局，1933：编辑大意.

《初级中学国语教科书》依照国文课程标准编辑，语体文与文言文并选，一年级为七与三之比，二年级六与四之比，三年级五与五之比。一年级以记叙文、抒情文为主，二年级以说明文、抒情文为主，三年级以议论文、应用文为主。教科书以单元编排，每册分若干课目，每课目内含若干篇，每课目或话题相同，或体裁相同，附有总的教学提要、课外阅读书目。为适宜教学，“有的采用原作全文，有的从长篇中节出，但决不损害原作的精神”[1]。每篇文章后面都有详细的作者介绍、注释、问题设计等。作文方面，只提示取材范围，不指定固定题目。

4. 史本直编《（中学适用）国文研究读本》

1933年6月，史本直编《（中学适用）国文研究读本》四辑十二册，朱宇苍校，上海大众书局出版。

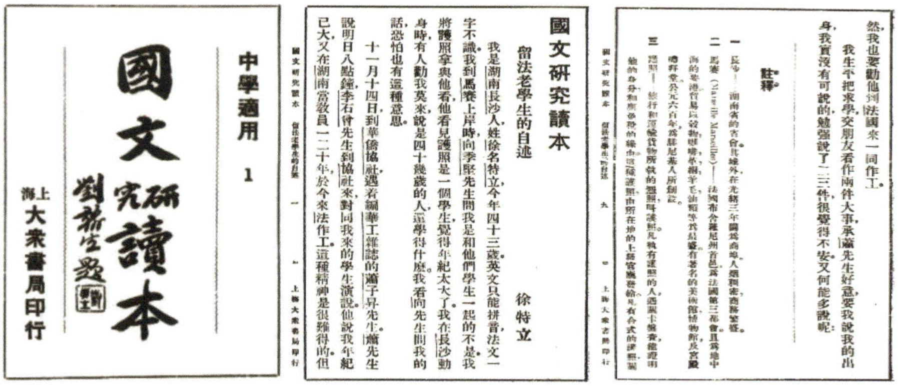
中學適用　1
國文研究讀本
上海大衆書局印行

國文研究讀本
留法老學生的自述　徐特立
我是湖南長沙人，姓徐名特立，今年四十三歲。英文只能拼音，法文一字不識。我到馬賽上岸時，向季堅先生問我是和他們學生一起的不是。我將護照拿與他看，他看見護照是一個學生，覺得年紀太大了。我在長沙動身時，有人勸我莫來，說是四十幾歲的人，還學得什麼。我看向先生問我的話，恐怕也有這種意思。
十一月十四日到華僑協社，遇着編華工雜誌的蕭子昇先生。蕭先生說明日八點鐘，李石曾先生到協社來，對同我來的學生演說。他說我年紀已大，又在湖南當教員一二十年，於今來法作工，這種精神是很難得的。但

然，我也要勸他到法國來一同作工。
我生平把求學、交朋友看作兩件大事。承蕭先生好意，要我說我的出身，我實沒有可說的，勉强說了二三件，很覺得不安，又何能多說呢。
註釋

3-2-52

图3-2-52　《（中学适用）国文研究读本》第1辑第1册，大众书局，1933年版

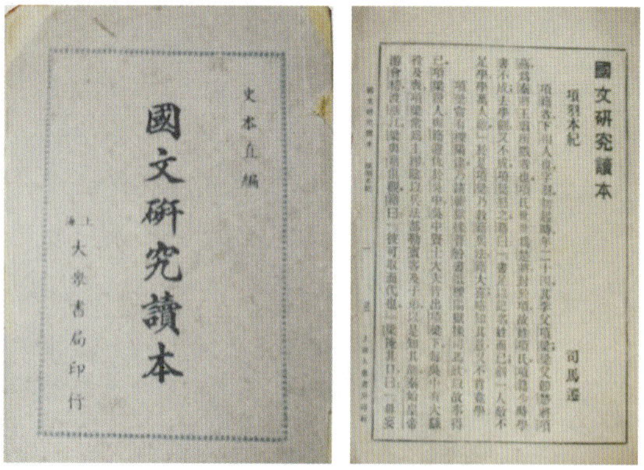
史本直編
國文研究讀本
上海大衆書局印行

國文研究讀本
項羽本紀　司馬遷

3-2-53

图3-2-53　《国文研究读本》第1辑第4册，大众书局，1933年版

[1] 戴叔清. 初级中学国语教科书：第1册[M]. 上海：文艺书局，1933：编辑例言.

《（中学适用）国文研究读本》为供给中等学校国文教师参考材料及供中学生自修而编撰，“特博采群书，辑成比较有系统之读本十二册”[1]。选辑者分别于1932年12月20日、1933年2月20日在立达学园撰写两篇“序言”，从孟禄来华所作《中国教育讨论教育法》引出初中国文教学的目的：“1. 能阅读语体文与浅近文言文的书报。2. 能自由运用语体文充分地发表思想感情，记叙事物，而能明白通畅；并其所发表之思想感情，须与实际人生现实社会有密切之联系。3. 能观察了解真实的人生与最近的时代精神。4. 了解语体文词句的组织、运用以及各类文体的作法。5. 养成欣赏社会的文艺的兴趣。”[2]这套教科书选材方面语体文与文言文并重，“内容须合于学生的心理、境遇及时代精神。外形须合于论理及文法，并适于模范应用者为准”[3]。编排强调“（甲）按文体来分类；（乙）以问题为主纲；（丙）用程度作标准；（丁）依时代而逆溯”[4]。要求精读的文章，当令学生背诵。在教授的时候，提倡朗诵。还特别指出，教师在教学中要处于“辅导地位”[5]。第一辑第一册选文全为语体文；第二册是清至唐的诗文；第三册是汉文及南北朝文；第四册是先秦文。选文编排按创作时间由近至远，逐渐上溯，难度逐渐加深。

5. 马厚文编《（遵照教育部新课程标准）初中国文教科书》《标准国文选》

1933年8月，马厚文编《（遵照教育部新课程标准）初中国文教科书》六册，柳亚子、吕思勉校，上海光华书店出版。

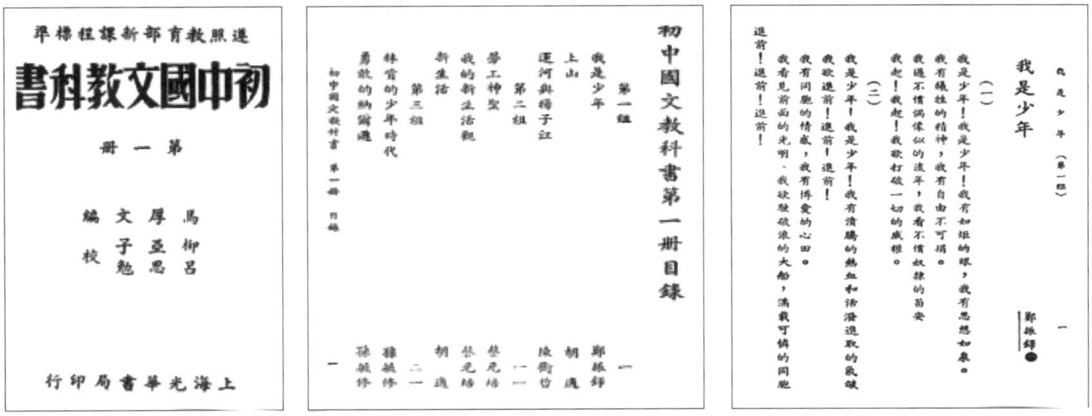

3—2—54

图3—2—54　《（遵照教育部新课程标准）初中国文教科书》第1册，光华书局，1933年版

[1] 史本直. 中学适用：国文研究读本：第1辑：第1册[M]. 上海：大众书局，1933：例言.
[2] 史本直. 中学适用：国文研究读本：第1辑：第1册[M]. 上海：大众书局，1933：序言一.
[3] 史本直. 中学适用：国文研究读本：第1辑：第1册[M]. 上海：大众书局，1933：序言一.
[4] 史本直. 中学适用：国文研究读本：第1辑：第1册[M]. 上海：大众书局，1933：序言一.
[5] 史本直. 中学适用：国文研究读本：第1辑：第1册[M]. 上海：大众书局，1933：绪言二.

《（遵照教育部新课程标准）初中国文教科书》是依据教育部颁行的《初级中学国文课程标准》，“参以个人教学经验，编辑而成”[1]。在材料选取方面，“关涉民族文化者，必求其普遍全国，深入于人人之心。至于振兴民族精神，当此内忧外患交迫之秋，尤宜有全国发扬蹈厉之致。本编取材，尤重‘九一八’事变以后，以其为目前切肤之痛，人人易于感动奋发也”[2]。教科书第一年注重记事及写景类文章，语体文与文言文的比例为语七文三；第二年注重说明及抒情，语体文与文言文的比例为语六文四；第三年多进以议论，语体文与文言文各半。选文有小说、诗歌、戏剧、散文等，“美文除诗、骚等为学生所不能了解者外，后世诗与词曲，亦均采录，启其欣赏之端”[3]。文言文以散文为主，少量骈文。应用文字主要在第三年。对翻译作品，“慎之又慎。凡所甄录，类经实地试验，而临时去取，又再三加以斟酌者也”[4]。教科书编排单元，每学期合若干单元为一段落，“全书三学年，合之亦自成一大段落”[5]。每篇附“注释”。

1935年8月，马厚文将《（遵照教育部新课程标准）初中国文教科书》改版为《标准国文选》三册，柳亚子、吕思勉校，上海大光书局出版。

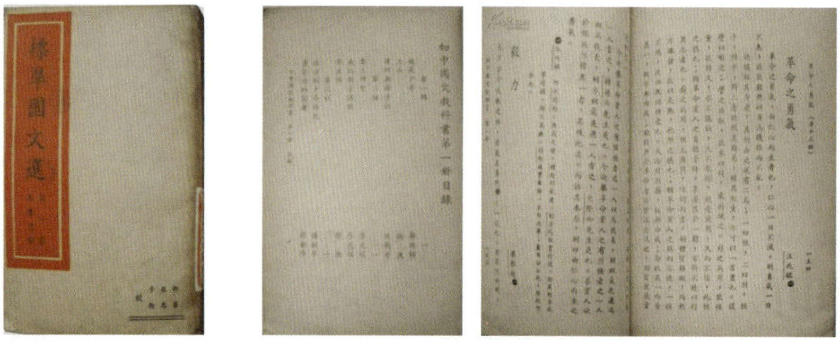

3—2—55

图3—2—55 《标准国文选》，大光书局，1935年版

6. 罗根泽、高远公编《初中国文选本》《高中国文选本》

1933年8月，罗根泽、高远公编《初中国文选本》六册，黎锦熙校订，钱玄同题封面，北平立达书局出版。这套教科书另备单行注本《初中国文注解》六册，崔新民、刘芳勳、耿宁章、魏绍谦、任今才、吕存心、彭荣棠、郭光华、白傑、韩士傑、刘继曾、娄幻编著，1933年8月由北平立达书局出版。

[1] 马厚文. 遵照教育部新课程标准：初中国文教科书：第1册[M]. 上海：光华书局，1933：编辑大意.
[2] 马厚文. 遵照教育部新课程标准：初中国文教科书：第1册[M]. 上海：光华书局，1933：编辑大意.
[3] 马厚文. 遵照教育部新课程标准：初中国文教科书：第1册[M]. 上海：光华书局，1933：编辑大意.
[4] 马厚文. 遵照教育部新课程标准：初中国文教科书：第1册[M]. 上海：光华书局，1933：编辑大意.
[5] 马厚文. 遵照教育部新课程标准：初中国文教科书：第1册[M]. 上海：光华书局，1933：编辑大意.

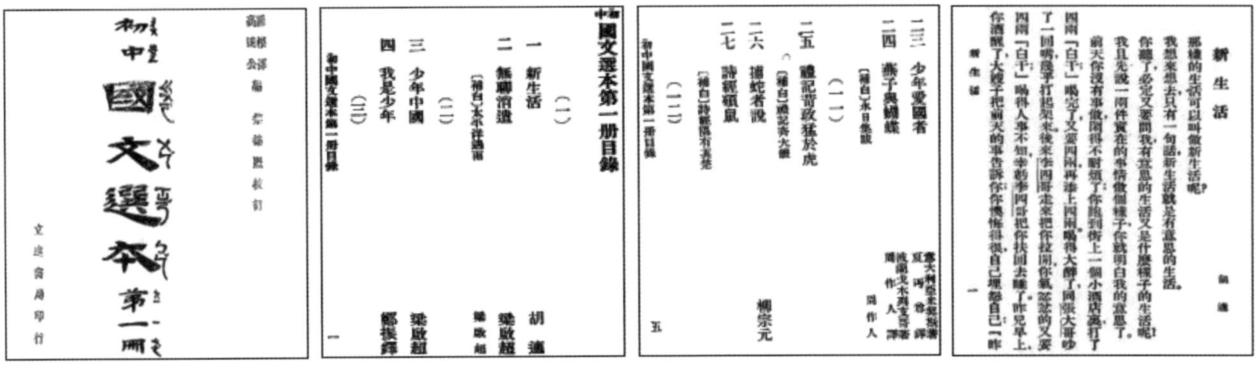

3-2-56

图3-2-56 《初中国文选本》第1册，立达书局，1933年版

《初中国文选本》遵照教育部颁《初级中学国文课程标准》编成，专供初中及同等学校国文科教学之用，每学期一册。这套教科书明确：“（甲）培养民族精神。（乙）养成用语体文叙事、说理、表情、达意之技能。（丙）养成了解浅近文言文之能力。（丁）养成阅读书籍之习惯与欣赏文艺之兴趣。”[1]第一、二两册偏重议论文与应用文，语体文与文言文的分量之比第一年约为七与三，第二年约为六与四，第三年约为五与五。教科书以单元编排，“本书补白以正篇著者译者之作品为限，俾可互相启发，极便精读或略读之用”[2]。教科书的编辑借阅了黎锦熙所藏的“各家国文选本数十种及《国文教材研究》全稿，备作参考”[3]。

1933年8月，罗根泽、高远公编《高中国文选本》六册，黎锦熙校订，钱玄同题封面，北平立达书局出版。

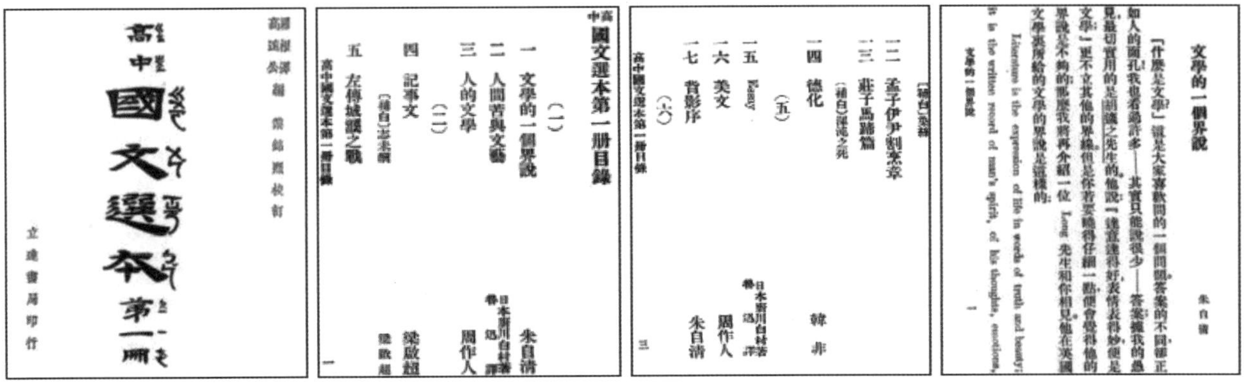

3-2-57

图3-2-57 《高中国文选本》第1册，立达书局，1933年版

[1] 罗根泽，高远公. 初中国文选本：第1册[M]. 北平：立达书局，1933：编辑大意.

[2] 罗根泽，高远公. 初中国文选本：第1册[M]. 北平：立达书局，1933：编辑大意.

[3] 罗根泽，高远公. 初中国文选本：第1册[M]. 北平：立达书局，1933：编辑大意.

《高中国文选本》遵照教育部颁行的《高级中学国文课程标准》编成，专供高中及同等学校国文科教学之用。这套教科书明确：“（甲）培养民族精神。（乙）除继续初中自由运用语体文外，养成用文言文叙事、说理、表情、达意之技能。（丙）养成解读古书古文之能力。（丁）养成创作文学之技能与兴趣。”第一、二两册偏重议各体文学之性质及其创作方法。第三、四两册偏重各体文学之历史的演变与源流。第五、六两册偏重历代之学术思想。教科书以单元编排，“本书补白以正篇著者译者之作品为限，俾可互相启发，极便精读或略读之用”[1]。每册另备单行注本，对于作者及文章内容均有详确的叙述与解释。教科书的编辑借阅了黎锦熙所藏的“各家国文选本数十种及《国文教材研究》全稿，备作参考”[2]。

7. 志成中学国文学科编辑委员会编《国文读本（高级中学用）》

1933年，志成中学国文学科编辑委员会编《国文读本（高级中学用）》六册，北平震东印书馆印刷发行。

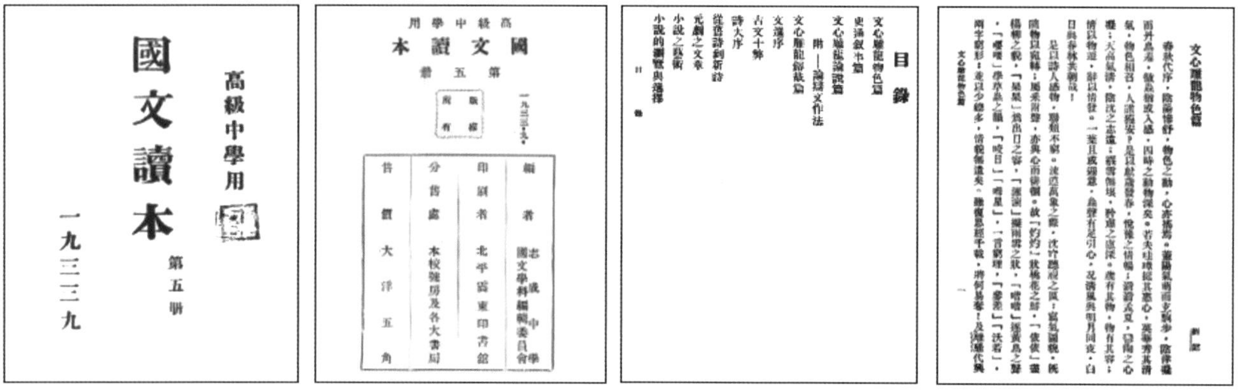

3-2-58

图3-2-58 《国文读本（高级中学用）》第5册，北平震东印书馆，1933年版

《国文读本（高级中学用）》选文以古体文为重点，按单篇文章编排，没有单元，没有助读系统，课后也没有练习。

8. 无锡县立初级中学校国文学科委员会选订《初中国文读本》

无锡县立初级中学校国文学科委员会选订《初中国文读本》仅见书影封面与目次，从目次上看为文选型编排，文白混编，选文有较强的时代性。

9. 颜友松编《（新课程标准）初中国文教科书》《（新课程标准初中国文教科书副本）国文略读》

1934年1月，颜友松编《（新课程标准）初中国文教科书》六册，上海大华书局出版。

[1] 罗根泽，高远公. 高中国文选本：第2册[M]. 北平：立达书局，1933：编辑大意.

[2] 罗根泽，高远公. 高中国文选本：第2册[M]. 北平：立达书局，1933：编辑大意.

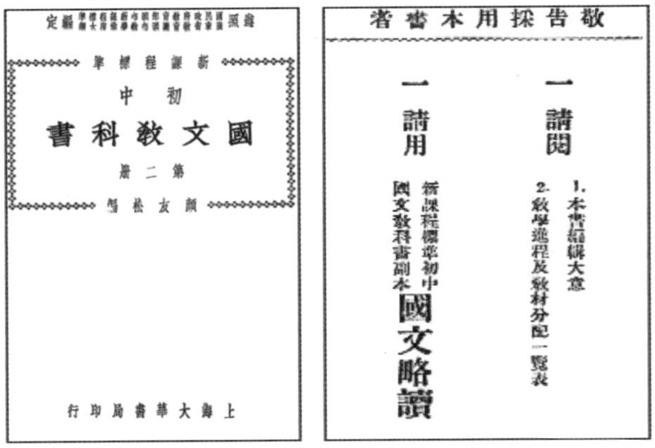

3-2-59

图3-2-59 《（新课程标准）初中国文教科书》第2册，大华书局，1935年版

《（新课程标准）初中国文教科书》依照教育部颁行的《初级中学国文课程标准》，且参照1933年1月“广东省教育厅颁行的《初级中学国文教学纲要》”[1]编辑。颜友松是有十多年教学经验的中学语文教师，指出国文教授的苦劳、选文编教的困难、国文教本选择难、学生国文进步难、国文程度的低落等问题，所以编撰这套教科书，以为打破教学两方面困难的工具。这套教科书精读文的字数、教学的周数、语体文与文言文的分量之比均依照部定标准并参照广东省教育厅所订纲要而定。第一册语体文占67%、文言文占33%；第二册语体文占62%、文言文占38%；第三册语体文占57%、文言文占43%；第四册语体文占52%、文言文占48%；第五册语体文占47%、文言文占53%；第六册语体文占42%、文言文占58%。这套教科书有书信、杂感、随笔、日记、传记、札记、演讲词、诗词曲、戏剧、科技小品等文学体裁。各册编排时分精读课文、教学过程、略读文指导、习作（文法或作文练习）四个部分。每篇精读课文之后，“附以教学过程，以冀教学时间经济而且划一”[2]，包含有试读、试讲、讲解、讲述。在文法方面，第一册为文法通论、第二至六册为文法各论。文章作法方面，第一册有标点用法，风格概论，文体概论，记事文的定义、性质、种类、取材、结构及描写法；第二册有叙事文的定义、性质、种类、取材、结构及描写法，记事文与叙事文的比较综合研究；第三册有说明文的定义、性质、种类、取材、结构及制作法，说明文与记叙文的比较综合研究；第四册有抒情文的定义、性质、种类、取材、结构及描写法，抒情文与记叙文的比较综合研究；第五册有议论文的定义、性质、种类、取材、结构及制作法，议论、说明、记叙文比较综合研究；第六册有应用文的定义、性质、种类、取材、结构及制作法，应用、议论、说明、记叙等文比较综合研究。[3]

当时，教育部规定每学期由学生选读名著两种为略读文，但事实上常出现一些问题：“（1）购书不便的学校常在开学一月后方得齐备；（2）学生所选读名著多与精读文不相关；（3）学生多好

[1] 颜友松. 新课程标准：初中国文教科书：第2册[M]. 上海：大华书局，1935：编辑大意.

[2] 颜友松. 新课程标准：初中国文教科书：第2册[M]. 上海：大华书局，1935：编辑大意.

[3] 颜友松. 新课程标准：初中国文教科书：第2册[M]. 上海：大华书局，1935：编辑大意.

读小说，与国文教学目的未能完全符合；（4）学生不识何者为名著，以至不知选读；（5）虽为名著，但内容偏于一方面；（6）名为名著，实则内容未必尽是佳作；（7）学生各选读一种，教师不易指导，甚至无法指导；（8）一种名著的内容，时有文篇深浅不齐的情形。”[1]为此，编者编辑有《（新课程标准初中国文教科书副本）国文略读》六册，以便选读。

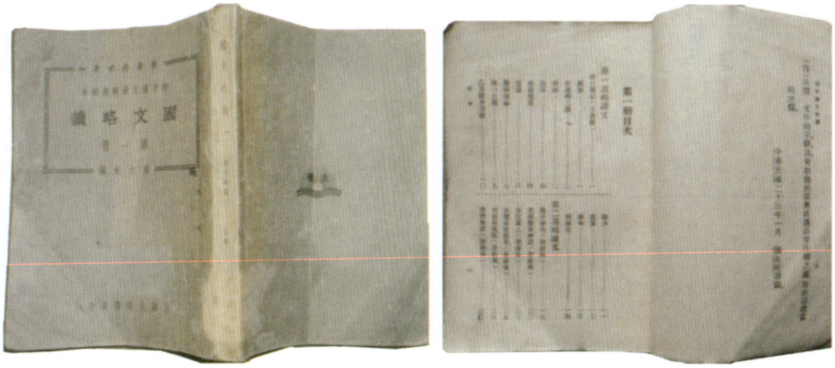

3-2-60

图3-2-60 《（新课程标准初中国文教科书副本）国文略读》第1册，大华书局，1934年版

10. 姜亮夫编《高中国文选》

1934年2月，姜亮夫编《高中国文选》六册，上海北新书局出版。

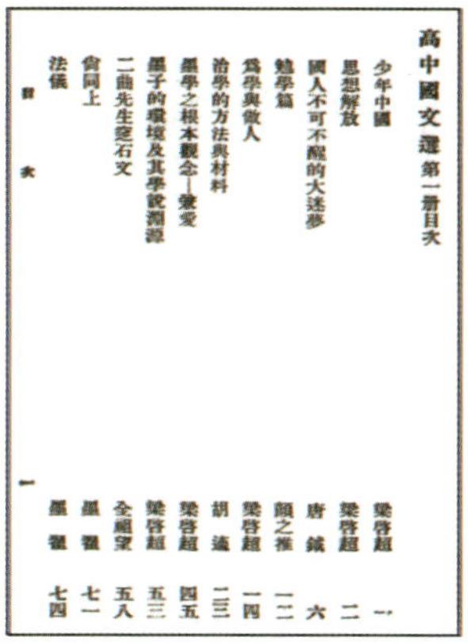
高中國文選第一冊目次

少年中國	梁啟超	一
思想解放	梁啟超	二
國人不可不醒的大迷夢	唐鉞	六
勉學篇	顏之推	一二
爲學與做人	梁啟超	一四
治學的方法與材料	胡適	二三
墨學之根本觀念—兼愛	梁啟超	四五
墨子的環境及其學說淵源	梁啟超	五三
二曲先生窆石文	全祖望	五八
尙同上	墨翟	七一
法儀	墨翟	七四

目次 一

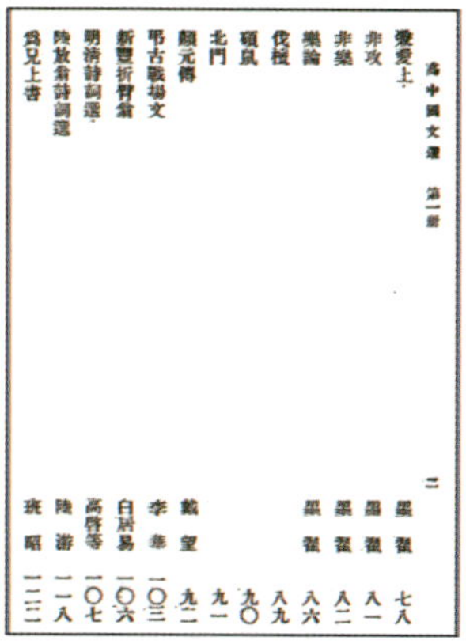
高中國文選 第一冊 二

兼愛上	墨翟	七八
非攻	墨翟	八一
非樂	墨翟	八二
樂論	墨翟	八六
伐檀		八九
碩鼠		九〇
北門		九一
顏元傳	戴望	九二
弔古戰場文	李華	一〇三
新豐折臂翁	白居易	一〇六
明清詩詞選	高啓等	一〇七
陸放翁詩詞選	陸游	一一八
爲兄上書	班昭	一二三

3-2-61

图3-2-61 《高中国文选》第1册，上海北新书局，1934年版

《高中国文选》所选文章以周秦诸子为主，文学史上之名著也大体具备，“此外如司马迁、王充、刘知幾之于史学，刘勰之于文学，论议精湛，亦选录甚多”[2]。所选各文编排“每一年级皆以一种文体一家学说为中心。一年级以墨家为主，兼及儒家；二年级以道家、法家为主，并完成儒家；三年级以文化史为中心，一方面收束一、二年级，一方面扩大学术范围，其他记叙文艺两类篇章，亦足以辅助论说文，使读者不仅能辨别文体，且可对于各种学派得一系统之概念”[3]。这套教科书分为论说文、记叙文、文艺文三类，对所选文章不加删减，篇幅较长的文章，“除为分段外，

[1] 颜友松. 新课程标准：初中国文教科书：第2册[M]. 上海：大华书局，1935：编辑大意.

[2] 姜亮夫. 高中国文选：第1册[M]. 上海：北新书局，1934：编辑大意.

[3] 姜亮夫. 高中国文选：第1册[M]. 上海：北新书局，1934：编辑大意.

并于每段特制小题，以省学者脑力”[1]。每篇文章后有注释，且“各注之有古注可采者，全用古注，古注有误者，亦时加辨订”[2]。每篇文章皆加新式标点并分段。

11. 江苏省立苏州中学初中部国文教学研究会张圣瑜、诸祖耿、刘壬林、沈荣龄、汪定奕、周侯于编选《（新课程标准）实验初中国文读本》

1934年3月，江苏省立苏州中学初中部国文教学研究会张圣瑜、诸祖耿、刘壬林、沈荣龄、汪定奕、周侯于编选《（新课程标准）实验初中国文读本》六册，汪懋祖、吴元涤、张绳祖、沈维钧、胡焕庸、沈润洲、戴增元、金立初审校，上海大华书局出版。这套教科书配编有《（新课程标准）实验初中国文指导书》，沈荣龄、汪定奕、周侯于、张圣瑜、诸祖耿、刘壬林选编， 1934年3月由上海大华书局出版。

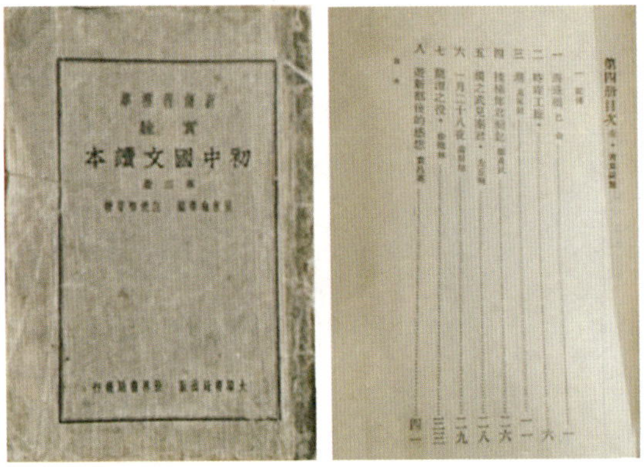

3-2-62

图3-2-62　《（新课程标准）实验初中国文读本》第4册，大华书局，1934年版

《（新课程标准）实验初中国文读本》是“根据编者理念实验教学研究之结果”[3]编制，遵照教育部颁行《初级中学国文课程标准》，参用1933年7月江苏省教育厅所定之《初中国文科教学进度表》选辑而成，供初级中学六个学期国文精读之用。这套教科书选材强调“以青年心理为本位，社会环境为对象。将教材多方组织，联络一贯，使学生习得适应时代及改造社会之需求，更注意于民族复兴之训练，以完成国文教学之新使命”[4]。这套教科书编制分三阶段：第一阶段为第一、二册，用中心编制法，以个己、家庭、社会等为中心，由近及远，由简入繁；第二阶段为第三、四册，用分类编制法，从文字性质、文字体裁分类，使学生对于各种文字之内容及形式，有相当之认识与应用；第三阶段为第五、六册，用时代编制法，由今溯古而以社会问题为中心，由古及今而以文学系统为线索，使学生对于学习国文之本身及应用得一归结，以为升学就业之准备。[5]教科书每册50课，正篇36课，副篇14课，副篇以白话文为主，白话文与文言文的比例，前两册为七比三，中间两册为六比四，后两册为五比五，翻译作品较少。教科书选文由记叙文、抒情文逐步向说明文、

[1] 姜亮夫. 高中国文选：第1册[M]. 上海：北新书局，1934：编辑大意.
[2] 姜亮夫. 高中国文选：第1册[M]. 上海：北新书局，1934：编辑大意.
[3] 张圣瑜，诸祖耿，刘壬林，等. 新课程标准：实验初中国文读本：第1册[M]. 上海：大华书局，1934：编辑大纲.
[4] 张圣瑜，诸祖耿，刘壬林，等. 新课程标准：实验初中国文读本：第1册[M]. 上海：大华书局，1934：编辑大纲.
[5] 张圣瑜，诸祖耿，刘壬林，等. 新课程标准：实验初中国文读本：第1册[M]. 上海：大华书局，1934：编辑大纲.

记叙文，再向议论文、应用文过渡。第一册几乎全部是记叙文，第六册则基本侧重于议论文和应用文。教科书有书序、笔记、 小说、传说、诗歌、词曲等多种文学体裁。每篇文章都有注释，还有问题设计。前四册讲文法，后二册讲修辞，分插于练习参考项目中。这套教科书旨在“完成国文教学上职能之用，其方式概以学生自动为主，教师补充为辅”[1]。第一册“编选说明”指出：“为衔接小学起见，用中心编制法分组排列；并按照学生之兴趣、生活等等，由近及远，计分八组：（一）个己修养；（二）家庭之爱；（三）学校生活；（四）社会环境；（五）民族精神；（六）自然享受；（七）艺术欣赏；（八）冒险精神。”[2]

12. 沈维钧、诸祖耿、戴增元编辑《（新课程标准）实验高中国文》

1935年6月，沈维钧、诸祖耿、戴增元编辑《（新课程标准）实验高中国文》三册，上海大华书局出版。

新課程標準
實驗高中國文
第一册
沈維鈞　諸祖耿　戴增元編輯
大華書局出版　振興書局發行

實驗高中國文編輯大綱
一　本書編制：
(甲)根據編者歷年實驗教學研究之結果，
(乙)遵照最近教育部新頒高級中學國文課程標準，選輯而成。共計六册，足供高級中學六個學期國文精讀教材之用。
二　本書選材以學習興趣爲本位，適合實際爲對象，而其目標則在：
(甲)使讀者瞭解吾國固有之文化，以期達到振興民族之目的。
(乙)除使自由運用語體文外，並養成其用文言作文之技能。
(丙)養成學生讀解古書，欣賞中國文學名著之能力。
三　本書教材分爲三階段：
(甲)第一階段　以文體爲綱：凡論、解、辨、議、說、記、書、錄、銘、頌、贈序、誌銘、遊記、序

目次
記敍之部
敍人物
一　羅台山逸事　彭紹升　一
二　書鄭亮儕　袁枚　五
三　袁隨園君墓誌銘　姚鼐　一〇
四　亡友夏穗卿先生　梁啓超　一四
敍事件
五　書博雞者事　高啓　二六
六　觀車利尼馬戲記　闕名　三〇
七　楚靈王乾谿之難　左丘明　三七

記敍之部
一　羅台山逸事

3-2-63

图3-2-63　《（新课程标准）实验高中国文》第1册，大华书局，1935年版

[1] 张圣瑜，诸祖耿，刘壬林，等. 新课程标准：实验初中国文读本：第1册[M]. 上海：大华书局，1934：编辑大纲.
[2] 张圣瑜，诸祖耿，刘壬林，等. 新课程标准：实验初中国文读本：第1册[M]. 上海：大华书局，1934：第一册编选说明.

《（新课程标准）实验高中国文》是编者历年实验教学研究之结果，并遵照教育部《高级中学国文课程标准》选辑而成，供高级中学国文精读之用。第一册以单元编排，具体是以记叙、抒写、议论为三大纲，每纲分四目，每目有选文4篇，共计48篇。每篇选文都按照题目、正文、题解、作者简介、文章注释、参读的次序编排。“题解”对文体进行详细介绍；“参读”帮助学生拓展阅读，扩大学生的阅读量和阅读面。

13. 江苏省教育厅原选，施蛰存、盛朗西、沈联璧、朱雯注释《（遵照教育部新课程标准）初中当代国文》；江苏省教育厅原选，薛无竞、沈联璧、朱雯、施蛰存、盛朗西、陆维钊、徐震堮、王起、沈春晖、毕任庸注释《（遵照教育部新课程标准）高中当代国文》

1934年6月，江苏省教育厅原选，施蛰存、盛朗西、沈联璧、朱雯注释《（遵照教育部新课程标准）初中当代国文》六册，柳亚子、相菊潭、金宗华校订，中学生书局出版。每一学年教材的封面上分别印有当时中央研究院院长蔡元培（第一学年）、浙江省教育厅厅长陈布雷（第二学年）、上海市通志馆馆长柳亚子（第三学年）对这套教科书的评价的手稿。

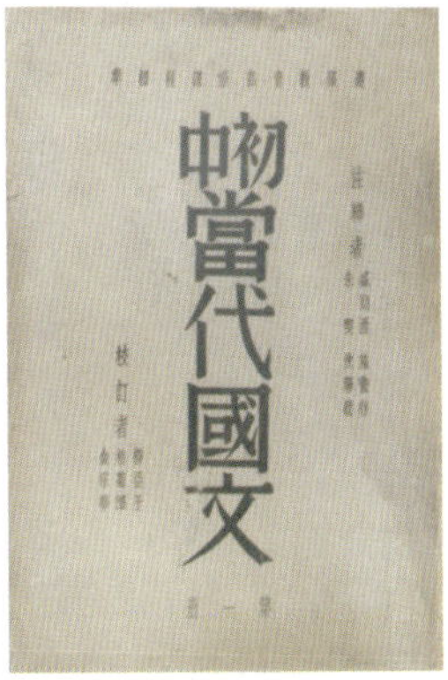

3-2-64

图3-2-64 《（遵照教育部新课程标准）初中当代国文》第1册，中学生书局，1934年版

《（遵照教育部新课程标准）初中当代国文》遵照部颁标准和江苏省教育厅所颁《初中国文科教学进度表》编辑而成，共选辑273篇文章，其中精读文207篇，略读文66篇，详加注释。这套教科书的教学目标有：“（1）使学生从本国语言文字上，了解固有的文化，以培养其民族精神。（2）养成用语体文及语言叙事说理，表情达意之技能。（3）养成了解平易的文言文之能力。（4）养成阅读书籍之习惯与欣赏文艺之兴趣。”[1]选文标准有七点：“（1）合于中国党国之体制，及政策者。（2）含有振起民族精神，改进社会现状之意味者。（3）包括国民应具之普通知识思想，而不违背时代潮流者。（4）合于现实生活，及学生身心发育之程序，而无浮薄淫靡，或消极厌世之色彩者。（5）叙事明晰，说理透切，描写真实，抒情恳挚者。（6）句读简明，音节谐适，而无文法

[1] 江苏省教育厅. 遵照教育部新课程标准：初中当代国文：第1册[M]. 施蛰存，盛朗西，沈联璧，等，注释. 上海：中学生书局，1934：编辑大意.

上及论理上之错误者。（7）体裁风格，堪为模范，而能促进学生写作之技能者。”[1]这套教科书语体与文言的比例分配，各学年分量约为七与三、六与四、五与五之比例。第一学年偏重记叙文、抒情文；第二学年偏重说明文、抒情文；第三学年偏重议论文及应用文。教科书以单元编排，每册18周，“每周自为一单元，除精读文外，另有略读文，使教材有伸缩余地，兼培养学生课后自动研究之精神”[2]。题材或体裁相同的选文编为一个单元。六册插编文法36讲。第一学年讲授词性及其转变，词位及各种简单的句式；第二学年讲授复杂的句式；第三学年酌量提示语体文法与文言文法之比较及议论文、应用文作法大要。教科书对字之音义、语之出处，均详加注释。每册后有作者小传以及课外阅读书目推荐，三学年共推荐书目27种。

1934年6月，江苏省教育厅原选，薛无競、沈联璧、朱雯、施蛰存、盛朗西、陆维钊、徐震堮、王起、沈春晖、毕任庸注释《（遵照教育部新课程标准）高中当代国文》六册，柳亚子、相菊潭、金宗华校订，中学生书局出版。

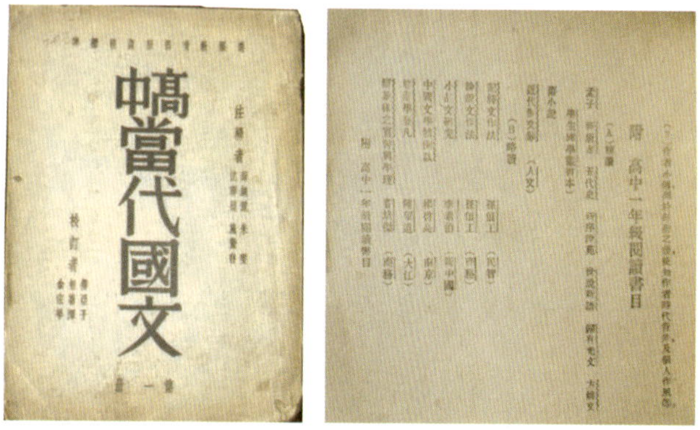

3-2-65

图3-2-65　《（遵照教育部新课程标准）高中当代国文》第1册，中学生书局，1934年版

《（遵照教育部新课程标准）高中当代国文》遵照教育部所颁标准，选辑精读文207篇，略读文54篇，详加注释。这套教科书的教学目标有：“（1）使学生了解固有的文化，以期振起民族精神。（2）除使自由运用语体文外，兼养成学生能以文言作文之技能。（3）古今文学名著，有了解、欣赏与辨证之能力。”[3]选文标准有：“（1）合于中国党国之体制，及政策者。（2）含有振起民族精神，改进社会现状之意味者。（3）包括国民应具之普通知识思想，而不违背时代潮流者。（4）合于现实生活，及学生身心发育之程序，而无浮薄淫靡，或消极厌世之色彩者。（5）叙事明晰，说理透切，描写真实，抒情恳挚者。（6）句读简明，音节谐适，而无文法上及论理上之错误者。（7）体裁风格，堪为模范，而能促进学生写作之技能者。”[4]这套教科书文言文与语体文混编，第

[1] 江苏省教育厅. 遵照教育部新课程标准：初中当代国文：第1册[M]. 施蛰存，盛朗西，沈联璧，等，注释. 上海：中学生书局，1934：编辑大意.

[2] 江苏省教育厅. 遵照教育部新课程标准：初中当代国文：第1册[M]. 施蛰存，盛朗西，沈联璧，等，注释. 上海：中学生书局，1934：编辑大意.

[3] 江苏省教育厅. 遵照教育部新课程标准：高中当代国文：第1册[M]. 薛无競，沈联璧，朱雯，等，注释. 上海：中学生书局，1934：编辑大意.

[4] 江苏省教育厅. 遵照教育部新课程标准：高中当代国文：第1册[M]. 薛无競，沈联璧，朱雯，等，注释. 上海：中学生书局，1934：编辑大意.

一学年以体制为纲；第二学年以文学源流为纲；第三学年以学术思想为纲。教科书以单元编排，每册18周，“每周自为一单元，除精读文外，另有补充文，使教材有伸缩余地，兼培养学生课后自动研究精神”[1]。这套教科书对于“字之音义，语之出处，均详加注释，唯补篇较简，以期养成学生查考能力”[2]。每册后列有作者小传。

14. 叶楚伧主编，汪懋祖编校，汪定奕选注《（新课程标准适用初级中学教科书）国文》；叶楚伧主编，汪懋祖选校，汪定奕、张圣瑜、汪荣龄、许梦因、周侯于选注《（教育部审定）初级中学国文》；叶楚伧主编，许梦因、胡怀琛、穆济波选注，汪懋祖、叶溯中校订《（遵照部颁课程标准编辑高级中学）国文》

1934年7月，叶楚伧主编，汪懋祖编校，汪定奕选注《（新课程标准适用初级中学教科书）国文》六册，孟宪承审定，南京正中书局出版。

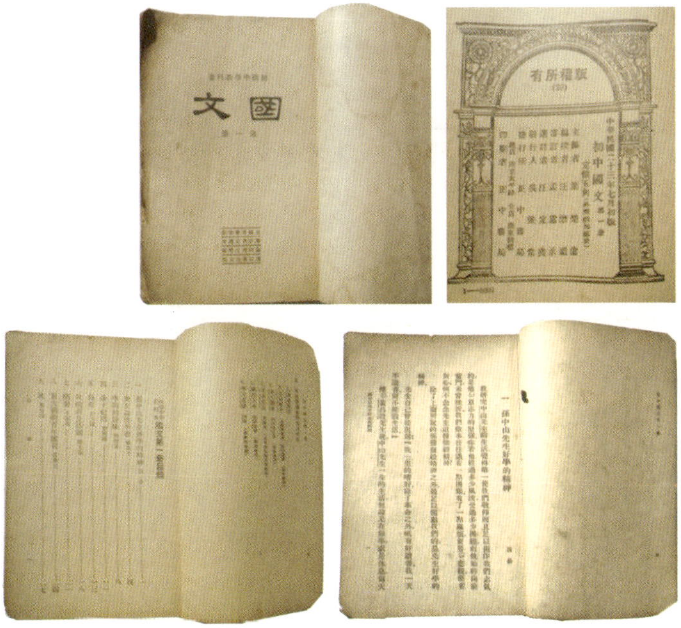

3–2–66

图3–2–66 《（新课程标准适用初级中学教科书）国文》第1册，正中书局，1934年版

《（新课程标准适用初级中学教科书）国文》遵照教育部《初级中学国文课程标准》编辑，供初中六学期之用。这套教科书的内容标准有四点：“1. 合于中国党国之体制及政策者。2. 合于唤起民族意识，陶冶学生情意者。3. 合于涵养国民道德，灌输生活常识者。4. 合于宣扬新生活旨趣，改进社会习俗者。”[3]教科书每册选定精读教材40篇，附选补充教材10篇，以大单元编排，

[1] 江苏省教育厅. 遵照教育部新课程标准：高中当代国文：第1册[M]. 薛无竞，沈联璧，朱雯，等，注释. 上海：中学生书局，1934：编辑大意.

[2] 江苏省教育厅. 遵照教育部新课程标准：高中当代国文：第1册[M]. 薛无竞，沈联璧，朱雯，等，注释. 上海：中学生书局，1934：编辑大意.

[3] 叶楚伧. 新课程标准适用初级中学教科书：国文：第1册[M]. 南京：正中书局，1934：编辑大意.

六册成一整个的系统，内分三段落，每段落分数单元。第一学年参照学生生活之经验，供实际的体会，注重记叙文、抒情文；第二学年引申青年既有之思想，求较深的了解，注重抒情文、说明文；第三学年阐发生活理想之含义，做系统整理，注重议论文、应用文。各册选有小说、散文、诗歌、书信、序跋、演讲、传记等。这套教科书语体文与文言文并选，各学年分量约为七与三、六与四、五与五之比例，“注重学生自动研究，及教师活用教材”[1]。各册文章没有问题设计，附有注释。

1935年，叶楚伧主编，汪懋祖选校，汪定奕、张圣瑜、汪荣龄、许梦因、周侯于选注《（教育部审定）初级中学国文》六册，孟宪承校订，南京正中书局出版。这套教科书出版时，封面与《（遵照部颁课程标准编辑高级中学）国文》为一个系列，但相较于《（新课程标准适用初级中学教科书）国文》有所改变，选文也有变化。

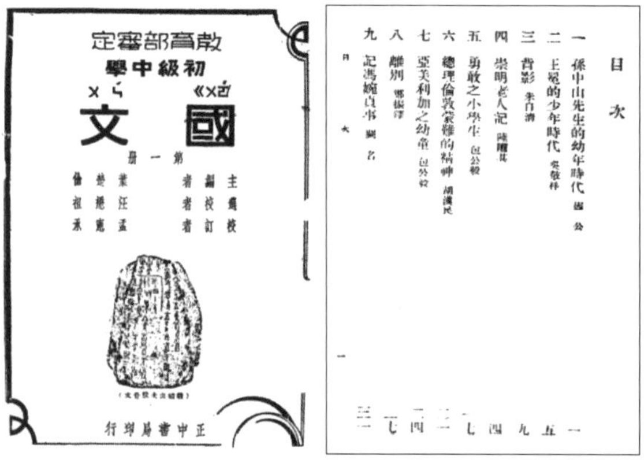

3-2-67

图3-2-67　《（教育部审定）初级中学国文》第1册，正中书局，1935年版

《（遵照部颁课程标准编辑高级中学）国文》遵照教育部《高级中学国文课程标准》编辑，供高中六学期之用。教科书每册选文36篇，供每周讲授二篇之用。在选材方面，第一、二册以体制为纲，第三、四册以文学源流为纲，第五、六册以学术思想为纲。第一学年依文章体制排列，第二、三学年依照作者时代先后，由古代顺序选至现代，“俾读者易明我国固有文化之特征及其流变”[2]。这套教科书前四册练习附在各课之后，第五、六册练习集中在书后。每篇选文后附“作者”“题义”“注释”，“作者”载作者略历；“题义”说明各篇的中心思想及其作风体裁等，第三、四册特别注意对流变派别的说明，第五、六册特别注意时代背景及影响；“注释”以特殊词语、文法、典实、史地等为主。每篇选文后附有习题若干则，“于启发学生思想，扩充其研究能力，尤深注意”[3]。每册前附编选说明，每册后附不同内容，“第一册附文章体制表解，第二册附文体论，第三册附文学源流表解，第四册附文学源流概述，第五册附学术思想流别表解，第六册附学术思想小史。”[4]

[1] 叶楚伧. 新课程标准适用初级中学教科书：国文：第1册[M]. 南京：正中书局，1934：编辑大意.
[2] 叶楚伧. 遵照部颁课程标准编辑高级中学：国文：第1册[M]. 南京：正中书局，1935：编辑大意.
[3] 叶楚伧. 遵照部颁课程标准编辑高级中学：国文：第1册[M]. 南京：正中书局，1935：编辑大意.
[4] 叶楚伧. 遵照部颁课程标准编辑高级中学：国文：第1册[M]. 南京：正中书局，1935：编辑大意.

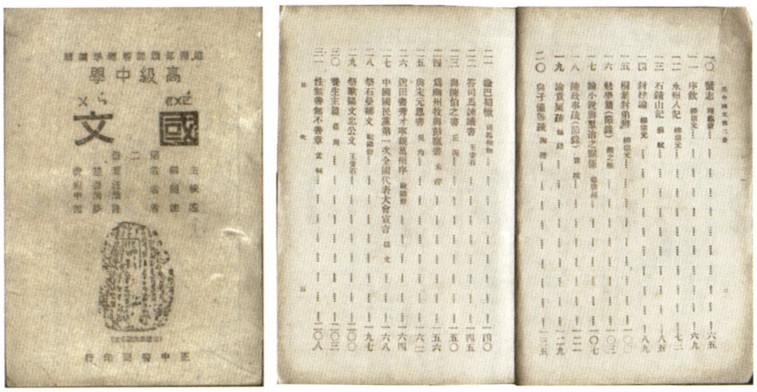

3-2-68

图3-2-68 《（遵照部颁课程标准编辑高级中学）国文》第2册，正中书局，1935年版

15. 江苏省教育厅修订中学国文科教学进度表委员会编订，王德林、向绍轩、李达九、徐声越、张熙侯、洪北平、吴得一注释《初中标准国文》《高中标准国文》

1934年8月，江苏省教育厅修订中学国文科教学进度表委员会编订，王德林、向绍轩、李达九、徐声越、张熙侯、洪北平、吴得一注释《初中标准国文》六册，上海中学生书局出版。

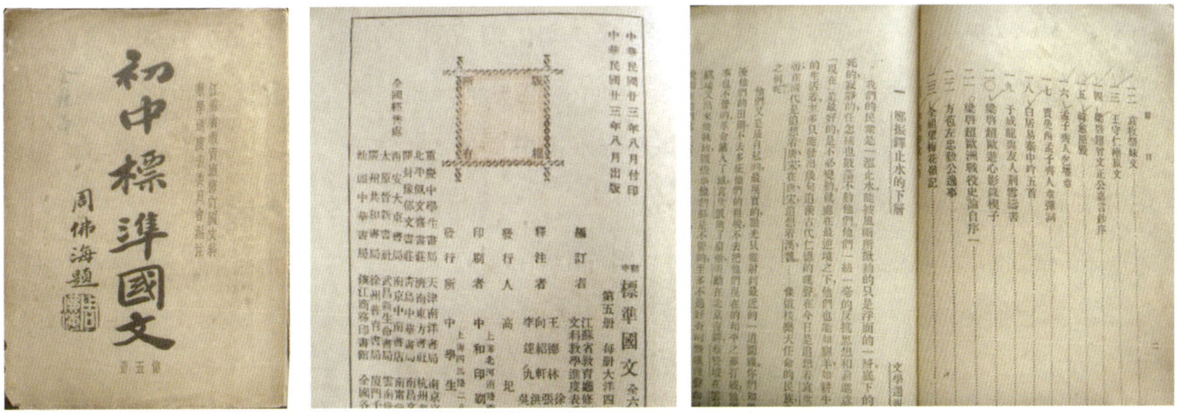

3-2-69

图3-2-69 《初中标准国文》第5册，中学生书局，1934年版

《初中标准国文》是依据江苏省教育厅1934年度“《修订中学国文教学进度表》编辑而成”[1]，选文多录自原本，“其有删节之篇，采自坊本者，必就原书加以校勘”[2]，并且强调“每篇分段，务求允当，不尽依据坊本”[3]。这套教科书各学年白话文与文言文的分量约为七与三、六与四、五与五之比例。这套教科书在卷首列有“作者略历”，每篇文章后有“题解”“注释”。第一册课文后加附《字典部首简明音义表》，所列部首共214类。

[1] 江苏省教育厅修订中学国文科教学进度表委员会. 初中标准国文：第1册[M]. 上海：中学生书局，1934：编辑大意.
[2] 江苏省教育厅修订中学国文科教学进度表委员会. 初中标准国文：第1册[M]. 上海：中学生书局，1934：编辑大意.
[3] 江苏省教育厅修订中学国文科教学进度表委员会. 初中标准国文：第1册[M]. 上海：中学生书局，1934：编辑大意.

1934年8月，江苏省教育厅修订中学国文科教学进度表委员会编订，王德林、向绍轩、李达九、徐声越、张熙侯、洪北平、吴得一注释《高中标准国文》六册，由中学生书局出版。

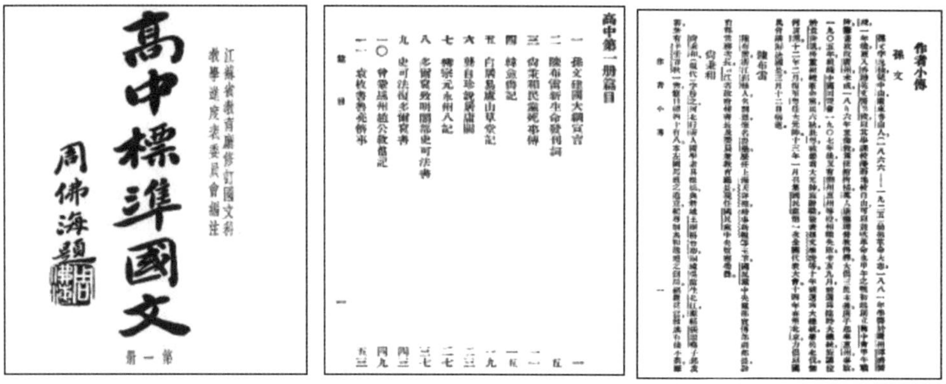
高中標準國文
江蘇省教育廳修訂國文科教學進度表委員會編注
周佛海題
第一冊

高中第一冊篇目

3-2-70

图3-2-70 《高中标准国文》第1册，中学生书局，1934年版

《高中标准国文》依据江苏省教育厅1934年度《修订中学生国文科教学进度表》编辑而成。选文多录自原本，其有删节之篇，采自坊本者，必就原著加以校勘。每篇分段，不尽依据坊本。选文中没有翻译作品，不分单元。课前无提示，课后无练习。篇后酌附题解。作者略历，尽列卷首，其题上但冠书名者，则于题解中说明之。注释务求详审，其见于普通字典辞书者概不加注。

16. 河北省省立北平高级中学编《（新课程标准）国文读本（河北省省立北平高级中学校学生用）》《河北（省立北平高级中学）国文讲义》

《（新课程标准）国文读本（河北省省立北平高级中学校学生用）》各册分编上下两本，所见第二册下、第三册下均为1934年8月出版。这套教科书按单元编排，以“组”的形式呈现，每组篇数不等，约七至十篇，选文均为文言文。

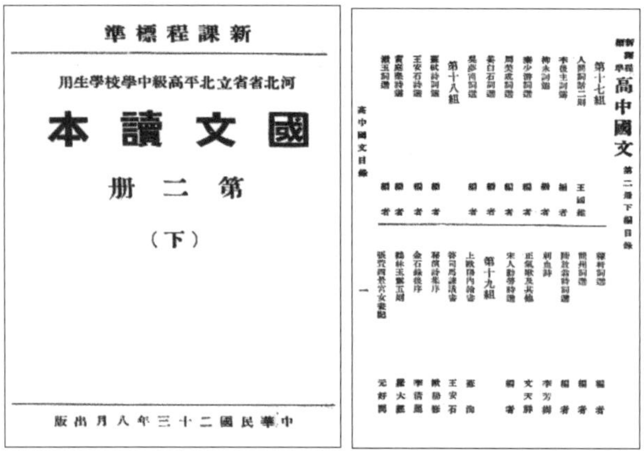
新課程標準
河北省省立北平高級中學校學生用
國文讀本
第二冊
（下）
中華民國二十三年八月出版

高中國文 第二冊下編目錄
第十七組
第十八組
第十九組

3-2-71

图3-2-71 《（新课程标准）国文读本（河北省省立北平高级中学校学生用）》第2册（下），出版者不详，1934年版

所见《河北（省立北平高级中学）国文讲义》，未见编撰者，书前有落款于1934年2月的序。第一辑为“经之部”，有通论、经的介绍、附载三部分内容。“通论”选编有《先秦诸子学说勃动之

原因》《诸子的起源及其学说之分布》《诸子书的性质》《读子的方法》《子学必修书籍目录》五篇文章。

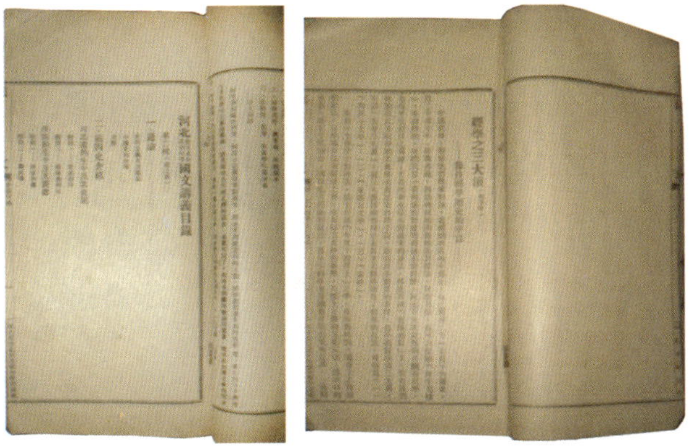

3-2-72

图3-2-72　《河北（省立北平高级中学）国文讲义》，出版信息不详

17. 赵景深编《高中混合国文》

1935年8月，赵景深编《高中混合国文》六册，上海北新书局出版。

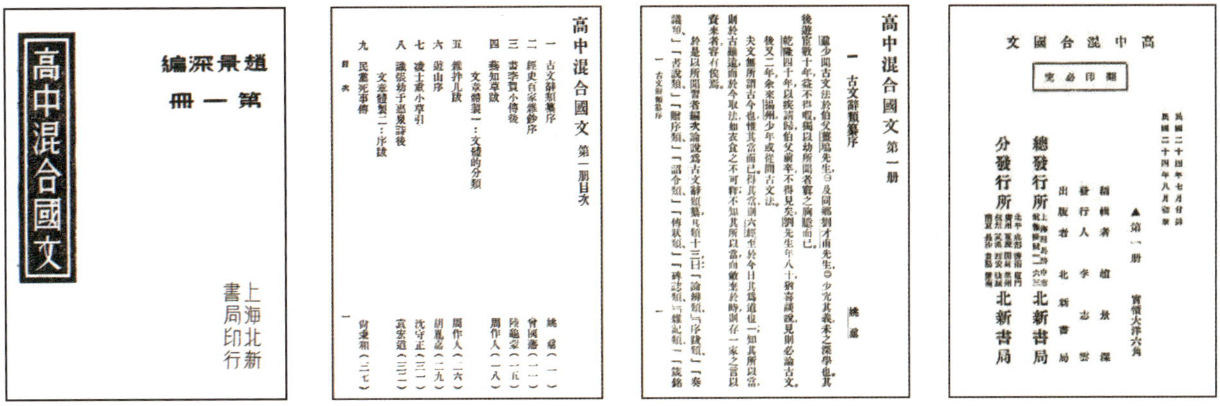

高中混合國文
趙景深編
第一冊
上海北新書局印行

高中混合國文 第一冊目次
一 古文辭類纂序　姚鼐（一）
二 經史百家雜鈔序　曾國藩（一一）
三 書李賀小傳後　陸龜蒙（一五）
四 燕知草跋　周作人（一八）
文章體製一：文體的分類
五 雜拌兒跋　周作人（二六）
六 遊山序　胡夢華（二九）
七 凌士熹小草引　沈守正（三一）
八 識張幼于惠泉詩後　袁宏道（三二）
文章體製二：序跋
九 民黨死事傳　曾秉和（三七）

高中混合國文 第一冊
一 古文辭類纂序　姚鼐

高中混合國文
翻印必究
民國二十四年七月付排
民國二十四年八月初版
第一冊　實價大洋六角
編輯者　趙景深
發行人　李志雲
出版者　北新書局
總發行所　北新書局
分發行所　北新書局

3-2-73

图3-2-73　《高中混合国文》第1册，北新书局，1935年版

《高中混合国文》遵照教育部课程标准编辑，“对于语体文亦极注重，与一般纯用文言者不同”[1]。教科书第一、二册注重文章体制，第三、四册注重文学史，第五、六册注重学术思想。编者强调“本书编辑时极为审慎，各册所附国文常识均经参考书籍多种，方始写定。例如第一、二册文章体制即曾参考任昉《文章缘起》、刘勰《文心雕龙》、徐伯鲁《文体明辨》、吴讷《文章辨体》、唐彪《读书作文谱》、姚永朴《文学研究法》、吴曾祺《文体刍言》、林纾《畏庐论文》、杨启高《中国文学体例谈》、薛凤昌《文体论》等书”[2]。每二册所附国文常识，自成系统，“教

[1] 赵景深. 高中混合国文：第1册[M]. 上海：北新书局，1935：编辑大意.

[2] 赵景深. 高中混合国文：第1册[M]. 上海：北新书局，1935：编辑大意.

者用本书时，无须另授文体论、中国文学史、国学概论等”[1]。教科书选文无删改，文后附出处，还列有作者简介和注释。

18. 广东全省第四次教育大会原选，张兆标、刘湛泉、莫任劬、梁沛霖编注，徐绍棨、谢组贤、黄佐校订《（高级中学）精读国文课本》

广东全省第四次教育大会原选，张兆标、刘湛泉、莫任劬、梁沛霖编注，徐绍棨、谢组贤、黄佐校订《（高级中学）精读国文课本》六册，天成印字馆印刷，民智书局代理发行，所见第二册为1935年12月出版。

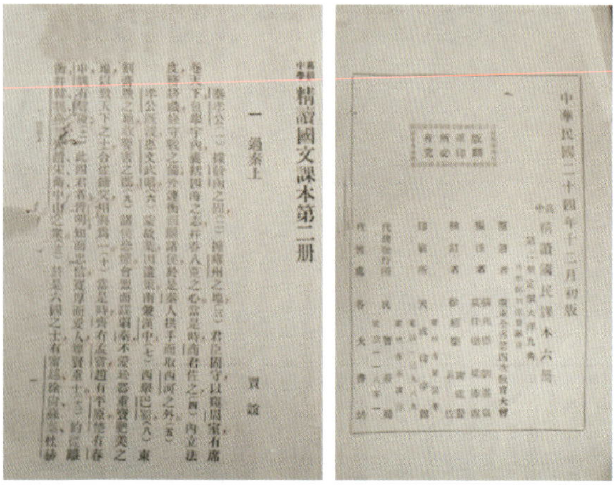

3-2-74

图3-2-74　《（高级中学）精读国文课本》第2册，天成印字馆印刷，1935年版

这套教科书第二册选文28篇，以单元编排，几篇选文之后编排有“文法”“文章组织”等。

19. 霍衣仙、王颂三编著《（新编高中）中国文学史》

1936年8月，霍衣仙、王颂三编著《（新编高中）中国文学史》一册，商务印书馆广州分馆出版。

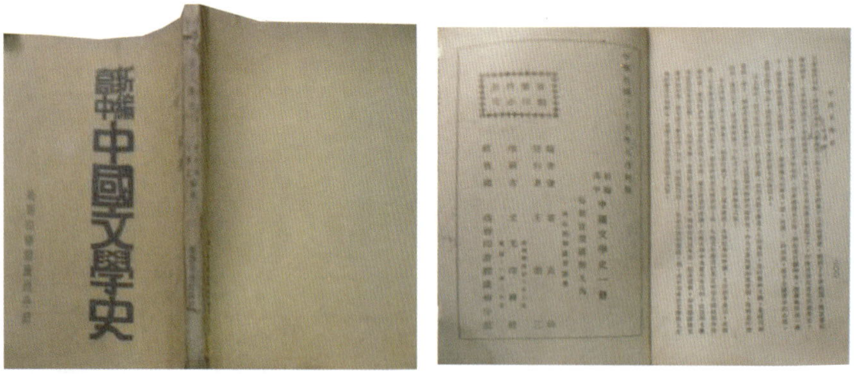

3-2-75

图3-2-75　《（新编高中）中国文学史》，商务印书馆广州分馆，1936年版

[1] 赵景深. 高中混合国文：第1册[M]. 上海：北新书局，1935：编辑大意.

霍衣仙在《（新编高中）中国文学史》之“霍序”中指出，这本教科书“以平民文学为主，以贵族文学为辅”[1]。编制以时代为经，以作品的种类为纬，“先论历史的时代沿革，然后取每一时代的特长来论列”[2]。如先秦的《诗经》及《楚辞》，两汉、魏、晋、南北朝的乐府民歌及五言诗，唐诗，宋词，元曲，明清小说，“都加以重要的叙述；而各时代贵族的正统文学，只在附论之列。这样指示学子一种研究文学史的法门，对于各方面的知识，都加以主要与次要的介绍”[3]。教科书“叙述文学历史时，将各时代政治社会背景，对于文学的影响，都加以简要的说明；叙述每一作家的作品时，更注意他所受时代背景的影响；同时用批评的眼光，予每一时代的作品，及每一作家的作品一种新的评价”[4]。教科书专为高中学生用，“每周二小时，每小时约授二千字，一年以授完十二万字为限”[5]。对于中国古代文学史的许多疑难问题，“都作一精密的简要考证”[6]。这套教科书的附本“是采用北新活页文选，由《诗经》一直选到近代”[7]。

20. 《南洋中学初中国文》

《南洋中学初中国文》是供初中一年级下学期精读之材料，计选名家文30篇、国策文12篇、古短文20篇。选文除采取唐宋八大家文26篇外，益以范仲淹、王守仁文各一篇，陶潜、李华韵文各一篇。选文次序依作者连缀排列，语体文另有选本，本编概不列入。该教科书有作者简介，然后依次编排作者的文章。

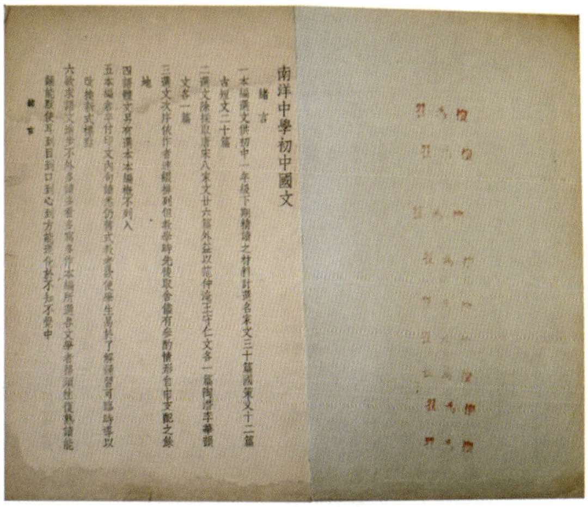
南洋中學初中國文
緒言

3-2-76

图3-2-76 《南洋中学初中国文》，出版信息不详

[1] 霍衣仙，王颂三. 新编高中：中国文学史[M]. 广州：商务印书馆广州分馆，1936：霍序.
[2] 霍衣仙，王颂三. 新编高中：中国文学史[M]. 广州：商务印书馆广州分馆，1936：霍序.
[3] 霍衣仙，王颂三. 新编高中：中国文学史[M]. 广州：商务印书馆广州分馆，1936：霍序.
[4] 霍衣仙，王颂三. 新编高中：中国文学史[M]. 广州：商务印书馆广州分馆，1936：霍序.
[5] 霍衣仙，王颂三. 新编高中：中国文学史[M]. 广州：商务印书馆广州分馆，1936：霍序.
[6] 霍衣仙，王颂三. 新编高中：中国文学史[M]. 广州：商务印书馆广州分馆，1936：霍序.
[7] 霍衣仙，王颂三. 新编高中：中国文学史[M]. 广州：商务印书馆广州分馆，1936：霍序.

21. 瞿世镇、庐冠六合编《中学国文读本》

瞿世镇、庐冠六合编《中学国文读本》六册，上海春江书局出版。

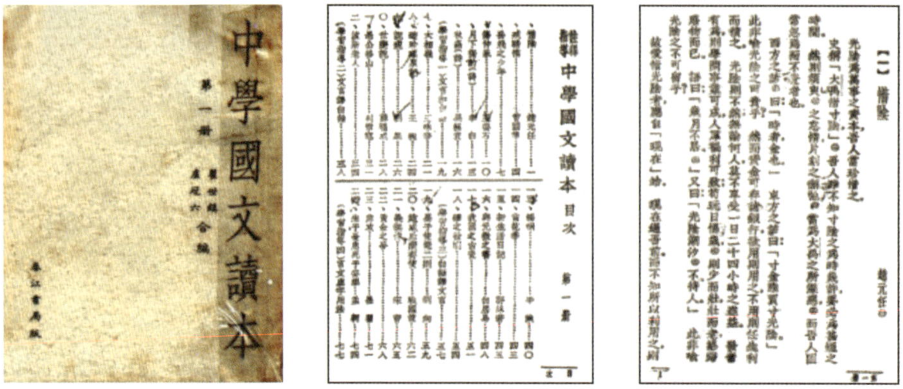

3–2–77

图3–2–77 《中学国文读本》，第1册，春江书局，出版时间不详

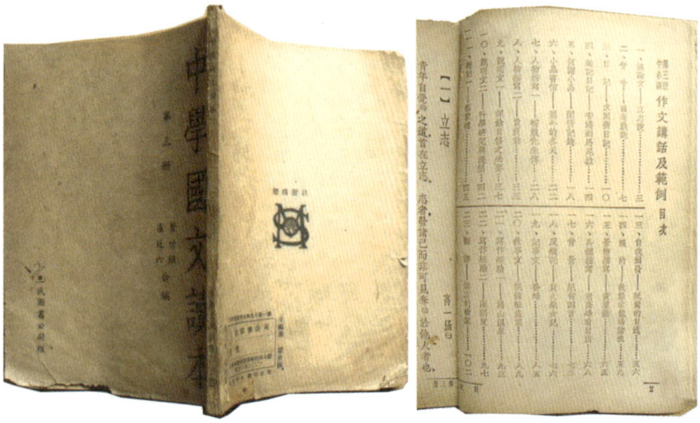

3–2–78

图3–2–78 《中学国文读本》，第3册，三民图书公司，1946年版

这套教科书依照部颁《初级中学国文课程标准》编辑，同时“依照编者平时教学经验和区区改进国文科教学信念而编辑”[1]，供初中国文教学、补习学校初高中程度与有志自修者之用。全书共六册，每册24课，采用分课的混合编制法，每课除选文外，编文法、作文及应用文讲话三种。第一、二册每课有“文法讲话”；第三、四册每课有“作文讲话”；第五、六册每课有“应用文讲话”。这套教科书“为欲使学者沟通言文起见，又编‘言文沟通’一项，将每课难解文句，言文对照排列，俾得融会贯通，便于实用”[2]。每册每六课加“学习指导”一课，讨论国文科各种实际问题。每课列“作法指导”“词句注释”“练习问题”。

[1] 瞿世镇，庐冠六. 中学国文读本：第1册[M]. 上海：春江书局，［出版年不详］：编辑大意.

[2] 瞿世镇，庐冠六. 中学国文读本：第1册[M]. 上海：春江书局，［出版年不详］：编辑大意.

22. 赵仲丹、李翰章、萨雪如等编《（新课程标准适用 初级中学教科书）国文》

1934年2月，赵仲丹、李翰章、萨雪如等编《（新课程标准适用 初级中学教科书）国文》六册，北平崇慈女子中学校出版。

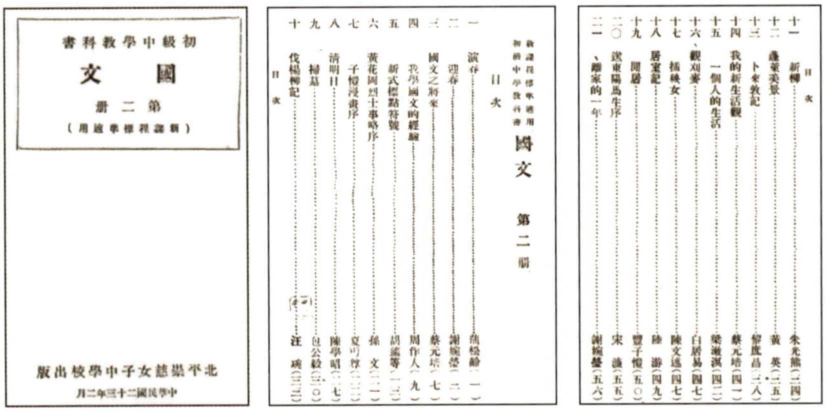

图3–2–79 《（新课程标准适用 初级中学教科书）国文》第2册，北平崇慈女子中学校，1934年版

（二）中学国语文法教科书

1. 余家菊著《简易国文法》

1934年11月，余家菊著《简易国文法》一册，上海中华书局印刷发行。

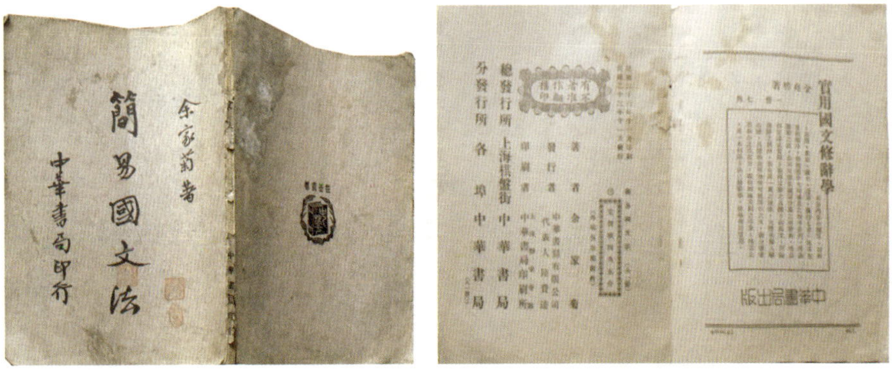

图3–2–80 《简易国文法》，中华书局，1934年版

《简易国文法》以马氏文通、章氏文典、杨氏词诠为依据，以简易为宗编辑。全书分为上下两篇，上篇为“品词”，有“概论”“名词”“代名词”“形容词”“动词”“副词”“介词”等章。下篇为“句法”，含有“句之分析”“句之种类”“主辞与宾辞”等章。

2. 宋文翰著《国语文修辞法》

1935年6月，宋文翰著《国语文修辞法》一册，上海中华书局出版发行。

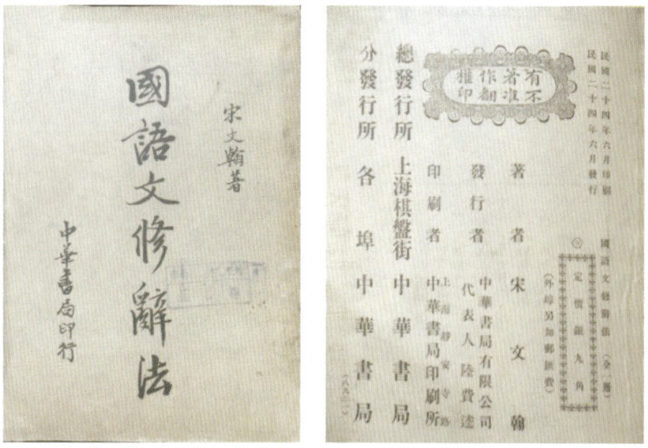

3-2-81

图3-2-81 《国语文修辞法》，中华书局，1935年版

《国语文修辞法》为章节体编排，有“引言”“篇的构成”“正文的经营”“句的修饰”等章。如第一章“引言”编有“国语文修辞法的意义”“修辞所及的范围”“本书的组织及取材”三节内容。

十、国音留声片课本

1. 白涤洲发音，朱文叔、白涤洲、蒋镜芙编辑《标准国音国语留声片课本（附小学国语读本选读）》

1933年12月，白涤洲发音，朱文叔、白涤洲、蒋镜芙编辑《标准国音国语留声片课本（附小学国语读本选读）》一册，上海中华书局出版。

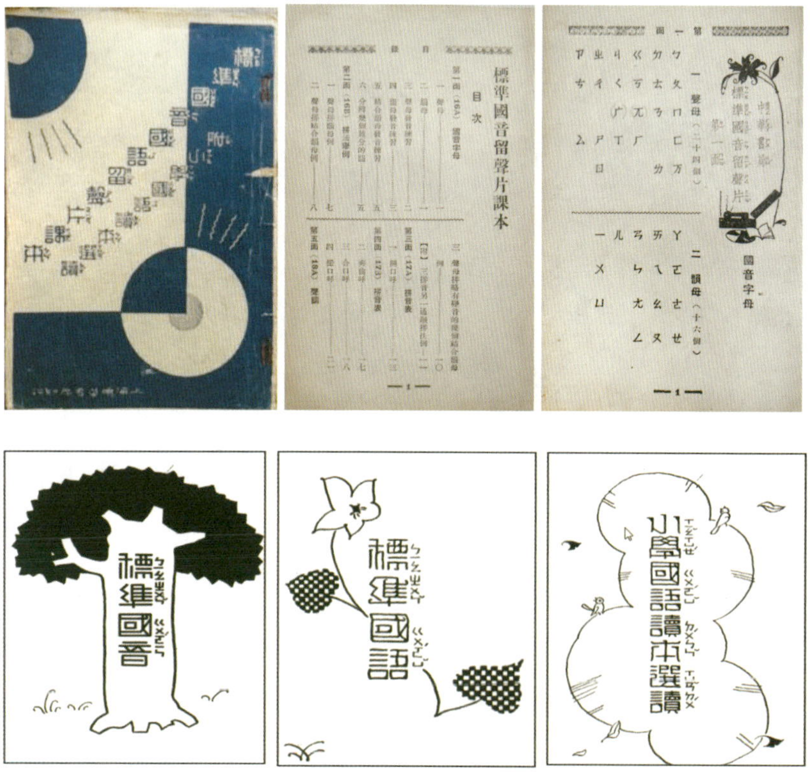

3-2-82

图3-2-82 《标准国音国语留声片课本（附小学国语读本选读）》，中华书局，1933年版

在《标准国音国语留声片课本（附小学国语读本选读）》中，教育部国语统一筹备委员会常务委员白涤洲选取适当的材料，分灌《标准国音》和《标准国语》留声片两套，以应国内外各地方的急切需要，使各地方传习国音国语有了标准。

《标准国音国语留声片课本（附小学国语读本选读）》之《标准国音》是“专供学者听标准国音留声片发音和自习标准国音之用”[1]，依照标准国音留声片四片八面，分编八段。其中课文一律依标准国音注音，并且加注声调符号，以便学者听音和自习，“所注音调，于口语方面须变音变调的，即以所变注明，以符实际口语”[2]。

《标准国音国语留声片课本（附小学国语读本选读）》之《标准国语》是“专供学者听标准国语留声片发音和自习标准国语之用”[3]，依照标准国语留声片四片八面，分编八段。课文所注音调，遇有变音变调的，即以所变注明。

《标准国音国语留声片课本（附小学国语读本选读）》之“小学国语读本选读”则是专供各小学教师和学生听小学国语读本留声片发音和自习国语之用。按照《（新课程标准适用）小学国语读本（初级）》八册，分编合订，每册又依据留声片各片的上下面，分为某册上、某册下。

2. 赵元任著《新国语留声片课本（甲种 注音符号本）》《新国语留声片课本（乙种 国语罗马字本）》

1935年2月，赵元任著《新国语留声片课本（甲种 注音符号本）》一册和《新国语留声片课本（乙种 国语罗马字本）》一册，上海商务印书馆出版。

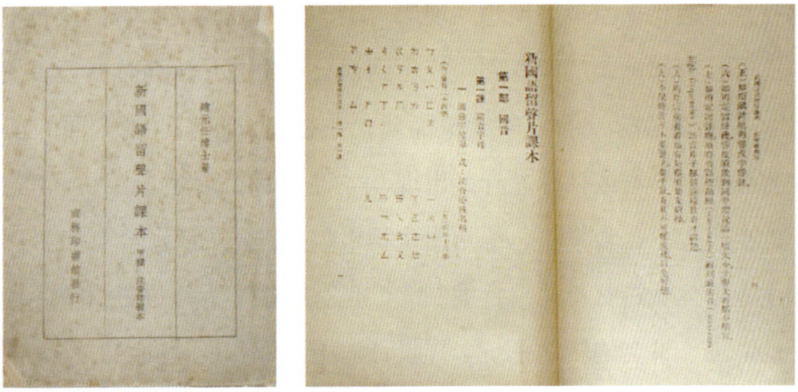

3–2–83

图3–2–83 《新国语留声片课本（甲种 注音符号本）》，商务印书馆，1947年版

[1] 朱文叔，白涤洲，蒋镜芙. 标准国音国语留声片课本：附小学国语读本选读[M]. 上海：中华书局，1933：标准国音“例言”.

[2] 朱文叔，白涤洲，蒋镜芙. 标准国音国语留声片课本：附小学国语读本选读[M]. 上海：中华书局，1933：标准国音“例言”.

[3] 朱文叔，白涤洲，蒋镜芙. 标准国音国语留声片课本：附小学国语读本选读[M]. 上海：中华书局，1933：标准国语“例言”.

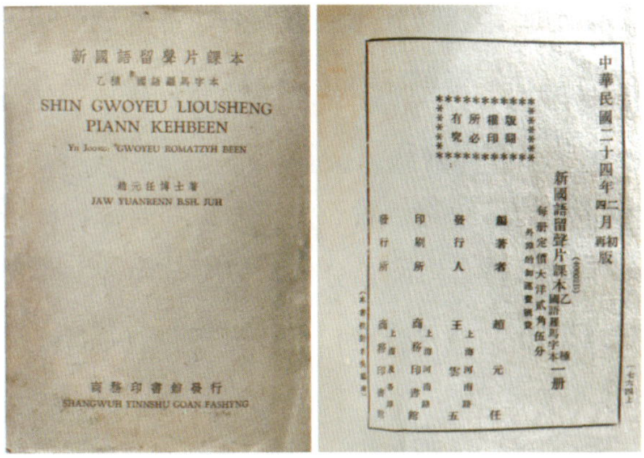

3-2-84

图3-2-84 《新国语留声片课本（乙种 国语罗马字本）》，商务印书馆，1935年版

1928年，大学院公布了国语罗马字拼音法式作为国音字母第二式，于是注音字母（后改称注音符号）就成为国音字母第一式。1934年赵元任指出，《国语留声片课本》是1922年出版，到现在已经有十二年了，“这十二年当中，从中国语言的研究，从国语教学的经验，从国语标音的研究，各方都有些很重要的进展。现在根据这些研究跟经验的结果，把这课本的内容完全改编了，改名《新国语留声片课本》，并且完全重灌了新片”[1]。为方便惯用每种国音字母者，他把《新国语留声片课本》印成甲、乙两种，甲种用第一式，即注音符号，乙种用第二式，即国语罗马字。赵元任还将自己近年对于这方面研究的结果，加入《新国语留声片课本》。

随着新课程标准的颁行，中小学国文、国语教科书在新学制教科书的基础上，全面展现了全新发展的态势。一方面，各类中小学国文、国语教科书编撰宗旨、编撰内容、材料选择、文体呈现等与课程标准要求较为一致，教科书编撰呈现趋同现象；另一方面，国文、国语教科书材料选择、内容呈现强调以儿童生活经验为起点，从家庭到学校再到社会依次展开，而且展现了变化中发展的进取精神和创造性成果。如新课程标准教科书大量涌现，在编制方面出现了全面的创新，主要表现为：一、教科书不仅根据地域分布或目标差异，出现“一种多编”的尝试，而且考虑精读、泛读的不同要求，对于配套的自修用书、教学法、练习册也积极编撰，学习资源丰富多样。二、多样的单元编制探索。有按照主题或体裁进行单元组合编制的，也有以教学为单位进行单元编制的，更有整套教科书大单元设计的。三、课文的辅助系统多样设计。不仅课后设计问题，单元间也设计练习，单元前有整体介绍，后有小结，单篇文章配编有暗示、题解、参读等多样设计。四、教科书的插图以彩色且多以全新手绘为主，低年级注重以图引文，提升趣味性。

[1] 赵元任. 新国语留声片课本：乙种：国语罗马字本[M]. 上海：商务印书馆，1935：序.

第三节 修正课程标准与国文、国语教科书新编

民国中后期，战事频繁，时局紧张，为推行教育改革，实施教育普及，国民政府教育部积极推行注音汉字，修订课程标准，中小学国文、国语教科书在极为艰难的条件下，进一步探索新编。

一、1935—1945 年促进“注音汉字”到“注音国字”

1930年，中央执行委员会议决推行注音符号办法三项，接着教育部详订推行办法二十五项，但各地在推行过程中，“惟小学及民众学校所用教学课本，仍多专用汉字书写印刷，未能充分采用注音字符”[1]。教育部认为，“印刷工具之不完备，殊为重大原因”[2]，1935年9月，教育部发出布告指出已经筹款，“交商铸造汉字注音铜模，以利需用”[3]，并且制定实施《促进注音汉字推行办法》。

1935年9月3日，教育部颁行《促进注音汉字推行办法》九条，对民众学校及小学教科书使用注音汉字进行明确规定，现将《促进注音汉字推行办法》抄录如下：

1. 民众学校课本及短期小学课本所有文字完全用注音汉字。

2. 初级小学国语科课本生字表完全用注音汉字。

3. 初级小学之社会、自然（或常识），高级小学之国语、社会（或地理历史）、自然、卫生课本，应完全用注音汉字。

4. 初小一年级上学期入学之始，应先授注音符号俟练习纯熟后，再授汉字正文。嗣后凡新编之初小国语教科书，应于第一册前，另编首册，专用注音符号编成故事，供教学之用，教学方法以先综合后分析（拼音练习及各个符号之认识）为准。前项规定在教授注音符号之师资缺少之地方得由当地教育行政机关暂予变通办理。

5. 自民国二十五年七月起，凡新编之小学及民众学校教科图书，须一律遵照本办法办理，

[1] 黎锦熙. 注音汉字[M]. 上海：商务印书馆，1936：31-32

[2] 黎锦熙. 注音汉字[M]. 上海：商务印书馆，1936：31.

[3] 黎锦熙. 注音汉字[M]. 上海：商务印书馆，1936：31.

否则不予审定。

6. 各省市各级师范学校应教学注音符号使师范毕业生均有教学注音符号之技能。

7. 在过渡期内，各小学必须于国语科内，抽出一部分时间，专教注音符号。

8. 自民国二十五年一月起，凡编辑儿童及民众读物者，一律用注音汉字印刷。

9. 由本部及各省市教育行政机关劝令各新闻纸在可能范围内，尽量用注音汉字印刷。[1]

因小学课程标准修订，科目有变动。1936年4月，国民政府教育部颁发《修正促进注音汉字推行办法》九条，将第三条之初级小学“社会、自然（或常识）”修正为“常识”，高级小学“社会（或地理历史）”修正为“社会（或公民地理历史）”，并删“卫生”二字。[2]同时，教育部训令国立编译馆，强调自1936年7月1日起，“审查新编之小学校及民众学校用教科图书，务须遵照前颁促进注音汉字推行办法第五条规定办理”[3]。

1941年4月1日，第五届中央执行委员会第八次全体会议通过了《大量编印注音汉字之通俗书报及刊物以供学成注音符号之民众阅读发挥宣传及训练之功效案》及《积极推行注音识字运动期于五年内普及注音识字彻底扫除文盲以宣扬三民主义促进抗战必胜建国必成案》，明确“注音识字，为彻底扫除文盲最有效之办法”[4]，并强调“为宣扬三民主义，使民众多成为三民主义之信徒，共同建设三民主义之国家，其基础工作，即在推行注音识字运动”[5]。教育组对两个提案的审查意见分别为“通过。原文‘汉字’改为‘国字’交政府切实执行”[6]及“通过，原文‘三年’改为‘五年’交中央常会切实办理”[7]。

1945年10月4日，教育部颁布《教育部促进注音国字推行办法的训令》，明确将《促进注音汉字推行办法》改为《促进注音国字推行办法》。[8]《促进注音国字推行办法》共八条，现抄录如下：

1. 国民学校，成人班妇女班及初级补习学校之课本，其文字均用注音国字。

[1] 教育部. 促进注音汉字推行办法[J]. 教育部公报，1935，7（37-38）：23.
[2] 教育部. 修正促进注音汉字推行办法[J]. 国立编译馆馆刊，1936（13）：1
[3] 教育部. 教育部训令：二十五年发编拾第五八八六号：令国立编译馆[J]. 国立编译馆馆刊，1936（13）：1.
[4] 浙江省中共党史学会. 中国国民党历次会议宣言决议案汇编：第3分册[M]. 杭州：浙江省中共党史学会，［出版年不详］：193-194.
[5] 浙江省中共党史学会. 中国国民党历次会议宣言决议案汇编：第3分册[M]. 杭州：浙江省中共党史学会，［出版年不详］：194-195.
[6] 浙江省中共党史学会. 中国国民党历次会议宣言决议案汇编：第3分册[M]. 杭州：浙江省中共党史学会，［出版年不详］：193-194.
[7] 浙江省中共党史学会. 中国国民党历次会议宣言决议案汇编：第3分册[M]. 杭州：浙江省中共党史学会，［出版年不详］：194-195.
[8] 教育部. 教育部促进注音国字推行办法的训令（三十四年十月四日参字第五〇一二二号）[J]. 教育部公报，1947，19（3）：38.

2. 国民学校，初级小学，中心国民学校，高级小学国语科课本，生字均用注音国字。

3. 国民学校，初级小学一年级上学期，应以国语科全部教学时间一半以上，先行或同时教学注音符号，而与国字课本取得联络，以期由注音而识文字，提高文字教学之效率。

4. 嗣后编辑国民学校，初级小学国语教科书，应另编“首册”，专用注音符号编成，其教学方法，以“先综合，后分析”为原则，前项规定，在教授注音符号之师资缺乏地方，得由当地教育行政机关变通办理之。

5. 自战争结束后一年起，凡新编或再版之国民学校小学及各种成人班教科图书，须一律遵照本办法办理，否则不予审定或撤销其审定。

6. 各省市各级“师范学校”应切实遵照国文课程标准之规定，于第一学年“略读”时间内，加强注音符号教学，并于课外组织研究会，经常练习，使师范毕业生均有教学国语及注音符号之技能。

7. 自战事结束后一年起，凡编儿童读物及民众读物者，一律用注音国字。

8. 由本部及各省市教育行政机关劝令各新闻纸，各杂志，在可能范围内，尽量用注音国字。[1]

1945年10月4日，教育部还颁布《各省市县推行注音符号办法》，明确“推行注音符号，应予最短时间，使全国识字之人，利用注音符号，教导全国不识字之人，从使用注音符号推进认识文字，以达到全国人人识字之目的”[2]。这一办法要求各省市县教育行政机关组织注音符号推行委员会，各县市推行注音符号，以中心国民学校、国民学校及社会教育机关为实施中心，应尽量设立注音识字班及注音识字传习处，要求“各县市国民学校及国民学校小学生识字读书，应依照‘国音’由读书统一进至国语统一”[3]。这一办法还对方言较重的地方以及边疆地方推行注音符号进行规定：“凡本地‘方音’与国音相差甚远之各省本县，除照以上各条规定办理，在右注国音外，在可能范围内，并得将与国音不同之方音注予‘左旁’。”[4]“有特殊方言之边疆省份及地方，以注音国字为正文，两用‘边文’逐行对照，列于左边，同样用注音符号注书‘边音’以便对照学习。”[5]

二、1936—1948 年中小学课程标准不断修正

1932年颁行的中小学课程标准经过三年多的实施过程，发现教学时量过多、所学科目繁重、学

[1] 教育部. 促进注音国字推行办法[J]. 教育部公报，1945，17（10）：3

[2] 教育部. 各省市县推行注音符号办法[J]. 教育部公报，1945，17（10）：3-4.

[3] 教育部. 各省市县推行注音符号办法[J]. 教育部公报，1945，17（10）：3-4.

[4] 教育部. 各省市县推行注音符号办法[J]. 教育部公报，1945，17（10）：3-4.

[5] 教育部. 各省市县推行注音符号办法[J]. 教育部公报，1945，17（10）：3-4.

生学业负担重等问题，加上会考的压力，于是出现修改的呼声。1936年7月，国民政府教育部修正颁行《中小学课程标准》，对1932年颁行的《幼稚园小学课程标准》进行修正：初小的社会、自然合并为常识科，一、二年级劳作、美术合并为工作科，体育、音乐合并为唱游科。自四年级起，算术科加授珠算。原定卫生科一律取消。新标准"总纲"明确小学的总目标为"发展儿童身心；培养儿童民族意识、国民道德基础、生活所必需的基本知识技能"[1]，各科教学目标应以总目标为依据。

（一）1936 年、1941 年、1948 年小学课程标准修正

1936年2月18日，教育部公布《修正小学科目及每周教学实践总表》，又函约专家修改各科课程标准，6月全部修改完成，主要是减少教学时数，增加"唤起民族意识""了解固有文化"的要求，提高文言读写和文学教育的要求，注重培养学生的文艺欣赏能力。

1. 1936年7月教育部修正颁行《小学国语课程标准》

1936年7月，教育部修正颁行《小学国语课程标准》[2]，参加修正国语科的有吴研因、李步寄、盛振声、赵欲仁、潘仁，从目标到内容，"标明加入关于唤起民族意识的教材，选材标准、教学要点，也根据了新的实验研究结果，多所修正"[3]。小学国语科"目标"有五个方面："（一）指导儿童练习国语，熟谙国语的语气语调和拟势作用，养成正确的听力和发表力。（二）指导儿童由环境事物和当前的活动，认识基本文字，获得自动读书的基本能力，进而欣赏儿童文学，以开拓其阅读的能力和兴趣。（三）指导儿童从阅读有关国家民族等的文艺中，激发其救国求生存的意识和情绪。（四）指导儿童体会字句的用法，篇章的结构，实用文的格式，习作普通文和实用文，养成其发表情意的能力。（五）指导儿童习写范字和应用文字，养成其正确、敏捷的书写能力。"[4]"作业类别"包含说话、读书、作文、写字四项。"各学年作业要项"以表格形式列出不同学年四类作业的具体要项，并在附注一栏说明：（一）读书教材，应以儿童文学为主体。（二）第一、二学年说话、读书、作文、写字以混合教学为原则。（三）第三、四学年起，说话、读书、作文、写字仍可混合教学。如分别教学时，也应互相联络。（四）在原用标准语的地方，说话作业从缺，把省下来的时间加在读书写字等作业中。表格后面列有"附件一 读书材料各种文体的说明""附件二 读书教材编选的注意点"。"读书材料各种文体的说明"分普通文、实用文、诗歌、剧本四类，普通文包含记叙文（生活故事、自然故事、历史故事、童话、传说、小说、寓言、笑话、日记、游记、其他）、说明文、议论文；实用文包含书信、布告、其他；诗歌包含儿歌、民谣、杂歌、谜语、小诗；剧本包含话剧、歌剧。"读书教材编选的注意点"明确列出：（一）根据本党的主义，尽量

---

[1] 教育部中小学课程标准编订委员会. 幼稚园小学：课程标准[M]. 上海：商务印书馆，1936：1.

[2] 教育部中小学课程标准编订委员会. 幼稚园小学：课程标准[M]. 上海：商务印书馆，1936：1-22.

[3] 教育部中小学课程标准编订委员会. 幼稚园小学：课程标准[M]. 上海：商务印书馆，1936：9.

[4] 教育部中小学课程标准编订委员会. 幼稚园小学：课程标准[M]. 上海：商务印书馆，1936：1-22.

使教材富有牺牲、互助、奋发、图强的精神。凡含有自私、自利、浪漫、消极、退缩、悲观、封建思想、贵族化（如王子公主之类）、资本主义化（如发财之类）等的教材，一律避免。尤应积极采用关于国民革命的、关于奋发民族精神的、关于启发民权思想的、关于养成民生观念的教材。（二）根据儿童心理，尽量使教材切合儿童生活和儿童阅读能力及兴趣。“教学要点”分别列出说话、读书、作文、写字的详细要求，其中“说话”强调教师应预编案例作为语言材料，并且列举有组织的演讲语料、会话的语料、故事的语料三种具体的语料要求。“读书”强调在可能范围内，可不必用国语课本，低年级开始，从环境和季节的单元活动入手，在观察、动作、谈话的时候，就从实物、动作、图书等得到的观念里，抽出主要的词和语句来，当作儿童学习的资料，进而加以练习；国音注音符号，在可能范围内，应比汉字先教；等等。

2. 1941年11月教育部公布第二次修订《小学国语科课程标准》

教育部颁布修正小学课程标准后，经五年余之试验研究，各方认为尚多缺点，应加修正。1941年4月间，教育部召集小学教育专家，集商修订小学课程标准办法，并分别聘部内外人员为修订小学课程标准委员会委员，各科修订草案完成后，经国民教育司先行召集部内同人开会审定，8月召开全体会议，讨论审查修正，之后加以总整理，陆续公布。这一课程标准强调“小学课程为小学全部教育设施之中心，包括整个儿童生活之教导，并非狭义的某一科目之教育”[1]。根据这种对课程的理解，将国民教育小学部之课程，“可分拆为三大训练。（一）道德的训练；（二）身体的训练；（三）知能的训练”[2]。强调小学整个教育之设施，“应以德、体、智三大训练为中心目标”[3]。根据这一中心目标，在“知识技能方面，将‘国语’‘社会’‘自然’‘算术’以及‘劳作’‘图画’等科，尽量设法使之合并或联系，以培养国民所必需的知识与技能”[4]。1942年10月公布的《小学课程标准总纲》规定小学“目标”为“应遵照小学法第一条之规定，注重发展儿童身心，培养国民道德、民族意识及生活所必需之基本知识技能，以期养成修己、善群、爱国之公民为目的”[5]。

《小学国语科课程标准》[6]由教科用书编辑委员会魏冰心起草修订草案，内容分列目标、教材纲要、教学要点三项。这一课程标准的特点是国语常识合编，扩大了各学年教材内容范围，课程标准附件有“文法的组织进行说明”内容，这是第一次将文法内容列入国文、国语课程标准。小学国语科“目标”有五个方面：（一）教导儿童熟练国语，使其发言正确，说话流畅。（二）教导儿童认识通常应用的文字，使能应用于日常生活，并养成阅读的能力和兴趣。（三）教导儿童运用文

[1] 教育部. 小学课程标准[M]. 南京：正中书局，1943：1.
[2] 教育部. 小学课程标准[M]. 南京：正中书局，1943：1.
[3] 教育部. 小学课程标准[M]. 南京：正中书局，1943：1.
[4] 教育部. 小学课程标准[M]. 南京：正中书局，1943：1.
[5] 教育部. 小学课程标准[M]. 南京：正中书局，1943：12.
[6] 教育部. 小学课程标准[M]. 南京：正中书局，1943：120-160.

字，养成理解的能力和发表情意的能力。（四）教导儿童习写文字，养成整齐清洁迅速确实的习性和审美的观念。（五）培养儿童修己善群爱护国家民族的意识和情绪。“教材纲要”列出“初级各学年教材形式”“初级各学年教材内容范围”“高级各学年教材形式”“高级各学年教材内容范围”。“初级各学年教材形式”从说话、读书、作文、写字四项进行说明，“初级各学年教材内容范围”从关于个人生活的、关于家庭生活的、关于学校生活的、关于乡土生活的、关于民族国家的、关于世界人类的六项进行说明；“高级各学年教材形式”从说话、读书、作文、写字四项进行说明，“高级各学年教材内容范围”从关于公民的、关于自然的两项进行说明。初级小学表格附注指出，教育部将编订初级小学“说话教材纲要”、初级小学“作文教材纲要”、初级小学“写字范本”供参考与应用，编订初级小学“字汇”和“词汇”，以供编辑教科书选字选词时参考。初级小学第一、二学年说话、读书、作文、写字四项作业，以混合教学为原则，第三、四学年可以混合教学也可以分别教学。初级小学国语科说话、读书、作文、写字四项作业取材的标准，须配合教材形式，分别编成教材。尤其是读书教材，应编成记叙文或韵文等各种体裁的儿童文学。高级小学表格附注指出，教育部将编订高级小学“说话教材纲要”、高级小学“作文教材纲要”、高级小学“写字范本”，以供参考与应用。高级小学国语科说话、读书、作文、写字四项作业教材的标准，须配合教材形式，分别编成教材，尤其是读书教材，应编成记叙、说明、议论及韵文等各种体裁的儿童文学。课程标准有两个附件：“附件一 对读书教材文体的分类和支配”“附件二 文法的组织进行说明”。“教学要点”列出“关于教材的编选组织方面应注意下列各点”及“关于教学方法方面应注意下列各点”。

3. 1948年9月教育部修正公布《国语课程标准》

1948年9月，教育部修正公布《小学课程标准》，明确小学要遵照《国民学校法》第一条之“注重国民道德之培养，及身心健康之训练，并授以生活必需之基本知识技能”规定，在课程中分别实施。小学“目标”为“一、关于‘国民道德之培养’的：（一）发展中国民族固有的国民道德。（二）培养爱国意识和大同理想。二、关于‘身心健康之训练’的：（一）锻炼强健的体格。（二）培育康乐的习性。三、关于‘授以生活必需之基本知识技能’的：（一）增进理解、运用书数和科学的基本知识、技能。（二）训练劳动生产和有关职业的基本知识技能”[1]。这一课程标准简化了1941年标准的内容框架，仅留“目标”和“教材纲要”两项。

《国语课程标准》分列目标、纲要两个部分[2]。“目标”有四个方面：（一）指导儿童熟练标准国语，有发音正确、语调和谐流利的能力。（二）指导儿童认识基本文字，欣赏儿童文学，有阅读的习惯、 兴趣和理解迅速、记忆正确的能力。（三）指导儿童运用语言文字，有发表情意的能力。（四）指导儿童习写文字，有书写正确、迅速、整洁的习惯。“纲要”按照“说话、读书、作

[1] 教育部. 小学课程标准[M]. 南京：正中书局，1948：1-2.

[2] 教育部. 小学课程标准[M]. 南京：正中书局，1948：1-2.

文、写字”将小学六个学年的要项用表格列出，表后“附时间支配”，指出如果有专教标准语的教师，说话应单独教学，低年级每周60分钟，中、高年级每周各30分钟，如果师资缺乏，可以和作文混合教学。第一、二学年读书、作文、写字各项作业，以混合教学为原则；第三、四学年读书、作文、写字各项作业，可以混合教学，也可以分别教学；第五、六学年分别教学。

（二）1936 年、1940 年、1941 年、1948 年中学课程标准修正

1932年课程标准颁行后，各地中学施行后陈述意见指出，教学总时数过多及高中算学课程繁重。1935年10月，教育部集实际办学者及一部分专家开会研讨修正课程标准，国文科有夏丏尊、杨振声、伍俶、周邦道参加。1936年2月，教育部又延请专家，国文科仍由上述四人综合众意，修正国文课程标准。

1. 1936年7月教育部修正颁行《初级中学国文课程标准》《高级中学国文课程标准》

《初级中学国文课程标准》[1]内容分列目标、时间支配、教材大纲、实施方法概要四个部分。“目标”有五个方面：（一）使学生从本国语言文字上，了解固有文化。（二）使学生从代表民族人物之传记及其作品中，唤起民族意识并发扬民族精神。（三）养成用语体文及语言叙事说理表情达意之技能。（四）养成了解一般文言文之能力。（五）养成阅读书籍之习惯与欣赏文艺之兴趣。“时间支配”规定：第一学年各学期每周五小时，第二、三学年各学期每周六小时，并将各学年每周的精读、略读指导、习作时间分配列出。“教材大纲”规定：（一）精读选材类别有记叙文（包括描写文）、说明文、抒情文（包括韵文）、议论文、小说诗歌及戏剧、应用文、文章法则，适用所列表格中给出的百分比。（二）语体文与文言文并选，语体文递减，文言文递增。各学年分量约为七与三，六与四，五与五之比例。（三）选文之原则，注重各种文章体裁之示例。使学生明了各种文体之性质与其作法， 及一种文体内各种不同之作法。至选文时应由浅及深，由近代以至远代。第一学年所选文言文之文字尤应与语体接近，以期语体文言之逐渐沟通。（四）文章法则于略读时间内讲授之。包括（1）语体文法（词性、词位、句式）。（2）文章体裁（即表中各项体裁之性质、取材及结构等），其原则与（三）相同。（五）楷书及行书之练习均在课外行之。唯每周应有半小时以上之批评指导，其时间得酌量于规定钟点内划出之。“实施方法概要”分“教材标准”和“教法要点”两部分。“教材标准”从精读部分、略读部分展开说明，附注要求选文材料加入：中山先生传记及遗著，中国国民党史略及历次重要宣言，中国国民革命史实，革命先烈传记及遗书，党国先进言论。“教法要点”从精读部分、略读部分、文章法则部分、作文练习展开说明。

《高级中学国文课程标准》内容分列目标、时间支配、教材大纲、实施方法概要四个部分[2]。“目标”有四个方面：（一）使学生能应用本国语言文字，深切了解固有文化，并增强其民族意

[1] 教育部. 初高级中学课程标准[M]. 上海：商务印书馆，1936：23-32.

[2] 教育部. 初高级中学课程标准[M]. 上海：商务印书馆，1936：35.

识。（二）除继续使学生能自由运用语体文外，并养成其用文言文叙事说理表情达意之技能。（三）培养学生读解古书，欣赏中国文学名著之能力。（四）培养学生创造国语新文学之能力。“时间支配”规定：第一学年各学期每周五小时；第二学年第一学期甲组五小时、乙组八小时，第二学期五小时；第三学年各学期每周五小时。并将各学年每周的精读、略读指导、习作时间分配列出。“教材大纲”规定：（一）选读教材之原则应顺文学史发展之次第，由古代以至近代，选取各时代中主要作家之代表作品，使学生对文学之源流及其发展得以有系统之概念。（二）各体文字仍分为（1）记叙文（包括描写文），（2）说明文，（3）抒情文（包括韵文），（4）议论文，（5）小说诗歌及戏剧，（6）应用文，（7）文章法则。其应授之百分比得参考初中国文课程标准精选部分之百分比酌定之。（三）乙组之精读三小时宜讲授文学史大纲。（四）文章法则包括文法、修辞学、各体文章作法等项，于略读时间讲授之。“实施方法概要”列有“选材标准”和“教法要点”两部分。“选材标准”从选文精读、专书精读、略读、酌量选读外国译文展开说明。附注要求选文材料加入：中山先生传记及遗著，中国国民党史略及历次重要宣言，中国国民革命史实，革命先烈传记及遗著，党国先进言论。“教法要点”则从阅读部分、文章法则、作文练习展开说明。

2. 1940年《修正初级中学国文课程标准》《修正高级中学国文课程标准》

1936年修正课程标准颁行一年，抗日战争形势严峻，“中学教育更须适应抗战建国之需要，各科教学时数表及各科课程标准，均感有重行修订之必要”[1]。1939年4月，第三次全国教育会议也有关于改订课程之提案。教育部即约一部分专家及各省教育厅厅长，商讨初高中教学科目及时数表之改订。之后，由教育部拟定修正初高中教学科目及时数表，分送教育专家、各省教育厅、各师范院校、各国立中学及少数成绩优良之公私立中学，征询意见。教育部在整理各方意见之后，于1940年2月公布修正初高中教学科目及各学期每周各科教学时数表，要求1940年第一学期开始施行。1940年3月整理完成各科课程标准之意见，4月开始邀请专家、院校、局厅进行讨论，国文科参与的有阮真、杨振声、喻传鉴、陆殿扬、李清悚、朱锦江、尹石、徐文珊、吴研因、张敦讷等专家，有国立二中、国立三中、国立四中、中大实校、中大师院、南开中学等院校，还有江西教育厅、宁夏教育厅等局厅单位。1941年12月，各科修正课程标准工作全部完成。

1940年7月，教育部公布《修正初级中学国文课程标准》[2]，内容列有目标、时间支配、教材大纲、实施方法概要四个方面。“目标”有四个方面：（一）养成用语体文及语言叙事说理表情达意之技能。（二）养成了解一般文言文之能力。（三）养成阅读书籍之习惯，与欣赏文艺之兴趣。（四）使学生从本国语言文字上，了解固有文化，并从代表民族人物之传记及其作品中，唤起民族

[1] 教育部. 修正初高级中学课程标准[M]. 南京：正中书局，1942：3.

[2] 教育部. 修正初高级中学课程标准[M]. 南京：正中书局，1942：57-65.

意识与发扬民族精神。[1]“时间支配”规定第一学年每周六小时，第二、三学年每周五小时，甲组第一学年每周选习两小时，并将各学年每周的精读、略读指导、习作时间分配列出。“教材大纲”规定：（一）精读选材类别有记叙文（包括描写文）、说明文、抒情文（包括韵文）、议论文，适用所列表格中给出的百分比，附注说明第一学年以记叙文为中心，第二学年以说明文为中心，第三学年以说明文、议论文为主。（二）语体文与文言文并选，语体文递减，文言文递增。各学年分量约为七与三、六与四、五与五之比例。甲组第一学年选习之二小时，侧重文言文。（三）书法指导于第一学年略读时间划出半小时作批评指导，练习均在课外进行。（四）文章法则包括（1）语体文法（词性、词位、句式），（2）文章体裁（即表中各项体裁之性质、取材及结构等），于第一、二学年讲授，其时间与作文联合为两小时，隔周一次。（五）应用文于第三学年酌划时间讲授，并须为相当练习，以生活日用及简单函牍为主。“实施方法概要”分“教材标准”和“教法要点”两部分。“教材标准”从精读部分、略读部分展开说明。“附注一”要求选文材料加入：总理传记及遗著，总裁言论，中国国民党史略及历次重要宣言，中国国民革命史实，革命先烈传记及遗著，党国先进言论。“附注二”说明教材可分甲、乙、丙三编，甲编为精读材料，乙编为研究材料（包括应用文示范、文章法则、书法指导、国学研究资料等），丙编为略读材料。甲编数量少，教学目的在于熟诵，以丙编略读材料为辅佐（甲编中介绍丙编篇目）。甲、乙编可合装，丙编另装。“教法要点”从精读部分、略读部分、书法指导、文章法则、作文练习展开说明。

1940年7月，《修正高级中学国文课程标准》[2]公布，内容列有目标、时间支配、教材大纲、实施方法概要四个方面。“目标”有四个方面：（一）除继续使学生能自由运用语体文外，并养成其用文言文叙事、说理、表情、达意之技能。（二）培养学生读解古书、欣赏中国文学名著之能力。（三）陶冶学生文学上创作之能力。（四）使学生能应用本国语言文字，深切了解固有文化，并增强其民族意识。“时间支配”规定：第一学年每周五小时，第二、三学年甲组四小时，乙组六小时。“教材大纲”规定：（一）选文精读，各学年均以文言文为主（第一学年约为七与三，第二学年约为八与二之比例，第三学年全授文言文）。（二）第一学年以记叙文为中心，占60%，抒情文10%，说明文15%，议论文15%；第二学年以说明文为中心，占60%，议论文20%，记叙文10%，抒情文10%；第三学年以议论文为中心，占40%，抒情文20%，说明文20%，记叙文20%。（三）文章法则包括文法、修辞学、各体文章作法等项，均于略读时间讲授之。（四）第二、三学年乙组加习精读两小时，注重各时代文学作品及国学常识等。“实施方法概要”列有“选材标准”和“教法要点”两部分。“选材标准”从精读选用教材、略读选用教材展开说明。附注说明：选文材料中，应注意加入各项党义文选，教材甲编（精读材料）同初中，乙编（研究材料）包括文章法则、文学源流、国学常识及文字学大意等，可合装。另专书选读。“教法要点”则从阅读部分、文章法则、作

[1] 教育部中小学课程标准编订委员会. 幼稚园小学：课程标准[M]. 上海：商务印书馆，1936：1-22.

[2] 教育部. 修正初高级中学课程标准[M]. 南京：正中书局，1942：175-179.

文练习展开说明。

3. 1941年9月教育部公布《六年制中学国文课程标准草案》

1939年4月，第三次全国教育会议通过教育部交议之教育行政改进案及中学教育改进案。在中学学制方面，中等教育阶段内除原有三三制中学外，另设六年制中学，不分初高中。并为奖励清寒优秀子弟获得人才教育起见，六年制中学应多设奖学金额。编订六年制中学课程重要原则有四项：（一）各科全部课程，不必为二重圆周而为直经一贯之编配。（二）在一年级至四年级，仍应例劳作科。（三）史地二科并列，本国历史本国地理应占三分之二，外国历史外国地理应占三分之一。（四）外国语自第四年起逐渐加重。[1]教育部根据各专家、各局厅、各院校之反馈意见，重拟教学科目及时数表，约集教育专家开会商讨，于1939年10月公布。同时，教育部指定国立中学数校及令川渝第十一省市教育厅局指定成绩优良之公私立中学一二校，于1940年开始试验。

教育部在训令中说明六年制中学设立之要旨：（一）六年制中学目标单纯，专为升学准备，选择学生，宜从严格，为使清寒优秀子弟得有入学机会，应多设奖学金或公费学额。（二）六年制中学各种学科平均发展，始终不予分组，务使学生于人文教育有平衡之发展，于生产劳作亦有相当之素养，为进行高等教育培植一良好之基础。（三）六年制中学各科全部课程，均采直经一贯之编配，不必为二重圆周，以期增加教学效能。（四）六年制中学对于基本学科（国文、算学、外国语）之程度，应予提高，并求熟练，其余各科虽较初高中并合总时数减少，但因免去重复，应以切实达到高中课程标准规定之程度为准。[2]

《六年制中学国文课程标准草案》内容列有目标、时间支配、教材大纲、实施方法概要四个方面。“目标”有四个方面：（一）养成用语体文及文言文叙事说理表情达意之技能。（二）养成阅读书籍之习惯，及读解古书之能力。（三）培养欣赏文艺之兴趣，及陶冶文学上创作之能力。（四）使学生能应用本国语言文字，深切了解固有文化，并从代表民族人物之传记及其作品中，唤起民族意识与发扬民族精神。“时间支配”规定：第一、二学年每周各六小时，第三、四、五、六学年每周各五小时。“教材大纲”规定：（一）精读选材类别有记叙文（包括描写文）、说明文、抒情文（包括韵文）、议论文，适用所列表格中给出的百分比，附注说明第一、二学年以记叙文为中心，第三、四学年以说明文为中心，第五、六学年以议论文为中心。（二）选文精读，第一、二、三、四学年语体文与文言文并选，语体文递减，文言文递增，其比例约为七与三、六与四、五与五、四与六；第五、六学年以文言文为主。（三）书法指导于第一学年研究时间内作批评指导，练习均在课外行之，并定为假期作业之一项。（四）文章法则包括：（1）语体文法（词性、词位、句式等），（2）文章体裁及作法（即表中各项体裁之性质、取材、结构等），（3）修辞学（文章之组织与体制遣词之方式，词格之类别等），（4）辩论术（辩论之方式，证据之搜集，

[1] 教育部. 六年制中学课程标准草案[M]. 南京：正中书局，1941：3.

[2] 教育部. 六年制中学课程标准草案[M]. 南京：正中书局，1941：4-5.

判断之正确，敌论之反驳，音调姿态之运用等），分别于各学年研究时间内讲授（第一、二学年讲授语体文法，第三、四学年讲授文章体裁及作法，第五、六学年讲授修辞学及辩论术）。（五）应用文（书札、公牍、柬帖、契据、章程、广告等）于第三、四学年研究时间内讲授，并须为相当练习。（六）文学源流（即文学史之具体举例）、文字学大意及国学常识于第五、六学年研究时间内讲授。“实施方法概要”分“教材标准”和“教法要点”两部分。“教材标准”从精读部分、略读部分展开说明。“附注一”要求选择材料中加入：总理传记及遗著，总裁言论，中国国民党史略及历次重要宣言，中国国民革命史实，革命先烈传记及遗著，党国先进言论。“附注二”说明教材可分甲、乙、丙三编，甲编为精读材料，乙编为研究材料（包括书法指导、文章法则、应用文、文学源流、文字学大意、国学常识等），丙编为略读材料。甲编数量少，教学目的在于熟诵，以丙编略读材料为辅佐。“教法要点”从精读部分、略读部分、研究部分、作文练习展开说明。

《六年制中学国文课程标准草案》只是在少数学校试验，并没有在全国推行。

4. 1948年12月《修订初级中学国文课程标准》《修订高级中学国文课程标准》

1948年12月10日，教育部公布《修订中学课程标准》。“总纲”指出，“中学目标遵照中学法第一条有‘继续小学之基础训练，以发展青年身心，培养健全国民，并为研究高深学术及从事各种职业之预备’之规定。修正中学规程第二条更具体规定七项训练如下：（一）锻炼强健体格。（二）陶镕公民道德。（三）培育民族文化。（四）充实生活知能。（五）培植科学基础。（六）养成劳动习惯。（七）启发艺术兴趣。上项目标在各科课程中及整个学校作业中分别实施，以完成中学教育之任务”[1]。

《修订初级中学国文课程标准》的内容列有目标、时间支配、教材大纲三个方面。“目标”有四个方面：（一）训练听讲及阅读语体文与明易文言文之能力。（二）培养运用国语及语体文表达情意之能力，以切合生活上之应用。（三）培养阅读之兴趣与习惯。（四）从民族辉煌事迹及有助国际了解之优美文字中，唤起爱国思想与民族意识，发挥大同精神。“时间支配”规定：第一、二、三学年每学期每周各为五小时，精读（包括演讲及作文练习）占总时数三分之二，阅读占总时数三分之一。“教材大纲”包含“文艺欣赏方面”“解说方面”“应用方面”“实施方法”四个部分。

《修订高级中学国文课程标准》的内容列有目标、时间支配、教材大纲、实施方法四个方面。“目标”有四个方面：（一）提高阅读速率及了解力。（二）熟练应用语体文及明易文言文表达情意，能作切合生活上最需要应用最广之文字。（三）培养阅读古籍之兴趣与能力。（四）从民族辉煌事迹及有助于国际了解之优美文字中，唤起爱国家爱民族意识，发扬大同精神。“时间支配”规定：各学年每学期每周各为五小时，精读（包括作文）占总时数三分之二，阅读占总时数三分之一。“教材大纲”规定选材范围须较初中为广博，凡一般公民在日常生活中，须要阅读的写作的语

[1] 教育部. 修订中学课程标准[M]. 南京：民生印书馆，1948：1.

文部分，均为高中国文教材之对象，并就选择标准、选材分类、选材分配作出说明。“实施方法”则规定了十一方面。

三、“新编”中小学国文、国语教科书

1. 蒋镜芙、吕伯攸编《（修正课程标准适用）新编初小国语读本》首册

1937年，蒋镜芙、吕伯攸编《（修正课程标准适用）新编初小国语读本》首册，朱文叔校，上海中华书局出版。

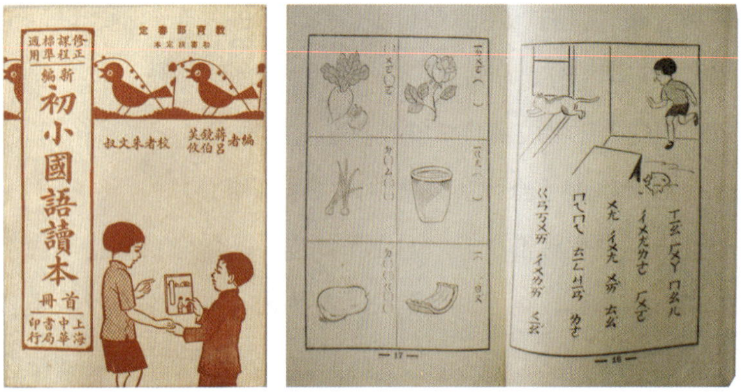

3—3—1

图3—3—1 《（修正课程标准适用）新编初小国语读本》首册，中华书局，1937年版

《（修正课程标准适用）新编初小国语读本》首册专门学习注音符号，共24课，课文无汉字，只有插图和注音符号，包含填空练习等。教科书第一页将教育部文件呈现出来。第一个文件是1936年教育部修正公布的《促进注音汉字推行办法》的第四条和第七条：

4. 初小一年级上学期入学之始，应先授注音符号俟练习纯熟后，再授汉字正文。嗣后凡新编之初小国语教科书，应于第一册前，另编首册，专用注音符号编成故事，供教学之用，教学方法以先综合后分析（拼音练习及各个符号之认识）为准。前项规定在教授注音符号之师资缺少之地方得由当地教育行政机关暂予变通办理。

7. 在过渡期内，各小学必须于国语科内，抽出一部分时间，专教注音符号。

第二个文件是1936年7月教育部修正颁行《小学国语课程标准》之“教学要点”第八条：

（8）国语注音符号，在可能范围内，应比汉字先教。

2. 吕伯攸编《（修正课程标准适用）新编初小国语读本》

1937年7月，吕伯攸编《（修正课程标准适用）新编初小国语读本》八册，朱文叔校，上海中华书局出版。

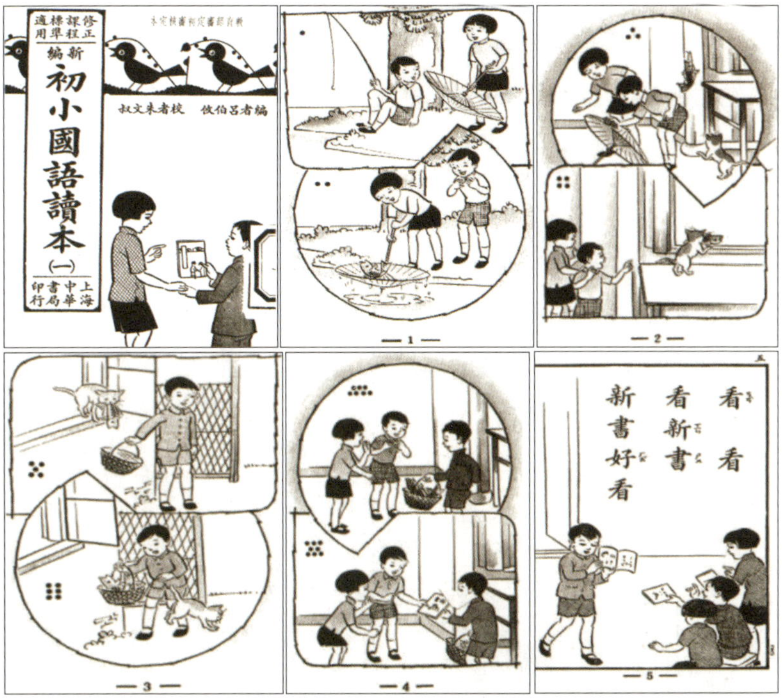

3-3-2

图3-3-2 《（修正课程标准适用）新编初小国语读本》第1册，中华书局，1937年版

《（修正课程标准适用）新编初小国语读本》是遵照1936年7月教育部修正颁行的《小学国语课程标准》编辑，选材方面“特别注重复兴民族的精神，以激发儿童救国求生的意义和情绪”[1]。第一册始四课（第一年第一周）列故事图，第五课之后有生活故事、自然故事、历史故事以及诗歌、谜语、游记、杂记、书信等。这套教科书按单元编排，单元间有练习课，第五册开始每课后附有问题。每册附生字表，前四册还附有图画字。课文中生字注音。

3. 吕伯攸、朱文叔、徐亚倩编《（修正课程标准适用）新编高小国语读本》

1937年2月，吕伯攸、朱文叔、徐亚倩编《（修正课程标准适用）新编高小国语读本》四册，陆费逵校订，上海中华书局发行。

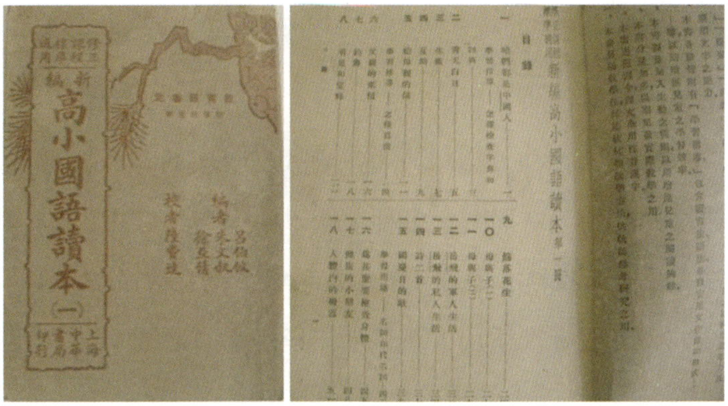

3-3-3

图3-3-3 《（修正课程标准适用）新编高小国语读本》第1册，中华书局，1937年版

[1] 吕伯攸. 修正课程标准适用：新编初小国语读本：第1册[M]. 上海：中华书局，1937：编例.

《（修正课程标准适用）新编高小国语读本》遵照1936年7月教育部修正颁行的《小学国语课程标准》编辑，选材从儿童的实际出发，“特别注重复兴民族的精神，以激发儿童救国求生存的意识和情绪”[1]。教科书编有历史故事、生活故事、自然故事、传说、小说、笑话、剧本、游记、杂记、诗歌等。教科书以单元编排，六七课后有“学习指导”，每课后附有“练习”，各册均编有文法。全书文字注音，各册均有插图。

4. 朱文叔、吕伯攸编《（修正课程标准适用）最新南洋华侨 小学国语读本（初级）》

朱文叔、吕伯攸编《（修正课程标准适用）最新南洋华侨 小学国语读本（初级）》八册，孙世庆、鞠承颖、陆费逵、沈颐、张相、舒新城、金兆梓校，上海中华书局发行。

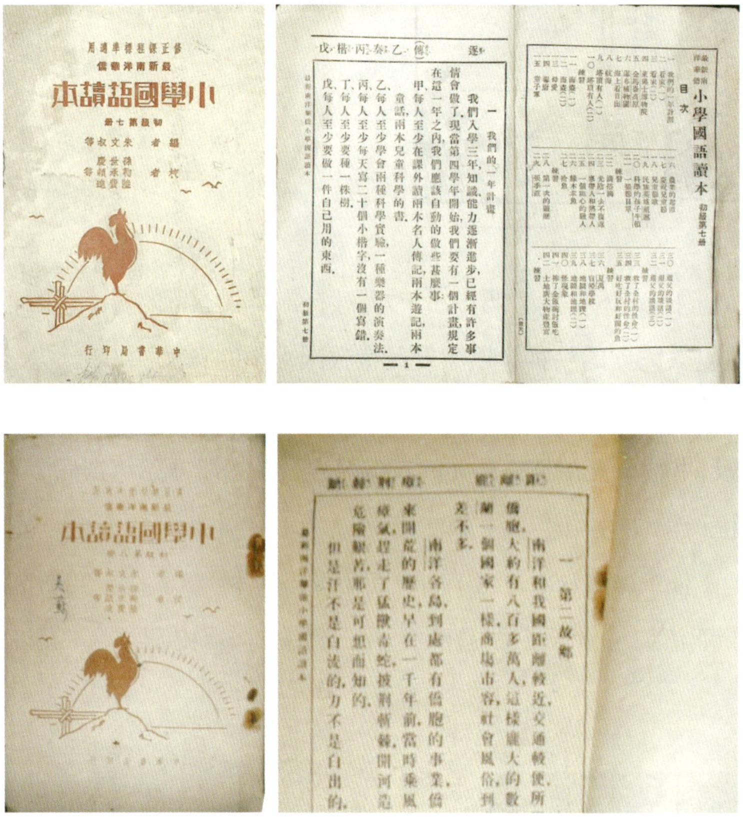

3-3-4

图3-3-4 《（修正课程标准适用）最新南洋华侨 小学国语读本（初级）》第7、8册，中华书局，1937年版

《（修正课程标准适用）最新南洋华侨 小学国语读本（初级）》第七册共四十三课，课文按单元编排，单元后有练习，生字标注音符号，课文与练习均有插图，多种字体印刷。

5. 徐亚倩、朱文叔、吕伯攸、杨复耀编《（修正课程标准适用）新编南洋华侨 高小国语读本》

徐亚倩、朱文叔、吕伯攸、杨复耀编《（修正课程标准适用）新编南洋华侨 高小国语读本》四册，陆费逵校订，上海中华书局出版。

[1] 吕伯攸，朱文叔，徐亚倩. 修正课程标准适用：新编高小国语读本：第1册[M]. 上海：中华书局，1937：编例.

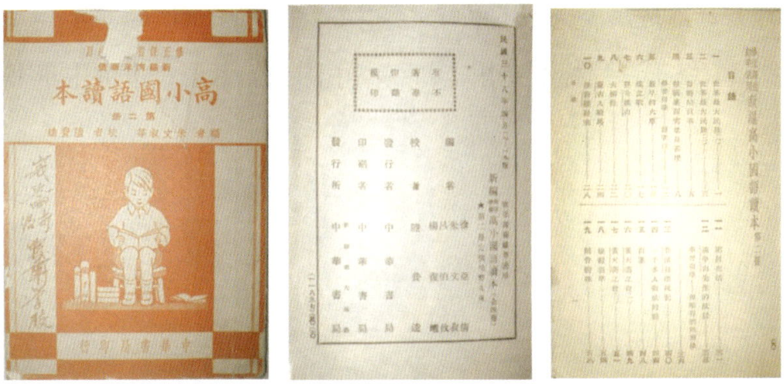

3-3-5

图3-3-5 《（修正课程标准适用）新编南洋华侨 高小国语读本》第2册，中华书局，1949年版

《（修正课程标准适用）新编南洋华侨 高小国语读本》每册共36课，按单元编排，较长的课文分为连续几课，单元中间穿插学习指导，内容为文法知识。这套教科书文字均标有注音符号，课文有插图。

6. 宋文翰编《（修正课程标准适用）新编初中国文》

1937年7月，宋文翰编《（修正课程标准适用）新编初中国文》六册，朱文叔校，上海中华书局出版。

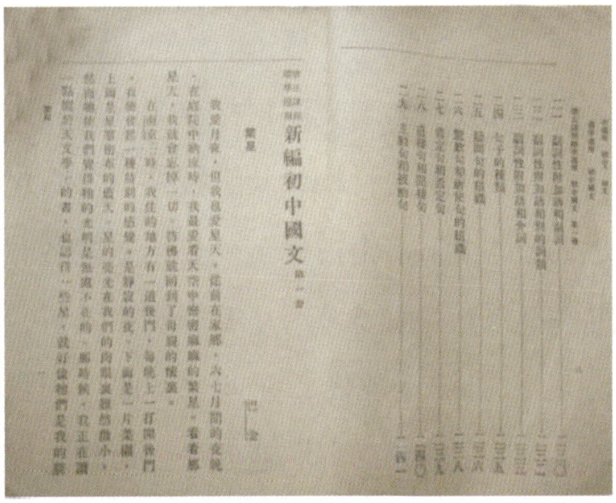

3-3-6

图3-3-6 《（修正课程标准适用）新编初中国文》第1册，中华书局，1937年版

《（修正课程标准适用）新编初中国文》遵照部颁修正《初级中学国文课程标准》编辑，供初级中学六学期精读及教学文章法则之用。按照部颁课程标准要求，语体文与文言文的比例，第一年为七与三，第二年为六与四，第三年两者各半，第一年重记叙文，第二年重说明文，第三年重论辩文。教科书依内容或体制之相同或相近或连带关系分为若干组，每组自成单元，且单元之间有联络。这套教科书在课文后附有“题解”“作者生平”“注释”“语文对译”“习题”，前四册“语文对译”为文言文译为语体文，后两册“语文对译”为语体文译为文言文。在每册最后附有“文章法则”，第一年注重语法上词性、词位、句式的提示，尤其注意就学习者学过的文法知识，多方加以练习。第二、三两年，将记述、叙述、说明、论辩四种文体分配于四学期，每学期讲一种文章体制。为适合教学，课文有删节或改动，无插图。

7. 宋文翰、张文治编《（修正课程标准适用）新编高中国文》

1937年2月，宋文翰、张文治编《（修正课程标准适用）新编高中国文》六册，上海中华书局出版。

3-3-7

图3-3-7　《（修正课程标准适用）新编高中国文》第1册，中华书局，1947年版

《（修正课程标准适用）新编高中国文》是遵照部颁修正《高级中学国文课程标准》编辑，与《（修正课程标准适用）新编初中国文》相衔接，供高级中学三学年国文科精读及讲授文章法则之用。这套教科书选材遵照修正课程标准所定原则，顺文学史发展之次第，由古代至现代，选取各时代中主要作家之代表作品，“使学生对文学源流及其发展得一有系统之概念”[1]，第一册秦以前、第二册汉至隋、第三册唐五代、第四册宋金、第五册元明、第六册清及现代，强调“务取思想积极，足以发扬民族精神；内容充实，足以矫正空虚浮靡之弊；体制完整，文辞明达，堪为写作之模范，并有助于创造国语新文学者”[2]。这套教科书按照部编修正课程标准之要求编排，第一至五册全是文言文，第六册除极少数近现代中外作品外，大多也是文言文。在文体方面，有论说、记叙、诗歌、散文、小说、戏剧，还有古代的书牍等。每篇课文之后，列有“题解”“作者略历”“注释”三项。各册之后，备有讲授文章法则的教材。这套教科书注重辩论的训练，讲了辩论术的意义，辩论的规则，辩论的要点，辩论中证据的搜集、整理及写作的格式，辩论时声调姿态的运用等。“本书文章法则部分，除取材于古籍外，多参考时贤之著作。”[3]

[1] 宋文翰，张文治. 修正课程标准适用：新编高中国文：第1册[M]. 上海：中华书局，1937：编辑大意.
[2] 宋文翰，张文治. 修正课程标准适用：新编高中国文：第1册[M]. 上海：中华书局，1937：编辑大意.
[3] 宋文翰，张文治. 修正课程标准适用：新编高中国文：第1册[M]. 上海：中华书局，1937：编辑大意.

四、“世界”小学国语及中学“新国文”

1. 朱翊新编辑《（遵照教育部二十五年颁布修正课程标准编辑 新课程标准世界教科书 世界第一种）高小国语读本》

1937年4月，朱翊新编辑《（遵照教育部二十五年颁布修正课程标准编辑 新课程标准世界教科书 世界第一种）高小国语读本》四册，范祥善校订，上海世界书局出版。

3—3—8

图3—3—8　《（遵照教育部二十五年颁布修正课程标准编辑　新课程标准世界教科书　世界第一种）高小国语读本》第1册，世界书局，1937年版

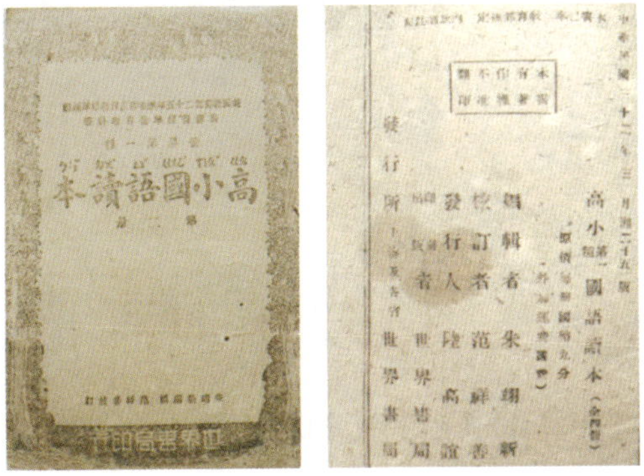

3—3—9

图3—3—9　《（遵照教育部二十五年颁布修正课程标准编辑　新课程标准世界教科书　世界第一种）高小国语读本》第2册，世界书局，1943年版

《（遵照教育部二十五年颁布修正课程标准编辑 新课程标准世界教科书 世界第一种）高小国语读本》依据1936年7月教育部修正颁布的《小学国语课程标准》编辑，且遵照1936年4月教育部颁《修正促进注音汉字推行办法》第三条规定，完全使用注音汉字。这套教科书每册36课（连补充课在内），选材标准为：“（一）依据儿童心理，尽量使教材切合儿童的生活。（二）宣扬本党的主义，尽量使教材富有牺牲互助、奋发图强的精神。（三）想象性的教材和现实的教材，竭力使它调和而平均。（四）适合时代环境，富有道德教训，唤起民族意识”[1]。文体分普通文、实用文、诗歌、戏剧四项，第一册以故事为主，第二册以游记、戏剧为主，第三册以故事、传记为主，第四册以说明文、议论文为主。各课语法以标准语法为准，诗歌音韵均用标准音韵。教科书以单元编

[1] 朱翊新. 遵照教育部二十五年颁布修正课程标准编辑：新课程标准世界教科书：世界第一种：高小国语读本：第1册[M]. 上海：世界书局，1937：编辑纲要.

排，每册三个单元，每单元后有一篇补充课，内容是汉语语法和写作知识。每篇课文后面都有“缀句”“改作”“仿造”“笔记（读后感）”等涉及写作的练习。

2. 朱剑芒编辑《（新课程标准世界中学教本）初中新国文》

1936年12月，朱剑芒编辑《（新课程标准世界中学教本）初中新国文》六册，上海世界书局出版。这套教科书配有朱剑芒编辑《初中新国文指导书》六册，1936年12月由上海世界书局出版发行。

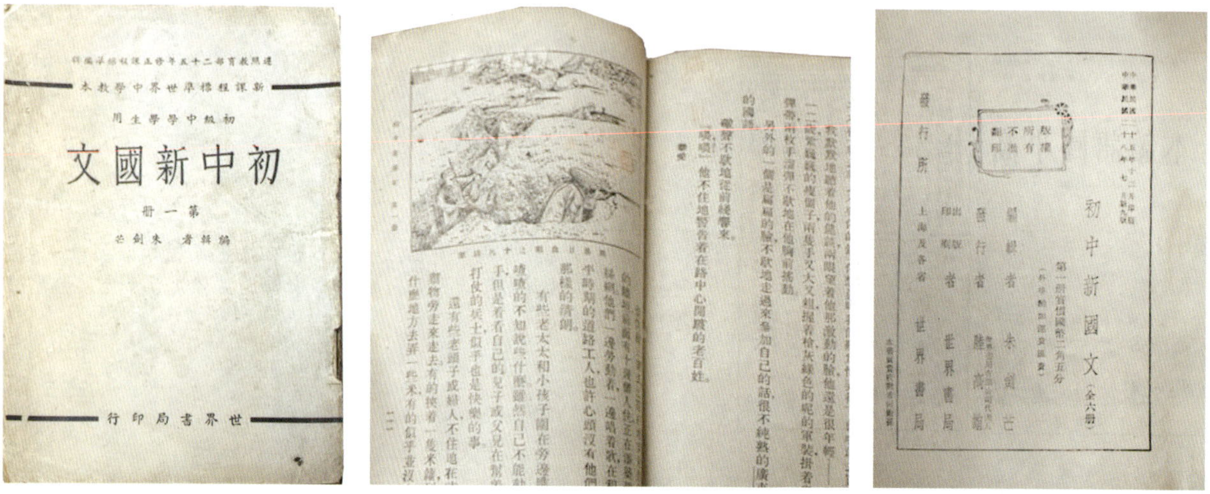

3-3-10

图3-3-10 《（新课程标准世界中学教本）初中新国文》第1册，世界书局，1939年版

《（新课程标准世界中学教本）初中新国文》遵照教育部修正颁布的《初级中学国文课程标准》编辑，共有276篇课文，其中正课240篇、附课36篇。各册正课40篇，第一、二册各附课四篇，第三、四册各附课六篇，第五、六两册各附课八篇。第一学年以记叙文、抒情文为主，每册附读书方法与作文法教材各两篇；第二学年以说明文、抒情文为主，每册附读书方法、作文法及文学概论（或文学杂话）各两篇；第三学年以议论文、应用文为主，每册附读书方法、修辞法各一篇，作文法各两篇，文学概论各四篇。语体文与文言文比例第一学年为七比三，第二学年为六比四，第三学年为五比五。教科书按单元编排，每单元前有本单元题旨和内容概括。每篇课文后设有问题、习作。每篇课文后附注释。这套教科书配有插图，一类是古今民族英雄和历史上伟大人物画像，一类是名胜古迹及重要史迹图片。

3. 蒋伯潜编辑《蒋氏高中新国文》

1937年4月，蒋伯潜编辑《蒋氏高中新国文》六册，上海世界书局出版。

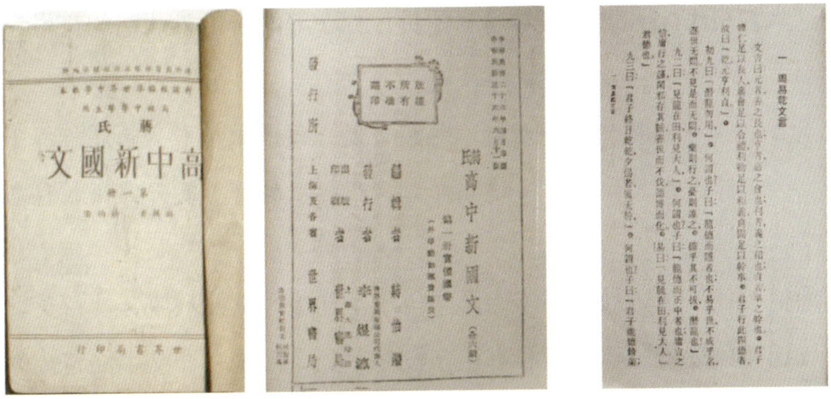

3-3-11

图3-3-11　《蒋氏高中新国文》第1册，世界书局，1947年版

《蒋氏高中新国文》是根据1936年颁行的《高级中学国文课程标准》编辑，供高级中学语文学科精读学习之用的文选型文言文读本。这套教科书一至四册为一圆周，自古代至近代，以文学变迁为中心；五至六册为一圆周，自古代至近代，以学术源流为中心。这套教科书共选了诗歌127首，其中民歌类44首，文人诗83首，选入五课寓言类作品共三十余篇。这套教科书各篇选文之后，设"作者""题解""注释"三项附注。

五、"复兴"中小学国语教科书

1. 沈百英、赵景源、沈秉廉编校《复兴教科书国语首册》

1937年7月，沈百英、赵景源、沈秉廉编校《复兴教科书国语首册》，上海商务印书馆出版。

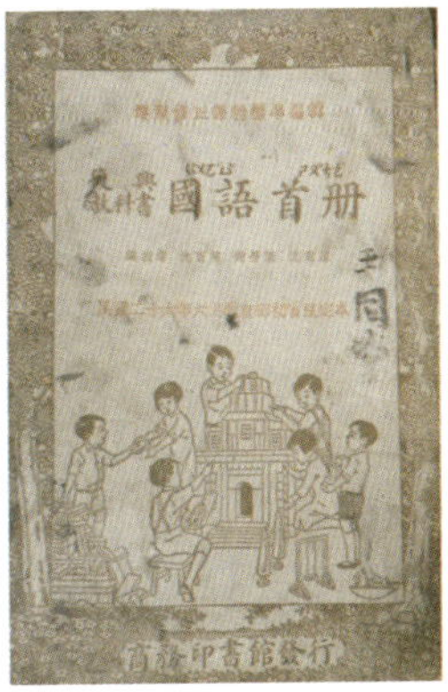

3-3-12

图3-3-12　《复兴教科书国语首册》，商务印书馆，1937年版

《复兴教科书国语首册》遵照新颁《促进注音汉字推行办法》及修身课程标准国语科"作业要项"编辑，正文24课，平均每日教学一课，每周教学一单元，适供一月之需。这本教科书共分四大单元；每单元分为六课，各有一个中心目标。在各单元后，均附练习一课，或复习旧文，或练习拼

法，务使儿童反复练习。在这本教科书末，“有符号习写两页，分一笔的符号，两笔的符号，三笔的符号为三组”[1]。

2. 沈百英、赵景源、韦悫编校《（遵照修正课程标准编辑）复兴国语教科书（南洋华侨小学初级用）》及沈百英、朱慕周、金云峰、韦悫编校《（遵照修正课程标准编辑）复兴国语教科书（南洋华侨小学高级用）》

《（遵照修正课程标准编辑）复兴国语教科书（南洋华侨小学初级用）》八册，沈百英、赵景源、韦悫编校，香港商务印书馆印刷发行。这套教科书生字没有单列，而是在课文中注音。教科书插图丰富。

3—3—13

图3—3—13 《（遵照修正课程标准编辑）复兴国语教科书（南洋华侨小学初级用）》，香港商务印书馆，1941年版

《（遵照修正课程标准编辑）复兴国语教科书（南洋华侨小学高级用）》四册，沈百英、朱慕周、金云峰、韦悫编校，香港商务印书馆印刷发行。这套教科书另配教学法一套。

《（遵照修正课程标准编辑）复兴国语教科书（南洋华侨小学高级用）》是遵照教育部审定的复兴高小国语教科书改编，专为南洋侨民小学应用，供高级小学两年之用。“本书指导儿童学习平易的语体文，并欣赏儿童文学，以培养其阅读的能力和兴趣。”[2]这套教科书为求切合儿童生活，特别注重实用文，诗歌、剧本等亦按照比例，平均分配。每课后附列难词注释。教科书插图较为丰富。

六、“开明新编”中小学国文、国语教科书

1. 夏丏尊、叶绍钧编著《（修正课程标准适用）初中国文教本（初级中学）》

1937年6月，夏丏尊、叶绍钧编著《（修正课程标准适用）初中国文教本（初级中学）》六册，上海开明书店出版。

[1] 沈百英，赵景源，沈秉廉. 复兴教科书国语首册[M]. 上海：商务印书馆，1937：编辑大意.

[2] 沈百英，朱慕周，金云峰，等. 遵照修正课程标准编辑：复兴国语教科书：南洋华侨小学高级用：第2册[M]. 香港：商务印书馆，1939：编辑大意.

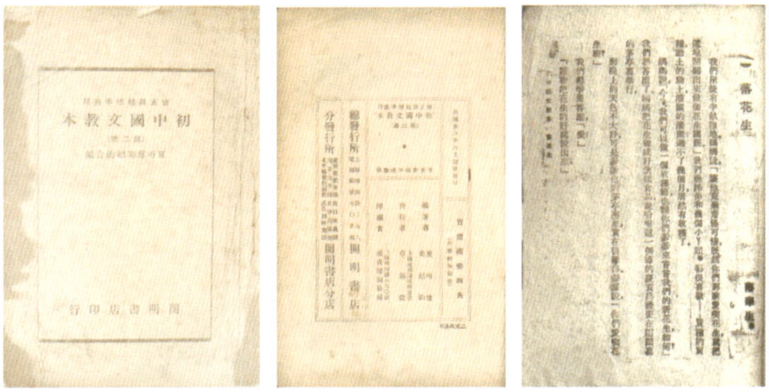

3-3-14

图3-3-14　《（修正课程标准适用）初中国文教本（初级中学）》第2册，开明书店，1937年版

《（修正课程标准适用）初中国文教本（初级中学）》遵照教育部1936年7月修正颁行的《初级中学国文课程标准》编辑，供初级中学国文科精读教学之用，每学期一册。这套教科书含有精读范文及文章法则两项。文章法则又分甲、乙两部，甲部提示文法要项，乙部提示文章理法。“本书为图学生自动学习及教师自由活用起见，除在文章法则后各列扼要之习问外，每篇范文不附习题，范文中之生字难句及故实虽详加注释，皆并置卷末，仅于本文用数字标记，备必要时检查。”[1]

2. 叶圣陶撰《幼童国语读本（小学低年级适用）》《少年国语读本（小学高年级适用）》《儿童国语读本》

3-3-15

图3-3-15　《幼童国语读本（小学低年级适用）》，开明书店，出版时间不详

1947年7月，叶圣陶撰《少年国语读本（小学高年级适用）》四册，上海开明书店出版，1949年11月修订。1948年8月，韦息予、徐逢伯编《少年国语读本指导书》四册，上海开明书店初版。

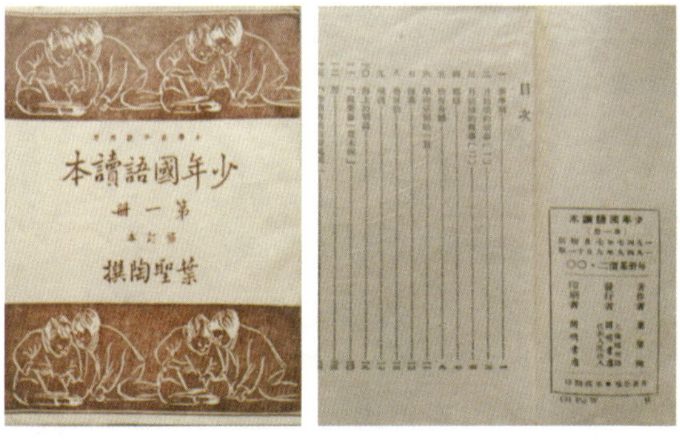

3-3-16

图3-3-16　《少年国语读本（小学高年级适用）》第1册（修订本），开明书店，1949年版

[1] 夏丏尊，叶绍钧. 修正课程标准适用：初中国文教本：初级中学：第6册[M]. 上海：开明书店，1943：编辑大意.

1948年8月，叶圣陶著《儿童国语读本》四册，上海开明书店出版。

3-3-17

图3-3-17　《儿童国语读本》第1册，开明书店，1948年版

3. 叶圣陶、周予同、郭绍虞、覃必陶合编《开明新编国文读本（注释本甲种）》《开明新编国文读本（乙种）》

1946年11月，叶圣陶、周予同、郭绍虞、覃必陶合编《开明新编国文读本（注释本甲种）》，上海开明书店出版。

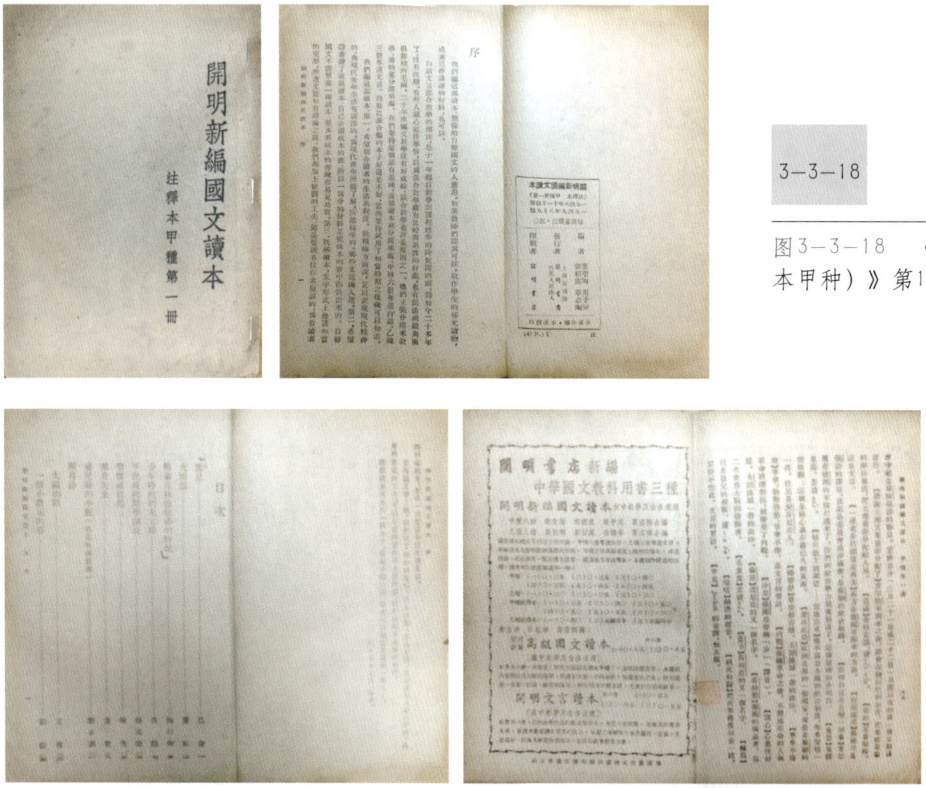

3-3-18

图3-3-18　《开明新编国文读本（注释本甲种）》第1册，开明书店，1949年版

《开明新编国文读本（注释本甲种）》是预备给自修国文的人应用的，“如果教师们认为可采，取作学生的补充读物，或者径作讲读的材料也可以”[1]。叶圣陶等人认为“二十年来国文教学

[1] 叶圣陶，周予同，郭绍虞，等. 开明新编国文读本：注释本甲种：第1册[M]. 上海：开明书店，1946：序.

没有好成绩，混合教学也许是原因之一”[1]，因此这套教科书将白话文与文言文分开编辑。甲种六册专选白话文，乙种三册专选文言文。在每篇文字之后，编者写了几句话，意在请读者读过之后，再用些思索的工夫，“可以思索的当然不止这些个，我们写的不过举例而已。”[2]这部读本另外有后面不附注释本的版本，读者可以根据需要选用。

1947年8月，叶圣陶、周予同、郭绍虞、覃必陶合编《开明新编国文读本（乙种）》，上海开明书店出版。

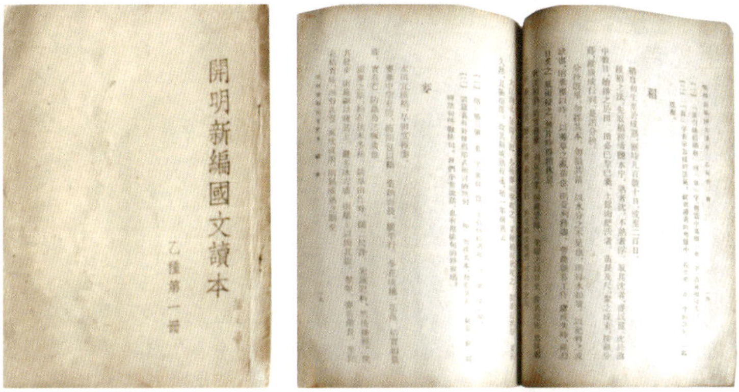

3-3-19

图3-3-19 《开明新编国文读本（乙种）》第1册，开明书店，1948年版

4. 朱自清、吕叔湘、叶圣陶、李广田合编《（开明新编）高级国文读本》《开明文言读本》《开明文言读本导言》

1948年8月，朱自清、吕叔湘、叶圣陶、李广田合编《（开明新编）高级国文读本》六册，上海开明书店印行。第一册由朱自清、吕叔湘、叶圣陶合编，第二册起由朱自清、吕叔湘、叶圣陶、李广田合编。《（开明新编）高级国文读本》是继《开明新编国文读本》编写的，两部读本在内容、体例上有很强的衔接性。《（开明新编）高级国文读本》第一册专选白话文，与其配套使用的还有《开明文言读本》三册，由朱自清、吕叔湘、叶圣陶合编，上海开明书店出版，专收文言文。1950年，吕叔湘著有《开明文言读本导言》。

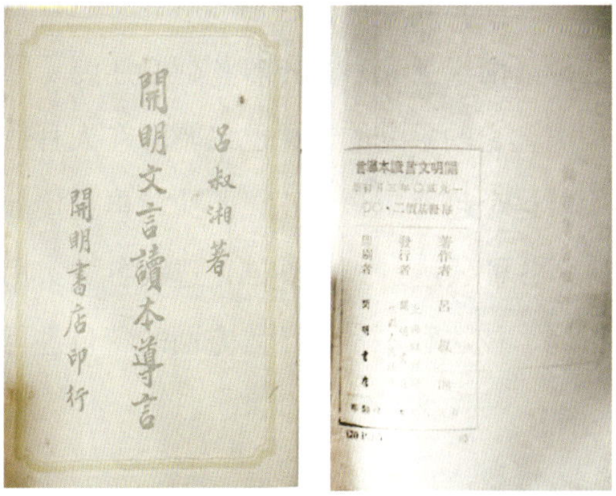

3-3-20

图3-3-20 《开明文言读本导言》，开明书店，1950年版

[1] 叶圣陶，周予同，郭绍虞，等. 开明新编国文读本：注释本甲种：第1册[M]. 上海：开明书店，1946：序.
[2] 叶圣陶，周予同，郭绍虞，等. 开明新编国文读本：注释本甲种：第1册[M]. 上海：开明书店，1946：序.

《（开明新编）高级国文读本》也是准备给自修国文的人应用的，“‘高级’是就文篇里思想情感的性质和表现说的”[1]。每册教科书选文20篇到25篇。第一、二册记叙文（含描写文）多，说明文、议论文少，后四册说明文和议论文逐渐增多，第五、六册记叙文（含描写文）比较少。教科书每篇后分列“篇题”“音义”“讨论”“练习”。这套教科书新诗比别种读本多些。“篇题”说明本篇的体裁、用意、性质和作者的经历与文风。“音义”就是对课文的白话文注释，注释的内容大致包括人名、地名、专业术语、翻译的词语、文言词语、方言、旧白话等。“讨论”全用发问的句式，所问的问题涉及分析文章的方法、把握重点的方法等。“练习”主要包括结构的分析、词语的解释、句式和修辞的运用等，引导学生思考。

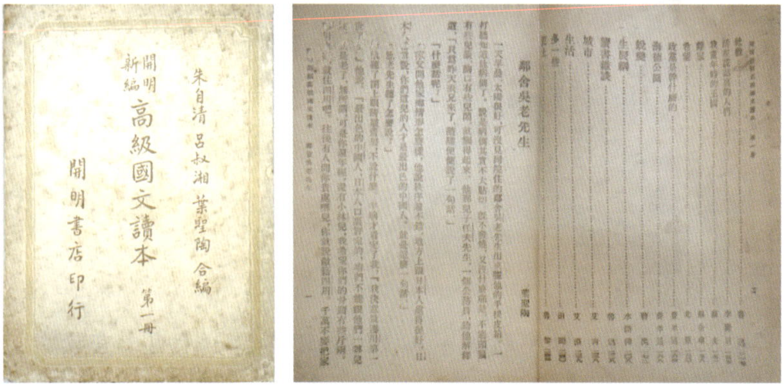

3-3-21

图3-3-21 《（开明新编）高级国文读本》第1册，开明书店，1948年版

1948年8月，朱自清、吕叔湘、叶圣陶合编《开明文言读本》，原定编六册，实际上只出版三册，开明书店出版。《开明文言读本》的编辑，以两点基本认识作为指导原则：“第一，我们认为，作为一般人的表情达意的工具，文言已经逐渐让位给语体，而且这个转变不久即将完成。因此，现代的青年若是还有学习文言的需要，那就只是因为有时候要阅读文言的书籍；或是为了理解过去的历史，或是为了欣赏过去的文学。写作文言的能力决不会再是一般人所必须具备的了。第二，我们认为，在名副其实的文言跟现代口语之间已有很大的距离。我们学习文言的时候应该多少采取一点学习外国语的态度和方法，一切从根本上做起，处处注意它跟现代口语的同异。也许有人要说，很多文言词语都已经在现行的国语读本里出现，这样渐渐学会文言并不难，何必还要无中生有的去辨别同和异？我们承认有这种趋势，可是我们要指出，它的不良的效果已经昭昭在人耳目，就是产生了一种陆志韦先生说的‘八不像’的白话文。所以这个趋势应该纠正，不应该再直接加以鼓励。”[2]这套教科书的选文以议论、记叙、描写、抒情等各种表达方式为基础，选收各类实用性文章。教科书设计有“讨论与练习”，对文章的立意、布局、技法和语言运用等方面的特色进行扼要的评述和启发式提问。

[1] 朱自清，吕叔湘，叶圣陶. 开明新编：高级国文读本：第1册[M]. 上海：开明书店，1948：编辑例言.

[2] 朱自清，吕叔湘，叶圣陶. 开明文言读本：第1册[M]. 上海：开明书店，1948：1.

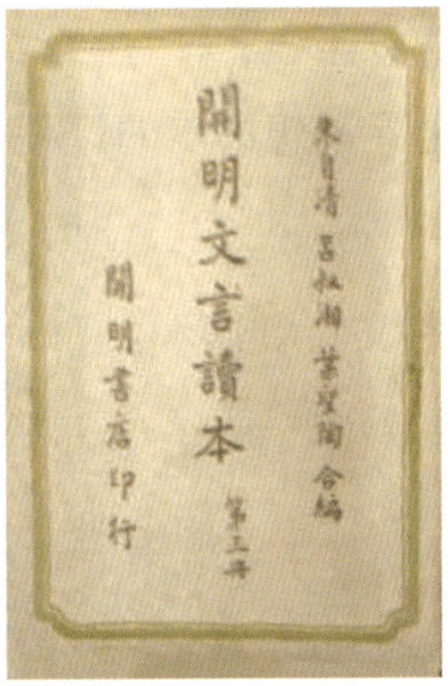

3—3—22

图3—3—22　《开明文言读本》第3册，开明书店，1949年版

七、战时补充中小学国文、国语教科书

1937年7月，中国进入全民族抗战时期。1938年4月，国民党临时全国代表大会制订的《中国国民党抗战建国纲领》中有四条涉及教育，第一条是“改订教育制度和教材，推行战时教程，注重国民道德之修养，提高科学之研究与扩充其设备”[1]。于是，中小学战时补充国文、国语教科书编撰出版。

（一）中学战时补充国文

1. 孙俍工编《抗战时期中学国文选》

1938年2月，孙俍工编《抗战时期中学国文选》上下册，成都诚达印书馆代印。

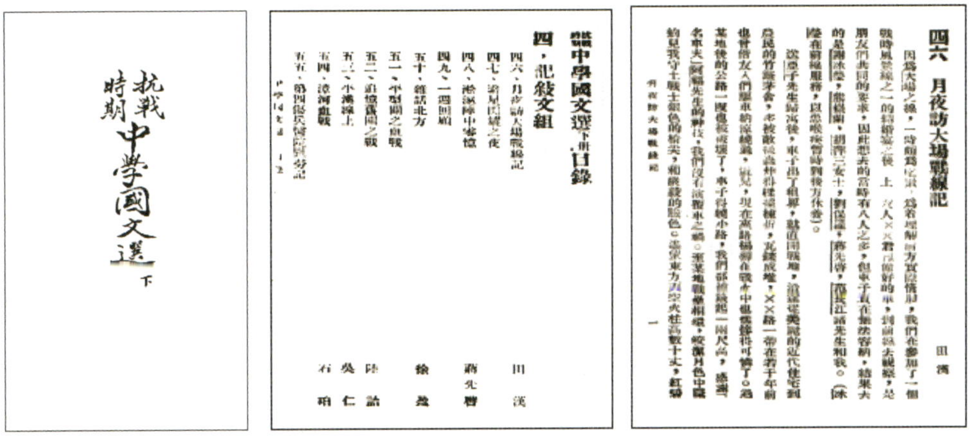

3—3—23

图3—3—23　《抗战时期中学国文选》下册，成都诚达印书馆，1938年版

孙俍工指出：“我编的中学国文教科书或国文读本，连这一部，可算是有了八部了。”[2] 1922年，孙俍工在中国公学附中教国文，和同事沈仲九编《初级中学国语文读本》（民智书局），“那时我这部书一出版不但是解决了当时国文教学上一个重要的问题——教材；而且廓清了初中学生底腐旧思想，而代入了一种前进的科学化的新的思想。同时并使学生对于新的文学有彻底的认识与倾

[1] 王炳照，阎国华. 中国教育思想通史：第七卷[M]. 长沙：湖南教育出版社，1994：9.
[2] 孙俍工. 抗战时期中学国文选：上册[M]. 成都：成都诚达印书馆，1938：序.

向。这书出版后销行逾万，可见当时影响之大”[1]。1932年，孙俍工编撰的《国文教科书》由神州国光社出版，“这书主旨，在于国文中清检五四运动以来十年间，我文化界思想进步的过程，以及新文学所产生的代表作品，这一部书共十二册，所搜集的材料颇富，可惜‘一·二八’时，神州印刷所被炸，而付之一炬了”[2]。之后，孙俍工在国立编译馆所编有《中学国文特种读本》等。

《抗战时期中学国文选》以文体划分不同的“组”，如第三组“诗歌组”编有《暴风雨前奏曲》《给死者》等课。“论说文组”在课文编排中穿插“参读资料”或“附”，如上册第14课为《不屈服，即胜利》，该课后有“参读资料”四篇，即《救国时期之国民道德》《领袖之行的哲学》《蒋委员长五十生日之感言》《蒋委员长离陕前对张学良杨虎城训话》，在第21课《致死守闸北的八百壮士书》后附有《死守闸北苦战四日的八百壮士》一篇。

2. 王宾编《（中学适用）国文科战时补充教材》

1938年7月，王宾编《（中学适用）国文科战时补充教材》上下册，上海商务印书馆出版。

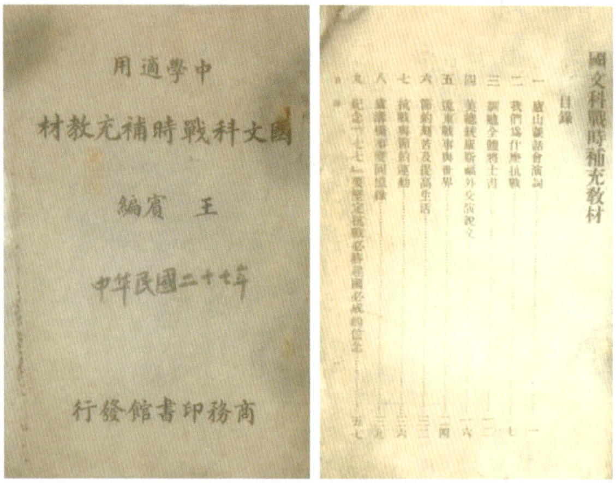

3-3-24

图3-3-24 《（中学适用）国文科战时补充教材》上册，商务印书馆，1938年版

《（中学适用）国文科战时补充教材》供抗战时期中学教学用，师范及职业学校可以将其作为教科书或参考书。这套教科书的编辑“并无部定标准以为依据，全凭编者自定计划编成”[3]，供应一学期或一学年，“各学校或特设战时国文科目，专任教授，或就原有科目，补充讲授，均无不可”[4]。所选各篇“以能振作尚武精神，激发抗战情绪，增强民族意识为目的”[5]。所选材料包括抗战起因及经过，抗战建国意见，国际舆论，世界大势，外交关系，民众精神训练，战况记述，死难烈士事迹，抗战诗歌、小说、戏剧等。上册偏重说明文及议论文，下册偏重记叙文及抒情文。每篇内容独立，后附有“作者”和“注解”。

[1] 孙俍工. 抗战时期中学国文选：上册[M]. 成都：成都诚达印书馆，1938：序.

[2] 孙俍工. 抗战时期中学国文选：上册[M]. 成都：成都诚达印书馆，1938：序.

[3] 王宾. 中学适用：国文科战时补充教材：上册[M]. 长沙：商务印书馆，1938：编辑大意.

[4] 王宾. 中学适用：国文科战时补充教材：上册[M]. 长沙：商务印书馆，1938：编辑大意.

[5] 王宾. 中学适用：国文科战时补充教材：上册[M]. 长沙：商务印书馆，1938：编辑大意.

3. 汪馥泉编《（高级中学）国文科战时补充教材》

汪馥泉编《（高级中学）国文科战时补充教材》三册，上海商务印书馆出版，所见第二册出版于1939年5月。这套教科书选编有《临沂歼灭战》《抗战建国与科学化运动》《在天空写的壮快的诗篇》《山西的新动向》《血战衡阳上空》《为抗战而组织农民》《观战歌（诗）》《〈东方佛朗哥〉之死》等文章。全书附录“文章要领”，包含“词位”“句的构成”“段落的构成”“篇章的构成”。第十七课《诗词》选有《归国书怀》（郭沫若）、《沪西退兵后寄怀公展》（田汉）、《长征》（毛泽东）、《舟泊七里泷登钓鱼台偶作》（黄绍竑）、《卜算子·伤兵难民》（叶圣陶）。这是目前笔者所见最早收录毛泽东诗词的中小学教科书。

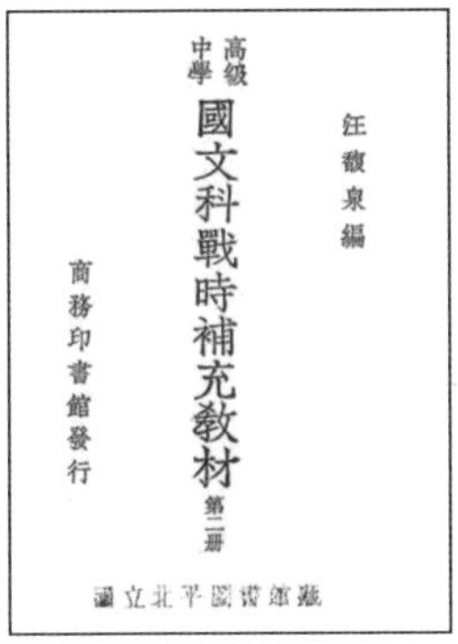

高級中學
國文科戰時補充教材
第二冊
汪馥泉編
商務印書館發行

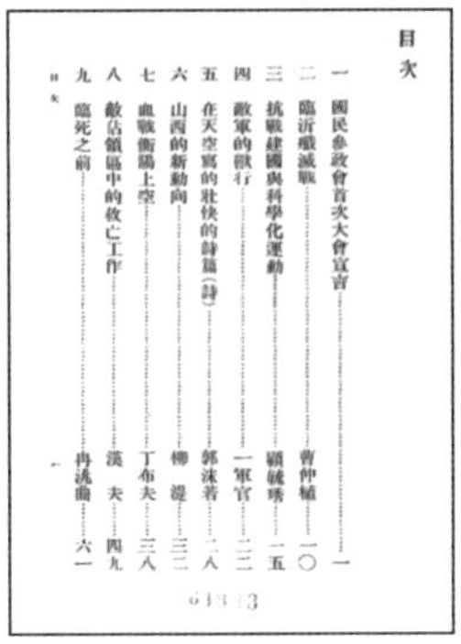

目次

一 國民參政會首次大會宣言……一
二 臨沂殲滅戰……曹仲植……一〇
三 抗戰建國與科學化運動……顧毓琇……一五
四 敵軍的獸行……一軍官……二三
五 在天空寫的壯快的詩篇(詩)……郭沫若……二八
六 山西的新動向……柳湜……三三
七 血戰衡陽上空……丁布夫……三八
八 敵佔領區中的救亡工作……漢夫……四九
九 臨死之前……冉流曲……六一

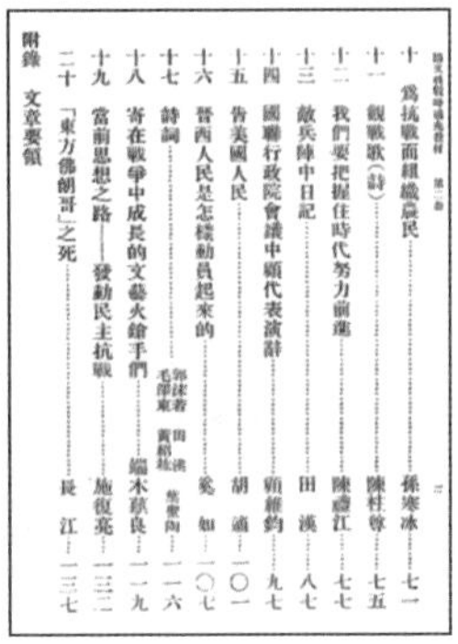

十 為抗戰而組織農民……孫寒冰……七一
十一 觀戰歌(詩)……陳村牧……七五
十二 我們要把握住時代努力前進……陳禮江……七七
十三 敵兵陣中日記……田漢……八七
十四 國聯行政院會議中顧代表演辭……顧維鈞……九七
十五 告美國人民……胡適……一〇一
十六 晉西人民是怎樣動員起來的……炎如……一〇七
十七 詩詞……郭沫若 田漢 毛澤東 黃紹竑 葉聖陶……一一六
十八 寄在戰爭中成長的文藝火鎗手們……端木蕻良……一一九
十九 當前思想之路——發動民主抗戰……施復亮……一三二
二十 「東方佛朗哥」之死……長江……一三七
附錄 文章要領

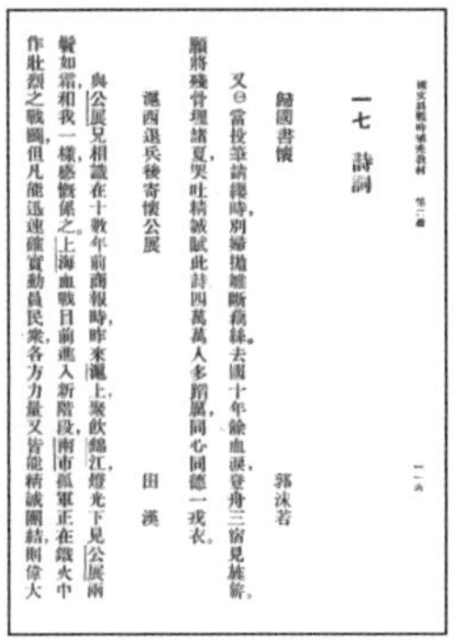

一七 詩詞

歸國書懷 郭沫若

滬西退兵後寄懷公展 田漢

3-3-25

图3-3-25 《（高级中学）国文科战时补充教材》第2册，商务印书馆，1939年版

（二）小学战时补充国语

1. 《战时儿童国语选》等

1938年5月，杨晋豪编《战时儿童国语选》一册，战时儿童教育社出版。这是林兰、杨晋豪主编《战时儿童丛刊》之一，这一丛刊还包含《战时儿童独幕剧》《战时儿童常识问答》《战时儿童作文》《战时儿童书信》《战时儿童日记》《战时儿童故事》《战时儿童诗歌》《战时儿童歌曲》《战时儿童论说》《战时儿童通讯》《战时儿童应用文》，共计12种。

戰時兒童叢刊
戰時兒童國語選
楊晉豪編

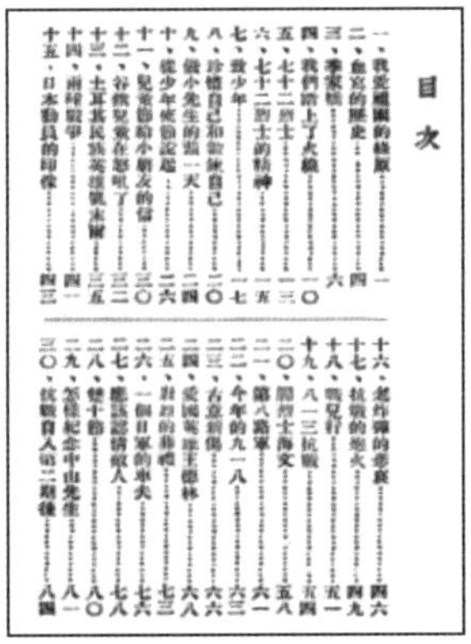

目次

戰時兒童叢刊
林蘭 楊晉豪 主編

一、戰時兒童國語選
二、戰時兒童獨幕劇
三、戰時兒童常識問答
四、戰時兒童作文
五、戰時兒童書信
六、戰時兒童日記
七、戰時兒童故事
八、戰時兒童詩歌
九、戰時兒童歌曲
十、戰時兒童論說
十一、戰時兒童通訊
十二、戰時兒童應用文

3-3-26

图3-3-26 《战时儿童国语选》，战时儿童教育社，1938年版

《战时儿童国语选》是供高级小学国语科补充教材之用，多选取浅显易解的名人作品，大都与抗战有关。所选文字，“凡与时令有关者，均顺次排列，由春而冬，足够一年之用”[1]。单元编排注重联络教材，一般两篇或三篇编为一个单元，一单元最多四篇。课文难解之处略加注释，且附问题。

2. 《（山东省政府审定）战时国语读本（初级小学校用）》

1938年9月，《（山东省政府审定）战时国语读本（初级小学校用）》八册，山东省政府出版。

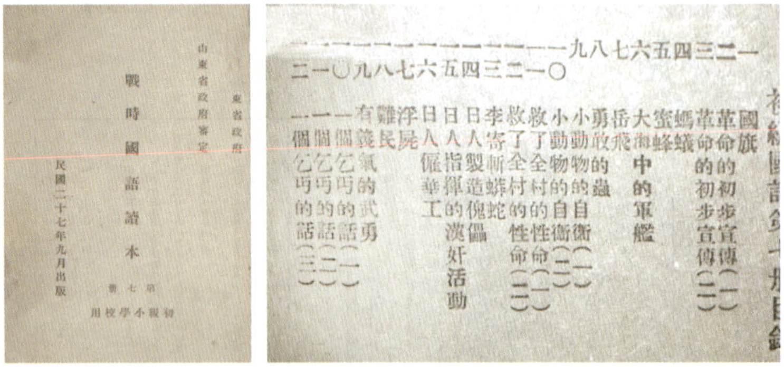

3-3-27

图3-3-27 《（山东省政府审定）战时国语读本（初级小学校用）》第7册，山东省政府，1938年版

《（山东省政府审定）战时国语读本（初级小学校用）》第七册编有《国旗》《革命的初步宣传（一）》《革命的初步宣传（二）》《蚂蚁》《蜜蜂》《大海中的军舰》《岳飞》等课文。

3. 江西省政府教育厅编辑及发行《江西省小学战时国语教材（初级）》

1939年2月，江西省政府教育厅编辑及发行《江西省小学战时国语教材（初级）》八册。

3-3-28

图3-3-28 《江西省小学战时国语教材（初级）》第6册，江西省政府教育厅，1939年版

[1] 杨晋豪. 战时儿童国语选[M]. 广州：战时儿童教育社，1938：例言.

《江西省小学战时国语教材（初级）》每册四十课，按单元编排，中间穿插练习，选文有记叙文、韵文、诗歌等体裁，课文无练习、有插图。第六册第一单元编有《民族抗战》《日本的野心》《炸断了左臂的姑娘（一）》《炸断了左臂的姑娘（二）》《炸断了左臂的姑娘（三）》《一封慰劳前线将士的信》，第二单元编有《国旗的来历》《孙中山先生的故事》《坏风俗要改造》《蒋先生的幼年生活》。

4. 庐明新编校《（抗战建国读本补充教材）高小国语》

1941年，庐明新编校《（抗战建国读本补充教材）高小国语》四册，战时儿童教育社出版。

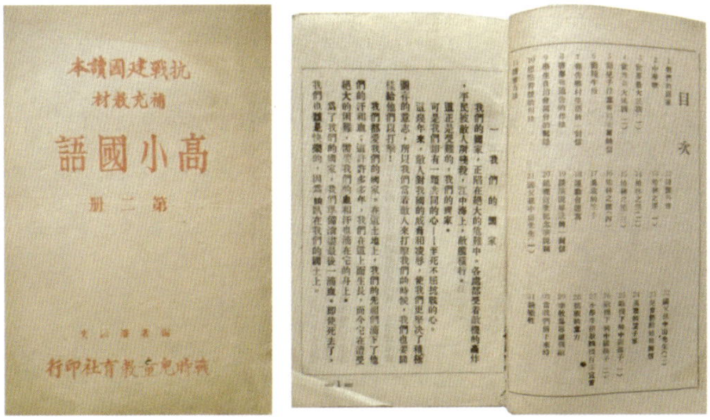

3-3-29

图3-3-29 《（抗战建国读本补充教材）高小国语》第2册，战时儿童教育社，1941年版

《（抗战建国读本补充教材）高小国语》第二册编有《我们的国家》《中华歌》《世界最大民族（一）》《世界最大民族（二）》等，共计31课，课文为单纯文章编排，不分单元，无生字，无练习，无插图。

八、其他中小学国文、国语教科书

（一）中学国文教科书

1. 陈介白编《高中国文教本》

陈介白编《高中国文教本》，册数、出版时间、出版社不详。这本书在“编辑大意”后印有“中华民国二十五年七月廿九日，陈介白识”字样。

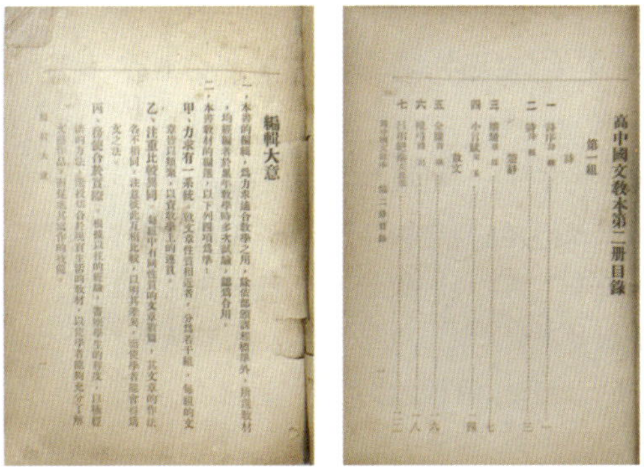

3-3-30

图3-3-30 《高中国文教本》，出版信息不详

《高中国文教本》的编辑，“为力求适合教学之用，除依部颁课程标准外，所选教材，均经编者于累年教学多次试验，认为合用”[1]。这套教科书按单元编排，将性质相近的文章编为“组”，“每组的文章皆以类聚，以资教学上的连贯”[2]。同时说明，“每组中有同性质的文章数篇，其文章的作法各不相同，注意彼此互相比较，以明其差异，而使学者能会得为文之法”[3]。这套教科书课文没有注释，这是依据部颁课程标准中实施方法的指示，“期于养成学者自动学习的能力，故不附注释，以使学者能用志不纷，专力于此，而教者亦可便于活用教材，切实指导学者研习”[4]。第二册第一组编有“诗”“楚辞”“散文”等，每一类二至三篇文章，如“诗”编有《一 诗序（诗经）》《二 诗（诗经）》，“楚辞”编有《三 离骚（屈原）》《四 小言赋（宋玉）》。

2. 谭正璧编《（国文入门必读）叙述文范》

1938年10月，谭正璧编《（国文入门必读）叙述文范》一册，上海中华书局发行，1943年11月由中华书局重排初版。

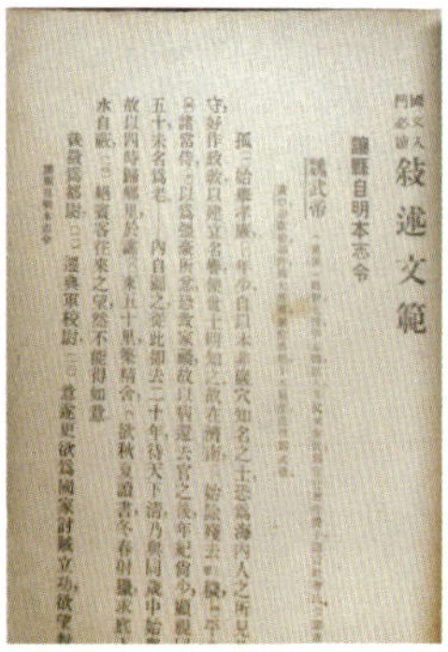

3-3-31

图3-3-31 《（国文入门必读）叙述文范》，中华书局，1946年版

《（国文入门必读）叙述文范》专供初中程度学生研习国文用。这套教科书依照近代文体分类法，分为论说（包括论辩文与说明文）、记事（包括抒情文与写景文）、叙述三册。每册均依时代先后编次，形式与内容依照下列各项原则：“1. 足以代表作者思想与性格，而不违背时代精神者。2. 合于现实生活，而无淫靡、消极、迷信之色彩者。3. 说理透切，抒写真挚，叙述明晰，而无文法上及论理上之错误者。4. 体裁风格，堪为模范而能促进学者写作之技能者。”[5]各篇文章均附作者小注，题目下注明作文之动机或背景。对于文章中的僻字或多音字，“均注直音或反切”[6]，篇后均附注释。文章使用新式标点，并且加以分段。

3. 王颂三编辑兼发行《实验高中国文（高级中学学生用）》

1938年1月，王颂三编辑兼发行《实验高中国文（高级中学学生用）》六册，黄拜言、刘公铎、

[1] 陈介白. 高中国文教本：第2册[M]. [出版地不详]：[出版者不详]，[出版年不详]：编辑大意.

[2] 陈介白. 高中国文教本：第2册[M]. [出版地不详]：[出版者不详]，[出版年不详]：编辑大意.

[3] 陈介白. 高中国文教本：第2册[M]. [出版地不详]：[出版者不详]，[出版年不详]：编辑大意.

[4] 陈介白. 高中国文教本：第2册[M]. [出版地不详]：[出版者不详]，[出版年不详]：编辑大意.

[5] 谭正璧. 国文入门必读：叙述文范[M]. 上海：中华书局，1938：编辑大旨.

[6] 谭正璧. 国文入门必读：叙述文范[M]. 上海：中华书局，1938：编辑大旨.

白序之、唐富言、戴焕文校订，大东书局香港印刷厂承印，上海世界书局香港发行所总经售。

3-3-32

图3-3-32 《实验高中国文（高级中学学生用）》，商务印书馆广州分馆，1938年版

《实验高中国文（高级中学学生用）》遵照教育部1936年修正课程标准编辑，第二册以“类”分编，以“组”为单元。第一类为“记叙文”，第二类为“抒情文”，第三类为“说明文”等。在第一类“记叙文”中，第一组为“记人”，第二组为“叙事”，第三组为“纪游”，第四组为“叙物”，第五组为“写景”，各组内课文二至五课不等。

4. 宋文翰编《（初中适用）中华文选》

1947年6月，宋文翰编《（初中适用）中华文选》六册，上海中华书局发行。

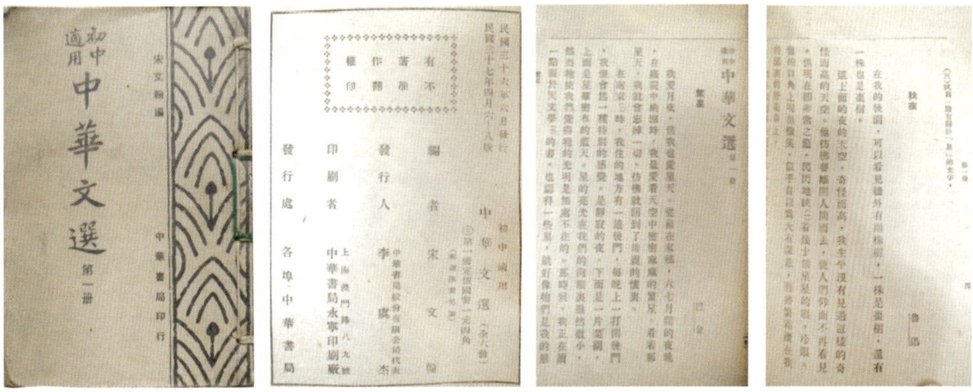

3-3-33

图3-3-33 《（初中适用）中华文选》第1册，中华书局，1948年版

《（初中适用）中华文选》的选材注重三点：“（甲）思想积极，足以发扬民族之精神者。（乙）内容充实，足以增进国民现实生活之知识者。（丙）体制完整，堪为学者写作之模范者”[1]。第一、二册重记叙文，第三、四册重说明文，第五、六册重论辩文。每篇文章后附有题解、作者生平、注释、语文对译、习题。

5. 廉建中编《（精选）国文教科书》

廉建中编《（精选）国文教科书》，启明书店印行，出版时间不详。

廉建中編

精選國文教科書

啟明書店印行

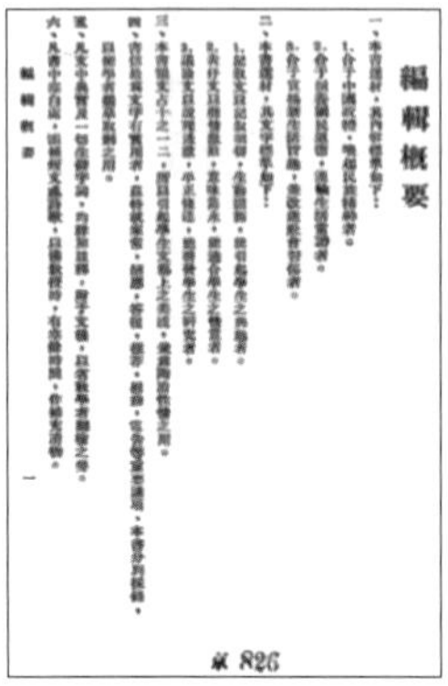

編輯概要

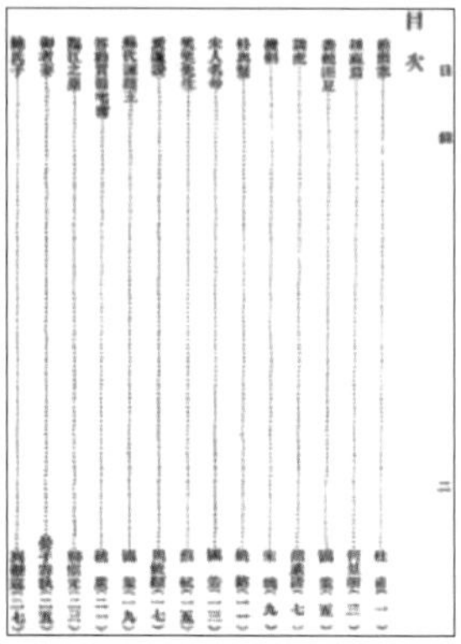

目次

前出塞

杜甫

補白

同元使君舂陵行

杜甫

3—3—34

图3—3—34 《（精选）国文教科书》，启明书店，出版时间不详

《（精选）国文教科书》在内容标准方面，强调“1. 合于中国政体，唤起民族精神者。2. 合于涵养国民道德，灌输生活常识者。3. 合于宣扬新生活旨趣，并改进社会习俗者”[2]。在文字标准方面，明确“1. 记叙文以记叙明切，生动开豁，能引起学生之兴趣者。2. 表抒文以声情激壮，意味隽永，能适合学生之情意者。3. 议论文以说理透彻，平正条达，能启发学生之研究者”[3]。全书韵文占十之一二，“所以引起学生文艺上之美感，兼为陶冶性情之用”[4]。实用文选入多种书信，涉及家常、酬应、答复、推荐、慰藉、电告等重要诸项，对于文中典实及一切生僻字词，均详加注释，附于文后。书中空白处，添补短文或诗歌，“以备教授时，有空余时间，作补充读物”[5]。

[1] 宋文翰. 初中适用：中华文选：第1册[M]. 上海：中华书局，1947：编例.

[2] 廉建中. 精选：国文教科书[M]. 成都：启明书店，［出版年不详］：编辑概要.

[3] 廉建中. 精选：国文教科书[M]. 成都：启明书店，［出版年不详］：编辑概要.

[4] 廉建中. 精选：国文教科书[M]. 成都：启明书店，［出版年不详］：编辑概要.

[5] 廉建中. 精选：国文教科书[M]. 成都：启明书店，［出版年不详］：编辑概要.

（二）国语教科书

1. 刘椿年编选《非常国语选（小学高级国语特种教材）》

1937年3月，刘椿年编选《非常国语选（小学高级国语特种教材）》上下册，葛承训校订，儿童书局印刷。教科书封面由丰子恺题书名。

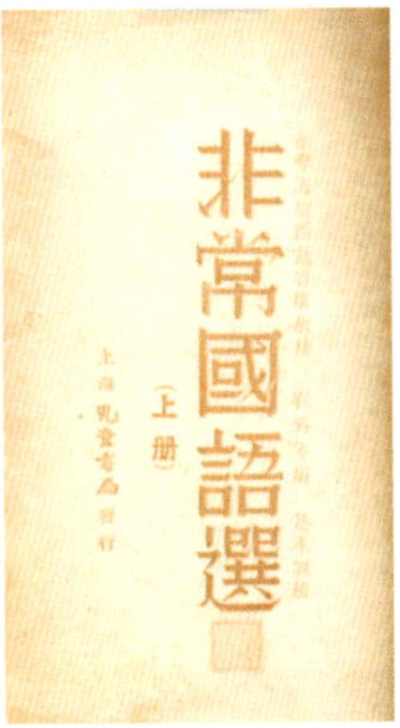

3-3-35

图3-3-35 《非常国语选（小学高级国语特种教材）》上册，儿童书局，1937年版

《非常国语选（小学高级国语特种教材）》上册编有《爱我中华》《航空救国》《郑成功攻守台湾》《山高水丽的朝鲜》《沈阳城的陷落》《大屠杀》《国破家亡》等课，下册编有《军歌》《东北四省区健儿告别书》等课。这套教科书文体有诗歌、书信、剧本等，课文没有按单元编排，一些课文后有习题、注释。全书无插图。

2. 文艺书社编辑《儿童国语文选》

1941年6月，文艺书社编辑《儿童国语文选》，由文艺书社出版。

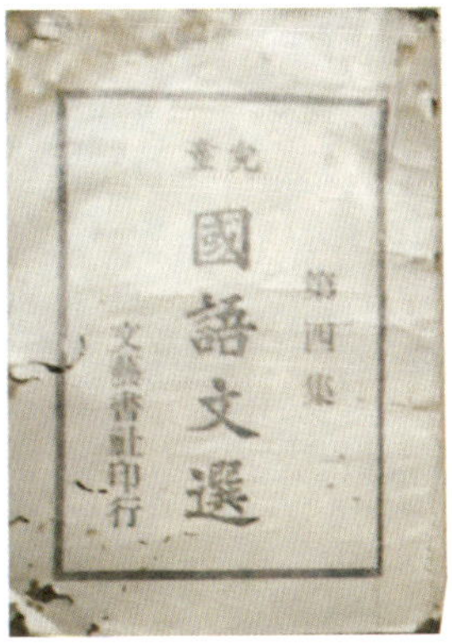

3-3-36

图3-3-36 《儿童国语文选》第四集，文艺书社，1941年版

《儿童国语文选》第四集选编有《昨日去》《小青蛙》《忠和孝》《农工有双手》《跛子和瞎子》《聪明的司马光》《夏天好》等。

3. 李瘦芝编《实用国语读本》

1937年，李瘦芝编《实用国语读本》一册，澳门光明书局印行，广州知用中学文具部代售，封面由黎锦熙题书名。

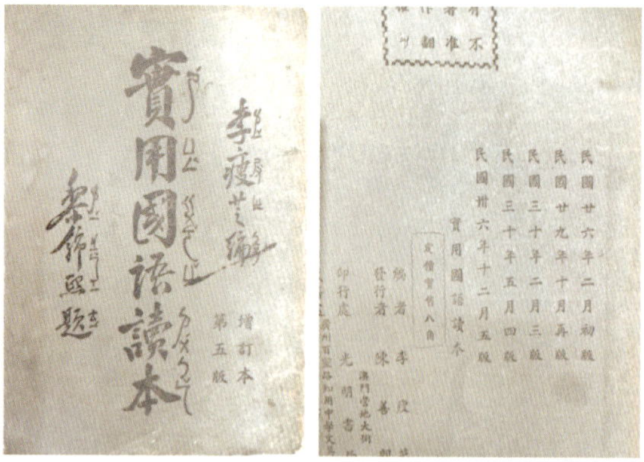

3-3-37

图3-3-37 《实用国语读本》（增订本第五版），光明书局，1947年版

《实用国语读本》（增订本第五版）内容有注音符号、发音法、声调读法、拼音法、会话、讲演、同字异形字例、同字异调字例，附拼音练习的汉字、会话的汉字、标准国语轻音字类编、卷舌韵和前面字音合拼时前韵变音和不变音条例、助词“啊”字的变音、拼音表。

4. 达志远编《（模范）国语文选（高小初中适用）》

1943年，达志远编《（模范）国语文选（高小初中适用）》，北京文达书局出版。

3-3-38

图3-3-38 《（模范）国语文选（高小初中适用）》，文达书局，1943年版

《（模范）国语文选（高小初中适用）》选有陶行知、蒋蘅、赵景深、适夷、鲁迅、许钦文、劳春华、夏丏尊、朱正、孙梦雷、黄一德、周服、徐调孚、陈鹤琴、李小峰、白桃等名人佳作新文，如《孔乙己》《马口村外》《清明》《太性急了》《老鼠救狮子》等。

5. 林迭肯编著《国语拼音课本》

1944年，林迭肯（林汉达）编著《国语拼音课本》，上海世界书局出版。

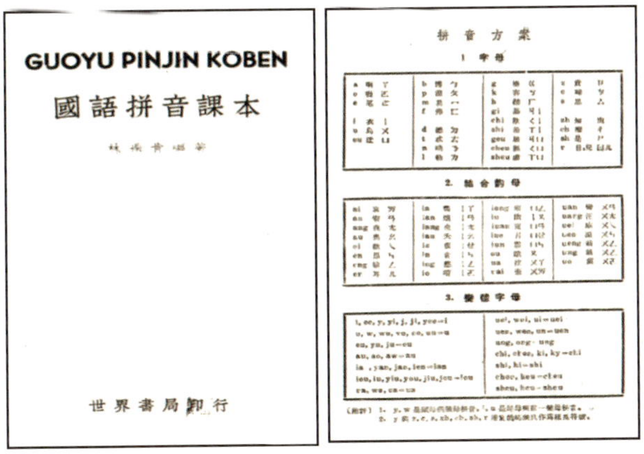

3-3-39

图3-3-39 《国语拼音课本》，世界书局，出版时间不详

《国语拼音课本》前编有“拼音练习”，将韵母相同的拼音编排20题，接着编有10课国语拼音课文。每一课分三部分，第一部分是字和组词（拼音与汉字对应出现），第二部分为6~12句拼音练习（全拼音呈现），第三部分为补充的词（拼音与汉字对应出现）。附录编有5课全拼音课文，无生字。这本书的最后有“变体字表”，拼音与汉字对应出现。

（三）文法用书

谭正璧编著《（中学国文乙编）文法大要》

1947年2月，谭正璧编著《（中学国文乙编）文法大要》一册，上海大东书局出版。

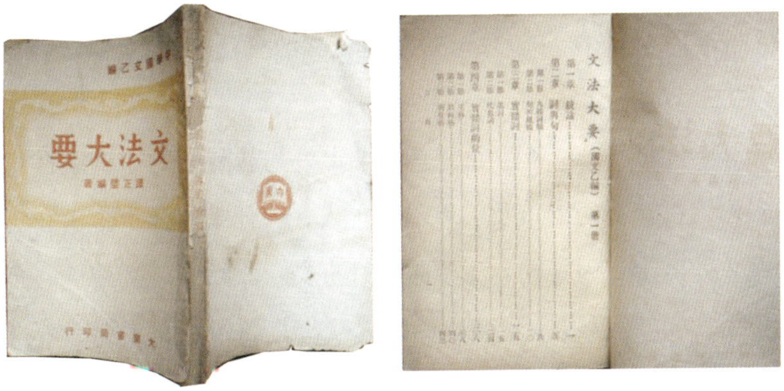

3-3-40

图3-3-40 《（中学国文乙编）文法大要》，大东书局，1947年版

《（中学国文乙编）文法大要》以章节编排，各章末编有习题，有表格类插图。

为了提升中华民族的凝聚力，课程标准不断修订，明确了通过教育了解固有文化，增强民族意识的目的。中小学国文、国语教科书大力倡导爱国、爱民族，同时也注意生产意识的养成。小学国语教科书中注重儿童家庭与社会生活，注重儿童运用文字的能力。中学国文、国语教科书再次进行文言文、白话文分编探索，选文也进一步扩大范围，加大文言文的比重，同时注重选取各式各样的实用文章，选文体裁包括书信、日记、游记、杂感、随笔、演讲、宣言、传记、科技小品、读史小札、通讯、短论、悼词、故事等等。中学国文教科书注重提高文言文读写的要求，训练学生养成用文言文叙事说理、表情达意的能力。

第四节
国文、国语教科书部编与国定

国立编译馆是民国时期存在时间最长的编审教科书的学术机构，以“发展文化，促进学术暨审查中等以下学校用书”[1]为宗旨。自1932年成立至1949年的十七年间，国立编译馆编辑审定了多种国文、国语教科书。抗战时期，中小学教科书编印基地上海沦陷，国民党政府西迁，教科书印刷运输都很困难，造成普遍“书荒”。国立编译馆推出国定本教科书，使得中小学教育在艰苦时期得以薪火相传、弦歌不辍。

一、1932 年国立编译馆成立

1927年，大学院教育行政处专设“书报编审组”为教科书审定机构。1928年10月，大学院重新改为教育部，其下设编审处，负责教科书的审定工作。1932年5月，在编审处馆址上建立国立编译馆，编审处裁撤。

1932年6月14日，国立编译馆成立，设编审处、总务两处，其中编审处为教科书的审查编撰机构，分设人文组、自然组两组，各设专任编审、特约编审及编审员若干人，分任编译及审查事宜。国立编译馆聘童冠贤、陈可忠、翁之龙、刘英士、周其勋、王恭睦、郑贞文、李贻燕、郑鹤声、孙俍工、周邦道为专任编审，石声汉、许炳汉、章绍烈、王曾善、鄢远猷、黄守中、汪宗湜、胡颜立、丁致聘、何健民、王镜清、庄先识为编审员。1933年4月22日，国民政府公布《国立编译馆组织条例》，该条例第一条开宗明义指出：“国立编译馆隶属于教育部，掌理关于各种学校之图书编译事务”[2]。

国立编译馆成立初期，教科书的审定任务最为繁忙，如1933年5月，教育部“设部编中小学教科书编审委员会，十二月编成初小国语、算术、社会、自然四种稿本，交国立编译馆审查”[3]。截至1934年6月14日，共审定中小学教科书389种，其中人文组共召开27次会议审查中小学教科书227

[1] 国立编译馆. 国立编译馆一览[M]. 南京：国立编译馆，1934：4.

[2] 国立编译馆. 国立编译馆一览[M]. 南京：国立编译馆，1934：3.

[3] 王云五. 岫庐论教育[M]. 台北：台湾商务印书馆，1965：174-175.

种，自然组共召开25次会议审查中小学教科书162种。[1]又据相关统计，“（国立编译馆）抗战前审查各书局所送中小学及师范学校、职业学校、民众学校各科教科书、教授书、补充教材及参考书、本国及世界地图等，约在三千种以上”[2]。

抗日战争全面爆发后，1937年7月国立编译馆迁至庐山后徙长沙，1938年复移重庆，1939年迁江津白沙。1942年1月，教育部教科用书编辑委员会并入国立编译馆，国立编译馆改组扩大，并于8月迁至巴县北碚，1946年8月返回南京，1949年4月至台湾。

二、教育部编民众学校及短期小学课本

南京国民政府成立之后，不断加强对民众的教育，以期灌输党义，其教育部从1931年开始编撰民众识字课本。1932年12月国民政府颁布的《小学法》和1933年3月教育部颁布的《小学规程》规定：“为推行义务教育起见，各地方得设简易小学及短期小学。短期小学招收10足岁至16足岁之年长失学儿童，其修业年限为1年，以授课时间折算，至少540小时。”[3]短期小学的数量，1938年为28 124所，学生1 699 336人；1939年为26 900所，学生1 589 885人；1940年为5 212所，学生254 548人；1941年为2 096所，学生90 375人；1942年为421所，学生16 242人。[4]统编的民众识字课本及短期小学课本陆续出版。

1. 教育部编审处编辑《三民主义千字课（暂行本甲种）》《三民主义千字课（暂行本乙种）》；教育部国立编译馆编辑《三民主义千字课（暂行本丙种）》

《三民主义千字课》是“依中国国民党中央执行委员会训练部所定之编辑要点编辑而成，供民众学校教学之用，尚待实验修正，故定名为暂行本”[5]。《三民主义千字课》暂行本最开始编辑甲、乙两种，各四册，“甲种程度较深，乙种较浅，以便自由选用”[6]。国立编译馆成立后，编译胡颜立、王晋鑫继续编成《三民主义千字课（暂行本丙种）》四册，供乡村民众学校用。

教育部编审处编辑《三民主义千字课（暂行本甲种）》四册，由中国国民党中央执行委员会训练部审查，上海大东书局仿印并发行，出版时间不详。

[1] 国立编译馆. 附录：本馆纪事[M]//国立编译馆. 国立编译馆一览. 南京：国立编译馆，1934：69-85.

[2] 宋原放. 中国出版史料：现代部分：第二卷[M]. 济南：山东教育出版社，2001：661.

[3] 教育部教育年鉴编纂委员会. 中国第一次教育年鉴：乙编[M]. 上海：开明书店，1934：27.

[4] 熊明安. 中华民国教育史[M]. 重庆：重庆出版社，1990：238-239.

[5] 教育部编审处. 三民主义千字课：暂行本乙种：第1册[M]. 太原：太原晋新书社，1931：三民主义千字课暂行本乙种编辑大意.

[6] 教育部编审处. 三民主义千字课：暂行本乙种：第1册[M]. 太原：太原晋新书社，1931：三民主义千字课暂行本乙种编辑大意.

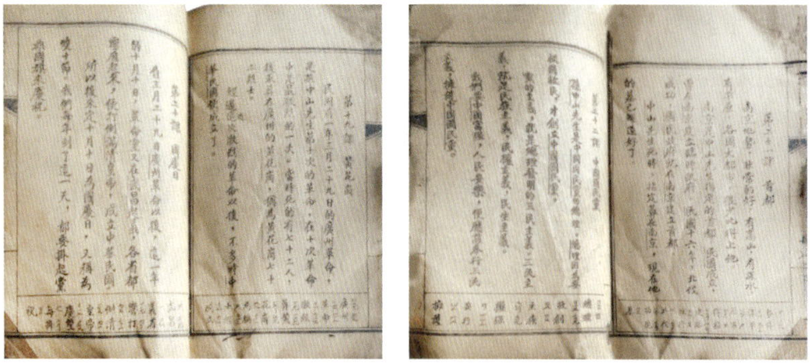

3-4-1

图3-4-1　《三民主义千字课（暂行本甲种）》第1册，大东书局，出版时间不详

教育部编审处编辑《三民主义千字课（暂行本乙种）》四册，由中国国民党中央执行委员会训练部审查，太原晋新书社印刷并发行，1931年5月出版。1933年改正校准发行第2版。

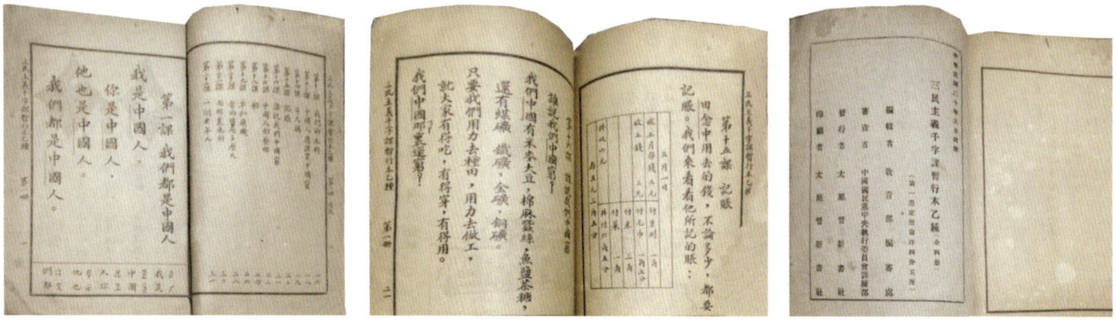

3-4-2

图3-4-2　《三民主义千字课（暂行本乙种）》第1册，太原晋新书社，1931年版

《三民主义千字课（暂行本乙种）》共88课，每册编有22课，约在四个月内教毕，每月教一册。编辑目的有四个方面："（甲）使民众了解并信仰三民主义。（乙）培养民众的国民道德。（丙）使民众能认识并运用日常生活上必需的文字。（丁）使民众获得历史地理自然卫生和切合日常生活的种种常识。"[1]这套教科书每课生字至多以15字为限。选用的文字百分之八十据教育部编订的民众暂用字汇，共择定日常生活上最重要的字1 063个。教科书选材"以三民主义为中心，并在可能范围内顾及读者切身的需要和了解的能力"[2]。第一、二、三册注意有关三民主义的浅显而具体的实用材料，第四册介绍三民主义浅近的基本意义，"各课于可能范围内力求联络，使读者对于

[1] 教育部编审处．三民主义千字课：暂行本乙种：第1册[M]．太原：太原晋新书社，1931：三民主义千字课暂行本乙种编辑大意．

[2] 教育部编审处．三民主义千字课：暂行本乙种：第1册[M]．太原：太原晋新书社，1931：三民主义千字课暂行本乙种编辑大意．

党义得到整个的瞭（了）解”[1]。文体方面以说明体为主，夹杂韵文、书信、问答、故事等体裁。[2]教科书插图简明，大多排列在课文前面。

教育部国立编译馆编辑《三民主义千字课（暂行本丙种）》四册，每册25课，于1932年8月完成，1933年3月由教育部付印出版。

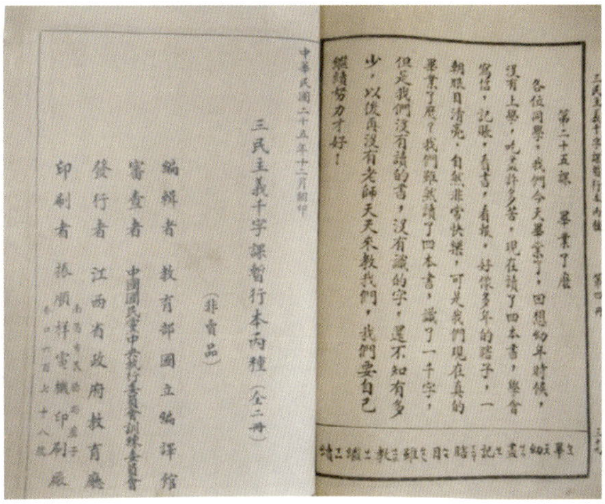

3-4-3

图3-4-3　《三民主义千字课（暂行本丙种）》下册，江西省政府教育厅，1936年版

《三民主义千字课（暂行本丙种）》“依中国国民党中央执行委员会训练部所定之编辑要点编辑而成，供乡村民众识字之用，尚待实验修正，故定名为暂行本”[3]。编辑目的有三个方面：“（甲）使乡村民众信仰三民主义，并培养乡村民众的国民道德。（乙）使乡村民众能认识并运用日常生活上必需的文字。（丙）使乡村民众获得关于农事和日常生活的种种常识。”[4]这套教科书每课生字最多以十一字为限。选用的文字根据教育部编订的民众暂行字汇及坊间所出各种千字课本，共选定乡村民众日常生活应用的字约一千个。教科书选材“以三民主义为中心，并竭力顾及乡村民众切身的需要和了解的能力”[5]。将三民主义、国民道德、历史、地理、自然、卫生、农业等材料错综排列。课文文体有说明文、应用文、诗歌、故事等。教科书有简单的插图，且大多排列在课文前面。

[1] 教育部编审处. 三民主义千字课：暂行本乙种：第1册[M]. 太原：太原晋新书社，1931：三民主义千字课暂行本乙种编辑大意.

[2] 教育部编审处，三民主义千字课：暂行本乙种：第1册[M]. 太原：太原晋新书社，1931：三民主义千字课暂行本乙种编辑大意.

[3] 教育部国立编译馆. 三民主义千字课：暂行本丙种[M]. 上海：大东书局，1933：三民主义千字课暂行本丙种编辑大意.

[4] 教育部国立编译馆. 三民主义千字课：暂行本丙种[M]. 上海：大东书局，1933：三民主义千字课暂行本丙种编辑大意.

[5] 教育部国立编译馆. 三民主义千字课：暂行本丙种[M]. 上海：大东书局，1933：三民主义千字课暂行本丙种编辑大意.

教育部国立编译馆所编辑的《三民主义千字课》出版后大量翻印。所见教育部国立编译馆编辑《三民主义千字课（暂行本丙种）》于1933年6月改正核准后发行第2版，审查者为“中国国民党中央执行委员会民众运动指导委员会”，上海大东书局“仿印并发行”。[1]1936年江西省政府教育厅发行、振顺祥电机印刷厂印刷的《三民主义千字课（暂行本丙种）》为上下两册，是将第一、第二册合印为上册，第三、第四册合印为下册。

教育部编《三民主义千字课》一册，封面印有“南汇教育局翻印”，有97课。

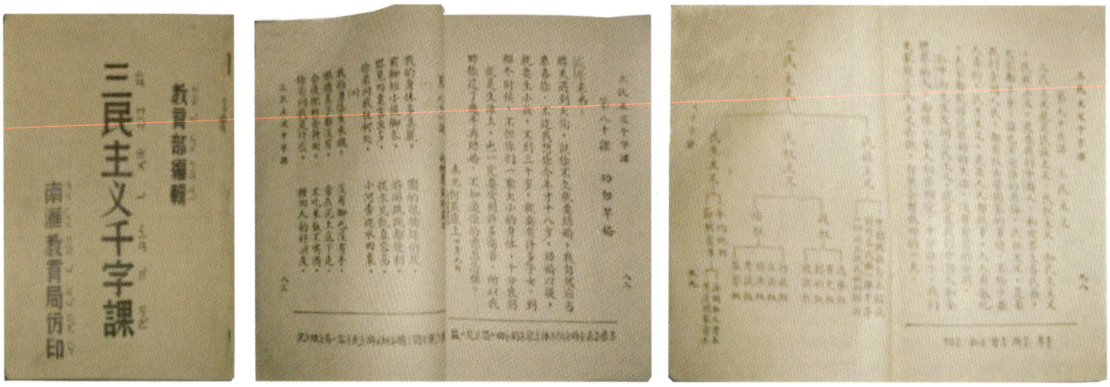

3-4-4

图3-4-4 《三民主义千字课》，南汇教育局仿印，出版时间不详

2. 教育部编《短期小学课本》；国立编译馆编《短期小学课本》

1932年9月，教育部编《短期小学课本》四册，教育部付印，供各省市短期学校采用，准许翻印。

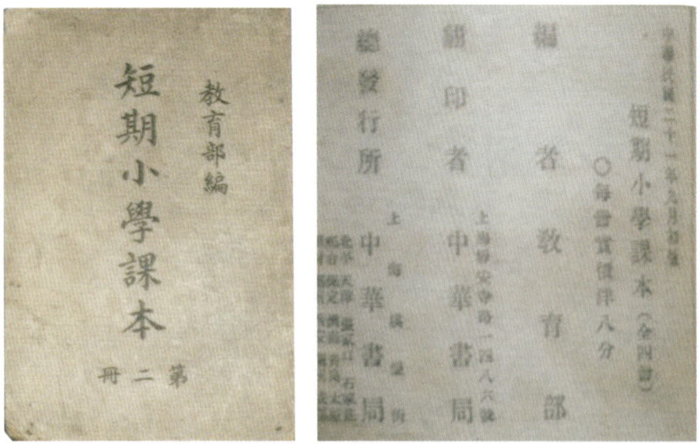

3-4-5

图3-4-5 《短期小学课本》第2册，中华书局，1932年版

[1] 教育部国立编译馆. 三民主义千字课：暂行本丙种[M]. 上海：大东书局，1933：封3.

1935年10月，国立编译馆编《短期小学课本》四册，上海商务印书馆、上海中华书局、上海世界书局、南京正中书局出版发行。

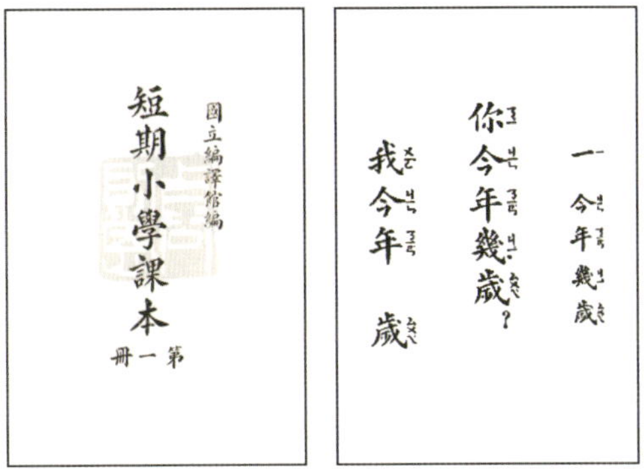

3-4-6

图3-4-6 《短期小学课本》第1册，商务印书馆、中华书局、世界书局、正中书局，1937年版

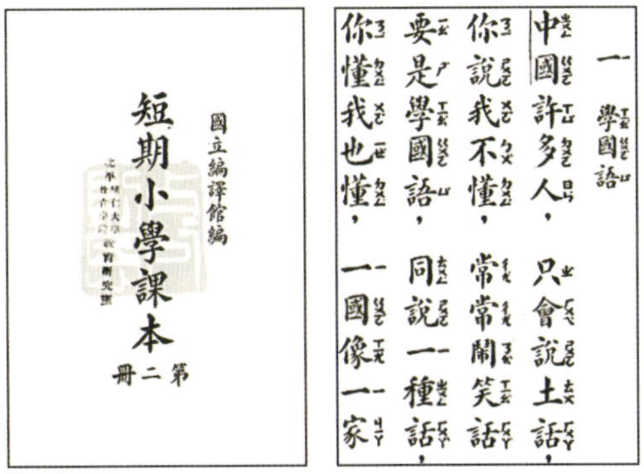

3-4-7

图3-4-7 《短期小学课本》第2册，商务印书馆、中华书局、世界书局、正中书局，1935年版

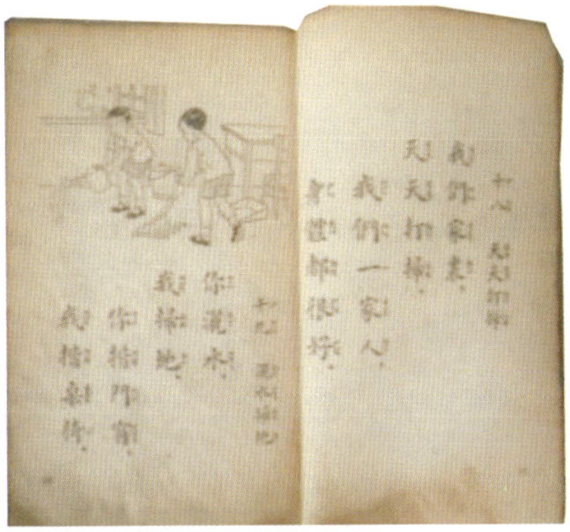

3-4-8

图3-4-8 《短期小学课本》第1册，商务印书馆、中华书局、世界书局、正中书局，1935年版

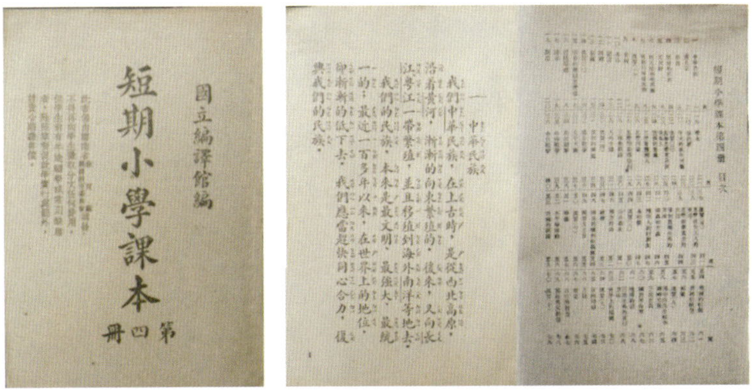

3-4-9

图3-4-9 《短期小学课本》第4册，商务印书馆、中华书局、世界书局、正中书局，1936年版

这套教科书是教育部与国立编译馆编译胡颜立、王晋鑫合编，每册70课，内容包含三民主义、国民道德、历史、地理、自然、卫生、农业等材料。各册按单元编排，中间穿插“温习”。各册封二有国音注音符号，课文文字都标注国音注音符号，课前有提示，课后有问题，各册配有10幅以上插图。这套教科书出版后不断订正，如第一册1935年8月订正初版，同月订正203版。此外还进行了改订，笔者所见第二册的改订本第一版时间为1938年9月，仅仅一个月之后，即1938年10月，改订本就有27版了，足见这套教科书的发行量巨大。另还有封面印有“云南省义务教育文员会购发系非卖品”字样的1940年1月订正323版。

3. 教育部编《民众学校课本》

1936年11月，教育部编《民众学校课本》，共四册，免费发给学校，并允许各地翻印。这套教科书有一、二册合订本及三、四册合订本，也有四册合订本。

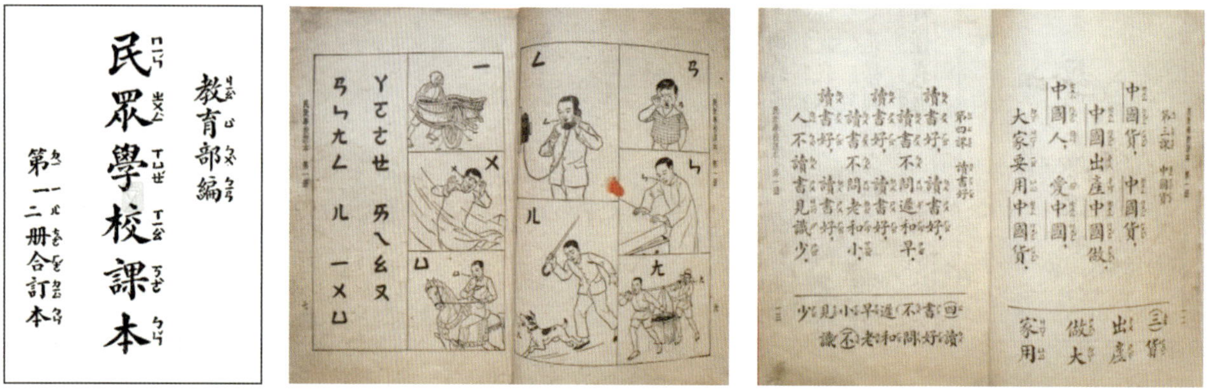

3-4-10

图3-4-10 《民众学校课本》第1、2册合订本，商务印书馆、中华书局、世界书局、正中书局、大东书局、开明书店、北新书局，1936年版

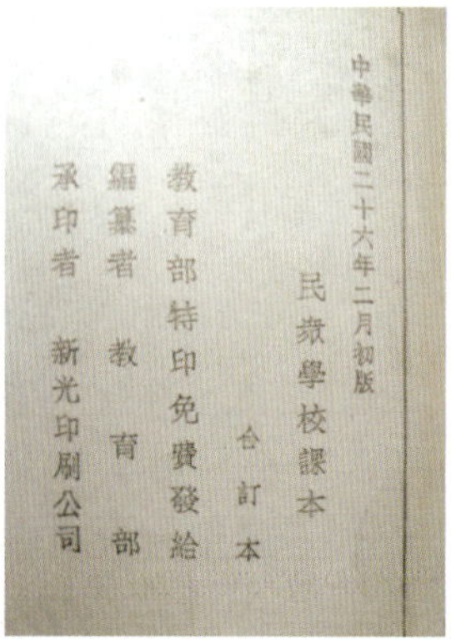

3-4-11

图3-4-11 《民众学校课本》合订本，新光印刷公司，1937年版

《民众学校课本》的编辑出版“要旨在使民众获得公民必备的基本知识与技能，兼能了解并运用生活上必需的文字”[1]。这套教科书“以培养民族意识，激发爱国思想为中心，编辑方针以平正通俗为尚”[2]，取材涉及史地、公民、卫生、自然等内容。这套教科书以单元编排，正文20课，每五课正文后有一课复习，每册共计24课，供民众学校一个月教学之用，全套书适合四个月教学之用。每课最多14个生字。课文体裁有韵文、书信、小说、游记、问答、叙述、日记、演说等。每册正课之前，列有注音符号练习八节。每册最后还附有音乐教材，供音乐教学之用。

《民众学校课本（乙种本）》共两册，供学校两个月教学使用。每册20课，每五课之后复习一次，读完20课总复习一次。采用最常用字580个，每课10字至16字。

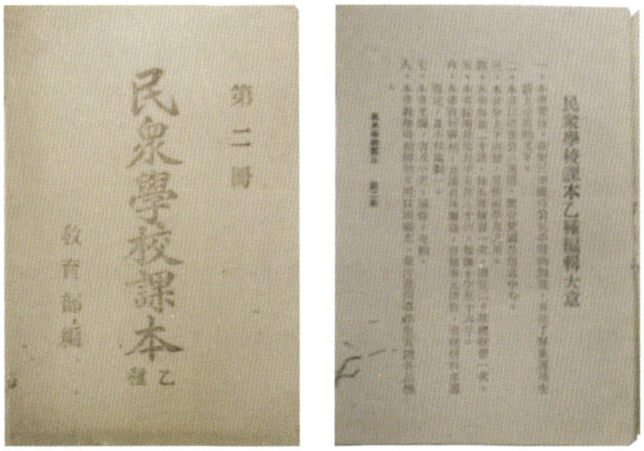

3-4-12

图3-4-12　《民众学校课本（乙种本）》第2册，出版信息不详

三、中小学特种国文、国语读本

1932年6月17日，国民党第四届中央执行委员会第二十四次常务会议通过《特种小学校用国语读本编辑要点》，明确“应以中央颁布之三民主义教育实施原则第一章第二节第一项各条主旨为编辑之骨干”[3]。1933年3月，国民党第四届中央执行委员会第六十三次常务会议先后通过了《小学特种训育纲领》和《特种区域暂行社会教育实施办法》，为各省党部和教育部实施特种教育提供指导性文件，明确特种教育适用于受“赤化”教育影响的各收复区域。

1. 孙俍工编《中学国文特种读本》

1933年2月，国立编译馆专任编译孙俍工编《中学国文特种读本》二册，同年9月，国立编译馆出版、商务印书馆发行。

[1] 教育部. 民众学校课本：第1、2册合订本[M]. 上海：商务印书馆，1936：民众学校课本编辑大意.

[2] 教育部. 民众学校课本：第1、2册合订本[M]. 上海：商务印书馆，1936：民众学校课本编辑大意.

[3] 徐百齐. 中华民国法规大全：第3册：财政 实业 教育[M]. 上海：商务印书馆，1936：3882.

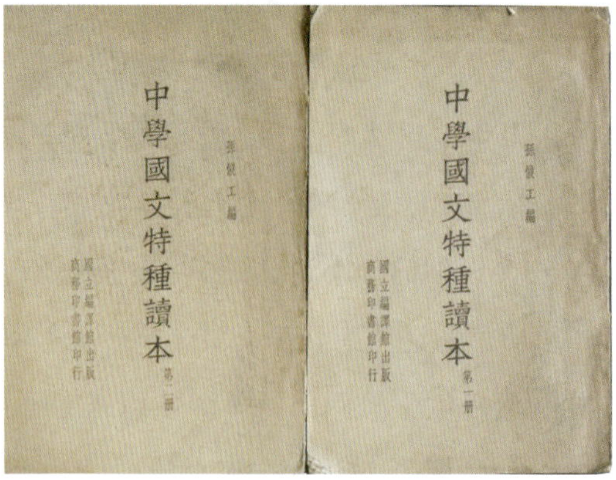

3-4-13

图3-4-13　《中学国文特种读本》第1、2册，国立编译馆，1933年版

《中学国文特种读本》初中、高中用各一册，“选辑之目的，本以唤醒我国固有之民族精神为主旨，故其内容，大部分为激发爱国思想之文字”[1]。明确补充正式课本教学之用，“在此国难严重之日，是书应与正式课本，参差教学，用以砥砺一般青年之志气”[2]。这套教科书选文59篇，选材标准有四项：“（1）对于我民族发展上有关系的先民著述及传记。（2）含有抵抗外侮，不屈不挠的精神的论着（著），及抒情文。（3）当代革命先辈之论着（著）及诗歌。（4）国外富于爱国思想之文艺作品。”[3]选文有《孙中山先生自传》《廖仲恺先生传略》《林觉民传》《苏武传》等传记，以及《中华民族自救之道》《献给战死的学友》《济南城上》等论著及抒情文，还有《旋军歌》《军中歌》《满江红》《正气歌》《过零丁洋》等诗词，翻译作品有《最后一课》《柏林之围》等。选文的编排顺序为记叙文、论说文、文艺文，每篇末附“解题”“作者传略”“注释”“参考书籍”。

2. 赵瑞生、王晋鑫、胡颜立合编《小学特种国语读本》

《小学特种国语读本》系国民党政府党部函教育部委托国立编译馆编辑，专供收复的原中央苏区小学之用。每册40课，由编译赵瑞生、王晋鑫、胡颜立合编，1934年完成，呈送教育部转送国民党政府颁用。《小学特种国语读本》前四册与普通课本相同，但将苏区教育材料另编两册，定名为小学特种国语补充教材，后四册内容遵照国民党政府规定，三民主义材料占30%，宣传苏区教育材料占30%，课程标准规定材料占40%。

[1] 佚名. 国立编译馆出版书籍目录[M]. [出版地不详]：[出版者不详]，1936：37.
[2] 佚名. 国立编译馆出版书籍目录[M]. [出版地不详]：[出版者不详]，1936：37.
[3] 国立编译馆. 国立编译馆一览[M]. 南京：国立编译馆，1937：56-57.

四、中小学国文、国语教科书及实验本

国定本教科书的编撰出版是1932年朱家骅继任教育部长之后开始的，且经历先部颁试行，再国定推广的过程。

1. 潘尊行编著《初中精读国文范程》

1935年4月，国立编译馆专任编译潘尊行编著《初中精读国文范程》一册，上海商务印书馆印行。

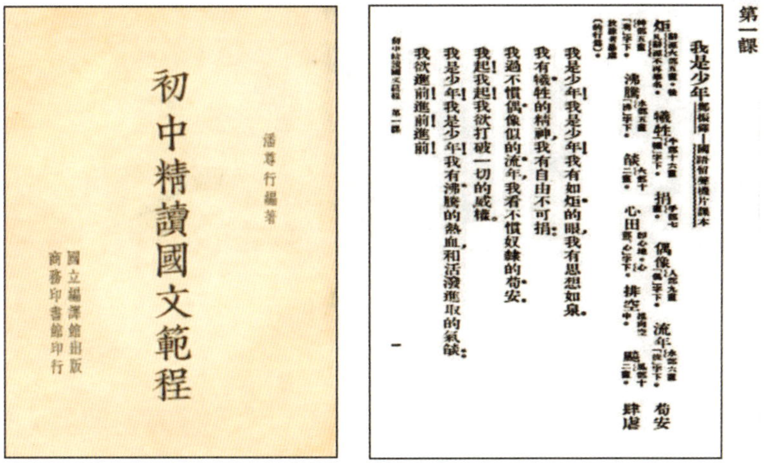

3—4—14

图3—4—14 《初中精读国文范程》，商务印书馆，1935年版

《初中精读国文范程》编撰目的强调“本书教材特重中国民族精神，并使各课间有感想上之相当联络，以期学生深切了解中国固有文化”[1]。这本书共45课，各课均附有字法、句法及翻例，以一课当精读一小时，每周三小时，占15周精读时间。各课前举出生字成语，及通常认为易晓而昧其来源之名词，除必要时略加说明外，要求学生自己查阅工具书。这套教科书以单元编排，每隔六课插入文法，一共编有文法八讲，每讲两小时。教科书编排先就字法、句法依次讲解，并就语体文与文言文互翻详示其例。

2. 国立编译馆编辑《国语读本（小学初级）》

1936年8月，国立编译馆编辑《国语读本（小学初级）》，上海商务印书馆、上海中华书局、上海世界书局、南京正中书局发行，上海商务印书馆印刷。

[1] 潘尊行. 初中精读国文范程[M]. 上海：商务印书馆，1935：凡例.

3-4-15

图3-4-15 《国语读本（小学初级）》第1册，商务印书馆、中华书局、世界书局、正中书局，1936年版

《第二次中国教育年鉴》记载：“教科书编成之后，由于教育部缺乏印刷发行机构，各书局自然不可能舍弃自己编辑的教科书来发行国定本教科书，此次编撰的国定本教科书在抗战以前[1]未能印行。”[2]但事实上，国立编译馆编撰的《国语读本（小学初级）》第一册在1936年8月已经出版，由上海商务印书馆、上海中华书局、上海世界书局、南京正中书局发行，上海商务印书馆印刷。第二册于1937年4月出版，上海商务印书馆、上海中华书局、上海世界书局、南京正中书局、上海大东书局、上海开明书店发行，上海商务印书馆印刷。也就是说，国立编译馆编撰的国定本教科书在全民族抗战之前就以部编教科书的形式试行出版了。

《国语读本（小学初级）》依据1936年《小学国语课程标准》编辑，文体以童谣、儿歌、生活故事为主，语言口语化，韵律感强。课文内容与儿童生活密切相关，依时令季节排列，没有单元。在形式上先呈现图画故事，后为半图半文的故事，过渡到以文章为主。教科书后面附有生词表。

3. 国立编译馆主编《实验国语教科书（小学校高级用）》

1936年8月，国立编译馆主编《实验国语教科书（小学校高级用）》四册，上海商务印书馆、

[1] 此处指全民族抗战以前。

[2] 教育部教育年鉴编纂委员会. 第二次中国教育年鉴[M]. 上海：商务印书馆，1948：355.

上海中华书局、上海世界书局、南京正中书局、上海大东书局、上海开明书店发行，上海商务印书馆印刷。“此书原系资源委员会编辑。本馆认为颇能适应时代之需要。故商得该会同意，采入本馆主编之教科书中。用特声明、并志谢意。”[1]各册版权页上方印有“教育部特许印行”字样，并说明，“此书在编辑期间，同时在高小实验。时间为民国二十二年秋季至二十三年暑假，中间并无间断。学校为北平师大第二附属小学。实验班上，学生共五十二人，男女各约半数”[2]。这套教科书配编有《实验国语教授书（小学校高级用）》，1937年2月出版，“凡关于注释，练习，整理，研究（包括问题答案）各项皆有叙列，以供教员之用”[3]。

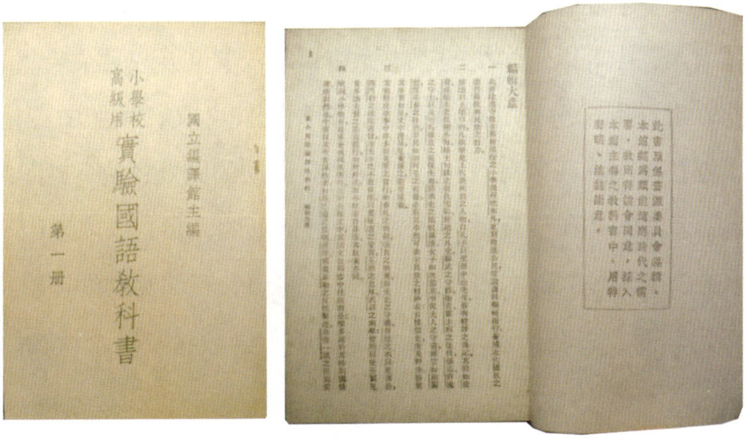

3—4—16

图3—4—16　《实验国语教科书（小学校高级用）》第1册，商务印书馆、中华书局、世界书局、正中书局、大东书局、开明书店，1936年版

《实验国语教科书（小学校高级用）》弘扬中国历史上民族之人物，从孔子到孙中山，皆有较详细的传记文章。选有岳飞、戚继光之抵御外侮，越王勾践之复仇雪耻，班超之外交，苏武之守节，卫青、霍去病之征伐，张巡、许远之守土，沈云英、李侃夫人之守义等展示民族精神者。这套教科书以课为单位编排，既有文章内容为线索，又有文体为线索，对于较长的文章则分连续课文编排。多为供学生略读，“据编者实验结果，以多数学生为标准，此书分量似尚相宜也”[4]。这套教科书文体有传记、论说、诗歌、游记、书信、日记、会议记录、报告书等，编排有文法。课文正文文字均注音，使用新式标点符号，插图极少。课文附有“词和语”“问题”“说明”，“皆所以辅导学生了解课文之正确”[5]。

[1] 国立编译馆. 实验国语教科书：小学校高级用：第1册[M]. 上海：商务印书馆，1936：封2.

[2] 国立编译馆. 实验国语教科书：小学校高级用：第1册[M]. 上海：商务印书馆，1936：1.

[3] 国立编译馆. 实验国语教科书：小学校高级用：第1册[M]. 上海：商务印书馆，1936：编辑大意.

[4] 国立编译馆. 实验国语教科书：小学校高级用：第1册[M]. 上海：商务印书馆，1936：编辑大意.

[5] 国立编译馆. 实验国语教科书：小学校高级用：第1册[M]. 上海：商务印书馆，1936：编辑大意.

五、蒙藏小学国语、语文常识教科书

1930年4月，第二次全国教育会议议决《实施蒙藏教育计划》，指出“全国教育应当统一，但为推行便利计，也有因地制宜的必要。蒙藏地方的语言文字、风俗习惯、地势交通、经济需要，处处与内地不同，若把适宜于内地的办法到蒙藏地方去办，一定费力多而成功少，有的竟办不通也难说。本计划一面顾到全国教育统一的宗旨，一面也注意蒙藏地方实际的事实”[1]。这一计划强调“蒙藏各项中等学校及小学校的课本，除应采用全国统一的教材外，并宜酌量蒙藏社会情况与其需要，另选适用教材编入，中等以下学校的课本尤应译印汉蒙文及汉藏文合璧本”[2]。关于“编印教科图书、杂志、报章办法”部分，首先就强调“根据三民主义，按照蒙藏情形，编印蒙汉文和藏汉文合璧的各级学校教科图书并兼有教科性质或补充性质的民众读物”[3]。具体办法为：“甲、由教育部编审处聘请精通汉蒙文和汉藏文而又熟悉蒙藏情形的人员，以内地中小学现用的教材为蓝本，积极编译蒙藏中等以下学校的课本和补充读物。乙、由教育部奖励编译蒙藏文中小学应用的教材和民众读物送部审定。丙、教育部译印的及审定的中小学教材及民众读物，应设法鼓励书店印行。”[4]

1. 汪睿昌翻译，戴清廉、胡颜立、王晋鑫修订《汉蒙合璧国语教科书（小学校初级用）》

1932年10月，国民党教育部发行《汉蒙合璧国语教科书（小学校初级用）》八册，蒙文书社印刷。《汉蒙合璧国语教科书（小学校初级用）》系先由国民党教育部蒙藏司科长汪睿昌采用新学制国语教科书用蒙文翻译，后由国立编译馆专任编译戴清廉及编译胡颜立、王晋鑫加以修订。内容除普通国语教材外，加蒙古地方特殊材料，共计八册，由教育部出版。

3-4-17

图3-4-17 《汉蒙合璧国语教科书（小学校初级用）》第1册，教育部，1932年版

[1]《内蒙古教育志》编委会. 内蒙古教育史志资料：第2辑[M]. 呼和浩特：内蒙古大学出版社，1995：143.

[2]《内蒙古教育志》编委会. 内蒙古教育史志资料：第2辑[M]. 呼和浩特：内蒙古大学出版社，1995：146.

[3]《内蒙古教育志》编委会. 内蒙古教育史志资料：第2辑[M]. 呼和浩特：内蒙古大学出版社，1995：147.

[4]《内蒙古教育志》编委会. 内蒙古教育史志资料：第2辑[M]. 呼和浩特：内蒙古大学出版社，1995：147-148.

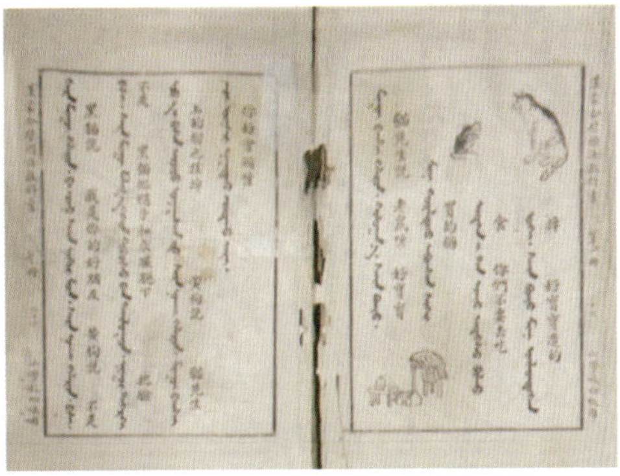

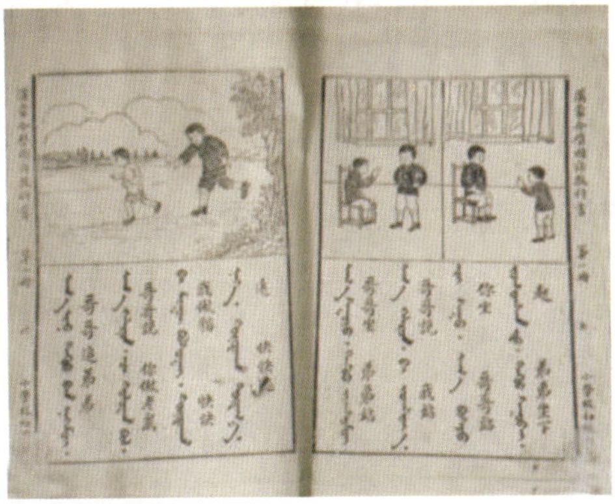

3—4—18

图3—4—18 《汉蒙合璧国语教科书（小学校初级用）》第1册，教育部，1932年版

《汉蒙合璧国语教科书（小学校初级用）》供蒙古小学初级四年之用，汉文蒙文相互对照，使蒙古儿童学习蒙文外并由蒙文学习汉文汉语。这套教科书大部分采用商务印书馆编印之新学制初级小学国语教科书，主要呈现蒙古族或汉族孩子的日常生活。内容按照时令的顺序编排，并酌加蒙古及其附近的各种材料，插图大部分适合蒙古特殊情形。这套教科书特别强调增加了关于民族精神及最近国耻材料，以引起蒙古儿童对于民族团结的精神。

2. 国立边疆文化教育馆主编《（国文蒙文对照）初级小学语文常识课本》

国立边疆文化教育馆主编《（国文蒙文对照）初级小学语文常识课本》九册，正中书局印行，1948年6月沪一版。

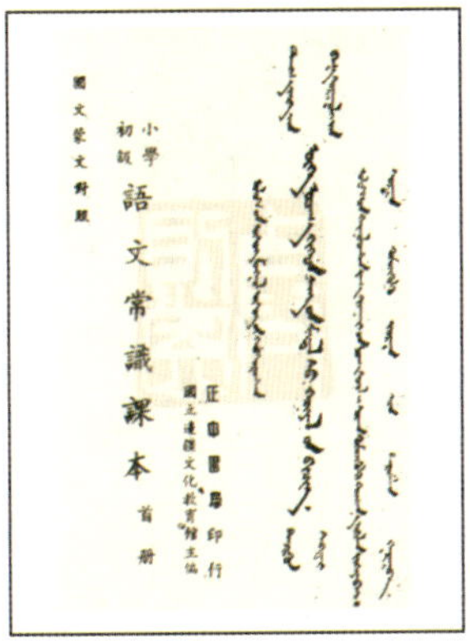

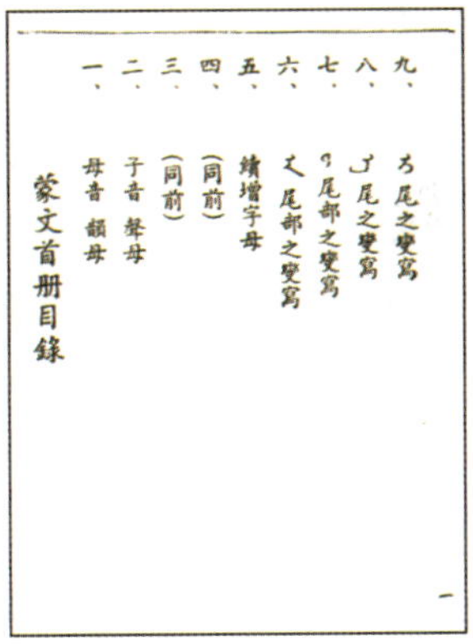

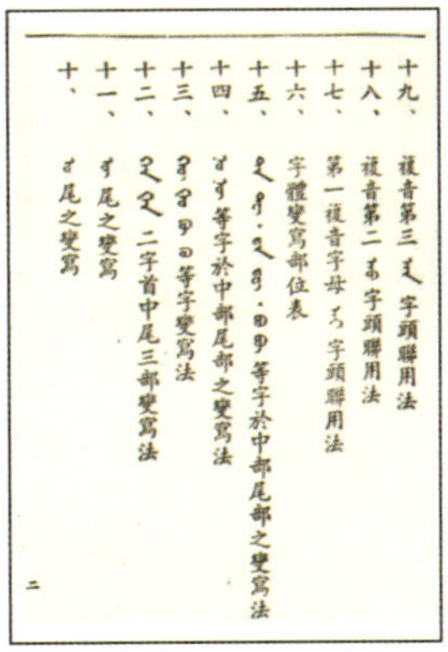

3—4—19

图3—4—19 《（国文蒙文对照）初级小学语文常识课本》首册，正中书局，1948年版

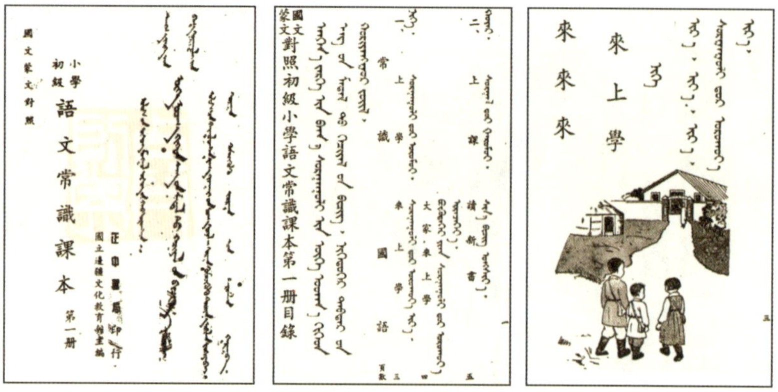

3-4-20

图3-4-20 《（国文蒙文对照）初级小学语文常识课本》第1册，正中书局，1948年版

《（国文蒙文对照）初级小学语文常识课本》是国立边疆文化教育馆奉教育部令，为普及蒙古族教育特别编辑的。这套教科书大体以国定本初级小学国语常识课本为蓝本，酌予删节，插入乡土教材。这套教科书共计九册：首册以蒙文字母拼音及造句练习为主。除首册外八册，供蒙古族初级小学四学年八学期语文常识科教学之用。一至四册各28课，五至八册各32课，另加练习。这套教科书关于乡土教材的插图，均以蒙古族社会为背景，并于学童之服装，参以改良之形式。这套教科书要求分组教学，凡学生愿意学蒙文者，授以蒙文。愿意兼学两种语文者，其一种得酌加时数，或于课外辅导学习之。这套教科书的编辑，先由国立边疆文化教育馆编译文员会决定编译原则，编译后再经委员会审查校订，呈教育部付印。第一至八册各册后面有各课生字编排，无注音。

3. 国立边疆文化教育馆主编《（国文藏文对照）初级小学语文常识课本》

1947年，国立边疆文化教育馆主编《（国文藏文对照）初级小学语文常识课本》八册，教育部印行。国立边疆文化教育馆编译委员会主任是凌纯声，编译者是刘家驹、黄奋生、戴学礼、祈子玉、纳朝玺。这套教科书于1947年初开始编撰，至1947年7月全部编完，1947年10月初版，共印两千套，寄发各边地学校使用。

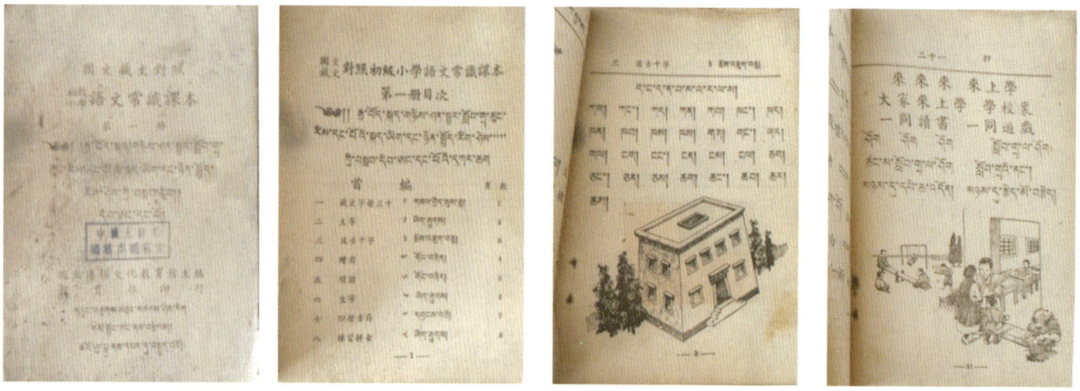

3-4-21

图3-4-21 《（国文藏文对照）初级小学语文常识课本》第1册，教育部，1947年版

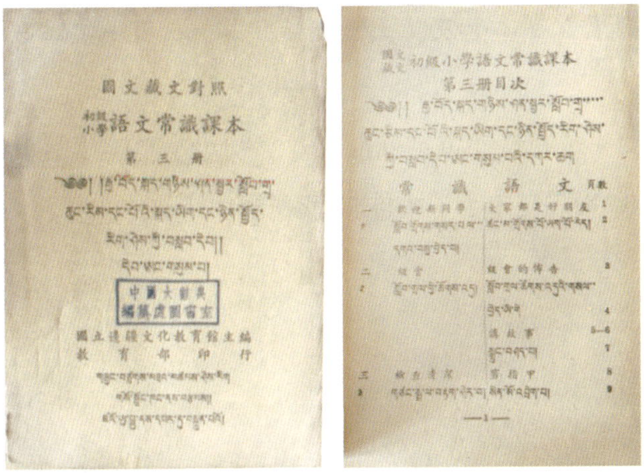

3-4-22

图3-4-22 《（国文藏文对照）初级小学语文常识课本》第3册，教育部，1947年版

《（国文藏文对照）初级小学语文常识课本》关于乡土教材部分，均以藏族社会为背景，并于学童之服装，参以改良之形式。凡学生愿学藏文者，授以藏文；愿学国文者，授以国文；愿兼学两种语文者，其一种得酌加时数或于课外辅导学习之。

六、国定中小学"标准本"国语常识、国文、国语教科书

1937年7月抗日战争全面爆发后，对于如何既能改变教科书供应短缺的局面，又能将战时教育方针贯彻下去的问题，教育部亟图解决。1942年1月，教科用书编委会并入国立编译馆，成为教科用书组，负责编辑中小学教科书。国定教科书分三部分：自编，由国立编译馆专任编审担负；约编，有若干科目，由该馆特约国内有名学者编纂；征编，即另有若干科目，由私人编辑，经教育部征选。

自1942年年底开始，教育部将部编初小国语常识课本暂行本八册及教学指印交给正中书局出版供应。随着陆续编定的稿本越来越多，正中书局不能独立承担供应之责。1943年4月，正中书局等自愿交出供应权，教育部编写固定本教科书。1943年4月19日 "国定中小学教科书七家联合供应处"正式组成，由正中书局组织起来共同参与国定本中小学教科书的印销。这个机构是由在后方设立了总管理处的正中书局、商务印书馆、中华书局、世界书局、大东书局、开明书店、文通书局等七家书局联合组织的，所印课本上均有"教育部审定"字样。

1943年7月，国定本教科书开始出版，教育部限令自1943年秋起各级学校开始采用国定本统一教本，以保证教科书质量。在国定本教科书中，有初级小学国语常识、高级小学国语、初级中学国文，国定教科书在战后1946年7月开始修订时，全部落款为国立编译馆主编。

1. 国立编译馆主编，吴织云、祁致贤、李伯棠、俞焕斗、陈伯吹、高兰蕙、莫明坤、彭荣洤、潘仁、赵荣光编辑《（标准本）初级小学国语常识课本》及《（修订标准本）初级小学国语常识课本》

1945年6月教育部教科用书编审委员会编《（教育部审定标准课本）初级小学国语常识课本（三）》，其版权页显示编辑者为国立编译馆，由国定中小学教科书七家联合供应处发行。

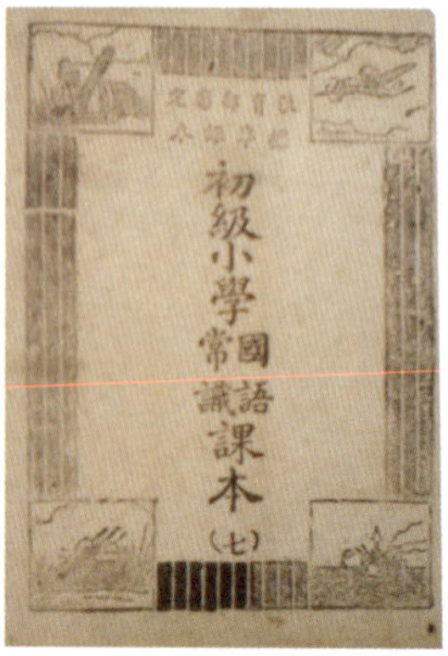

3-4-23

图3-4-23 《（教育部审定标准课本）初级小学国语常识课本（七）》，国定中小学教科书七家联合供应社，1945年版

1946年7月，国立编译馆主编，吴织云、祁致贤、李伯棠、俞焕斗、陈伯吹、高兰蕙、莫明坤、彭荣洤、潘仁、赵荣光编辑，沈麓元、计维新、唐冠芳缮绘《（标准本）初级小学国语常识课本》八册，国定中小学教科书七家联合供应处发行，正中书局、商务印书馆、中华书局、世界书局、大东书局、开明书店、文通书局印刷。《（标准本）初级小学国语常识课本》常识与国语配合编辑，以常识教材为经，以国语教材联络之。“本书常识教材以图表为主，附以简要之注释，国语教材以儿童文学为主。”[1]

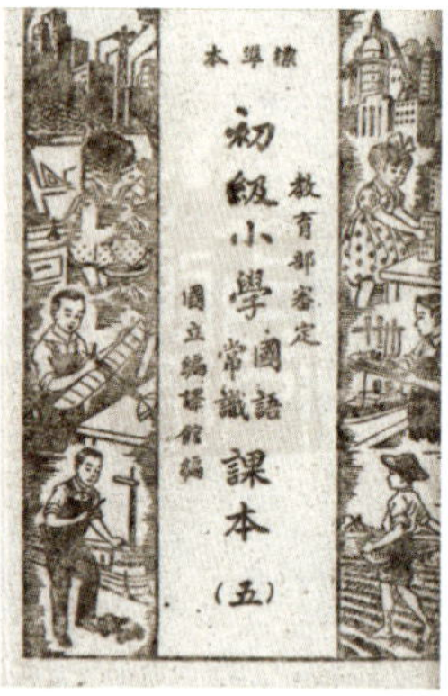

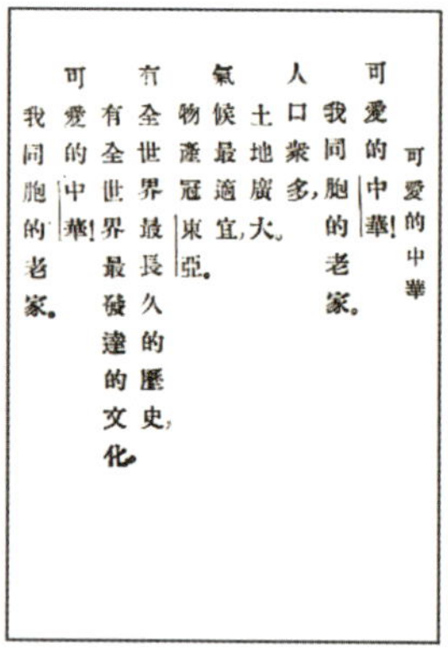

可愛的中華

可愛的中華！
我同胞的老家。
人口衆多，
土地廣大，
氣候最適宜，
物產冠東亞。
有全世界最長久的歷史，
有全世界最發達的文化，
可愛的中華！
我同胞的老家。

3-4-24

图3-4-24 《（标准本）初级小学国语常识课本》第5册，国定中小学教科书七家联合供应处，1946年版

抗日战争结束后，国定本教科书开始进行修订，笔者所见国定本教科书开始第一次修订的时间为1946年7月。国定本教科书开始第二次修订的时间为1947年5月。特别值得一提的是，1948年5月，《初级小学国语常识课本》进行了第五次修订本出版。

1946年7月，国立编译馆主编，吴织云、祁致贤、李伯棠、俞焕斗、陈伯吹、高兰蕙、莫明坤、

[1] 国立编译馆. 标准本：初级小学国语常识课本：第2册[M]. 重庆：国定中小学教科书七家联合供应处，1946：1.

彭荣淦、潘仁、赵荣光编辑，沈麓元、唐冠芳缮绘《（修订标准本）初级小学国语常识课本》，国定中小学教科书七家联合供应处发行，正中书局、商务印书馆、中华书局、世界书局、大东书局、开明书店、文通书局印刷。

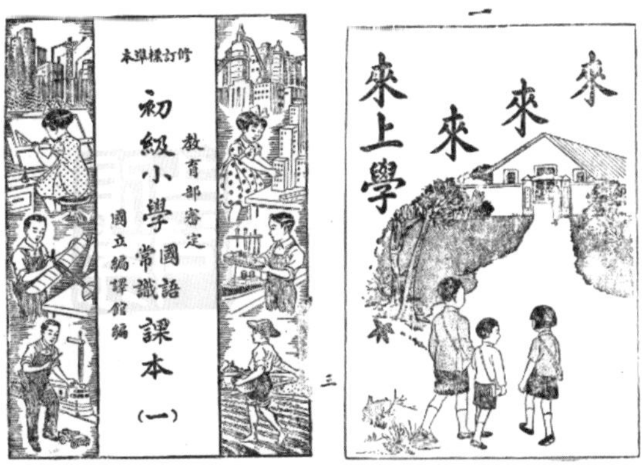

3-4-25

图3-4-25　《（修订标准本）初级小学国语常识课本》第1册，国定中小学教科书七家联合供应处，1947年版

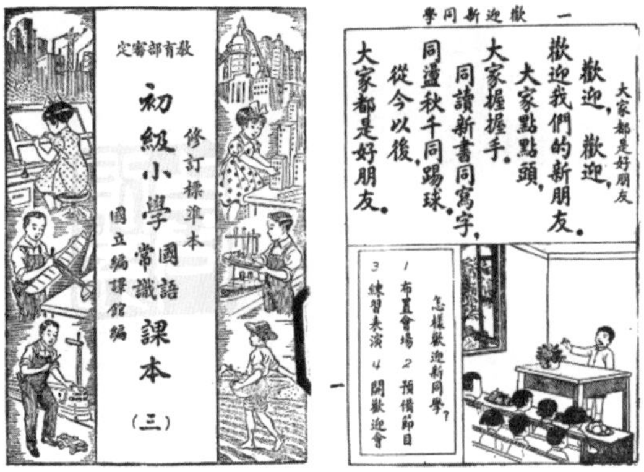

3-4-26

图3-4-26　《（修订标准本）初级小学国语常识课本》第3册，国定中小学教科书七家联合供应处，1947年版

国立编译馆主编的《初级小学国语常识课本》不断修订，商务印书馆发行与印刷的第五次修订本的第一册1948年5月第188版的版权页落款为：吴织云、祁致贤、李伯棠、俞焕斗、陈伯吹、高兰蕙、彭荣淦、潘仁、赵荣光、沈麓元编辑，丁晓先、丁夑林、王向辰、白动生、江学株、李清悚、李廉方、金兆梓、柯象寅、胡昌才、胡颜立、相菊潭、范寿康、倪达书、夏敬农、马客谈、梁实秋、陈剑恒、黄觉民、单人骅、叶溯中、杨振声、杨卫晋、潘平之、赵士卿、钱少华、薛天汉、萧承慎、魏冰心、顾树森校阅，张令涛绘图。

1947年3月31日，国定中小学教科书七家联合供应处（以下简称“七联处”）第三届联合供应合约期满，教育部通知其不再续订供应合约，“七联处”业务即行着手结束，并组织结束小组专办其事。自1947年秋季起，中小学教科书由各家自行印销，不再受“七联处”约束。此后，商务印书馆、中华书局、世界书局等都印行了国立编译馆的国定教科书，并在其书封底或封底内页附有由朱家骅签发的“教育部许可执照”字样。

3-4-27

图3-4-27 《(初级小学)国语常识课本(第五次修订本)》第1册，商务印书馆，1948年版

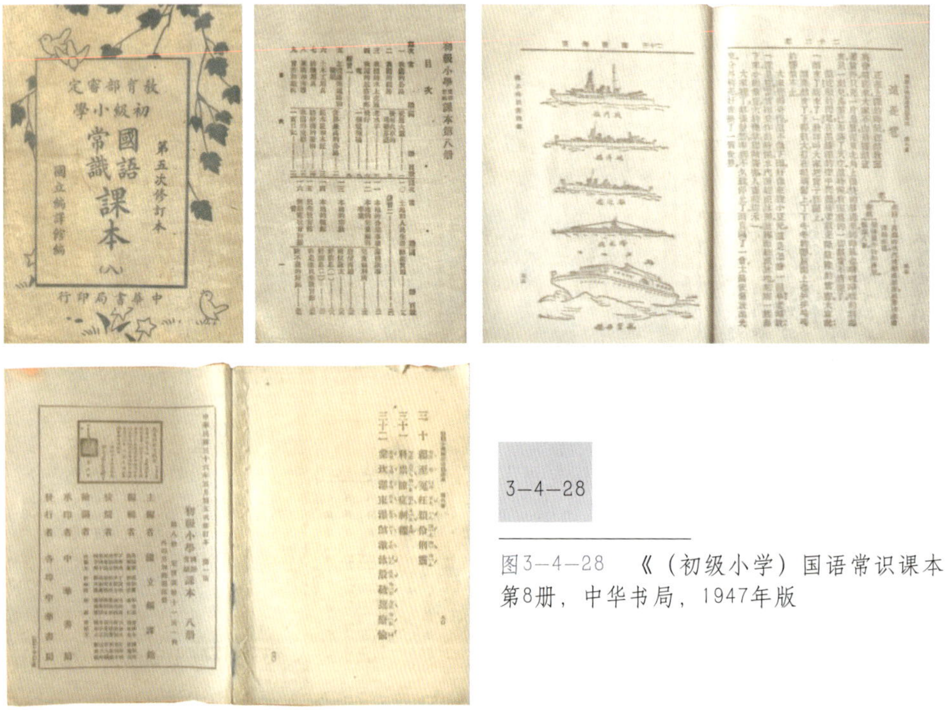

3-4-28

图3-4-28 《(初级小学)国语常识课本(第五次修订本)》第8册，中华书局，1947年版

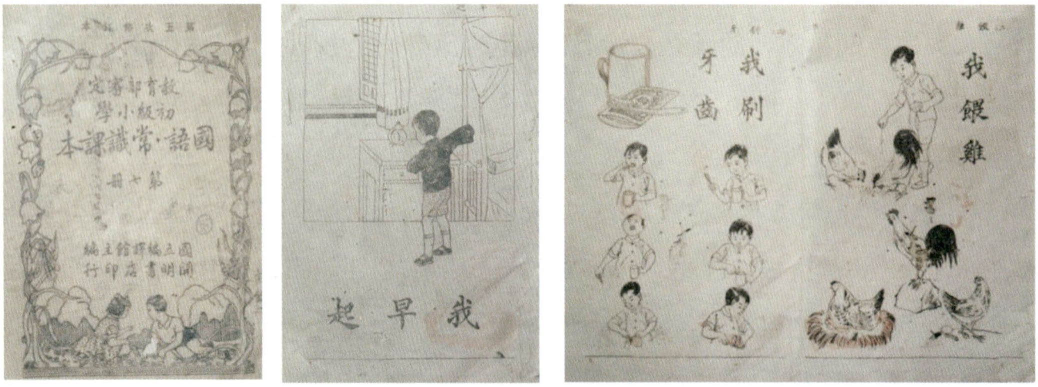

3-4-29

图3-4-29 《(初级小学)国语·常识课本(第五次修订本)》第7册，开明书店，1948年版

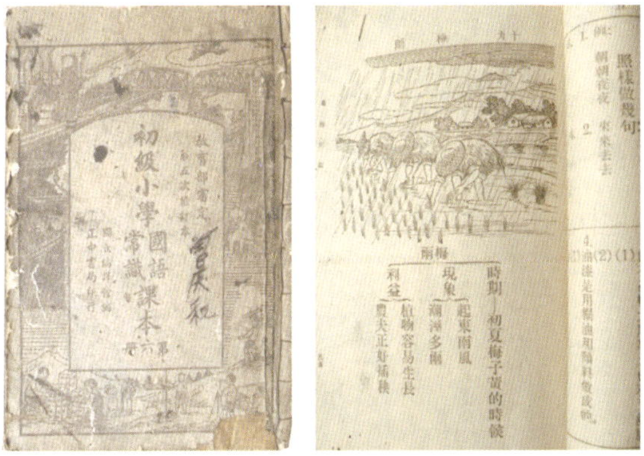

3-4-30

图3-4-30　《（初级小学）国语常识课本（第五次修订本）》第6册，正中书局，出版时间不详

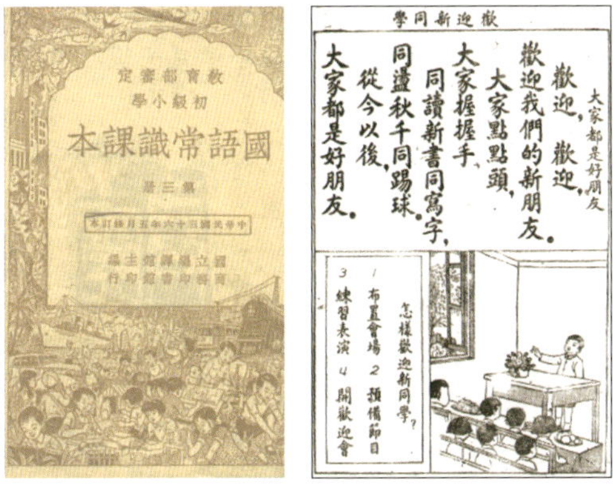

3-4-31

图3-4-31　《（初级小学）国语常识课本（中华民国三十六年五月修订本）》第3册，商务印书馆，1947年版

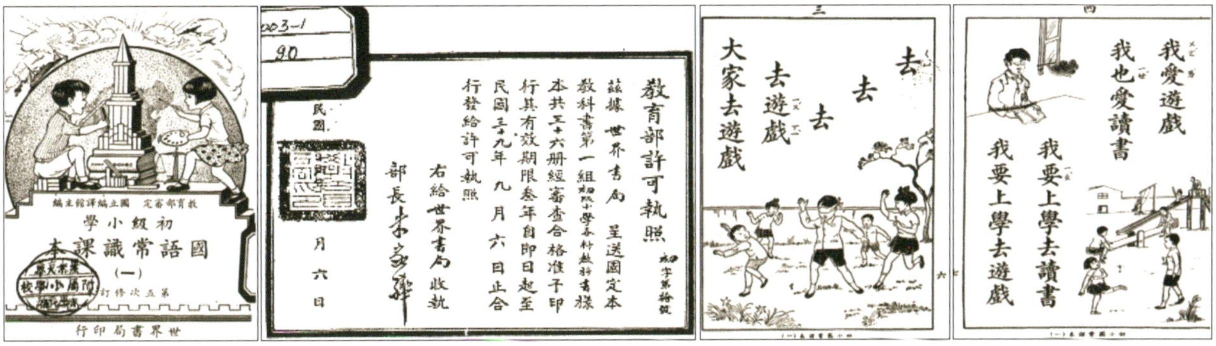

3-4-32

图3-4-32　《（初级小学）国语常识课本（第五次修订本）》第1册，世界书局，1948年版

所见世界书局发行与印刷的《（初级小学）国语常识课本（第五次修订本）》第一册，1948年6月第31~55版的版权页落款为“国立编译馆主编，吴织云、祁致贤、李伯棠、俞焕斗、陈伯吹、高兰蕙、彭荣泾、潘仁、赵荣光、沈麓元编辑，丁晓先、丁燮林、王向辰、白动生、江学珠、李清悚、李廉方、金兆梓、柯象寅、胡昌才、胡颜立、相菊潭、范寿康、倪达书、夏敬农、马客谈、梁实秋、陈剑恒、黄觉民、单人骅、叶溯中、杨振声、杨卫晋、潘平之、赵士卿、钱少华、薛天汉、萧承慎、魏冰心、顾树森校阅，孙叔民、张令涛、沈滌凡缮绘”，也就是说世界书局在印刷时增加了缮绘者“孙叔民、沈滌凡”。

2. 国立编译馆主编，吴鼎、俞焕斗、陈伯吹、张超、潘仁编辑，金兆梓、陈子展、罗根泽修订《（修订标准本 高级小学）国语》

1946年7月，国立编译馆主编，吴鼎、俞焕斗、陈伯吹、张超、潘仁编辑，金兆梓、陈子展、罗根泽修订《（修订标准本 高级小学）国语》四册，国定中小学教科书七家联合供应处发行。

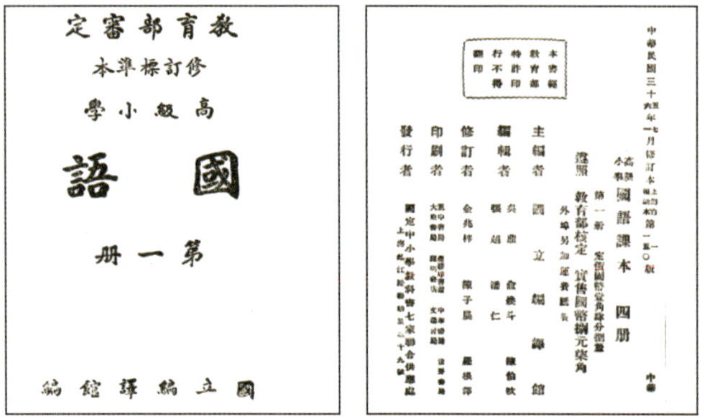

3-4-33

图3-4-33 《（修订标准本 高级小学）国语》第1册，国定中小学教科书七家联合供应处，1947年版

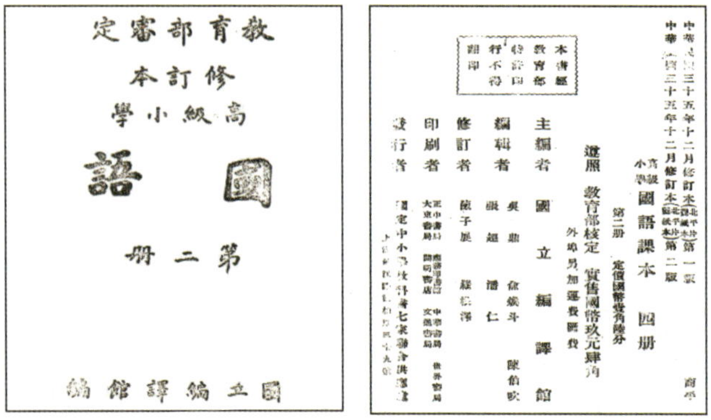

3-4-34

图3-4-34 《（修订本 高级小学）国语》第2册，国定中小学教科书七家联合供应处，1946年版

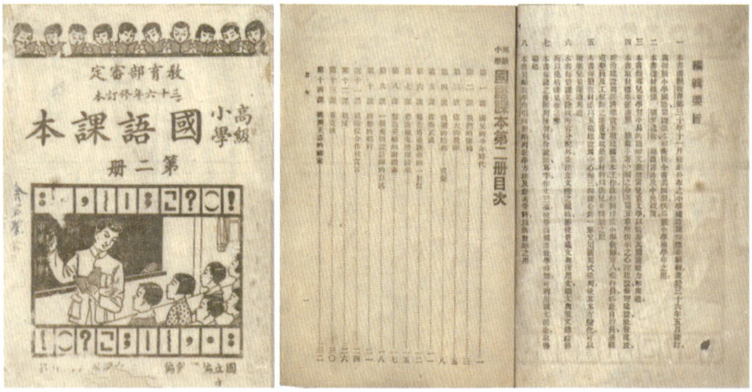

3-4-35

图3-4-35 《（三十六年修订本 高级小学）国语课本》第2册，出版信息不详

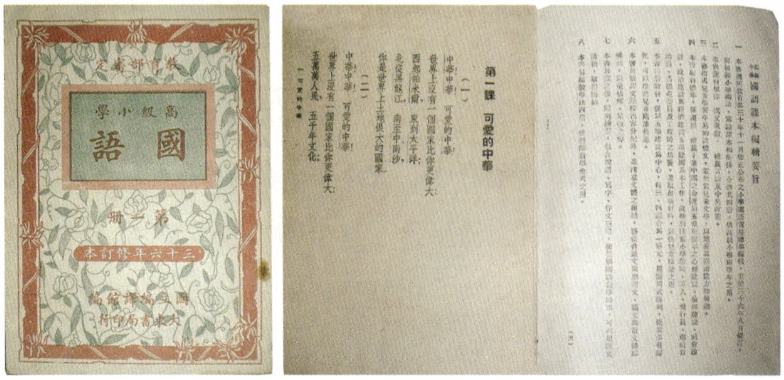

3-4-36

图3-4-36 《（高级小学）国语（三十六年修订本）》第1册，大东书局，1947年版

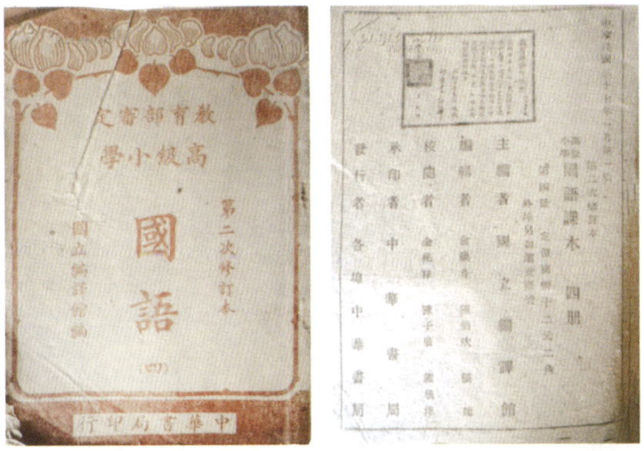

3-4-37

图3-4-37　《（高级小学　第二次修订本）国语》第4册，中华书局，1948年版

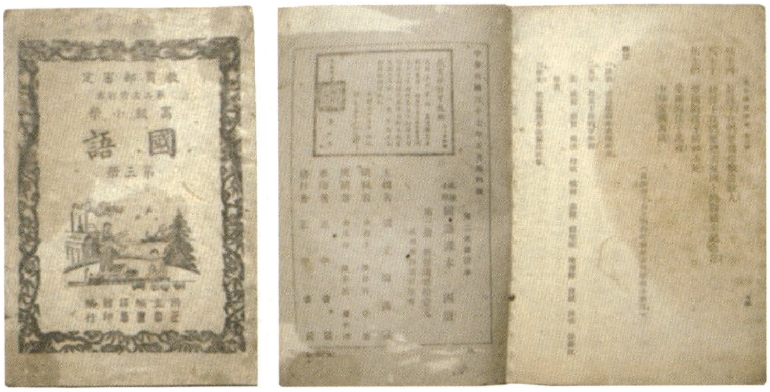

3-4-38

图3-4-38　《（第二次修订本　高级小学）国语》第3册，正中书局，1948年版

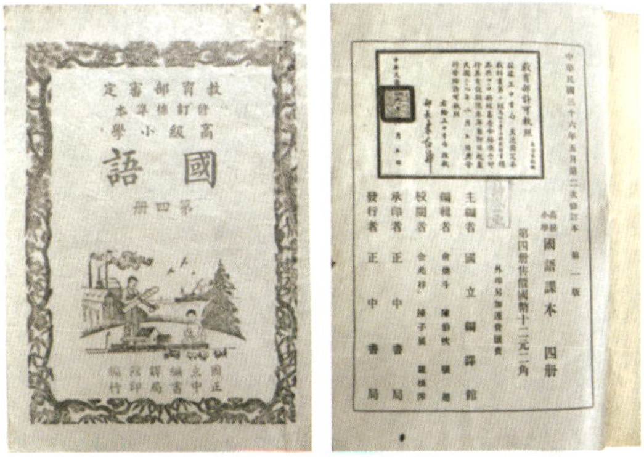

3-4-39

图3-4-39　《（修订标准本　高级小学）国语》第4册，正中书局，1947年版

在国立编译馆主编，俞焕斗、陈伯吹、张超编辑的《（高级小学）国语课本（中华民国三十六年五月修订本）》第一册的1947年5月第二次修订本第1版（商务印书馆印行）版权页中，“金兆梓、陈子展、罗根泽”为“校阅者”而非“修订者”了。

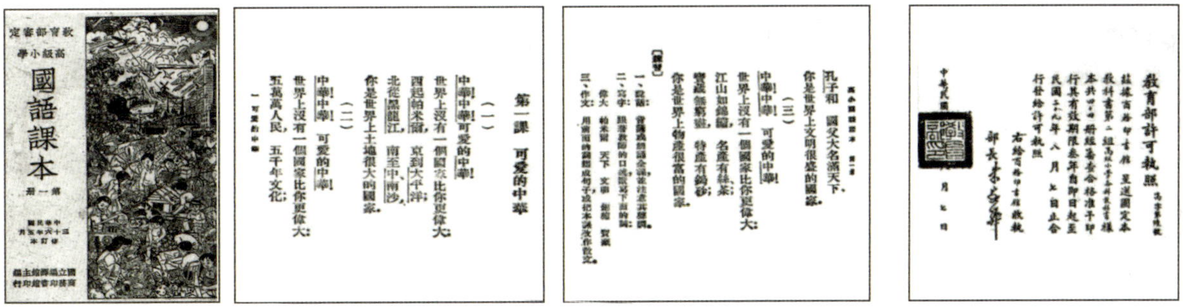

3-4-40

图3-4-40　《（高级小学）国语课本（中华民国三十六年五月修订本）》第1册，商务印书馆，1947年版

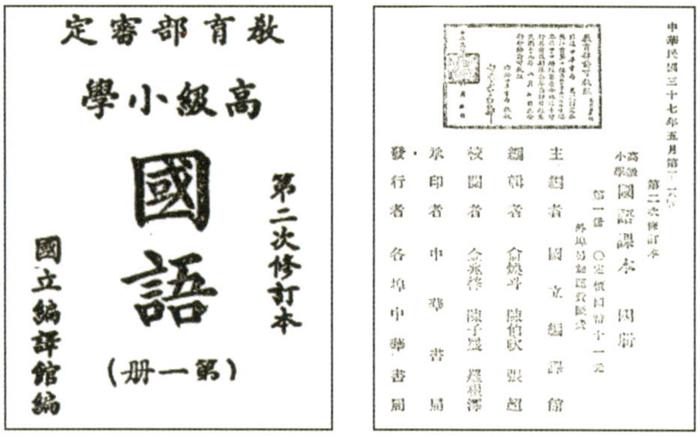

3-4-41

图3-4-41 《（高级小学）国语（第二次修订本）》第1册，中华书局，1948年版

3. 国立编译馆主编，徐士瓒、桑继芬编辑《（初级中学）国文（甲编）》及其修订本

国立编译馆主编，徐士瓒、桑继芬编辑《（初级中学）国文（甲编）》六册，国定中小学教科书七家联合供应处发行。

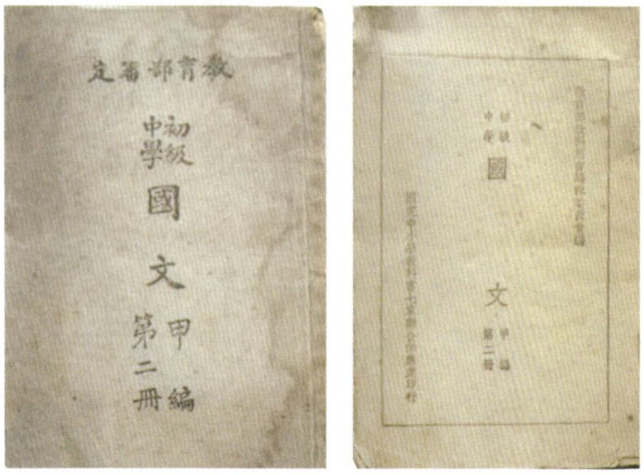

3-4-42

图3-4-42 《（初级中学）国文（甲编）》第2册，国定中小学教科书七家联合供应处，1946年版

国定本教科书在教育部征选的课本上实施严格的审阅制，参阅者队伍庞大。如笔者所见1946年教育部征选，教育部教科用书编辑委员会、商务印书馆、正中书局应选的《（初级中学）国文（甲编）》第二册的版权页上落款为教育部征选，教育部教科用书编辑委员会、商务印书馆、正中书局应选，方阜云、羊达之、吴伯威、徐文珊、徐世瓒、桑继芬、彭阜午编辑，校订者为国立编译馆。参阅者有尹石公、王云五、朱家骅、朱锦江、吴大钧、吴俊升、吴铁城、余井塘、沈其达、侯堮、陈可忠、陈布雷、陈仲子、梁实秋、常道直、许心武、黄觉民、叶溯中、叶楚伧、赵荣光、潘公展、庐前、钱少华、顾毓琇等，[1]这里面既有政界要员，也有学科专家，足见其重视程度。

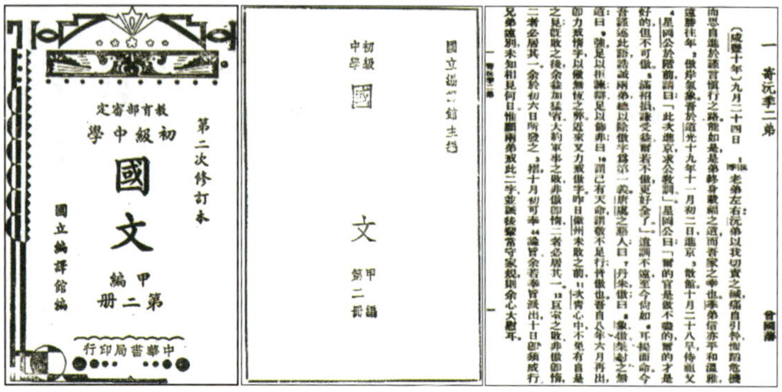

3-4-43

图3-4-43 《（初级中学）国文（第二次修订本 甲编）》第2册，中华书局，1947年版

[1] 国立编译馆. 初级小学国语常识课本：第7册[M]. 上海：国定中小学教科书七家联合供应处，1947：24.

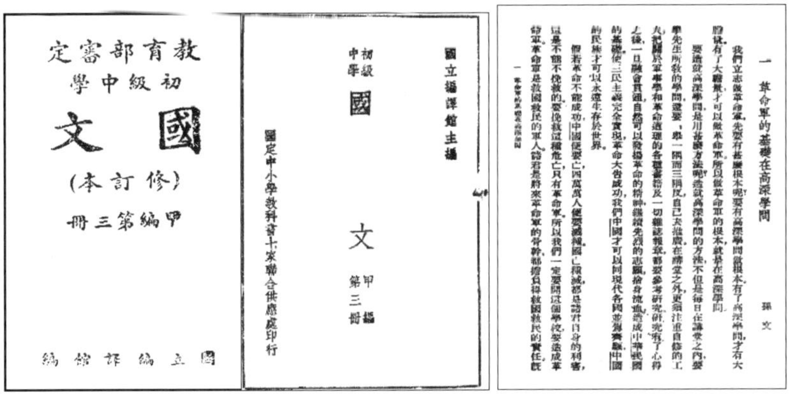

3-4-44

图3-4-44 《（初级中学）国文（修订本 甲编）》第3册，国定中小学教科书七家联合供应处，1947年版

《（初级中学）国文（甲编）》本来是在1934年组织编写的，并且在当时各册书大多已经完成，其中一部已经印行试用了。直到1938年，国民党中央颁布了《抗战建国纲领》，又有了改编教科书的新规定，并在1940年公布了修订中学国文课程标准，于是该书遵照1940年教育部颁布的修订中学国文课程标准编写，供初级中学三年六期使用。

甲编是相对于乙编、丙编而言，甲编为精读教材，乙编为研究材料（包括应用文示范、文章法则、书法指导、国学研究资料等），丙编为略读材料。《（初级中学）国文（甲编）》属于精读教材，第一、二册各有选文34篇，其余四册各为32篇，注重“熟诵”，希望训练学生使其获得运用语体文或文言文叙事、说理、表情、达意之技能，培养学生欣赏文艺的兴趣，唤起民族意识、发扬民族精神，了解与继承固有文化，也有极少量的翻译作品。这套教科书以单元编排，各选文排列以类为主，两篇同文体的课文为一组。文体主要有记叙文、说明文、抒情文、议论文四类。在一些选文后，再附列一两首与文情有关或具有代表性的诗词作为补充。每册后有“附录”，包括“题解”“作者”“注释”。

这套教科书不断修订，所见国立编译馆主编，徐士瑛、桑继芬编辑《（初级中学）国文（第二次修订本甲编）》1947年4月第二次修订本上海第5版，金兆梓、陈子展、庐前、罗根泽校订，中华书局印行。

抗战全面爆发以后，国民党政权强化了对教科书的管理与控制，但战乱使教科书的印制、运输都出现了极大的困难。国文、国语教科书统编本与国定本同时推行。小学国语常识混合编制，打破了学科的界限，常识以图画表解为主，国语以儿童喜闻乐见的趣味文字为主，以单元编排。中学教科书则在加大古文比重的同时，也大量选入了国民党要人的文稿和讲话等，并出现以“政治意义”为标题的组织单元。国定本国文、国语教科书的推行有效保证了中华民族在艰苦卓绝的斗争中弦歌不辍，见证了烽火岁月中教育所承载的重任及其奉献社会的力量，保障了教科书资源稀缺情况下的有效供应。

第五节 革命根据地国文、国语教科书发展

根据地国文、国语教科书作为根据地教育的重要组成部分，在中国共产党的高度重视下蓬勃发展起来，从小学到中学，从综合编制到学科体系的初步形成，中国共产党为新中国教育事业的发展打下重要基础。

一、革命根据地教科书发展概况[1]

从1927年10月在井冈山创建第一个农村革命根据地开始，革命根据地教科书从零星分散到逐步统一，从综合编写到学科体系初步形成，从小学教科书到中学教科书，在艰苦岁月中积极发展。

1. *革命根据地教科书的初创时期*（1930—1936）

1927年10月到1934年，中国共产党以江西中央苏区为中心，在鄂、豫、皖、川、陕、甘、宁等地建有一批革命根据地。根据地提倡平民教育，创办红色学校、允许失业工农兵及贫民子弟免费入学。1931年第一次全国苏维埃代表大会所通过的《中华苏维埃共和国宪法大纲》第十二条规定："中国苏维埃政权以保证工农劳苦民众有受教育的权利为目的，在进行国内革命战争所能做到的范围内，应开始施行完全免费的普及教育。"[2]各乡普遍地设立列宁小学，大约每乡一所，大乡有二三所以上。1934年第二次全国苏维埃代表大会，"根据江西、福建、粤赣三省的统计，在2 932个乡中，有列宁小学3 052所，学生89 710人。有补习夜校6 462所，学生94 517人，有识字组（此项只算到江西、粤赣两省，福建未计）32 388组，组员155 371人，有俱乐部1 656个，工作员49 668人。这是中央苏区一部分的统计"[3]。

革命根据地教科书从分散到统一编撰出版，迅速发展起来。革命根据地禁止使用基督教的书籍、国民党文化书籍和"四书五经"等作为学校教科书，要求各地小学使用苏区政府组织编写的教科书。1930年5月，湘鄂赣边界工农兵暴动委员会编辑出版《（红色初级小学校儿童读本之一）红

[1] 吴小鸥.复兴之路：百年中国教科书与社会变革[M].北京：中国社会科学出版社，2015：123-133.

[2] 中央教育科学研究所.老解放区教育资料[M].北京：教育科学出版社，1986：28.

[3] 中国现代史资料编辑委员会.苏维埃中国[M].北京：中国现代史资料编辑委员会，1957：283.

孩儿读本》，被认为是“现存最早的一种红色初级小学校的儿童读本”[1]。1930年9月，赣南瑞金县苏维埃政府文化建设委员会举行第一次会议，制定《瑞金县苏维埃政府目前文化工作总计划》，要求编审委员会在最短时间翻印闽西、赣西南文委会编印的高级、初级教材。1930年11月，闽西苏维埃政府文化部教材编审委员会重新确定张丹川、施松林、涂觉凡、兰维仁、曾寿春、少华、江秋、庆光、柏光、张冰崖等十人为编审委员，进行小学各科教材的编写工作。

1930年12月，徐特立克服重重困难进入江西苏区，根据地教科书审查力度加大，并提出统一编撰要求。1931年，成仿吾到达鄂豫皖苏区担任中共鄂豫皖省委宣传部部长和鄂豫皖省苏维埃文化委员会主席，主持制定鄂豫皖苏区一系列文化教育政策，编审了课本。1931年7月，鄂豫皖苏区第二次工农兵苏维埃代表大会通过《关于文化教育政策的决议》，明确审查各种教材，统一教材的内容，严格以马克思列宁主义为依据编定各种模范读本。1931年9月，湘赣鄂省工农兵苏维埃第一次代表大会通过《文化问题决议案》，提出统一教科书和改良教科书内容。之后，编辑出版了“列宁初级小学适用的《国语读本》《常识读本》《四则算术简要》《儿童游戏》等作为全省通用的教材”[2]。

1932年5月，共青团中央在给少共湘赣省委的信中要求学校进行共产主义教育，编辑各种新的教材和课本。1932年6月，中华苏维埃共和国临时中央政府人民委员会举行第16次会议，决定在中央教育人民委员部内设立教材编审委员会，以徐特立为主任，关蕴秋等为委员。1933年5月，中华苏维埃共和国教育人民委员部组织人力编写《共产儿童读本》，完成初稿，交徐特立审阅，按照徐特立的意见修改后于7月付印，供各地列宁小学使用。1934年4月，中央教育人民委员部颁发《小学课程教则大纲》之前，湘赣省苏维埃政府规定：列宁初小设国语、算术、自然常识、手工、图画、唱歌、游戏、劳作实习、社会活动等科；列宁高小增加地理、历史、卫生、政治等科。[3]1934年4月《小学课程教则大纲》颁布后，各地学校的课程设置按中央统一规定执行。随着课程设置的规范，后期也出现分科编撰的教科书。

2. 革命根据地教科书的发展时期（1937—1945）

1935年10月，中共中央率领红军经过二万五千里长征到达陕北。1937年1月，党中央进驻延安。抗日战争全面爆发后，中国共产党建立陕甘宁、晋绥、晋察冀、冀热辽、晋冀豫、冀鲁豫、山东、苏北、湘鄂赣、鄂豫皖等敌后抗战根据地，小学教育进一步发展。1938年8月，陕甘宁边区政府教育厅颁布《陕甘宁边区小学法》和《陕甘宁边区建立模范小学暂行条例》，规定边区小学的修业期限为五年，前三年为初级小学，后两年为高级小学，合称完全小学。初级小学得单独设立。小学课程由边区政府教育厅规定，教材需一律采用教育厅编辑和审定的课本及补充读物。1938年

[1] 皇甫束玉，宋荐戈，龚守静. 中国革命根据地教育纪事：1927.8—1949.9[M]. 北京：教育科学出版社，1989：28.

[2] 《江西省教育志》编纂委员会. 江西省教育志[M]. 北京：方志出版社，1996：72.

[3] 董纯才. 中国革命根据地教育史：第一卷[M]. 北京：教育科学出版社，1991：258.

2月，陕甘宁边区政府教育厅编审科陆续出版发行第一套小学课本，有国语、算术、政治常识、历史、地理、图画、劳作、唱歌等。1941年2月，陕甘宁边区政府教育厅修正公布《陕甘宁边区小学教育实施纲要》和《陕甘宁边区小学规程》，规定边区小学教育应依新民主主义教育方针以促进儿童的民族觉悟，养成儿童的民主作风，启发儿童的科学思想，发展儿童的审美观念，提高儿童的劳动兴趣，锻炼儿童的健壮体格，增进儿童生活所必需的知识，培养儿童为大众服务的精神。小学修业年限为五年，前三年为初级小学，后二年为高级小学。小学设政治、国语、算术、自然、历史、地理、美术、音乐、劳作、体育、卫生等课程（初级小学将政治、自然、历史、地理、卫生等课程合并为常识课）。1941年，陕甘宁边区政府教育厅对1938年出版的小学教科书进行了改编，改编人员主要有董纯才、辛安亭、魏东明、张养吾、何楠若等，改编的教科书于1942年陆续出版。1943年2月，陕甘宁边区政府教育厅发出《一九四二年工作总结与一九四三年工作计划的大纲》，要求编审小学课本。陕甘宁边区政府教育厅组织人力再次修订了小学课本。1942年，鄂豫边区成立教科书编审委员会，以赵季为主任，编辑出版小学国语、算术等教科书。1942年春，淮南行署教育处和路东总文抗编印出版小学国文、算术、常识以及自然等教科书。

1938年9月，陕甘宁边区中学在延安开学，根据地中学教育逐渐发展。1939年3月，晋察冀边区临时行政委员会颁布《民族革命中学暂行办法》，要求晋察冀边区在每一专员区设立中学一处，暂定招收初中班一至两个。1941年，陕甘宁边区有中等学校6所，学生1 062人，山东有中学8所，学生1 000余人。1945年，山东有中等学校42处，学生约15 000人。1943年，苏中有中学54所，中学生8 000余人。1945年1月，盐阜行署文教处组织人力着手编写中学教科书，孙达人等编写出国文、数学、自然科学常识、社会发展史、根据地建设等教材。1945年12月，苏皖边区政府教育厅成立中小学教材编审室，杭苇担任编审室主任，半年编出中学国文、数学、历史、地理、物理、化学等教材。

3. 革命根据地教科书的繁盛时期（1946—1949）

抗日战争胜利后，中国共产党领导的人民武装在原有各根据地的基础上，建立起华北、山东、东北、西北、华东等解放区，中小学教育朝着正规化发展。1946年6月8日《解放日报》报道，晋察冀边区小学教育空前发展，已有高初级小学2.33万余所，入学儿童达146.47万余名。1946年6月，晋察冀边区行政委员会颁布《晋察冀边区小学暂行规程（草案）》，明确小学为边区广大学童享受公民教育的场所，依据新民主主义教育方针和群众的需要与自愿，培养能读会写会算，能生产劳动、会过光景，并具有民族觉悟、民主作风的新公民。初级小学修业年限四年，高级小学两年。1946年，晋冀鲁豫边区政府教育厅着手编写国语常识、算术、历史、地理、自然等小学新课本，参编者有黄啸曾、张德甫、皇甫束玉、张逸园、彭文等。1946年11月，东北行政委员会第五次会议决定成立教材编审委员会，董纯才为主任委员，智建中、王修、吴伯箫、张如心、吕骥、邵凯等为委员。教材编审委员会决定中学教材由东北大学编写，小学教材由董纯才组织人力编写。一年后编写出小学教材14种14册，中学教材9种9册，社会教育课本2种2册。1947年3月，山东省政府教育厅成立中学教材编审委员会，戴伯韬、孙陶林、罗竹风、杭苇、蔡迪为中学教材编审委员会领导组成员，下设国文、数学、生物、地理、历史、政治六个编写组，编写一套供普通中学及中等学校使用的教材。

中华人民共和国成立前夕，全国划分为东北、华北、华东、中南、西北、西南六大行政区，各地基本都是自编自印教科书。华北区是解放较早的地区，又是即将诞生的中华人民共和国政府首脑机关所在地。为了解决1949年秋季中小学开学时教学用书问题，1949年4月，华北人民政府教育部成立教科书编审委员会，叶圣陶任主任委员，周建人、胡绳任副主任委员，成员有蒋仲仁、傅彬然、宋云彬、孙起孟、叶蠖生、王子野、金灿然、丁晓先、王诚、杜子劲等，他们审订老解放区的教科书和国民党统治区的旧教科书，并修订了一套中小学教科书，保证了1949年秋季如期开学。

二、综合编撰的国语类课本

1. 湘鄂赣边境工农兵暴动委员会红孩儿编辑委员会编辑《（红色初级小学校儿童读本之一）红孩儿读本》

1930年5月，《（红色初级小学校儿童读本之一）红孩儿读本》印行，落款为“湘鄂赣边境浏阳第八区苏维埃政府”。

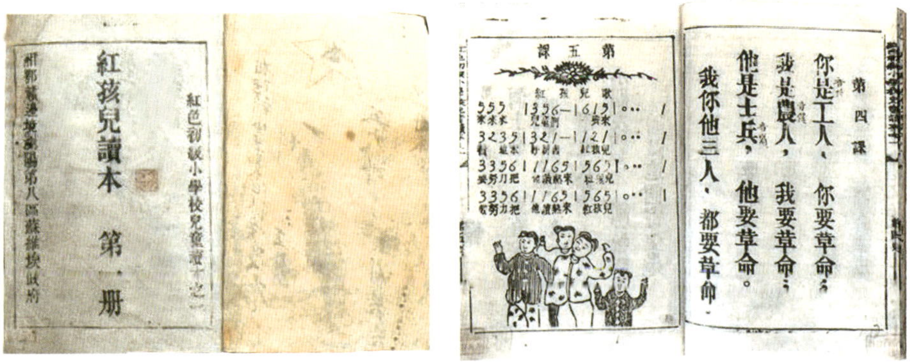

3—5—1

图3—5—1 《（红色初级小学校儿童读本之一）红孩儿读本》第1册，湘鄂赣边境工农兵暴动委员会红孩儿编辑委员会，1930年版

《（红色初级小学校儿童读本之一）红孩儿读本》第1册编排有“见面话”“发刊词”和“说明”，编排有20课，中间编排有歌曲。“发刊词”写道：“我是红孩儿，我是革命的红孩儿，有创造的天才能力，有伟大的牺牲精神，不怕那穷凶极恶的统治者，不怕那糊涂黑暗的旧世界。我要放出万丈的光芒，把他们的狰狞面目损破。我要大挥犀利的宝剑，斩除那些凶恶的妖魔！把糊涂黑暗的世界，创造得灿烂光明！愿爱我的朋友，与我一齐来，冲锋前进，跑到共产社会的集团，尝尝看

自由平等的果子。"[1]《（红色初级小学校儿童读本之一）红孩儿读本》宣扬工农兵联合起来进行革命，课文文体有韵文、故事、诗歌等，如："你是工人，你要革命；我是农人，我要革命；他是士兵，他要革命。你我他三人，都要革命。"又如："红孩儿，笑哈哈，他常对人说道：我要做出掀天揭地的事业，我要走遍地角与天涯，做个伟大革命家。"课文有插图。

2. 兴国县第一区苏维埃政府文化部翻印《（红孩儿）工农读本》

1930年9月，赣南瑞金县苏维埃政府文化建设委员会第一次会议制定的《瑞金县苏维埃政府目前文化工作总计划》规定，"关于编审小学教材问题，催促编审委员会于最短时间将闽西、赣西南文委会编印的高级、初级教材翻印过来"[2]。

1930年10月，兴国县第一区苏维埃政府文化部翻印《（红孩儿）工农读本》第二册。

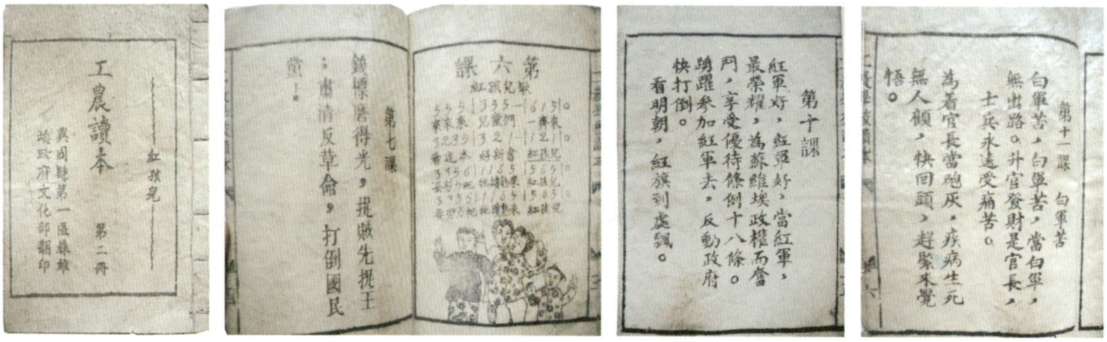

3-5-2

图3-5-2 《（红孩儿）工农读本》第2册，1930年版

《（红孩儿）工农读本》第二册以课编排，课文用语体文编写，句子较短，语言通俗浅白，编有韵文、歌曲等，如《红孩儿歌》标有简谱。课文有插图。

3. 闽西苏维埃政府文化教育委员会编辑《平民课本》

闽西苏维埃政府文化教育委员会编辑《平民课本》，册数不详，出版时间不详。

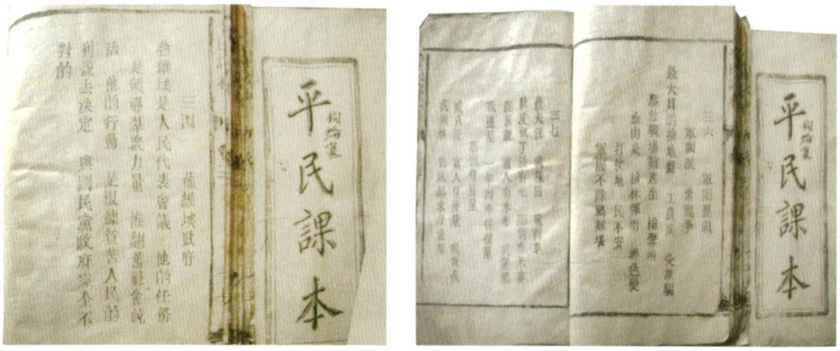

3-5-3

图3-5-3 《平民课本》，出版信息不详

[1] 张斌，刘文韬.本报独家公开珍贵史料81年前《红孩儿读本》[N/OL]. 三湘都市报，2011-05-31 [2022-7-28]. http://hnrb.voc.com.cn/article/201105/201105312357234853.html.

[2] 瑞金县苏维埃政府文化建设委员会. 瑞金县苏维埃政府文化工作总计划[M]//顾明远. 教育大辞典. 上海：上海教育出版社，1998：408.

4. 中华苏维埃共和国教育人民委员部组织编撰《共产儿童读本》

苏区教育提倡用共产主义精神培养儿童，使其成为苏维埃革命斗争的新后代。1933年5月，中华苏维埃共和国教育人民委员部组织编写的《共产儿童读本》完成初稿，徐特立审阅后提出内容太偏重于政治，日常事项太少，并且内容深浅几册之间没有什么分别。这套读本为应当时需要，用一两个学期后可以再编，也可以改正，当更加完善，暂时可不用中央教育部审定的名义。编者按照徐特立的意见进行一次修改后于7月份付印，供各地列宁小学采用。

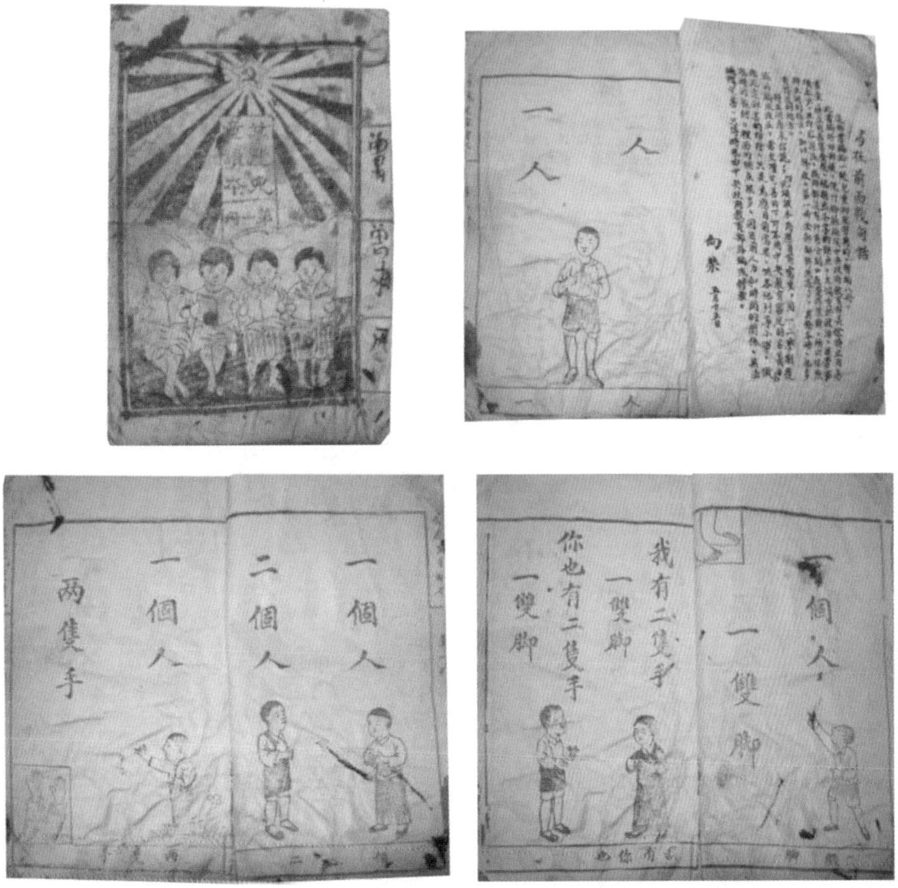

3—5—4

图3—5—4　《共产儿童读本》第1册，出版信息不详

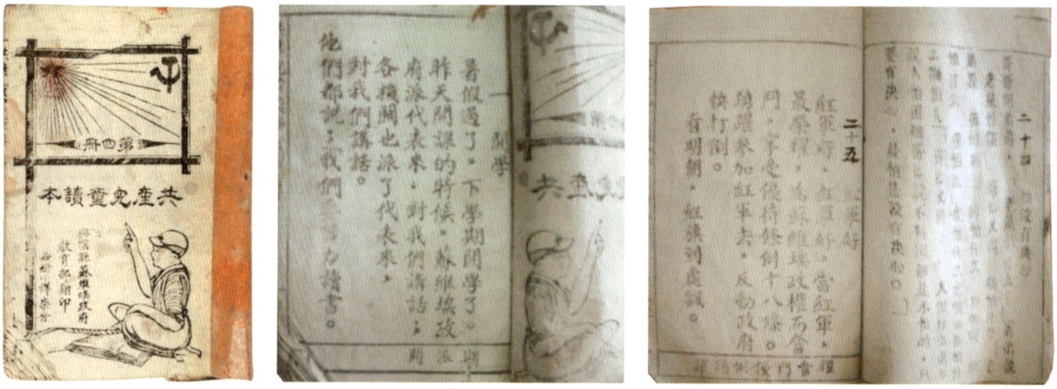

3—5—5

图3—5—5 《共产儿童读本》第4册，兴国县苏维埃政府教育部翻印，出版时间不详

《共产儿童读本》作为根据地初级列宁小学通用教科书，课文紧密结合革命战争、根据地建设需要，适当注意儿童生活实际。用白话文编写，夹杂乡土方言，以记叙文为主。

三、小学国语课本

革命根据地何时开始分科编撰小学国语教科书？据载，闽西苏区最早有《暂用国语读本》，但笔者并未见到此书，尚待进一步考证。

1. 闽西苏区《暂用国语读本》

闽西苏区列宁小学，1930年8月统称劳动小学。据《龙岩地区志》记载，1930年12月，龙岩县龙池区开办初高级劳动小学23所，学生1 672人，教员45人。据载，1930年由闽西苏维埃政府文化部审定的《暂用国语读本》第五册，封底印有“龙池劳动小学校用”字样。

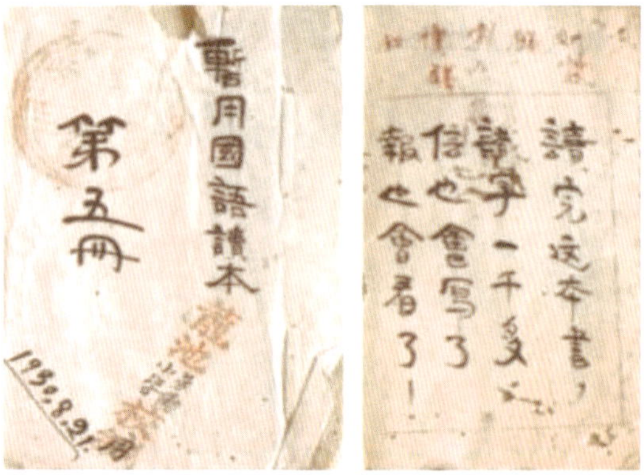

3—5—6

图3—5—6 《暂用国语读本》第5册，出版信息不详

2. 刘御编著《（陕甘宁边区教育厅审定）初小国语》《（陕甘宁边区教育厅审定）高小国语》

1946年3月，刘御编著《（陕甘宁边区教育厅审定）初小国语》出版，“供给陕甘宁边区春季始

业之三二制初小之用而编撰，最早只有六册，后来为适应广大新区四二制小学之急需，所以扩大为八册”[1]。在第六册开篇有编者写于1948年6月的“编者的话”，指出“原来的初小国语第六册，在印刷中，都已被毁于胡灾。现在的这本第六册，是在胜利回延后匆匆编写出来的”[2]。第一册封面有“陈叔亮绘图”字样。

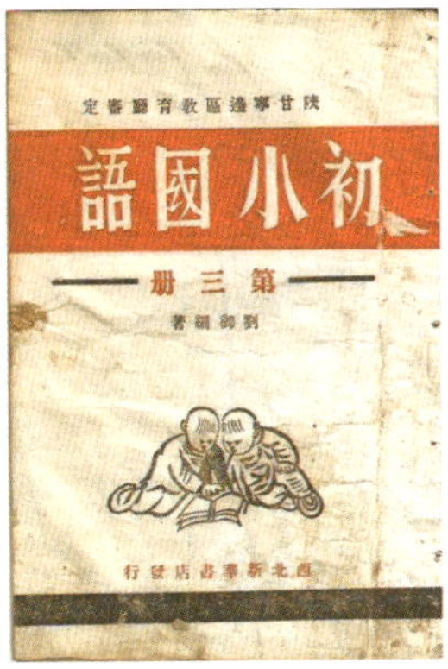

3—5—7

图3—5—7 《（陕甘宁边区教育厅审定）初小国语》第3册，陕甘宁边区教育厅，1949年版

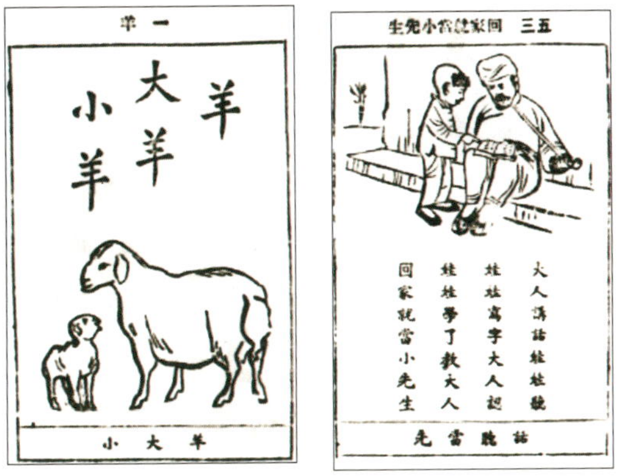

3—5—8

图3—5—8 《（陕甘宁边区教育厅审定）初小国语》第1册，陕甘宁边区教育厅，1948年版

《（陕甘宁边区教育厅审定）初小国语》前四册与常识合编，“学完本书可以阅读边区群众报和初级通俗读物，可以书写简单的农村应用文，略备一般的公民知识，并具有自修前进之能力”[3]。这套教科书各册50课以上，按单元编排，“采用心理的组织法及多变的散列式”[4]。教科书有课文标题位于上栏外，生字位于下栏，无注音字母，课文有插图。各册“编辑要旨”后有各册“教学参考”。单元间有“练习”，题型有认字、填字、猜谜、识别、造句、整句，有阅读、讨论、说话等。

[1] 刘御. 陕甘宁边区教育厅审定：初小国语：第1册[M]. 西安：西北新华书店，[出版年不详]：编选者的话.
[2] 刘御. 陕甘宁边区教育厅审定：初小国语：第6册[M]. 西安：西北新华书店，1948：编者的话.
[3] 刘御. 陕甘宁边区教育厅审定：初小国语：第1册[M]. 西安：西北新华书店，1948：编辑要旨.
[4] 刘御. 陕甘宁边区教育厅审定：初小国语：第1册[M]. 西安：西北新华书店，1948：编辑要旨.

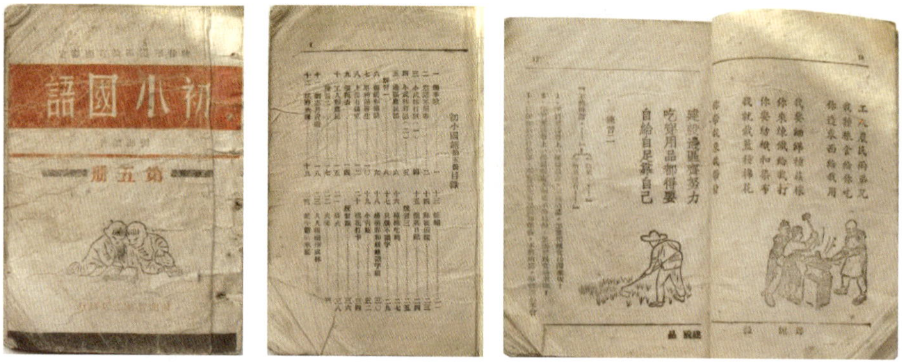

3-5-9

图3-5-9 《（陕甘宁边区教育厅审定）初小国语》第5册，西北新华书店，1949年版

这套教科书在中华人民共和国成立后继续使用，所见《（陕甘宁边区教育厅审定）初小国语》第五册有1950年2月版本。

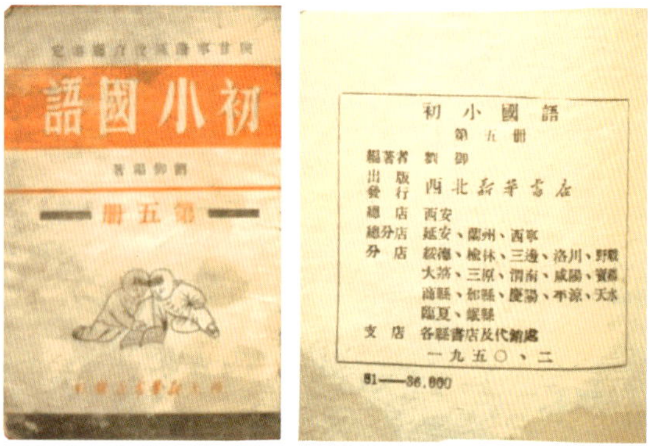

3-5-10

图3-5-10 《（陕甘宁边区教育厅审定）初小国语》第5册，西北新华书店，1950年版

1946年，萧云等编著《（陕甘宁边区教育厅审定）高小国语》四册出版，后随时局变化，“抽换了30课，课文的次序也多少有些变动”[1]。在这30课中，“有八课是辛安亭同志编的高小国语补充教材，有五课选自华北和苏北的国语课本，其余17课是由王士哲同志从最近的报章上选裁和改编的”[2]。所见第四册编有40课，无练习、无单元，有少量插图。

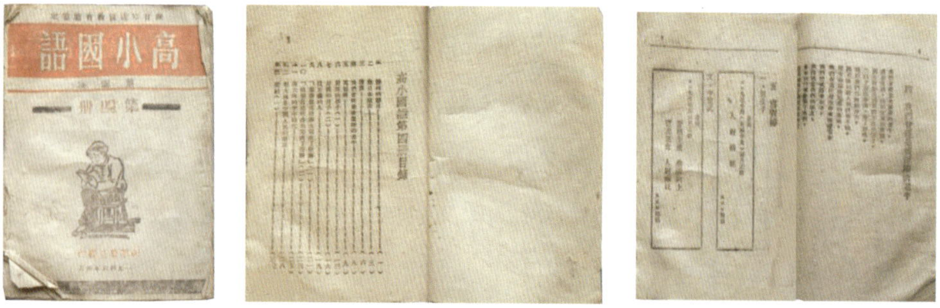

3-5-11

图3-5-11 《（陕甘宁边区教育厅审定）高小国语》第4册，西北新华书店，1946年版

[1] 萧云，等. 陕甘宁边区教育厅审定：高小国语：第2册[M]. 西安：西北新华书店，1946：一点说明.
[2] 萧云，等. 陕甘宁边区教育厅审定：高小国语：第2册[M]. 西安：西北新华书店，1946：一点说明.

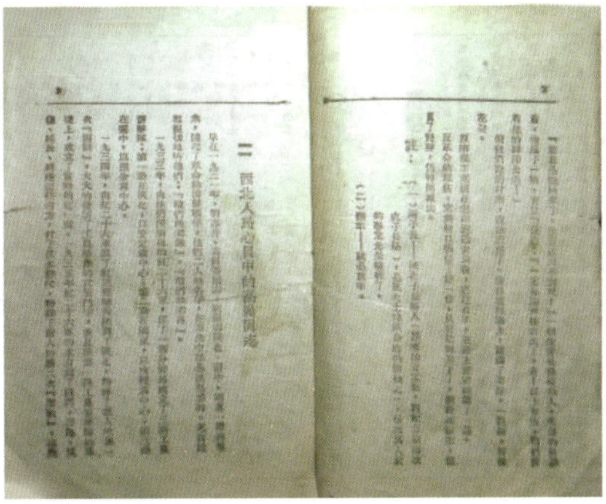

3—5—12

图3—5—12 《（陕甘宁边区教育厅审定）高小国语》第2册，西北新华书店，1949年版

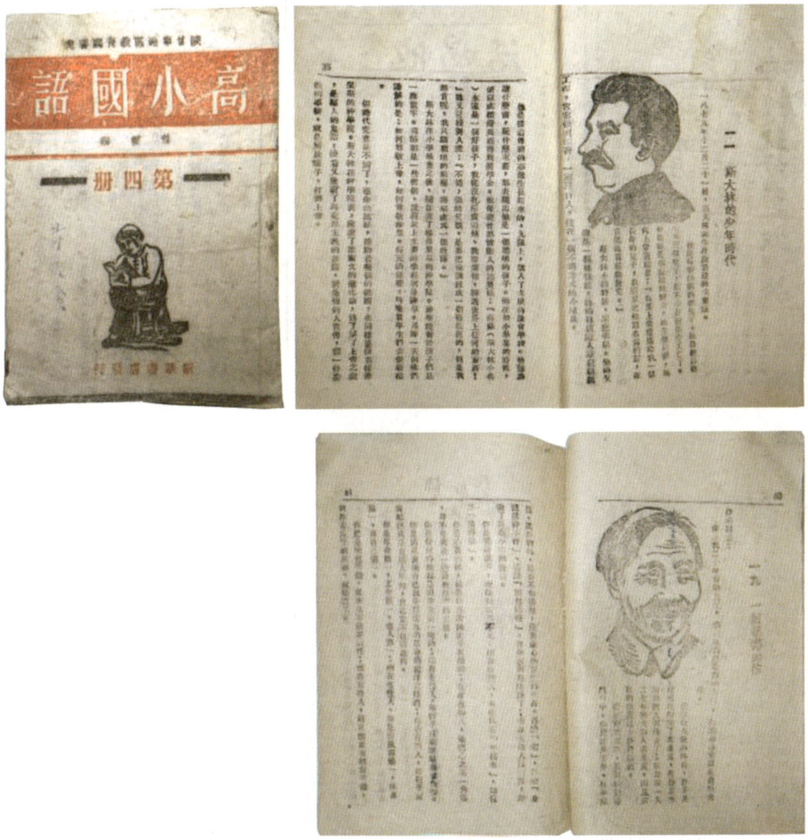

3—5—13

图3—5—13 《（陕甘宁边区教育厅审定）高小国语》第4册，新华书店发行，1949年版

1949年7月第四册封面编者为“刘御”，课文大部分与初版一致，少许有变化。

3. 曾颊、皇甫束玉编著《（晋冀鲁豫边区政府教育厅审定）初级新课本（国语常识合编）》

曾颊、皇甫束玉编著，郝定绘图《（晋冀鲁豫边区政府教育厅审定）初级新课本（国语常识合编）》六册。第一册1946年3月初版由曾颊所编，鲁迅书店印行，第三册由韬奋书店出版。第五、六、七、八册编者为皇甫束玉，绘图为郝定。

3-5-14

图3-5-14 《（晋冀鲁豫边区政府教育厅审定）初级新课本（国语常识合编）》第2册，裕民印刷厂，1945年版

《（晋冀鲁豫边区政府教育厅审定）初级新课本（国语常识合编）》为春季始业用书，“以广大农村儿童为主要对象，适当照顾到中小城市的儿童，培育新民主主义的新国民，使他们具有一般生产常识和文化科学的知识”[1]。这套教科书为国语常识合编，每册40课，以单元编排，并且强调“课本应用设计教学，按具体情况，灵活调用课文，不必拘于课文系列”[2]，内容涉及生产、公民史地、卫生、自然、学校生活等。而且强调“此外尚留有三分之一的时间，进行补充教材及乡土教材”[3]。单元间穿插练习，题型有填字、句的变化、照样造句、写故事、写传单、答问题、写日记等，生字位于课文下栏，课文有插图，每册前面有本册编辑大意。

[1] 曾频. 晋冀鲁豫边区政府教育厅审定：初级新课本：国语常识合编：第3册[M]. 北京：韬奋书店，1945：初级新课本第3册编辑大意.

[2] 曾频. 晋冀鲁豫边区政府教育厅审定：初级新课本：国语常识合编：第3册[M]. 北京：韬奋书店，1945：初级新课本第3册编辑大意.

[3] 曾频. 晋冀鲁豫边区政府教育厅审定：初级新课本：国语常识合编：第3册[M]. 北京：韬奋书店，1945：初级新课本第3册编辑大意.

4. 曾颊编著《（晋冀鲁豫边区政府教育厅审定）国语常识课本（初级小学适用）》

曾颊编著《（晋冀鲁豫边区政府教育厅审定）国语常识课本（初级小学适用）》第五册，韬奋书店出版，新华书店印刷厂印刷，韬奋书店发行，1947年9月6版。

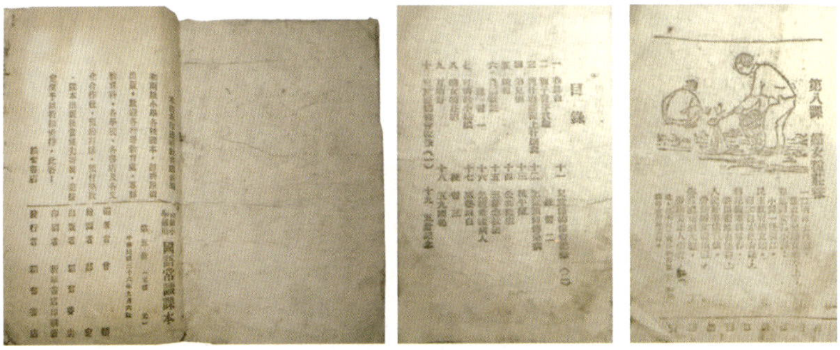

3-5-15

图3-5-15 《（晋冀鲁豫边区政府教育厅审定）国语常识课本（初级小学适用）》第5册，韬奋书店，1947年版

《（晋冀鲁豫边区政府教育厅审定）国语常识课本（初级小学适用）》第五册明确“应用设计教学，按具体情况，灵活调用课文，不必拘守文序例”[1]。并且强调根据课时计算，“尚留有三分之一的课程时数，为进行补充教材或乡土教材及其他教学活动之用”[2]。这本教科书按单元编排，单元后有练习，课文有插图。

5. 刘松涛、黄雁星、项若愚编《（晋察冀边区行政委员会教育处审定）国语课本（初级小学适用）》《（晋察冀边区行政委员会审定）国语课本（高级小学用）》

1946年，刘松涛、黄雁星、项若愚编《（晋察冀边区行政委员会教育处审定）国语课本（初级小学适用）》八册，晋察冀边区行政委员会教育处审定，晋察冀新华书店出版发行，1948年1月修正再版。

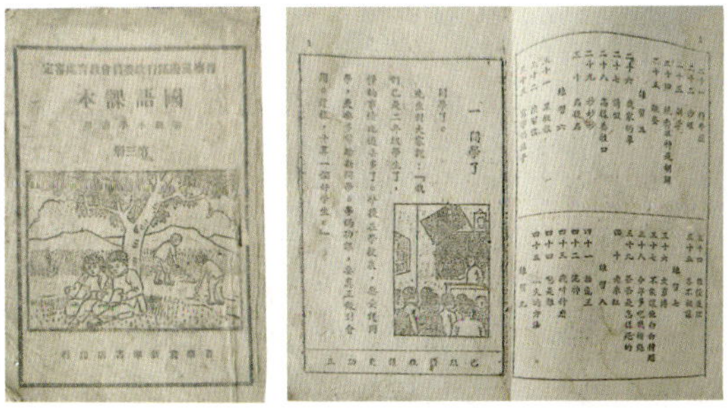

3-5-16

图3-5-16 《（晋察冀边区行政委员会教育处审定）国语课本（初级小学适用）》第3册，晋察冀新华书店，1946年版

《（晋察冀边区行政委员会教育处审定）国语课本（初级小学适用）》前有写于1948年1月的“编者的话”，明确教科书是根据革命形势新发展，针对旧课本在应用中所发现的缺点改编的，“改编时特别注意以明确的阶级观念，并从儿童的生活和需要出发”[3]。这套教科书供春季始业用，第一至四册为国语常识合编，第五至八册为国语常识分编。这套教科书按单元编排，单元后有

[1] 曾颊. 晋冀鲁豫边区政府教育厅审定：国语常识课本：初级小学适用：第5册[M]. 6版. 北京：韬奋书店，1947：编辑要旨.

[2] 曾颊. 晋冀鲁豫边区政府教育厅审定：国语常识课本：初级小学适用：第5册[M]. 6版. 北京：韬奋书店，1947：编辑要旨.

[3] 刘松涛，黄雁星，项若愚. 晋察冀边区行政委员会教育处审定：国语课本：重订本：初级小学适用：第6册[M]. 石家庄：晋察冀新华书店，1948：编者的话.

练习，注意“词”与“术语”的记忆和运用，题型有写、读、填字、分辨相像的字、改正句中的错字、读读看、问、两字合一字、读读讲讲、填几个字、造句、接写下面的句子、大家讨论、书法、作文、做等，各课生字位于课文下栏，课文有插图。

这套教科书第四册版权页没有编者名字，第六册有编撰者名字，时间为“民国三十七年一月修正再版”，第七册封面标注重订本，版权页没有作者名字，只有审定者。

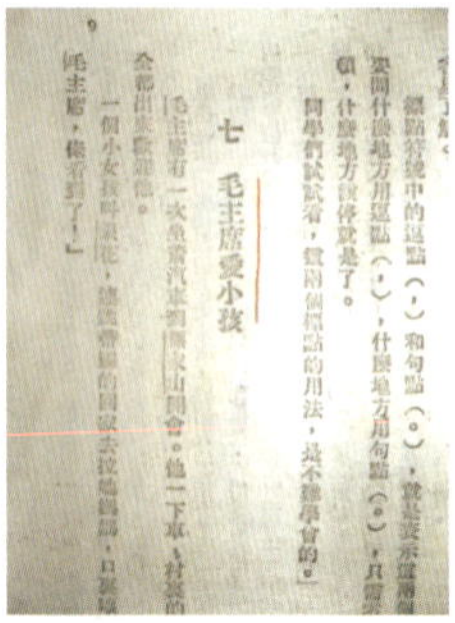

3-5-17

图3-5-17 《（晋察冀边区行政委员会教育处审定）国语课本（修正本）》，冀中平原书店，1947年版

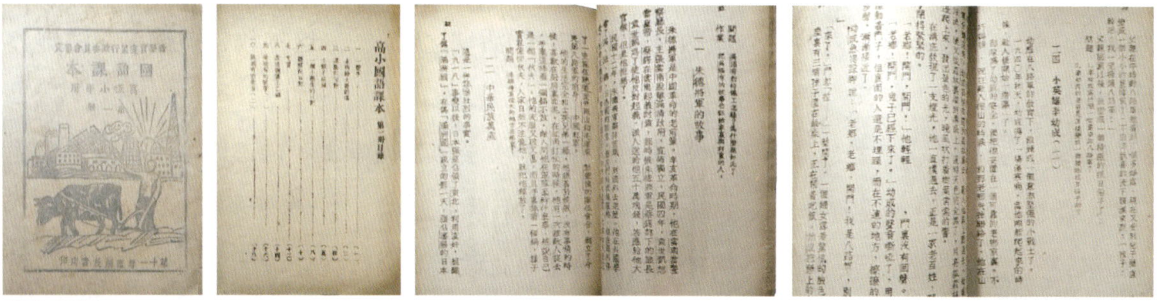

3-5-18

图3-5-18 《（晋察冀边区行政委员会审定）国语课本（高级小学用）》第1册，第十一专区解放书店，出版时间不详

6. 东方明、刘正力、辛景月、陈洪、马琰编《（晋绥边区行政公署民教处审定）国语课本（小学校初级用）》《（晋绥边区行政公署民教处审定）国语课本（小学校高级用）》

1948年6月，东方明、刘正力、辛景月、陈洪、马琰编《（晋绥边区行政公署民教处审定）国语课本（小学校初级用）》八册，晋绥新华书店发行，第一册版权页印有“欢迎再版”字样。

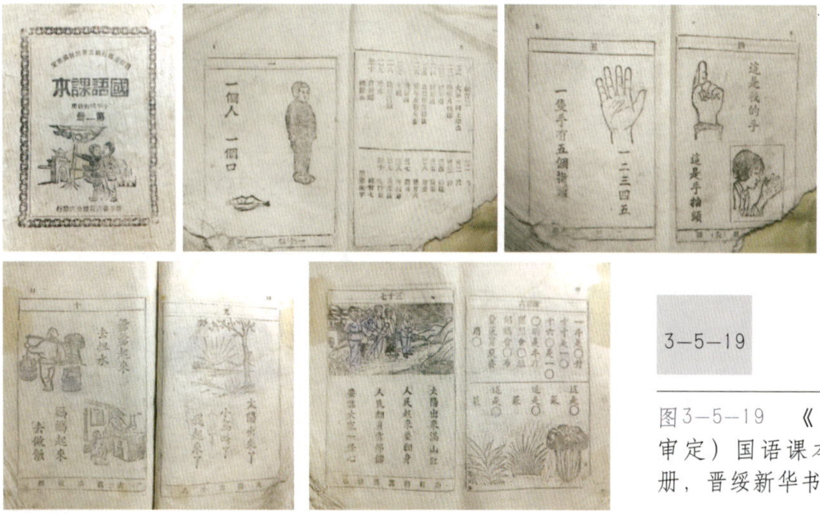

3-5-19

图3-5-19 《（晋绥边区行政公署民教处审定）国语课本（小学校初级用）》第1册，晋绥新华书店，1948年版

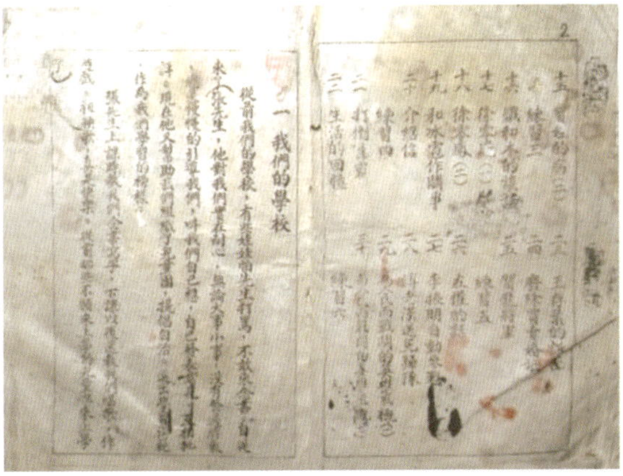

3-5-20

图3-5-20 《（晋绥边区行政公署民教处审定）国语课本（小学校初级用）》第7册，晋绥新华书店晋南分店翻印，1949年版

《（晋绥边区行政公署民教处审定）国语课本（小学校初级用）》前有写于1946年8月的“编者的话”，明确这套教科书是根据晋绥边区实际情况，“参照陕甘宁边区及晋察冀边区初小国语课本编写而成”[1]，供春季始业用。前四册是国语常识合编，每册四十课，供初小一、二年级之用。后四册是国语常识分编，每册30课，供初小三、四年级之用。前四册附有练习，“各地教师于进行教学时，可根据儿童智力及心理，适当增减及调剂，务使儿童做到会念、会写、会讲、会用”[2]。这套教科书按单元编排，单元后有练习，每课生字位于课文下栏，每册最后有生字表，生字均无注音，全书有插图。

《（晋绥边区行政公署民教处审定）国语课本（小学校高级用）》四册，课文依次编排，没有单元，没有练习，没有插图。

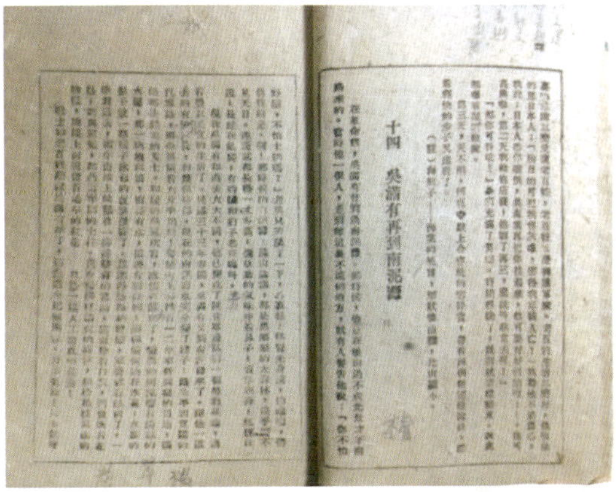

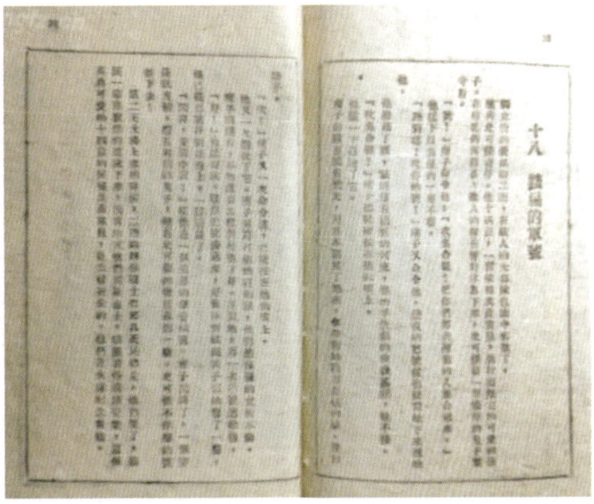

3-5-21

图3-5-21 《（晋绥边区行政公署民教处审定）国语课本（小学校高级用）》第2册，出版信息不详

[1] 东方明，刘正力，辛景月，等. 晋绥边区行政公署民教处审定：国语课本：小学校初级用：第1册[M]. 吕梁：晋绥新华书店，1948：编者的话.

[2] 东方明，刘正力，辛景月，等. 晋绥边区行政公署民教处审定：国语课本：小学校初级用：第1册[M]. 吕梁：晋绥新华书店，1948：编者的话.

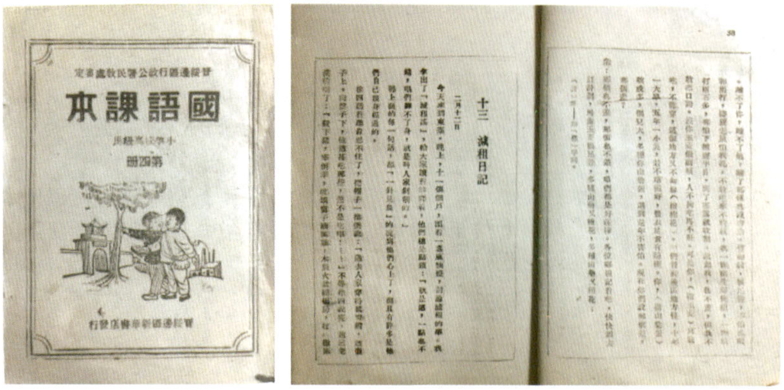

3-5-22

图3-5-22 《（晋绥边区行政公署民教处审定）国语课本（小学校高级用）》第4册，出版信息不详

7. 山东省教育厅编审室编审《（山东省政府教育厅编审）（小学课本）国语》《（山东省人民人民政府教育厅编审）（初级小学课本）国语》《（山东省政府教育厅审定）国语课本（初级小学第四学年第一学期用）》及《（山东省政府教育厅审定）国语课本（高级小学）》

山东省教育厅编审室编审《（山东省政府教育厅编审）（小学课本）国语》四年级下册，华东新华书店发行，1949年5月再版。这本教科书以单元编排，六至七课为一个单元，单元中间有练习。教科书选文有诗歌、故事、韵文等体裁，有的课后设计有“研究和做”，还有“教学注意”，也有一些课文后单独出现“注”。这套教科书在中华人民共和国成立之后仍然出版发行，所见1950年山东新华书店出版的《（山东省人民政府教育厅编审）（初级小学课本）国语》四年级下册内容与1949年的一样。

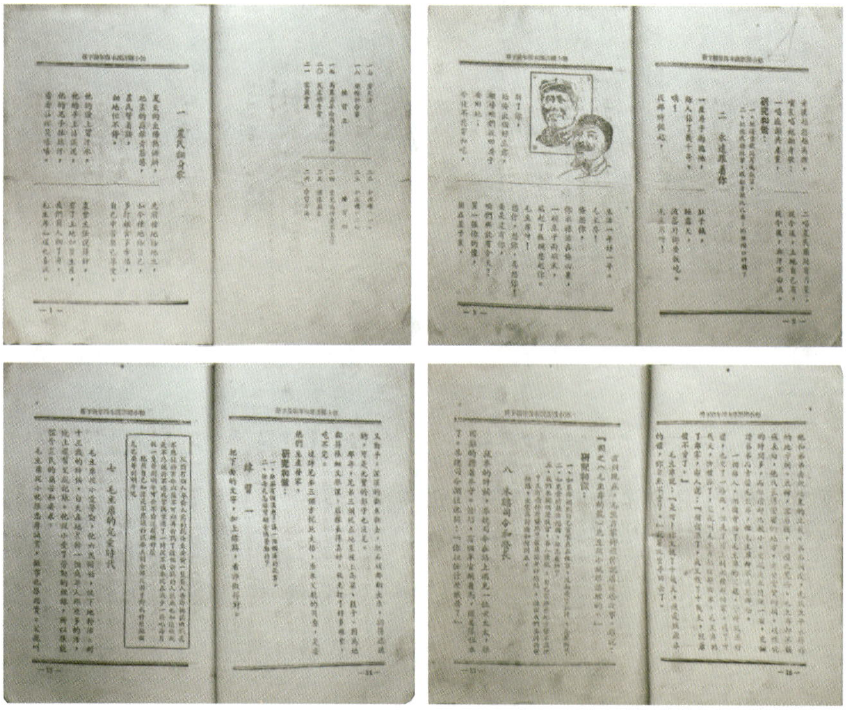

3-5-23

图3-5-23 《（山东省人民政府教育厅编审）（初级小学课本）国语》四年级下册，山东新华书店，1950年版

所见《（山东省政府教育厅审定）国语课本（初级小学第四学年第一学期用）》第十册，山东新华书店出版，时间不详。该册教科书以课编排，无单元、无生字、无练习、有插图。这本教科书选文有韵文、记叙文、故事等，如《小河的流水》《中华　你是我们的家》《郑信开荒队》《一群劳动小英雄》《吴满有胜利了》等。

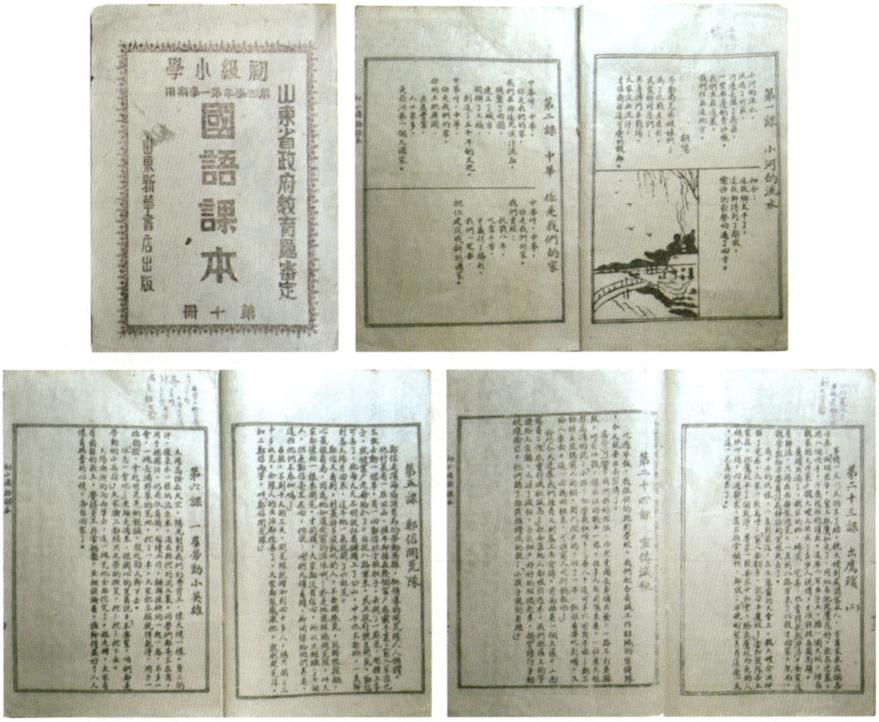

3-5-24

图3-5-24　《（山东省政府教育厅审定）国语课本（初级小学第四学年第一学期用）》第10册，山东新华书店，出版时间不详

1947年1月，《（山东省政府教育厅审定）国语课本（高级小学）》，由胶东新华书店出版。

8.《（东北政委会编审委员会编）初小国语》《（东北政委会编审委员会编）高小国语》

《（东北政委会编审委员会编）初小国语》共八册，供春季始业初级小学用，要求“在进行教学时，除做到使儿童会念、会讲、会写外，应特别注意教会他们在日常生活中，运用这些文字”[1]。这套教科书每册30课至32课，选材以乡村为主要对象，穿插一些城市的材料。教科书以单元编排，每个单元后有练习。这套教科书“课文内有‘（）’的地方，教师应指导儿童用楷书填上，为了增加儿童学习兴趣，适当添绘插图，教师应充分利用，并指导儿童欣赏”[2]。

[1] 东北政委会编审委员会. 东北政委会编审委员会编：初小国语：第2册[M]. 沈阳：东北书店，［出版年不详］：教学注意事项.

[2] 东北政委会编审委员会. 东北政委会编审委员会编：初小国语：第2册[M]. 沈阳：东北书店，［出版年不详］：教学注意事项.

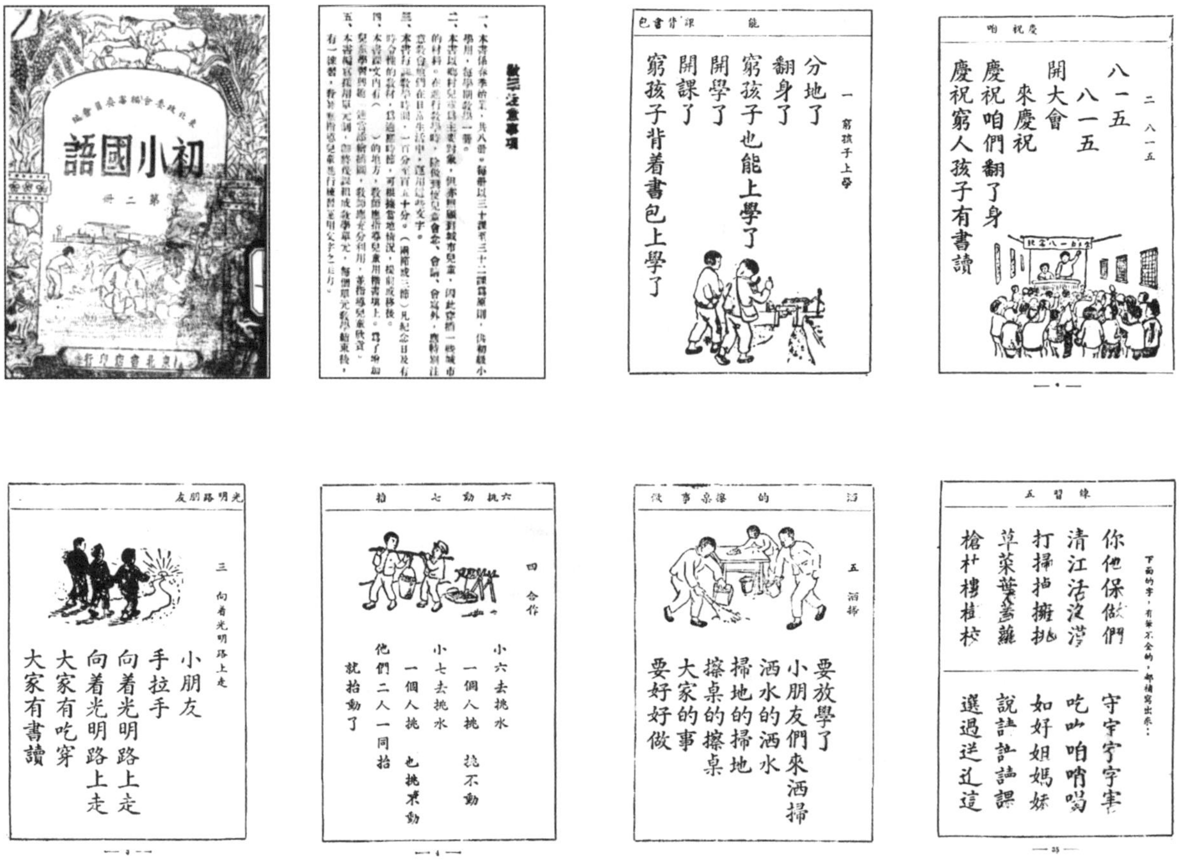

3-5-25

图3-5-25 《（东北政委会编审委员会编）初小国语》第2册，东北书店，出版时间不详

《（东北政委会编审委员会编）高小国语》四册，东北书店发行，所见第四册初版时间为1948年7月。这套教科书供春季始业的高级小学两年之用。这套教科书的教学目的是“思想方面注重启导儿童对新社会生活之认识，技术方面注重锻炼其说话写作之能力”[1]，内容涉及日常生活、政治常识、战争描述、古代故事以及外国文学等。课文按单元编排，每课均附有“说明”“讨论”“练习”，注重实习活动。这套教科书另附有简单文法讲习。第四册有《民主作风》《民主和开会》《我们的好朋友》《怎样写报纸通讯》《多写作多修改》《手和脑》《列宁的故事》等，共计30课。

[1] 东北政委会编审委员会. 东北政委会编审委员会编：高小国语：第3册[M]. 沈阳：东北书店，1948：编辑大意.

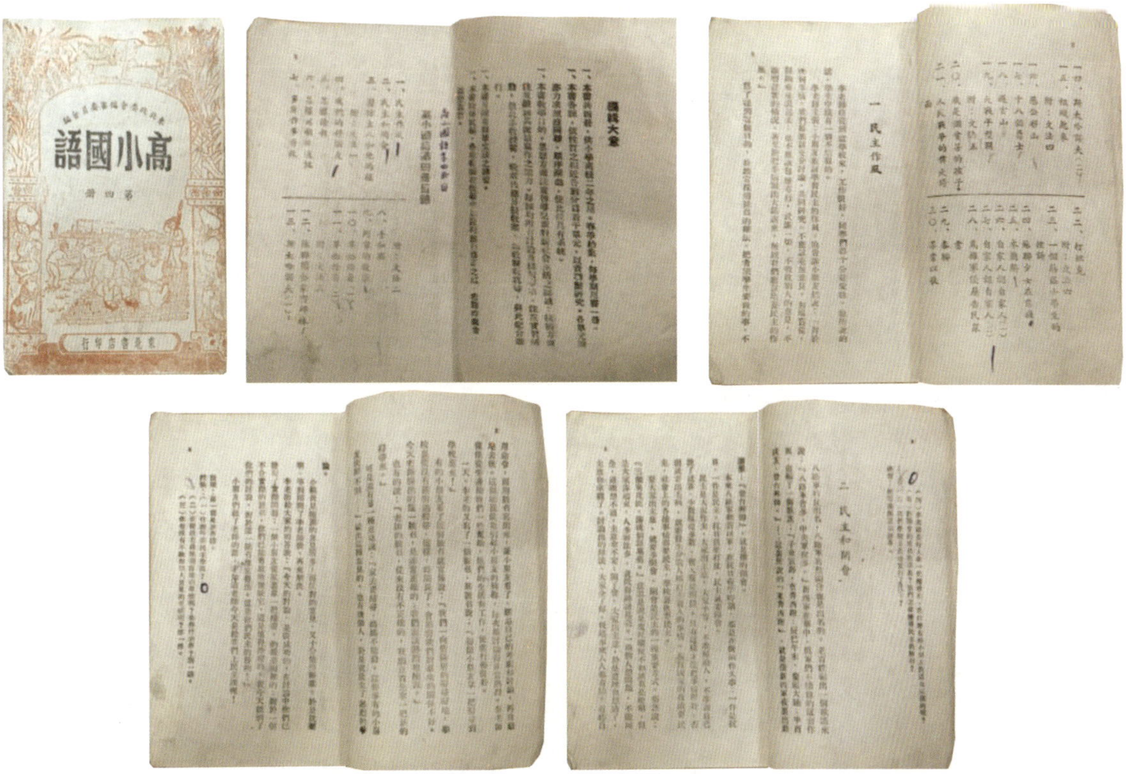

3-5-26

图3-5-26　《（东北政委会编审委员会编）高小国语》第4册，东北书店，1948年版

这套高小国语还有不同封面的版本，但课文和体例是一样的，出版时间不详。

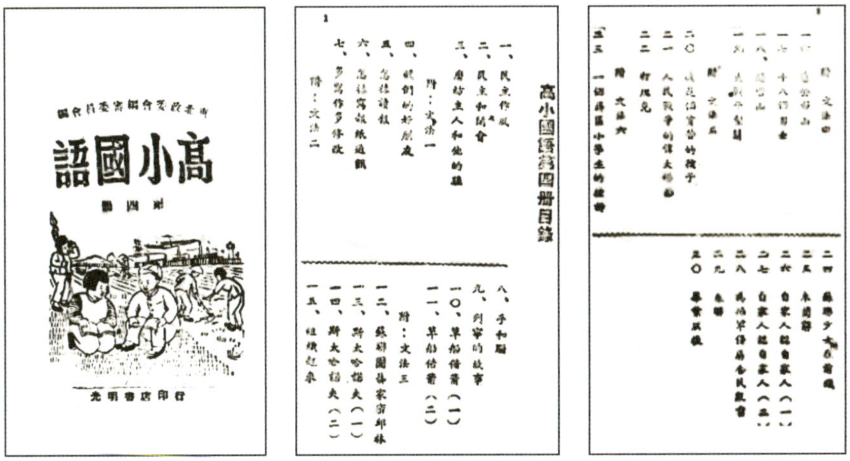

3-5-27

图3-5-27　《（东北政委会编审委员会编）高小国语》第4册，光明书店，出版时间不详

9. 悳频、刘松涛、黄雁星、项若愚编辑《（华北人民政府教育部审定）国语课本（初级小学适用）》；悳频、刘松涛、黄雁星编辑《（华北人民政府教育部审定）国语课本（高级小学适用）》

1949年2月，悳频、刘松涛、黄雁星、项若愚编辑《（华北人民政府教育部审定）国语课本（初级小学适用）》八册，新华书店印行。

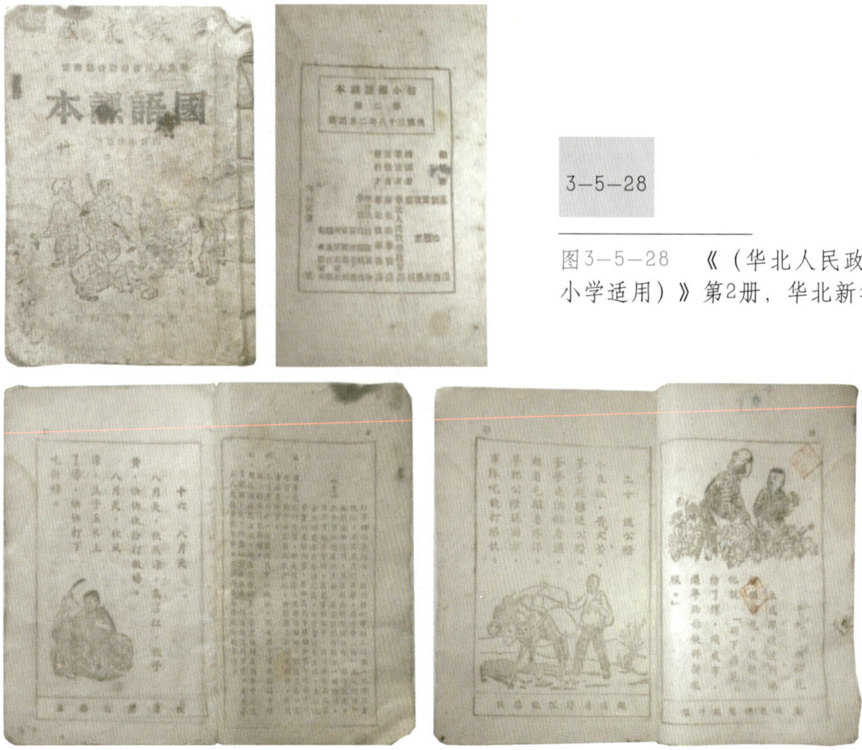

3-5-28

图3-5-28 《（华北人民政府教育部审定）国语课本（初级小学适用）》第2册，华北新华书店，1949年版

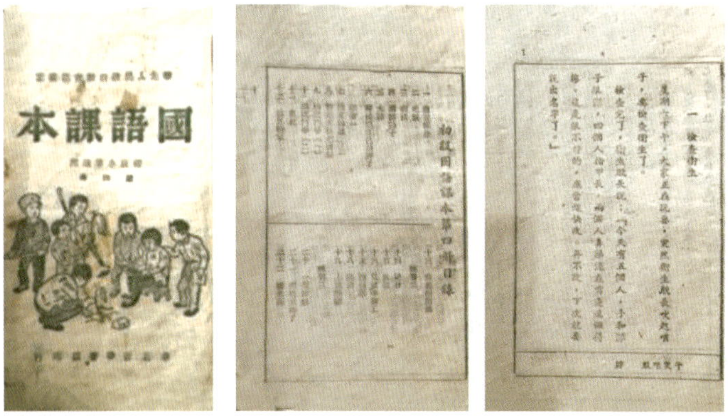

3-5-29

图3-5-29 《（华北人民政府教育部审定）国语课本（初级小学适用）》第4册，华北新华书店，1948年版

《（华北人民政府教育部审定）国语课本（初级小学适用）》每册前有“编辑要旨”，明确这套教科书是“依据革命形势新发展，及华北解放区具体情况，编写的全区统一的新课本”[1]。国语常识合编，供春季始业的初级小学四年之用，“适用于一般农村及中小城镇，较大城市可根据城市

[1] 崽颊，刘松涛，黄雁星，等. 华北人民政府教育部审定：国语课本：初级小学适用：第8册[M]. 北平：冀南新华书店，1949：编辑要旨.

特点，酌编补充教材"[1]。这套教科书的"教学主要目的有三：（一）识字，逐步养成阅读写作和讲话的能力；（二）学得必需的知识，明白各种道理；（三）启发观察事物，分析思考问题的能力"[2]。为此要求"（1）在学习语文方面：新学生字，必须强调多写，或分析字的偏旁结构，区别类似字的不同点，以使儿童记忆。但不要只记单字，应注重'词'与'术语'的记忆和选用，然后提高到遣词造句，联句成文。（2）在学习知识道理方面：要贯彻教学做合一的精神。懂得了就去实行。在儿童活动中，注意启发其观察分析研究思考各种问题，以丰富儿童生活。并以此丰富的生活内容，来提高儿童讲话和写作的水平"[3]。文体以记叙文为主，有诗歌、故事等，注重韵文。教科书按照单元编排，每单元后附练习，如改正句中的错字、分清相像的字、填字、读读讲讲等。教科书有插图，生字位于课文下栏，无注音，无生字表。

1949年8月，华北人民政府教育部审定，悳頫、刘松涛、黄雁星、项若愚编辑《（华北人民政府教育部审定）国语课本（初级小学适用）》，秦征绘图，华北联合出版社印行。

悳頫、刘松涛、黄雁星编辑《（华北人民政府教育部审定）国语课本（高级小学适用）》四册，由华北人民政府教育部审定，华北新华书店印行，所见第四册出版时间为1949年1月。《（华北人民政府教育部审定）国语课本（高级小学适用）》第四册共28篇课文，课文有连排，没有单元，没有习题。

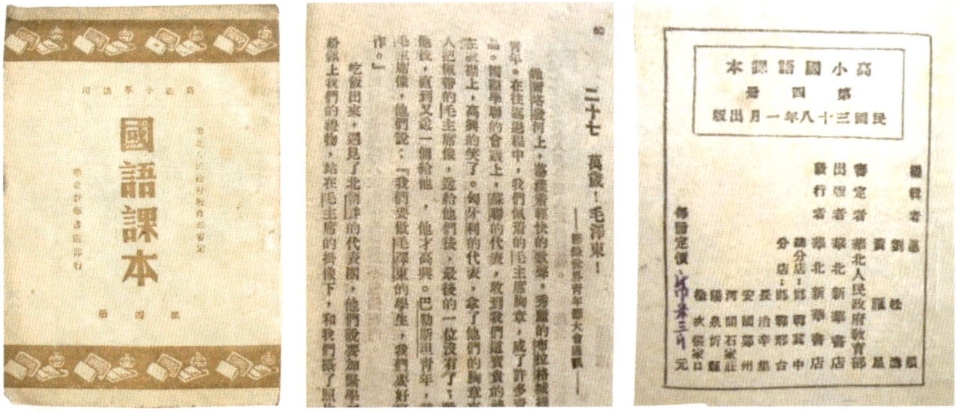

3–5–30

图3–5–30 《（华北人民政府教育部审定）国语课本（高级小学适用）》第4册，华北新华书店，1949年版

[1] 悳頫，刘松涛，黄雁星，等. 华北人民政府教育部审定：国语课本：初级小学适用：第8册[M]. 北平：冀南新华书店，1949：编辑要旨.

[2] 悳頫，刘松涛，黄雁星，等. 华北人民政府教育部审定：国语课本：初级小学适用：第8册[M]. 北平：冀南新华书店，1949：编辑要旨.

[3] 悳頫，刘松涛，黄雁星，等. 华北人民政府教育部审定：国语课本：初级小学适用：第8册[M]. 北平：冀南新华书店，1949：编辑要旨.

10. 上海联合出版社临时课本编辑委员会编辑《（初级小学适用 临时课本）国语》《（高级小学适用 临时课本）国语》

1949年8月，上海联合出版社临时课本编辑委员会编辑《（初级小学适用 临时课本）国语》八册，上海联合出版社出版发行。这套教科书每册四十课，没有单元编排，课文无生字、有插图。

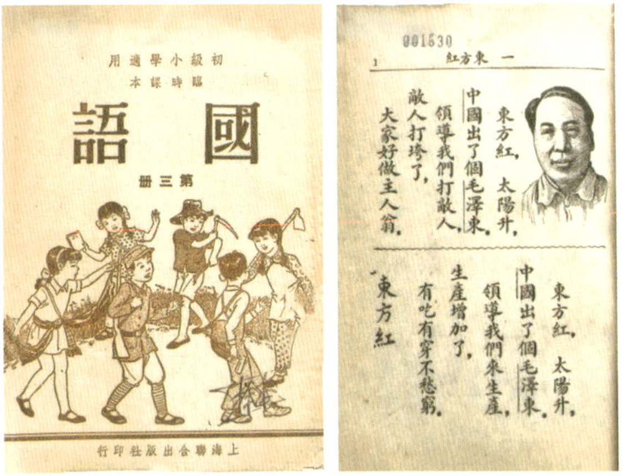

3-5-31

图3-5-31 《（初级小学适用 临时课本）国语》第3册，上海联合出版社，1949年版

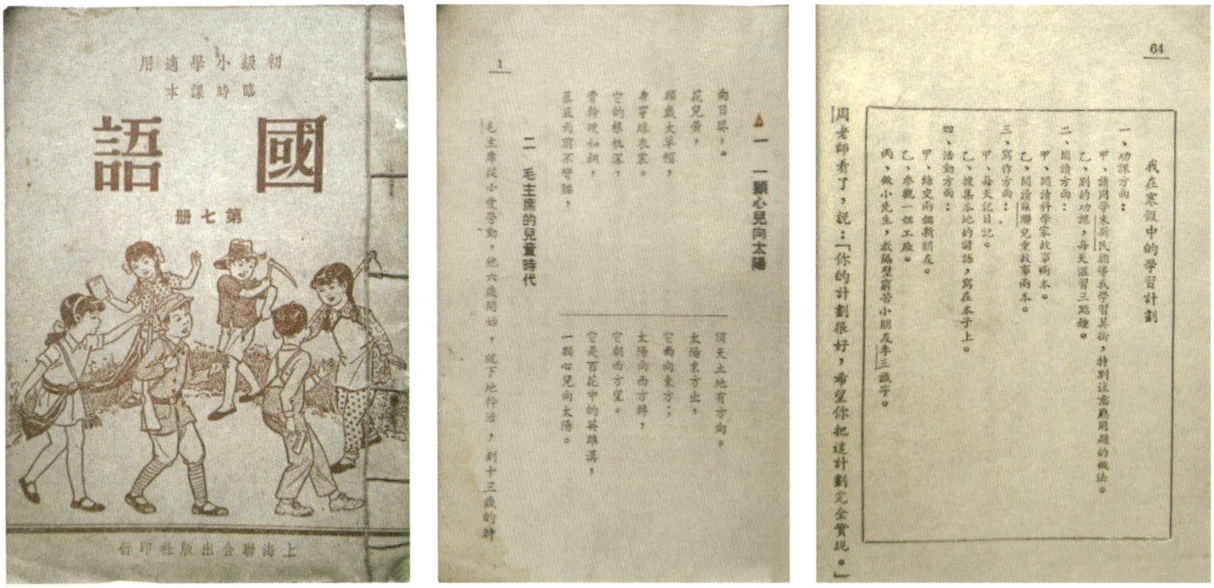

3-5-32

图3-5-32 《（初级小学适用 临时课本）国语》第7册，上海联合出版社，1949年版

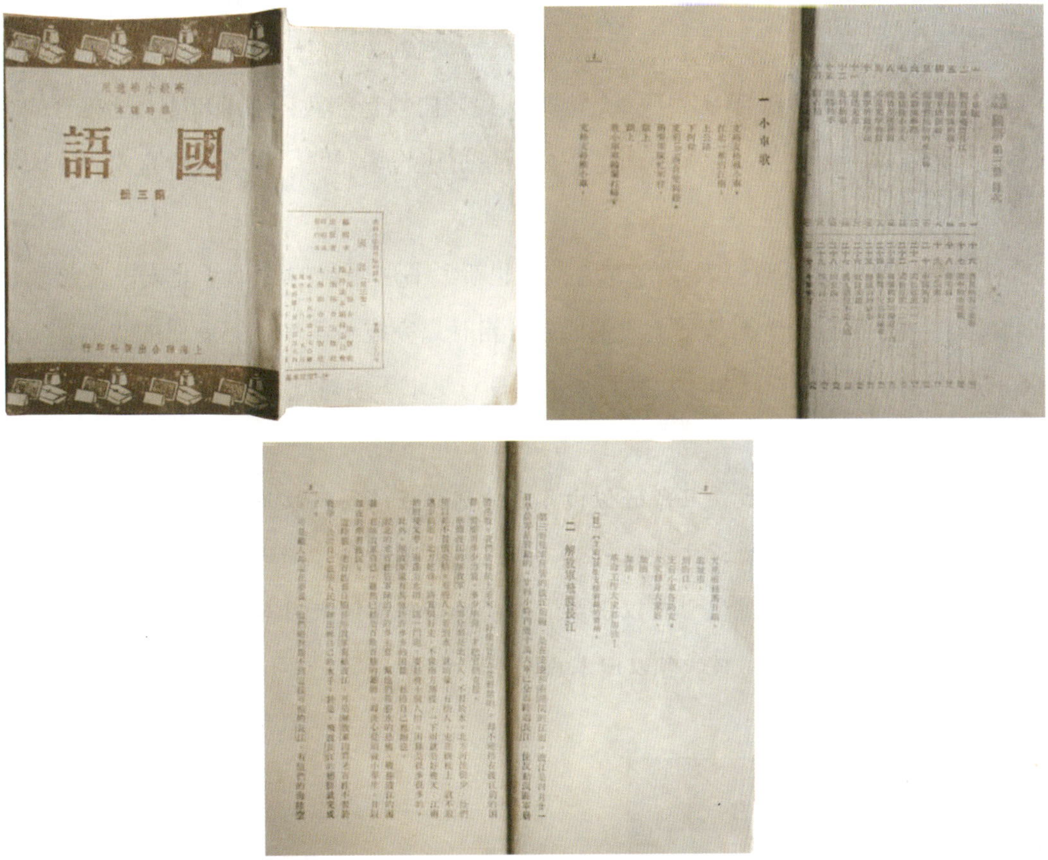

3—5—33

图3—5—33 《（高级小学适用 临时课本）国语》第3册，上海联合出版社，1949年版

11. 李光增、李剑飞、戴树人编辑《（晋察冀边区行政委员会教育处审定）国语课本（高级小学适用）》

李光增、李剑飞、戴树人编辑《（晋察冀边区行政委员会教育处审定）国语课本（高级小学适用）》，晋察冀新华书店出版，第二册1948年1月修正再版。

3—5—34

图3—5—34 《（晋察冀边区行政委员会教育处审定）国语课本（高级小学适用）》第2册，晋察冀新华书店，1948年版

12. 悳頫、刘松涛、黄雁星原编，华北人民政府教育部教科书编审委员会修订《（新编高级小学）国语课本》

1949年8月，悳頫、刘松涛、黄雁星原编，华北人民政府教育部教科书编审委员会修订的《（新编高级小学）国语课本》（见第一、第三册），由新华书店与华北联合出版社分别出版、印行，彦涵绘图。

这套教科书是在华北人民政府教育部审定、华北新华书店印行的《（华北人民政府教育部审定）国语课本（高级小学适用）》基础上改编而成，当时只完成了第一、第三册的改编，华北人民政府教育部教科书编审委员会在《中小学教科用书审读意见书》中对此说明如下：

查本书似仓卒（促）编成，且每册似由各人分别担任编写，故不特文句疵病甚多，且课文深浅不一，有时第三、四册之课文反较一、二册为浅，不能循序渐进。为应急需起见，本会已先将一、三两册加以改编，暑假中可以出版。二、四两册需阅数月后方可改编完成，下学期不及供应，在改编本出版之前，只能暂以旧本应用。[1]

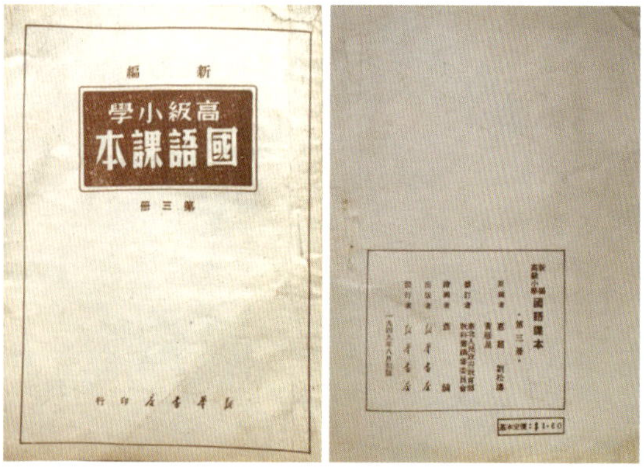

3—5—35

图3—5—35 《（新编高级小学）国语课本》第3册，新华书店，1949年版

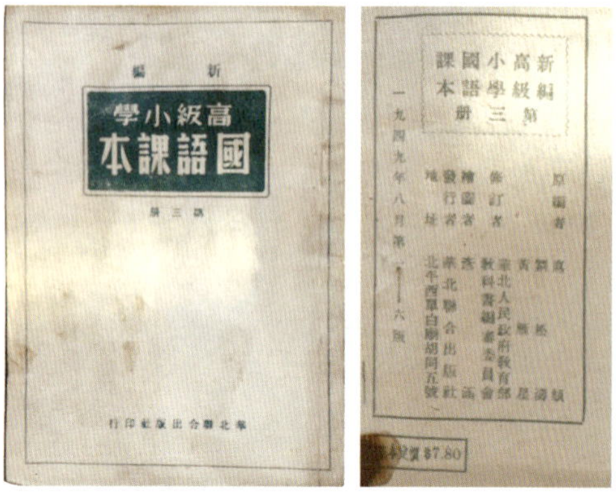

3—5—36

图3—5—36 《（新编高级小学）国语课本》第3册，华北联合出版社，1949年版

[1] 华北人民政府教育部教科书编审委员会. 中小学教科用书审读意见书[M]. [出版地不详]：中国共产党中央宣传部，1949：20.

《（新编高级小学）国语课本》第一、第三册每册30课，围绕一定的主题组织文章，每课之后无练习。较长的课文编为连续几课。选文体裁以叙事文为主，还编有故事、歌谣、寓言、日记、书信等，应用文体出现有会议记录、启事、广告等。这套教科书编排有关于领袖人物故事与言行的课文，如《毛主席爱小孩》《列宁的外套》《毛主席爱伤兵》《马克思和恩格斯》等，还有《愚公移山》《景阳冈》《东郭先生和狼》《赤壁之战》等文言课文。

四、中学国文、国语教科书

1. 王食三、韩书田、李光增、于共三、池鑑编《中等国文》《初中国文》

1948年12月，《中等国文》第一册由冀鲁豫新华书店印行。这套教科书以单元编排，单元后有文法。

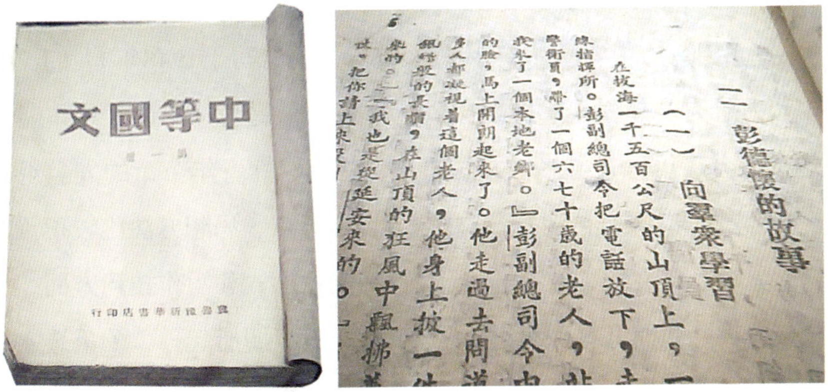

3-5-37

图3-5-37　《中等国文》第1册，冀鲁豫新华书店，1948年版

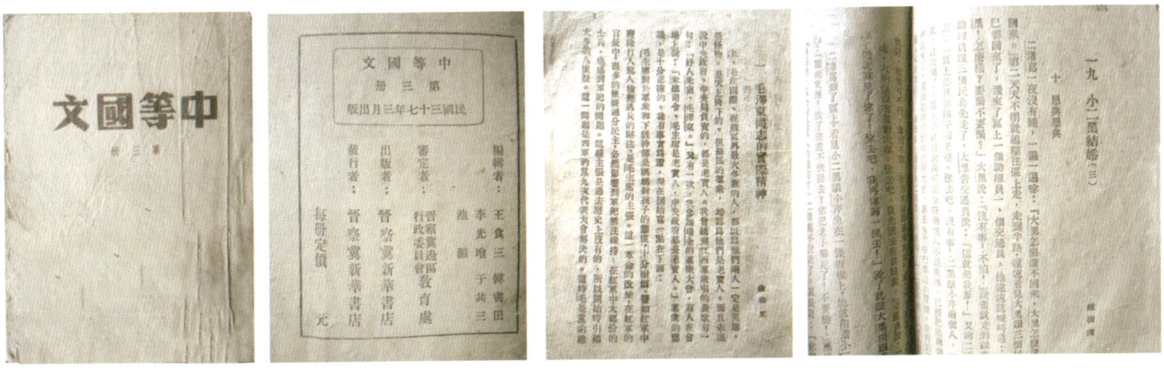

3-5-38

图3-5-38　《中等国文》第3册，晋察冀新华书店，1948年版

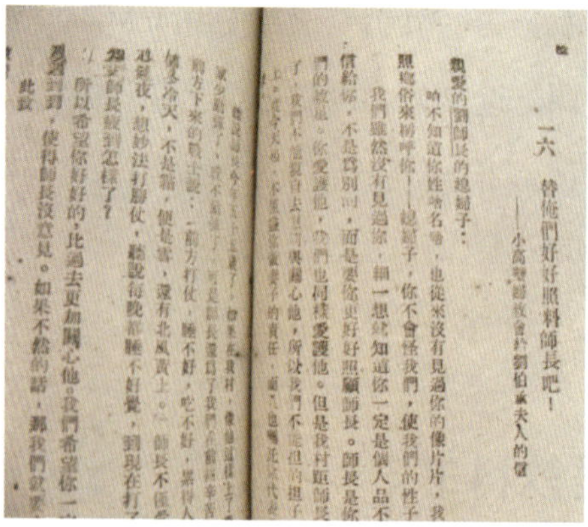

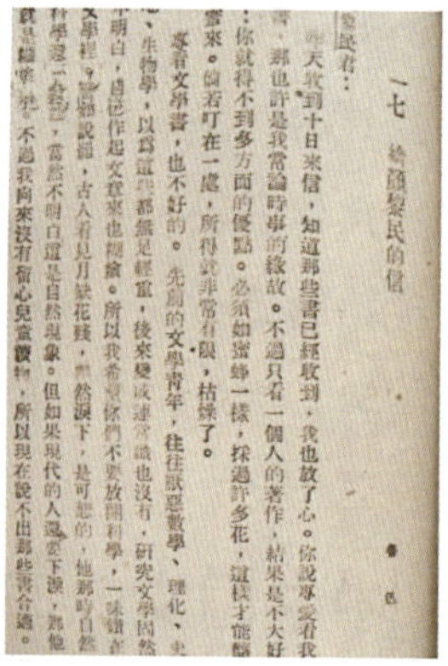

3—5—39

图3—5—39 《中等国文》第1册，新华书店，出版时间不详

《中等国文》主要适用于初级中学及初级师范学校。书前有写于1948年3月的“编者的话”，强调这套教科书的编辑方针是“使学生掌握语文的基本规律，提高其阅读、写作能力；同时养成青年活泼的思想，增进社会、历史、自然各方面的知识，以树立青年革命的人生观与实事求是的科学态度”[1]。这套教科书选文在内容方面，“力求立场、观点、思想方法比较正确，内容比较充实；思想荒谬或‘言之无物’的文章，概不选用”[2]；在文体形式和写作技巧方面，“力求宽泛，今古中外，多式多样，兼容并包而又有主从之分”[3]。从第三、四册起，“酌量选入一些浅易的文言文和旧文学的代表作品”[4]。这套教科书编有语法与作法，第一、二册主要为语法和作法的一般常识；第三、四册主要为文法，包括词类、单句复句的构造及标点符号的使用法；第五、六册为修辞常识和文言文法的特点。这套教科书各册互相连贯，又以学年划分三个阶段，每两册自成系统。每册读文三十篇，按读文内容或形式编为教学单元，一般包括二至三篇，间有一篇或四篇为一单元的。与读文相联系，编入语法和作法，作为附录。第一册有30课，以单元编排，穿插六个“语法和作法”，分别是“怎样想就怎样说、怎样说就怎样写、怎样写日记、怎样写书信、要有中心、层次”。每课课文之后有较为详细的“注释”“参考”“习题”，各册之后附应用文。

这套教科书后来改名为《初中国文》，所见1949年9月第3版第一册，由王食三、韩书田、李光增、于共三、池鉴编，新华书店出版，华北联合出版社印行。

[1] 王食三，韩书田，李光增，等. 中等国文：第3册[M]. 石家庄：晋察冀新华书店，1948：编者的话.
[2] 王食三，韩书田，李光增，等. 中等国文：第3册[M]. 石家庄：晋察冀新华书店，1948：编者的话.
[3] 王食三，韩书田，李光增，等. 中等国文：第3册[M]. 石家庄：晋察冀新华书店，1948：编者的话.
[4] 王食三，韩书田，李光增，等. 中等国文：第3册[M]. 石家庄：晋察冀新华书店，1948：编者的话.

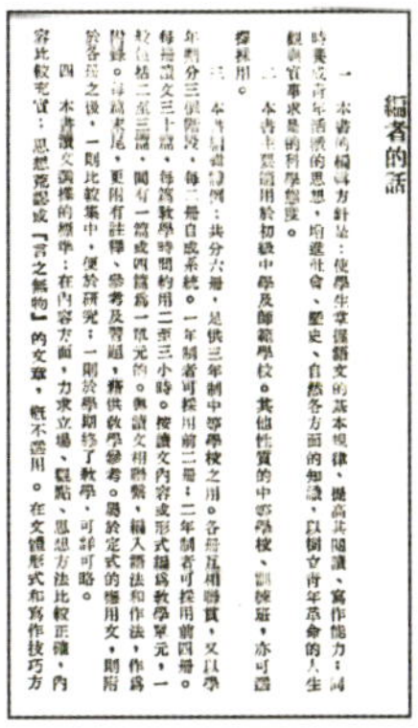
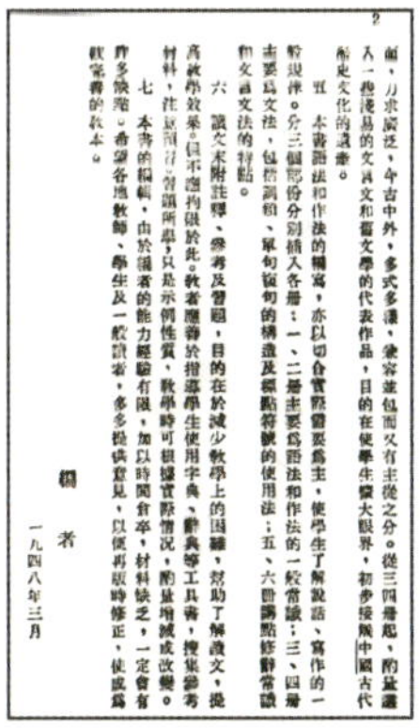
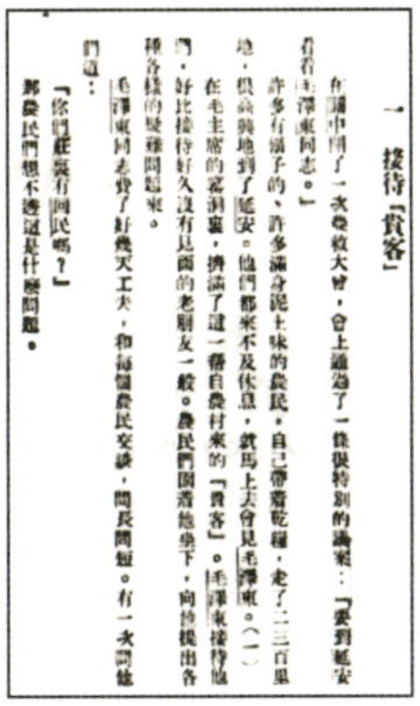
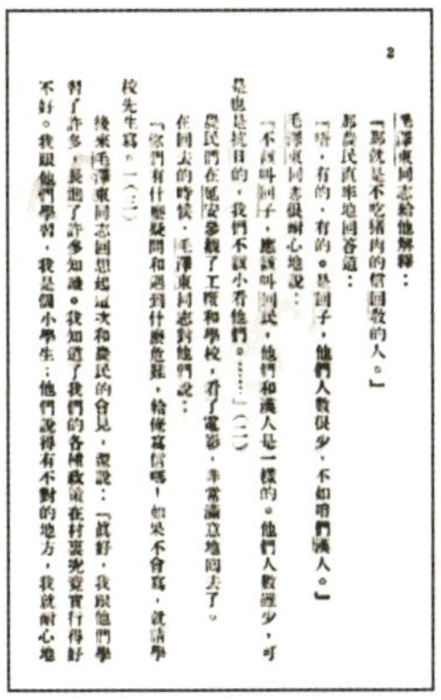
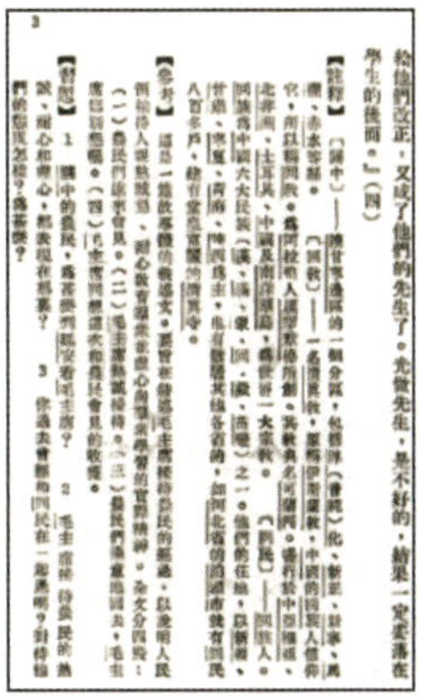

3—5—40

图3—5—40　《初中国文》第1册，新华书店，1949年版

陕甘宁边区教育厅编《中等国文》第一册，华北新华书店发行。课文后有习题。课文依次编排，没有单元。

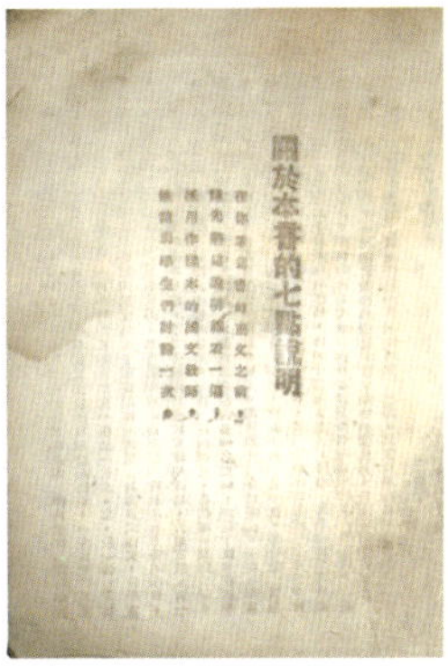
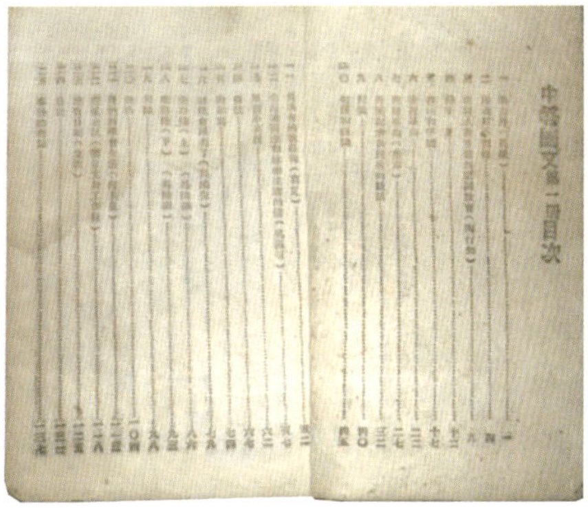

3—5—41

图3—5—41　《中等国文》第1册，华北新华书店，出版时间不详

2. 上海联合出版社临时课本编辑委员会编辑《（初级中学适用临时课本）初中国文》《（高级中学适用临时课本）高中国文》

1949年8月，上海联合出版社临时课本编辑委员会编辑《（初级中学适用临时课本）初中国文》

六册，上海联合出版社出版、印刷、发行。版权页印刷有“上海版”字样。

《（初级中学适用临时课本）初中国文》第一册共26课，有《一个伤兵的愿望》《列宁和炉匠》《话是谁造的》《帮助记忆的东西》《一封祝寿的信》等，课文无单元编排，每课后面有“注解”和“习题”，无插图。

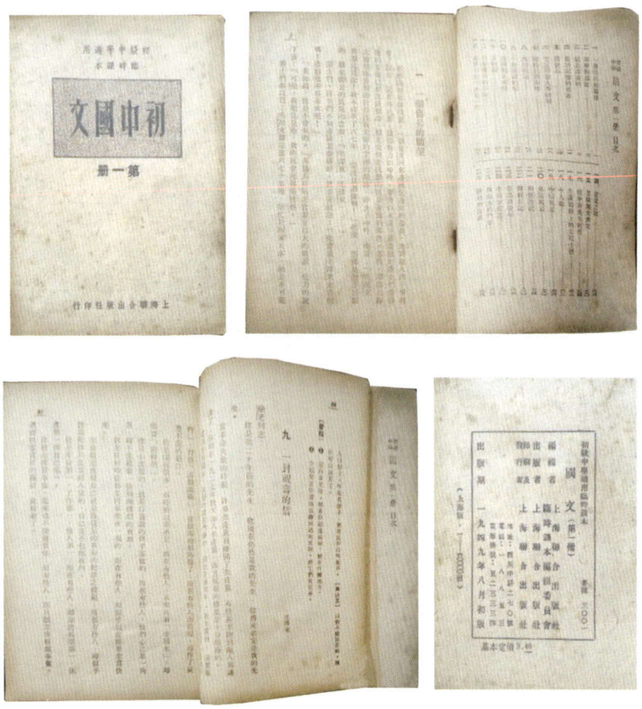

3-5-42

图3-5-42 《（初级中学适用临时课本）初中国文》第1册，上海联合出版社，1949年版

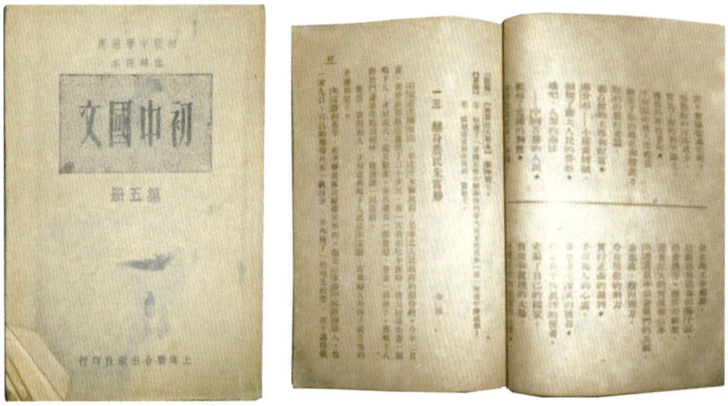

3-5-43

图3-5-43 《（初级中学适用临时课本）初中国文》第5册，上海联合出版社，1949年版

1949年8月，上海联合出版社临时课本编辑委员会编辑《（高级中学适用临时课本）高中国文》六册，上海联合出版社出版、印刷、发行。版权页印刷有“上海版”字样。

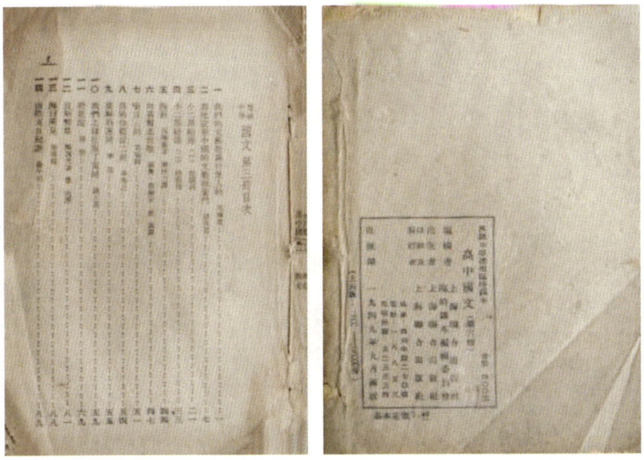

3-5-44

图3-5-44 《（高级中学适用临时课本）高中国文》第3册，上海联合出版社，1949年版

所见《（高级中学适用临时课本）高中国文》第一册有选文30篇，无单元，选有华山、萧红、郭沫若、茅盾、吴晗等人的文章，也有翻译的文学作品和古代文学作品。《（高级中学适用临时课本）高中国文》第三册有选文26篇，课文无单元编排，选有毛泽东、郭沫若、鲁迅、俞平伯、赵树理、丁玲等人的文章，如《我们的文艺是为什么人的》《为建设新中国的文艺而奋斗》等，也有翻译的文学作品和古代文学作品。

3. 王任叔、宋云彬、辛德培、孟超、曹伯韩、傅彬然、叶苍岑、蒋仲仁、操震球编辑《（新编）初中精读文选（语体文）》

1949年7月，王任叔、宋云彬、辛德培、孟超、曹伯韩、傅彬然、叶苍岑、蒋仲仁、操震球编辑《（新编）初中精读文选（语体文）》六册，叶圣陶校订，文化供应社发行。这套教科书为便利有些学校教学文言，另编有《文言文选》三册，供初中三学年的教学，每学年一册。同时，这套教科书还编有《语法篇》一册，供初中第一学年教学；另编有《文章作法篇》一册，供初中第二学年教学；另编有《实用文篇》一册，供初中第三学年教学。

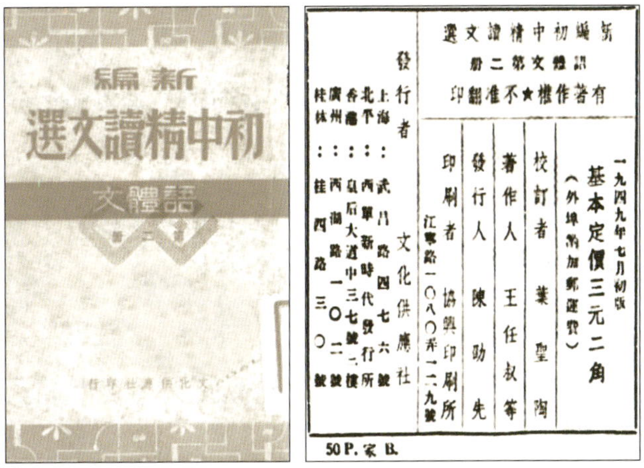

3-5-45

图3-5-45 《（新编）初中精读文选（语体文）》第2册，文化供应社，1949年版

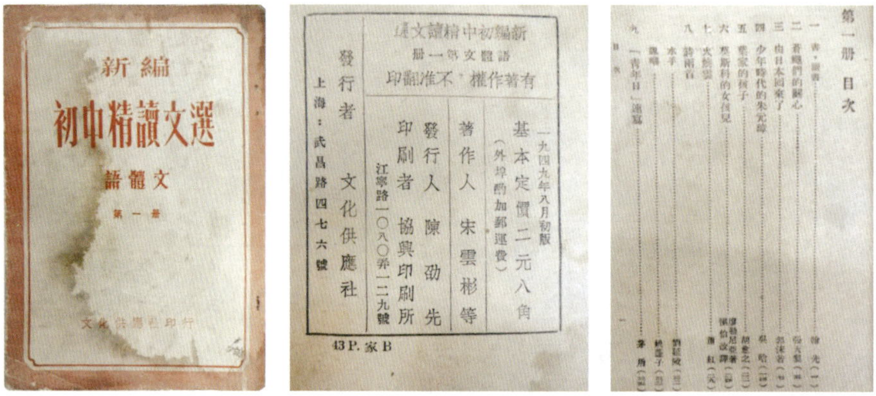

3-5-46

图3-5-46 《（新编）初中精读文选（语体文）》第1册，文化供应社，1949年版

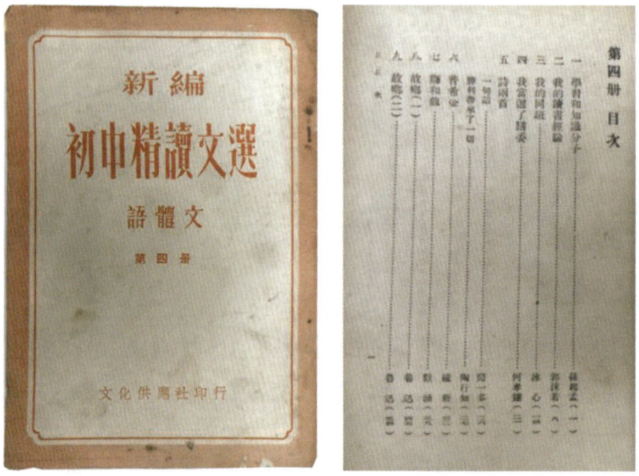

3-5-47

图3-5-47 《（新编）初中精读文选（语体文）》第4册，文化供应社，1949年版

《（新编）初中精读文选（语体文）》为初级中学国文科精读的教材，供初中三学年的教学之用，每学期一册，也可作为自修国文的课本。这套教科书选材的标准为：“1. 符合新民主主义的精神；2. 切合现代学生的思想和生活；3. 为初中学生所能理解和接受；4. 注重国文的教学价值，使学生易于仿作；5. 包有各种文章体裁，使学生能正确的（地）理解和分析普通的文章；6. 包有各类文学作品，使学生增加文学的常识和兴趣。”[1]选文后附“作者”“题解”“注释”。这套教科书选编有任鸿隽、陶行知、王鲁彦、宋庆龄、朱自清、郭沫若、卞之琳、斯人、邹韬奋、王明、叶圣陶、茅盾、徐志摩、孙起孟、鲁迅、吴晗、孙犁等人作品。

[1] 王任叔，宋云彬，辛德培，等. 新编：初中精读文选：语体文：第4册[M]. 上海：文化供应社，1949：编辑例言.

4. 华北人民政府教育部教科书编审委员会编辑再版《（高级中学适用临时课本）高中国文》

1949年9月再版华北人民政府教育部教科书编审委员会编辑《（高级中学适用临时课本）高中国文》三册，华北联合出版社出版，上海联合出版社印刷发行。

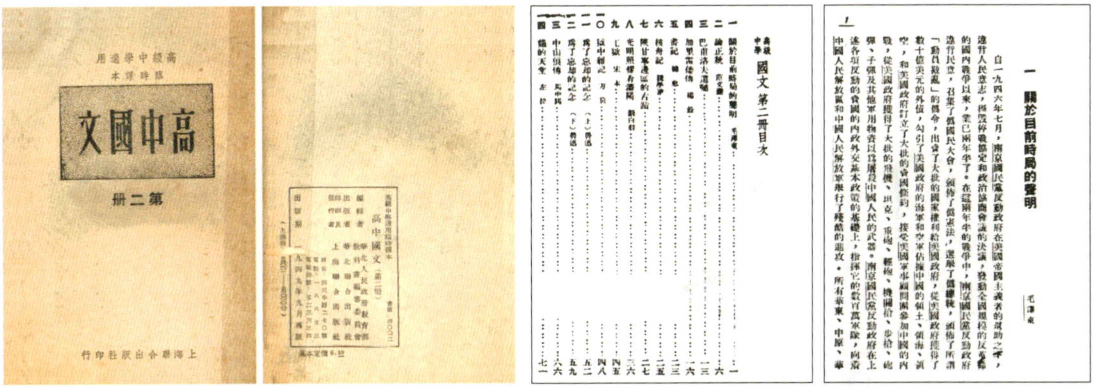

3-5-48

图3-5-48　《（高级中学适用临时课本）高中国文》第2册，上海联合出版社，1949年版

《（高级中学适用临时课本）高中国文》第二册选文30篇，选有毛泽东、范文澜、杨铨、刘白羽、鲁迅等人的白话文，也有韩愈、蒲松龄、施耐庵等人的作品，还有外国翻译作品。白话文与文言文混合编排，有白话散文、叙事诗、古体诗、弹词等文体。这套教科书没有按单元编排，没有注释、习题。

5.《（东北行政委员会教育部规定）（高中临时教材 专科学校适用）国文》

1949年5月，《（东北行政委员会教育部规定）（高中临时教材 专科学校适用）国文》一册，由东北书店印行。

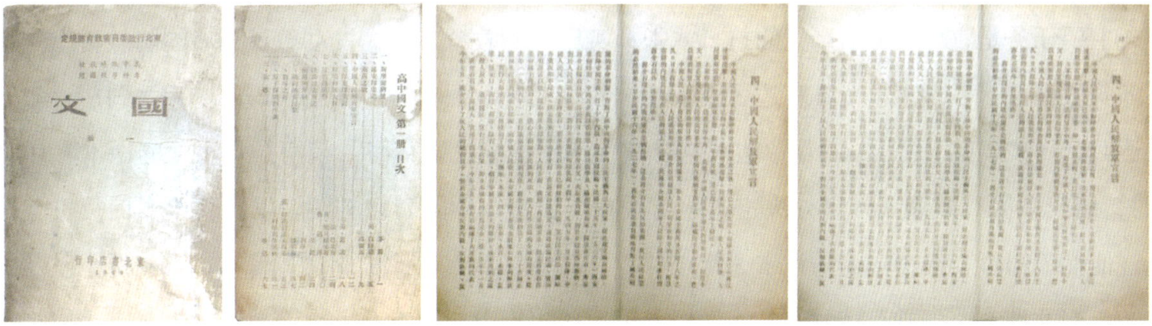

3-5-49

图3-5-49　《（东北行政委员会教育部规定）（高中临时教材 专科学校适用）国文》，东北书店，1949年版

《（东北行政委员会教育部规定）（高中临时教材 专科学校适用）国文》课文依次编排，没有单元。选文有《斯摩尔纳号》《延安印象记》《海燕之歌》《中国人民解放军宣言》《毛泽东印象记》《红场和斯大林》《原子弹问题座谈》等中外时文。

6. 郭惟凡、任平编《中学国语》

1946年9月，郭惟凡、任平编《中学国语》上下册，岳北人民报社印。

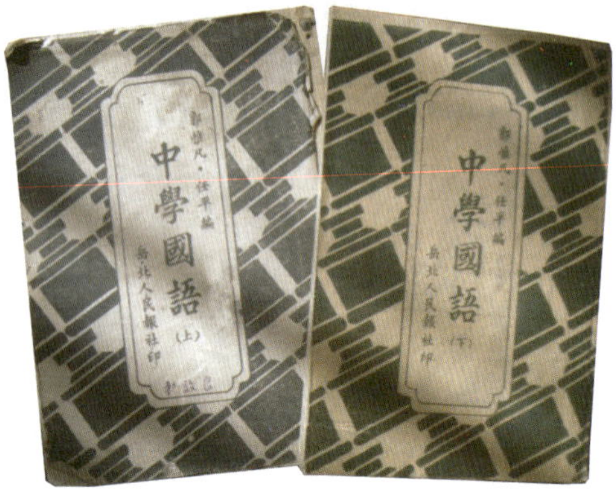

3—5—50

图3—5—50 《中学国语》，岳北人民报社，1946年版

五、战时、国防国语教科书

1937年8月，中共中央在洛川召开政治局扩大会议通过《抗日救国十大纲领》，其中第8条“抗日的教育政策”提出：“改变教育的旧制度旧课程，实行以抗日救国为目标的新制度新课程。”[1]1937年11月，《新中华报》发表中共陕甘宁特区党委提出的《特区施政纲领》，提出实行国防教育。1938年4月，陕甘宁边区国防教育会（即原陕公国防教育研究会）在延安召开第一次代表大会，毛泽东发表了重要讲话。他指出：“应该用全力来应付抗战，用教育来支持抗战。”[2]各根据地大都编了战时小学教科书。1938年5月，在中共胶东特委的领导下成立了“国防教育委员会”，主要任务是宣传中国共产党的抗日主张，实施国防教育方针，发动教员开展国防教育工作和编写国防教育课本。1938年晋察冀边区出版《抗战时期小学课本》《初小国语课本》，到1945年底修改达4次。1939年11月，中共鄂豫边区党委宣传部下设国民教育科，编写抗日小学的课本。1941年3月，经胶东区行政联合办事处决定，国防教育委员会改称国防教材编辑委员会，专门负责编写教材。他们编写了初级小学国语课本、常识课本，高级小学国语课本、常识课本、自然课本以及民众课本、妇女课本等多种教材，供各地学校采用。1940年山东《大众日报》报道，山东文化出版社成立后即根据战时国民教育的原则综合编制小学课本。

[1] 皇甫束玉，宋荐戈，龚守静. 中国革命根据地教育纪事：1927.8—1949.9[M]. 北京：教育科学出版社，1989：127.
[2] 皇甫束玉，宋荐戈，龚守静. 中国革命根据地教育纪事：1927.8—1949.9[M]. 北京：教育科学出版社，1989：136.

1. 山东省胶东国防教育委员会编《国防国语课本（初级）》《国防国语课本（中级）》《国防国语课本（高级）》

1938年，山东省胶东国防教育委员会编《国防国语课本（初级）》八册，胶东国防教育委员会出版。

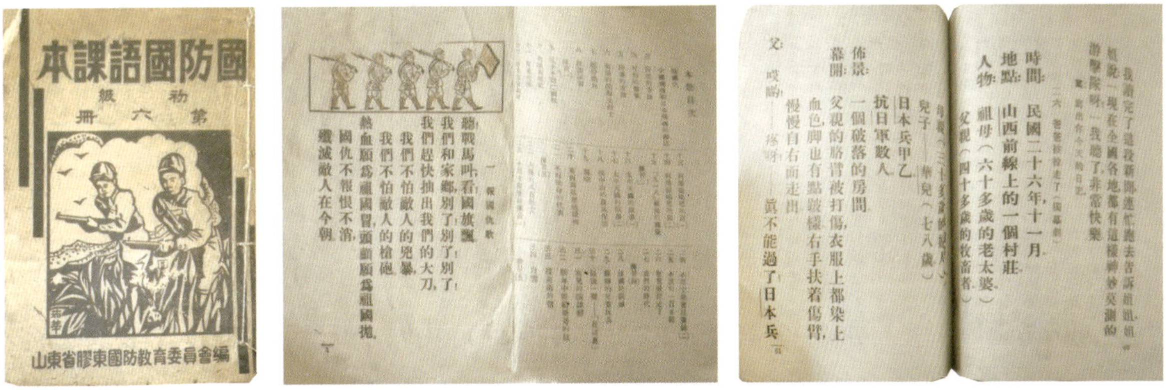

3-5-51

图3-5-51 《国防国语课本（初级）》第6册，胶东国防教育委员会，1938年版

《国防国语课本（初级）》是“为适应国难时期之需要，提高学生的抗战情绪，充实抗战知能，并灌输抗战理论”[1]而编的。教科书选材的标准是：“（一）为适合儿童兴味，低年级教材多采自然性质之形式，灌输社会性质之内容。（二）关于公民道德方面，尽量使教材富有牺牲精神，集团习惯，劳动意识，民族观念等。（三）知识方面，注重联合阵线，抗战必胜，社会生活，政治经济常识，国防知识等”[2]。这套教科书的课文文体分为普通文、实用文、诗歌三类，以单元编排，单元之后附有练习。第三学年以上，各课后列有“想”“做”“写”等项。课文配有插图。

山东省胶东国防教育委员会还编有《国防国语课本（中级）》《国防国语课本（高级）》，但出版情况不详。

2. 国防教材编辑委员会编辑《国防国语课本（初级）》《国防国语课本（中级）》《国防国语课本（高级）》

1942年9月，国防教材编辑委员会编辑《国防国语课本（初级）》第六册，胶东东海区教材印刷社出版。

[1] 山东省胶东国防教育委员会. 国防国语课本：初级：第8册[M].［出版地不详］：胶东国防教育委员会，1938：编者的话.

[2] 山东省胶东国防教育委员会. 国防国语课本：初级：第8册[M].［出版地不详］：胶东国防教育委员会，1938：编者的话.

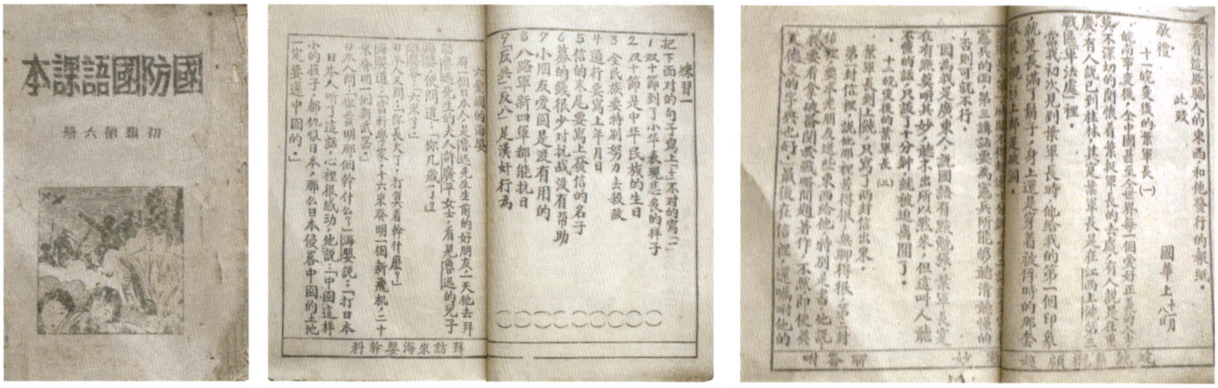

3-5-52

图3-5-52　《国防国语课本（初级）》第6册，胶东东海区教材印刷社，1942年版

所见《国防国语课本（初级）》第六册编有25课，以单元编排，单元后有练习。较长的文章连续分课编排，如《阶级（一）》《阶级（二）》《阶级（三）》。课文还有《双十节》《通行证的写法》《信及便条》《回信及收条》《有了土地还要努力》《互助合作》《苏联的小朋友》等。课文无生字编排，无插图。

《国防国语课本（初级）》也有翻印版，其中北海出版社翻印时为红色封面。《国防国语课本（初级）》还经过修正出版，封面标注有“修正本”。所见1943年6月《（修正本）国防国语课本（初级）》第五册由北海出版社印。不论是翻印还是修正本，封面的图案都没有变化。

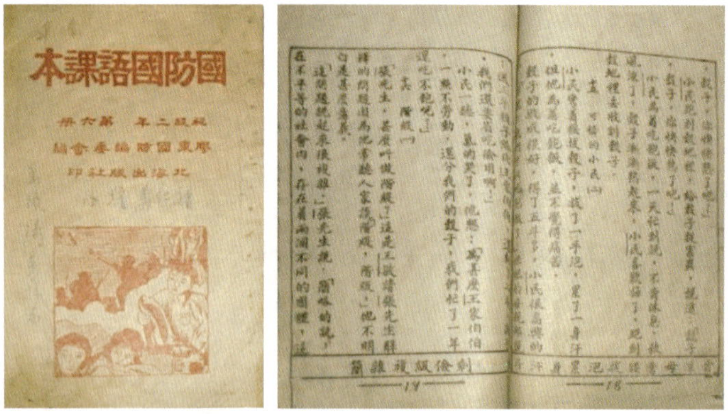

3-5-53

图3-5-53　《国防国语课本（初级二年）》第6册，北海出版社，出版时间不详

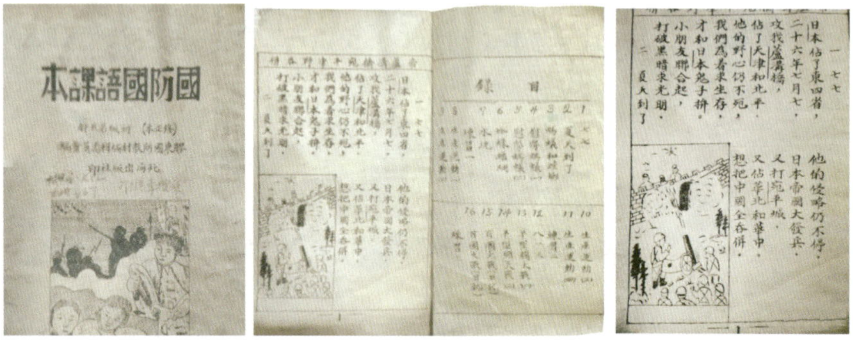

3-5-54

图3-5-54　《（修正本）国防国语课本（初级）》第5册，北海出版社，1943年版

1943年4月，国防教材编辑委员会编辑《国防国语课本（中级）》第五册，胶东东海区教材印刷社出版。第六册有16课，以单元编排，单元后有练习。课文编排先列正文，再列讲解，然后为“想”“做”，有些课文没有“做”。课文无插图。

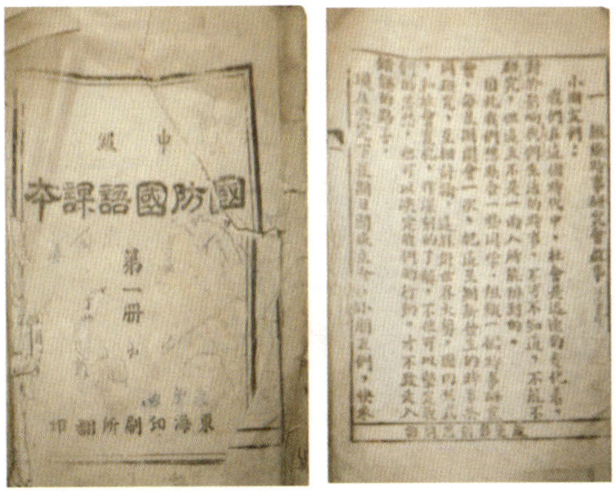

3—5—55

图3—5—55　《国防国语课本（中级）》第1册，出版信息不详

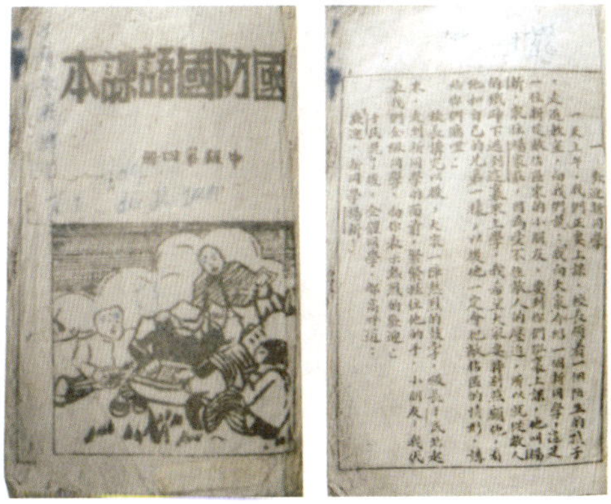

3—5—56

图3—5—56　《国防国语课本（中级）》第4册，出版信息不详

《国防国语课本（中级）》也经过修正出版，封面标注有“修正本”。所见1943年6月《国防国语课本（中级修正本）》第二册，出版单位不详，封面的图案没有变化。

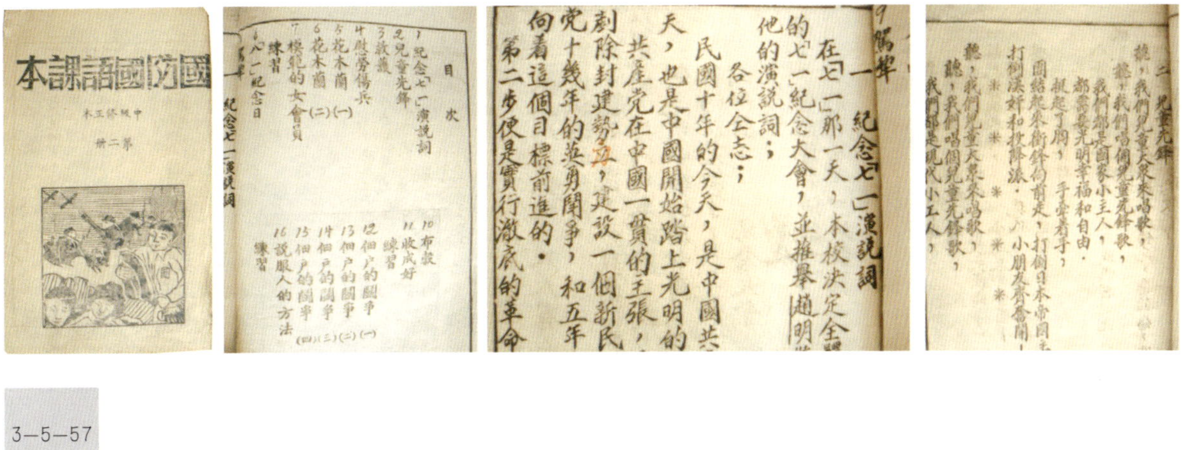

3—5—57

图3—5—57　《国防国语课本（中级修正本）》第2册，出版单位不详，1943年版

1943年5月，国防教材编辑委员会编辑《国防国语课本（高级）》第二册，胶东东海区教材印刷社出版。第二册编排有16课，没有单元，较长的文章分课连续编排，文体以记叙文为主，也有诗歌等。无练习，无插图。

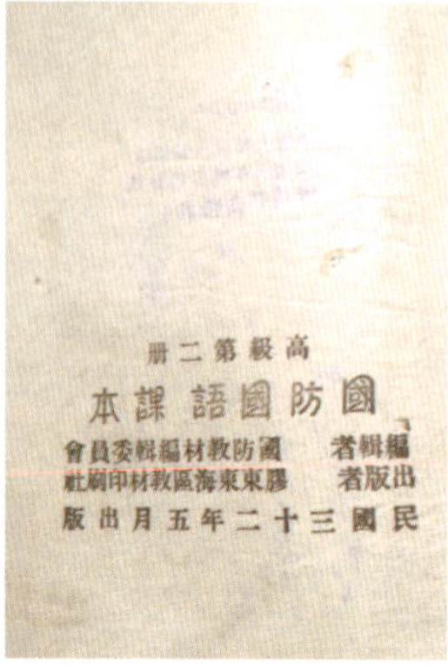
高級第二冊
國防國語課本
編輯者 國防教材編輯委員會
出版者 膠東東海區教材印刷社
民國三十二年五月出版

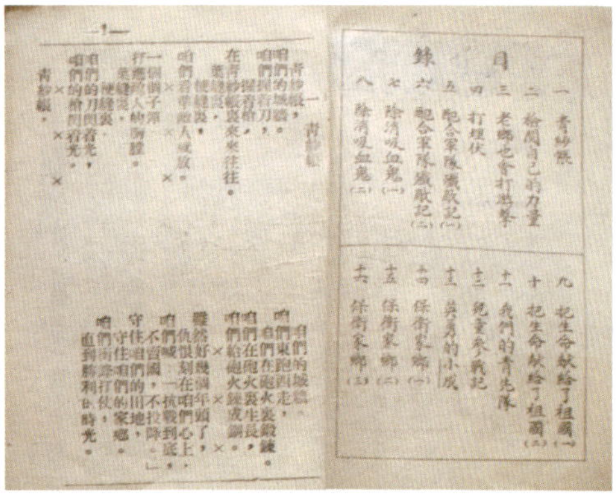

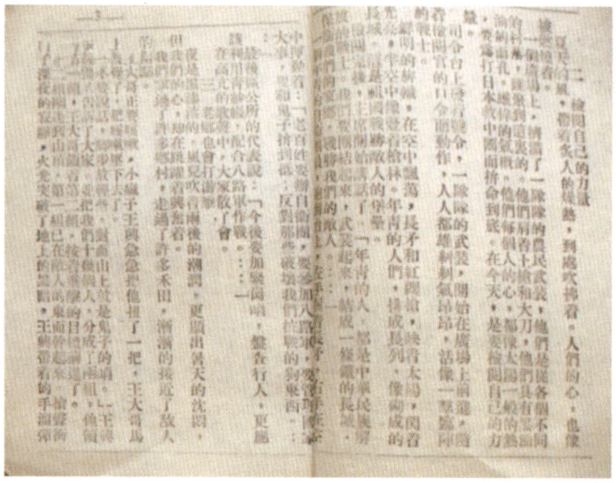

3—5—58

图3—5—58 《国防国语课本（高级）》第2册，胶东东海区教材印刷社，1943年版

1943年，国防教材编辑委员会编辑《国防国语课本（初级）》《国防国语课本（中级）》《国防国语课本（高级）》也在小学校使用，封面分别标有“小学校春季用”“小学校夏季用”“小学校冬季用”字样。

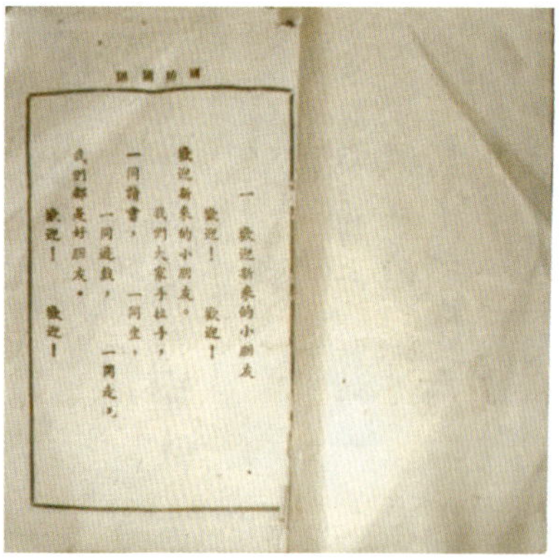
一 歡迎新來的小朋友
歡迎！ 歡迎！
歡迎新來的小朋友。
我們大家手拉手，
一同讀書，一同遊戲，一同走，一同走。
我們都是好朋友。
歡迎！ 歡迎！

3—5—59

图3—5—59 《（小学校春季用）国防国语课本（初级）》第4册，东海印刷社，出版时间不详

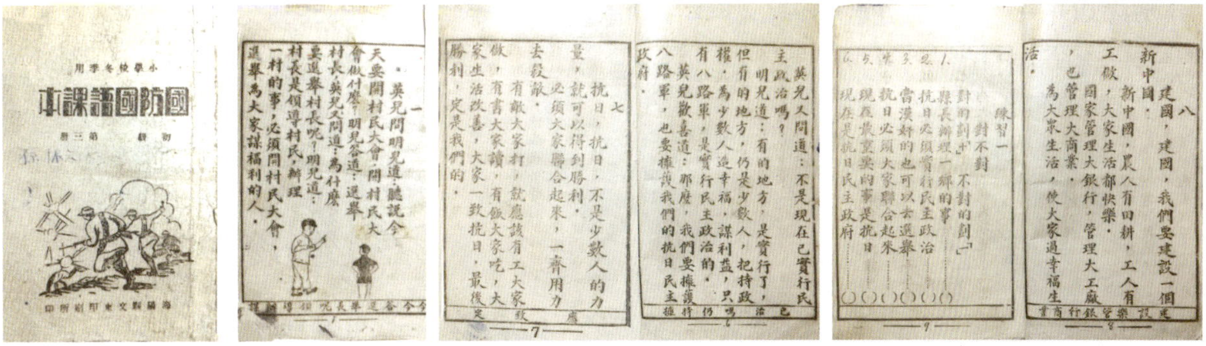

3—5—60

图3—5—60　《（小学校冬季用）国防国语课本（初级）》第3册，海阳县文东印刷所，出版时间不详

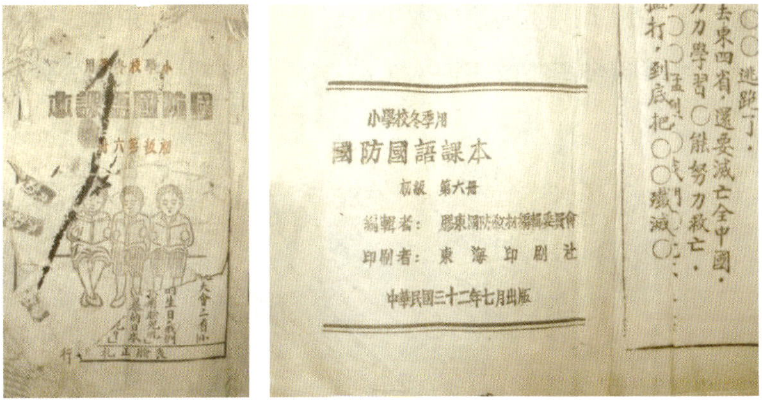

3—5—61

图3—5—61　《（小学校冬季用）国防国语课本（初级）》第6册，东海印刷社，1943年版

3—5—62

图3—5—62　《（小学校春季用）国防国语课本（中级）》第4册，海阳印刷社，出版时间不详

3—5—63

图3—5—63　《（小学校夏季用）国防国语课本（中级）》第5册，东海印刷社，出版时间不详

所见1944年10月，国防教材编辑委员会编辑《（小学校冬季用）国防国语课本（中级）》第三册，由东海印刷社印。

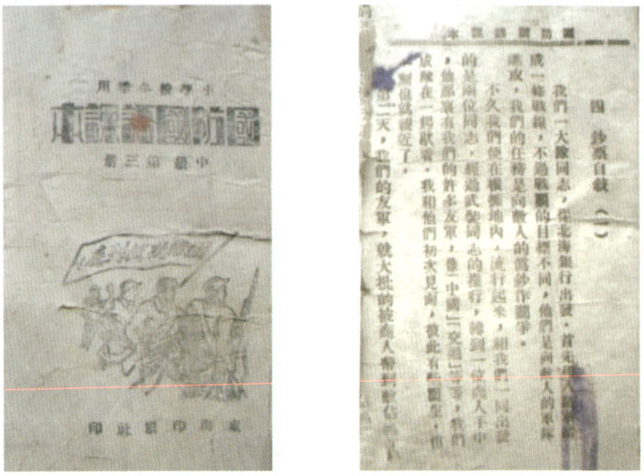

3-5-64

图3-5-64　《（小学校冬季用）国防国语课本（中级）》第3册，东海印刷社，1944年版

国防教材编辑委员会编辑《（小学校冬季用）国防国语课本（高级）》第六册，东海印刷社印，未见版权页信息。但所见《（小学校冬季用）国防国语课本（高级）》第三册的出版信息是1944年9月由东海印刷社出版。

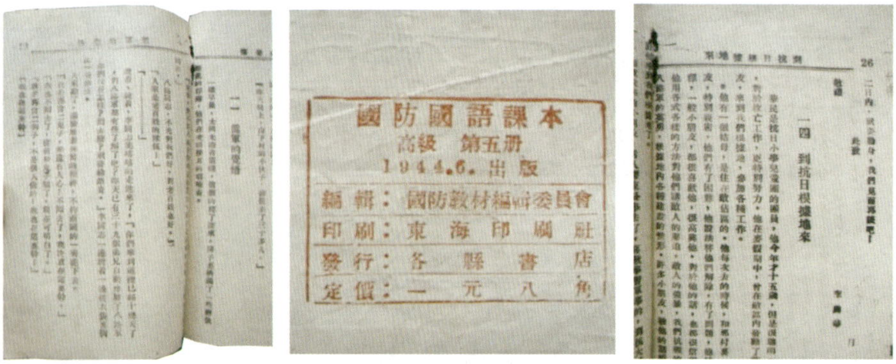

3-5-65

图3-5-65　《（小学校冬季用）国防国语课本（高级）》第5册，东海印刷社，1944年版

当时这套教科书不断翻印出版，如1945年10月有蓬莱县政府所印版本等。

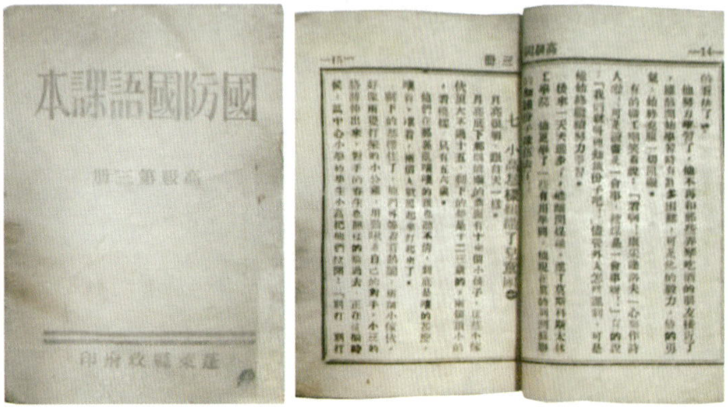

3-5-66

图3-5-66　《国防国语课本（高级）》第3册，蓬莱县政府，1945年版

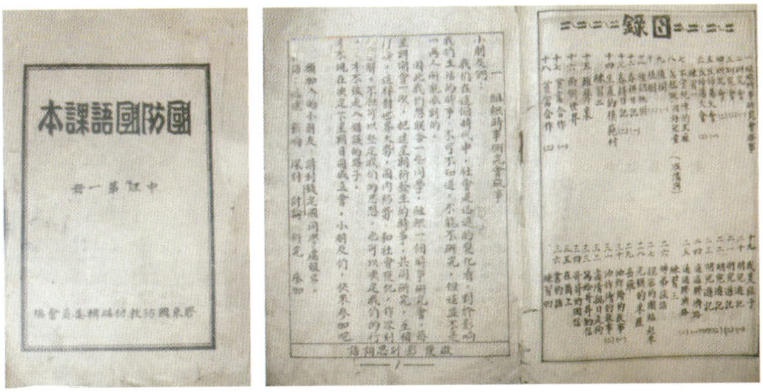

3-5-67

图3-5-67 《国防国语课本（中级）》第1册，出版信息不详

3. 董纯才编辑《（晋冀鲁豫边区教育厅审定）战时新课本（国语常识合编）》，段启潜编著《（晋冀鲁豫边区教育厅审定）战时新课本（国语常识合编）（初级）（第三学年第二学期适用）》第六册，石韬编著《（晋冀鲁豫边区教育厅审定）战时新课本（国语常识合编）（初级）（第一学年第二学期适用）》第二册下

1943年之后，晋冀鲁豫边区教育厅编审委员会审定并出版了一套《（晋冀鲁豫边区教育厅审定）战时新课本（国语常识合编）》八册，董纯才编辑，该教科书初版“印数无多，专供教员给初级三年生讲授用的”[1]，而且要求教师“要仔细保存，不得损失，在移交时，必须将原课本交代清楚”[2]。1945年，晋冀鲁豫边区教育厅编审委员会对这套教科书进行了修订。

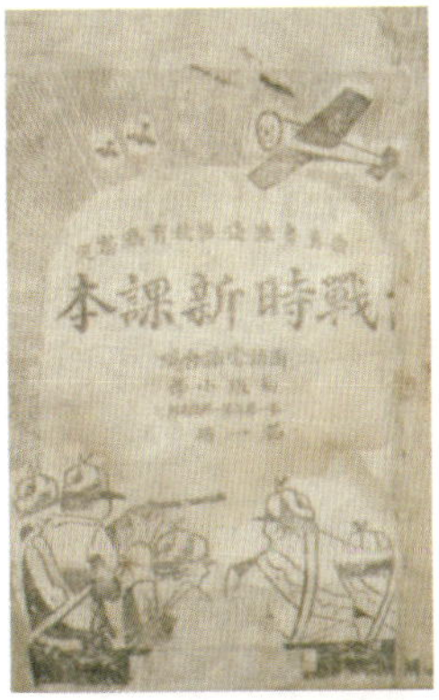

3-5-68

图3-5-68 《（晋冀鲁豫边区教育厅审定）战时新课本（国语常识合编）（初级小学）（第一学年第一学期适用）》第1册，出版信息不详

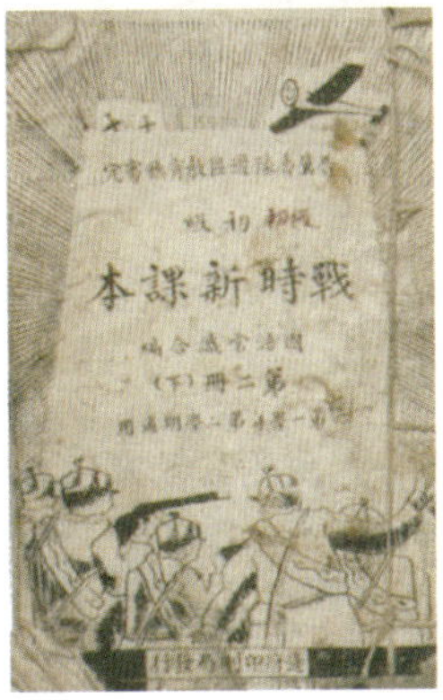

3-5-69

图3-5-69 《（晋冀鲁豫边区教育厅审定）战时新课本（国语常识合编）（初级）（第一学年第二学期适用）》第2册（下），边区政府印刷局，1944年版

[1] 董纯才．晋冀鲁豫边区教育厅审定：战时新课本：国语常识合编：初级小学：第5册[M]．保定：边区政府印刷局，1944：封三．

[2] 董纯才．晋冀鲁豫边区教育厅审定：战时新课本：国语常识合编：初级小学：第5册[M]．保定：边区政府印刷局，1944：封三．

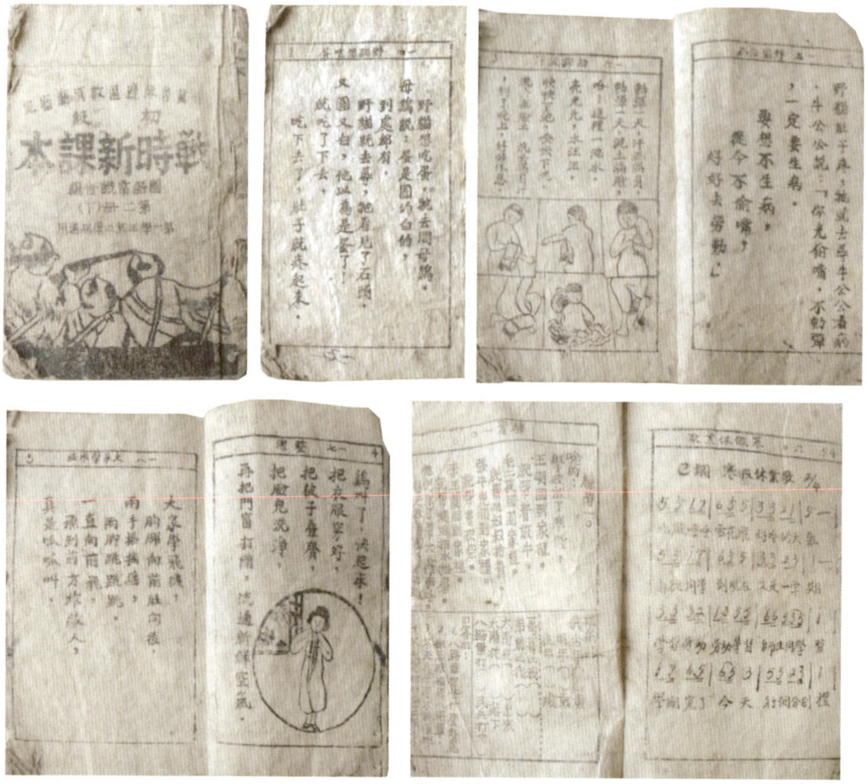

3-5-70

图3-5-70 《（晋冀鲁豫边区教育厅审定）战时新课本（国语常识合编）（初级）（第一学年第二学期适用）》第2册（下），出版信息不详

3-5-71

图3-5-71 《（晋冀鲁豫边区教育厅审定）战时新课本（国语常识合编）（初级）（第二学年第一学期适用）》第3册（上），出版信息不详

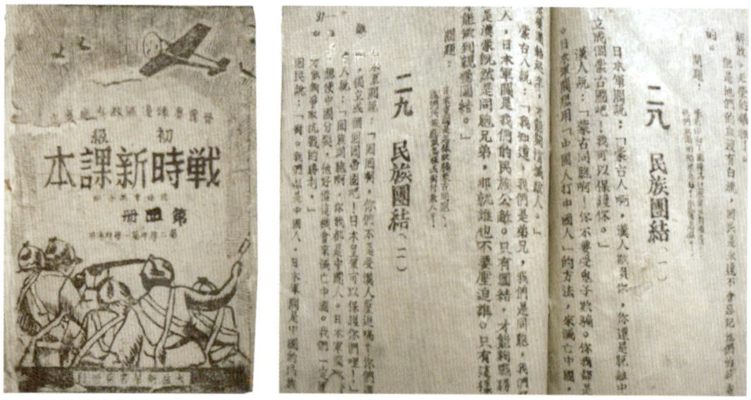

3-5-72

图3-5-72 《（晋冀鲁豫边区教育厅审定）战时新课本（国语常识合编）（初级）（第二学年第一学期适用）》第4册，太岳新华书店，1944年版

3-5-73

图3-5-73 《（晋冀鲁豫边区教育厅审定）战时新课本（国语常识合编）（初级）第三学期第一学年适用》第5册，华北书店，1944年版

晋冀鲁豫边区政府教育厅编审委员会明确指出，这套教科书是“供临时用的，因为过去编印的战时新课本取材不是从本区实际出发，不适合群众的需要，我们决定停止教学，先编临时课本供暂前开学用 。……使用这临时课本，希注意（以）下几点：一、内容较深，生字较多，没有练习，教学进度慢要（要慢），可按实际情况增加练习。二、如有不适合具体情况，可另编写补充教材，并将这教材寄来一份，以便做参考。三、希望教师同志们，根据自己教学的经验，提供一些意见，以备编写正式课本做参考”[1]。这套教科书课文依次编排，内有单元，第四册有39课，插图位于课文下方，没有练习。

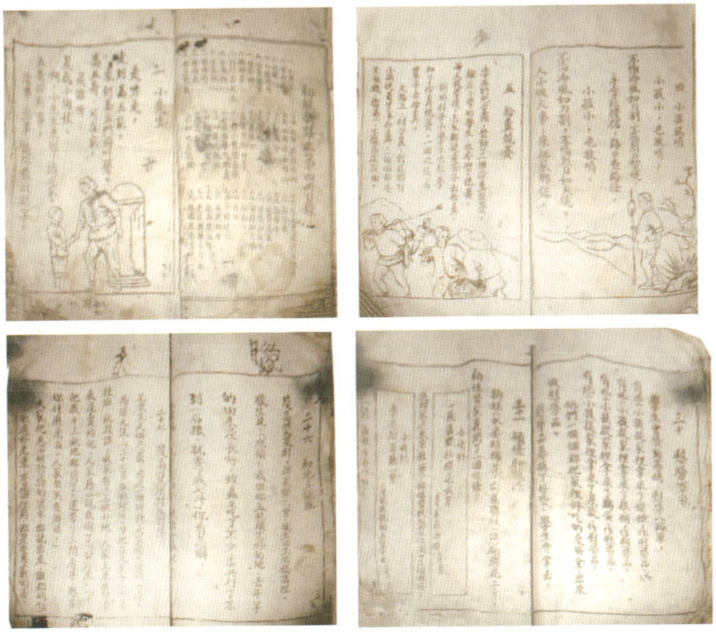

3-5-74

图3-5-74 《（晋冀鲁豫边区教育厅编审委员会审定）战时新课本（国语常识合编）（初级小学适用）》第4册，振华印刷厂，1945年版

[1] 晋冀鲁豫边区政府教育厅编审委员会. 晋冀鲁豫边区教育厅编审委员会审定：战时新课本：国语常识合编：初级小学适用：第4册[M]. ［出版地不详］：振华印刷厂，1945：几点说明.

《（晋冀鲁豫边区教育厅编审委员会审定）战时新课本（国语常识合编）（初级）》是春季小学适用，有普通文、诗歌等文体。课文依次编排，没有单元，课后设有问题，课文有插图。但所见第六册有单元编排，版权页落款没有董纯才的名字，审定者为晋冀鲁豫边区教育厅编审委员会，发行者为太行第四分区晋生书局。

段启潜编著《（晋冀鲁豫边区教育厅审定）战时新课本（国语常识合编）（初级）（第三学年第二学期适用）》第六册，华北书店出版，1944年8月初版。该册版权页上有秋季始业教科书广告，故推断这本教科书也是秋季始业用。

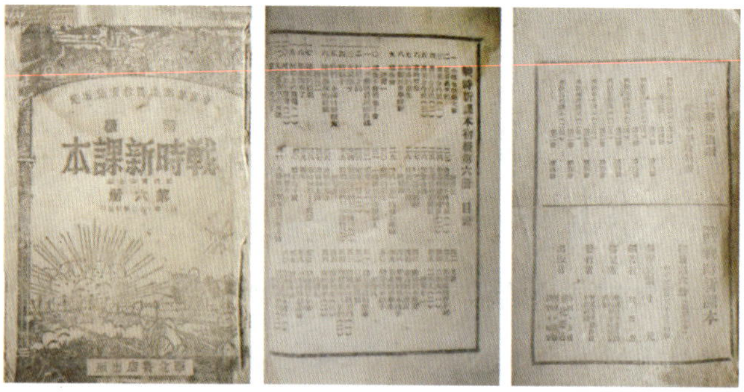

3-5-75

图3-5-75 《（晋冀鲁豫边区教育厅审定）战时新课本（国语常识合编）（初级）（第三学年第二学期适用）》第6册，华北书店，1944年版

石韬编著《（晋冀鲁豫边区教育厅审定）战时新课本（国语常识合编）（初级）（第一学年第二学期适用）》第二册下，边区政府印刷局出版、印刷、发行，1944年6月初版。该册版权页上有秋季始业教科书广告，故推断这本教科书也是秋季始业用。这本教科书以单元编排，生字位于课文上栏，课文有插图。

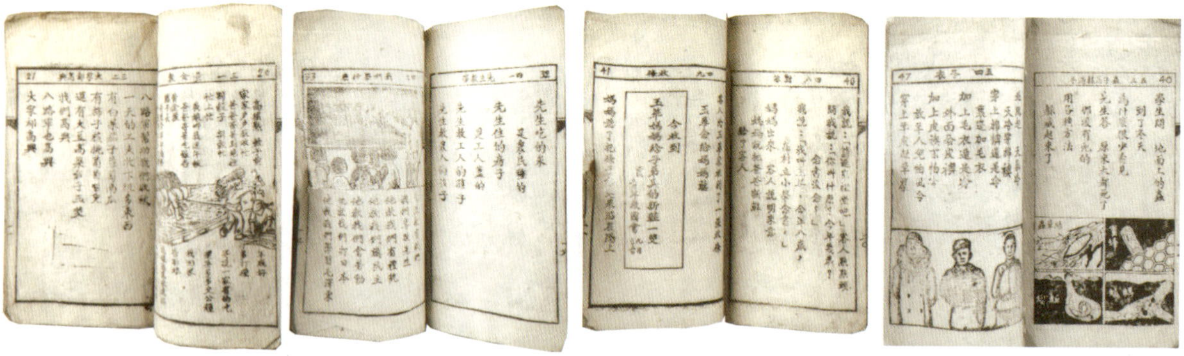

3-5-76

图3-5-76 《（晋冀鲁豫边区教育厅审定）战时新课本（国语常识合编）（初级）（第一学年第二学期适用）》第2册下，边区政府印刷局，1944年版

《（晋冀鲁豫边区教育厅审定）战时新课本（国语常识合编）（初级小学）》第二册，由韬奋书店印刷、发行，1945年8月初版。这套教科书按单元编排，单元后有练习。

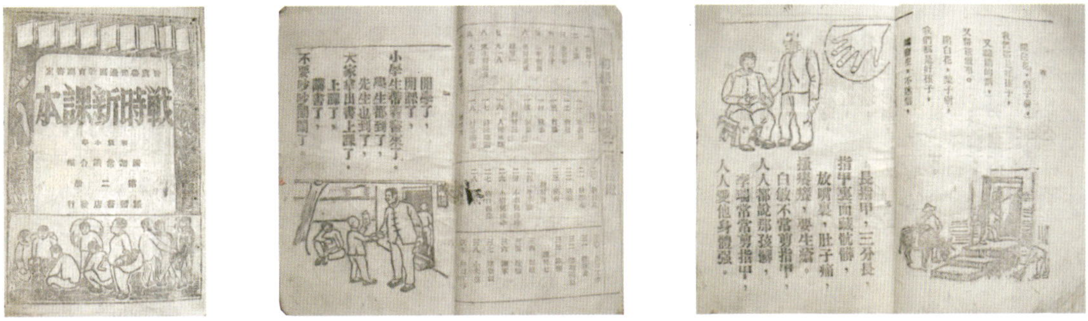

3-5-77

图3-5-77 《（晋冀鲁豫边区教育厅审定）战时新课本（国语常识合编）（初级小学）》第2册，韬奋书店，1945年版

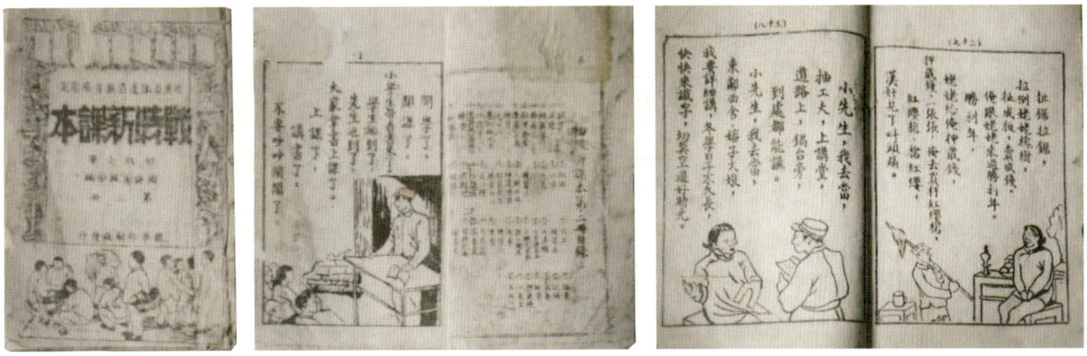

3-5-78

图3-5-78 《（晋冀鲁豫边区教育厅审定）战时新课本（国语常识合编）（初级小学）》第2册，振华印刷厂，1945年版

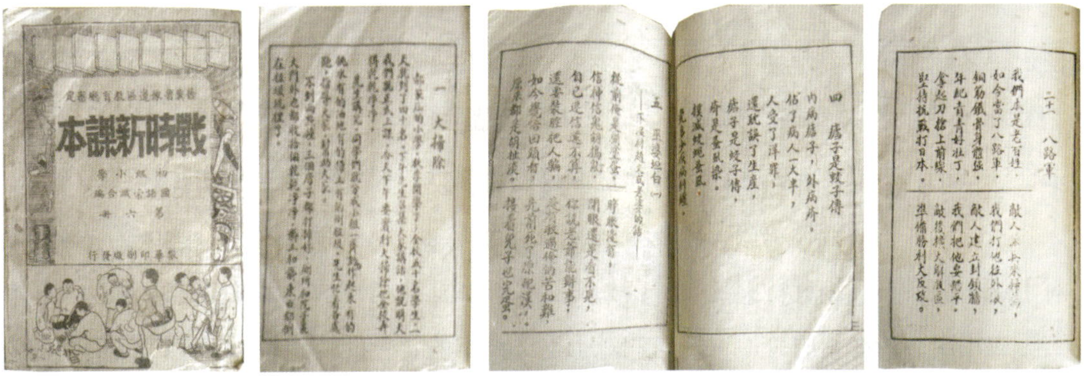

3-5-79

图3-5-79 《（晋冀鲁豫边区教育厅审定）战时新课本（国语常识合编）（初级小学）》第6册，振华印刷厂，1945年版

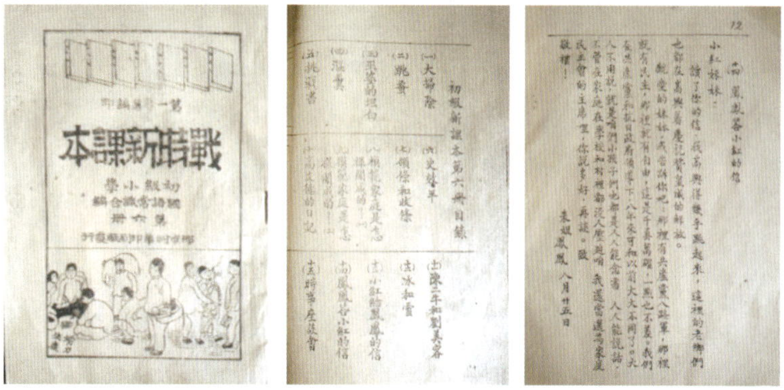

3—5—80

图3—5—80　《战时新课本（国语常识合编）（初级小学）》第6册，邢市利华印刷厂，1945年版

六、识字、文化课本

1. 刘御编《识字课本（冬学用）》

1938年，刘御编《识字课本（冬学用）》，陕甘宁边区教育所印行。

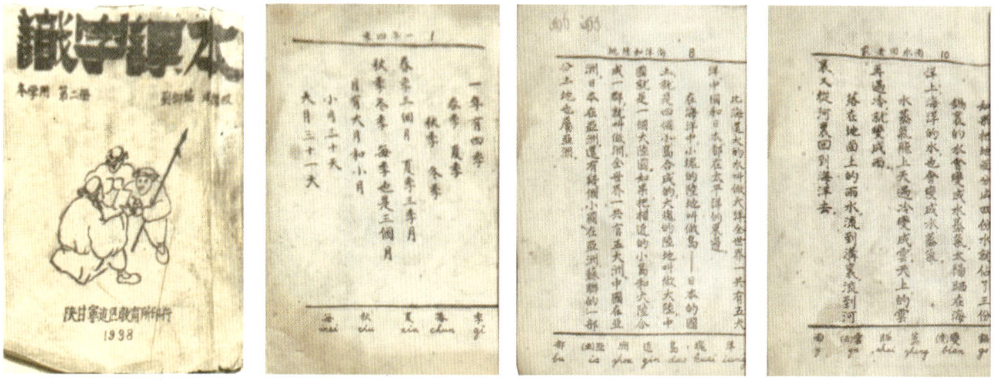

3—5—81

图3—5—81　《识字课本（冬学用）》第2册，陕甘宁边区教育所，1938年版

《识字课本（冬学用）》第二册一共有生字355个，内容“除发展和补充第一册中的抗战知识外，还着重日常生活中的一般常识，而这些常识也是与抗战特别有关的”[1]。这本书选文包括诗歌、小调、书信、日记、传单、通知、挑战书和说理议论等文体。课文生字位于每页下栏，用国语罗马字注音，并将简体字用括号标示在繁体字旁。课文后有练习，题型有“填字”“问答”等。全书无插图。对于这本教科书，编者特别说明“各县的三科长和社教指导员，以及全体冬学教员同志们在你们的实际应用中，请经常的（地）把你们对于这部课本的意见反映到教所来，以供我们将来修改时的参考”[2]。

[1] 刘御. 识字课本：冬学用：第2册[M]. ［出版地不详］：陕甘宁边区教育所，1938：编者的话.

[2] 刘御. 识字课本：冬学用：第2册[M]. ［出版地不详］：陕甘宁边区教育所，1938：编者的话.

2. 冀南太行太岳行政联合办事处编《民众识字课（试教本）》

3–5–82

图3–5–82 《民众识字课（试教本）》，出版信息不详

3. 晋察冀边区行政委员会教育处编审《（民众学校）识字课本》

1946年8月，晋察冀边区行政委员会教育处编审《（民众学校）识字课本》四册并出版，允许翻印。

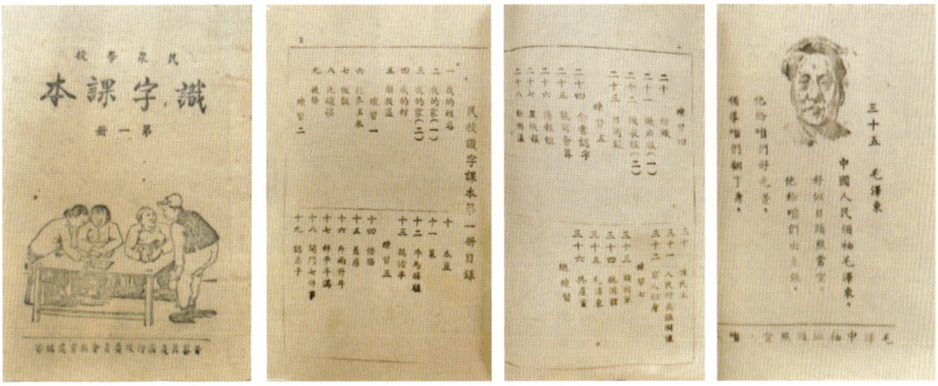

3–5–83

图3–5–83 《（民众学校）识字课本》第1册，出版单位不详，1946年版

《（民众学校）识字课本》是供民校识字组使用的，“失学的青年男女们，能够很好的（地）学完，就会写信、记简单账目、看群众报、读群众读物，并能打下自学自修的基础”[1]。并且说明，“本书是以识字扫盲为主，同时适当的（地）与当前政治任务相结合”[2]。这套教科书的生字选编，主要是照顾农村日常生活用字，城市和妇女也多少照顾了一些。“教员在教学时，根据学员的要求与环境的需要（主要的是生活方面），还可以增加课文和生字，或替换课文和生字。”[3]这套教科书在教学上是计划二年完成，“本书的练习，着重生字的温习与使用，至于造句写文，可酌量采用填字、改错、简化字句、模仿写作等办法，以达到会写会用的目的”[4]。教科书以单元编排，单元间穿插练习，生字位于课文下栏，无注音，有插图。

[1] 晋察冀边区行政委员会教育处. 民众学校：识字课本：第1册[M]. [出版地不详] [出版者不详] 1946：编写大意.

[2] 晋察冀边区行政委员会教育处. 民众学校：识字课本：第1册[M]. [出版地不详] [出版者不详] 1946：编写大意.

[3] 晋察冀边区行政委员会教育处. 民众学校：识字课本：第1册[M]. [出版地不详] [出版者不详] 1946：编写大意.

[4] 晋察冀边区行政委员会教育处. 民众学校：识字课本：第1册[M]. [出版地不详] [出版者不详] 1946：编写大意.

4. 凯丰、徐特立、范文澜等编撰《文化课本》

1941年5月19日，毛泽东在延安干部会议上作《改造我们的学习》重要报告以后，整个陕甘宁边区掀起新的干部学习热潮。不久，凯丰、徐特立、范文澜等编撰《文化课本》四册，新华书店出版。毛泽东于1942年1月17日为之作序，强调“一个革命干部，必须能看能写，又有丰富的社会常识与自然常识，以为从事工作的基础与学习理论的基础……我们现在有大批聪明忠实但缺乏文化基础的干部，将来也必然还会有大批这类干部，他们急切需要解决文化基础问题，但课本问题迟迟没有解决。现在文化课本出版了，这是一大胜利，这是凯丰、徐特立、范文澜诸同志的功劳”[1]。

《文化课本》也以《中级国文选》为名出版。所见1942年3月初版、1943年5月订正版的《中级国文选》的版权页上，印有编者“范文澜、叶蠖生、齐燕铭、金灿然、刘亚生”，新华书店出版。

1943年新华书店出版的《中级国文选》第一册，有毛泽东的《文化课本序》，第一课为《旗》，共计48课，附录有文法12篇。教科书无单元编排，课文编有练习。1944年的《中级国文选》第二册，前面也有毛泽东的《文化课本序》，第一课为《毛泽东同志的实际精神》。

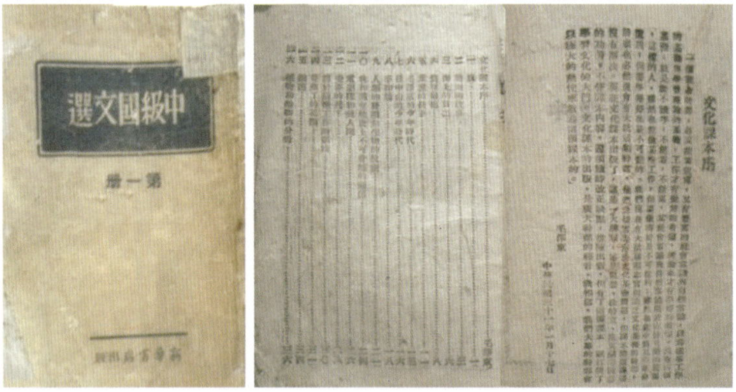

3—5—84

图3—5—84　《中级国文选》第1册，新华书店，1943年版

3—5—85

图3—5—85　《中级国文选》第2册，新华书店，1944年版

[1] 凯丰，徐特立，范文澜，等. 文化课本：第1册[M]. 胶东：胶东新华书店，1946：文化课本序.

这套教科书选文范围广泛，包含有人物传记、科普小品、采访纪实、政论文、神话、寓言、成语故事、诗歌、应用文、谚语等文体。课文大都附有作者介绍、全文要旨、章节大意、注释。文法一共编有12讲，穿插在文章之间。两篇课文为一个单元，每篇课文编有练习，无插图。

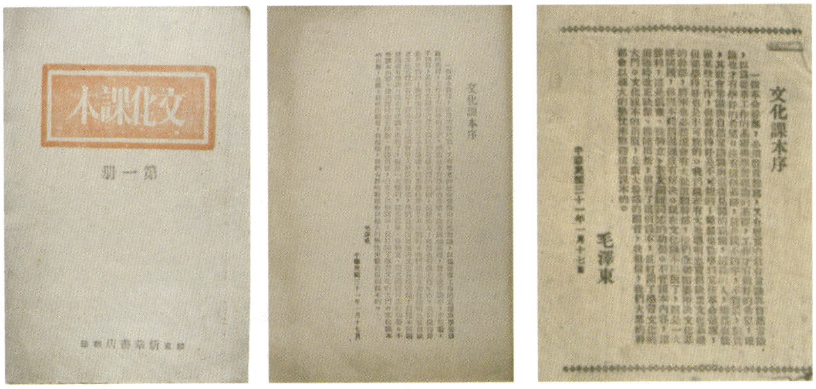

3-5-86

图3-5-86 《文化课本》第1册，胶东新华书店，1946年版

《文化课本》也有以单册出版，所见1948年10月新华书店二分店出版的《文化课本》的封面上，有“凯丰、徐特立、范文澜等编”字样。在1949年9月初版，皖北新华书店印行的《（干部文化学习材料）文化课本》的版权页上印有编者“凯丰、徐特立、范文澜”字样。

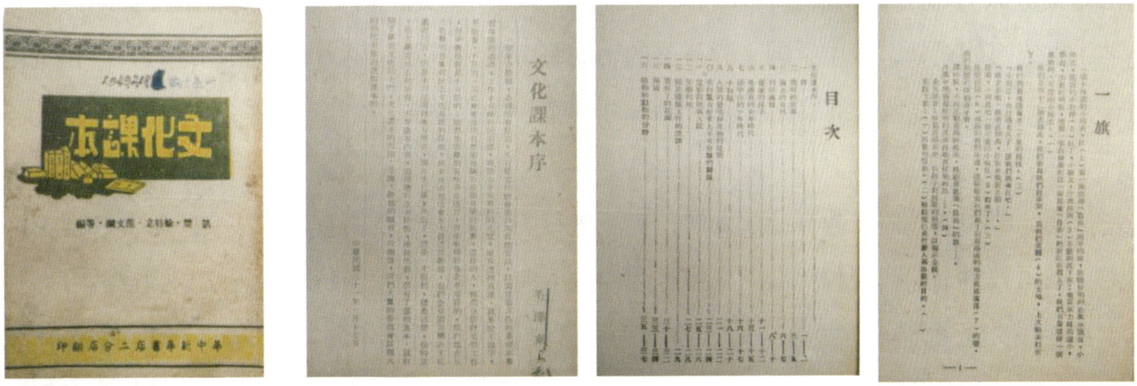

3-5-87

图3-5-87 《文化课本》，新华书店，1948年版

《文化课本》虽然是为解决文化基础问题而编写，但其内容远不限于科学知识与读写常识，更有时干部进行“马克思列宁主义教育、阶级教育与党的教育”方面的内容，呈现出鲜明的革命性，展现中华民族团结抗战的伟大力量与光明前景，突出中国共产党的先进性、领导力与使命担当，倡导了理论联系实际、实事求是的马克思主义学风。[1]

[1] 吴小鸥.《文化课本》：延安时期一部毛泽东作序的干部教育教材[J]. 党的文献，2024（4）：114-121.

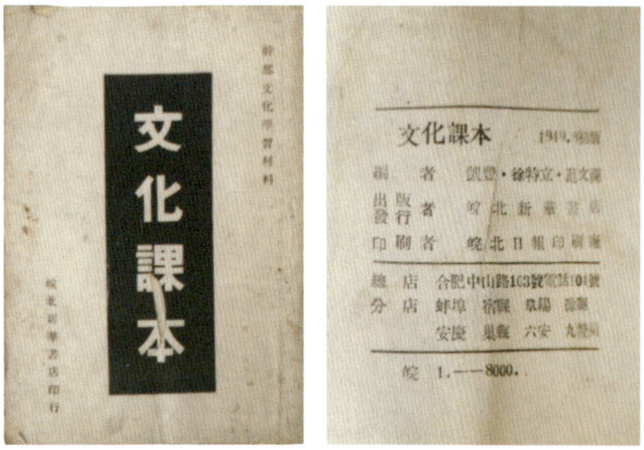

3—5—88

图3—5—88　《文化课本》，皖北新华书店，1949年版

革命根据地国文、国语教科书，一开始就在中国共产党的高度重视下发展起来，从综合编写到分科编撰，从小学国语到中学国文、国语，虽然种类、数量不是很多，却涵盖了普通教育、社会教育的多方面需求。整体而言，根据地国文、国语教科书注重唤醒阶级意识，将新民主主义的政治理论用通俗文字表达出来，注重选编革命领袖及人民群众的革命故事，并与生产劳动、战争形势、政权发展紧密联系，以提高儿童文化政治水平，培养劳动意识、革命意识、阶级意识、抗战意识，表现出较强的政治性和现实性。在文体方面多选普通文、通俗诗歌、应用文，选文具有浓郁的地方色彩和乡土感情。教科书出现单元编制，课文编排时注重留有一定的时间，供教师结合实际灵活处理。小学注重练习的设计，但中学国文教科书的辅助系统较为简洁。随着革命根据地教育向正规化过渡，国文、国语教育强调在继续突出政治训练的同时，也要加强文法知识的系统学习。

这一时期，中国现代语文教育持续发展，广泛进行国文、国语新的教学方法实验研究和理论探讨，国文、国语教科书在新课程标准的实施过程中进入空前活跃的发展阶段。国文、国语教科书种类异常丰富，民众教育、华侨教育、民族教育均有涉及，而且适应不同需求的同一教科书多样编撰，既有适合地域经验的，也有适合自修学习的，还有适合各类人群的；国文、国语教科书在编制方面展开全面探索，不仅按单元编排课文，而且有多种大单元探索与文体混合编排，以及课文辅助系统的多样设计和活页编排，极大提升国文、国语教科书使用的科学性和有效性。由于国内的阶级矛盾和反侵略的民族矛盾日趋尖锐，中国社会出现政治危机和明显的新生希望并存的局面，国文、国语教科书在不同政治时空下以各自态势历经艰辛，积极探索，国文、国语教科书在内容与形式上增加了较多的政治主张和战争元素，展现了特定历史时期的特定形态，贡献至巨。

后　记

研究历史，首先就是要弄清历史事实。中国近现代国文、国语教科书的梳理与研究是一个相当具有挑战的任务，因为一个细节、一篇课文、一幅插图乃至一个人物，倘若没有史料，是很难弄清楚的。卡尔·贝克尔（Carl L.Becker）曾指出："历史事实僵死地躺在记载中，不会给世界带来什么好的或坏的影响，而只有当人们，你或我，依靠真实事实的描写、印象或概念，使它们生动地再现于我们的头脑中时，它才变成历史事实，才产生影响。"[1]

2016年初，我接到本书的撰写任务，当时也没多想，就直接答应了。进入写作，我才发现从"国文""国语"的概念到学科、学术与话语体系建构，不仅涉及政治、经济、文化等诸多方面，更关涉到不同立场、不同身份的学人对于文字、语言、文学、教育、启蒙等的多重理解及标准确立，纷繁复杂，多姿多彩。浙江大学刘正伟教授认为："语文教育现代性，一方面以现代性的价值为目的追求，另一方面，它又通过学科自身内容及形式表现出来。"[2]晚清以来，国文、国语教科书从知识内容、语言形式、编撰体例等方面发展，生成一幅语文教育现代性的生动图景，展现中国教育启蒙对"现代人"的文化进步追求。2017年至今，虽历经数年，四易其稿，但由于本人学识有限，一些思考尚不成熟，大量问题还需进一步讨论。书稿虽然交出，但我始终觉得没有呈现出中国近现代国文、国语教科书发展"人""文"相契、"言""语"相融的全貌，以及隐藏于历史过程中的教科书独特的精神气质及其衍化态势，是为遗憾。

感谢石鸥教授、刘正伟教授、毕苑教授、刘超教授、张心科教授等在中国近现代教科书研究领域辛勤耕耘的学者们的大力帮助与支持。导师石鸥教授从选题的确定到书稿正式出版，不断地督促、鼓励，并引领着我的全部研究过程。刘正伟教授多年来在语文教科书现代性方面的开拓探索及真知灼见，使我在研究中有可以依靠的基础及明确的方向。

感谢宁波大学教师教育学院给了我极为宽松的科研氛围和支持，让我可以在教科书领域慢慢地做着自己感兴趣的研究。感谢徐加慧、陈明莉、高千珊、蒋勤效、魏林坷、陈圆、陈晨、陈慧、王紫藤、王晨霞、黄千惠、苗雯轩、陈嘉怡、钟梦如、赵瑞等研究生为本书搜集资料、修正注释的辛苦付出。感谢太湖高级中学王星老师，每次向他咨询有关教科书版本的信息，他都会耐心解答，且

[1] 贝克尔. 什么是历史事实[M]//张文杰，等. 现代西方历史哲学译文集. 上海：上海译文出版社，1984：231.

[2] 刘正伟. 语文教育现代性的建构[M]. 济南：山东教育出版社，2021：3.

时常分享在近现代国文、国语教科书的收藏与研究中获得的欣喜，令我深受启发。感谢本书的责任编辑黄倩、孔婷、段婷在书稿出版过程中提出的宝贵意见及付出的辛勤努力。

本书的编撰大量参考张志公著《传统语文教育教材论——暨蒙学书目和书影》，洪宗礼、柳士镇、倪文锦主编《母语教材研究》系列，朱绍禹主编《中学语文教材概观》，闫苹、段建宏主编《中国现代中学语文教材研究》，张雯、闫苹主编《民国时期小学语文教科书评介》《民国时期小学语文课文选粹》，朱本轩、冯守仲主编《中学语文教材研究》，顾黄初、顾振彪著《语文课程与语文教材》，顾振彪著《语文教材改革研究》，黄光硕著《语文教材论》，王荣生《语文教材的教学化编制》，刘正伟著《语文教育现代性探索》，李杏保与顾黄初著《中国现代语文教育史》，顾黄初主编《中国现代语文教育百年事典》，郑国民著《从文言文教学到白话文教学——我国近现代语文教育的变革历程》，张心科著《语文课程论》等研究成果，我在此对以上学者表达深深的敬意与感谢。本书不足之处，恳请读者批评指正。

国文、国语不仅是日常交流的工具，更是中国人特性之最基本所在，是中国精神与中华文化之根基，关乎一国文明之进程。在后续研究中，我将持续补充及提升，以完成对近现代国文、国语教科书更为充实的研究，也真诚希望有更多人深入探寻百年中国教科书的发展历程。

（吴小鸥，宁波大学教师教育学院教授、博士生导师）